第六版 陳正亮 謝振環 著

ECONOMICS
經濟學

東華書局

國家圖書館出版品預行編目資料

經濟學/陳正亮,謝振環著. -- 6版. -- 臺北市:臺
　灣東華書局股份有限公司, 2022.01
　552 面 ; 19x26 公分

　　ISBN 978-986-5522-81-0（平裝）

　1.經濟學

550　　　　　　　　　　　　　110020441

經濟學

著　　者	陳正亮、謝振環
發 行 人	陳錦煌
出 版 者	臺灣東華書局股份有限公司
地　　址	臺北市重慶南路一段一四七號三樓
電　　話	(02) 2311-4027
傳　　眞	(02) 2311-6615
劃撥帳號	00064813
網　　址	www.tunghua.com.tw
讀者服務	service@tunghua.com.tw
門　　市	臺北市重慶南路一段一四七號一樓
電　　話	(02) 2371-9320

2026 25 24 23 22　HJ　5 4 3 2 1

ISBN　　978-986-5522-81-0

版權所有 · 翻印必究　　　　圖片來源：www.shutterstock.com

序言

　　2003 年 2 月 18 日，香港大學可容納 400 人的演講廳內，擠滿 1,500 人。儘管多數聽眾對演講內容的數學方程式霧裡看花，大家還是頗有耐心地聽完一小時的演講，因為台上的演講者是約翰‧聶徐 (John Nash)。之所以造成轟動，不是因為香港人喜歡賽局理論，而是聶徐曾獲 1994 年諾貝爾經濟學獎，生平被翻拍成電影《美麗境界》(*A Beautiful Mind*)，這部電影獲得第 74 屆奧斯卡四項大獎。有聽眾問他，不斷從事學術研究的動力究竟是什麼？聶徐的回答是，他的動力來自於對事物的無知。

　　諾貝爾經濟學獎始於 1969 年，第一屆得主是奧斯陸大學教授拉格納‧費里希 (Ragnar Frisch) 和荷蘭經濟學院教授丁柏根 (Jan Tinbergen)，以讚揚兩人對經濟過程動態分析的貢獻。早期的經濟學獎得主多半是在總體經濟學領域具卓越貢獻，如 1971 年顧志耐 (Simon Kuznets) 的經濟發展；1972 年希克斯 (Sir John Hicks) 的一般均衡理論；1974 年海耶克 (Friedrich August Von Hayek) 的景氣循環和貨幣理論；1976 年傅利德曼 (Milton Friedman) 的貨幣歷史和消費分析；1980 年的克萊恩 (Lawrence Klein) 的總體計量模型；1981 年的杜賓 (James Tobin) 的金融市場及其與生產、物價、就業的關聯性；1987 年的梭羅 (Robert Solow) 的經濟成長理論。

　　自 1990 年以後，經濟學獎得主則呈現各個領域的多元化，如 1990 年馬可維茲 (Harry M. Markowitz)、米勒 (Merton M. Miler)、夏普 (William F. Sharpe) 為財務經濟的先驅貢獻；1991 年寇斯 (Ronald Coarse) 的交易成本及財產權；1992 年貝克 (Gary Becker) 的人類行為及非市場行為的個體經濟分析；1993 年的傅古 (Robert Fogel) 和諾斯 (Douglas North) 的制度經濟學；1994 年聶徐的非合作賽局；2000 年賀克曼 (James Heckman) 的勞動經濟學和自我選擇；2001 年的阿克洛夫 (George Akerlof) 的資訊經濟學；及 2002 年卡內曼 (Daniel Kahneman) 和史密斯 (Vernon Smith) 的心理學對人類購買行為的影響，以及實驗經濟學。

　　如果說物理和化學是自然科學的基礎，經濟學則為社會科學的基石。作為一門科學，經濟學利用理論及模型來釐清因果關係；作為一門社會科學，經濟學以邏輯分析工具來剖析複雜的經濟現象。從諾貝爾經濟學獎得主的貢獻可窺知，經濟學的研究領域不僅是國民所得、失業、廠商、市場理論而已，它也可以運用到其它領域，如心理學及犯罪分析。正如同聶徐在香港大學的演講所說，經濟學的迷人之處即在於其未知而尚待開發領域，且有時可能超乎我們的想像。

本書除了介紹經濟學的基本概念，還嘗試納入一些日常生活的現象，希望讀者能夠更瞭解經濟學的運用。本書儘量以發生在國內的經濟事件或議題，作為實例與應用；也常引用政府當局出版的統計數據。在"經濟成長"一章特別回溯到清朝的歷史，冀能與現在作一對比，讓大家瞭解過去的臺灣狀況。或許是當時的資料著重在歷史而非經濟，因此從經濟分析的角度來思考臺灣過去的歷史難度頗高，相信這是一個值得發掘的領域。

　　本書第六版在內容方面，除了全球金融海嘯重大事件依然為本書重點之外，還包括一些經濟特色：第一，共享經濟方興未艾，Airbnb及Uber等利用空閒資源並提高整體生產力，為全球經濟注入一股新活力。第二，隨選經濟是另一種新經濟型態。智慧型手機結合區塊鏈與比特幣大大改變廠商生產、消費者選擇與市場交易模式，未來消費者藉由智慧型裝置就能夠解決食、衣、住、行。另外，附錄及偶數題習題解答、考古題及統計電子書請至東華書局網站 (https://www.tunghua.com.tw/) 下載。其中考古題希望能對讀者準備大小考試有所幫助，而統計電子書內容為本國歷年經濟統計資料，有興趣的讀者可自行參考，可對本國的經濟發展有更深一層的認識。

　　本書另有PowerPoint、習題詳解及題庫，提供授課教師教學之輔助。本書內容若有任何疏漏錯誤，希望各位學者先進不吝指正賜教。

謝　詞

　　撰寫本書的過程，我們獲得許多人的寶貴意見。首先感謝東華書局創辦人卓董事長鑫森，因為他的鼓勵及提攜才有本書的問世，記得每次與他的交談，都有如沐春風的感覺。其次，感謝卓董事長夫人的關懷與照顧，她在藝術與文化上的素養尤其令人欽佩。

　　另外，要感謝我們的同事——簡綠珠老師、李選卿主任、楊精松老師、張信權老師、薛富井教授等的鼓勵及意見。特別感謝東華書局編輯部在編輯文稿上的細心及意見。當然，陳董事長錦煌對於後進的提攜能讓本書順利付印，在此致上深深的謝意。最後，願上帝祝福每一個人，願每一位本書的讀者都可得益。

陳正亮／謝振環

2021年11月

目 次

第 1 章　緒　論　1

- **1-1**　經濟學的定義　2
- **1-2**　循環流程圖　4
- **1-3**　經濟學的範圍　6
- **1-4**　經濟學的思考　8
- **1-5**　經濟學的發展　11
- **1-6**　經濟制度　13
- **1-7**　結　語　14
- 習　題　15

第 2 章　機會成本及應用　17

- **2-1**　機會成本　18
- **2-2**　生產可能曲線　19
- **2-3**　比較利益　23
- **2-4**　絕對利益　27
- **2-5**　結　語　30
- 習　題　31

第 3 章　需求與供給　33

- **3-1**　需　求　34
- **3-2**　供　給　41
- **3-3**　需求、供給與市場　45
- **3-4**　失　衡　52
- **3-5**　結　語　55
- 習　題　56

第 4 章　彈　性　59

4-1　需求的價格彈性　60
4-2　需求彈性與總收入　63
4-3　決定需求彈性大小的因素　69
4-4　供給的價格彈性　70
4-5　決定供給彈性大小的因素　73
4-6　其它種類的彈性　73
4-7　結　語　75
習　題　76

第 5 章　消費者選擇與需求　79

5-1　效用分析　80
5-2　需求曲線與消費者均衡　85
5-3　消費者剩餘　86
5-4　結　語　90
習　題　91

第 6 章　廠商的生產與成本　95

6-1　廠商的目標：利潤最大　96
6-2　廠商的生產　98
6-3　廠商的生產成本　102
6-4　結　語　111
習　題　112

第 7 章　完全競爭　115

7-1　市場結構的分類　116
7-2　完全競爭的特性　117
7-3　短期利潤極大化　119
7-4　長期利潤極大化與長期均衡　127

- 7-5 完全競爭與效率　133
- 7-6 結　語　136
- 習　題　137

第 8 章　經濟效率的應用　141

- 8-1 計算總福利　142
- 8-2 價格上限——房租管制的福利效果　143
- 8-3 價格下限——最低工資率的福利效果　146
- 8-4 稅收的福利效果　147
- 8-5 自由貿易下的福利效果　153
- 8-6 結　語　155
- 習　題　156

第 9 章　獨　占　159

- 9-1 進入障礙　160
- 9-2 短期利潤極大化　162
- 9-3 獨占廠商的長期　168
- 9-4 獨占與效率　169
- 9-5 差別訂價　171
- 9-6 獨占的管制　177
- 9-7 結　語　181
- 習　題　182

第 10 章　壟斷性競爭　185

- 10-1 產品差異性　186
- 10-2 壟斷性競爭的短期利潤極大與長期均衡　186
- 10-3 壟斷性競爭與效率　189
- 10-4 廣　告　191
- 10-5 結　語　192
- 習　題　193

第 11 章 寡占 195

- 11-1 寡占市場的特性 196
- 11-2 卡特爾 196
- 11-3 價格領導 198
- 11-4 拗折需求曲線模型 199
- 11-5 賽局理論 201
- 11-6 結語 207
- 習題 208

第 12 章 生產因素市場與勞動市場 211

- 12-1 引申需求 212
- 12-2 勞動需求 213
- 12-3 勞動供給 219
- 12-4 勞動市場 224
- 12-5 工資差異分析 227
- 12-6 結語 231
- 習題 232

第 13 章 外部性 235

- 13-1 經濟效率與外部性 236
- 13-2 政府政策 241
- 13-3 寇斯定理 243
- 13-4 結語 247
- 習題 247

第 14 章 共同資源與公共財 251

- 14-1 商品的分類 252
- 14-2 共同資源 253
- 14-3 公共財 257
- 14-4 結語 261
- 習題 262

第 15 章　資訊經濟學　265

- 15-1　搜尋模型　266
- 15-2　檸檬模型　269
- 15-3　市場訊號　272
- 15-4　誘因問題：逆向選擇與道德危機　273
- 15-5　誘因問題：委託人－代理人問題　275
- 15-6　結　語　276
- 習　題　277

第 16 章　總體經濟學導論　279

- 16-1　個體經濟學與總體經濟學　280
- 16-2　總體經濟學的產生　280
- 16-3　總體經濟的問題　281
- 16-4　總體經濟中的政府職能　282
- 16-5　總體經濟學的循環流程　283
- 16-6　供需與總供需　285
- 16-7　臺灣經濟的歷史表現　286
- 16-8　結　語　288
- 習　題　290

第 17 章　國民所得的計算　291

- 17-1　國內生產毛額　292
- 17-2　計算 GDP 時應注意的事項　292
- 17-3　GDP 的計算　294
- 17-4　從國內生產毛額到個人可支配所得　298
- 17-5　名目國內生產毛額與實質國民生產毛額　301
- 17-6　GDP 概念的一些限制　302
- 17-7　結　語　304
- 習　題　305

第 18 章　失業與物價指數　307

18-1　失　業　308
18-2　物價指數　315
18-3　結　語　320
習　題　321

第 19 章　經濟成長　323

19-1　世界各國經濟成長經驗　324
19-2　臺灣的經濟成長經驗　326
19-3　經濟成長的來源　331
19-4　結　語　338
習　題　339

第 20 章　商品市場與總支出　341

20-1　景氣循環：經濟波動理論　342
20-2　簡單凱因斯模型　345
20-3　計畫性投資　348
20-4　均衡所得　350
20-5　乘　數　355
20-6　節儉的矛盾　357
20-7　結　語　358
習　題　359

第 21 章　簡單凱因斯模型的延伸——政府部門和國外部門　363

21-1　簡單凱因斯模型的延伸：加入政府部門　364
21-2　簡單凱因斯模型的延伸：再加入國外部門　370
21-3　乘數效果：財政政策　374
21-4　乘數效果：開放經濟體系　379

21-5 自動安定機能 380
21-6 結　語 382
習　題 383

第 22 章　金融體系與貨幣 387

22-1 金融體系 388
22-2 金融市場 390
22-3 金融機構 393
22-4 貨　幣 394
22-5 貨幣供給的衡量 397
22-6 貨幣的創造 398
22-7 結　語 403
習　題 404

第 23 章　中央銀行與貨幣政策 407

23-1 中央銀行 408
23-2 貨幣需求 412
23-3 貨幣供給 414
23-4 貨幣市場均衡 422
23-5 結　語 423
習　題 425

第 24 章　總需求與總供給 427

24-1 總需求曲線 428
24-2 總供給曲線 431
24-3 總體經濟均衡 438
24-4 AS-AD 模型與景氣循環 439
24-5 AS-AD 模型與簡單凱因斯模型 446
24-6 結　語 448
習　題 449

第 25 章　通貨膨脹與菲力浦曲線　453

25-1　通貨膨脹　454
25-2　菲力浦曲線　461
25-3　結　語　471
習　題　472

第 26 章　國際貿易　475

26-1　臺灣的國際貿易　476
26-2　國際貿易的利益　476
26-3　國際貿易理論　483
26-4　貿易障礙：關稅與進口配額　487
26-5　貿易管制的理論　492
26-6　經濟整合與區域經貿組織　494
26-7　結　語　498
習　題　499

第 27 章　國際金融　503

27-1　國際收支　504
27-2　匯率與外匯市場　508
27-3　匯率制度　515
27-4　購買力平價說　518
27-5　歐洲聯盟　521
27-6　結　語　524
習　題　525

索　引　529

Chapter 1

緒 論

在日常生活裡，我們會從網路媒體、有線電視或平面媒體的報章雜誌中，看到或聽到許多有關經濟學的問題：中美貿易戰、新型冠狀病毒的疫情、蔬果價格的漲跌；失業率、通貨膨脹、經濟成長率、中央銀行調整利率等。當我們想瞭解這些問題，如同氣象報告般地利用氣壓梯度高低來解釋天氣變化時，就必須應用一些經濟理論來說明上列的經濟問題。

2019 新型冠狀病毒 (COVID-19) 最初在中國湖北省武漢市華南海鮮市場爆發。疫情持續升溫，臺灣宣布在 2020 年 2 月 11 日凌晨起暫緩港澳居民入境，許多港澳學生一接獲消息，趕緊訂購機票，單程機票票價飆破 18,000 元，比平常價格貴了 3 倍有餘。

世界銀行預估，疾病大流行造成的經濟損傷，最高有 90% 源自民眾不敢與其他人接觸，導致辦公室與商店停止運作。2020 年中國的 11,000 間電影院幾乎全數關閉。中國遊客成各國燙手山芋；泰國 2020 年上半年觀光收入減少約 3,000 億泰銖；菲律賓也在 2020 年 2 月 11 日禁止臺灣旅客入境，臺灣旅客只能原機遣返。

本章重點

經濟學的定義
經濟學的範圍
經濟學的思考
經濟制度

其次，中國工廠的關閉影響到全球供應鏈，智慧型手機、汽車等產品的出貨均受到衝擊，導致當時臺灣的電子股股價一蹶不振。股價、人民幣、觀光收入、經濟成長都是重要的經濟議題。

1-1 經濟學的定義

每個人都希望有速度快的電腦、智慧型的行動電話、先進配備的汽車、豪華的住宅等，但往往受限於個人的所得及一天 24 小時可應用的時間。換言之，每個人都有無窮慾望的本性，但資源的**稀少性** (scarcity) 卻永遠無法滿足人類。這種資源稀少性與無窮慾望構成經濟問題的產生，因此才有經濟學這門社會科學。如果資源是有如童話故事中的一盞阿拉丁神燈，取之不盡，用之不竭；或是如同桃花源中人的知足常樂，沒有無窮的慾望，就不會有經濟學這門社會科學。

經濟學 (economics) 是研究人類如何利用具有多種不同用途的稀少性資源，選擇其中一種用途來生產商品與服務，以滿足人類無窮慾望的一門社會科學。因為資源是稀少的，且具有多種不同的用途 (alternative uses)，所以在生產商品與服務時必須有所**選擇** (choice)。因此，經濟行為是一種選擇行為；亦即，消費者用有限的所得選擇商品與服務，生產者以一定的成本選擇生產因素，政府選擇不同的政策來提高所得水準。

1-1-1 生產因素

資源 (resources) 是用來生產人類所需商品與服務的生產因素，包括：勞動、資本、土地及管理才能。

勞動 (labor) 是人體本身，可分成身體的勞力與精神的勞心。勞動本身尚需基本的資源：時間。如果沒有時間這項資源，勞動便無法完成商品與服務的生產。我們可將時間應用在不同的用途上，可以出賣我們的時間充當勞動，也可以把時間花在睡覺、上網、購物、約會、運動上。

資本 (capital) 包括**物質資本** (physical capital) 與**人力資本** (human capital) 兩種。物質資本是用來生產商品與服務的機器、工具、建築物、工廠及其它製造項目，如計程車、手術刀、照相機等。人力資本則是人類加強自身生產力的知識與技術，如計程車司機對街道的熟悉度與駕駛技

稀少性 人類想要的數量超過市場價格所能提供的數量。

經濟學 研究人類如何利用稀少性資源來生產商品與服務，以滿足無窮慾望的一門社會科學。

資源 用來生產人類所需商品與服務的生產因素。

勞動 用來生產商品與服務的身體勞力和精神勞心。

資本 用來生產商品與服務的工具、機器、建築物及人類技術。

術、外科醫師對人體結構的瞭解與開刀技巧、攝影師對光學的認知廣體角度與美學的掌握等。

　　土地 (land) 為土地本身，以及地表上、下的所有資源，如動物、植物、水與礦藏資源等。

　　管理才能 (entrepreneurial ability) 為尋找更佳的方法去生產既存的事物或設計新產品的天賦。企業家是結合土地、勞動、資本，然後承擔風險以謀取利潤，如世界首富亞馬遜的貝佐斯、前台積電董事長張忠謀等。

> 土地　用來生產商品與服務的地表及其它自然資源。
>
> 管理才能　在承擔風險下的管理與組織技術。

1-1-2　3W 問題

　　由於地球資源稀少，而人類的慾望無窮，我們應該如何做選擇才能達到最佳狀態？這可以利用三個基本的經濟問題 (3W 問題) 來說明：

- 生產什麼 (What to produce)？
- 如何生產 (How to produce)？
- 為誰生產 (For whom to produce)？

> 3W　生產什麼？如何生產？為誰生產？

　　我們以麵粉為例來說明。麵粉這項資源 (生產因素) 有多種用途：可用來生產麵包、饅頭、麵條、漢堡、披薩。由於麵粉的數量有限 (資源的稀少性)，所以我們只能選擇性地生產商品。

生產什麼？　也許我們可以透過市場調查來瞭解現今社會流行或喜歡何種麵食？這樣就不會浪費麵粉這項資源。生產什麼？除了要生產何種商品外，還包括生產多少數量。

如何生產？　如果社會大眾喜歡吃漢堡，生產者就要把麵粉拿來生產漢堡。接下來的問題是：要用何種方式生產？全部用勞動？還是全部以機器自動化生產？或是一半勞動、一半機器？因此，如何生產亦涉及資源適度使用的問題，希望能透過最節省的方式生產，以求成本最低。

為誰生產？　當我們以成本最低、資源最有效率的方式生產漢堡時，還得賣對地方。如果在喜歡米食的地方銷售漢堡，肯定賣不掉，這無異是資源的浪費。所以，為誰生產涉及分配問題。分配要正確才不至於浪費資源。

　　3W 問題是不要浪費稀少性的資源，這印證了"人盡其才，地盡其利，物盡其用，貨暢其流"。由此可知，經濟學家所追求的，一方面是理想的完美，另一方面是理性的務實。

1-2 循環流程圖

如前所述，經濟學是一門研究人們如何利用稀少性資源來生產、消費和分配商品與服務，以滿足人們無窮慾望的學問。經濟體系是由許許多多從事經濟活動的人所構成，這些活動包括生產、消費、分配、研究和發展等。要瞭解經濟體系的運作，我們可用一簡單模型——循環流程圖來說明。

經濟循環流程圖 (economic circular flow diagram) 是一個說明決策者在選擇下產生支出與所得間的流向及其互動，並決定生產什麼、如何生產及為誰生產商品與服務的模型。圖 1-1 是一個簡化經濟體系下的循環流程圖：兩類決策者(家計單位和廠商)，以及兩種市場(商品與服務市場和生產因素市場)。

> **經濟循環流程圖**
> 說明決策者在選擇下產生支出與所得間的流向及其互動，並決定生產什麼、如何生產及為誰生產商品與服務的模型。

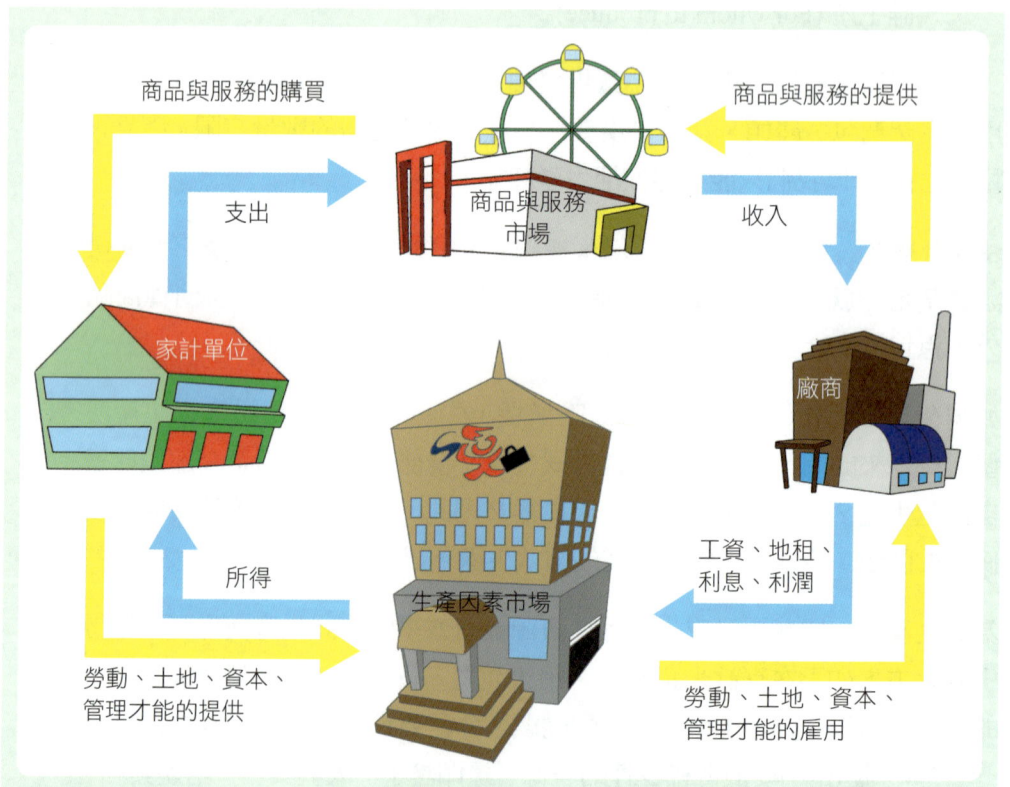

順時鐘箭頭代表金錢的流向，用以交換(獲得)商品、服務及生產因素；逆時鐘箭頭代表生產因素的流向(由家計單位透過生產因素市場流向廠商)，以及商品與服務的流向(從廠商透過商品與服務市場流向家計單位)。這些商品和生產因素的選擇決定生產什麼、如何生產及為誰生產的問題。

圖 1-1　循環流程圖

1-2-1 家計單位與廠商

家計單位 (households) 是個人或一群人居住在一起且共同制定決策。假設你的家裡有爸爸、媽媽和你，則家計單位包括你及你的父母共三人。家計單位擁有生產因素——勞動、資本、土地和管理才能。當你的父母出外工作時，他們是勞動供給者，他們選擇資源的數量給廠商使用。譬如，媽媽到巷口的拉亞漢堡買奶茶和三明治當早餐，這表示家計單位會選擇商品與服務的種類和購買數量。

廠商 (firms) 是生產商品與服務的機構。在前述例子中，拉亞漢堡是廠商。拉亞漢堡會在早餐時段選擇需要買進多少製作三明治和奶茶的原料，以及雇用多少名工讀生。因此，廠商選擇生產因素的種類與雇用量，以及商品與服務的供應數量。

> **家計單位** 個人或一群人居住在一起且共同制定決策。

> **廠商** 生產商品與服務的機構。

1-2-2 市　場

家計單位選擇提供何種生產因素給廠商，以及廠商選擇生產何種商品與服務。這些為數眾多的經濟活動是如何協調的？答案很簡單：透過市場。

市場 (market) 是指將買方與賣方安排在一起，且讓彼此雙方交易的一種機制。譬如，農曆年前舉辦的"年貨大街"活動，你可以在位於臺北市迪化街和華陰街商圈的年貨大街，購買過年所需的各式應景食品：南北雜貨、糖果、瓜子、香菇、干貝、鮑魚等。在商品與服務市場中，家計單位是購買者，而廠商是銷售者。簡單地說，你我會向迪化街商家購買糖果、瓜子。在生產因素市場中，家計單位是銷售者，而廠商是購買者。也就是說，在寒假，你可以到年貨大街打工賣年貨，家計單位是生產因素的供給者，而廠商是生產因素的需求者。

> **市場** 將買方與賣方安排在一起，且讓彼此雙方交易的一種機制。

1-2-3 實質流向與金錢流向

在圖 1-1 中，內圈代表商品與服務和生產因素的流向。家計單位選擇在生產因素市場提供土地、勞動、資本和管理才能的數量。廠商在生產因素市場雇用這些生產性資源來生產商品與服務，然後透過商品與服務市場銷售給家計單位。因此，生產因素從家計單位流向廠商，而商品與服務則由廠商流向家計單位。生產因素和商品的流向代表實質流向。

循環流程圖的內圈代表金錢的流向。當家計單位提供勞動、土地、資本和管理才能時，他們會從廠商手中得到報酬——工資、地租、利息和利潤。家計單位收到所得 (income) 可以用來購買需要的商品或服務。廠商銷售商品所得到的金錢稱為收入 (revenue)。廠商會用一部分的收入去支付生產因素，如支付房租或發放股利。讓我們用一個例子說明循環流程圖。

假設你早上出門時，爸爸給你零用錢 500 元。你中午經過麥當勞 (McDonald's)，進去買了一份 135 元的超值全餐。當你的錢進入麥當勞的收銀機時，這 135 元便成為廠商的收入。麥當勞會使用這 135 元來支付製作漢堡原料的費用或員工的薪水。在任何一種情形下，這 135 元會變成家計單位的所得，而進入別人的口袋裡。當別人 (如小英) 拿這筆錢去星巴克 (Starbucks) 購買一杯拿鐵咖啡，經濟體系的循環流程又會再度展開。

在實質流向與金錢流向背後所隱藏的是，數以萬計的生產什麼、如何生產，以及為誰生產的決策。在商品與服務市場中，這些為數眾多的決策，影響廠商的銷售計畫和家計單位的購買計畫。在生產因素市場中，亦左右家計單位的銷售計畫和廠商的購買計畫。當所有的這些計畫在市場上實現時，就決定了人們支付的價格和賺取的所得，也決定了為誰生產這些商品與服務。

圖 1-1 的循環流程圖是一個簡化的經濟模型，它忽略其他決策者，如政府與國外部門的經濟活動；它也忽略儲蓄與投資的可能性，省去金融市場與外匯市場的討論 (這些將在第 16 章的總體經濟學時加以討論)。循環流程圖提供經濟體系的基本架構，讓我們瞭解經濟參與者的生產和消費活動，市場如何進行分配，及價格扮演生產什麼、如何生產，以及為誰生產的重要角色。

簡單地說，循環流程圖的結論為：

1. 家計單位扮演兩種角色：商品與服務的需求者和生產因素的供給者。
2. 廠商亦扮演兩種角色：商品與服務的供給者和生產因素的需求者。
3. 廠商的收入等於家計單位的支出。
4. 商品與服務市場的供給與需求決定商品與服務的價格。生產因素市場的供給與需求決定生產因素的價格。

1-3 經濟學的範圍

1-3-1 個體經濟學與總體經濟學

如果把周杰倫演唱會門票的高票價與中央銀行為何提高利率兩個經濟問題一起討論，我們不難發現兩者的差異很大，原因是經濟探討的領域不同。

個體經濟學 (microeconomics) 是討論一個經濟個體的經濟行為。一種商品的價格如何決定？為何會有漲有跌？消費者如何購買商品與服務？生

個體經濟學 研究一個經濟個體的經濟行為，包括消費行為、生產行為、市場行為等。

從臺灣看天下

汽車版 YouBike

騎 YouBike 微笑單車，讓不少人覺得環保又方便。YouBike 在 2012 年 11 月 30 日正式啟用。YouBike 會員租借車輛使用 4 小時內，每 30 分鐘 10 元。單次租車者可以信用卡付費。據 YouBike 官網統計，截至 2020 年 10 月 16 日止，使用次數已超過 4 億。

在歐美"汽車版 YouBike"也大行其道。賓士 (Mercedes-Benz) 母公司在 2008 年推出"Car2GO"是全球使用人數最多的汽車共享業者。截至 2018 年，已累積 330 萬名會員，涵蓋歐美 29 個城市，德國 BMW、福斯 (Volkswagen)、法國雪鐵龍 (Citroën)、美國通用汽車 (General Motors)、日本歐力士租車都推出汽車共享服務。

在德國，政府鼓勵建商在蓋新大樓時，提供車位給共享業者。因為政府的大力支持，業者可以使用公共停車位和停車場。乘客只要用手機或卡片感應，就能打開車門，發動車子行駛。在德國，共享 1 輛車大概可取代 5 到 10 輛自用車，可以舒緩鬧區塞車、減少廢氣排放。

臺灣的和運租車也在 2014 年推出第一個汽車共享服務"iRent"，在 19 個城市都可以 24 小時自助租車。使用者只要下載手機 App，用悠遊卡、一卡通或信用卡註冊，就可以每小時 168 元租車。

"iRent"目前由中華電信提供使用者身分辨識及衛星定位車機。和運租車向停車場業者租用車位。除了網站租還外，現在 App 也可路邊租還，只要在服務區域內合法路邊公有停車格、白線免費停車區域均可還車。

除了 iRent 之外，風行歐美的 Zipcar 也在 2017 年 6 月正式在臺灣上線。

資料來源：辜樹仁，"汽車版 YouBike 全球正流行"，《天下雜誌》，574 期，2015 年 6 月 9 日。

產者要如何購置生產因素才划算？透過個體經濟學的分析，我們就可以瞭解為何周杰倫演唱會的票價很高？台灣電力公司的電價是由台電或由政府決定？為何中油公司在國內第二家賣汽油的台塑石化出現後會增設自助加油區？不同廠牌的手機為何需要透過廣告來促銷等。

總體經濟學 (macroeconomics) 是研究整體經濟的行為，包括國民所得、物價水準、失業率、利率水準、經濟成長、匯率等經濟現象。透過總體經濟學的分析，我們可以瞭解為何中央銀行要提高利率？政府的公共投資政策對整體經濟的影響為何？

> **總體經濟學** 研究整體經濟的行為，包括國民所得、通貨膨脹、失業率、經濟成長等。

1-3-2　實證經濟學與規範經濟學

每當颱風過境，國內蔬果產地受到損害，蔬果價格便會上漲，政府會設法在短時間內進口蔬菜以平抑菜價的上揚。如果依照上列經濟現象的陳述與政府政策的應用，我們可將經濟學分成實證經濟學與規範經濟學。

實證經濟學 (positive economics) 是在陳述事實、闡明經濟問題的因果關係，研究是怎樣 (what is) 的一門經濟學。全球原油產量驟增導致原油價格暴跌；由於消費者瘋狂搶購全球與 "i" 相關之電子產品 (iPhone、iPad 等)，所以商品價格居高不下，這些都是實證經濟學的範疇。

規範經濟學 (normative economics) 是討論經濟現象應該如何 (what should be 或 what ought to be) 的問題，涉及主觀價值判斷 (value judgement) 的一門經濟學。新型冠狀病毒疫情擴大，政府相關單位應當採取更嚴格的防疫標準。2020 年 1 月 3 日深夜 23 點，英國正式脫歐，政府要規劃興建自由港並鬆綁法規，為拉抬經濟成長做準備 (規範敘述)。

> **實證經濟學**　陳述事實，闡明經濟問題的因果關係，研究"是怎樣"的一門經濟學。
>
> **規範經濟學**　討論經濟現象"應該如何"的問題，涉及主觀價值判斷的一門經濟學。

1-4　經濟學的思考

實證經濟學是嘗試瞭解經濟體系的行為及運作，而不會去判斷結果的好壞。它是描述現存的事實，並解釋經濟是如何運作。一般經濟學教科書將實證經濟學分成描述經濟學與經濟理論兩種。

描述經濟學 (descriptive economics) 是指將描述經濟現象與事實的資料彙編在一起。這類資料經常出現在行政院主計總處出版的統計刊物，如《中華民國臺灣地區國民所得統計》是描述臺灣地區的主要經濟指標 (國民所得、國民生產毛額、政府所得收支、國內資本形成毛額、對外經常收支等)。目前這些統計數據可以從主計總處的網站取得。此外，為了瞭解民間人力供應情形，主計總處主辦人力資源統計調查，定期公布失業率與就業人數，以供人力規劃及就業輔導決策的依據。

中央銀行為觀察特定時點整個社會流通中的貨幣及信用存量，以及使其發生變動的各項因素，經濟研究處每個月會公布當前金融狀況，並出版《中華民國金融統計月報》。有關貨幣總計數，各金融機構的資產負債表、票券 (債券、股票) 市場統計、利率、外匯統計及國際收支資料等均涵蓋在金融統計月報中。

經濟理論 (economic theory) 是指一些經濟變數因果關係的陳述。其嘗試釐清統計資料的因果關係，並解釋它們是如何發生的。在第 3 章中，我

> **經濟理論**　一些經濟變數因果關係的陳述。

們會看到著名的經濟理論——需求法則，是由馬歇爾 (Alfred Marshall) 在 1890 年提出。需求法則是指，在其它情況不變下，當一商品價格上漲時，人們的購買數量會減少；當一商品價格下跌時，人們的購買數量會增加。

1-4-1 理論與模型

小孩透過汽車模型、飛機模型、火車模型來明瞭實際的事物。小孩將火車、車廂等零組件加以拼裝並架設鐵軌，經過不同地形，火車可以在其間奔馳。這些模型雖非真實，但卻可從中學習許多事物。模型是將複雜的實際狀況加以簡化，以方便說明與解釋。

經濟學家也利用模型來認識真實的世界。經濟學家的模型是用圖形或數學方程式來表示，而**經濟模型** (economic model) 則是有關經濟議題用邏輯思考的方式來描述。

模型可以幫助我們明瞭經濟體系如何運作，圖 1-2 顯示整個經濟模型的結構。模型有兩種變數：外生變數和內生變數。**內生變數** (endogenous variable) 是模型內想要解釋的變數；**外生變數** (exogenous variable) 是模型以外給定的變數。一個經濟模型的目的是要說明外生變數的變動如何影響內生變數的數值。在圖 1-2 中，外生變數來自經濟模型以外，且作為模型的投入，是模型必須接受的變數；內生變數是由經濟模型內部決定，且為模型的產出。在本書中，我們會遇到許多的經濟模型，譬如，供給與需求模型、簡單凱因斯模型、總供給與總需求模型等。

經濟模型就像一張地圖，地圖將複雜的地形、地物 (商店、住家、停車場、小巷道及其它)，精簡成必要元素。為了說明如何由臺北開車到達高雄，沿線城鎮的迷人特色無法呈現在地圖上；但高速公路及休息站等卻可以引導我們到達高雄。經濟模型也具有相同特色。譬如，要瞭解巴西發生冰雹將如何影響臺灣的咖啡價格，經濟模型必須忽略咖啡產業的豐富內涵，包括產業歷史或咖啡農莊傳統文化特質。這些特質或許能成為一篇引人入勝的報章雜誌專欄文章，但卻無法幫助我們瞭解咖啡價格的決定因素。

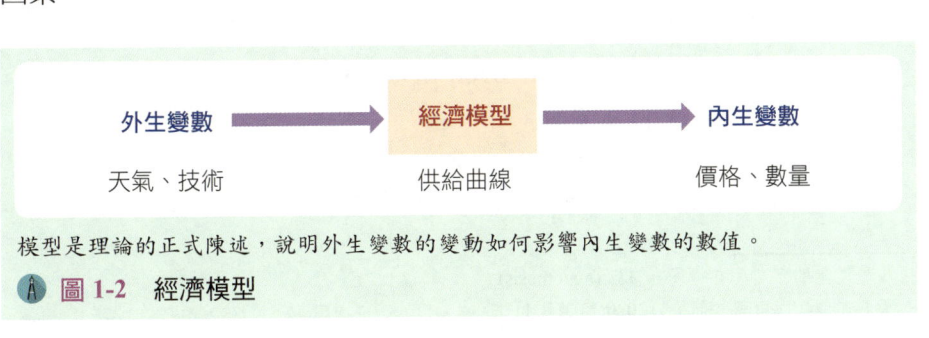

> **經濟模型** 有關經濟議題用邏輯思考的方式來描述。
>
> **內生變數** 模型內想要解釋的變數。
>
> **外生變數** 模型以外給定的變數。

外生變數	→	經濟模型	→	內生變數
天氣、技術		供給曲線		價格、數量

模型是理論的正式陳述，說明外生變數的變動如何影響內生變數的數值。

▲ 圖 1-2　經濟模型

1-4-2 模型的元素

經濟模型有三個目的：(1) 模型可以簡化議題——模型可以凸顯議題中某部分的重要性，並忽略不重要的部分。譬如，納豆剛從大學畢業，準備買一輛小車代步。他不需要知道引擎如何運作，只要瞭解油門、煞車、方向盤等即可上路；(2) 模型可協助我們做預測——當臺灣經濟步入繁榮而有通貨膨脹憂慮時，我們可預知央行總裁會採取緊縮性貨幣政策，而提高市場利率；(3) 模型可協助我們解釋資料——模型能夠幫助我們瞭解某種統計數據的相關經濟議題。譬如，美國失業率已降至 5% 以下，表示經濟情勢好轉。

模型是由兩個重要的元素組成：(1) 假設；(2) 結論。

假設　每一個經濟模型都需要對人們的行為做出假設。譬如，中午下課後，當墾決定到校外吃午餐。假設當墾有 200 元，他可以吃一份麥當勞超值全餐或一客涮涮鍋。政府部門的經濟行為也牽涉到假設的部分。譬如，中央銀行的通貨膨脹目標訂在每年不得超過 3%，若超過此一目標，央行可緊縮貨幣，以抑制物價上漲。

結論　經濟學家透過觀察與衡量經濟體系的運作，藉由模型的假設得到合乎邏輯的結論。模型通常是以 "若……則……" 的敘述形式出現。譬如，若臺灣地區遭遇颱風侵襲，則菜價應聲上漲；若新臺幣相對美元升值，臺灣的商品相對昂貴，則臺灣對美國的出口將會減少。這些結論是模型的預測。[1]

以下我們列舉兩個範例說明經濟模型的建構因素。

菲律賓旅遊部長 Berna Romulo-Puyat 表示，由於新型冠狀病毒，旅遊業收入截至 4 月底損失估計為 430 億披索，一旦疫情持續一整年，經濟成長將下降 0.7 個百分點。[2]

在這個例子裡，模型的假設為新型冠狀病毒疫情持續；而模型的結論為 4 月底的損失為 430 億披索。

行政院重要政策：投資臺灣三大方案——政府挺企業投資臺灣。投資臺灣三大目標：投資 1 兆 3,500 億元、3 年產值 3 兆 2,100 億元、本國勞動就業機會 11.8 萬個。[3]

---

[1] 模型產生的預測，有時稱為假說 (hypothesis)。
[2] 資料來源：《財報快訊》，2020 年 2 月 11 日。
[3] 資料來源：https://www.ey.gov.tw/Page/5A8A0CB5B4EDA11E/af6d44ca-f3df-467e-8538-b4213684bbf6

在這個例子裡，模型的假設為臺灣廠商投資 1 兆 3,500 億元；而模型的預測則是三年產值為 3 兆 2,100 億元，可增加本國勞動者 11.8 萬個就業機會。

1-5 經濟學的發展

歐洲的哲學思想孕育了經濟學的思潮。16 世紀末到 18 世紀中的**重商主義** (merchantilism)，強調商業為致富之源，國家要富強必須發展對外貿易。因此，對內採管制經濟，對外實施保護貿易。18 世紀中葉，法國學者魁奈 (François Quesnay) 及其弟子強調"自然秩序"，崇尚經濟自由，視農業為致富之路，開啟了**重農主義** (physiocracy) 的經濟思想。

英國學者亞當‧斯密 (Adam Smith) 在 1776 年出版《國富論》(*Wealth of Nations*) 一書，首先將人類經濟思想加以有系統地整理，經濟學才正式誕生。他因此被尊為經濟學的始祖，亦為古典學派的創始者。古典學派強調供給面，以**賽伊法則** (Say's Law) 的供給能創造自身的需求 (supply creates it's own demand) 為骨幹，主張自由放任 (laissez-faire)，反對政府干涉。在人性有自利心 (self-interest) 的前提下，透過一隻看不見的手 (an invisible hand)──**價格機能** (price mechanism) 的運作，在長期，社會會自動達到充分就業。

邊際效用主義 (marginalism) 則認為，商品價值是由邊際效用所決定，有別於古典學派認為是由生產成本所決定。此一邊際革命對後來經濟學的影響很大，我們現今的經濟學都是利用邊際來說明均衡的達成。馬歇爾的《經濟學原理》(*Principles of Economics*) 正式把經濟學從政治經濟學中分出，成為一門獨立的社會科學。他著重個體經濟學的研究，應用部分均衡的分析方法，建立整個個體經濟理論的體系，開創了個體經濟學的領域。

1929 年開始的**經濟大恐慌** (Great Depression)，其長期的失業現象為古典學派理論所難於解釋說明。凱因斯 (John Maynard Keynes) 以《就業、利息與貨幣的一般理論》(*The General Theory of Employment, Interest and Money*) 一書來說明解決之道。其論點在強調需求面的重要性，認為在短期透過政府的干涉，經濟不景氣的現象才能好轉，因而開創總體經濟學的領域，將經濟學研究重心從個體轉向整體經濟社會。在當時，凱因斯學派的洪流幾乎淹沒整個經濟學界。

從臺灣看天下

蝴蝶效應

1992年諾貝爾經濟學得主，芝加哥大學教授貝克曾說過：「經濟是充分利用人生的藝術。」

1995年犯罪學者福克斯(James Alan Fox)在一份呈送司法部長的報告中指出，青少年殺人案件在未來十年會增加15%。當時的柯林頓(Bill Clinton)總統也提及：「我們還有大約六年的時間扭轉青少年犯罪的問題，否則我的繼任者發表演說時，談的不會是全球經濟的大好機會，因為忙著保障城市街頭的人身安全都來不及了。」

然而，接下來幾年犯罪率並未節節高升，反而開始下降。到2000年，美國整體謀殺率降到三十五年以來最低水準。芝加哥大學教授李維特(Steven D. Levitt)認為關鍵因素是潛在犯罪者的減少。就像遠方一隻蝴蝶拍動翅膀，最終會導致地球另一端的風暴。遠在四十多年前，1973年1月12日最高法院判決德州年輕女子麥柯維(Norma McCorvey)爭取墮胎合法化勝訴，因而使得全美各地的墮胎都合法。

李維特以數十年的研究資料顯示，出生於劣勢家庭環境的小孩，日後變成罪犯的機率較高。數百萬名因麥柯維一案得以墮胎的女性(貧窮、未婚、年輕、沒有錢進行不合法墮胎)正好處於這種劣勢環境。由於墮胎合法化，這些小孩並沒有被生下來。多年後，當這些未出生小孩達到犯罪年齡時，其犯罪率開始加速下降。

從上面的敘述中，我們知道犯罪率的下降並不是因為警力增加、槍枝管制或生活水準提高，而是取決於誘因的設計；同樣地，在1970年代，肯亞原本有20,000頭犀牛，到了1980年代中期，只剩200頭。人們為什麼要獵殺犀牛？9公斤犀牛角在河內可以賣到57萬美元的高價，而偷獵者可以賺到21,000美元，這在平均所得不到1,000美元的國家可說是天文數字。

有效的方法是讓犀牛棲息地附近的居民也想要保護牠們。如果觀光客願意花大筆旅費來觀察犀牛，而觀光也能讓當地居民獲得好處，當地人便有強大的誘因保護犀牛的生存。哥斯大黎加就是一個很好的例子，該國土地有25%以上是國家公園，而且每年觀光收益超過10億美元，占全國所得的11%。肯亞的作法是將犀牛移至里瓦和博拉納保護區，並培訓特權民兵，給予致命武器，只要發現偷獵者立刻就地正法。至2016年，總共有19名偷獵者伏法，犀牛總數在2019年也恢復到1,000頭左右。

資料來源：
惠倫，《聰明學經濟的12堂課》，先覺出版，2003年。
李維特，《蘋果橘子經濟學》，大塊文化，2006年。
哈斯蘭姆，"記者來鴻：偷獵的下場——格殺勿論就地正法"，BBC中文網，2016年2月10日。

1970年代的第一次及第二次石油危機，肇因於石油輸出國家組織(Organization of Petroleum Exporting Countries, OPEC)的集會。該組織決議聯合減產原油，造成原油價格飆漲，導致世界性的經濟蕭條與通貨膨脹，形成停滯性膨脹(stagflation)的出現。古典學派與凱因斯學派的理論均難以解釋與解決這種怪異的經濟現象。在20世紀末的十年內，全球的經濟

又進入另一種特殊的景象，經濟繁榮的同時，通貨膨脹率走低，稱為新經濟 (New Economy)。跨入 21 世紀，泡沫經濟、911 恐怖攻擊，以及房地產價格下跌，形成另一種經濟衝擊，即通貨緊縮。2007 年的美國次貸危機與 2010 年的歐洲債信風暴再度將全球經濟推向懸崖。2019 年到 2020 年的新冠疫情再次讓世界經濟陷入震盪不安的局面。

自凱因斯之後，經歷了能源危機與新經濟，並沒有出現足以與古典學派或凱因斯學派相抗衡的學派，卻有很多學派獨具一格，各領風騷。在這些學派中，較為人常提及的有：貨幣學派 (Monetarism)，創始者為傅利德曼，他們重視貨幣政策，主張經濟自由；供給面經濟學派 (Supply Side Economics)，創始者為拉佛 (Arthur Laffer)，他們認為減稅及減少政府支出能提高人們工作意願而活絡經濟；理性預期學派 (Rational Expectation)，盧卡斯 (Robert Lucas) 認為政府政策的運作，如果為民間部門所預料到，則政策就會沒有效果。此外，尚有很多學者在個體經濟學或總體經濟學有更上層樓的延伸，如賽局理論 (game theory)、策略性行為 (strategic behavior)、資訊不對稱 (asymmetric information)、公共選擇 (public choice)、內生成長 (endogenous growth) 等。若想進一步瞭解，請至網站 http://almaz.com/，查閱諾貝爾經濟學獎的各屆得主便可窺知一二。

1-6 經濟制度

在如何解決 What、How 及 Whom 三個基本的經濟問題下，我們必須討論到**經濟制度** (economic system)。隨著經濟制度的不同，其對人們的生活水準、社會福利也會產生差異。經濟制度可分成三種：市場經濟、管制經濟、混合經濟。

市場經濟　**市場經濟** (market economies) 是以私有財產與經濟自由為基礎，在價格制度引導下，追求利潤為目的之一種經濟制度。其特色為私有財產、經濟自由、價格制度、營利動機。就如亞當·斯密所言："雖然每個人都在追求各自的私利，但是市場上一隻看不見的手會促進全面性的福利。"因此，在市場經濟下，基於理性的自利心，人們的自行選擇就可解決 3W 問題。但市場經濟亦有其缺點：(1) 沒有政府能保護財產權、契約的制定及其它能讓人們遵循的遊戲規則；(2) 某些生產者會設法在市場上造成獨占來消除競爭；(3) 在生產或消費商品時會產生諸如污染等外部性的副產品；(4) 私人不會去生產國防、警察等公共財 (public goods)。因此，

> **市場經濟**　以私有財產與經濟自由為基礎，在價格制度引導下，以追求利潤為目的之一種經濟制度。

亞當・斯密認為政府有存在的必要，如組織軍隊、警察、制定法律等都是政府應做的事務。此外，在經濟上，最好的政府是一個不干預的政府。

管制經濟　*管制經濟* (command economies) 是在財產公有與中央集權計畫經濟下的一種經濟制度。此一制度又可分成：(1) 共產主義的經濟制度：3W 問題由中央計畫局決定，人民沒有任何選擇自由。資源與生產工具均為公家所有，不准人民私有，如北韓；(2) 社會主義的經濟制度：允許資源與生產工具部分私有，人民對經濟活動有部分選擇自由，但大部分經濟活動則由政府決定。中國、解體後的蘇聯均屬之。管制經濟有下列缺點：(1) 資源無法有效率使用；(2) 中央集權的規劃僅反映出集權者的偏好，而非社會大眾的喜好；(3) 中央政府既然負責所有商品與服務的生產、商品的種類不如市場經濟為多；(4) 私人少有經濟選擇的自由。

> **管制經濟**　財產公有與中央集權規劃經濟的一種經濟制度。

混合經濟　*混合經濟* (mixed economies) 為資源部分私有、部分公有；市場有些有管制、有些則不管制的一種經濟制度。換言之，即市場經濟與管制經濟兩種制度的混合。基本上，是以市場經濟為主，必要時輔以管制經濟。譬如，藥品的成分、食品的有效日、工作時間、最低工資等都需由政府規定以保障消費者與生產者的利益。世界上大多數的國家均屬混合經濟，如臺灣、美國。

> **混合經濟**　資源部分公有、部分私有，市場部分管制、部分不管制的一種經濟制度。

現今全世界大部分的國家都採混合經濟，主要是因為它能讓人們追求最大利益的自利心得以充分發揮，讓資源做最有效率使用。所以，如中國、解體後的蘇聯、東歐等管制經濟的國家都在加速其經濟開放的腳步。因為開放度愈大，長時間下人民的生活水準愈來愈高，也愈來愈富裕。

1-7　結　語

消費者的所得是有限的，如何購買商品與服務才能讓他們的滿足程度達到最高？生產者在成本固定下要如何生產與訂價才能賺取最大的利潤？政府在預算固定下要如何應用才能讓整個社會的福利達到最高？這些都是經濟學所要探討的問題。簡言之，在有限的資源下，如何利用，才能讓人類的無窮慾望得以滿足。

摘要

- 資源的稀少性與慾望的無窮是構成經濟問題產生的原因。
- 稀少性資源有不同的用途，在生產商品與服務時必須有所選擇，因此經濟行為便成為一種選擇行為。
- 資源，又稱生產因素，可分為：勞動、資本、土地及管理才能。
- 三個基本的經濟問題：生產什麼？如何生產？為誰生產？
- 循環流程圖是一種經濟模型，描述家計單位和廠商在面臨資源稀少的情形下，如何進行選擇。
- 家計單位是商品與服務的需求者，和生產因素的供給者。廠商是生產因素需求者，和商品與服務的供給者。
- 個體經濟學是研究家庭與廠商如何制定決策及在市場中如何互動的一門社會科學。總體經濟學是研究整體經濟的行為，包括國民所得、通貨膨脹、失業率和經濟成長。
- 實證經濟學為陳述事實，闡明經濟問題的因果關係，研究"是怎樣"的一門經濟學。規範經濟學為討論經濟現象"應該如何"的問題，涉及主觀價值判斷的一門經濟學。
- 為了瞭解經濟體系如何運作，經濟學家利用模型──簡化現實。
- 古典學派從供給面探討經濟學，強調自由放任、價格機能、長期，著重個體經濟分析；凱因斯學派從需求面探討經濟學，強調政府干涉、政策應用、短期，著重總體經濟分析。
- 經濟現象的變遷是：1929 年的經濟大恐慌──經濟不景氣、高失業率；1970 年代的能源危機──高失業率、高通貨膨脹率；1990 年代的新經濟──經濟繁榮、低失業率、低通貨膨脹率；20 世紀初──通貨緊縮，現今的經濟不景氣。
- 經濟制度可分成三種：管制經濟、市場經濟、混合經濟。

習題

1. 農夫家中的耕牛是屬於何種生產要素？
   (108 年商業行政特考)
2. 若每個人的手中都有一盞童話故事中的"阿拉丁神燈"，則經濟學的問題會存在嗎？
3. 經濟學家亞當‧斯密在 1776 年出版的《國富論》一書中，提出家計單位和廠商在市場活動中交易，有一隻"看不見的手"會引導至人們所希望的市場結果。何謂那一隻"看不見的手"？若政府制止"看不見的手"的調整機能，對資源分配會有何影響？
4. 顯示金錢在家計單位與廠商之間透過市場流通的模型為何？ (102 年交大科管所)
5. 下列敘述何者屬個體經濟學？何者屬總體經濟學？
   (a) 新冠肺炎疫情蔓延，義大利 GDP 萎縮
   (b) 通貨膨脹與失業的短期取捨關係
   (c) 家計單位決定要上班或留在家裡的決定
   (d) 小英想要去迪士尼樂園玩
6. 下列何者是規範敘述關心的對象？
   (a) 林鳳營牛奶比北海道牛奶更好

(b) 忍受微幅的物價上漲遠比大量失業要好
(c) 雇主不應該提供員工退休金
(d) 若雇主提供退休金給員工，可以給付較低的工資

7. 請問下列敘述是實證經濟學或規範經濟學的範疇？
   (a) 中央銀行應當適度干預外匯市場，以穩定匯率
   (b) 受到市場擔心原油供給過剩，油價跌至 30 美元，創 2000 年 12 月以來最低價位
   (c) 道瓊指數重挫 2,000 點，外資大賣，新臺幣對美元重貶
   (d) 新冠肺炎疫情重創觀光、餐飲、旅遊等產業，政府該以失業保險，擴大公共投資來解決失業問題

8. 隨著棒球球季的逼近，球員威脅罷工，會造成球員與球團間更嚴肅協商工資的誘因或兩者之間的破裂？

9. 下列有關經濟學的敘述，何者錯誤？
   (a) 研究選擇行為的科學
   (b) 主要著重於規範性 (normative) 的討論
   (c) 探討稀少資源之最適配置
   (d) 一般認為現代經濟學之奠基者為亞當‧斯密 (Adam Smith)　(108 年初等考試)

10. 在一個經濟體系中，有家計單位與廠商兩類決策者，關於經濟體系運作的敘述，下列何者錯誤？
    (a) 在商品與服務市場中，家計單位是買方，廠商是賣方
    (b) 在生產要素市場中，家計單位是買方，廠商是賣方
    (c) 家計單位在商品與服務市場的交易中獲得商品與服務
    (d) 廠商在生產要素市場的交易中獲得生產要素的使用權　(108 年商業行政)

11. 小明打算開店賣咖啡，他正考慮選擇生產使用全自動咖啡機的"一鍵即享香醇義式咖啡"或"手沖單品豆咖啡"。下列何者描述了小明所面對的決策問題？
    (a) 生產什麼
    (b) 何時生產
    (c) 為誰生產
    (d) 何地生產　(108 年普考)

12. 下列哪個議題較符合個體經濟學的研究範疇？
    (a) 個別廠商的決策
    (b) 各國人均所得的差異
    (c) 一國物價水準的跨期比較
    (d) 一國國內生產毛額的跨期比較
    (108 年普考)

網路習題

1. 悠遊卡可租車，請至 iRent 官網：https://www.easynet.com.tw/irent/web/index.html，請問 iRent 租車程序為何？
2. 請至行政院主計總處網站：https://www.dgbas.gov.tw，下載人力資源調查結果分析項下，最近一個月的新聞稿。請簡單說明勞動力、就業與失業狀況，以及非勞動力人數。

Chapter 2

選擇 A 錢多
選擇 B 事少
選擇 C 離家近

機會成本及應用

好男不當兵？對臺、韓男藝人來說："當兵"是洪水猛獸，主要是擔心入伍之後，造成人氣下滑，因此，費盡千方百計延後入伍時間。[1]

為何有些知名的男藝人會如此？雖然上列報導給社會的觀感不是很好，但我們可從經濟學的角度來看是否合理。如果他們在紅極一時下跑去當兵，天曉得他們當完兵後是否還會有那麼多片約、廣告酬勞？換言之，去當兵而犧牲片約 —— 機會成本太大了，他們寧願用延長就學年限來逃避兵役，這種"交易"怎麼說都划算！

本章首先探討在資源稀少的情形下，如何做最有利的選擇；其次，利用機會成本概念來解釋廠商可能的生產選擇；最後，再利用機會成本來解釋交易的好處。

本章重點

機會成本
生產可能曲線
比較利益
絕對利益

[1] 資料來源：《聯合報》，2015 年 1 月 13 日。

2-1 機會成本

　　假設早上第四節上完經濟學後,你想輕鬆一下。此時你有許多選擇:吃中飯、看電視、到操場打球、睡午覺或溫習經濟學。如果你最想做的是吃中飯,睡午覺次之,我們就可以說,吃中飯的機會成本是睡午覺。

> **機會成本**　當選擇一項商品時,放棄次佳選擇的代價。

　　一項商品或活動的**機會成本** (opportunity cost) 是指,當你選擇一項商品時,放棄次佳選擇的代價。譬如,高中畢業後,小英考上國立大學,就學一年的機會成本是多少?上大學的機會成本應該包括就讀大學的費用與放棄工作的收入兩項。假設小英不念大學,可以在 7-Eleven 工作,每個月薪水 2 萬元,一年收入總共是 24 萬元。其次,假設國立大學一年的學費及書籍、雜費等是 5 萬元,如果小英寒、暑假三個月在加油站打工的收入是 3 萬元。根據上述資料,我們先計算小英上大學所放棄的收入:一年是 24 萬元,但要扣除打工的收入 3 萬元。所以,上大學放棄的淨收入是 21 萬元。其次,上大學的機會成本是放棄工作的淨收入加上就讀大學一年的費用,即 21 萬 + 5 萬 = 26 萬元。因此,小英就讀國立大學一年的機會成本是 26 萬元。

　　因為資源的稀少,人們做決定時自然面臨選擇。譬如,午餐可以有許多種不同選擇:麥當勞、排骨飯、水餃、自助餐、素食或牛肉麵。由於預算有限,你只能選擇其中的一項消費。當你選擇麥當勞超值全餐時,等於是放棄其它選擇。

　　機會成本的觀念告訴我們,天下沒有白吃的午餐,做任何事都必須付出代價。譬如,選擇看電影,就是放棄打工的收入;當你讀這本書時,就表示要放棄到外面玩樂的機會。

　　當我們計算機會成本時,有幾點必須注意:第一,機會成本是放棄次佳選擇的代價。譬如,晚飯後,你有三種娛樂選擇:花 250 元看電影、200 元唱 KTV 或 300 元打保齡球。如果你的選擇順序是唱 KTV、看電影、打保齡球,則唱 KTV 的機會成本是看電影的 250 元,而不是看電影和打保齡球的加總 550 元;第二,有些機會成本是主觀的,無法用金錢衡量。譬如,你放棄逛街而在家上網玩線上遊戲,在這種情況下,不但無法將逛街的樂趣用金錢表現,實際價值也因人而異;第三,同一事件的機會成本和次佳選擇的機會成本因時間不同而有差異。譬如,星期三晚上讀經濟學和星期六晚上讀經濟學的機會成本一定不同。

2-2 生產可能曲線

當生產者從事生產行為時，會選擇不同生產技術、搭配不同原料，來生產不同數量的商品。譬如，華碩電腦可選擇不同中央處理器搭配不同主機板、不同顯示卡，以及不同尺寸的螢幕來裝配功能不同的筆記型電腦。本節利用機會成本的概念，來說明生產者的選擇行為。

2-2-1 生產可能曲線的假設

在現實生活中，廠商生產商品或服務時，有多種的生產可能 (production possibilities)，我們可用一經濟模型來加以說明。以下是模型的一些基本假設：

1. 整個經濟社會只生產兩種商品：手機和披薩。
2. 時間是固定的，譬如，一年。換言之，我們討論一年內廠商生產手機或披薩的數量。
3. 在這段期間內，生產因素數量是固定的。譬如，經濟社會的勞動人數在一年內是固定不變的。
4. 在這段期間內，技術水準是不會改變的；亦即，這一年內，沒有任何科技創新。
5. 充分就業，亦即所有生產因素都用來生產兩種商品，不能有剩餘。

這五個假設協助可說明生產可能曲線的概念。稍後，我們會逐一放寬假設來討論較複雜的生產可能曲線模型。

2-2-2 生產可能曲線的定義

生產可能曲線 (production possibilities frontier, PPF) 是指在生產因素數量及技術水準固定不變下，經濟社會所能夠生產商品最大數量組合的軌跡連線。圖 2-1 的 ag 就是整個經濟社會的生產可能曲線，此曲線來自表 2-1。

以圖 2-1 的 a 點為例，假設將所有資源都拿來生產手機，經濟社會能夠生產 60 單位手機 (與 0 單位披薩)；g 點是指經濟社會將所有資源都用來生產披薩，能夠生產 60 單位披薩 (與 0 單位手機)；b 點則是指經濟社會將一部分資源用來生產 10 單位披薩，剩下的資源能夠生產 58 單位手機。

我們沿著 PPF 從 d 點移至 e 點，表示社會為了多生產 10 單位披薩必須放棄 10 單位手機的生產。如果我們必須放棄手機的生產，才可以多增加披薩的產量，則稱資源的使用是有效率 (efficient) 的。效率是指利用既有資源，能夠生產商品的最大數量。

> **生產可能曲線** 在生產因素數量和技術水準固定不變下，經濟社會所能夠生產商品最大數量組合的軌跡連線。

> **效率** 利用既有資源，能夠生產商品的最大數量。

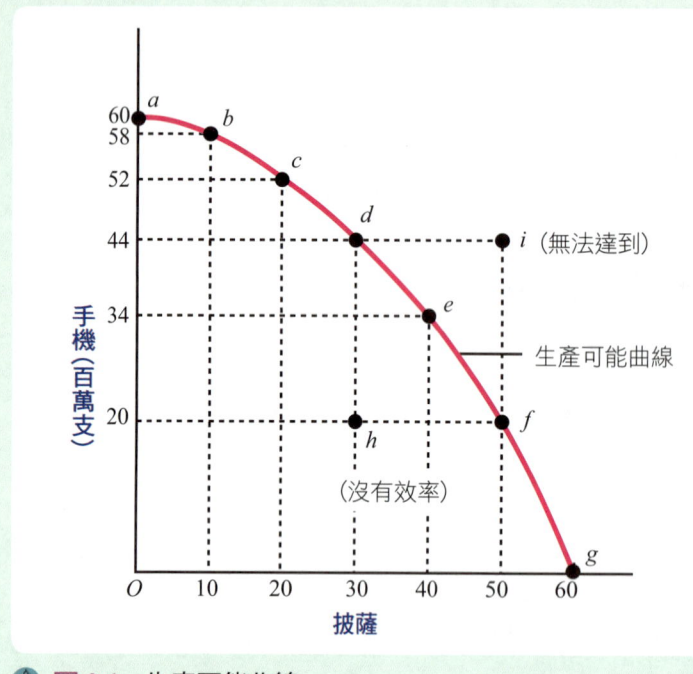

▲ 圖 2-1 　生產可能曲線

生產可能曲線是經濟社會能夠生產最大數量商品組合的軌跡，也就是 abcdefg 的連線。i 點超過生產限制，為無法達到的生產點；h 點是沒有效率 (或存在失業) 的生產點。

表 2-1 　生產可能曲線

點	披薩	手機	機會成本
a	0	60	$\frac{58-60}{10-0}=-0.2$
b	10	58	$\frac{52-58}{20-10}=-0.6$
c	20	52	$\frac{44-52}{30-20}=-0.8$
d	30	44	$\frac{34-44}{40-30}=-1.0$
e	40	34	$\frac{20-34}{50-40}=-1.4$
f	50	20	$\frac{0-20}{60-50}=-2.0$
g	60	0	

　　圖 2-1 中的 h 點是**沒有效率** (inefficient) 的生產點。[2] 在 h 點，經濟社會生產 30 單位披薩及 20 單位手機。相對於 h 點而言，d 點能夠多生產 24 單位手機，且無須減少披薩的生產數量；同樣地，f 點是指在同樣手機產

---

[2] 也可以解釋有失業 (unemployment) 的生產點，生產因素數量沒有完全用盡，仍有部分的生產因素未被雇用，也就是沒有達到充分就業。

Chapter 2　機會成本及應用　21

從臺灣看天下

羊毛出在狗身上，由豬埋單

張學友演唱會的門票一張值多少錢？2,000元？還是5,000元？答案是不用錢。

這種模式顛覆經濟學思維嗎？其實是羊毛出在狗身上，由豬埋單 (羊是指消費者，狗是指擁有大數據的公司，而豬則是指花錢買大數據的企業)。2015年，當時中國瀏覽量最大的中文入口網站騰訊，舉辦了22場網路免費演唱會，找來張惠妹、蕭敬騰等歌手，觀看人數超過1,880萬人，包下1,200個巨蛋都不夠坐。

2004年成立的樂視也是網際網路和大數據的最佳寫照。樂視共同創辦人賈躍亭曾喊出"未來連汽車都免費"的廣告。

騰訊與樂視瘋了嗎？當然不是，騰訊不是只看重產品本身的價值，而是從消費者使用中賺取整套服務財。《物聯網革命》(The Zero Marginal Cost Society) 的作者里夫金 (Jeremy Rifkin) 認為，當網路把人與人、人與物串聯在一起，所有的訊息都能輕易交流，物聯網發展到極致，人們在上頭獲得一切所需，透過交換與分享，零元世紀終將來臨。

大數據與物聯網是零元世紀兩大不可或缺元素。免費經濟要能夠壯大，不只侷限於不用從口袋掏錢，還要提供讓消費者感動的商品與服務。這印證了阿里巴巴創辦人馬雲的一句話："大數據時代是自己去服務好別人，讓別人更爽。"

資料來源：
呂國禎，"互聯網＋顛覆世界"，《天下雜誌》，598期、2016年5月23日。
康育萍，"大數據的生意經"，《商業周刊》，1438期、2015年6月4日。

量下，能夠多生產20單位披薩。因此，當經濟社會能夠在不減少一商品數量下，增加另一商品的生產數量，我們稱資源使用未達效率境界。在圖2-1，PPF上的任何一點，如 d 點或 f 點，皆為有效率的生產點；相反地，i 點是**無法達到** (unattainable) 的生產點，原因是資源的稀少性。由於 d 點及 f 點皆為有效率生產點，經濟社會並沒有多餘的資源來生產50單位披薩及44單位手機。因此，任何位於 PPF 以外的生產點，都是無法達到的生產點。PPF 可以視為生產的最大極限或**疆界線** (frontier)。

剛剛我們提到從 d 點沿著 PPF 到 e 點，經濟社會為了多生產10單位披薩，必須放棄10單位手機的生產，這是一種機會成本的觀念。記得，機會成本是放棄次佳選擇的代價。由於在 PPF 模型中，經濟社會只生產兩種商品；當你選擇披薩時，手機就是次佳選擇。換言之，從 d 點到 e 點，生產1單位披薩的機會成本是1單位手機；同樣地，從 d 點到 c 點，多增加 8 單位手機生產 (從 44 單位到 52 單位)，必須放棄 10 單位披薩的生產 (從 30 單位到 20 單位)。換言之，從 d 點到 c 點，生產 1 單位手機的機會成本是 1.25 單位披薩。

2-2-3 生產可能曲線的形狀

在圖 2-1，生產可能曲線的形狀是凹向原點 (concave to the origin) 或弓箭外張 (bowded-out) 的形狀。從 a 點沿著 PPF 到 g 點，每增加 10 單位披薩生產，所必須放棄的手機生產數量愈來愈多。譬如，從 a 點到 b 點，當生產第一個 10 單位披薩時，社會所釋放的資源一定是最適合生產披薩，與最不適合生產手機的勞工、原料和機器設備。所以，手機產量只要稍作犧牲，便可換取較多的披薩產量。具體來說，披薩的機會成本是 0.2 單位手機。從 b 點到 c 點，所釋放的資源還是比較適合生產披薩。只要放棄 6 單位手機，即可多得到 10 單位披薩；亦即，機會成本等於 0.6 單位手機。

當經濟社會處在 f 點時，大部分資源，包括手機製造工程師與軟體設計人員，都用來生產披薩。從 f 點到 g 點，要得到最後 10 單位披薩，必須放棄的手機數量是 20 單位；亦即，機會成本等於 2 單位手機。那些只懂得程式和手機硬體的勞工，以及手機零件全部用來生產披薩，可想而知，對披薩產量的貢獻必定是少得可憐。

因此，從 a 點經過 b 點、c 點，一直到 g 點，生產披薩的機會成本不斷地提高 (如表 2-1 所示)。這種因為資源無法完全替代，而導致另一商品數量呈現遞增的現象，稱為機會成本遞增法則 (law of increasing opportunity cost)。機會成本遞增是因為在生產過程中，商品的生產資源不能完全相互替代。工程師不見得能烘焙出好的披薩，廚師不見得會生產手機。如果資源在生產過程中能完全替代，生產可能曲線為一直線，而 PPF 上任何一點的機會成本都是固定。

> **機會成本遞增法則** 在資源使用有效率的情形下，每增加商品一單位生產數量，另一商品生產減少的數量會愈來愈多。

2-2-4 生產可能曲線的移動

生產可能曲線在定義中是假設下列條件固定不變：時間、資源 (生產因素) 與技術水準。當其中一個條件變動而造成 PPF 向外移動，我們稱為經濟成長 (economic growth)；反之，若 PPF 向內移動，稱為經濟衰退 (economic recession)。我們可利用圖 2-2 來說明。

隨著時間經過，許多企業重視研究發展，智慧型手機生產技術日新月異，新披薩機器節省做披薩餅皮的人力，每一名勞工的單位產量提高，使整條 PPF 向外移動。在圖 2-2，E 點的手機及披薩產量都比 A 點多。

> **經濟成長** 生產可能曲線向外移動，反映經濟社會生產商品的數量愈來愈多。

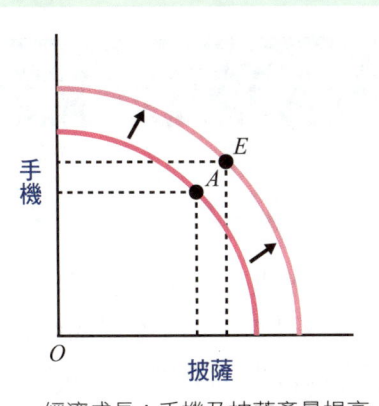

經濟成長：手機及披薩產量提高

隨著時間經過，生產因素數量增加，技術進步，使手機及披薩產量均增加。

▲ 圖 2-2　生產可能曲線的移動

2-2-5　生產可能曲線與基本經濟概念

我們從生產可能曲線模型學習到基本經濟概念，包括效率、失業、機會成本、機會成本遞增法則和經濟成長。第一是效率，PPF 上的任何一點都是有效率生產點，資源皆已充分有效率的使用；第二是失業，若整個社會的資源沒有完全使用而有閒置時，社會便存在失業現象，此時的生產點會落在 PPF 線之內；第三是機會成本，反映出多生產披薩，就必須少生產手機。生產披薩的代價就是放棄手機的生產；第四是機會成本遞增法則，因為資源在生產過程中並非能完全替代，手機製造工程師不等於廚師。當披薩產量持續增加時，手機生產減少的數量呈現遞增；第五是經濟成長，一經濟社會生產的商品數量與日俱增，表示這個國家有經濟成長，反映在生產可能曲線模型，是 PPF 向外移動。

2-3　比較利益

上一節運用機會成本概念說明整個經濟社會生產的選擇行為。本節是機會成本的另一個應用：人與人之間進行的交易，可以互蒙其利。

以下用一個例子來說明交易的好處。假設某偏遠小鎮有兩戶人家毗鄰而居：一戶經營牧場，以生產羊肉為主；另一戶則是經營葡萄園，主要生產葡萄酒。如果兩家主人都喜歡品酒和烤羊小排，同時，都在自己的土地上撥出一部分來種植葡萄及豢養羊隻。

假設牧場主人和葡萄園主人每週工作 40 小時，時間分配在牧羊與種植葡萄兩件事情上。表 2-2 列出兩家生產羊肉與葡萄酒所需花費的時間。

表 2-2　羊肉和葡萄酒的生產時間與每週生產數量

	生產羊肉和葡萄酒的時間		每週 (40 小時) 生產羊肉和葡萄酒數量	
	羊肉 (1 公斤)	葡萄酒 (1 公升)	羊肉	葡萄酒
葡萄園主人	10 小時	5 小時	4 公斤	8 公升
牧場主人	2 小時	8 小時	20 公斤	5 公升

　　葡萄園主人花 10 小時可以生產 1 公斤羊肉，或 5 小時生產 1 公升葡萄酒；而牧場主人花 2 小時生產 1 公斤羊肉，或 8 小時生產 1 公升葡萄酒。

　　根據表 2-2 的資料繪成圖 2-3。圖 2-3(a) 為葡萄園主人的生產可能曲線。如果葡萄園主人將全部時間 (40 小時) 用來生產葡萄酒，則能夠生產 8 公升葡萄酒與 0 公斤羊肉。如果她全數投入生產羊肉，可生產 4 公斤羊肉與 0 公升葡萄酒。值得注意的是，圖 2-3(a) 的生產可能線為一直線。這意味著葡萄園主人生產葡萄酒與羊肉的資源和生產技術是相同的。

　　圖 2-3(b) 為牧場主人的生產可能曲線。如果牧場主人將所有時間投入生產羊肉，他能夠生產 20 公斤羊肉和 0 公升葡萄酒。若所有時間全部用來生產葡萄酒，則能夠生產 5 公升葡萄酒及 0 公斤羊肉；同樣地，圖 2-3(b) 的生產可能曲線也是一條直線。

　　若牧場與葡萄園兩家間並沒有進行交易；亦即，兩家都選擇自己生產、自己消費的模式，則兩家均會在自己的 PPF 上選擇一點消費。我們假設葡萄園主人在沒有交易前的自給自足組合是在圖 2-3(a) 的 A 點：每週 4 公升葡萄酒和 2 公斤羊肉。牧場主人在沒有交易前的自給自足組合是在圖 2-3(b) 的 B 點：每週 2.5 公升葡萄酒和 10 公斤羊肉。

　　我們知道，生產可能曲線的斜率是機會成本——多得到 1 公升葡萄酒，必須放棄羊肉的數量。在圖 2-3(a)，斜率是 $-1/2$，反映葡萄園主人生產 1 公升葡萄酒的機會成本是 1/2 公斤羊肉。在圖 2-3(b)，斜率是 -4，表示牧場主人生產 1 公升葡萄酒的機會成本是 4 公斤羊肉。

　　表 2-3 整理出葡萄園主人與牧場主人生產葡萄酒和羊肉的機會成本。以牧場主人的生產可能為例，他拿全部時間生產羊肉 20 公斤；反之，全部時間用來生產葡萄酒是 5 公升。所以，生產 1 公斤羊肉的機會成本是 5 公升/20 公斤 ＝ 1/4 公升的葡萄酒。

　　葡萄園主人想生產 4 公斤的羊肉就必須放棄 8 公升葡萄酒的生產。所以她生產 1 公斤羊肉的機會成本是 8 公升/4 公斤 ＝ 2 公升的葡萄酒。

　　根據表 2-2，牧場主人生產羊肉的機會成本 (1/4 公升葡萄酒) 低於葡萄園主人生產羊肉的機會成本 (2 公升葡萄酒)。兩人在羊肉的生產上，由牧場主人來生產羊肉比較划算，所以他具有比較利益，可以專業化生產羊

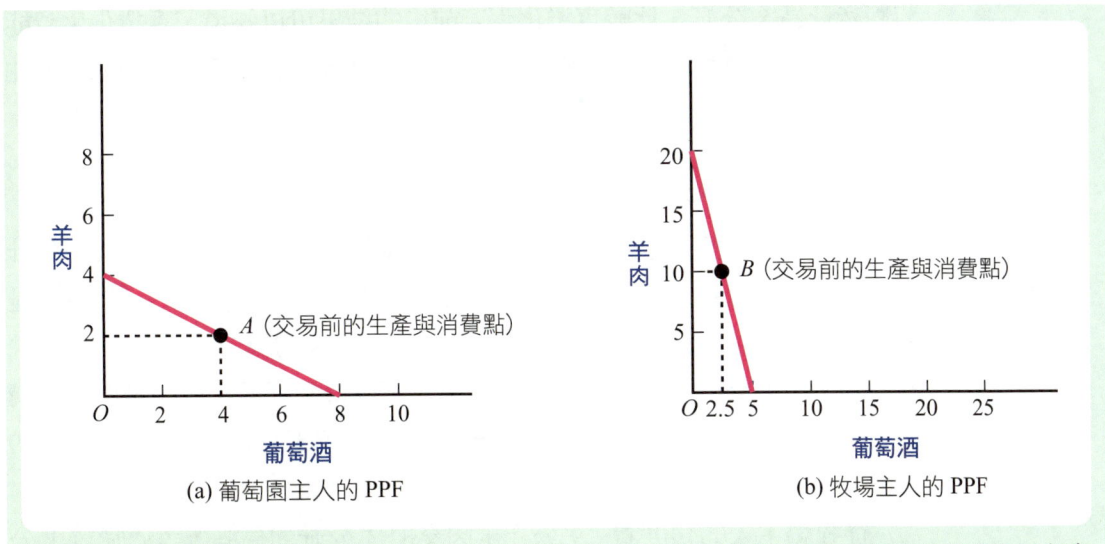

(a) 圖，A 點是葡萄園主人自給自足生產點與消費點；(b) 圖，B 點是牧場主人自給自足的生產點與消費點。

圖 2-3　生產可能曲線

表 2-3　比較利益

	生產羊肉和葡萄酒的機會成本		專業化生產	
	羊肉	葡萄酒	羊肉	葡萄酒
葡萄園主人	8/4 = 2 公升葡萄酒	4/8 = 1/2 公斤羊肉	0 公斤	8 公升
牧場主人	5/20 = 1/4 公升葡萄酒	20/5 = 4 公斤羊肉	20 公斤	0 公升

肉。另一方面，葡萄園主人釀造葡萄酒的機會成本 (1/2 公斤羊肉) 低於牧場主人釀造葡萄酒的機會成本 (4 公斤羊肉)。葡萄園主人在生產葡萄酒上具有比較利益，她可以專業化釀造葡萄酒。

　　表 2-3 的右欄為專業化生產的商品數量。如果葡萄園主人將所有時間全部用來釀酒，可生產 8 公升葡萄酒與 0 公斤羊肉。而牧場主人將所有時間用來生產羊肉，可生產 20 公斤羊肉與 0 公升葡萄酒。這種利用比較機會成本高低來決定商品種類的生產，稱為**比較利益法則** (law of comparative advantage)。比較利益法則是指，個人或國家生產特定商品的機會成本較低時，其在生產該項商品上具有比較利益。

　　交易是否能提高葡萄酒與羊肉的總產量？依據圖 2-3，在葡萄園主人與牧場主人未進行交易前，葡萄園主人生產 2 公斤羊肉，而牧場主人生產 10 公斤羊肉，故交易前的羊肉總產量是 12 公斤。另一方面，葡萄園主人每週釀酒 4 公升，牧場主人釀酒 2.5 公升，交易前的葡萄酒總產量是 6.5 公升。然而，表 2-3 告訴我們專業化生產後的羊肉總產量是 20 公斤，葡

比較利益法則　個人或國家生產特定商品的機會成本較低時，其在生產該商品上具有比較利益。

萄酒產量是 8 公升。比較專業化生產前後的結果可以知道，專業化生產能夠使羊肉和葡萄酒的總產量提高，分別為羊肉增加了 8 公斤，葡萄酒增加了 1.5 公升。

2-3-1 比較利益與交易

交易可否為雙方帶來好處？想像葡萄園與牧場兩家主人同意以 3 公升葡萄酒交換 9 公斤羊肉；換言之，葡萄園主人買 1 公斤羊肉的"價錢"是 1/3 公升葡萄酒。這個"價錢"遠低於他生產羊肉的機會成本──2 公升葡萄酒。如果雙方決定交易，葡萄園主人可以得到好處，原因是向別人購買比自己生產便宜。交易的結果是葡萄園主人可以享受 5 公升葡萄酒與 9 公斤羊肉。

從牧場主人的角度看，9 公斤羊肉交換 3 公升葡萄酒，等於購買 1 公升葡萄酒的"價錢"是 3 公斤羊肉。這個"價錢"低於他自行生產葡萄酒的機會成本，4 公斤羊肉。因此，他會同意和葡萄園主人進行交易，交易後的數量使得牧場主人能夠消費 3 公升葡萄酒與 11 公斤羊肉。

圖 2-4 繪出交易前後的羊肉與葡萄酒消費數量。如果兩家分別知道生產羊肉和葡萄酒的機會成本，並依據比較利益法則訂定契約，進行**專業化生產** (specialization)。請見圖 2-4(a)，葡萄園主人會在 C 點生產 8 公升葡萄酒，且拿其中的 3 公升葡萄酒進行交易。交易後，葡萄園主人是在 A′

專業化生產 個人或國家僅生產某項商品。

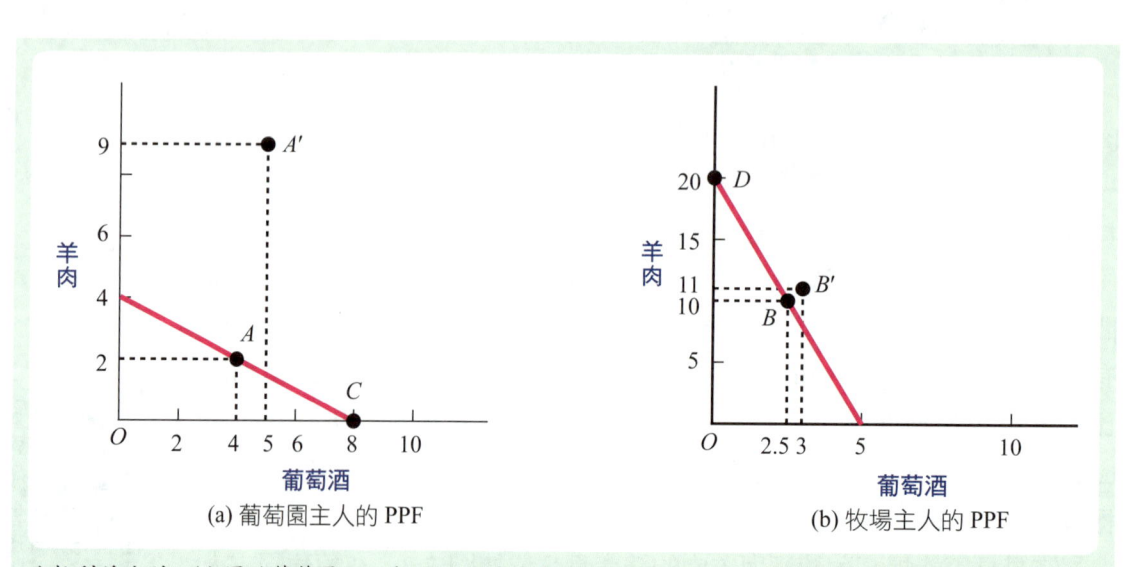

(a) 葡萄園主人的 PPF

(b) 牧場主人的 PPF

比較利益法則，(a) 圖的葡萄園主人在 C 點生產與在 A′ 點消費。A′ 點在 A 點的右上方，表示交易後，葡萄園主人比以前消費更多羊肉和葡萄酒。(b) 圖的牧場主人會在 D 點生產，而在 B′ 點消費。B′ 點在 B 點的右上方，表示交易後，牧場主人會比以前消費更多的羊肉和葡萄酒。

圖 2-4 交易的好處

點消費，A 點是自給自足的消費組合。比較 A 點與 A′ 點發現，交易讓葡萄園主人比以前能消費更多的葡萄酒和羊肉。

在圖 2-4(b)，牧場主人選擇在 D 點生產，並將其中 9 公斤羊肉交換 3 公升葡萄酒，因此，他會在 B′ 點消費 3 公升葡萄酒和 11 公斤羊肉。比較 B 點與 B′ 點發現，交易後能夠讓牧場主人多消費 0.5 公升葡萄酒和 1 公斤羊肉。綜合以上的討論，我們知道專業化生產和交易可以為雙方帶來消費更多商品的好處，此可從表 2-4 與表 2-5 中看出。

表 2-4　專業化生產利益 (生產)

		自給自足	專業化生產	專業化生產利益
葡萄園主人	羊肉	2	0	
	葡萄酒	4	8	
牧場主人	羊肉	10	20	
	葡萄酒	2.5	0	
兩人的總量	羊肉	12	20	＋8
	葡萄酒	6.5	8	＋1.5

表 2-5　交易利益 (消費)

		交易前 (A)	交易後 (B)	交易利益 (B－A)
葡萄園主人	羊肉	2	9	＋7
	葡萄酒	4	5	＋1
牧場主人	羊肉	10	11	＋1
	葡萄酒	2.5	3	＋0.5
兩人的總量	羊肉	12	20	＋8
	葡萄酒	6.5	8	＋1.5

2-4　絕對利益

在表 2-2 中，牧場主人花較少時間生產羊肉，葡萄園主人則花較少時間釀造葡萄酒，容易得出比較利益的結果。若我們略微修改表 2-2 的資料，讓牧場主人釀製每公升葡萄酒的時間從 8 小時縮減為 4 小時。牧場主人在生產羊肉和葡萄酒上所花費的工作時間，都比葡萄園主人的時間要少。

表 2-6 指出，同樣每週工作 40 小時，牧場主人能夠生產 20 公斤羊肉或 10 公升葡萄酒，顯然比葡萄園主人的 4 公斤羊肉或 8 公升葡萄酒的生產數量多。當牧場主人在羊肉與葡萄酒的**生產力** (productivity) 均大於葡萄園主人羊肉與葡萄酒的生產力時，我們稱牧場主人在生產羊肉與葡萄酒上具有**絕對利益** (absolute advantage)。如果牧場主人在生產羊肉和葡萄酒上有絕對利益時，專業化生產和彼此交易是否仍會發生？

生產力　商品每小時的生產數量。

絕對利益　生產者對某種商品的生產，使用較少的生產因素投入，也就是生產該商品的生產力較高。

表 2-6　絕對利益

	生產羊肉和葡萄酒的時間		每週 (40 小時) 生產羊肉和葡萄酒數量	
	羊肉 (1 公斤)	葡萄酒 (1 公升)	羊肉	葡萄酒
葡萄園主人	10 小時	5 小時	4 公斤	8 公升
牧場主人	2 小時	4 小時	20 公斤	10 公升

表 2-7　機會成本

	生產羊肉和葡萄酒的機會成本	
	羊肉 (1 公斤)	葡萄酒 (1 公升)
葡萄園主人	2 公升葡萄酒	1/2 公斤羊肉
牧場主人	1/2 公升葡萄酒	2 公斤羊肉

表 2-7 列出葡萄園主人和牧場主人生產羊肉與葡萄酒的機會成本。由於工作時數不變，葡萄園主人生產羊肉和葡萄酒的機會成本和表 2-3 相同。在牧場主人方面，要生產 10 公升的葡萄酒就得放棄 20 公斤羊肉的生產。因此，牧場主人生產 1 公升葡萄酒的機會成本是 2 公斤羊肉；生產 1 公斤羊肉的機會成本是 1/2 公升葡萄酒。

由表 2-7 看，牧場主人生產羊肉的機會成本 (1/2 公升葡萄酒) 低於葡萄園主人 (2 公升葡萄酒)。因此，牧場主人在生產羊肉上具有比較利益；同樣地，葡萄園主人釀造葡萄酒的機會成本 (1/2 公斤羊肉) 低於牧場主人 (2 公斤羊肉)。因此，葡萄園主人在生產葡萄酒上具有比較利益。

圖 2-5 的資料來自表 2-6。圖 2-5(a) 是葡萄園主人的生產可能曲線，A 點是自給自足的生產的消費點：4 公升葡萄酒與 2 公斤羊肉。因為釀造葡萄酒的機會成本較低，依據比較利益法則，葡萄園主人能夠專業化生產葡萄酒，專業化生產點是 C 點。

圖 2-5(b) 是牧場主人的生產可能曲線。B 點是自給自足的生產與消費點：5 公升葡萄酒與 10 公斤羊肉。假設牧場主人向葡萄園主人提出建議：「每週我可以生產 3 公升葡萄酒與 14 公斤羊肉。用 3 公斤羊肉跟妳交換 3 公升葡萄酒。交換後，我可以消費 6 公升葡萄酒和 11 公斤羊肉 (B' 點)。而妳可以消費 5 公升葡萄酒和 3 公斤羊肉 (A' 點)。不知妳意下如何？」

如果葡萄園主人採納了該建議，牧場主人的生產點會在 D 點，而消費點是在 B' 點；而葡萄園主人的生產點在 C 點，而消費點在 A' 點。透過交易進行，能夠使消費超過生產限制，兩家都可以比以前消費更多的羊肉和葡萄酒。

因此，只要商品生產的機會成本不同，即使某人有絕對利益，比較利益法則仍然適用，交易可讓雙方獲利。絕對利益與比較利益的不同處在於絕對利益是比較商品間的生產力，而比較利益著重在機會成本的比較。

(a) 葡萄園主人的 PPF

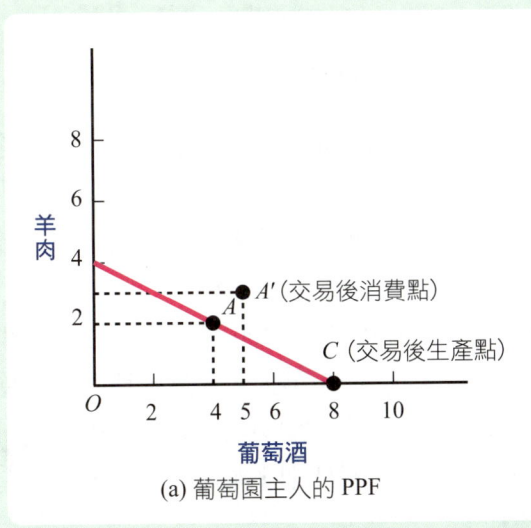

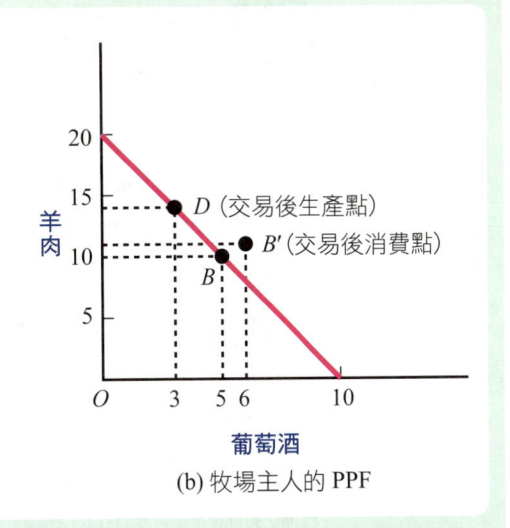

(b) 牧場主人的 PPF

在 (a) 圖，A 點是葡萄園主人自給自足的生產與消費點。交易後，她在 C 點生產和 A' 點消費。(b) 圖，B 點是牧場主人的自給自足生產與消費點。交易後，他在 D 點生產和 B' 點消費。

圖 2-5　生產可能曲線：絕對利益

實例與應用

世界貿易組織

世界貿易組織 (World Trade Organization, WTO) 成立於 1995 年，前身是關稅暨貿易總協定 (General Agreement on Tariffs and Trade, GATT)。世界貿易組織目前有超過 160 個會員國，會員國間的貿易往來金額占全球貿易總額的 90%。其成立的最主要目的是協助會員國間的貿易能夠平穩、公平、自由和可預測地進行。臺灣在 2002 年 1 月 1 日成為世界貿易組織的第 144 個會員國。

根據經濟部國際貿易局臺灣加入 WTO 十年成果的研究指出，臺灣入會後的平均 GDP 成長率達 4.66%，CPI 平均成長 1%。此外，臺灣在國際競爭力、貿易總額及全球貿易排名，入會後均有相當程度的提升與改善。在產業經濟部分，工業及服務業產值成長力道相當明顯，然而農業就業人口長期呈現逐年減少 (近 16 萬人)，農業生產力卻是上升的。

表 2-8 顯示臺灣加入 WTO 後，國際接軌程度已相當高，農、工、服務業的出口貿易皆呈穩定發展趨勢。

表 2-8　臺灣 2002 年及 2017 年出口值比較 (單位：億美元)

年度	貨品貿易 總出口值	貨品貿易 農業出口值	貨品貿易 工業出口值	服務貿易 出口值
2002 年	1,353	21	1,329	136
2017 年	3,172	50	3,105	452

資料來源：財政部關務署；中央銀行；經濟部國際貿易局；WTO 入口網。

2-5 結語

　　NBA 洛杉磯湖人隊小前鋒詹姆斯 (LeBron James)，應該留在家裡除草？還是去拍耐吉 (Nike) 的廣告？就算詹姆斯天賦異稟，能夠比常人少花費一半的時間將草除完，還是不值得這麼做。答案在機會成本和比較利益。

　　假設詹姆斯請鄰居幫忙除草，4 小時的代價是 200 美元。同樣的 4 小時，詹姆斯幫耐吉拍攝籃球鞋廣告的代價為 10 萬美元。詹姆斯除草的機會成本是 25,000 美元/1 小時，而鄰居除草的機會成本是 40 美元/1 小時。雖然詹姆斯除草有絕對利益，但根據比較利益法則，鄰居幫詹姆斯除草有比較利益。交易可以讓雙方都獲利。

　　比較利益法則也適用在國與國間的交易。美國平均每人所得超過 3 萬美元，每天享受從世界各地運來物美價廉的物品：咖啡來自巴西，玩具來自中國，汽車自日本進口，電腦為臺灣製造，水果來自中美洲。美國人民享受低價商品，各國享受經濟成長。比較利益使各國專業化生產機會成本相對較低的商品。國際貿易使全世界商品總產量提高，各國人民均蒙其利。國際貿易能否讓國內每一個民眾的福利水準都提高？這個課題留待第 8 章與 25 章再詳細討論。

摘要

- 資源是稀少的，慾望是無窮的。人們從事經濟行為會面臨選擇。選擇的基礎是機會成本。機會成本是放棄次佳選擇的代價。
- 生產可能曲線包括許多基本經濟觀念：效率、失業、機會成本、機會成本遞增法則、經濟成長和選擇。
- 生產可能曲線是描繪經濟運用既有資源，所能生產最大數量商品的軌跡。生產可能曲線的斜率就是機會成本。
- 凹向原點的生產可能曲線反映機會成本遞增法則。機會成本遞增是因為資源無法完全相互替代的緣故。
- 隨著時間經過，資源投入數量的變動，或技術水準的改變，均會造成生產可能曲線移動。
- 如果人們用較少的生產因素生產商品，我們就說他有絕對利益生產該商品。如果人們生產該商品的機會成本較低，則在生產該商品上具有比較利益。
- 人們依比較利益法則從事專業化生產，然後在交易中獲得利益。

習題

1. 有關就讀國立大學的機會成本，下列何者是最適當的表示？
   (a) 就讀國立大學時期所付之學雜費
   (b) 就讀國立大學時期所付之學雜費加上生活支出之和
   (c) 就讀國立大學所放棄的最高收入機會之報酬
   (d) 就讀國立大學所放棄就讀最貴私立大學的學雜費

2. 亮亮與晶晶共同經營一家小吃攤，販賣春捲與漢堡。亮亮做一個春捲需要 5 分鐘，一個漢堡需要 3 分鐘；晶晶做一個春捲需要 6 分鐘，一個漢堡需要 4 分鐘。根據比較利益原則及完全專業分工，他們應該如何分配小吃攤的工作？
   (a) 亮亮負責做春捲，晶晶負責做漢堡
   (b) 亮亮負責做漢堡，晶晶負責做春捲
   (c) 亮亮同時負責做春捲與漢堡
   (d) 晶晶同時負責做春捲與漢堡

3. 某國擁有 100 單位的生產要素，可用來生產汽車和機械。下列何者不會造成該國生產可能曲線改變？
   (a) 生產要素數量增加至 120 單位
   (b) 生產機械的技術改變
   (c) 閒置生產要素數量由 5 單位增加至 20 單位
   (d) 汽車和機械的生產力同時提高為 2 倍
   (108 年初等考試)

4. 在一國生產 X、Y 兩種產品的生產可能線上，如果從 A 點到 B 點，增加一單位 X 產品的機會成本為 $\frac{2}{3}Y$，則從 B 點到 A 點增加一單位 Y 產品的機會成本為：
   (a) $3X$
   (b) $\frac{3}{2}X$
   (c) $\frac{2}{3}X$
   (d) $\frac{1}{3}X$
   (108 年關務特考)

5. 假設烹飪課只要求炒菜與煮湯，已知小華炒菜具有絕對利益，小明炒菜具有比較利益。則：
   (a) 小華應該既炒菜又煮湯，小明完全不用做
   (b) 小華應該煮湯，小明應該炒菜
   (c) 小華應該炒菜，小明應該煮湯
   (d) 小華與小明不應該合作
   (108 年普考)

6. 老王與小張為詞曲創作人，假設他們兩人生產歌詞或曲子的生產可能曲線都是直線，老王每年可以完成 12 首歌詞或 2 首曲子，小張每年可以完成 12 首歌詞或 4 首曲子，請問若兩人一起合作，一年內可達成下列何種組合？
   (a) 22 首歌詞及 1 首曲子
   (b) 18 首歌詞及 2 首曲子
   (c) 16 首歌詞及 3 首曲子
   (d) 8 首歌詞及 5 首曲子 (108 年原住民特考)

7. 一筆 6,000 萬元的政府預算可用來拓寬馬路、蓋公園，或是興建托育中心。其社會淨效益分別是 1 億元、1.2 億元、2 億元。請問選擇興建托育中心的機會成本是多少？

8. 比爾·蓋茲 (Bill Gates) 是美國首富，機會成本的概念在他的身上是否適用？

9. 杰倫可以在 1 小時內做出 50 個三明治或招呼 25 個客人；文山可以在 1 小時內做出 20 個三明治或招呼 15 個客人。如果杰倫和文山打算合作開一家早餐店，誰應該掌廚？誰應該跑堂？ (103 年正修科大)

10. 下表是假設一個國家在固定期間內生產兩種商品：貝果和奶油起司。

貝果 (百萬個)	奶油起司 (千磅)
75	0
60	12
45	22
30	30
15	36
0	40

(a) 請畫出生產可能曲線 (奶油起司在縱軸)
(b) 機會成本遞增法則是否適用？

11. 請參考下表，並回答下列問題：

	生產 1 公斤所需的時間	
	豬肉	蔬菜
英九	20 小時	4 小時
英文	5 小時	8 小時

(a) 若一星期內，英九與英文各自用 20 小時來生產豬肉，各自用另外 20 小時生產蔬菜 (沒有交易)。請問兩人各自可以消費多少斤豬肉？各自可以消費多少斤蔬菜？
(b) 誰有生產蔬菜的絕對利益 (absolute advantage)？
(c) 誰有生產豬肉的比較利益 (comparative advantage)？

12. 比較利益法則解釋不同機會成本的商品可以進行交易。對同一商品而言，跨國間是否有貿易可能？譬如，美國會進口日本車，日本也會進口美國車。

13. 下圖為某國的生產可能曲線，當生產組合點如何移動時，生產 Y 的機會成本增加？

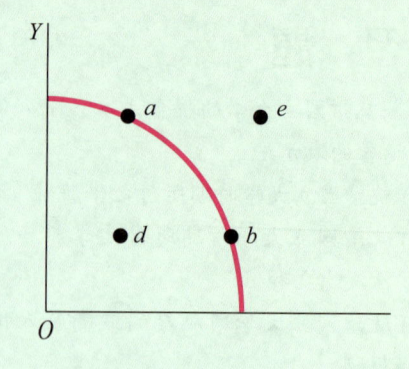

(a) d 點到 a 點
(b) b 點到 a 點
(c) a 點到 b 點
(d) a 點到 c 點 　　　　　(108 年初等考試)

網路習題

1. 請在搜尋引擎 Google 鍵入 "新冠肺炎" 與 "網際網路"，請問兩者帶來何種商機？

2. 古典機會成本的例子 "槍砲和奶油"：一個國家如將大部分資源生產槍砲 (國防)，只剩下一小部分資源生產奶油 (消費商品)。請至美國中央情報局網站：https://www.cia.gov/library/publications/the-world-factbook/index.html/，列舉 5 個國家軍事支出 (military expenditures) 占該國 GDP 的比例，並指出比例最高者。

Chapter 3

需求與供給

2016 年 1 月中旬，霸王級寒流侵襲臺灣，多處地方下雪 (如九份、內湖、太平山)，造成農損超過 20 億元，小黃瓜 1 斤要價 200 元。只要颱風侵襲臺灣過後，蔬菜由於雨水浸泡受損，造成供應減少，菜價因而飆漲。曾幾何時，由於氣象局對颱風報導的精準，使得颱風尚未到來前的數日，大賣場的蔬菜便被民眾一掃而空，同時菜價也因購買需求強烈而上揚。2019 年 8 月下旬的白鹿颱風未到臺灣，小白菜的漲幅已超過 3 倍；但在颱風過後的一個月，菜價又因供應過多而下跌 (蔬菜只要種植一個月即可收成)。為什麼颱風和寒害會造成菜價飆漲？

葉菜類的價格是由市場供給與需求之間的互動所決定。需求與供給是經濟學最重要的兩項工具，這兩項工具共同決定廠商將生產何種商品、商品的數量，以及商品的價格，且能使市場經濟順利運行。想像臺北市 260 多萬人口如何餵飽自己？家庭主夫 (婦) 早上到熟悉的市場買菜、上班族中午到附近餐廳用餐。市場體系的存在，能夠確保 260 多萬人口每天有足夠的食物。供給與需求決定魚販該批進多少數量的魚；麵包店要烘焙多少條吐司；必勝客 (Pizza Hut) 需進多少原料，才能製作適當數量的披薩。

本章重點

需　求
供　給
市場與均衡價格
需求的變動和供給的
　變動
失衡與政府政策

很難想像，臺北市並沒有一個單位專門負責協調、指揮食物的運送分配，但是每位臺北市民每天都能夠買到自己所需的食物，不同的蔬菜、水果、肉類、罐頭都能精確地送到需要的地方。那一隻看不見的手──價格機能，透過市場供給與需求的調整，讓複雜的市場運作可以井然有序。

本章所要討論的是需求與供給理論、消費者與廠商的行為，以及彼此間的互動。其次，供給與需求如何決定市場價格，價格這個訊號如何有效率的分配資源。最後，政府政策如何影響生產者與消費者的行為。

3-1 需 求

當 iPhone 的價格下降至每支只要 15,000 元時，市場的需求量會有何變化？如果大麥克一個 75 元，你一個月會吃幾個？如果一個是 60 元，你又會吃幾個？

> **需求** 假設其它條件不變，消費者於固定期間內，在不同價格下，願意且能夠購買的商品數量。

需求 (demand) 是指在固定期間內，消費者面對不同的價格，所願意且能夠購買的商品數量。固定期間通常指一天、一星期、一個月、一季或一年。在定義中的"能夠"是指消費者客觀的購買能力。魯夫非常喜歡賓士休旅車，卻沒有能力花 300 萬元購買，這表示魯夫無法"消費"賓士休旅車。另外，願意是指消費者主觀的喜好程度。真彥月入 10 萬元，買得起 iPhone 12，但他卻只喜歡三星手機，這表示真彥有能力購買 iPhone 12，卻不願意購買。所以，真彥"消費"三星手機，而未消費 iPhone 12。當阿牛在喫茶趣享受一頓悠閒下午茶時，即意味著阿牛"客觀"上，口袋裡有錢；"主觀"上，喜歡悠閒，才會有需求發生。

3-1-1 需求表與需求曲線

> **需求量** 消費者願意且能夠購買的數量。

為了方便說明，我們以阿亮消費大麥克的例子來描述價格與**需求量** (quantity demanded) 之間的關係。假設阿亮每個月都會上麥當勞報到，尤其嗜吃該店的大麥克。表 3-1 列出在不同價格下，阿亮每個月購買大麥克的數量。

當價格訂在 105 元時，阿亮每個月會買 4 個；當價格降為 90 元時，阿亮會買 8 個；在價格為 45 元時，則每個月會買 20 個。價格持續下降，阿亮購買的數量也愈來愈多。我們稱表 3-1 為**需求表** (demand schedule)。

圖 3-1 是將表 3-1 的資料繪成圖形。大麥克的價格在縱軸，而大麥克的數量在橫軸。a、b、c、d、e 五個點分別對應表 3-1 的五個價格與數量

表 3-1　阿亮的大麥克需求表

	價格	需求量
a	45	20
b	60	16
c	75	12
d	90	8
e	105	4

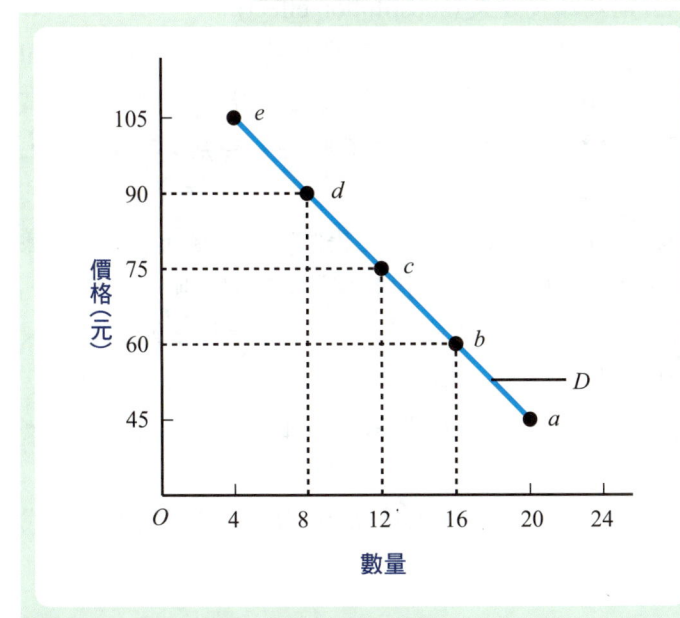

圖 3-1　阿亮的大麥克需求曲線

當價格下跌時，購買數量會增加，譬如，當一個大麥克由 75 元跌至 60 元時，阿亮購買數量會由 12 個增加到 16 個。

組合。這五個點以直線連接，可得到阿亮對大麥克的**需求曲線** (demand curve)。

圖 3-1 的需求曲線具負斜率。斜率的計算如下：

$$\text{需求曲線的斜率} = \frac{\Delta P}{\Delta Q} = \frac{60-75}{16-12} = -\frac{15}{4} = -3.75 \qquad (3\text{-}1)$$

式 (3-1) 計算 c 點到 b 點的斜率。ΔP 是價格的變動，當價格從 75 元降為 60 元時，ΔP 等於 -15 元。ΔQ 是需求量的變動，當數量從 12 個增加至 16 個時，ΔQ 等於 4 個。需求曲線的斜率是 -3.75，表示當價格上升時，需求量會減少；價格下跌，則需求量會增加。價格與需求量之間的負向關係，稱為**需求法則** (law of demand)。

經濟社會中，大多數的商品均符合需求法則。譬如，電腦展時，廠商

需求曲線　假設其它條件不變，說明價格與需求量關係的曲線。

需求法則　當其它條件不變時，價格下跌，需求量增加；價格上漲，需求量減少。

會進行降價促銷活動,以增加業績;百貨公司的換季大拍賣、過季商品的清倉等都是需求法則應用的實例。

為什麼商品價格下跌,需求量會增加?細究其背後原因,是由於替代效果和所得效果的緣故。當大麥克價格下跌,而相關商品的價格固定不變時,大麥克相對便宜。阿亮比較願意以大麥克替代披薩的消費,大麥克的需求量因而提高。這種因為價格下跌,引起相對消費數量的變動(多購買大麥克,少消費披薩),稱為**替代效果**(substitution effect)。

其次,當大麥克價格下跌時,阿亮的實質所得提高。**實質所得**(real income)是以商品數量衡量的所得。譬如,阿亮每月所得是 45,000 元。當一個大麥克售價是 75 元時,全部所得可以買 600 個大麥克;換句話說,阿亮的實質所得是 600 個大麥克。

如果麥當勞為了慶祝週年慶,而將大麥克售價降至一個 60 元,同樣的 45,000 元,現在可以買 750 個大麥克。我們說阿亮的實質購買力提高,亦即,阿亮的實質所得增加至 750 個大麥克。當價格調降時,阿亮本來只能買 600 個大麥克,現在則可以買 700 個,還多出 3,000 元可以購買可樂。這種因價格下跌使實質所得提高,商品的需求量增加的現象,稱為**所得效果**(income effect)。

簡單地說,價格下跌(上漲)引起需求量增加(減少)的總效果是替代效果與所得效果的加總。

3-1-2 需求量與需求

需求量為某特定價格下的需求數量。以表 3-1 為例,當價格為 90 元時,其需求量為 8 個大麥克。如果我們從圖 3-2 來看,它在需求曲線上,可以 a 點來表示,亦即是需求曲線上之一點。

需求為不同價格下之需求數量。表 3-1 就是需求,在各種不同價格下,會有不同的需求量與之對應。如果以圖 3-2 來表現,則是整條需求曲線 D_0。簡單地說,需求量是需求曲線上的一點;而需求則是代表整條需求曲線。

3-1-3 兩種變動

當我們瞭解需求量與需求的不同後,便可以清楚地區分出需求量變動(change in quantity demand)和需求變動(change in demand)的不同。

需求量變動 需求量既是需求曲線上的一點,需求量的變動就是在需求曲線上做點的移動。如圖 3-2 中,在 D_0 需求曲線上,從 a 點移動至 b 點。所以,需求量變動就是沿著需求曲線做點的移動。

替代效果 當 X 商品價格相對 Y 商品便宜時,消費者以多消費 X 商品來替代 Y 商品的消費。

實質所得 以商品數量衡量的所得。

所得效果 當 X 商品價格下跌時,消費者實質所得提高,X 商品的消費數量增加。

需求量變動 當價格變動時,需求量會沿著需求曲線上下移動。

圖 3-2　需求變動與需求量變動

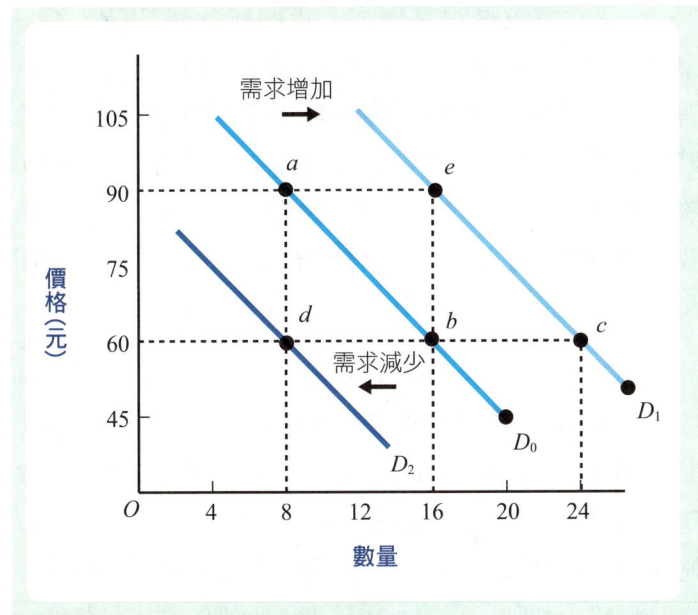

當價格下跌時，需求量會增加。從 a 點沿著需求曲線 D_0 移動到 b 點，是需求量變動。其它條件的改變，造成需求曲線右移或左移。從 b 點到 c 點或到 d 點，是需求變動。

需求變動　需求是代表整條需求曲線，需求變動就是整條需求曲線的移動。如圖 3-2 中，整條需求曲線從 D_0 移動至 D_1 就是需求增加。所以，需求變動就是整條需求曲線的移動。

需求變動　當其它條件變動時，需求曲線會向左或向右移動。

3-1-4　影響兩種變動的因素

大麥克一個 90 元時，阿亮一個月吃 8 個；當價格下降至 60 元時，阿亮一個月吃 16 個。可是當大麥克一個是 90 元時，阿亮由一個月吃 8 個變成一個月吃 16 個，價格沒變，阿亮的需求量增加，這要如何解釋？

影響需求量變動的因素　在其它條件不變下，引起需求量變動的因素是此商品的價格。商品價格的變動會引起商品需求量呈現反方向變動，這正是需求法則所要闡述的基本定義。所以，在圖 3-2 中，需求量變動是需求曲線不變 (其它條件不變) 下，沿著需求曲線做點的移動。

影響需求變動的因素　當商品的價格不變，在何種情況 (條件) 下，商品的需求量會增加 (或減少)？這些情況就是需求法則所謂的"其它條件"，也就是影響需求變動的因素。經濟學家將這些主要的因素歸納成四點：(1) 所得；(2) 相關商品的價格；(3) 預期；(4) 偏好。

所得　假設老闆見到阿亮工作認真，給他加薪 3,000 元，他的薪水變成 48,000 元。請問阿亮能夠購買的大麥克數量會增加，還是減少？所得提高代表消費能力提高，多出的所得可以購買許多商品，其中包括大麥克的消費。

> **正常財** 在其它條件不變下，所得增加引起需求量增加的商品。
>
> **劣等財** 其它條件不變，所得增加引起需求量減少的商品。

如果所得增加，商品的需求量跟著增加，我們稱此商品是**正常財** (normal good)；如果所得提高，需求量卻減少，我們稱該商品為**劣等財** (inferior good)。劣等財的例子有白米飯、泡麵、路邊攤食物，以及搭公車等。當你還是學生時是路邊攤的常客，但當你是月入 5 萬元的上班族時，會覺得路邊攤的食物太油膩且味精太多，而改上餐廳吃飯。圖 3-2 是所得增加，商品消費減少，導致需求曲線由 D_0 左移至 D_2 的圖形。同理，當所得減少使商品需求量增加，此商品也是劣等財。

相關商品的價格 商品與商品之間的關係，有些是搭配一起使用，有些則可以互相替代。譬如，咖啡與奶精搭配使用，會使咖啡味道更加香醇，我們稱咖啡與奶精是**互補品** (complementary goods)。當某項商品價格下跌時，另一項商品需求增加，則這兩項商品是互補品。除了咖啡與奶精以外，電腦硬體與軟體、汽車與輪胎、手機與 App 等，都是互補品的例子。若以圖形說明，當咖啡價格上漲時，根據需求法則，咖啡的需求量降低，連帶地使奶精的需求也減少，奶精的需求曲線向左移動。

> **互補品** 如果某一商品價格下跌，引起另一商品需求提高，則兩商品為互補品。

當某項商品價格上漲時，另一項商品的需求增加，此兩項商品互為**替代品** (substitution goods)。譬如，咖啡與紅茶、百事可樂與可口可樂、橘子與柳橙等。當咖啡價格上漲時，根據需求法則，咖啡需求量降低。由於咖啡與紅茶均含咖啡因，屬刺激性飲料，某些作用相似，因此有些人會以紅茶取代咖啡，紅茶需求因而增加，紅茶需求曲線向右移動。

> **替代品** 如果某一商品價格下跌，引起另一商品需求數量減少，則兩商品互為替代品。

預期 大麥克的消費不僅受現在所得與現在價格的影響，也受未來價格和未來所得的影響。譬如，你在下個月將有一份月薪 5 萬元的工作，這個月就可能會用儲蓄購物，包括衣服、皮鞋及多消費大麥克等。因此，預期未來所得提高，現在的商品需求增加，需求曲線向右移動。

此外，假設廠商宣布衛生紙明天漲價，今天就會看到許多人蜂擁至超市賣場搶購衛生紙；如果中油宣布明天調升汽油價格，今天加油站就會出現大排長龍的景象。因此，當預期未來商品價格上漲，現在消費數量提高，需求曲線向右移動；預期未來價格下跌，現在商品消費數量會減少，需求曲線向左移動。若麥當勞宣布自下週起，大麥克打 6 折，消費者現在消費大麥克的意願就會降低，需求量減少，大麥克需求曲線向左移動。

> **偏好** 消費者的喜好或不喜好。

偏好 偏好是指消費者對商品的喜好或不喜好。消費者如果喜歡某種商品，該商品的需求量會增加，需求曲線向右移動。譬如，新冠肺炎造成國人瘋搶口罩與消毒用酒精。口罩與消毒用酒精的需求增加，兩項商品的需求曲線向右移動；相反地，世界菸草或健康大會 (World Conference on

Tobacco or Health, WCTOH) 指出，吸菸和二手菸造成每 6 秒就有一人喪命，這會減少大眾對香菸需求，香菸的需求曲線向左移動。

為什麼籃球大帝麥可・喬丹品牌 "Jordan Brand" 以 7 年 7,500 萬美元與怪物狀元錫安・威廉森 (Zion Williamson) 簽下代言合約？當然是看重他撼動世界的能力，球迷瘋狂的追逐，能夠帶來可觀的銷售利潤。

3-1-5　市場需求

表 3-1 討論的是阿亮個人對大麥克的需求。然而，麥當勞不僅滿足個人需求，它面對的是整個市場的需求。大麥克的市場需求可由每個人對大麥克需求的數量加總而得。以表 3-2 為例，假設市場只有兩個人：阿亮與阿牛。當價格是 75 元時，阿亮每個月購買 12 個大麥克，而阿牛每個月購買 8 個大麥克，市場需求量等於 20 個 (= 12 個 + 8 個)；當價格上漲至 105 元時，阿亮每個月購買 4 個大麥克，阿牛每個月購買 6 個，市場需求量是 10 個。

圖 3-3 分別列出阿亮、阿牛及市場對大麥克的需求曲線。圖 3-3(c) 的市場需求曲線得自圖 3-3(a) 的阿亮需求，與圖 3-3(b) 的阿牛需求的水平加總。當大麥克一個賣 75 元時，圖 3-3(a) 的 c 點代表阿亮每個月消費 12 個；圖 3-3(b) 的 c 點代表阿牛每個月消費 8 個。圖 3-3(c) 的 c 點是 20 個，等於圖 3-3(a) 的 12 個加上圖 3-3(b) 的 8 個。

由於**市場需求** (market demand) 是個別需求的水平加總，任何影響個人需求的因素均會影響市場需求。因此，影響市場需求的因素有五：(1) 所得；(2) 相關商品的價格；(3) 預期；(4) 偏好；以及 (5) 消費者人數。

第五個因素，消費者人數不會影響個別需求，但是會影響市場需求。一個地區突然湧入大量人口，某些商品的市場需求將因而增加。譬如，新竹科學園區吸引大批高科技人才進駐，造成當地房地產價格上漲。中國人特別喜歡在龍年生龍子、龍女，使得嬰兒人數增加，造成對紙尿布、嬰兒奶粉、嬰兒衣服與嬰兒用具需求的增加，市場需求曲線因而向右移動。

> 市場需求　是個別需求的水平加總。

表 3-2　個人需求與市場需求

價格	阿亮的需求量	阿牛的需求量	市場的需求量
45	20	10	30
60	16	9	25
75	12	8	20
90	8	7	15
105	4	6	10

圖 3-3 市場需求

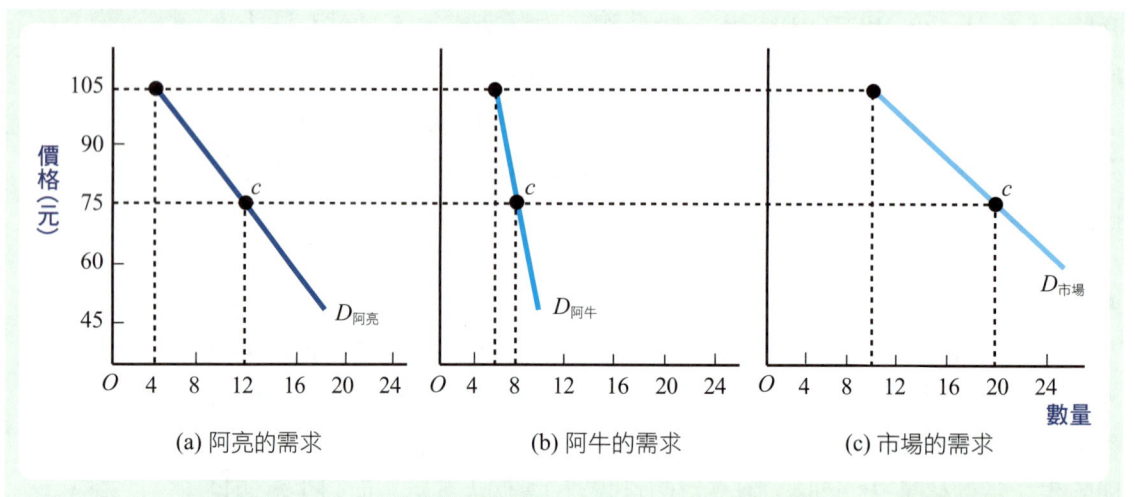

市場需求是個別需求的水平加總。當大麥克價格等於 105 元時，市場需求量是 10 個，等於阿亮的需求量 (6 個) 加上阿牛的需求量 (4 個)。

(a) 阿亮的需求　(b) 阿牛的需求　(c) 市場的需求

3-1-6 結　論

表 3-3 整理出需求量與需求變動的影響因素。表 3-3 分成兩個部分：需求量變動與需求變動。需求量變動是指商品本身價格發生改變，需求量的增減，這與需求法則有關。從圖形觀察，是同一條需求曲線兩個點間的上下移動，如圖 3-2 所示，由 a 點移到 b 點。需求變動是由其它條件變動所引起。從圖形觀察，是整條需求曲線向外或向內移動，由 D_0 右移至 D_1 或左移至 D_2 (請見圖 3-2)。

表 3-3　影響需求與需求數量的因素

	因素	變動方向	影響	對應圖 3-2
需求量變動	價格	上漲	需求量減少	$b \rightarrow a$
		下跌	需求量增加	$a \rightarrow b$
需求變動	所得	增加	需求增加 (正常財)	$b \rightarrow c$
			需求減少 (劣等財)	$b \rightarrow d$
	相關商品的價格	上漲	需求增加 (替代品)	$b \rightarrow c$
			需求減少 (互補品)	$b \rightarrow d$
	預期	未來所得增加	現在需求增加	$b \rightarrow c$
		未來價格下跌	現在需求減少	$b \rightarrow d$
	偏好	喜歡	需求增加	$b \rightarrow c$
		不喜歡	需求減少	$b \rightarrow d$
	消費者人數	增加	需求增加	$b \rightarrow c$
		減少	需求減少	$b \rightarrow d$

3-2 供給

在上一節中,我們討論商品需求,本節將討論商品市場的另一部分:**供給** (supply)。供給是指在固定時間內,假設其它條件不變,生產者願意且能夠提供的商品數量。生產 iPad 與 iPhone 的蘋果公司 (Apple) 是智慧型行動裝置的供給者,而上游的供應商,如鴻海和台積電也是供給者。其它如捷安特、耐吉、康是美、豪大雞排等都是供給者的例子。

3-2-1 供給表與供給曲線

為了方便說明,我們以麥當勞生產大麥克為例來說明價格與供給量間的關係。表 3-4 列出麥當勞在不同價格下,所願意且能夠生產的大麥克數量。當價格等於 45 元,麥當勞願意生產 4 個。在價格上漲至 60 元,麥當勞願意生產 8 個。我們稱表 3-4 為**供給表** (supply schedule)。

圖 3-4 是由表 3-4 所繪出大麥克的**供給曲線** (supply curve)。供給曲線描繪在其它條件不變時,廠商在不同價格下願意且能夠生產的數量。供給曲線具正斜率,而斜率的計算如下:

$$供給曲線的斜率 = \frac{\Delta P}{\Delta Q} = \frac{75 - 60}{12 - 8} = 3.75 \qquad (3\text{-}2)$$

式 (3-2) 中,ΔP 是價格的變動,ΔQ 是供給量的變動。正斜率的供給曲線是指,當商品價格上升,供給量會增加;當商品價格下跌時,供給量會減少。價格與供給量間成正向關係,我們稱為**供給法則** (law of supply)。

為何大麥克價格上漲,麥當勞生產的大麥克數量會提高?其理由有二:第一,價格上升意味著當麥當勞銷售同樣數量的大麥克時,總收入會增加,利潤因此提高,麥當勞便有誘因生產更多的大麥克。價格是一個訊號,利潤誘因使廠商願意將生產資源投入相對價格較高的商品。

表 3-4 麥當勞大麥克的供給表

	價格	供給量
a	45	4
b	60	8
c	75	12
d	90	16
e	105	20

供給 假設其它條件不變,生產者於固定期間內,在不同價格下,願意且能夠生產的商品數量。

供給曲線 假設其它條件不變,說明價格與供給量之間關係的曲線。

供給法則 其它條件不變下,價格上漲,生產數量增加;價格下跌,生產數量減少。

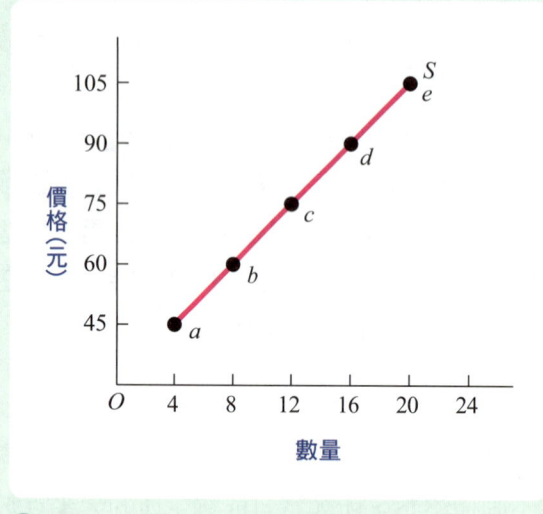

a、b、c、d、e 五個點分別對應表 3-4 五個不同的價格與供給量組合。當價格上升時，廠商所願意且能夠生產的數量會提高。

圖 3-4 麥當勞大麥克的供給曲線

　　第二，當麥當勞生產更多的大麥克時，生產大麥克的原料，如牛肉、起司、生菜等因其需求增加，導致價格會上漲，此引起大麥克 (成本提高) 價格亦上升。

3-2-2 影響供給變動的因素

　　供給法則描述價格變動引起供給量的改變。除了商品價格外，影響商品供給量變動的因素尚有四個：(1) 技術；(2) 生產因素 (或投入) 價格；(3) 相關商品的價格；以及 (4) 預期。以下讓我們逐一陳述影響供給的各因素。

技術　如果麥當勞研發出自動化生產大麥克的機器，就能夠減少員工的雇用，生產成本可隨之降低。在這種情況下，麥當勞比較有能力且願意多生產大麥克，供給曲線向右移動，如圖 3-5 所示。

生產因素 (或投入) 價格　臺灣夏天常受颱風影響，造成蔬菜歉收，導致菜價上揚；同樣地，麵粉與生菜漲價，大麥克生產成本上升、利潤下跌。大麥克供給減少，供給曲線向左移動。

相關商品的價格　某些商品的生產過程會用到相同的生產因素。如漢堡與燒餅，當漢堡的價格上漲時，很多麵粉會移轉去生產漢堡，由於可生產燒餅的麵粉相對減少，所以燒餅的供給曲線向左移動。

預期　若麥當勞宣布自下週起將調漲大麥克的價格，在這種情況下，麥當勞會將製作原料暫存倉庫，使得本週大麥克的供給量減少，供給曲線向左移動。相對地，當廠商預期每年的感恩節到聖誕節期間，消費者購買意願

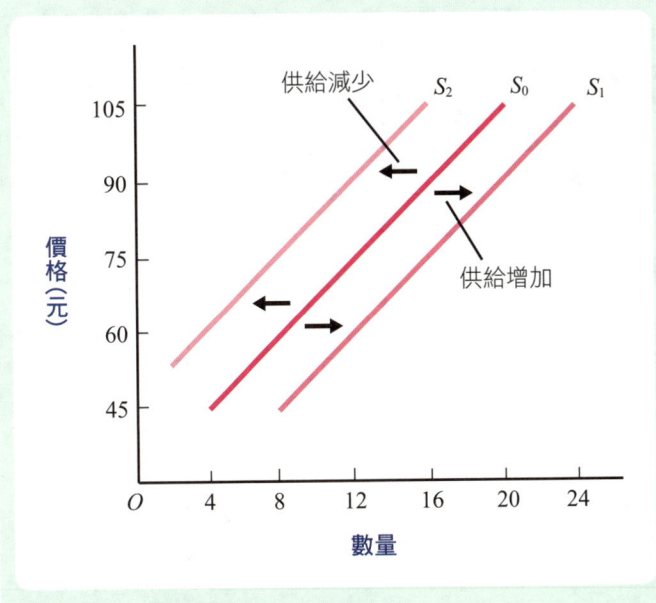

供給增加代表供給曲線由 S_0 右移至 S_1。技術進步使生產成本降低，在不同價格下，供給量會增加。供給減少代表供給曲線由 S_0 左移至 S_2。生產因素價格上漲造成生產成本上漲，在不同價格下，廠商所願意且能夠提供的數量會減少。

圖 3-5 供給增加與供給減少

特別高時，他們會增加各種聖誕禮物的生產，聖誕商品供給增加，供給曲線向右移動。

3-2-3 市場供給

正如同市場需求是個別需求的水平加總，市場供給是個別廠商供給的水平加總。假設市場只有兩家麥當勞：民生店與松山機場店。表 3-5 列出兩家店在不同大麥克價格下所提供的數量。當價格是 60 元時，民生店供應 8 個，松山機場店供應 7 個，市場供給是 15 個大麥克；當價格上漲為 75 元，則民生店提供 12 個，松山機場店提供 8 個，市場供給是 20 個大麥克。因此，價格上升，市場供給會增加。這種價格與供給量之間的關係，符合供給法則。

圖 3-6 分別繪出麥當勞分店與市場的供給曲線。以 c 點為例，當大麥克一個賣 75 元時，市場供給 (20 個) 是從民生店供給 (12 個) 與松山機場店供給 (8 個) 的水平加總而得。

表 3-5 個別供給與市場供給

價格	麥當勞民生店的供給量	麥當勞松山機場店的供給量	市場的供給量
45	4	6	10
60	8	7	15
75	12	8	20
90	16	9	25
105	20	10	30

[圖 3-6 市場供給]

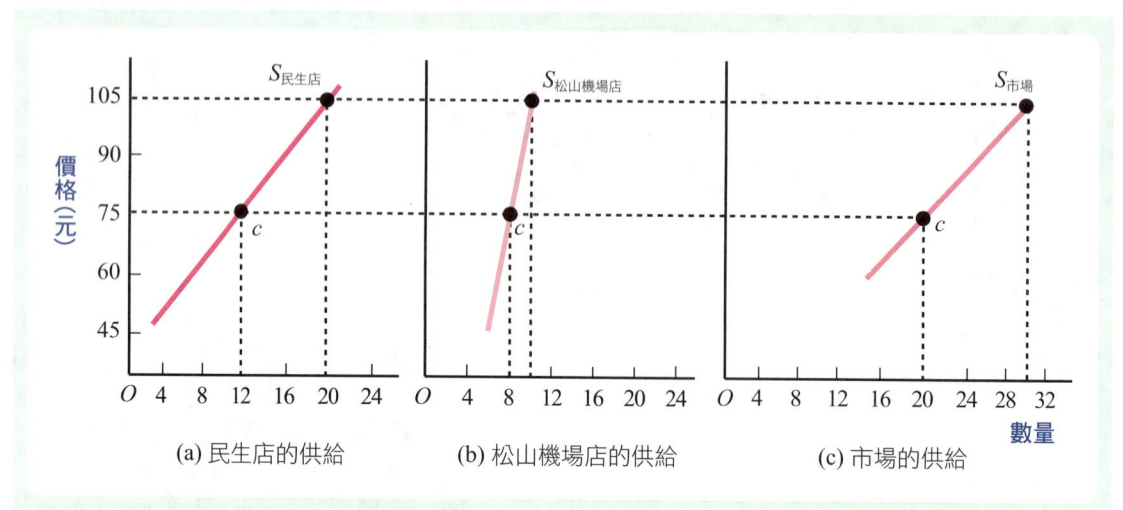

(a) 民生店的供給　(b) 松山機場店的供給　(c) 市場的供給

市場供給是個別廠商供給的水平加總。當價格等於 105 元時，市場供給是 30 個大麥克，等於民生店的供給 (20 個) 加上松山機場店的供給 (10 個)。

圖 3-6　市場供給

　　由於市場供給是個別廠商供給的水平加總，任何影響個別廠商供給的因素，均會影響市場供給。因此，影響市場供給變動的因素有五：(1) 技術；(2) 生產因素價格；(3) 相關商品的價格；(4) 預期；以及 (5) 生產者人數。

　　如果麥當勞決定在民生東路附近開一家分店，市場會有三家麥當勞提供大麥克。這意味著在每一個價格下，大麥克的供給量會增加，市場供給曲線平行向右移動。

3-2-4　結　論

　　技術進步使廠商供給增加，反映在圖形上，是從 c 點到 d 點，如圖 3-7 所示。當生產因素價格上漲導致生產成本提高時，供給會減少，供給由 c 點到 e 點。無論是 c 點到 d 點或 c 點到 e 點，均為整條供給曲線的移動，我們稱為**供給變動** (change in supply)。如果是大麥克售價提高，供給量增加，即從 b 點移到 c 點 (請見圖 3-7) 供給沿著同一條曲線移動，稱為**供給量變動** (change in quantity supply)。表 3-6 列出影響供給量變動與供給變動的各個因數及其影響方向。

　　表 3-6 分成兩個部分：供給量變動與供給變動。供給量變動是由商品本身價格改變所引起，與供給法則有關。從圖形觀察，是同一條供給曲線上，兩點間的上下移動，如圖 3-7 的 c 點到 b 點。供給變動是由其它條件變動所引起。從圖形觀察，是整條供給曲線向外或向內移動，自 S_0 移至 S_1 或 S_2，如圖 3-7 所示。

> **供給變動**　當其它條件變動時，供給曲線會向左或向右移動。
>
> **供給量變動**　當價格變動時，供給量沿著同一條供給曲線上下移動。

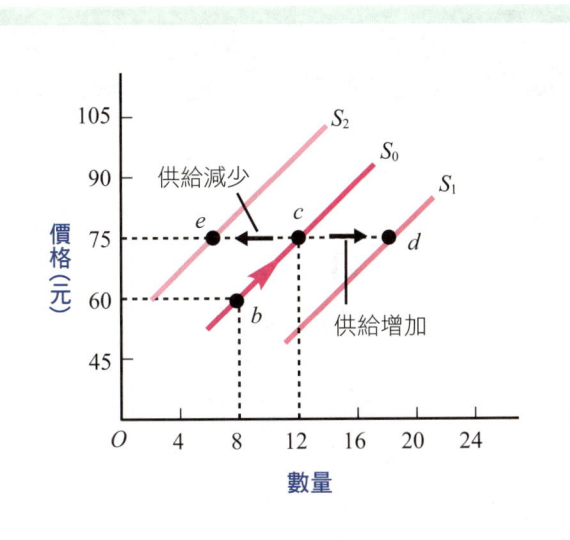

當價格上漲時，供給量增加，從 b 點沿著 S_0 線至 c 點。"其它條件"的變動，整條供給線會左移或右移，從 c 點到 d 點或從 c 點到 e 點。

圖 3-7　供給的變動與供給量的變動

表 3-6　影響供給量與供給的因素

	因素	變動方向	影響	對應圖 3-7
供給量變動	價格	上漲	供給量增加	$b \to c$
		下跌	供給量減少	$c \to b$
供給變動	技術	進步	供給增加	$c \to d$
		退步	供給減少	$c \to e$
	生產因素價格	上漲	供給減少	$c \to e$
		下跌	供給增加	$c \to d$
	相關商品的價格	上漲	供給減少	$c \to e$
		下跌	供給增加	$c \to d$
	預期	價格上漲	現在供給減少	$c \to e$
		價格下跌	現在供給增加	$c \to d$
	生產者人數	增加	供給增加	$c \to d$
		減少	供給減少	$c \to e$

3-3　需求、供給與市場

在阿亮購買麥當勞大麥克的例子裡，阿亮是需求者，麥當勞是供給者，大麥克是商品。藉由消費大麥克，阿亮可以滿足口腹之慾，麥當勞可以創造利潤。因此，市場的存在使買賣雙方的意願能夠互相配合，進而使雙方都能滿足。

從臺灣看天下

隨選經濟

點擊 Medicast App，醫生會在 2 小時以內來敲妳家的門幫妳看病；Google 和臉書 (Facebook) 的年輕工程師可以利用手機上的 App 要求 Handy 或 Homejoy 打掃公寓；透過 Instacart 採買食物並運送到府；Washio 可幫忙洗衣服；透過 BloomThat 送花。送禮、美味餐點、個人助理服務等日常生活所需，都能靠一指搞定。

這些隨選經濟 (on demand economy) 又稱為按需經濟，是從叫車服務的 Uber 所得到的靈感。隨選經濟是勞動力與智慧型手機結合的產物，其定義為科技公司透過立即提供商品與服務，以滿足消費者需求的經濟活動。

隨選經濟 (按需經濟) 的關鍵特性是挖掘未被充分利用的潛力。這不僅適用於人們的時間，也適用於他們的資產。隨選經濟在許多方面都是共享經濟的延續。譬如，短期租屋平臺 Airbnb 將你家多餘的房間租給房客。但是對那些身無資產的人們來說，隨選勞動市場更為重要。

提供隨選 (按需) 服務公司的目標是，利用多種方式降低交易成本。關鍵之一在於提供某種信任，鼓勵人們去接納不熟悉的人。

根據資誠會計師事務所的估計，新冠肺炎可能使中國 2020 年第 1 季 GDP 下跌兩個百分點，但電子商務、網路娛樂、保險等產業相對受惠。momo 購物網與松果購物在 2020 年 1 月份營收均創歷年新高，有兩位數的成長；添好運與 foodpanda 合作，讓你在家也能吃到招牌酥皮焗叉燒包，難怪蕭敬騰 PK 盧廣仲的 Uber Eats 廣告在各大媒體曝光率甚高。

資料來源："There's an app for that," *The Economists*, January 3, 2015.

3-3-1 市場均衡

讓我們以表 3-7 與圖 3-8 來說明市場均衡的意義。表 3-7 列出麥當勞每個月提供大麥克及消費者購買的數量。譬如，當大麥克一個賣 45 元時，消費者每個月購買 20,000 個，而麥當勞提供 4,000 個。

在價格很低時，消費者願意購買的數量超過生產者願意提供的數量，市場發生 超額需求 (excess demand) 或 短缺 (shortage)，又稱供不應求。當價格訂得太高時，如一個大麥克賣 105 元，麥當勞願意提供的數量超過消費者願意購買的數量，市場發生 超額供給 (excess supply) 或 剩餘 (surplus)，有時稱為供過於求。

圖 3-8 是將表 3-7 的供需資料繪成圖形。價格是 90 元時，麥當勞的供給量是 16,000 個，消費者的需求量是 8,000 個，供給大於需求，市場發生

短缺 在某一價格下，需求量超過供給量的狀態，又稱超額需求。

剩餘 在某一價格下，供給量超過需求量的狀態，又稱超額供給。

表 3-7　市場均衡

價格	需求量	供給量	超額需求
45	20,000	4,000	16,000
60	16,000	8,000	8,000
75	12,000	12,000	0
90	8,000	16,000	−8,000
105	4,000	20,000	−16,000

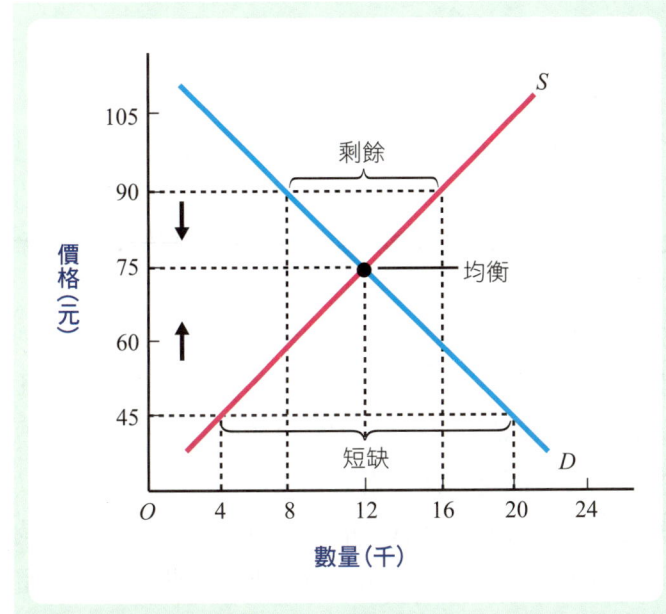

圖 3-8　供需均衡

當供給與需求相等時，市場達到均衡。均衡價格是 75 元，均衡數量是 12,000 個。

供過於求，超額供給是 8,000 個 (超額需求是 −8,000 個)。麥當勞發現每個月都必須丟棄許多大麥克，為了解決這個問題必須調降價格，否則剩餘現象會一直存在。當價格調降時，麥當勞會減少大麥克的生產數量，而消費者會增加大麥克的購買數量。只要供給大於需求，價格就會持續下降。

相反地，價格是 45 元時，消費者每個月消費 20,000 個，而生產者 (麥當勞) 只提供 4,000 個。需求大於供給，市場發生供不應求，超額需求是 16,000 個。許多消費者必須大排長龍才能買到大麥克，麥當勞便可提高售價以增加利潤。在提高售價的同時，麥當勞會增加大麥克的供給量，而消費者會減少需求量。只要短缺現象持續，價格就會持續上升。

因此，剩餘使價格下跌而短缺使價格上升。只要供給不等於需求，價格就會持續調整。換言之，當消費者願意且能夠購買的數量等於生產者願意且能夠提供的數量時，價格就不再變動，此時市場處於**均衡** (equilibrium) 狀態。

均衡　在某一價格下，當供給量等於需求量時的市場狀態。

由圖 3-8 來看，供給與需求的交點，即決定大麥克的均衡價格是 75 元，均衡數量是 12,000 個。在均衡點，消費者需要的大麥克數量，剛好是麥當勞都能夠提供的。麥當勞每個月生產的大麥克剛好都被消費者買走。價格，就如同一隻看不見的手，讓市場不會發生剩餘或短缺，資源浪費或配置錯誤的現象也不會出現。任何剩餘或短缺均是一種短暫現象，只要價格可以自由調整，供給與需求最終會達到均衡。這種過程稱為 **市場機能** (market mechanism)。

> **市場機能** 當市場發生剩餘或短缺現象時，透過價格的自由調整，市場的供需會恢復均衡。

3-3-2 均衡的變動

均衡價格的高低與均衡數量的多寡取決於供給與需求曲線的位置。譬如，法國印象派大師莫內 (Claude Monet) 於 1919 年巴黎近郊吉維尼 (Givery) 創作的名畫《睡蓮池》(*Le Bassin Aux Nymphéas*) 在倫敦佳士得拍賣會上，以 4,092 萬 1,250 英鎊 (約新臺幣 24 億 5,600 萬元) 高價賣出，締造莫內個人畫作拍賣天價的紀錄。

若以供需曲線來分析莫內畫作的價格，我們必須先決定供需曲線的形狀。由於莫內的《睡蓮池》在世界上僅有一幅，故供給曲線是垂直的。其次，市場價格決定於供給與需求曲線的交點。因為供給曲線垂直，均衡價格的高低必須視需求曲線的位置而定。佳士得公司原本預估這幅畫作可以賣至 1,800 萬到 2,400 萬英鎊。結果出乎意料地，來自各地的買家熱烈喊價，最後由一位女士以 3,650 萬英鎊成交，加上買家支付的佣金，價格超過 4,000 萬英鎊。非常強烈的偏好，使需求曲線處於非常右邊的位置，如圖 3-9 所示。供給與需求共同決定《睡蓮池》的價格是 4,092 萬英鎊；同

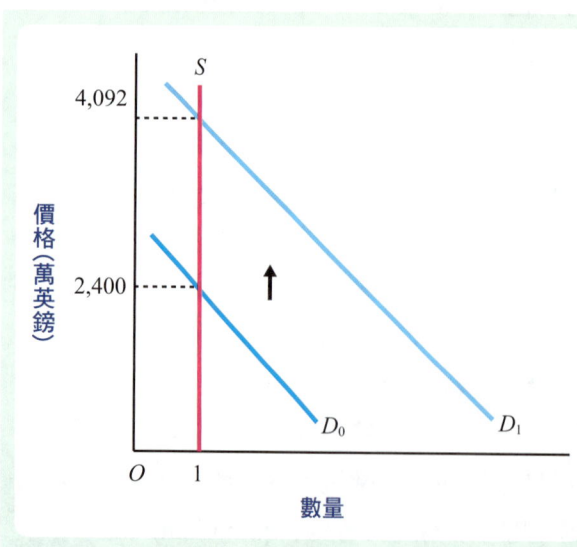

> 莫內的《睡蓮池》真跡僅有一幅，所以供給曲線是垂直的。市場價格由需求曲線的位置決定。原先預估 2,400 萬英鎊 (D_0) 是不錯的價格。但由於買家熱烈喊價，需求曲線位置拉高。《睡蓮池》的市價高達 4,092 萬英鎊 (D_1)。

圖 3-9 垂直的供給曲線

樣地，土地的供給也是固定的。臺北市信義計畫區的地價遠比中央山脈地價高的原因是，大家對信義計畫區土地的需求強烈所致。

均衡價格與數量會因外在事件而改變。某些情況是需求的變動，某些情況是供給的變動，某些情況則是供給與需求兩條曲線同時變動。如果要分析外在事件對均衡價格與均衡數量的影響，可依下列三個步驟進行：(1) 首先，要決定是需求曲線移動或供給曲線移動，還是兩者同時移動？(2) 其次，移動的方向是左移還是右移？(3) 最後，比較新舊的均衡點，決定均衡價格與均衡數量是增加、減少或不變。

以下列舉幾個例子說明，如何運用這三個步驟來進行經濟分析。

需求的變動　假設某大研究型醫院臨床實驗結果的報告顯示，多騎自行車可以提升人們的免疫力。此研究報告對自行車的均衡價格與數量有何影響？讓我們以三步驟來進行經濟分析：

步驟1：　此一研究報告會改變人們對自行車的偏好。從表 3-3 的討論得知，偏好的改變會影響消費者的購買意願，但不會影響廠商的生產，因此研究報告造成需求曲線移動。

步驟2：　健康是無價的，於是大家在休閒或假日都騎自行車，造成需求增加，需求曲線向右移動，從 D_0 右移至 D_1 (如圖 3-10 所示)。

步驟3：　原來均衡為 e 點，平均每輛自行車售價 3,000 元。因為偏好的改變，使大家增加自行車購買，需求量增加至 200 萬輛，但自行

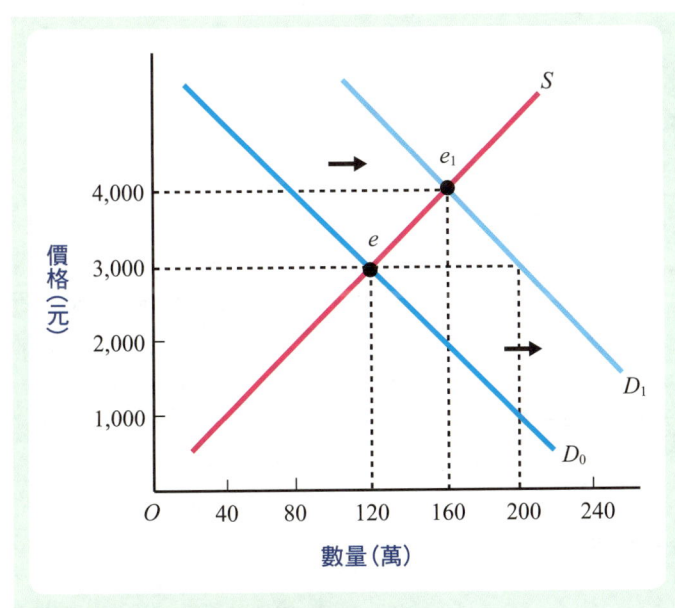

需求增加使需求曲線向右移動，由 D_0 右移至 D_1。均衡價格與數量均提高。均衡價格由 3,000 元上漲至 4,000 元，均衡數量由 120 萬輛增加至 160 萬輛。

▲ 圖 3-10　需求增加的影響

車製造商只供應 120 萬輛。供給小於需求，市場發生供不應求現象，自行車價格會上漲。新的均衡為 e_1 點，平均每輛自行車的價格為 4,000 元，均衡數量是 160 萬輛。比較新舊均衡發現，均衡價格及均衡數量同時增加。

> 供給不變，需求增加，均衡價格上升，均衡數量增加。

因此，需求增加會使均衡價格與均衡數量同時增加；相反地，需求減少，會使均衡價格與均衡數量同時減少。

供給的變動 臺灣每年都有颱風，在颱風侵襲臺灣後，葉菜類的蔬菜銷售數量與價格有何影響？以下我們仍以三步驟來進行分析。

步驟 1： 颱風的侵襲會影響到蔬菜的供應量，因此造成供給曲線的移動，但不會影響需求。

步驟 2： 由於葉菜類經水浸泡後會腐爛，造成蔬菜的供給減少，供給曲線向左移動。在圖 3-11，原來的供給曲線是 S_0，左移後，新供給曲線為 S_1。

步驟 3： 比較新舊均衡，在蔬菜尚未漲價前，1 斤價格是 60 元。由於產地的蔬菜歉收，造成供給曲線向左移動，新的均衡價格上漲為每斤售價 70 元。價格上漲，導致需求量減少，新的均衡數量是 2,000 噸，比價格上漲前的數減量少 1,000 噸。

供給減少使供給曲線向左移動。由 S_0 左移至 S_1。均衡價格由 60 元上升至 70 元，均衡數量由 3,000 噸減少至 2,000 噸。

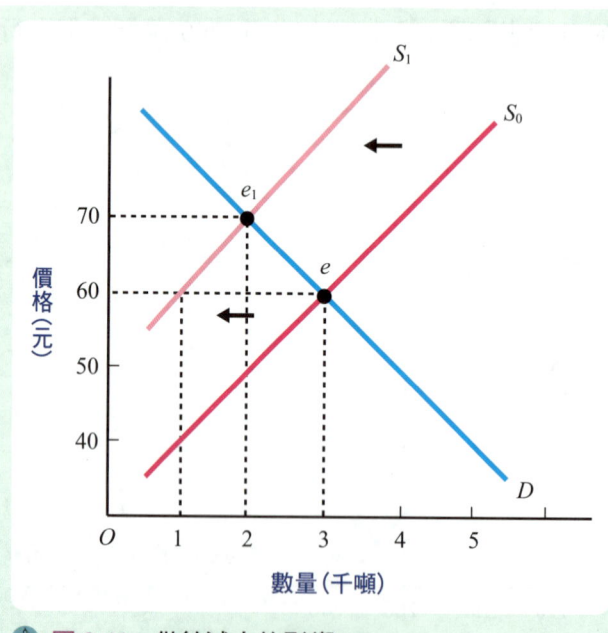

▲ 圖 3-11 供給減少的影響

因此，供給減少會使均衡價格上漲與均衡數量減少。供給增加使均衡價格下跌與均衡數量增加。

供給與需求同時變動　在現實生活中，許多事件會同時發生，而引起需求及供給同時變動。譬如，臺灣曾創下經濟奇蹟，六十年來，平均每人所得上漲 35 倍。科技進步加上網際網路的盛行，使筆記型電腦成為家庭必備用品。所得提高與電腦生產技術的進步，對筆記型電腦的均衡價格和數量有何影響？

> 需求不變，供給增加，均衡價格下跌，均衡數量增加。

步驟 1：依據表 3-3，所得變動會影響消費者需求，使需求曲線移動。又依據表 3-6，技術變動造成廠商生產成本改變，而使供給曲線移動。

步驟 2：如果筆記型電腦是正常財，所得提高導致個人電腦需求增加，需求曲線向右移動。同時，電腦生產的技術進步，使電腦廠商生產成本降低，利潤提高，誘使廠商提供更多的產量，使供給曲線也向右移動，如圖 3-12 所示。

步驟 3：當供給與需求同時增加時，均衡數量會增加，但均衡價格有可能上漲、下跌或不變。

> 當供給與需求同時增加，均衡數量增加。

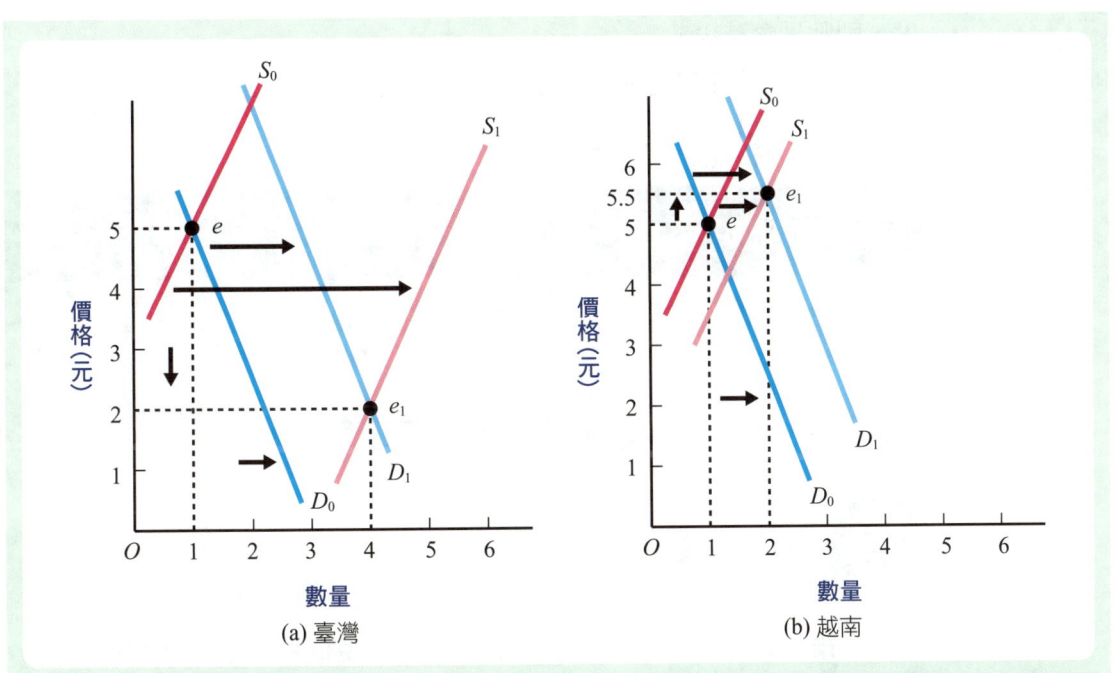

(a) 臺灣

(b) 越南

當供給與需求同時增加時，數量會增加，但價格可能上漲，也可能下跌。在 (a) 圖，臺灣筆記型電腦的進步快速，供給曲線移動的幅度大於需求曲線移動的幅度，結果造成均衡價格下跌。在 (b) 圖，越南筆記型電腦的技術進步較慢。需求曲線移動的幅度大於供給曲線移動的幅度，結果造成均衡價格上漲。

圖 3-12　供需同時增加

圖 3-12(a) 畫出臺灣筆記型電腦市場的供需情形。由於臺灣是代工王國，電腦技術更新速度很快。因此，供給曲線向右移動幅度超過需求曲線向右移動幅度，結果是電腦價格下跌，由 5 萬元下跌至 2 萬元，與電腦數量增加。

圖 3-12(b) 為越南筆記型電腦市場的供需情形。由於越南勞工受教育程度較低，電腦技術進步較慢。因此，需求曲線右移幅度超過供給曲線右移幅度。結果是筆記型電腦價格上漲，由 5 萬元上升至 5.5 萬元，且筆記型電腦數量增加。

> 當供給與需求同時減少，均衡數量減少。

如果供給與需求同時減少，均衡數量一定減少。至於均衡價格的增減，要視供給與需求變動的相對幅度而定。若供給減少的幅度超過需求減少的幅度，價格會上升；相反地，若需求減少的幅度大於供給減少的幅度，價格會下跌；但若需求減少的幅度等於供給減少的幅度，則價格維持不變。

> 當供給增加而需求減少，均衡價格會降低。

若供給增加而需求減少，如生產成本降低和消費人數減少，均衡價格一定降低。至於均衡數量的高低，則需視供給和需求變動的幅度而定。若需求減少幅度大於供給增加幅度，數量會減少；若供給增加幅度超過需求減少幅度，則數量會增加。

> 當需求增加而供給減少，均衡價格會上升。

如果需求增加而供給減少，如所得增加和生產成本提高，均衡價格一定上升。至於均衡數量高低，要看供給和需求變動的幅度而定。若需求增加幅度大於供給減少幅度，數量會上升。若供給減少幅度超過需求增加幅度，則數量會減少。

我們將供給和需求同時變動的四種情況整理於表 3-8。

表 3-8 供給與需求同時變動

供給的變動	需求的變動	
	需求增加	需求減少
供給增加	價格不定 數量增加	價格下跌 數量不定
供給減少	價格上漲 數量不定	價格不定 數量減少

3-4 失　衡

當市場發生供不應求或供過於求時，市場價格會低於或高於均衡價格，此時的市場是處於失衡 (disequilibrium) 狀態。如果廠商彼此相互競爭，而政府也未施加任何干預，價格機能自由調整到讓供給等於需求。在均衡價格時，買方消費的數量恰好等於賣方提供的數量。

> **失衡** 市場價格偏離均衡價格的狀態。

均衡價格固然是常態。在日常生活中，政府管制的例子處處可見。譬如，最低工資率的立法、稻米保證收購價格、進口配額，以及米酒配銷管制等。政府為達某種目的，以政策干預市場，而使價格偏離均衡價格，稱為價格管制。經濟學教科書將價格管制分成兩種：價格上限和價格下限。

3-4-1 價格上限

價格上限 (price ceiling) 是政府規定最高的銷售價格。如果政府認為市場價格過高，會立法制定較低的價格。譬如，在某些大城市 (如紐約與香港) 地價昂貴，房租高漲，買不起房子的人又沒有能力遷至郊區。政府為了讓市民有屋可住，會以政策規定房租不得高於某個水準。

以圖 3-13 為例。政府未干預前，一間雅房的月租金是 5,000 元。若政府進行房租管制，譬如，將房租設定為每月 9,000 元。這個價格並非有效的價格上限，因為租金太高並未真正照顧到有需要的人，法定價格必須低於均衡價格才是有效的價格上限政策。在圖 3-13 中，政府規定雅房的租金不得超過一個月 3,000 元。

當價格是 3,000 元時，有 600 個人想租雅房，但是只有 400 間雅房可供出租。市場發生供不應求的現象，雅房短缺 200 間。原來政府出於一片美意，希望照顧較低收入的市民，讓大家住者有其屋，但是卻只有少數的市民有屋可住。

短缺造成某些分配機能自然產生。譬如，並不是每個想租房子的人都可以馬上租到滿意的房子。第一，他們必須花很長的時間排隊等待；第

> **價格上限** 政府規定最高的銷售價格會低於均衡價格。

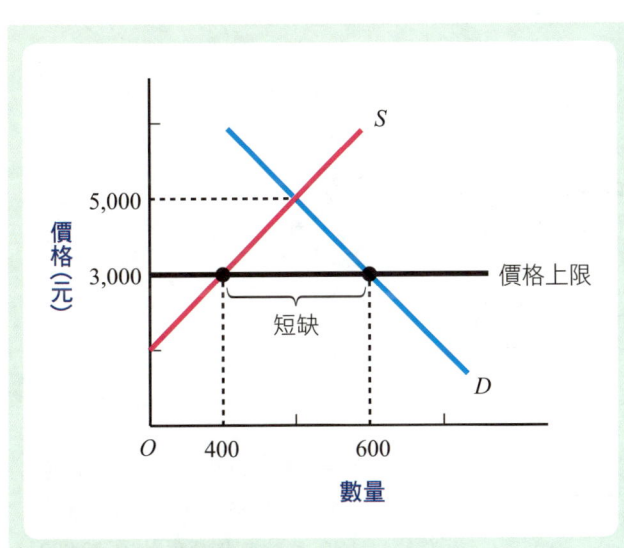

▲ 圖 3-13 價格上限

法定價格低於均衡價格，才是有效的價格上限。當房租管制價格等於 3,000 元時，短缺是 200 間。

二,房東可以設下條件過濾房客,如單身、女性、大學畢業或不得飼養寵物等;第三,房東可以巧立名目,變相索取房租,如多收半年押金、鑰匙費或預收半年房租等;第四,房東要求房客自行維修房屋,如房客得付錢修理,或油漆自己的房間等。

政府實施價格上限的最後結果是,想租房子的貧窮者不見得能租到房子,有辦法的人才租得起房子。其它有關價格上限的例子:過去共產主義國家對一般物價的管制,以及石油危機發生時,對過高油價的管制等。

3-4-2 價格下限

價格下限 (price floor) 是政府規定最低的銷售價格。政府為了照顧農民,讓他們有較高且穩定的收入,會管制某些農產品的價格。若法定價格高於均衡價格,我們稱為價格下限。

在圖 3-14 中,假設牛奶價格每公升是 30 元。如果政府想要照顧酪農,其中一個方式是制定牛奶最低銷售價格。如果價格設定在 30 元以下,不會有任何作用,因為酪農收入並未增加。若價格設定在 30 元以上,如規定每公升牛奶價格不得低於 40 元,才能達到照顧酪農的目的。但此規定會造成乳品市場產生超額供給的現象。當價格是 40 元時,酪農願意提供 30,000 公升的數量,消費者只願意購買 10,000 公升,鮮奶市場發生供過於求現象,多出 20,000 公升的牛奶。

當政府實施保證價格收購時,超額供給的 20,000 公升鮮奶由政府完全收購。這種方式不只會增加政府負擔,也會有鼓勵酪農無限制生產的道德風險問題。

> 價格下限 政府規定最低的銷售價格高於均衡價格。

圖 3-14 價格下限

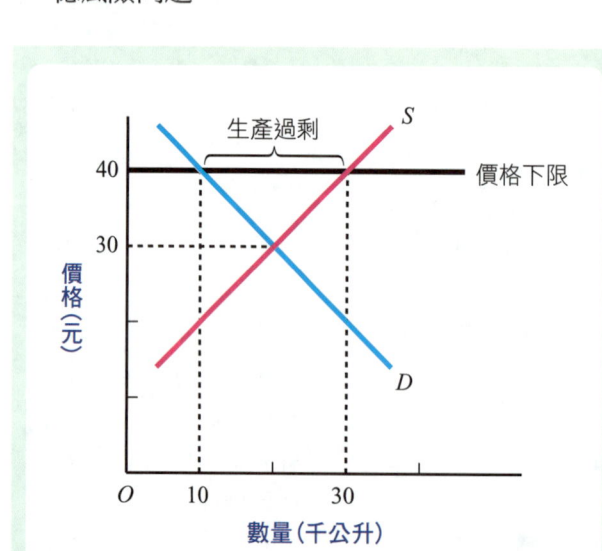

法定價格高於均衡價格,才是有效的價格下限。當價格等於 40 元時,超額供給是 20,000 公升。

價格下限也發生在勞動市場。美國聯邦政府自 1938 年起，針對最低工資立法，當時的最低工資是每小時 25 美分，今日的最低工資是每小時 7.25 美元。最低工資立法目的是要確保勞工最低收入，以維持基本生活水準。不過，由於最低工資高於均衡工資，勞動市場有超額供給，也就是失業發生。令人覺得諷刺的是，失業通常是落在政府最想照顧的族群；亦即，沒有專業技術者與 16 歲到 20 歲的青少年工作者。

3-5 結 語

價格，像一隻看不見的手，主導稀少資源的分配，它提供市場買賣雙方所需的資訊。廠商知道該生產何種有利潤的商品，知道何處可找到最適生產技術及最廉價資源。消費者知道在哪裡可以買到想要的東西，在哪裡可以最低價購買而獲得最大滿足。價格可以使消費者購買的數量恰好等於生產者提供的數量。供給與需求，這兩個基本工具能夠用來說明和解釋許多經濟現象。

有時政府為了照顧某些族群而實施價格管制。譬如，以最低工資率來照顧弱勢勞工，或以房租管制來照顧買不起房子的人。但令人沮喪的是，這種扭曲市場機能的作法，受益者卻不是原先政府想要照顧者，弱勢族群往往是受害者。

摘要

- 需求是假設在其它條件不變，消費者於固定期間內，在不同價格下，願意且能夠購買的商品數量。
- 需求法則是指當價格上升時，需求量減少；當價格下跌時，需求量上升。需求法則確保需求曲線具負斜率。
- 需求量是特定價格下的需求數量；需求是不同價格下的需求數量。
- 需求量變動是沿著需求曲線做點的移動。需求變動是整條需求曲線的移動。
- 影響需求量變動的因素是該商品的價格。影響需求變動的因素包括：(1) 消費者所得；(2) 相關商品的價格；(3) 預期；(4) 消費者偏好；(5) 消費者人數。
- 市場需求是個人需求的水平加總，所以消費者人數會影響市場需求。
- 供給是指假設其它條件不變，生產者於固定期間內，在不同價格下，願意且能夠生產的商品數量。
- 供給法則是指價格與供給量成正向關係。價格上漲，生產數量增加；價格下跌，生產數量減少。供給法則確保供給曲線具正斜率。
- 除了商品價格以外，影響個別廠商供給

的因素還包括：(1) 技術；(2) 生產因素價格；(3) 相關商品的價格；(4) 預期。
- 市場供給等於個別廠商供給的水平加總，所以廠商數目會影響市場供給。
- 供給等於需求決定市場均衡。此時的價格稱為均衡價格，數量稱為均衡數量。
- 當價格高於均衡價格時，市場有超額供給，稱為剩餘；當價格低於均衡價格時，市場有超額需求，稱為短缺。
- 如果價格可以自由調整，超額供給導致市場價格下跌，超額需求讓市場價格上漲。唯有當超額需求 (供給) 消失時，價格才不會調整，此時市場處於均衡狀態。
- 價格管制分成價格上限及價格下限兩種。價格上限的例子有房租管制與油價管制等；價格下限的例子有最低工資與農產品保證價格等。

習 題

1. 下圖中，D 為桌上型電腦的需求線，則會使 D 線由點 a 位置右移至 b 位置的可能原因為何？
   (a) 筆記型電腦價格下降
   (b) 筆記型電腦價格上升
   (c) 桌上型電腦價格下降
   (d) 桌上型電腦價格上升　(108 年初等考試)

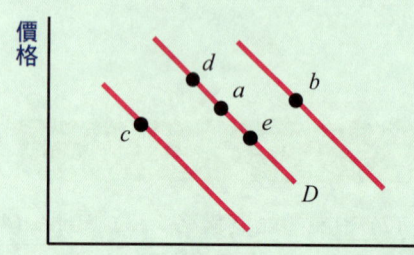

2. 如果牛肉漢堡與豬肉包子為替代品，牛肉價格上漲，對兩種產品有何影響？
   　　　　　　　　　　　　(105 年普考)

3. 下列何者不會造成衛生紙市場中需求線的移動？
   (a) 面紙的價格下跌
   (b) 免治馬桶 (可節省衛生紙的馬桶) 的普及
   (c) 濕式衛生紙的崛起
   (d) 衛生紙價格提高　(107 年經建行政特考)

4. 假設供需法則在臺灣的豬肉市場中成立。在其它條件不變下，非洲豬瘟的蔓延使得消費者對豬肉的需求減少，則豬肉均衡價格與均衡數量如何變動？
   　　　　　　　　　　　(108 年身心障礙改編)

5. 若以價格為縱軸，數量為橫軸，週六晚上在某戲院某廳所放映之午夜場電影，其電影票之供給曲線為：
   (a) 水平線
   (b) 正斜率但陡峭
   (c) 正斜率但平緩
   (d) 垂直線　　　　　　(108 年商業行政)

6. 下列何者會影響蓮霧的市場供給？
   (a) 其它水果的價格上漲
   (b) 民眾對水果的口味改變
   (c) 民眾的所得增加
   (d) 種蓮霧的農地增加　(108 年商業行政)

7. "任何商品市場的供給曲線一定是正斜率。"請評論之。　(102 年政大經濟所)

8. 電腦硬體和軟體間是何種關係？如果微軟促銷視窗作業系統，決定將 Win 10 降價，請問對電腦硬體供給有何影響？需求有何影響？硬體價格和數量有何影響？

9. 請利用供給與需求圖形，說明下列事件對臺灣稻米市場的影響：

(a) 加入世界貿易組織
(b) 桃芝颱風重創中南部
(c) 政府實施保證價格政策
(d) 小麥價格下跌

10. 英九對汽油需求函數為 $Q=20-0.2P+0.02Y$，其中 Y 為所得，P 和 Q 為汽油價格與數量。若 $P=\$5$ 和 $Y=\$100$，請問汽油是劣等財嗎？（102 年臺北大學企管所甲）

11. 若需求曲線為 $P=20-Q$，供給曲線為 $P=2+Q$，當 $P=12$ 時，成交量與超額供需值各為多少？
    (a) 成交量＝8；超額供給＝2
    (b) 成交量＝8；超額需求＝2
    (c) 成交量＝10；超額供給＝2
    (d) 成交量＝10；超額需求＝2
    （108 年身心障礙）

12. 美國政府 2016 年編列 180 億美元來降低海洛因、大麻等毒品的供給，請以供需圖形分析。大多數經濟學家認為反毒經費最好著重在需求面，請以供需圖形分析兩者有何差異。

13. 假設市場需求 $Q=300-20P$ 和市場供給 $Q=20P-100$，其中 P 是巧克力價格，Q 是巧克力數量。
    (a) 請求出巧克力的均衡價格與數量
    (b) 假設可可價格下跌，使巧克力需求上漲 1 倍，請寫出新的市場需求方程式
    (c) 新的均衡價格和數量是多少？

14. 假設 Uber 的市場供給曲線是 $Q^S=3,500+200P$，Uber 的需求分為兩部分：第一部分為本國人，需求函數為 $Q_1=1,700-25P$；第二部分為外國遊客，需求函數為 $Q_2=2,500-200P$。請推導 Uber 的市場需求曲線，並找出均衡價格和數量。
    （101 年中山企管所）

15. 假設家事機器人的供需法則成立。現若市場上對於家事機器人的需求增加，同時生產家事機器人的技術有革命性的進步，使生產成本降低，則家事機器人市場的均衡價格與均衡數量會有何影響？
    (a) 均衡價格下降，均衡數量不確定
    (b) 均衡價格上升，均衡數量不確定
    (c) 均衡數量下降，均衡價格不確定
    (d) 均衡數量上升，均衡價格不確定
    （108 年普考）

16. 其它條件不變下，當寒流來襲凍死許多魚塭的虱目魚，且偏好吃虱目魚的人口增加，則下列敘述何者正確？
    (a) 虱目魚價格會下降，交易數量會減少
    (b) 交易數量會增加，虱目魚價格會下降或增加
    (c) 虱目魚價格會上漲，交易數量會增加或減少
    (d) 交易數量會減少，虱目魚價格會下降或增加
    （108 年普考）

17. 假設 A、B 兩產品互為替代品，若衛生福利部發現 A 產品可能含有對人體的致癌物，則此項訊息的公布，對 B 產品市場有何影響？
    (a) 均衡價格下降，均衡產量下降
    (b) 均衡價格下降，均衡產量上升
    (c) 均衡價格上升，均衡產量上升
    (d) 均衡價格上升，均衡產量下降
    （108 年初等考試）

18. 假設 2020 年 9 月泰勒絲來臺北演唱，門票只有 4,000 張，不售票，只要購買她的 CD 即可換取。請利用供需原理說明：
    (a) 泰勒絲 CD 的市場供需
    (b) 泰勒絲演唱會門票的黑市價格

19. 假設燒餅與油條互為互補品，且供需法則在燒餅與油條的市場中都成立。在其它條件不變下，燒餅價格上升會使：
    (a) 燒餅的需求曲線左移
    (b) 油條的需求增加
    (c) 油條的均衡需求量減少
    (d) 油條的均衡價格上升（108 年身心障礙）

網路習題

1. 請至網站 https://www.dismal.com，鍵入需求與供給 (demand and supply) 關鍵字。請問會出現幾篇文章？請寫下最前面一篇文章的名稱，並說明其內容。

Chapter

4

彈 性

大型百貨公司像 SOGO、新光三越、漢神等，每年週年慶都會在化妝品這個品項上打折扣戰。從歷年打折後的業績來看，未打折前的日營業額可能是 2,000 萬元到 3,000 萬元，但打折後，一日的營業額衝上億元，為何會有如此大的差異？

每逢週年慶，大賣場通常會就某些商品進行打折促銷，以刺激業績。如果妳在家樂福工作，老闆問妳：面對千百種商品，應該如何選擇折扣的品項？是洋酒、大型家電、牛奶，還是衛生紙？打折後，顧客人數會增加或減少？即使顧客人數增加，營業額能否提高？這些都是未知數。降低商品價格，固然會使商品銷售數量提高，卻也可能造成營業額減少。這種升降的變化，因未能確定升降的幅度，也使營業額的增減無法確定。

第 3 章的需求法則說明，筆記型電腦價格下跌，會使銷售量上升。但是，需求法則無法告訴我們筆記型電腦降價 5%，銷售量可以增加多少個百分點；同樣地，政府對香菸課徵所謂的罪惡稅 (sin tax)，若每包香菸課健康捐 5 元，抽菸人口會減少多少？若每包香菸課 10 元，抽菸人口又會減少多少？供需法則的分析僅能提供價格與數量的變動方向。至於價格與數量的變動幅度，就必須依賴另

本章重點

需求的價格彈性
需求彈性與總收入
決定需求彈性大小的
　因素
供給的價格彈性
決定供給彈性大小的
　因素
需求的所得彈性
交叉價格彈性

一種工具：*彈性* (elasticity)。彈性是衡量消費者或生產者在價格變動時其對數量變動的敏感程度。

彈性的應用範圍很廣，譬如，2016 年 1 月 1 日政府開始課徵房地合一稅，真的能增加政府稅收嗎？能讓臺灣的房價因此下跌嗎？如果政府想要減少吸菸人口，可以藉由課稅來提高香菸價格，但政府對本土及進口香菸是否課徵相同的稅率？還是對進口香菸課徵較高稅率？

4-1 需求的價格彈性

> **需求的價格彈性**
> 衡量價格變動導致需求量變動的敏感度。定義成需求量變動百分比除以價格變動百分比。

需求的價格彈性 (price elasticity of demand) 是衡量價格變動 1% 時，需求量變動的百分比。讓我們舉一個例子來說明需求價格彈性的意義，圖 4-1(a) 的需求曲線較陡峭，圖 4-1(b) 的需求曲線較平坦。我們先從 A 點開始，光華商場賣的 32G 隨身碟一個 200 元，每天的需求量是 500 個。

假設隨身碟價格上漲至 220 元。在圖 4-1(a)，隨身碟的需求量減少至 480 個；在圖 4-1(b)，需求量減少至 250 個。價格同樣上漲 10%，圖 4-1(a) 的需求曲線較陡，數量變動較小；圖 4-1(b) 的需求曲線較平坦，數量變動較大。換言之，圖 4-1(b) 的數量變化對價格上漲敏感度較大，而圖 4-1(a) 的數量變化對價格上漲敏感度較小。如果以數字來衡量這種敏感度的強弱，就是需求的價格彈性。

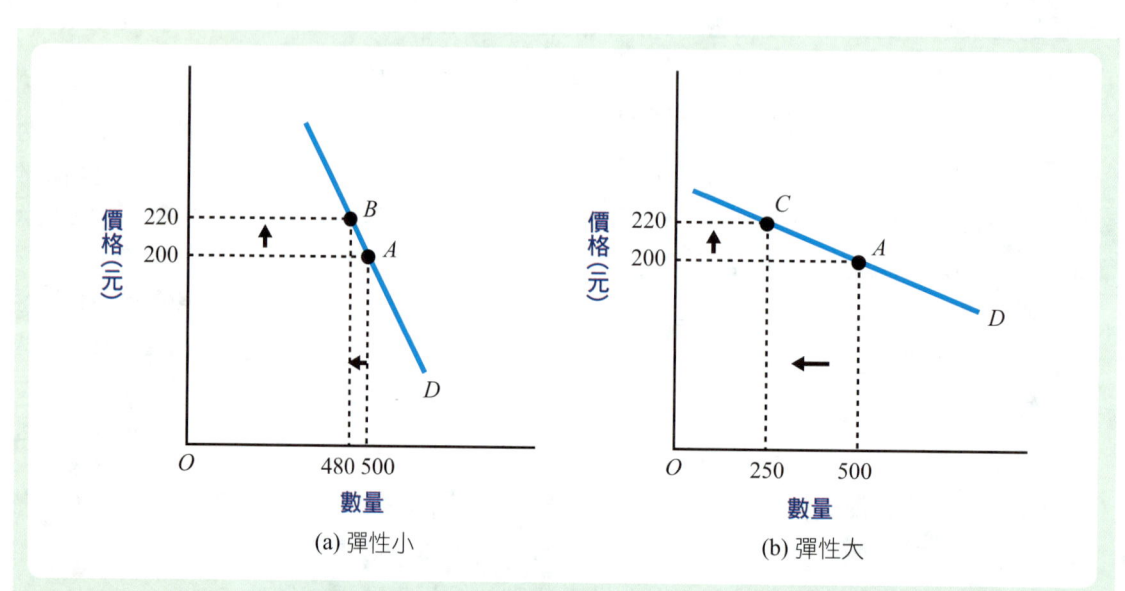

(a) 彈性小　　　(b) 彈性大

價格的上漲幅度相同，需求曲線愈平坦，需求量減少愈多。在 (a) 圖，價格上升 10% 導致數量減少 4%。在 (b) 圖，價格上升 10%，導致數量減少 50%。

圖 4-1　不同斜率的需求曲線有不同需求的價格彈性

4-1-1　計算需求的價格彈性

需求的價格彈性，簡稱需求彈性，其計算公式為：

$$\frac{\text{需求的價格彈性}} = \frac{\text{需求量變動百分比}}{\text{價格變動百分比}}$$

或

$$\varepsilon_d = \frac{\Delta Q/Q}{\Delta P/P} = \frac{\Delta Q}{\Delta P} \times \frac{P}{Q} \tag{4-1}$$

需求法則指出，價格與需求量呈反方向變動。由於數量的變動 (ΔQ) 與價格的變動 (ΔP) 呈負向關係，需求的價格彈性為負值。經濟學家重視其值的大小，所以一般都會去掉負號；亦即，在需求的價格彈性計算時都會加上絕對值。圖 4-1 的隨身碟價格原先是 200 元 ($P_0 = 200$)，後來漲至 220 元 ($P_1 = 220$)，價格變動為 $\Delta P = P_1 - P_0 = 220 - 200 = 20$ (元)。需求量原來是每日 500 個 ($Q_0 = 500$)，漲價後，圖 4-1(a) 的需求量減至每日 480 個 ($Q_1 = 480$)，圖 4-1(b) 的需求量減至每日 250 個 ($Q_1 = 250$)。利用這些資料，我們先計算圖 4-1(a) 的需求價格彈性 ε_d：

$$\frac{\text{需求量變動百分比}} = \frac{\Delta Q}{Q} = \frac{Q_1 - Q_0}{Q_0} = \frac{480 - 500}{500} = -4\%$$

$$\frac{\text{價格變動百分比}} = \frac{\Delta P}{P} = \frac{P_1 - P_0}{P_0} = \frac{220 - 200}{200} = 10\%$$

$$\varepsilon_d = \frac{\Delta Q/Q}{\Delta P/P} = \frac{-4\%}{10\%} = -\frac{2}{5}$$

若將 ε_d 加上絕對值，需求的價格彈性變成 2/5；同樣地，圖 4-1(b) 需求價格彈性加上絕對值後，成為：

$$\varepsilon_d = \left| \frac{\Delta Q/Q}{\Delta P/P} \right| = \left| \frac{-250/500}{20/200} \right| = 5.0$$

圖 4-1(b) 的需求量對價格上漲的敏感度高於圖 4-1(a)。由於彈性公式的分子與分母均為百分比，價格與數量的單位不再重要。譬如，荔枝不論以臺斤、公斤或英磅衡量，數量變動百分比的結果都相同。汽車價格以歐元、美元或新臺幣報價，價格變動百分比也會相同。若旅遊價格與汽車價格同時調漲，想知道當新臺幣貶值時，哪一個市場反應會比較激烈，兩者 (汽車與旅遊) 的彈性係數是很好的比較標準，因為單位已經不見 (百分比除以百分比)。

式 (4-1) 的需求彈性是**點彈性** (point elasticity) 的計算公式。圖 4-1(b) 中從 A 點出發的需求彈性是 5.0。若從 C 點出發，需求彈性等於 11.0。顯然，需求曲線上不同點出發的需求彈性值不同。

為了避免混淆，可以利用**中點公式** (midpoint formula) 來解決此問題。點彈性變動百分比的計算基準，是除以變動前的數值，而中點公式變動百分比的計算基準，則是除以變動前後數值的平均值。譬如，變動前價格 $P_0 = 200$ 元，變動後價格 $P_1 = 220$ 元，中點是 210 元。變動前數量 $Q_0 = 500$ 個，變動後數量 $Q_1 = 250$ 個，中點是 375 個。根據中點公式，從 200 元漲至 220 元，價格上漲 9.52%；同樣地，從 220 元降至 200 元，價格下跌 9.52%。因此，不論從 A 點或 C 點出發，依據中點公式所計算的需求彈性應該相同。以中點公式計算需求彈性可寫成：

$$\varepsilon_d = \left| \frac{(Q_1 - Q_0)/[(Q_1 + Q_0)/2]}{(P_1 - P_0)/[(P_1 + P_0)/2]} \right| \tag{4-2}$$

> **點彈性** 需求曲線上某一點的彈性值。

> **弧彈性** 計算需求曲線一線段弧的彈性值。

有些經濟學教科書將這種需求彈性稱為**弧彈性** (arc elasticity)。

4-1-2 需求彈性值大小的種類

根據價格變動所引起需求量變動的敏感程度，需求彈性值大小可以分為三類。如果需求量變動百分比 ($\Delta Q/Q$) 小於價格變動百分比 ($\Delta P/P$)，代表需求**無彈性** (inelastic)，即 ε_d 小於 1：表示需求量受價格升降的敏感度小。如果需求量變動百分比 ($\Delta Q/Q$) 大於價格變動百分比 ($\Delta P/P$)，表示需求**有彈性** (elastic)，即 ε_d 大於 1：表示需求量受價格升降的敏感度大。如果需求量變動百分比 ($\Delta Q/Q$) 等於價格變動百分比 ($\Delta P/P$)，代表需求是**單一彈性** (unit elastic)，即 ε_d 等於 1：表示需求量受價格變動做等幅度變動。

> $\varepsilon_d < 1$，代表需求無彈性。
> $\varepsilon_d > 1$，代表需求有彈性。
> $\varepsilon_d = 1$，代表需求具單一彈性。

由於需求彈性為 $(\Delta Q/\Delta P) \times (P/Q)$，而需求曲線的斜率為 $(\Delta P/\Delta Q)$。所以，式 (4-1) 可以改寫成：

$$\varepsilon_d = \frac{\Delta Q}{\Delta P} \times \frac{P}{Q} = \frac{1}{\Delta P/\Delta Q} \times \frac{P}{Q} = \frac{1}{斜率} \times \frac{P}{Q} \tag{4-3}$$

從式 (4-3) 可以看出，需求彈性值與需求曲線的斜率互為倒數。如果需求曲線愈平坦，斜率愈小，需求彈性值就愈大；相反地，若需求曲線愈陡峭，斜率愈大，需求彈性值就愈小。

圖 4-2 有五個不同形狀的需求曲線。在圖 4-2(a)，當價格由 200 元上升至 220 元時，需求量沒有任何變動 ($\Delta Q/Q = 0$)。需求是**完全無彈性** (perfectly inelastic)，$\varepsilon_d = 0$，需求曲線的形狀是一條垂直線。圖 4-2(e) 是另

図中 (a) 完全無彈性：$\varepsilon_d = 0$
(b) 無彈性：$\varepsilon_d < 1$
(c) 單一彈性：$\varepsilon_d = 1$
(d) 有彈性：$\varepsilon_d > 1$
(e) 完全有彈性：$\varepsilon_d = \infty$

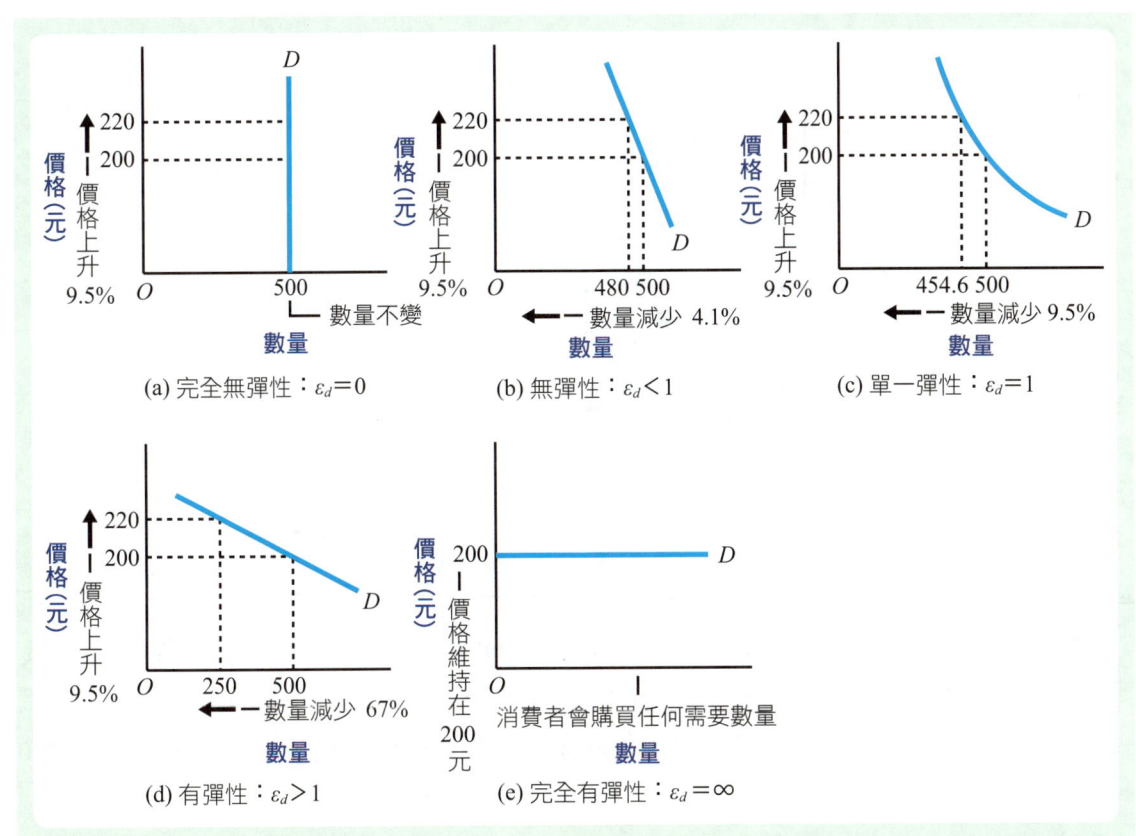

不同形狀的需求曲線，其需求彈性也不相同。需求曲線愈陡，彈性愈小；需求曲線愈平坦，彈性愈大。本圖的彈性均以中點公式計算。

圖 4-2　需求的價格彈性

一個極端，不論需求量如何變動，價格始終維持在 200 元不變 ($\Delta P/P = 0$)，需求是**完全有彈性** (perfectly elastic)，$\varepsilon_d = \infty$，需求曲線的形狀是一條水平線。介於上列兩個極端值之間，如果需求曲線接近水平，如圖 4-2(d)，價格變動 (上升 9.5%) 導致需求量大幅變動 (下降 67%)，需求為有彈性，$\varepsilon_d > 1$；相反地，如果需求曲線接近垂直，如圖 4-2(b)，價格變動 (上升 9.5%)，需求量僅小幅變動 (下跌 4.1%)，則需求為無彈性，$\varepsilon_d < 1$。圖 4-2(c) 是一個特別的例子，需求線上任何一點的彈性值皆為 1，需求曲線為雙曲線的一部分。

4-2　需求彈性與總收入

當廠商面對外來衝擊而須調整商品價格時，不僅考慮到顧客的反應與銷售金額的變動。銷售金額等於消費者購買的數量 (Q) 乘以產品的單

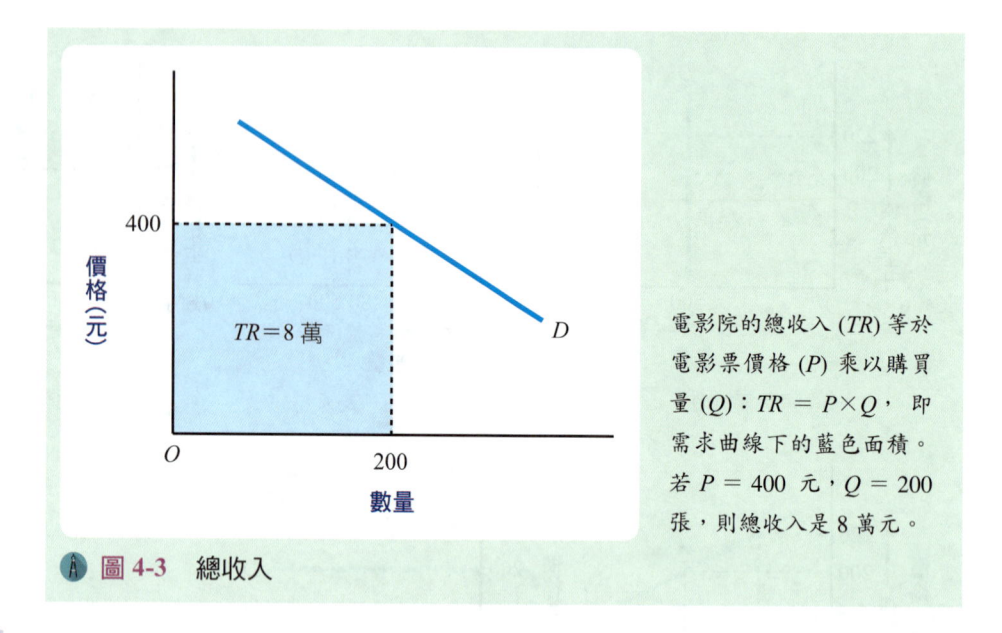

電影院的總收入 (TR) 等於電影票價格 (P) 乘以購買量 (Q)：TR = P×Q，即需求曲線下的藍色面積。若 P = 400 元，Q = 200 張，則總收入是 8 萬元。

圖 4-3　總收入

> **總收入**　銷售量乘以產品的單價。

價 (P)。P×Q 是廠商的**總收入** (total revenue, TR)，也等於消費者的**總支出** (total expenditure)。圖 4-3 可以用來說明總收入的計算。假設電影票價格是 400 元，總共賣出 200 張，則電影院的總收入為 P×Q = 400×200 = 80,000 元。

4-2-1　需求彈性與總收入的關係

當價格變動時，購買量也會跟著改變，所以總收入亦跟隨變動。問題是：價格變動與總收入變動是呈現同向變動或反向變動？此與需求彈性值的大小有關！我們可從下列的說明得知其間的關係。

如果需求曲線為需求無彈性，如圖 4-4 所示，提高電影票價格，總收入會增加。假設電影票價格從原先的 100 元提高至 300 元，需求量僅從 400 張微幅減少至 300 張。總收入從 4 萬元增加至 9 萬元。價格上漲，數量減少的比例低於價格上漲的比例，總收入增加。

如果需求曲線為需求有彈性，如圖 4-5 所示，則結果恰好相反，即提高電影票價格，總收入會減少。假設電影票價格從原先的 300 元漲至 400 元，購買量會從 300 張減至 200 張。總收入從 9 萬元減至 8 萬元。因為需求有彈性，價格上漲幅度小於需求量下跌的幅度。故價格調漲，總收入不增反減。

圖 4-4 與圖 4-5 說明在不同需求彈性下，電影票價格調漲和電影院總收入間的關係。同理，門票價格調降和總收入間的關係也可用圖 4-4 與圖 4-5 來說明。

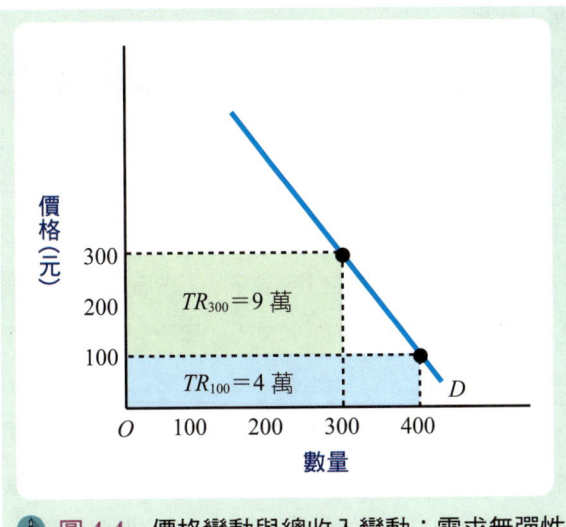

當需求曲線較陡，彈性較小時，價格上漲導致總收入增加。價格從 100 元漲至 300 元，數量會從 400 張減至 300 張，總收入從 4 萬元增至 9 萬元。

▲ 圖 4-4　價格變動與總收入變動：需求無彈性

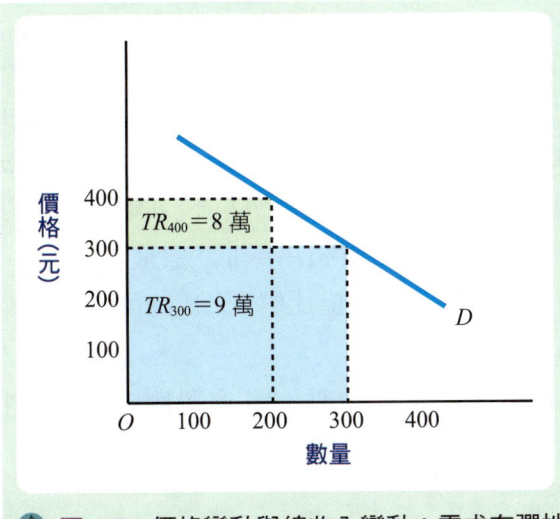

當需求曲線較平坦，彈性較大時，價格上漲導致總收入減少。價格從 300 元漲至 400 元，數量從 300 張減少至 200 張，總收入從 9 萬元減少至 8 萬元。

▲ 圖 4-5　價格變動與總收入變動：需求有彈性

在圖 4-4，若電影院調降門票售價，價格從 300 元降至 100 元，數量從 300 張增至 400 張，而總收入從 9 萬元減少至 4 萬元。價格下跌使 TR 減少，因為 Q 增加的比例要小於 P 下跌比例；同樣地，在圖 4-5，電影院若調降售價，價格從 400 元減至 300 元，數量從 200 張增至 300 張，而總收入從 8 萬元增加至 9 萬元。價格下跌使 TR 增加，因為 Q 增加的比例要高於 P 下跌比例。最後，如果價格下降 10%，銷售量增加 10%，增減相互抵銷。此時，需求彈性等於 1，總收入維持不變。需求彈性與總收入之間的關係，綜合整理於表 4-1。

表 4-1 需求彈性與總收入間之關係

彈性係數	價格	總收入	彈性與總收入關係
$\varepsilon_d < 1$	上漲	增加	P 與 TR 呈同方向變動
	下跌	減少	
$\varepsilon_d > 1$	上漲	減少	P 與 TR 呈反方向變動
	下跌	增加	
$\varepsilon_d = 1$	上漲	不變	無論價格上漲或下跌，TR 固定不變
	下跌	不變	

4-2-2 直線型需求曲線的需求彈性值

若需求曲線為一直線，則線上每一點的彈性值均不相同。在式 (4-3)，需求彈性的計算包括兩個部分：斜率的倒數乘上價格除以數量 [(1/斜率)×(P/Q)]。但直線型需求曲線的斜率是固定的，P/Q 則因位置不同而有差異，愈往左上方 (P/Q) 的值愈大。因此，直線型需求曲線上每一點的需求彈性值不會相同。

在圖 4-6，a 點到 b 點的斜率是 $-1/10$，而 P/Q 是 90/100，需求彈性等於 9 (中點公式計算的 ε_d = 5.6)。從 c 點到 d 點的斜率是 $-1/10$，而 P/Q 是 20/800，需求彈性等於 0.25 (中點公式計算的 ε_d = 0.18)。注意，a 點到 b 點與 c 點到 d 點，需求彈性係數的不同僅在 P/Q 項。a 點到 b 點的價格 (P) 較高，數量 (Q) 較低；c 點到 d 點的價格 (P) 較低，數量 (Q) 較高。因此，若需求曲線是直線型，消費者在價格高處比價格低處的反應較為敏感 (比較有彈性)。

在圖 4-6，M 點是直線型需求曲線的中點，需求彈性值為 $|(1/斜率)×(P/Q)| = |-10×(50/500)| = 1$ (中點公式計算 ε_d = 1)。

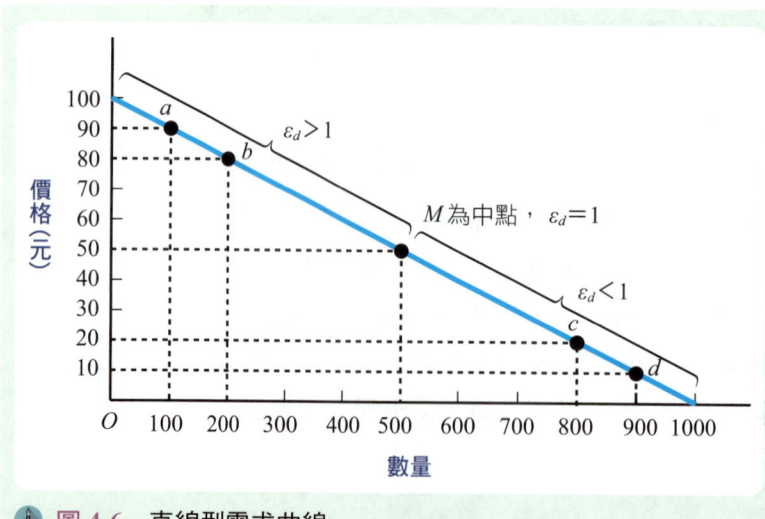

圖 4-6 直線型需求曲線

直線型需求曲線的斜率固定，但每一點的需求彈性值並不相同。

從臺灣看天下

房地合一稅上路，房市價跌量縮

2016 年 2 月 5 日《經濟日報》的標題："國泰指數：上季新北房市成交量 6 年新低"。受到房地合一稅額於 2016 年元旦上路、奢侈稅退場的影響，新成屋房價季減 6.4%，量縮 21.4%。新北市三十天銷售率僅剩 8.02%，交易量季減 47.9%。更出現年減 75.3%，寫下近六年新低量。據財政部資料顯示，2017 年全國的房地合一個人稅收為 11.9 億元，2018 年為 27.9 億元，2019 年則增加到 60.5 億元，六都繳稅王為臺中市。

房地合一稅是指，房屋及土地以合併後的實價稅額，扣除實際取得成本後，按實際獲利課徵所得稅。房地合一稅取代土地與房屋稅分離課徵的雙軌制，自用住宅與長期持有者享有減徵優惠。有關房地合一稅制請見表 4-2。

資料來源：
陳美玲，《經濟日報》，2016 年 2 月 5 日。
蔡惠芳，《中時電子報》，2015 年 6 月 6 日。

表 4-2 房地合一稅制

自用住宅	非自用住宅	外國人	營利事業	取得時點
減免：獲利 400 萬元以下免稅，每 6 年享受一次。 超過免稅額部分課稅：10%。 適用條件： • 夫或妻、未成年子女設有戶籍。 • 持有並實際居住連續滿 6 年，且未提供營業或出租。	持有 1 年以下：45%。 持有 1 到 2 年以下：35%。 持有 2 到 10 年以下：20%。 逾 10 年：15%。 例外條款： • 非自願性（調職、非自願離職）因素在 2 年內出售：20%。 • 合建分售在 2 年內完成：20%。 • 繼承或受遺贈取得房屋者可將被繼承人或遺贈人持有期間併計。	持有 1 年以下：45%。 持有超過 1 年：35%。	本國企業：20%，併入營所稅結算申報。 外（陸）資公司： • 持有 1 年以下：45%。 • 持有逾 1 年：35%。	• 105 年 1 月 1 日後取得適用。 • 103 年 1 月 1 日之次日取得且持有未滿 2 年適用。

對於直線型需求曲線而言，需求曲線中點的彈性值等於 1。中點以上的上半段任何一點，彈性值均大於 1 ($\varepsilon_d > 1$)，愈往左上方，彈性係數值愈大；中點以下的下半段任何一點，彈性值均小於 1 ($\varepsilon_d < 1$)，愈往右下方，彈性係數值愈小。

公共政策分析

　　美國一項研究指出，抽菸引起死亡人數是車禍死亡人數的好幾倍。根據統計，抽菸的社會成本是 1,300 億美元，其中 500 億美元是用在醫治香菸所引發的疾病成本，800 億美元是因生病或死亡而無法工作的損失。1990 年後，穩定的香菸價格加上廣告的宣傳，使青少年抽菸人口增加三分之一，其中以阿拉斯加州的情形最為嚴重。1995 年，阿拉斯加州政府調查發現，原住民青少年與美國青少年抽菸的比例，曾經抽菸者：原住民青少年高達 90.7%，美國青少年是 71.3%；經常抽菸者：原住民青少年的比例是 43.7%，美國青少年是 16.1%。[1] 美國疾病防治與控制中心指出，青少年養成抽菸習慣後，有 32% 的人會早死於抽菸所引起的疾病。

　　許多人認為應該適當抑制青少年抽菸人口的增加。其中包括學校宣導抽菸的害處、禁止香菸促銷及廣告、嚴禁校內抽菸、嚴禁銷售香菸產品給少數民族，以及針對香菸產品課稅。

　　針對香菸產品課稅，可以提高香菸銷售價格，使香菸需求量降低。研究指出，青少年香菸需求的價格彈性是 1.3，香菸價格上漲 10%，青少年抽菸人口會減少 13%，成年人的香菸需求彈性只有 0.4。青少年價格敏感度高於成年人的理由有三：(1) 青少年的可支配所得比成年人低，香菸支出占青少年生活支出的比重高於成年人；(2) 青少年間的同儕壓力，使青少年抽菸人口居高不下。若能提高香菸價格，減少抽菸人口，同儕壓力可能會讓青少年抽菸人口銳減；(3) 青少年抽菸上癮的比例低於成年人的比例，對香菸成癮但對價格改變較不敏感。基於以上研究，阿拉斯加州政府決定對每包香菸多課徵 1 美元的罪惡稅。

　　先進國家的香菸需求下降，迫使跨國性香菸製造商對美國國會進行遊說，利用貿易政策手段打開其它國家的大門。臺灣自 1987 年開放市場進口外國香菸。一項研究利用《臺灣菸酒統計年鑑》，依據民國 55 年到 84 年的香菸消費資料，估計本國香菸與進口香菸的需求彈性。[2] 在控制反菸宣傳這個變數後，本國香菸的需求彈性介於 0.5 到 0.6，表示價格上漲 10%，本土香菸消費數量減少 5% 到 6%。進口香菸的需求彈性是 1.1，表示價格上漲 10%，進口香菸消費數量減少 11%。

　　比較兩種香菸需求的所得彈性發現，進口香菸的所得彈性顯然高出本土香菸許多，一個可能的理由是進口香菸品質較佳。估計指出，交叉價格彈性大於零，故本土香菸與進口香菸互為替代品。臺灣政府開放進口香菸，同時要求在香菸包裝上印製警語，並製作反菸宣傳。研究結果顯示，反菸訴求的確減少國人抽菸的數量。

1　The State of Alaska's Epidemiology Bulletin, https://www.epi-hss.state.ak.us/bulletins/docs/61997-05.htm.
2　Chee-Ruey Hsieh, Teh-Wei Hu and Chien-Fu Jeff Lin (1999), "The Demand for Cigaretts in Taiwan: Domestic versus Imported Cigarettes," *Contemporary Economic Policy*, Vol. 17, No. 2, pp. 223-234.

政府目前對進口香菸每包課以新臺幣 31.8 元的貨物稅；此外，紙菸還要繳健康福利捐，每千支新臺幣 1,590 元。基於國人進口香菸消費數量逐年提高，課徵更高稅率應該是一個有效降低抽菸人口的政策工具。

資料來源：McEachern, William E. (2000), "Economics: A Contemporary Introduction," Chapter 5, South-Western College Publishing.

4-3 決定需求彈性大小的因素

如果有人問你：一輛 3 萬元的捷安特腳踏車與一部 100 萬元被車友稱為"大鳥"的 BMW 大型重型機車，哪一個需求彈性值大？答案是"大鳥"的重型機車！商品需求彈性的大小，也會受到許多因素的影響。我們將決定需求彈性大小的因素歸納成四點：(1) 替代品的多寡；(2) 商品支出占消費者總支出的比重；(3) 奢侈品與必需品；(4) 時間長短。

替代品的多寡 一商品擁有愈多近似替代品或消費者愈容易找到替代品，需求的價格彈性就愈大。百事可樂與可口可樂是非常近似的替代品。如果百事可樂一瓶漲 2 元，而可口可樂仍維持原價，大家會以可口可樂替代百事可樂，百事可樂的銷售量會減少很多，所以百事可樂的需求彈性大；相反地，阿妹的專輯並沒有許多近似替代品，你無法用劉德華或周杰倫來取代。因此，阿妹 CD 的需求彈性顯然小於百事可樂的需求彈性。

商品支出占消費者總支出的比重 一商品支出占消費者總支出的比重愈高，消費者愈有可能去尋找替代品，需求彈性就愈大；反之，比重愈低，需求彈性就愈小。假設你打算今年買車，適逢鋼鐵價格上漲，國產車調漲 5% 到 10%。你便會有很大的誘因，去尋找其它的替代品，如省油的小型車或二手車。由於汽車支出占消費者總支出的比重頗高，汽車價格上漲，汽車的銷售量應該會減少很多。

相對地，如果紙杯價格由 1 元漲至 2 元，假設你一年用 100 個紙杯，一年總支出不過由 100 元增加至 200 元。由於 200 元占生活支出的比例極小，即使價格上漲 1 倍，購買量的減少有限。因此，商品支出占生活支出比重愈低，愈沒有誘因去尋找替代品，需求的價格彈性也愈低。

奢侈品與必需品 一般而言，奢侈品的需求彈性大於 1，而必需品的需求彈性小於 1。對國人而言，到瑞士觀光或乘坐郵輪遊賞阿拉斯加風光是大筆支出，屬奢侈品。如果新臺幣貶值，歐美航線機票漲價，旅遊團費水漲船高,國人到兩地觀光的人數會銳減;相反地,健保局調漲掛號費 50 元,並不會大幅減少國人看醫生的次數。原因是,對國人而言,醫療服務是必需品,很少能找到近似的替代品;對歐美旅行團費的調漲,則可以選擇紐、澳或東南亞旅遊作為替代。

時間長短　時間愈短,消費者愈不容易找到替代品,需求的彈性愈小;反之,時間愈長,替代品愈容易取得,需求的價格彈性也愈大。譬如,在 1973 年,石油輸出國家組織巨幅調漲油價,造成汽油價格上升 45%,但加油數量僅減少 8%。然而,隨著時間經過,消費者會選擇購買省油小車、搭乘大眾運輸工具或搬至距離工作地點較近的公寓。由於替代選擇增多,汽車需求量在長期減少的數量要比短期來得多。

4-4　供給的價格彈性

供給的價格彈性
衡量價格變動導致供給量變動的敏感度。定義成供給量變動百分比除以價格變動百分比。

　　供給的價格彈性 (price elasticity of supply) 是衡量價格變動 1% 時,供給量變動的百分比。供給的價格彈性是衡量生產者在生產數量上對價格變動的敏感度。

4-4-1　計算供給的價格彈性

　　供給的價格彈性,簡稱供給彈性,計算公式是供給量變動百分比除以價格變動百分比。即

$$\frac{供給的}{價格彈性} = \frac{供給量變動百分比}{價格變動百分比}$$

或

$$\varepsilon_s = \frac{\Delta Q/Q}{\Delta P/P} = \frac{\Delta Q}{\Delta P} \times \frac{P}{Q} \qquad (4\text{-}4)$$

　　供給法則告訴我們,價格與數量呈同方向變動。由於供給量變動 (ΔQ) 與價格變動 (ΔP) 呈同向關係,供給彈性為正值。譬如,若數位相機從 8,000 元 ($P_0 = 8,000$) 漲至 10,000 元 ($P_1 = 10,000$),數位相機的生產數量從每月 2,000 臺 ($Q_0 = 2,000$) 增至 3,000 臺 ($Q_1 = 3,000$)。如果用點彈性公式計算,供給量變動百分比與價格變動百分比分別為:

$$\frac{供給量變}{動百分比} = \frac{\Delta Q}{Q} = \frac{Q_1 - Q_0}{Q_0} = \frac{3,000 - 2,000}{2,000} = 50\%$$

$$\frac{價格變動}{百分比} = \frac{\Delta P}{P} = \frac{P_1 - P_0}{P_0} = \frac{10,000 - 8,000}{8,000} = 25\%$$

$$\varepsilon_s = \frac{50\%}{25\%} = 2$$

供給彈性值等於 2，表示供給量變動的幅度是價格變動幅度的 2 倍。如果利用中點公式計算弧彈性，則為：

$$\frac{供給量變}{動百分比} = \frac{Q_1 - Q_0}{(Q_1 + Q_0)/2} = \frac{3,000 - 2,000}{(3,000 + 2,000)/2} = 40\%$$

$$\frac{價格變動}{百 分 比} = \frac{P_1 - P_0}{(P_1 + P_0)/2} = \frac{10,000 - 8,000}{(10,000 + 8,000)/2} = 22\%$$

$$\varepsilon_s = \frac{40\%}{22\%} = 1.8$$

供給彈性等於 1.8，表示供給量變動的幅度是價格變動的 1.8 倍。

4-4-2 供給彈性的種類

供給彈性的分類與需求彈性雷同。如果供給彈性小於 1 ($\varepsilon_s < 1$)，代表供給無彈性；如果供給彈性等於 1，代表供給是單一彈性；如果供給彈性大於 1，表示供給有彈性。式 (4-4) 的供給彈性可改寫成：

$$\varepsilon_s = \frac{\Delta Q}{\Delta P} \times \frac{P}{Q} = \frac{1}{\Delta P/\Delta Q} \times \frac{P}{Q} = \frac{1}{斜率} \times \frac{P}{Q} \qquad (4\text{-}5)$$

從式 (4-5) 可以看到，供給彈性與供給曲線的斜率互為倒數。供給曲線愈平坦，斜率愈小，供給彈性愈大；相反地，供給曲線愈陡峭，斜率愈大，彈性愈小。

圖 4-7 有五個不同形狀的供給曲線。在圖 4-7(a)，供給曲線是垂直的，斜率無窮大，彈性等於零 ($\varepsilon_s = 0$)。譬如，在 1931 年，超現實主義畫家達利 (Salvador Dali) 所畫的《記憶的永恆》(*La persistencia de la memoria*)，因為只有一幅，無論價格多高或很低，供給量始終固定為一幅。圖 4-7(e) 是另一個極端，不管供給量如何變動，價格始終維持在 100 元 ($\Delta P/P = 0$)。這意味著價格微幅變動，導致供給量巨幅變動，供給的價格彈性是無窮大 ($\varepsilon_s = \infty$)。供給曲線的斜率等於零，供給是完全有彈性。

介於上列兩個極端之間，如果供給曲線很平坦 (斜率小) 且會與 Y 軸相交，如圖 4-7(d) 所示，數量變動幅度 (67%) 超過價格變動幅度 (18%)，數量對價格變動的反應靈敏，供給為有彈性 ($\varepsilon_s > 1$)。圖 4-7(c) 是從原

$\varepsilon_s < 1$，代表供給無彈性。
$\varepsilon_s > 1$，代表供給有彈性。
$\varepsilon_s = 1$，代表供給具單一彈性。

點出發的直線，此時價格變動幅度會等於數量變動幅度，供給彈性等於 1 ($\varepsilon_s = 1$)。如果供給曲線很陡 (斜率大) 且會與 X 軸相交，如圖 4-7(b) 所示，數量變動幅度 (11%) 小於價格變動幅度 (18%)，表示供給數量對價格反應的敏感度低，供給缺乏彈性 ($\varepsilon_s < 1$)。

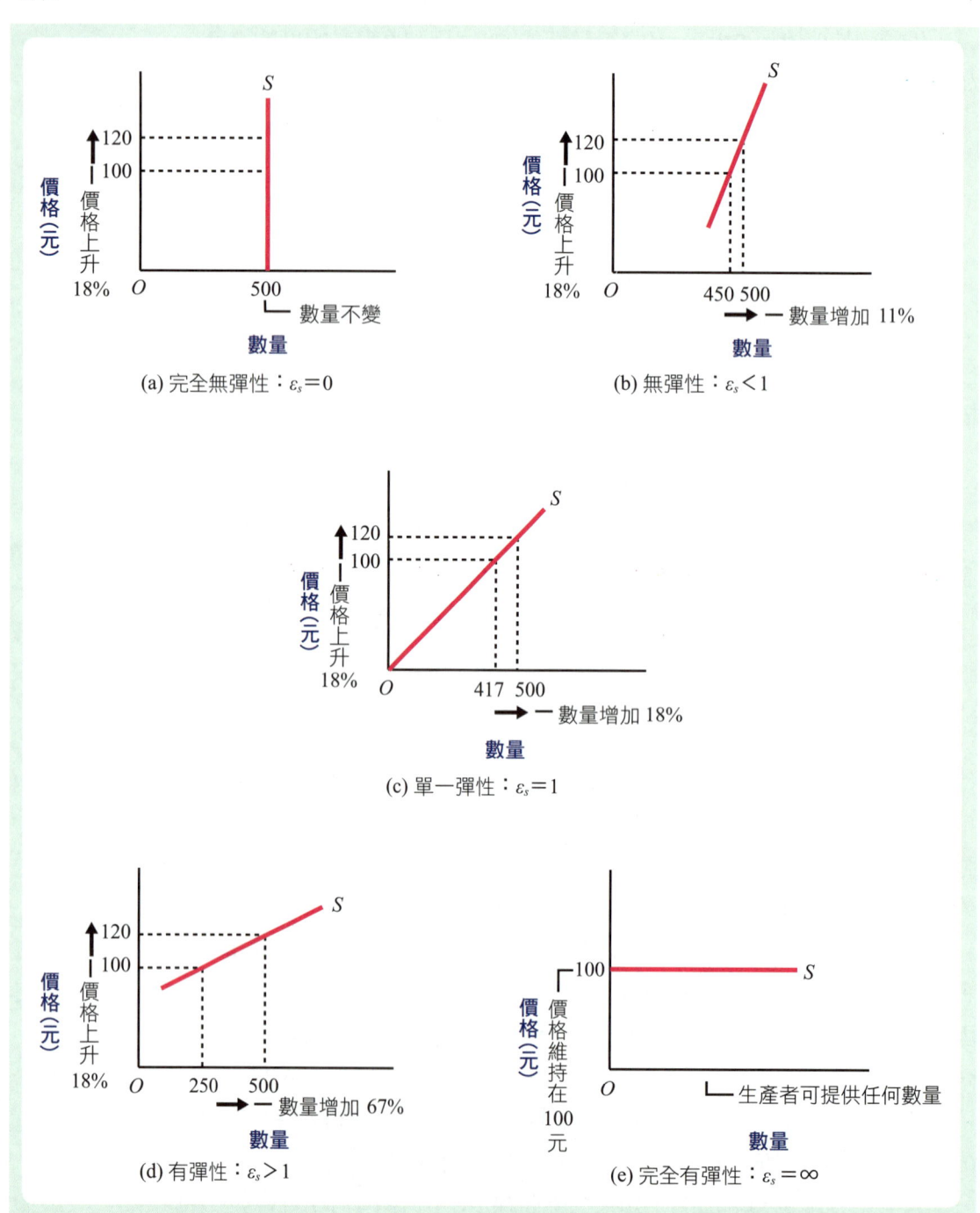

(a) 完全無彈性：$\varepsilon_s = 0$

(b) 無彈性：$\varepsilon_s < 1$

(c) 單一彈性：$\varepsilon_s = 1$

(d) 有彈性：$\varepsilon_s > 1$

(e) 完全有彈性：$\varepsilon_s = \infty$

不同形狀的供給曲線，其供給彈性也不相同。供給曲線愈陡峭，彈性愈小；供給曲線愈平坦，彈性愈大。本圖的彈性均以中點公式計算。

圖 4-7　供給的價格彈性

4-5 決定供給彈性大小的因素

供給法則指出，生產數量的多寡通常受生產者人數、生產因素價格及生產技術水準等的影響；同樣地，供給彈性的大小，也會受一些因素的影響。決定供給彈性的因素分成兩點：(1) 生產因素的替代性 (或流動性)；(2) 時間的長短。

生產因素的替代性 (或流動性)　從生產因素取得的難易角度來分析，供給彈性會受生產因素的替代性、生產因素的移動性所影響。如果替代性生產因素愈容易取得，廠商的生產過程愈順利，供給就愈有彈性。

在 1980 年代，電腦動畫需要大量的人力、精緻的繪畫技巧，以及縝密的計畫。但隨著電腦運算速度加快，3D 動畫軟體的出現 (譬如，Maya 和 3D Max)，製作出許多膾炙人口的作品，如《侏羅紀世界 3》(*Jurassic World 3*) 和《星際大戰：天行者的崛起》(*Star Wars: The Rise of Skywalker*)，或《玩具總動員 4》(*Toy Story 4*) 等，動畫軟體的進步，使動畫人才的替代性愈高，供給也就愈有彈性。

如果生產因素很容易移轉，供給彈性就愈大。網際網路的普及與 B2B 的盛行，使全球運籌管理變得容易。假設蘋果 iPhone 行動電話製造部門，因臺灣廠商晶片供應缺貨，但卻能迅速轉向南韓取得所需，所以行動電話的供給彈性大。如果生產因素不易移動，供給將無彈性。譬如，網路咖啡店即使頻寬加大，但受限於場地空間，也無法容納更多顧客，供給在短期間相當缺乏彈性。

時間的長短　供給的價格彈性在長期比短期更有彈性。短期間，廠商無法增加資本設備、擴大生產規模或採用新的生產技術，產量無法快速反映市場價格的變化。譬如，台積電 12 吋晶圓廠，從設計、動工、興建完成到試車生產，通常要五年以上的時間，所以短時間內無法大量增加供給量。前面網路咖啡店的例子，即使顧客盈門，一位難求，店家也只能在長期擴充店面，增加電腦設備。

4-6 其它種類的彈性

影響需求量的因素除了自身價格外，尚有所得及其它相關商品價格等。因此，需求彈性的類型除了需求的價格彈性外，尚有需求的所得彈性與交叉價格彈性。

4-6-1 需求的所得彈性

需求的所得彈性 (income elasticity of demand) 是衡量需求量對消費者所得變動的反應程度。它定義為需求量變動百分比除以所得變動百分比：

$$\text{需求的所得彈性} = \frac{\text{需求量變動百分比}}{\text{所得變動百分比}}$$

或

$$\varepsilon_I = \frac{\Delta Q/Q}{\Delta I/I} = \frac{\Delta Q}{\Delta I} \times \frac{I}{Q} \tag{4-6}$$

> **需求的所得彈性**
> 衡量所得變動導致需求量變動的敏感度。定義成需求數量變動百分比除以所得變動百分比。

式 (4-6) 的 Q 為商品需求量，I 為消費者所得。在第 3 章討論需求時曾提及，當所得增加，某些商品需求會減少，如搭公車次數或泡麵，稱此商品為劣等財。由於需求量變動 (ΔQ) 與所得變動 (ΔI) 呈反向關係，所以劣等財的所得彈性小於零 ($\varepsilon_I < 0$)。另一方面，大多數商品的需求會隨著所得提高而增加，這些商品稱為正常財。由於所得變動與需求量的變動是同方向移動，需求的所得彈性大於零 ($\varepsilon_I > 0$)。

在眾多正常財中，有些商品隨著所得提高，需求量僅微幅增加，如食物、衣服、咖啡和醫療等。這些商品是必需品，需求的所得彈性介於 0 與 1 之間。有些商品隨著所得提高，需求量會大幅增加，如名牌服飾、跑車或出入昂貴的餐廳等。這些商品是奢侈品，需求的所得彈性大於 1。

4-6-2 交叉價格彈性

交叉價格彈性 (cross-price elasticity of demand) 是衡量一商品價格改變時，對另一商品需求量變動的反應程度。它定義成一商品需求量變動百分比 ($\Delta Q_Y/Q_Y$) 除以另一商品價格變動百分比 ($\Delta P_X/P_X$)；亦即，

$$\text{交叉價格彈性} = \frac{Y \text{商品需求量變動百分比}}{X \text{商品價格變動百分比}}$$

或

$$\varepsilon_{XY} = \frac{\Delta Q_Y/Q_Y}{\Delta P_X/P_X} = \frac{\Delta Q_Y}{\Delta P_X} \times \frac{P_X}{Q_Y} \tag{4-7}$$

> **交叉價格彈性**
> 衡量一種商品價格變動導致另一種商品需求量變動的敏感度。定義成一商品需求量變動百分比除以另一商品價格變動百分比。

交叉價格彈性可以是正值或負值。如果 X 商品與 Y 商品互為替代品，X 價格上漲，消費者以 Y 取代 X，則 Y 商品的需求增加。星巴克咖啡與西雅圖極品 (Barista) 咖啡、百事可樂與可口可樂，都是替代品的例子。由於 X 價格變動 (ΔP_X) 與 Y 商品需求量變動 (ΔQ_Y) 是同方向移動，所以交叉價格彈性大於零 ($\varepsilon_{XY} > 0$)。

如果 X 商品與 Y 商品為互補品，X 價格上漲，導致 Y 需求量減少，X 與 Y 是搭配使用。如電腦軟體與電腦硬體、紅茶與奶精球，都是互補品的

例子。由於 X 價格變動 (ΔP_X) 與 Y 需求量變動 (ΔQ_Y) 是反方向移動，故交叉價格彈性小於零 ($\varepsilon_{XY} < 0$)。

4-7 結 語

在供給與需求，我們得知均衡價格與數量是如何決定。政府可以利用供需來決定最適教育經費。廠商透過市場價格來決定生產商品的種類及數量。本章則衡量外在因素的改變，如何影響消費者及生產者行為。譬如，身為家樂福店長應該針對店內商品的彈性加以分類：需求彈性較大的商品，可以週年慶名義酌予減價。需求彈性小的商品，則可以放心反映成本，給予適度漲價。兩者皆可達到增加營業額的目的。

政府如果想遏止青少年抽菸，可以估計國產菸與進口菸的需求彈性，對彈性較大者課以較高稅率，一方面稅收可望增加，同時香菸價格提高可抑制消費，並減少抽菸引起的疾病問題。石油輸出國家組織藉著估計長短期的石油需求彈性，來確定油元收入。

摘要

- 需求的價格彈性是衡量價格變動對需求量變動的敏感度，定義成需求量變動百分比除以價格變動百分比。
- 需求的價格彈性簡稱需求彈性。如果彈性大於 1，需求是有彈性；如果彈性小於 1，需求是無彈性；彈性等於 1，需求是單一彈性。
- 當需求無彈性，價格上漲 (下跌)，總收入增加 (減少)；需求有彈性，價格上漲 (下跌)，總收入減少 (增加)；需求是單一彈性，價格上漲 (下跌)，總收入不變。
- 需求有彈性，如果：(1) 商品的替代品愈多；(2) 商品支出占總支出比例愈高；(3) 奢侈品；(4) 時間愈長。需求無彈性，如果：(1) 商品替代品愈少；(2) 支出占總支出比例愈低；(3) 必需品；(4) 時間愈短。
- 供給的價格彈性是衡量價格變動對供給量變動的敏感度，定義為供給量變動百分比除以價格變動百分比。
- 供給的價格彈性簡稱供給彈性。如果彈性大於 1，供給是有彈性；如果彈性小於 1，供給無彈性；如果彈性等於 1，供給是單一彈性。
- 供給有彈性，如果：(1) 生產因素的替代性 (或流動性) 高；(2) 時間愈長。供給無彈性，如果：(1) 生產因素的替代性 (或流動性) 低；(2) 時間愈短。
- 需求的所得彈性衡量對所得變動導致需求量變動的敏感度。如果彈性大於 0，該商品為正常財；彈性小於 0，是劣等財；彈性介於 0 與 1 之間，是必需品；彈性大於 1，是奢侈品。
- 交叉價格彈性是衡量一商品價格變動導致另一商品需求量變動的敏感度。若彈性大於 0，此兩商品是替代品；彈性小於 0，則此兩商品是互補品。

習題

1. 兔寶寶公司是唯一的巧克力兔子生產商，最近擴大其生產，從 1 天 1,000 隻到 2,000 隻兔子，假設需求價格彈性為 3.33，公司的價格大約要降低多少才能再賣出 1,000 隻兔子？　　(108 年郵政特考改編)

2. 若蘋果的價格由每顆 24 元上升為 30 元，而需求量由 560 顆下跌為 520 顆。則蘋果的需求價格弧彈性 (arc price elasticity of demand) 為何？　　(108 年身心障礙改編)

3. 江蕙告別演唱會的門票，其銷售速度可用"秒殺"來形容。由於二姐跟粉絲們的互動良好，所以她有一堆死忠的粉絲，即使二姐到國外開演唱會，粉絲們亦跟隨到國外捧江蕙的場。請問這些粉絲們對江蕙演唱會的需求彈性是大還是小？

4. 下列何者需求彈性大？
    (a) Benz S600 與 Toyota Altis
    (b) 耐吉球鞋與一般球鞋
    (c) 電腦與 iPhone 6S
    (d) 原子筆與毛筆

5. 在其它條件不變下，某一正常財的替代品愈多，則其需求價格彈性的絕對值：
    (a) 愈小
    (b) 愈大
    (c) 不受影響
    (d) 視供給曲線之斜率而定

6. 若天然瓦斯價格上升，下列何者的需求價格彈性最高？
    (a) 價格上漲後
    (b) 價格上漲一年後　　(102 年交大科管所)

7. 中華職棒估計球迷觀賞總冠軍賽需求的價格彈性為 1.35 (絕對值)。當主辦單位提高門票價格時，將對球賽門票收入與球迷購票支出造成何種影響？
    (a) 門票收入增加，球迷支出減少
    (b) 門票收入與球迷支出同時增加
    (c) 門票收入減少，球迷支出增加
    (d) 門票收入與球迷支出同時減少
    　　(107 年普考)

8. 請利用需求彈性來說明下列現象：
    (a) 薄利多銷
    (b) 以價制量
    (c) 穀賤傷農
    (d) 以量制價

9. 甲財貨的價格上升 3% 時，乙財貨的需求量增加 2%，則甲和乙兩財貨互為＿①＿，交叉彈性為＿②＿，請問①及②各為何？　　(108 年稅務特考)

10. 王俠軍的琉璃作品獨一無二，供給是無彈性。故宮博物院的藝術複製品，其供給為有彈性。假設因為國民所得提高，使兩種商品的需求提高 1 倍，請問：
    (a) 均衡價格與數量如何變動？
    (b) 哪一種商品的價格變動較大？
    (c) 哪一種商品的數量變動較大？
    (d) 消費者支出變動如何？

11. 若已知供給的價格彈性 (price elasticity of supply) 為 1.5，且知價格的增加導致供給量增加 3%，則價格增加的幅度為何？
    　　(107 年經建行政)

12. 下圖之供給曲線上何點的供給價格彈性最大？

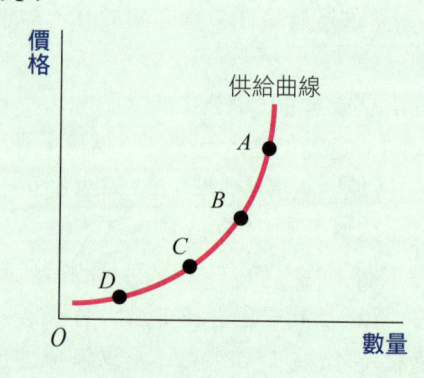

    (a) A　　(b) B
    (c) C　　(d) D　　(108 年身心障礙)

13. 假設石油價格和數量如下表：

價格	需求量	供給量
14	16	6
16	15	8
18	14	10
20	13	13
22	12	15

(a) 請繪出供給與需求曲線
(b) 請計算價格由 14 元上升至 16 元的需求彈性和供給彈性
(c) 請計算價格由 20 元上升至 22 元的需求彈性和供給彈性

14. 假設下表列出不同商品的所得彈性，請指出何者是正常財、劣等財或奢侈品。

商品	所得彈性
麵粉	−0.36
牛奶	0.5
蘋果	1.36
橘子	0.83

15. 假設網路叫車 Uber 的需求函數為 $Q = 1,000 + 150P + 25I$，其中 Q、P 和 I 分別代表數量、價格與平均個人所得，若 $I = 1,000$ 和 $P = 500$，需求所得彈性是多少？

(102 年成大政經所)

16. 假設消費者對稻米的需求為水平線，供給線為正斜率。若政府對每單位稻米課徵 2 元稅金，則：
(a) 產品售價上漲 2 元
(b) 產品售價上漲的幅度小於 2 元
(c) 產品售價和銷售量皆維持不變
(d) 產品售價不變，但銷售量減少

(108 年郵政特考)

網路習題

1. 博客來網路書店：https://www.books.com.tw 或金石堂網路書店：https://www.kingstone.com.tw，在網站首頁經常有促銷書籍的活動。請比較兩個網站促銷書籍的異同點，並指出促銷是否會增加網站收入。

Chapter 5

消費者選擇與需求

2018 年 12 月，中國共享單車龍頭 Ofo 驚爆破產，千萬用戶排隊追討押金。同樣是解決一般人的需求，為什麼 Airbnb 和 Uber 的市值能夠破百億美元，而 Homejoy 卻退出舞臺？AppWorks 共同創辦人詹益鑑認為，光滿足需求還不夠，還必須找出讓人 "非你不可" 的渴望。

百年老店可口可樂 (Coca Cola) 就是創造消費者 "渴望" 的經典範例。據美國《廣告時代》(*Advertising Age*) 雜誌統計，2014 年是可口可樂十四年來銷售首見成長。成功的關鍵在於，創造足夠的誘因讓人去享用，甚至主動為你宣傳、推廣。

可口可樂在美國各地推出可樂瓶客製亭，讓消費者決定可樂瓶上要印什麼名字。一位 22 歲的服裝店員精心收藏印有自己名字的可口可樂，他對《華爾街日報》(*Wall Street Journal*) 記者說："看到自己的名字出現在大品牌上，這感覺就是我的東西。"

如果妳領到人生第一份薪水，決定犒賞自己去凱菲屋大吃一頓，妳會吃多少盤才停止？可口可樂和吃大餐的例子都與效用有關。本章將從效用分析來說明需求原則；附錄 (請至東華書局網站下載) 則以無異曲線與預算限制兩種分析工具說明消費者選擇。

本章重點

總效用與邊際效用
消費者均衡與需求曲線
消費者剩餘

5-1 效用分析

假設中午下課後，妮妮打算用 100 元吃午餐。午餐可以有很多選擇，如麥當勞的速食、自助餐、披薩或素食。如果妮妮選擇素食，必定是素食帶給她的滿足程度要高於其它的選擇。

消費商品或服務帶給消費者滿足的程度，經濟學家稱為效用。本節將先介紹總效用與邊際效用的概念，然後再介紹邊際效用遞減法則。

5-1-1 總效用與邊際效用

> **效用** 消費商品的一種滿足程度。

效用 (utility) 為消費商品的一種滿足程度，是消費者主觀的偏好。**偏好** (preference) 是指消費某一商品或服務的態度與喜好的感覺。同樣是手機，有人喜歡三星的 Note，有人喜歡蘋果 iPhone；音樂方面，有人極度喜歡周杰倫的音樂，有些人卻只能接受古典音樂或歌劇。

雖然效用是主觀的，但 19 世紀英國經濟學家邊沁 (Jeremy Bentham) 卻提出**效用測量計** (utilometer) 的觀念。它是以**效用** (utils) 來計算不同商品的滿足程度，就如同以溫度計衡量天氣冷熱。譬如，攝氏 0 度代表天氣寒冷，攝氏 40 度表示天氣酷熱。因此，我們可以假設，阿亮吃一枝義美紅豆冰棒是 5 個效用單位，吃一枝小美紅豆冰棒是 3 個效用單位。在紅豆冰棒價格相同下，很明顯地，阿亮偏好義美品牌。

現在，讓我們來說明總效用與邊際效用的概念。假設豪小子在烈日下與同學打了一場籃球。打完球後，他喝的第 1 杯水最能解渴，感覺應是最棒的；第 2 杯水也能止渴，但感覺可能沒有第 1 杯好；第 3 杯水感覺也不錯；第 4 杯水喝完可能肚子有點脹；到第 5 杯就覺得不舒服。

> **總效用** 某種商品在消費一定數量下所獲得滿足程度的加總。
>
> **邊際效用** 增加一單位消費所增加的總效用。

表 5-1 為豪小子打完一場籃球賽後喝水的效用衡量。第 1 欄是喝水的杯數；第 2 欄就是**總效用** (total utility, TU)，代表喝水所獲得的總滿足程度；第 3 欄是**邊際效用** (marginal utility, MU)，表示增加一單位商品消費所獲得總效用的變動量。譬如，喝 2 杯水的滿足程度是 75 個效用單位，亦即，喝 2 杯水的總效用為 75；而豪小子喝第 2 杯水的滿足程度是 25 個效用單位，即第 2 杯水的邊際效用為 25。

邊際效用的計算可由下式而得：

$$邊際效用 = \frac{總效用的變動量}{消費數量的變動量}$$

表 5-1　總效用與邊際效用

水的消費數量 (杯)	總效用 (效用單位)	邊際效用 (效用單位)
0	0	—
1	50	50
2	75	25
3	87	12
4	95	8
5	93	−2

或

$$MU = \frac{\Delta TU}{\Delta Q} = \frac{TU_1 - TU_0}{Q_1 - Q_0} \tag{5-1}$$

式 (5-1) 中，分母是變動後的商品數量 (Q_1) 減去變動前的商品數量 (Q_0)。分子是變動後的總效用 (TU_1) 減去變動前的總效用 (TU_0)。譬如，第 3 杯水的邊際效用是 12 = [(87 − 75)/(3 − 2)]。

經濟學教科書假設消費者豪小子進行消費時，滿足程度愈大愈好。以效用分析的概念來說，消費者消費商品的最後目的是追求**總效用極大** (utility maximization)。表 5-1 中，豪小子究竟會喝幾杯水？如果水的價格為零，只要喝水能夠解渴，豪小子會繼續喝下去，直到不舒服為止。因此，若一商品為免費，只要邊際效用為正，該商品的消費數量會持續增加。本例中，豪小子會喝 4 杯水。因為是第 5 杯水的邊際效用為負值，也就是第 5 杯水已經引起豪小子身體不適，總效用水準也開始下降。

圖 5-1 是豪小子打完球後喝水的效用曲線圖形。圖 5-1(a) 描繪總效用曲線。隨著豪小子喝水杯數的增加，滿足程度愈高，總效用一直遞增。直到喝完 4 杯水後，總效用開始遞減，此時的邊際效用為負。

5-1-2　邊際效用遞減法則

邊際效用遞減法則 (law of diminishing marginal utility) 是指在一段期間內，某一商品消費數量愈多，所獲得總效用水準的增加量會呈現遞減。換句話說，額外增加一單位商品消費的邊際效用遞減。

圖 5-1(b) 說明此種現象。第 1 杯水的邊際效用是 50，帶給豪小子極大的滿足；第 2 杯水的邊際效用是 25，雖然能止渴，感覺卻不若第 1 杯好；第 3 杯的邊際效用是 12，第 4 杯的邊際效用是 8。隨著喝水杯數的增加，邊際效用逐漸遞減。邊際效用遞減法則是指 MU 負斜率的部分。

日常生活中，某些商品的消費，邊際效用的遞減可能異常地迅速。譬如，購買今天的《中國時報》，第 2 份的邊際效用可能是零；同樣地，連

> **邊際效用遞減法則**
> 在一段期間內，消費數量愈多，總效用的增加量會呈現遞減。

(a) 總效用

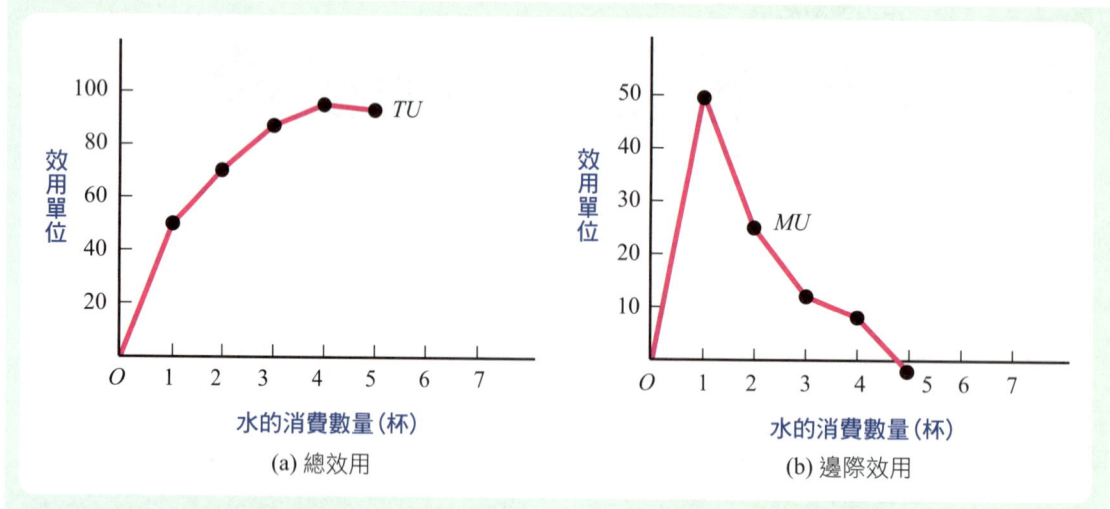

(b) 邊際效用

邊際效用等於總效用變動量除以消費數量的變動量；亦即，邊際效用是總效用曲線的斜率。當總效用曲線下彎時，斜率為負，此時邊際效用小於零。

圖 5-1　喝水的總效用與邊際效用

續看兩次《星際大戰：天行者的崛起》電影，第 2 次觀賞所帶給你的滿足程度可能很少，甚至沒有。

5-1-3　效用極大化

日常生活中，免費商品的例子十分稀少，消費者必須以市場價格才能獲得。另一方面，消費者並不能毫無限制地消費，他(她)必須受到其收入(所得)的限制。所以，消費者的消費目標為：在所得有限及產品價格大於零的情形下，消費者的消費行為是追求消費總效用的最大。我們以表 5-2 的例子來說明。

表 5-2　喝咖啡和租電影 DVD 的總效用與邊際效用

每週喝咖啡杯數 (X)	咖啡的總效用 (TU_X)	咖啡的邊際效用 (MU_X)	每元花費在咖啡的邊際效用 (MU_X/P_X)	每週租 DVD 的數量 (Y)	DVD 的總效用 (TU_Y)	DVD 的邊際效用 (MU_Y)	每元花費在 DVD 的邊際效用 (MU_Y/P_Y)
0	0	—	—	0	0	—	—
1	56	56	1.4	1	40	40	2
2	88	32	0.8	2	68	28	1.4
3	112	24	0.6	3	88	20	1
4	130	18	0.45	4	100	12	0.6
5	142	12	0.3	5	108	8	0.4
6	150	8	0.2	6	114	6	0.3
7	154	4	0.1	7	116	2	0.1

從臺灣看天下

物聯網革命

搞定一天的食、衣、住、行，可能嗎？2015年9月，臺灣《商業周刊》記者去舊金山參加 TechCrunch 舊金山破壞大會 (Disrupt)，利用 300 美元預算，不使用傳統式服務，靠 App 搞定。

15 人座的分享式公車 Chariot，提供礦泉水與隨選音樂，讓你免受舊金山的塞車之苦；Eatwith 提供大廚餐桌服務，生蠔和氣泡酒吃到飽，只要價 24 美元；住宿靠 Airbnb，一晚只要旅館費用的一半，住在當地人的家裡可以體驗在地文化。透過 App 共享經濟服務，一鍵按下，衣、食、住、行都可租借，甚至可以到別人的家裡上廁所。

由於網路、物聯網等科技串聯起全世界的人類，人類隨時隨地溝通與分享，去除掉多餘的中間商，降低不必要的成本。在共享經濟體系中，一個個"生產加消費者"透過與他人共用汽車、房子、廁所、直升機與其它生產的產品，這已經不是"交易"，而是"分享"。

如果你花費同樣的金錢，卻可以有更多樣的選擇。經濟理論告訴我們，你可以得到更高的效用──如果你可以買到許多口味而非單一口味的冰淇淋，或不同顏色、樣式的衣服，消費者的滿足程度可以提高。

三位學者嘗試評估消費者可以從網路產品的多樣性得到多少利益，即消費者剩餘。他們利用亞馬遜網站 (Amazon.com) 上冷門書籍的資料，得到一個令人驚訝的結論。事實上，人們願意閱讀冷門書，且願意支付的金額遠遠超過實際支付的金額。消費者剩餘是每一本書售價的 70%；亦即，如果一本書平均售價為 20 美元，消費者平均願意支付的價格是 34 美元。若將這些利益加總，2000 年的總消費者剩餘是 10 億美元。亞馬遜的低價讓 2000 年的消費者節省 14 萬美元的支出。因此，他們從低價競爭的選擇中得到 10 億美元的價值。

在物聯網世代，更多樣化的選擇與更具親和力的 App 為"消費者加生產者"創造鉅額利益。

資料來源：

Virginia Postrel, "Selection Ranks Above Price Among the Benefits of Shopping Online," *New York Times*, April 22, 2004, p. C.2.

蔡靚宣，"共享經濟大革命"，《商業周刊》，1455 期，2015 年 9 月 30 日。

假設小英打算每週花 200 元進行兩種商品的消費：去 7-Eleven 買 City Café 的咖啡 (X) 或租電影 DVD (Y)。假設咖啡一杯 40 元 ($P_X = 40$)，而租一片電影 DVD 的價格是 20 元 ($P_Y = 20$)。小英面臨的選擇是：在 200 元的預算限制下，如何在咖啡與電影 DVD 的數量之間進行選擇，以滿足總效用最大？

假設小英一開始將 200 元全部花在喝咖啡，每週可喝 5 杯咖啡，獲得 142 單位的總效用。如果小英少喝 1 杯咖啡，省下的 40 元可租 2 片電影 DVD，其總效用是否增加？在表 5-2 放棄第 5 小時的邊際效用是 12，而看 2 片電影 DVD 的邊際效用加起來是 68 (= 40 + 28)。因此，總效用會由 142 單位增至 198 單位。

小英是否有另外的消費選擇？如果小英每週喝 3 杯咖啡，其放棄第 4 杯咖啡的邊際效用是 18，但小英現在能夠租第 3 片及第 4 片電影 DVD，每週的邊際效用增加 32 (= 20 + 12)。總效用再次由 198 增至 212 單位。

如果小英每週只喝 2 杯咖啡，放棄 3 杯咖啡的邊際效用是 24，而得到第 5 片及第 6 片電影 DVD 的邊際效用是 14 (= 8 + 6)。此時，總效用不增反減。所以，小英效用最大的商品組合是每週喝 3 杯咖啡及看 4 片電影 DVD，其總效用水準是 212 個效用單位。咖啡的消費支出是 120 元，而電影 DVD 的租賃支出是 80 元。這個效用最大的商品組合是一個**均衡商品組合** (equilibrium combination)，因為任何改變，都會讓總效用降低。

5-1-4 效用極大化條件與消費者均衡

前面提到，小英消費最大效用的商品組合是 3 杯咖啡與 4 片電影 DVD。注意，此時的所得 200 元全部花完。若將商品價格、效用及價格一起考慮，我們可以說，效用極大化的條件是：在均衡時，最後一塊錢花費在每項商品上，所得到的邊際效用都相同。

說得詳細一點，當預算全部花完後，消費者對每一商品最後一單位的購買，其邊際效用除以該商品價格均應相等，此時，總效用達到最大。若以數學式表示為：

$$\frac{MU_X}{P_X} = \frac{MU_Y}{P_Y} \tag{5-2}$$

MU_X 是喝咖啡 (X) 的邊際效用，MU_Y 是租電影 DVD (Y) 的邊際效用。P_X 與 P_Y 分別是咖啡與電影 DVD 的價格。小英每週喝 3 杯咖啡的邊際效用除以價格是 $MU_X/P_X = 24/40 = 0.6$。她每週租 4 片電影 DVD 的邊際效用除以價格是 $MU_Y/P_Y = 12/20 = 0.6$。MU_X/P_X 恰好等於 MU_Y/P_Y，對應的 3 杯咖啡與 4 片電影 DVD，正是總效用最大的商品組合。

若 MU_X/P_X 不等於 MU_Y/P_Y，如 $MU_X/P_X < MU_Y/P_Y$，意味著最後 1 元花在 Y 商品所增加的效用大於最後 1 元花在 X 商品所增加的效用。在 $X = 4$ 與 $Y = 2$ 時，$MU_X/P_X = 0.45 < MU_Y/P_Y = 1.4$；亦即，減少消費 1 單位 X 而增加消費 1 單位 Y，總效用水準就會提高。同樣地，如果 $MU_X/P_X > MU_Y/P_Y$，表示最後 1 元花在 X 商品所增加的效用大於 Y 商品所增加的效用。在 $X = 2$ 與 $Y = 6$ 時，$MU_X/P_X = 0.8 > MU_Y/P_Y = 0.3$。總效用等於 202，並非最大。若將 2 單位 Y 的錢移轉至多消費 1 單位 X，就可以增加消費者的總效用。

因此，$MU_X/P_X > MU_Y/P_Y$，小英多消費 X 與少消費 Y，此時她的總效用會增加，直到 $MU_X/P_X = MU_Y/P_Y$ 時才會停止變動。同理，如果 $MU_X/P_X < MU_Y/P_Y$，小英會多消費 Y 而減少消費 X，直至 $MU_X/P_X = MU_Y/P_Y$ 才會停止消費組合的變動。

結論是，小英每週花 200 元，當花在 X 與 Y 商品最後 1 元的邊際效用都相等時，總效用達到最大。這種情況稱為 *消費者均衡* (consumer equilibrium)。消費者均衡就是式 (5-2) 的效用極大化條件。如果消費者購買多種商品 (n 種) 時，消費者均衡可以寫成：

$$\frac{MU_1}{P_1} = \frac{MU_2}{P_2} = \cdots = \frac{MU_n}{P_n}$$

消費者均衡 當消費者所得全部用盡，且花在每一種商品最後 1 元的邊際效用均相等時，總效用達到最大。

消費者分配其所得於多種商品消費時，花在每一種商品最後 1 元的邊際效用均相等。消費者均衡並不表示你所購買商品的邊際效用價格比都相等，才會進行消費活動。經濟學家認為消費者進行商品購買時，不會實際地計算每一個邊際效用價格比，而是在進行消費時自然而然地追求效用極大。

5-2 需求曲線與消費者均衡

消費者均衡說明，當所得有 200 元和咖啡 1 杯 40 元時，小英每週喝 3 杯咖啡。如果以需求概念而言，是指當咖啡價格等於 40 元時，小英每週有喝 3 杯咖啡的需求。這個結論的前提為：所得是 200 元，租電影 DVD 的價格是一片 20 元，以及小英對兩種商品的偏好不變。

若新冠肺炎導致消費者預期未來經濟不景氣，消費態度變得相當保守。7-Eleven 決定將咖啡的售價由 40 元降為 30 元，在其它條件 (如所得、偏好及租電影 DVD 價格) 不變下，咖啡的消費數量會有何變動？

表 5-3 顯示咖啡價格下跌後的總效用與邊際效用。表 5-3 與表 5-2 相似，只是咖啡的價格改為 30 元，每元花費在喝咖啡的邊際效用值 MU_X/P_X 必須更改。如果小英仍消費原來的商品組合：3 杯咖啡與 4 片電影 DVD，則她總共只花費 170 元，剩下 30 元。如果變動消費組合，總效用水準可以提高。

依據效用極大化條件，小英的最適選擇是 4 杯咖啡與 4 片電影 DVD；亦即，小英每週可多喝 1 杯咖啡，這樣所得剛好用盡，且花在每一商品最後 1 元的邊際效用恰好相等，$MU_X/P_X = 0.6 = MU_Y/P_Y$。為什麼咖啡會提高？其推理如下：當 X 商品價格下跌，X 的消費會增加，而使邊際

表 5-3 喝咖啡與租電影 DVD 的總效用與邊際效用 (咖啡由 40 元降價為 30 元)

每週喝咖啡杯數 (X)	咖啡的總效用 (TU_X)	咖啡的邊際效用 (MU_X)	每元花費在咖啡的邊際效用 (MU_X/P_X)	每週租DVD的數量 (Y)	DVD的總效用 (TU_Y)	DVD的邊際效用 (MU_Y)	每元花費在DVD的邊際效用 (MU_Y/P_Y)
0	0	—	—	0	0	—	—
1	56	56	$1\frac{13}{15}$	1	40	40	2
2	88	32	$1\frac{1}{15}$	2	68	28	1.4
3	112	24	0.8	3	88	20	1
4	130	18	0.6	4	100	12	0.6
5	142	12	0.4	5	108	8	0.4
6	150	8	$\frac{4}{15}$	6	114	6	0.3
7	154	4	$\frac{2}{15}$	7	116	2	0.1

效用 MU_X 下跌，這樣才能維持等式成立。在表 5-3，當 P_X 由 40 元調降為 30 元時，MU_X 要等於 18，MU_X/P_X 才會等於 0.6。若均衡消費數量由 3 杯增至 4 杯，總效用會多增加 18，成為 230 個效用單位。因此，當價格下跌時，消費者滿足程度會提高。

消費者均衡告訴我們，當 X 價格下跌時，在其它條件 (所得、偏好、相關商品的價格) 不變下，為了讓花在每一商品最後 1 元的邊際效用相等，X 的消費數量會增加。當咖啡的價格是 40 元 ($P_X = 40$) 時，小英每週會喝 3 杯咖啡 ($X = 3$)。若咖啡的價格由 40 元降到 30 元 ($P_X = 30$)，則咖啡杯數會變成 4 杯 ($X = 4$)。

現在，我們將咖啡的價格與消費數量的關係繪於圖 5-2。在圖 5-2，負斜率的線正是需求曲線。負斜率意味著需求法則；亦即，在其它條件 (P_Y、所得及偏好) 不變下，P_X 下跌，X 的需求量會增加。注意，a 點和 b 點都是消費者均衡。換言之，需求曲線是指消費者在不同的價格下，所**願意** (willingness) 且有**能力** (ability) 購買的商品數量。其中，願意反映消費者主觀的偏好 (效用)，能夠是指消費者客觀的所得 (預算限制)。因此，需求曲線上任何一點都代表消費者均衡。

5-3 消費者剩餘

上一節曾經提到，若咖啡的價格由 40 元降至 30 元，小英的總效用會由 212 增至 230。價格下跌表示消費者可以更低的價格，享受更多數量的商品，消費者滿足程度也會提高。我們可以說，消費者福利水準增加。本

圖 5-2　咖啡的需求曲線

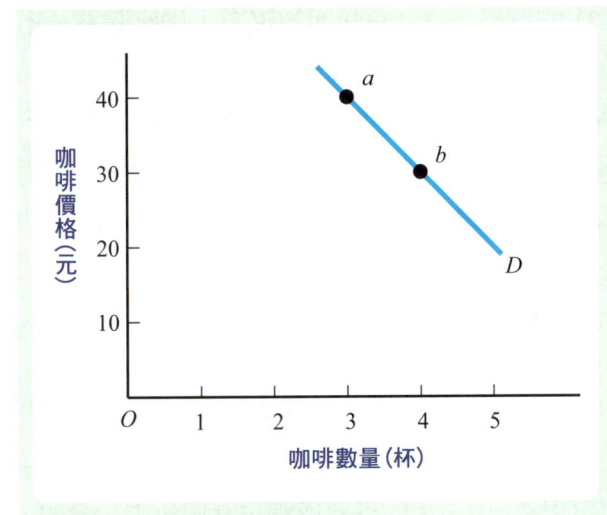

當 $P_X = 40$ 時，小英每週喝 3 杯咖啡 ($X = 3$)，可達到消費者均衡 (a 點)；當 $P_X = 30$ 時，小英每週喝 4 杯咖啡 ($X = 4$)，可達到消費者均衡 (b 點)。連結 a 點與 b 點就成為需求曲線。

節利用消費者剩餘的概念來說明需求曲線，消費者福利與市場價格之間的關係。說得更仔細一些，就是利用消費者剩餘來區分價值與價格之間的不同。

假設小英、書豪、書盡和書緯是搖滾樂團五月天的歌迷。唱片公司最近出版一張限量珍藏版 CD，收錄五月天早期的創作與成名曲，並附贈一張五月天的簽名海報。由於是限量發行，市面上不容易買到，四位歌迷願意支付購買限量珍藏版 CD 的價格如下：小英願意付 1,000 元，書豪願意付 900 元，書盡願意付 800 元，而書緯願意付 700 元。我們利用需求曲線來說明這個例子，如圖 5-3 所示。

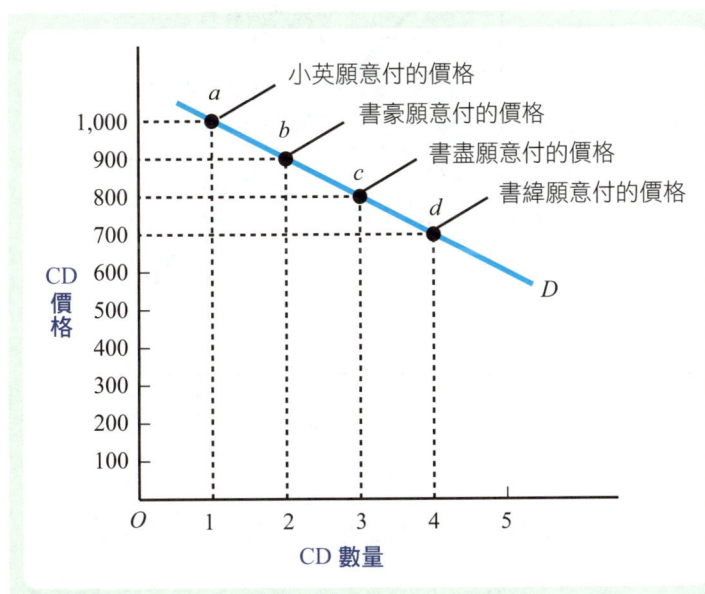

需求曲線上的 a、b、c、d 四個點分別代表小英、書豪、書盡和書緯願意支付的價格。

圖 5-3　五月天限量珍藏版 CD 的需求曲線

在圖 5-3，如果音樂 CD 的價格高過 1,000 元，沒有人願意購買，市場需求量等於 0；若價格介於 900 元與 1,000 元間，只有小英願意購買，市場需求量等於 1；若價格介於 800 元到 900 元間，市場需求量等於 2，因為有小英及書豪願意收藏；若價格介於 700 元到 800 元間，則市場需求量等於 3，有小英、書豪及書盡三人願意購買；若價格介於 600 元到 700 元間，則市場需求量等於 4，小英、書豪、書盡及書緯都會購買。

從上面的討論知道，需求曲線的高度可用來衡量消費者**願意支付價格** (willingness to pay)。我們可以利用需求曲線來說明消費者剩餘。

消費者剩餘 (consumer surplus) 定義為：消費者對某一種商品，在一定數量購買下，願意支付價格與實際支付價格之間的差額。消費者**實際支付價格** (actually pays) 就是市場價格，由市場的供給與需求共同決定。譬如，到 7-Eleven 買一份《中國時報》，10 元就是實際支付的價格。如果五月天限量珍藏版 CD 的市價是 900 元，如圖 5-4(a) 所示，消費者剩餘就等於 100 元。原因是小英願意付 1,000 元購買五月天的音樂 CD，而實際只需付 900 元。剩餘的 100 元，小英可以拿來買其它東西，可視為小英的福利。

在圖 5-4(b)，當價格為 700 元 (或稍高) 時，消費者剩餘會等於 600 元。在此價格下，小英的消費者剩餘是 300 元，書豪的消費者剩餘是 200 元，而書盡的消費者剩餘是 100 元。市場整體的消費者剩餘是需求曲線以上三個矩形面積的加總。

> **願意支付價格** 消費者購買一商品所願意支付的最高價格。
>
> **消費者剩餘** 消費者對某一商品，在一定數量購買下，願意支付價格與實際支付價格之間的差額。

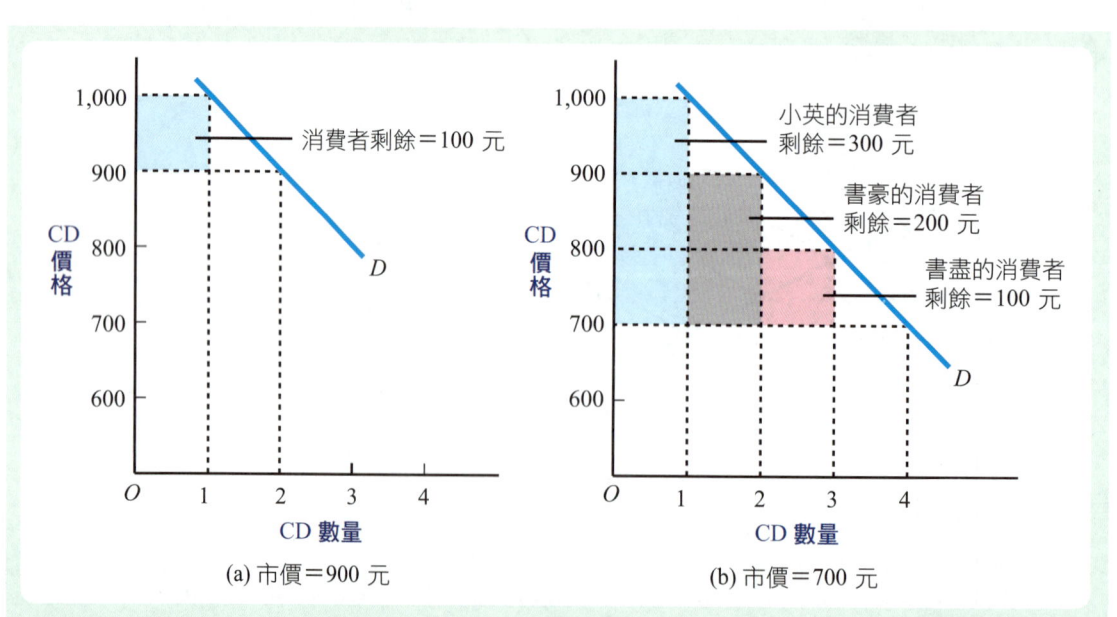

(a) 圖中，當市價是 900 元，消費者剩餘等於 100 元。(b) 圖中，當市價是 700 元，消費者剩餘等於 600 元。

圖 5-4 消費者剩餘的計算

實例與應用：鑽石與水的矛盾

1776 年經濟學之父亞當・斯密曾在《國富論》中提出一個鑽石與水的矛盾 (diamond-water paradox)：人們可以不要鑽石，卻不能沒有水。在這種情形下，為什麼鑽石比水昂貴許多？我們可以利用效用及消費者剩餘的概念，來解開這個矛盾。

水是生存所需，因此水的總效用會超過鑽石的總效用。但商品的價格是由市場的供給與需求共同決定，需求線上任何一點皆為消費者均衡，是消費者增加 1 單位商品的消費所願意且能夠支付的價格。價格的計算方式不是從總效用衡量，而是邊際效用，邊際效用愈高，價格就愈高。水的供應充裕，所以邊際效用低，為了符合效用極大條件，式 (5-2) 的 $MU_X/P_X = MU_Y/P_Y$，水的價格必定也很低。鑽石的供應少，會有高的邊際效用，如果要滿足式 (5-2)，鑽石市場售價高。

圖 5-5 分別繪出鑽石與水兩個市場的供需情況。圖 5-5(a) 是鑽石的市場供給與需求，鑽石對大多數人而言是奢侈品，需求為有彈性，故其需求曲線的斜率平緩，並且鑽石供給有限，因此邊際效用高，市場售價高，消費者剩餘卻很小。圖 5-5(b) 是水的市場供給與需求。水是民生必需品，需求無彈性，所以需求曲線的斜率陡峭。同時，水的供應通常是不虞匱乏，所以供給曲線會在圖形的較右邊，供給與需求決定的市場價格甚低，邊際效用也很低，但消費者剩餘卻很大。所以，鑽石的總效用與價值很低，但是價格與邊際效用很高。水的總效用與價值很高，但價格與邊際效用卻很低。價格由市場供需決定，而價值由消費者剩餘決定。

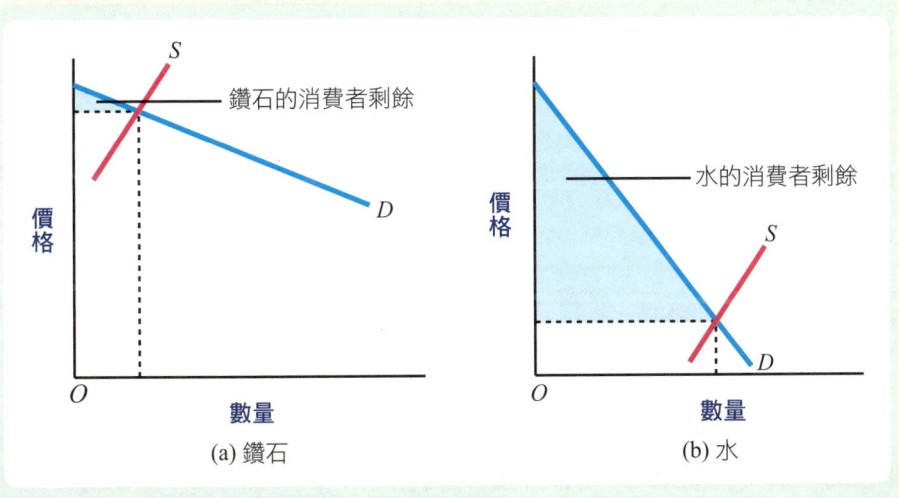

圖 5-5 鑽石與水的價格和消費者剩餘

如果市場的商品數量可以細分,消費者剩餘就是需求曲線以下與市場價格以上所圍成的面積;亦即,消費者剩餘可用三角形面積來衡量。讓我們舉一個例子來說明:假設雙聖抹茶冰淇淋一球是 60 元,市場的需求量是 6 球,如圖 5-6(a) 所示,消費者剩餘等於 [(120 − 60)×6]/2 = 180 元。

若雙聖冰淇淋為了慶祝在臺灣成立 100 家分店,舉行回饋消費者活動,冰淇淋一球由 60 元降為 40 元,則消費者熱烈回應,市場購買量增為 8 球。消費者剩餘等於 [(120 − 40)×8]/2 = 320 元,如圖 5-6(b) 所示。因此,市場價格下跌,消費者剩餘增加,消費者福利提高。

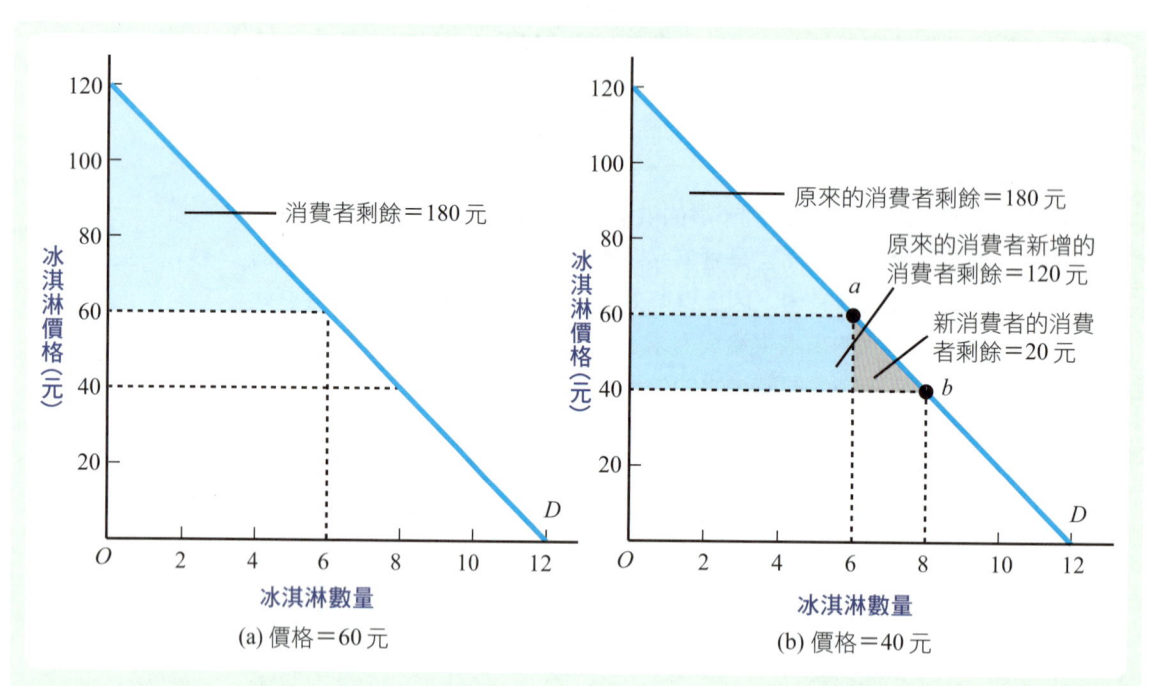

(a) 圖的冰淇淋價格 1 球 60 元時,消費者剩餘是 180 元。(b) 圖的 1 球冰淇淋降價為 40 元時,消費者剩餘是 320 元。

圖 5-6　冰淇淋的消費者剩餘

5-4　結　語

本章說明以效用分析為基礎的消費者選擇理論。消費者可以從商品與服務的消費中得到效用。消費者最終目標是在預算限制下,追求總效用水準的最大。消費者均衡是指,花在任何一種商品最後 1 元的邊際效用必須相等。當然,消費者從事消費行為時並不會將效用極大化條件進行比較,但經濟學家認為消費者進行消費時,自然而然會追求總效用極大。

本章的效用分析是假設效用可以測量，正如同溫度可以用溫度計測量。這個假設或許並不實際，附錄將用另一種方式來建立消費者選擇的模型，這個架構並不需要假設效用可以測量。

摘要

- 效用是衡量商品消費的滿足程度。總效用是消費某一種商品在一定數量下所獲得的總滿足程度。邊際效用是增加一單位商品的消費所增加的總效用。消費者的滿足程度可以用效用數據來衡量。
- 邊際效用遞減法則是指，在一段時間內，消費商品數量愈多，總效用的增加量呈現遞減。邊際效用是總效用曲線的斜率。
- 消費者的目標是，在所得限制下追求總效用的最大。如果商品價格為零，商品消費數量會一直增加到最後一單位的邊際效用等於零為止。如果商品價格為正，商品消費會一直增加，直到花在每一種商品最後1元的邊際效用皆相等為止。
- 消費者均衡就是效用極大化的條件，是針對消費者消費目標而來。
- 效用極大化條件可以用來建立個人的商品需求曲線。假設所得、偏好及相關商品的價格等"其它"條件不變下，改變某一商品的價格，會增加該商品的消費數量。
- 需求曲線上的每一個點都是消費者均衡。需求曲線的高度是衡量消費者對該商品的重視程度，也就是願意支付的價格。
- 消費者剩餘是消費一定數量商品，其願意支付價格減實際支付價格間的差額。實際支付價格就是市價，由市場供需決定。消費者剩餘可以用來衡量消費者福利。
- 水的價格低，消費者剩餘高；鑽石的價格高，消費者剩餘低。

習題

1. 臺灣菸酒公司的竹南啤酒產品推廣中心提供免費啤酒暢飲。嗜好啤酒的張三豐將會暢飲啤酒至何種情況為止？
   (a) 暢飲啤酒至邊際效用為零
   (b) 暢飲啤酒至平均效用最大
   (c) 暢飲啤酒至總效用轉為負值
   (d) 暢飲啤酒至平均效用出現遞減
   (107年普考)

2. 假設下表是森煌打保齡球的局數和效用水準：

保齡球局數	總效用
0	0
1	100
2	200
3	275
4	325
5	350
6	360
7	360

   (a) 請計算出邊際效用
   (b) 如果打一局保齡球是50元，森煌最有可會打多少局的保齡球？

3. 8 片披薩和 4 片披薩，何者帶給你的總效用較大？為什麼？8 片披薩和 4 片披薩，何者帶給你的邊際效用較大？為什麼？

4. 如果朝香喜歡吃披薩和漢堡，下表列出兩種食物的效用和數量：

| 漢堡 || 披薩 ||
數量	總效用	數量	總效用
0	0	0	0
1	14	1	100
2	24	2	120
3	32	3	134
4	38	4	144

 (a) 請計算朝香消費第 2 個披薩的邊際效用
 (b) 假設一個披薩是 4 元，請計算朝香消費 2 個披薩，每一元的邊際效用是多少？
 (c) 請計算朝香消費 2 個漢堡的邊際效用
 (d) 當漢堡每個 2 元，若消費 2 個漢堡，每一元的邊際效用是多少？
 (e) 如果朝香打算花 12 元消費這兩種食物，消費者均衡是多少？

5. 李四將購買水果的預算全部支出於香蕉與橘子，每條香蕉的價格為 10 元，每個橘子的價格為 20 元。假設兩種水果的邊際效用遞減，而香蕉的邊際效用為 12，橘子的邊際效用為 20。下列何者正確？
 (a) 李四的消費組合已經達到效用極大
 (b) 李四增加購買香蕉，減少購買橘子，將可提高效用
 (c) 李四增加購買橘子，減少購買香蕉，將可提高效用
 (d) 由於邊際效用遞減，李四同時減少購買兩種水果，總效用反而增加

(107 年普考)

6. 假設一消費者消費 X 與 Y 兩種財貨，在效用極大的唯一消費點上。若兩財貨消費量均不為零，且 X 邊際效用為 Y 邊際效用的 3 倍，則下列何種條件必須成立？
 (a) X 價格為 Y 價格的 3 倍
 (b) X 數量為 Y 數量的 3 倍
 (c) Y 價格為 X 價格的 3 倍
 (d) Y 數量為 X 數量的 3 倍

(108 年商業行政)

7. 水有多種用途，其邊際效用如下表所示：

用途＼杯	1	2	3	4	5	6
喝	60	50	40	30	20	10
煮	35	30	16	10	8	2
洗	30	15	10	4	0	0

若給你 7 杯水：
 (a) 請問你如何選擇，才能達到消費者均衡？
 (b) 總效用為多少？

8. 若柯 P 對喝咖啡 (X) 與看電影 (Y) 的效用函數為 $U(X,Y)=3X+4Y$，而 $MU_X=3$，$MU_Y=4$。其所得為 1,200 元，咖啡每杯 100 元，電影票價為 150 元，請問柯 P 喝咖啡與看電影的數量是多少？

(102 年成大政經所)

9. "鑽石與水的矛盾" 旨在說明：
 (a) 較便宜的財貨供給量一定較多
 (b) 價值是消費者的主觀認定，但價格卻是由供需決定
 (c) 貴的財貨一定比較有用
 (d) 鑽石本來就比水貴　(93 年中原企管二)

10. 小張對橘子在不同價格下的需求量如下表示。假設現在的市場價格是 12 元，則他享受到的消費者剩餘有多少？

價格 (元)	23	20	17	15	11	8
需求量	1	2	3	4	5	6

(108 年關務特考改編)

11. 有一需求表列如下：

P	50	40	30	20	10
Q	1	2	3	4	5

當 $Q=4$ 時，消費者剩餘為多少？

12. 假設小花以 500 元購買一張江蕙 CD，且產生 300 元的消費者剩餘。則小花的願付價格為何？　(108 年初等考試改編)

13. 張先生購買第一張貝多芬 CD 的願付價格為 300 元，第二張 CD 的願付價格為 200 元。假設一張貝多芬 CD 的市價為 250 元。張先生會購買幾張貝多芬 CD？
(108 年初等考試改編)

14. 小明、小華、小強、小米對某商品的願付價格 (willingness to pay) 分別為：50、30、20、10。假設該商品的價格為 18，則總消費者剩餘 (consumer surplus) 為多少？
(108 年普考改編)

15. 假設橘子市場的需求函數為 $Q^D = 120 - 6P$，而市場的供給函數為 $Q^S = 4P - 10$，其中 Q^D 為市場需求量，Q^S 為市場供給量，且 P 為市場價格。在均衡價量下的消費者剩餘為：
(a) 130　　　(b) 145
(c) 147　　　(d) 294　　(108 年普考)

網路習題

1. 請上雅虎網站搜尋，列出你最喜歡的 3 家自助餐廳？(提示：餐廳可以是美式、日式、歐式或燒肉餐廳等。)

Chapter 6

廠商的生產與成本

> "不花一毛錢蓋飯店,短短六年,全球房間總數超過200萬間?"

這真的有可能嗎?答案是,這是真的。透過行動網路,將閒置房間的屋主和旅客串聯的 Airbnb 做到了。

經濟學家里夫金 (Jeremy Rifkin) 的暢銷書《物聯網革命》將類似 Airbnb 以社群平臺為核心的共享經濟稱為協立共享社群 (Collaborative Commons)。創新科技,尤其是物聯網,可以讓邊際成本降至接近零的水準,產品與服務無限供給,不再受傳統市場的限制。

只要你喜歡,隨時可以利用免費應用程式創造專屬的音樂與影片 (幾乎零成本),並以社群媒體分享出去。透過 3D 印表機,自行設計與生產日常用品。偏鄉地區的孩子也能用網路選修世界知名大學 [史丹佛大學的 Udacity、哈佛及麻省理工學院 (MIT) 的 eDX] 的課程。每個人都有條件自行生產免費能源 (智慧太陽能),也都可以將自己剩餘的能源分享到全球能源網內,與全球居民共同使用。換句話說,過去只有資本家能完成的事,現在人人可做,大家都成了 Prosumer (生產者與消費者的結合)。第 5 章運用邊際效用和無異曲線來探討消費者的最適選擇,本章則以廠商的生產函數和生產成本,來說明廠商追求利潤最大目標下之生產行為。

本章重點

經濟利潤與會計利潤
生產函數與總成本
短期成本與長期成本

6-1 廠商的目標：利潤最大

想要分析廠商行為，必須先瞭解生產廠商的目標是什麼？霍華‧蕭茲 (Howard Schultz) 在西雅圖開設第一家星巴克咖啡，一開始的目的可能是想提升美國人喝咖啡的品味，也可能是希望提供一個可以享受悠閒時光的角落。當然，蕭茲希望公司能夠永續發展。經濟學家認為企業想要永續發展，廠商的目標則是追求利潤最大。

經濟學之父亞當‧斯密於 1776 年在《國富論》提及：

> 我們的晚餐並不是因為屠宰商、釀酒商或烘焙業者的仁心善舉，而是因為他們關心自己的利益。我們所指出的重點並非人性的光輝，而是他們愛自己的心。這些業者不會關心我們的需要，他們只關心自己的利益。

亞當‧斯密認為，雖然企業追求自身利益的最大，但透過一隻看不見的手，市場進行交易與分配，買賣雙方均可達到最大利益。企業的利益就是**利潤** (profit)，定義成：

$$利潤 = 總收入 － 總成本$$

總收入 (total revenue, TR) 來自於廠商銷售商品的全部收入，定義成廠商生產的商品數量 (Q) 乘以其銷售價格 (P)，故 $TR = P \times Q$。**總成本** (total cost, TC) 是廠商生產商品所需原料、機器設備、員工等生產因素的花費。

6-1-1 外顯成本與隱含成本

經濟學談到的成本與會計學所說的成本，兩者所衡量的概念並不相同。會計師的工作是記載企業資金的流出與流入。資產負債表與損益表提到的成本是廠商雇用生產因素的支出金額，包括工資、租金、利息及保險費等。這些會計帳上的成本是**外顯成本** (explicit cost)。

經濟學家關心的是廠商如何根據市場資訊決定購買多少生產因素，生產何種商品與訂價策略。經濟學認為廠商遭遇的成本包括廠商使用所有生產因素的機會成本，這些經濟成本是外顯成本與隱含成本的加總。

隱含成本 (implicit cost) 是廠商使用自己擁有的生產因素，投入生產過程，卻沒有實際現金支付給自己的報酬；亦即，這些生產因素如果移做其它用途，可獲取的正常報酬。簡單做個整理：

利潤 總收入減總成本。

總收入 廠商銷售商品的全部收入，等於價格乘以數量。

總成本 所有成本的總和。

外顯成本 廠商支付非自己生產因素的金額。

隱含成本 廠商投入自己生產因素的機會成本。

> 經濟成本＝外顯成本＋隱含成本
> 會計成本＝外顯成本

經濟成本 外顯成本和隱含成本的加總。

讓我們舉例說明：補習班經濟學名師阿亮擁有一間位於迪化街的 30 坪店面，如果以市價 1 坪租金 1 萬元出租，租金每月收入是 30 萬元。如果阿亮決定自己經營文創咖啡店，就必須放棄 30 萬元的租金收入，這 30 萬元屬於隱含成本。

此外，阿亮在補習班教授經濟學，月入 20 萬元。如果阿亮自己投入經營文創咖啡店而無法到補習班授課，就必須放棄 20 萬元的薪水收入，這 20 萬元也是屬於隱含成本。

最後，如果阿亮投入自己的積蓄 500 萬元購買咖啡店所需的咖啡機與相關設備，這 500 萬元原存放在銀行，一年可以有 25 萬元的利息收入 (年利率為 5%)，這 25 萬元是隱含成本的一種。

6-1-2 經濟利潤與會計利潤

經濟學定義的利潤是總收入減去生產商品與服務的機會成本。因此，*經濟利潤* (economic profits) 為：

$$經濟利潤＝總收入－經濟成本$$
$$＝總收入－外顯成本－隱含成本$$

經濟利潤 總收入減經濟成本。

會計學定義利潤是總收入減去生產因素的實際支出金額。因此，*會計利潤* (accounting profits) 的定義為：

$$會計利潤＝總收入－外顯成本 (會計成本)$$

會計利潤 總收入減外顯成本。

我們可以延續前面的文創咖啡店事例來說明經濟利潤與會計利潤的不同。假設阿亮向中華電信承租光纖網路專線，月租費 15 萬元。他雇用一名店長負責經營管理，一位廚師負責供應中餐及晚餐，加上幾名工讀生，每月的人事費用總共 15 萬元；其它的飲料、食物等雜費支出為每月 5 萬元。由於位處精華地段、全新裝潢及服務周到，吸引不少外國旅客及年輕人。開幕不久，平均每月營收 100 萬元。

本例中，外顯成本是人事費用、光纖承租費及雜費每月 35 萬元，一年就是 420 萬元。隱含成本則是阿亮自己的資源，若用在其它用途可以得到的報酬，包括阿亮每月放棄的薪水 20 萬元，每月的房租收入 30 萬元，和一年的利息收入 25 萬元。因此，一年的隱含成本等於 625 萬元。一年的營業總收入是 1,200 萬元。

表 6-1　會計利潤與經濟利潤　　　　　　　　　　　　　　　（單位：萬元）

總收入		1,200
減　外顯成本：		
人事費用	－180	
光纖承租費	－180	
雜費	－60	
會計利潤		780
減　隱含成本：		
阿亮放棄的薪水	－240	
放棄房租收入	－360	
放棄利息收入	－25	
經濟利潤		155

　　利用這些數字，我們可以算出會計利潤是 780 萬元，而經濟利潤是 155 萬元。我們將這些數字整理在表 6-1。

　　如果阿亮只投入儲蓄 200 萬元，剩下的 300 萬元向銀行貸款。隱含成本與外顯成本有何變化？為了簡化說明，假設貸款利率與存款利率相同，皆為 5%。阿亮的會計師會將利息支出 15 萬元列為外顯成本。此時，會計利潤變成 765 萬元。隱含成本項目中的"放棄利息收入"，金額為 10 萬元，而非原來的 25 萬元，整個隱含成本現在是 610 萬元。經濟成本依舊維持在每年 1,045 萬元，而經濟利潤仍是每年 155 萬元。

　　會計利潤與經濟利潤的差距，稱為**正常利潤** (normal profit)。當經濟利潤為零時，正常利潤等於隱含成本。如果阿亮的經濟利潤為零，表示阿亮自己當老闆與受雇他人的報酬相同。在表 6-1，經濟利潤 155 萬元，意味著阿亮個人每年有正的超額利潤。

正常利潤　會計利潤與經濟利潤的差距，即隱含成本。

6-2　廠商的生產

　　消費者購買的商品是廠商結合許多生產因素，經過一連串生產過程，才成為一個可接受的商品。譬如，大麥克是由麥當勞將碎牛肉、生菜、起司、番茄及漢堡麵包等調理製成。聯邦快遞 (Federal Express) 是全球知名快遞公司，擁有自己的飛機與倉庫，可以快速準確地依客戶要求，將貨物遞送至全球各地。對聯邦快遞而言，"快遞"是一種提供給顧客的服務，是結合倉庫、飛機與人員等生產要素而產生快遞的服務。

　　本節首先介紹**生產函數** (production function)，生產函數是描繪商品

生產函數　描繪商品數量與生產因素數量間的生產關係。

數量與生產因素數量間的生產關係；然後再討論生產函數與總成本間的關係。

6-2-1 生產函數

針對國人愛喝下午茶的特性，魯夫決定開設蘇格蘭點心坊，生產聞名於世的蘇格蘭茶點——蜜棗核桃蛋糕，其製作原料需要麵粉、蘇打粉、蜜棗、核桃、蛋和橘子汁等。魯夫還買了攪拌器、烤盤、烤箱等器具，並雇用製作茶點的員工。萬事俱備後，便在貴婦百貨正式營業。

我們以蘇格蘭點心坊為例，說明何謂生產函數。為了簡化分析，假設點心坊的面積固定，唯一會改變茶點數量的生產因素是員工人數，在此忽略其它生產因素，如麵粉、核桃等原料。無法在短期間變動的生產因素，如點心坊面積，稱為**固定投入** (fixed input) 或**固定生產因素** (fixed factors of production)。在短期間可自由變動的生產因素，如員工人數，稱為**變動投入** (variable input) 或**變動生產因素** (variable factor of production)。

經濟學家根據生產因素數量是否變動的時間來區分生產函數的短期與長期。**短期** (short-run) 是指一段期間內，至少有一個生產因素是固定不變的；**長期** (long-run) 是指所有的生產因素都可以變動調整的期間。如果點心坊面積在一年租約到期後可予以擴大，則一年以上是點心坊的長期，一年以下是短期。每個產業的長短期並不相同，倘若變動貴婦百貨的規模，必須營運三年才能更換設備，則貴婦百貨面臨的長期就是三年以上。

假設茶點數量取決於員工人數的多寡，且廚房面積是固定的，則生產函數是一**短期生產函數** (short-run production function)。表 6-2 說明員工人數與茶點數量間的關係。第 1 欄是員工雇用人數，第 2 欄是每日生產的茶點數量，即**總產(出)量** (total product, TP)。TP 與總收入裡的 Q 意義相同 ($Q = TP$)。

當魯夫未雇用任何員工時，沒有蘇格蘭茶點會被生產，$Q = 0$；當魯夫雇用 1 名員工時，每天可生產 20 個茶點；當雇用 2 名員工時，每天可生產 50 個茶點。第 3 欄是**勞動的邊際產(出)量** (marginal product of labor, MP_L)，定義成在其它生產因素數量固定不變下，多雇用 1 名勞工，每日茶點的增加數量。譬如，第 2 位員工可使茶點增加 30 個 $[MP_L = (50 − 20)/(2 − 1) = 30]$。最後 1 欄是每位員工平均每天生產的茶點數量，即**勞動的平均產(出)量** (average product of labor, AP_L)。如果魯夫只雇用 2 名員工，每人平均可以生產 25 個茶點 ($AP_L = 50/2 = 25$)。若整理成數學式，可得：

> **固定生產因素** 不會隨著產量變動而變動的生產因素。
>
> **變動生產因素** 隨著產量調整，而變動的生產因素。
>
> **短期** 在一段期間內，至少有一生產因素的數量是固定的。
>
> **長期** 廠商可以變動所有生產因素的時間。
>
> **邊際產量** 每增加一單位生產因素的雇用所引起總產量增加的數量。
>
> **平均產量** 平均每一單位生產因素所能生產的商品數量。

表 6-2　蘇格蘭點心坊每日生產的茶點數量

員工人數 (L)	總產量 (TP)	邊際產量 (MP_L)	平均產量 (AP_L)
0	0	—	—
1	20	20	20
2	50	30	25
3	90	40	30
4	120	30	30
5	140	20	28
6	150	10	25
7	150	0	$21\frac{3}{7}$
8	140	−10	17.5

$$總產量 = TP = Q$$

$$\frac{勞動的}{邊際產量} = \frac{總產量的變動量}{員工人數的變動量} \quad 或 \quad MP_L = \frac{\Delta TP}{\Delta L}\left(=\frac{\Delta Q}{\Delta L}\right)$$

$$\frac{勞動的}{平均產量} = \frac{總產量}{員工人數} \quad 或 \quad AP_L = \frac{TP}{L}\left(=\frac{Q}{L}\right)$$

　　圖 6-1 是利用表 6-2 的資料分別繪出總產量、平均產量、邊際產量與員工人數間的關係。

　　圖 6-1(a) 的縱軸是每日生產茶點的數量，橫軸是員工人數。這種生產因素數量 (員工人數) 與商品數量之間的關係，如果用圖形表示，就是總產量線；如果用數學式表示，就是生產函數：

$$Q = F(K, L)\,;\, K = K_0 \tag{6-1}$$

式 (6-1) 中的 Q 是總產量；K 是資本設備，代表點心坊面積，$K = K_0$ 表示點心坊面積是固定的；L 是勞動數量，表示魯夫雇用的員工人數。由於 $K = K_0$，式 (6-1) 是一短期生產函數。

　　圖 6-1(b) 繪出邊際產量、平均產量與勞動數量之間的關係。當雇用 1 名員工時，邊際產量是 20 個茶點。如果廚房只有 1 名員工，他必須準備原料、製作茶點、照顧烤箱及門市生意；雇用第 2 位員工時，兩人可以分開作業，一人準備材料，另一人照顧烤箱及門市，第 2 位員工的邊際產量是 30 個茶點；當雇用第 3 位員工時，分工可以達到更好的境界，材料、烤箱、門市各司其職，第 3 名員工的邊際產量是 40 個茶點。隨著勞動雇用人數增加，邊際產量跟著增加的現象，稱為**邊際報酬遞增** (increasing

---

邊際報酬遞增　其它條件不變下，當廠商多雇用一單位生產因素時，邊際產量會增加。

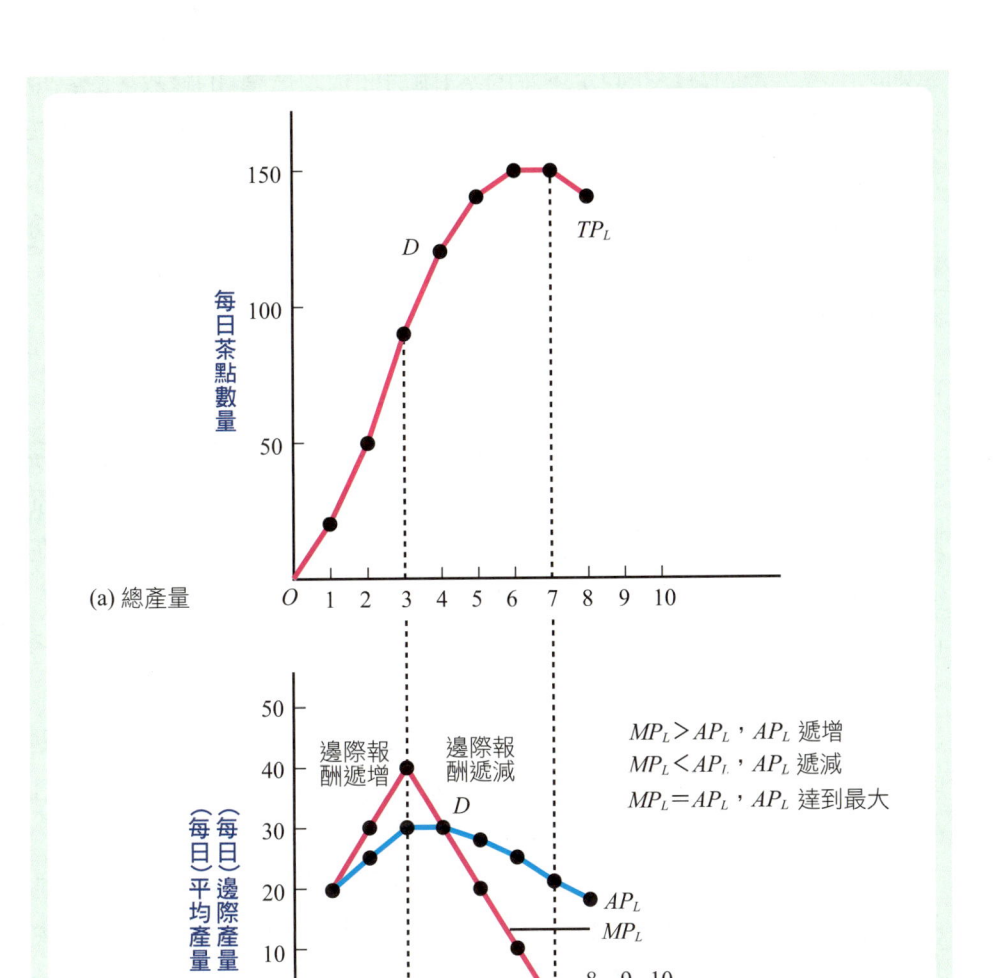

圖 6-1 總產量、邊際產量與平均產量

(a) 總產量

(b) 邊際產量與平均產量

$MP_L > AP_L$，AP_L 遞增
$MP_L < AP_L$，AP_L 遞減
$MP_L = AP_L$，AP_L 達到最大

邊際產量是總產量線的斜率。當邊際產量遞增時，總產量以遞增速度增加；當邊際產量遞減時，總產量以遞減速度增加；當邊際產量等於零時，總產量達到最大。

marginal returns)。在圖 6-1(b)，邊際產量曲線正斜率的部分，即為**邊際報酬遞增**。這個現象的發生，是因為專業分工及更有效使用固定生產因素 (廚房面積及烤箱) 的緣故。

當雇用第 4 位員工時，廚房則略顯擁擠，第 4 位員工的邊際產量不若第 3 位員工多，只有 30 個茶點。當雇用愈來愈多的員工時，勞動的邊際生產力遞減。大家必須擠在空間有限的廚房，搶有限的設備來使用，故邊際產量愈來愈少。隨著勞動雇用人數增加，邊際產量逐漸遞減的現象，稱為**邊際報酬遞減法則** (law of diminishing marginal returns)。邊際報酬遞減

邊際報酬遞減法則
當愈來愈多生產因素聯合固定生產因素使用時，產量增加的速度愈來愈慢。

法則的出現，是因為存在固定生產因素(廚房面積及烤箱)的緣故，故為短期生產函數的特徵。在圖 6-1(b)，邊際產量曲線負斜率的部分，即為邊際報酬遞減。

當魯夫雇用第 8 位員工時，不但無法增加茶點的總產量，反而發生妨礙生產流程，其邊際產量等於 －10，對應的總產量線往下彎而有負斜率。在圖 6-1(b)，負的邊際報酬就是邊際產量小於零的部分。

6-2-2 邊際產量與平均產量間的關係

邊際產量等於 $\Delta TP/\Delta L$，是總產量線上任何一點的斜率。平均產量等於 TP/L，就是總產量線上任何一點與原點連線的斜率。在圖 6-1(a)，從原點連至 D 點的斜率恰好是通過 D 點切線的斜率。所以，$AP_L = MP_L$。在 D 點的左邊，切線的斜率大於原點連至任何一點的斜率，故 $MP_L > AP_L$。而在 D 點的右邊，切線的斜率小於原點連至任何一點的斜率。因此，$MP_L < AP_L$。

由圖 6-1(b) 看，平均產量與邊際產量間的關係可整理如下：(1) D 點的左邊，$MP_L > AP_L$，AP_L 遞增；(2) D 點的右邊，$MP_L < AP_L$，AP_L 遞減；(3) D 點，$MP_L = AP_L$，AP_L 達到最大。

我們舉一個例子來說明，平均產量與邊際產量間的關係。平均產量就像班上同學的平均身高，假設是 170 公分。到了二年級，班上有轉學生插班進來。如果新同學身高 180 公分，現在班上同學平均身高一定會大於 170 公分；亦即，當新加入數值 (邊際產量) 大於原來平均值 (平均產量)，新的平均值會上升。相反地，如果新同學只有 160 公分，現在同學的平均身高一定會下降；換言之，當新加入數值 (邊際產量) 小於原來平均值 (平均產量)，新的平均值會下降。

6-3 廠商的生產成本

第 6-2 節討論利潤公式的第一大項目，廠商總收入中總產量與生產因素間的關係。本節要介紹利潤公式的第二大項目，廠商的生產成本與總產量之間的關係。依據生產因素的性質，廠商的成本決策有短期與長期的區別。

6-3-1 短期成本

在蘇格蘭點心坊的例子中，點心坊面積在租約到期前是固定的，影響茶點數量的變動生產因素是員工人數。面對生產因素有部分為固定及部分是變動，廠商制定的是短期生產決策。因此，廠商支付的成本也分為兩類：**固定成本** (fixed cost, *FC*) 和**變動成本** (variable cost, *VC*)。

固定成本是廠商雇用固定生產因素的支出，它是一固定金額，不會隨著產量高低而變動。變動成本是廠商雇用變動生產因素的支出，它會隨著產量增減而變動。廠商的短期生產總成本 (*TC*)，以數學式表示，可以寫成：

$$短期總成本＝固定成本＋變動成本$$

或

$$TC = FC + VC \tag{6-2}$$

> **固定成本** 與產出數量無關的成本，廠商支付固定生產因素的金額。
>
> **變動成本** 與產出數量有關的成本，廠商支付變動生產因素的金額。

假設魯夫每雇用 1 名員工，每日的人事支出是 1,000 元。表 6-3 列出蘇格蘭點心坊每日生產的茶點數量與成本支出。第 1 欄與第 2 欄分別是每日茶點總產量和雇用員工人數，這些數值與表 6-2 相同。第 3 欄是固定成本，無論產量是高或低，固定成本始終維持在 10,000 元。這個例子的固定成本是指，即使魯夫不生產任何茶點，每個月仍須支付租金、保險費和機器維修費用等。

第 4 欄變動成本，是雇用員工生產茶點必須支付的人事成本。譬如，魯夫雇用 1 名員工，生產 20 個茶點。點心坊的變動成本等於 1×1,000 ＝ 1,000 元。生產 120 個茶點，每日需要 4 名員工，變動成本等於 4×1,000 ＝ 4,000 元。第 5 欄總成本是第 3 欄固定成本與第 4 欄變動成本的加總，$TC = FC + VC$。最後一欄是**邊際成本** (marginal cost, *MC*)，定義為每增加一單位產量，總成本的增加量。以數學式表示為：

$$邊際成本＝\frac{總成本的變動量}{產量的變動量}$$

或

$$MC = \frac{\Delta TC}{\Delta Q}$$

> **邊際成本** 每增加一單位產量，總成本增加的金額。

表 6-3　蘇格蘭點心坊的短期成本

總產量 (*Q*)	員工人數 (*L*)	固定成本 (*FC*)	變動成本 (*VC*)	總成本 (*TC*)	邊際成本 (*MC*)
0	0	10,000	0	10,000	—
20	1	10,000	1,000	11,000	50
50	2	10,000	2,000	12,000	33.33
90	3	10,000	3,000	13,000	25
120	4	10,000	4,000	14,000	33.33
140	5	10,000	5,000	15,000	50
150	6	10,000	6,000	16,000	100

從臺灣看天下

第四次工業革命

2016 年 1 月 20 日，全球 2,000 多位各國政要、菁英齊聚的世界經濟論壇 (World Economic Forum, WEF)，除了談中國經濟、油價下跌等熱門議題外，WEF 的創辦人兼執行長施瓦布 (Klaus Schwab) 指出，"在人類面臨的諸多挑戰中，我認為最艱鉅的是，如何瞭解和應對第四次工業革命。"

第四次工業革命是什麼？無所不在的行動網路；體積更小、功能更強的感測器；人工智慧和各種創新科技的不斷融合、突破與演進，它的速度、領域和系統性衝擊足以顛覆全球各個產業。前三次的工業革命都花了幾十年的時間才成形，而第四次則如海嘯般來得又急又快。有關工業革命的進展，請見圖 6-2。

"全方位領域"是第四次工業革命的第二個特性。物聯網只是其中之一，奈米、3D 列印、材料科學、運算及種種技術之間的融合，都將釋放無與倫比的力量。未來的競爭不再是大魚吃小魚，而是快魚吃慢魚的世界。

第三個特性是系統性衝擊。網路叫車平臺 Uber 和短期租屋平臺 Airbnb 的共享經營模式，不僅對各行各業帶來衝擊，未來也很有可能改變以資本主義為核心的運作方式。這種以"分享"取代"交易"的模式創造的就是共享經濟。

隨著第四次工業革命的到來，人工智慧與機器人將取代一大部分的未來勞動力。根據 WEF 的預估，未來五年全球十五大經濟體系，因為人工智慧與機器人帶來的混亂變化，導致最多 510 萬份工作消失。唯有那些及早準備，幫助勞工提升技能和學習新技能的國家才有機會勝出。

資料來源：吳怡靜，"下一件大事：第四次工業革命"，《天下雜誌》，590 期，2016 年 1 月 19 日。

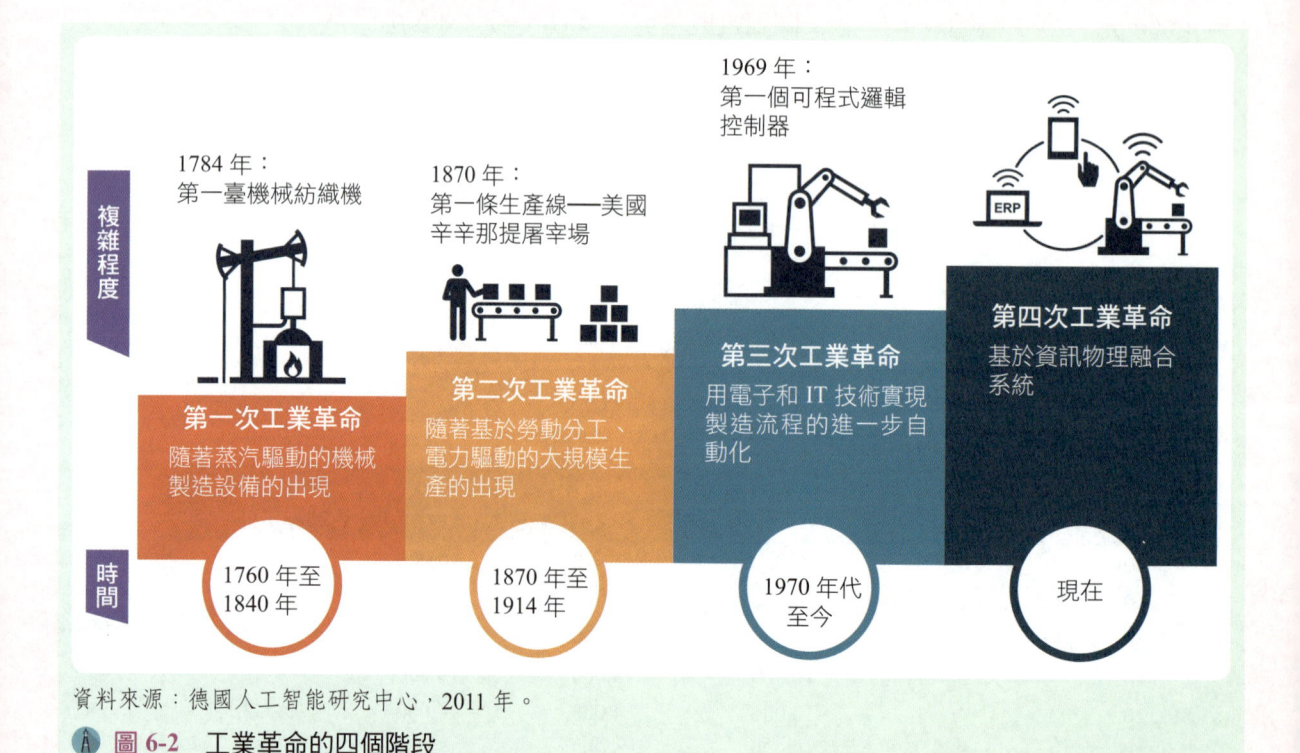

複雜程度

1784 年：第一臺機械紡織機

第一次工業革命
隨著蒸汽驅動的機械製造設備的出現

1870 年：第一條生產線——美國辛辛那提屠宰場

第二次工業革命
隨著基於勞動分工、電力驅動的大規模生產的出現

1969 年：第一個可程式邏輯控制器

第三次工業革命
用電子和 IT 技術實現製造流程的進一步自動化

第四次工業革命
基於資訊物理融合系統

時間

1760 年至 1840 年 ｜ 1870 年至 1914 年 ｜ 1970 年代至今 ｜ 現在

資料來源：德國人工智能研究中心，2011 年。

圖 6-2　工業革命的四個階段

當魯夫雇用第 1 位員工時，每日生產的茶點數量由 0 增至 20 個，總成本由 10,000 元增至 11,000 元。邊際成本是總成本的變動金額 1,000 元 (= 11,000 − 10,000) 除以茶點的變動量 20 個 (= 20 − 0)；亦即，$MC = 50\ (= 1,000/20)$。

如果蘇格蘭點心坊每日生產 120 個茶點，由於生意實在太好，顧客絡繹不絕。因此，魯夫決定再雇用 1 位員工，這名員工可貢獻多少茶點數量？點心坊成本又會增加多少？根據表 6-2，第 5 位員工的邊際產量等於 20，而相關的邊際成本等於 50。所以，魯夫增雇第 5 位員工可為點心坊每日多增加 20 個茶點及多了 50 元的成本花費。

6-3-2 總成本與總產量的關係

如果將表 6-3 第 1 欄總產量 (Q) 置於橫軸，第 5 欄的總成本 (TC) 放在縱軸，可得總成本曲線，如圖 6-3(a) 所示。圖 6-3(b) 複製自圖 6-1(a)。注意，圖 6-3(b) 縱軸的變數 TP 和圖 6-3(a) 橫軸的變數 Q 代表相同的意義。

在圖 6-3(a)，總成本會隨著茶點生產數量的增加而增加。剛開始總成本增加的速度較緩慢，超越某一生產點後，總成本的增加較為快速。理由是點心坊開始生產點心時有邊際報酬遞增現象。第 2 位員工的雇用，可以專業分工，讓每人各司其職，產量增加速度較快；第 3 位員工的加入，使生產更有效率，產量增加的幅度超過成本增加的幅度。因此，總成本一開始增加的速度較緩慢。

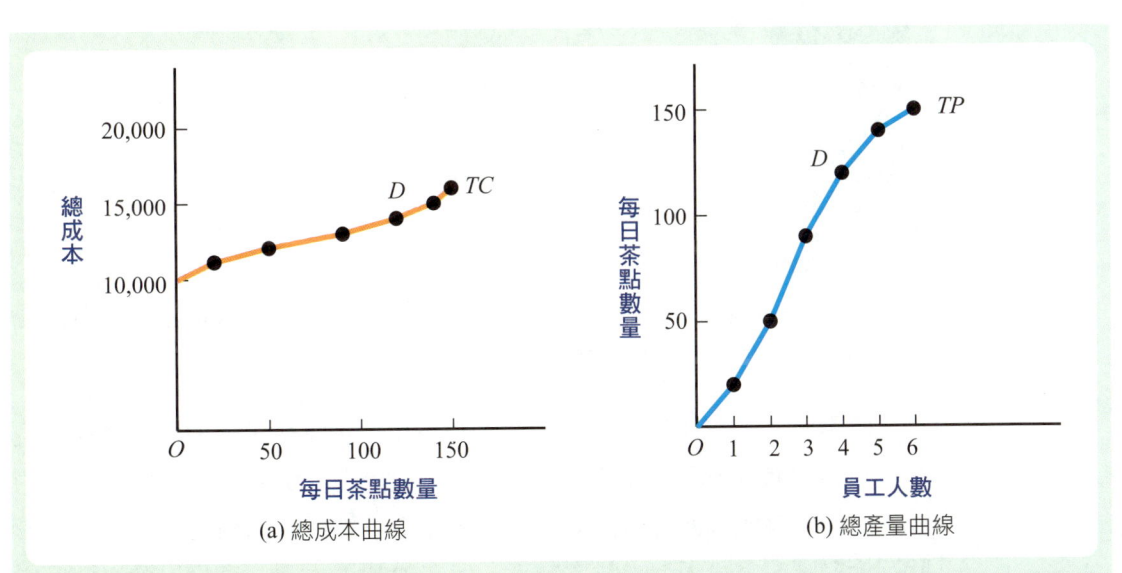

(a) 總成本曲線

(b) 總產量曲線

總成本曲線是描繪商品數量與生產總成本之間的關係。總產量曲線是描繪商品數量與生產因素之間的關係。當商品數量增加且發生報酬遞減現象時，總成本曲線變得比較陡 (以遞增的速度增加)。

圖 6-3　總成本曲線與總產量曲線

實例與應用：感恩節火雞大餐的平均成本

根據調查，有 90% 的美國家庭在感恩節會吃火雞大餐，且有 50% 的美國家庭在聖誕節也吃火雞大餐。準備傳統火雞大餐的食材包括：火雞、火雞填料 (staffing)、甜薯、奶油卷麵包、豆子、小紅莓、特別調味的胡蘿蔔和芹菜、南瓜派佐攪拌過的奶油、咖啡與牛奶。究竟傳統火雞大餐的平均成本是多少？

自 1986 年起，美國聯邦農戶署 (American Farm Bureau Federation, AFBF) 每年針對感恩節大餐從事價格調查。受訪者必須告訴 AFBF，火雞大餐 12 項基本食物的當地價格。2019 年有來自美國 38 個州的 250 位受訪者接受調查。調查結果顯示，準備 10 人份的傳統火雞大餐，各地區的平均價格是 48.91 美元，比 2018 年的 48.9 美元，增加 1 美分。表 6-4 列出美國自 1986 年以來火雞大餐的平均成本。倘若你沒有時間自己做，到餐館或超市買 10 人份火雞大餐的平均價格介於 50 美元到 75 美元之間。

表 6-4　美國火雞大餐平均價格　　　　　　　　　　　　　　　　　(單位：美元)

年份	1986	1987	1988	1989	1990	1991	1992
平均成本	28.74	24.51	26.61	24.70	28.85	25.95	26.39
年份	1993	1994	1995	1996	1997	1998	1999
平均成本	27.49	28.40	29.64	31.66	31.75	33.09	33.83
年份	2000	2001	2002	2003	2004	2005	2006
平均成本	32.37	35.04	34.56	36.28	35.68	36.78	38.10
年份	2007	2008	2009	2010	2011	2012	2013
平均成本	42.26	44.61	42.91	43.47	49.20	49.48	49.04
年份	2014	2015	2016	2017	2018	2019	
平均成本	49.41	50.11	49.87	49.12	48.9	48.91	

資料來源：https://www.fb.org/newsroom/news_article/369/; https://www.merlofarminggroup.com/afbf-2019-thanksgiving-dinner-price-survey.

雇用第 4 位員工後，廚房開始顯得擁擠，茶點產量增加速度趨緩，且有邊際報酬遞減現象，此時生產成本不斷地提高，使多生產 1 單位茶點的成本遞增，總成本曲線因此變得陡峭。所以，總成本曲線與總產量線的形狀互相對應。儘管兩者的斜率為正，但在 D 點的左邊，產量以遞增速度增加時，總成本以遞減速度增加；在 D 點的右邊，產量以遞減速度增加時，總成本以遞增速度增加。

6-3-3　其它的短期成本

表 6-5 列出蘇格蘭點心坊的短期生產成本資料。第 1 欄到第 6 欄的變數與表 6-3 第 1 欄至第 6 欄的變數相同；第 7 欄平均變動成本 (average variable cost, AVC)，是變動成本除以總產量；第 8 欄平均固定成本 (average fixed cost, AFC)，是固定成本除以總產量。平均固定成本會隨著產量增加而逐漸減少。

最後一欄平均總成本 (average total cost, ATC)，為總成本除以總產量。平均總成本是平均變動成本與平均固定成本的加總。如果以數學式來表示上述的定義，可得：

$$平均總成本 = \frac{總成本}{總產量}$$

或

$$ATC = \frac{TC}{Q} = \frac{FC+VC}{Q} = \frac{FC}{Q} + \frac{VC}{Q} = AFC + AVC$$

$$平均固定成本 = \frac{固定成本}{總產量} \quad 或 \quad AFC = \frac{FC}{Q}$$

$$平均變動成本 = \frac{變動成本}{總產量} \quad 或 \quad AVC = \frac{VC}{Q}$$

$$MC = \frac{\Delta TC}{\Delta Q} = \frac{\Delta(FC+VC)}{\Delta Q}$$

$$= \frac{\Delta FC + \Delta VC}{\Delta Q} = \frac{\Delta VC}{\Delta Q} \tag{6-3}$$

> 平均變動成本　變動成本除以總產量。
>
> 平均固定成本　固定成本除以總產量。
>
> 平均總成本　總成本除以總產量。

如果將表 6-5 的資料繪製成圖，可獲得不同形狀的成本曲線，如圖 6-4 所示。圖 6-4(a) 的總成本線與圖 6-3(a) 的總成本曲線相同。總成本與變動

表 6-5　蘇格蘭點心坊的短期生產成本

總產量 (Q)	員工雇用人數 (L)	固定成本 (FC)	變動成本 (VC)	總成本 (TC)	邊際成本 (MC)	平均變動成本 (AVC)	平均固定成本 (AFC)	平均總成本 (ATC)
0	0	10,000	0	10,000	—	—	—	—
20	1	10,000	1,000	11,000	50	50	500	550
50	2	10,000	2,000	12,000	33.33	40	200	240
90	3	10,000	3,000	13,000	25	33.33	111.11	144.44
120	4	10,000	4,000	14,000	33.33	33.33	83.33	116.66
140	5	10,000	5,000	15,000	50	35.71	71.42	107.13
150	6	10,000	6,000	16,000	100	40	66.66	106.66

成本間的差額是固定成本。由於固定成本不會隨著產量增減而變動，所以固定成本線是一條水平線。

圖 6-4(b) 分別畫出平均總成本、平均變動成本及邊際成本三條曲線。邊際成本等於 $\Delta TC/\Delta Q$；亦即，邊際成本是總成本曲線的斜率。在式 (6-3)，邊際成本也是變動成本曲線的斜率，因為固定成本的變動量等於零，即 $\Delta FC = 0$。當蘇格蘭點心坊開始量產時，會經歷邊際報酬遞增，總成本一開始增加得較為緩慢，總成本曲線的斜率遞減。因此，邊際成本一開始處在下降階段；過了 D 點後，開始出現邊際報酬遞減現象，總成本的增加速度顯得迅速，總成本曲線的斜率開始遞增。所以，邊際成本呈現上升趨勢。

6-3-4 短期平均總成本與邊際成本的關係

$MC < ATC$，ATC 遞減
$MC > ATC$，ATC 遞增
$MC = ATC$，ATC 達到最低

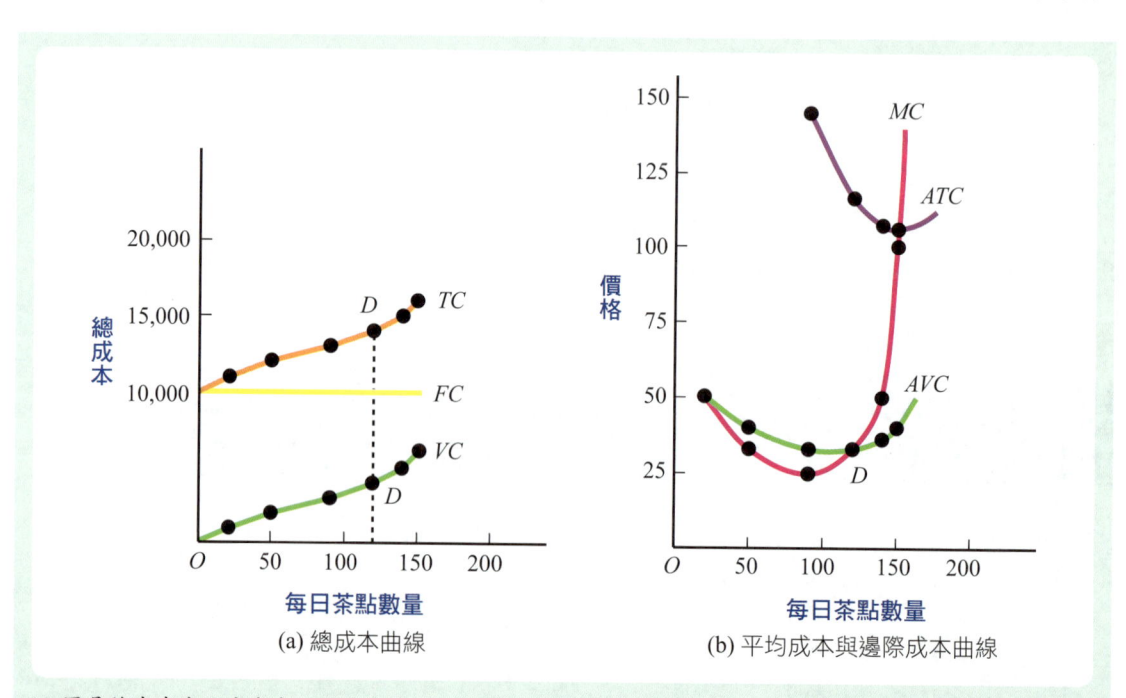

在圖 6-4(b)，平均總成本與邊際成本間的關係，有些類似圖 6-1(b) 的平均產量與邊際產量間的關係。當邊際成本小於平均總成本時，平均總成本下降；當邊際成本高於平均總成本時，平均總成本上升；當邊際成本等於平均總成本時，平均總成本達到最低。

兩者間的關係和前面討論平均產量與邊際產量相同。如果大一下學期，小英的平均成績是 80 分 (平均值)。大二上學期因為參加社團的緣故，成績稍微下降至 77 分 (邊際值)。小英累積至大二上學期的總平均會低於

(a) 總成本曲線

(b) 平均成本與邊際成本曲線

(a) 圖是總成本與固定成本。固定成本是水平線，與產量水準無關。在 (b) 圖，平均成本與平均變動成本均為 U 型。邊際成本會通過平均成本與平均變動成本的最低點。

圖 6-4　總成本、平均成本與邊際成本

80 分 (平均值)；相反地，如果小英在大二上學期參加讀書會，成績突飛猛進至 85 分，大二上學期結束時的總平均一定會高於 80 分。

邊際成本曲線的上升與下降，是因為蘇格蘭點心坊有固定生產因素，且經歷邊際報酬遞增與遞減的緣故。從上面的討論我們知道，U 型的邊際成本曲線決定 U 型的平均總成本曲線。此外，邊際成本與平均變動成本相交，也是平均變動成本的最低點。當邊際成本小於平均變動成本時，平均變動成本下降；當邊際成本大於平均變動成本時，平均變動成本上升。所以，平均變動成本曲線的形狀也是 U 型。

$MC < AVC$，AVC 遞減
$MC > AVC$，AVC 遞增
$MC = AVC$，AVC 達到最低

6-3-5 長期成本

在短期，廠商無法調整固定生產因素，即使市場需求倍增，也不能在短期間內擴充規模來滿足客戶需求。

相反地，幾年以後，廠商可以增購機器、擴充產能或進行併購等方式來積極擴充產能。因此，在長期，所有的生產因素都可以進行調整，廠商可以尋求最低成本方式來進行生產。

圖 6-5 說明短期成本與長期成本的關係。假設寶成企業有三個短期平均成本 ATC_1、ATC_2 和 ATC_3 來代工生產耐吉球鞋，這三個短期平均成本分別代表三個不同的生產規模。ATC_3 的工廠規模最大，其次是 ATC_2，ATC_1 的工廠規模最小。

當寶成決定每日生產 1,000 雙球鞋時，它會選擇最小工廠規模 ATC_1 生產，理由是 ATC_1 的平均生產成本是 200 元，而在 ATC_2 生產的平均成本

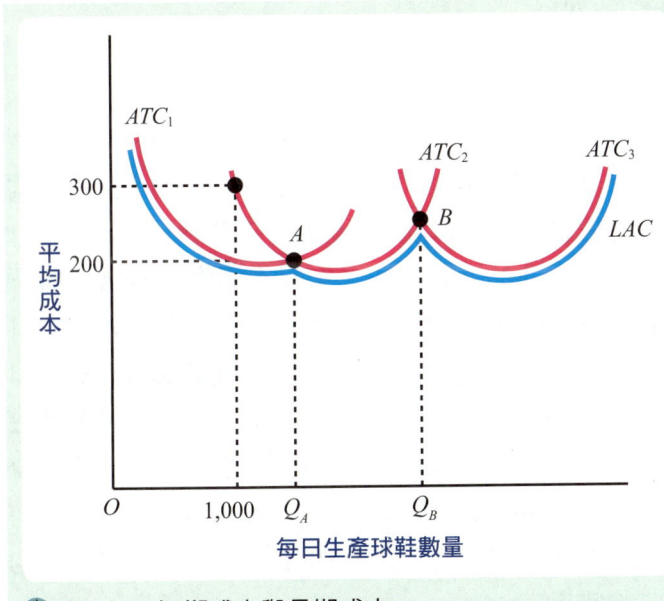

在長期，廠商可以自由調整生產因素，選擇最適規模生產；在短期，廠商只能侷限於過去的選擇來生產。長期平均成本位於短期平均成本的下緣。

圖 6-5 短期成本與長期成本

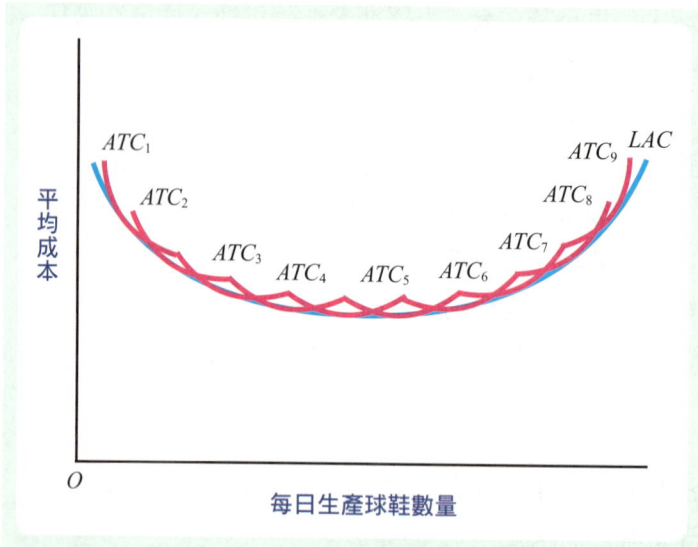

如果寶成有許多工廠規模可供選擇，長期平均成本是平滑的U型。

圖 6-6　更多生產規模下的長期平均成本曲線

是 300 元。因此，當球鞋生產數量小於 Q_A 時，寶成會選擇最小生產規模（ATC_1）。當球鞋產量介於 Q_A 與 Q_B 之間，則中間生產規模（ATC_2）比較適當。當球鞋產量超過 Q_B 時，寶成會選擇最大工廠規模（ATC_3）來生產。長期平均成本 (long-run average cost, LAC) 是對應每一產量最低短期平均成本所有軌跡的連線，如圖 6-5 所示。

如果寶成有很多生產規模可供選擇，長期平均成本的形狀是 U 型，且曲線相當平滑，如圖 6-6 所示。長期平均成本和每一個短期平均成本相切，LAC 會在每一個 ATC 的下方。經濟學家認為長期平均成本是短期平均成本的包絡曲線 (envelope curve)。

長期平均成本　當廠商可以自由選擇生產規模時，對應每一生產數量的最低平均成本的軌跡連線。它是短期平均成本的包絡曲線。

6-3-6　規模經濟與規模不經濟

長期平均成本與短期平均成本都是 U 型，但形成原因並不相同。U 型的短期平均成本是邊際報酬遞增和邊際報酬遞減所造成。U 型的長期平均成本是規模經濟、固定規模報酬，以及規模不經濟所造成。

規模經濟　當商品數量增加時，長期平均成本下跌。

規模經濟 (economies of scale) 是指長期平均成本隨產量的增加而下降。大規模生產可以讓廠商有能力引進更有效率和更專業化的機器，亦可使分工更為精細，平均成本降低。譬如，四海遊龍鍋貼連鎖專賣店與巷口賣鍋貼小店就不一樣。前者在新北市中和的中央廚房有大型絞肉及攪拌機器，從絞碎、調味、攪拌、擀皮、包餡都採一貫作業，加上大批採購，會使鍋貼的平均成本低於少量製作的巷口小店。當然，在每日產量很低的情況下，如一天只做幾百個鍋貼，由於有固定成本的存在，四海遊龍的平均成本會高於巷口小店的平均成本。

規模不經濟 (diseconomies of scale) 是指長期平均成本隨產量的增加而增加。當企業規模極大，員工人數暴增，組織層級愈來愈多，甚至疊床架屋時，組織內部溝通協調會問題叢生。如果上令無法下達，缺乏適當的監督機制，或溝通管道不良，都會增加管理成本，甚至造成生產沒有效率。譬如，臺灣省政府經營的臺灣汽車客運公司，員工人數曾高達數千人。其長期平均成本處於上升階段，公司連年虧損，故在 2001 年 6 月走入歷史。

如果長期平均成本不隨產量變動而改變，就稱為**固定規模報酬** (constant returns to scale, CRTS)。圖 6-7 繪出長期平均成本的三個不同階段。當長期平均成本到達 A 點時，這是 LAC 的最低點，稱為**最小效率規模** (minimum efficient scale, MES)。

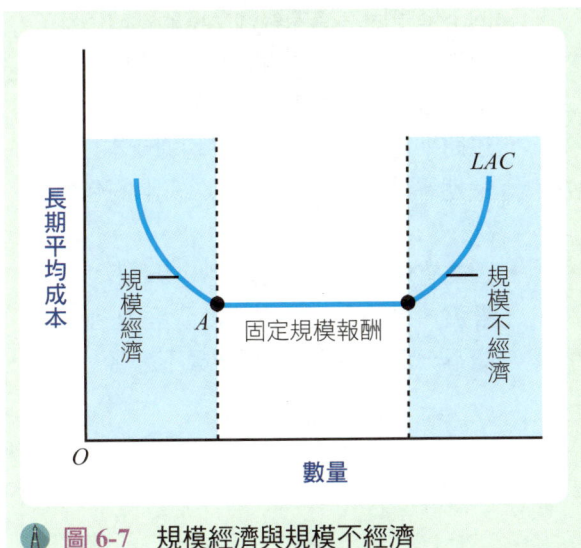

> **規模不經濟** 當商品數量增加時，長期平均成本上升。
>
> **固定規模報酬** 當商品數量增加時，長期平均成本固定不變。產量增加的比例等於所有生產因素增加的比例。
>
> **最小效率規模** 廠商完全利用規模經濟後，所達到長期平均成本最低產量水準下之生產規模。

▲ 圖 6-7 規模經濟與規模不經濟

當 LAC 斜率為負時，廠商有規模經濟；當 LAC 水平時，廠商有固定規模報酬；當 LAC 斜率為正時，廠商有規模不經濟。

6-4 結語

廠商生產商品的目標是追求利潤最大。利潤是總收入減總成本。總收入等於商品數量乘以價格。從廠商目標出發，本章探討廠商的生產函數與生產成本，以作為後面幾章討論廠商訂價決策的基礎。

短期與長期的區別在於短期的生產因素有固定及變動兩種，而長期所有生產因素皆可變動。廠商短期平均成本曲線的形狀，受邊際報酬遞增和邊際報酬遞減的影響。長期平均成本曲線的形狀受規模經濟、規模不經濟，以及固定規模報酬的影響。並非所有廠商長期一定會經歷規模不經濟。當企業人員過多和組織複雜時，企業重整組織架構，分散權力可讓平均成本減少，而達到固定規模報酬。

摘要

- 廠商生產商品的目標是追求利潤最大。利潤等於總收入減總成本。總收入是商品價格乘以銷售數量。
- 經濟成本是生產的機會成本，包括外顯成本和隱含成本。外顯成本是廠商支付非自己生產因素的金額。隱含成本是廠商投入自己生產因素的機會成本。經濟利潤等於總收入減經濟成本。會計利潤等於總收入減會計成本。
- 廠商無法改變生產因素數量的期間為短期，否則就是長期。
- 生產函數是描繪商品數量與生產因素（投入）數量間的生產關係。當總產量隨生產因素增加而加速增加時，即為邊際報酬遞增；當總產量隨生產因素增加而加速減緩時，即為邊際報酬遞減。
- 當邊際產量大於平均產量時，平均產量遞增；當邊際產量小於平均產量時，平均產量遞減；邊際產量等於平均產量時，平均產量達到最大。
- 廠商的總成本可分成短期成本與長期成本兩種。
- 短期成本等於固定成本加變動成本。當邊際成本小於平均總成本時，平均總成本下降；當邊際成本大於平均總成本時，平均總成本上升；當邊際成本等於平均總成本時，平均總成本達到最小。邊際成本的上升是因為邊際報酬遞減的緣故，邊際成本的下降是因為邊際報酬遞增的緣故。
- 短期平均成本曲線呈 U 型是邊際報酬遞增與邊際報酬遞減所造成的。
- 短期平均成本位於長期平均總成本之上。長期平均成本是短期平均成本的包絡曲線。
- 因為有規模經濟、固定規模報酬及規模不經濟，長期平均成本的形狀呈 U 型。廠商不一定在長期會經歷規模不經濟。

習題

1. 在成本觀念中，下列哪一項與"即使是自己的貢獻，也應該付錢給自己"的概念相近？
   (a) 隱含成本 (implicit cost)
   (b) 會計成本 (accounting cost)
   (c) 外顯成本 (explicit cost)
   (d) 外部成本 (externality cost) (100 年技專)

2. 下列何者是隱含成本？何者是外顯成本？
   (a) 員工薪水
   (b) 老闆自己的車庫
   (c) 銀行貸款
   (d) 自己的儲蓄，作為創業之用

3. 小英每月薪水 1 萬 5 千元，家人認為不如將位於鬧市，每月租金 3 萬元小店收回，自己做個小生意。小英雇了一位工讀生，每月支付 5 千元，營運一個月的水電費 64 元，原料 3 千元，收入 6 萬元，小英的經濟利潤是多少？ (102 年成大政經所)

4. 請計算會計利潤（損失）和經濟利潤（損失）。
   (a) 總收入是 150 萬元，外顯成本是 90 萬元，隱含成本是 40 萬元
   (b) 總收入是 100 萬元，外顯成本是 90 萬元，隱含成本是 20 萬元

5. 假設泡沫紅茶店的生產函數如下，總產量是泡沫紅茶的杯數。

勞動	1	2	3	4	5	6
總產量	8	20	30	34	34	30

   (a) 請繪出勞動平均產量和勞動邊際產量曲線
   (b) 請求出勞動平均產量 (AP_L) 和勞動邊際產量 (MP_L)

6. 當短期生產要素只有勞動可調整下，有關總產量、邊際產量與平均產量的關係，下列敘述何者正確？
   (a) 平均產量必大於邊際產量
   (b) 邊際產量必為正
   (c) 總產量到極大值時，平均產量為 0
   (d) 邊際產量為負時，表示總產量處在遞減階段　　　　　　　　(108 年關務特考)

7. 就短期而言，下列有關勞動投入的平均產量 (average product of labor) 和邊際產量 (marginal product of labor) 的敘述，何者正確？
   (a) 勞動投入的平均產量一定大於邊際產量
   (b) 勞動投入的邊際產量一定大於平均產量
   (c) 勞動投入的平均產量曲線一定會通過邊際產量曲線的最高點
   (d) 勞動投入的邊際產量曲線一定會通過平均產量曲線的最高點
　　　　　　　　(108 年原住民特考)

8. 下表為某公司的員工生產資料，下列敘述何者正確？

員工人數	總產量 (每日)
0	0
1	12
2	26
3	44
4	64
5	86
6	110
7	122
8	125
9	127
10	128

   (a) 雇用 5 位員工的每日總產量為 22
   (b) 可生產最高邊際產出的是第 6 位員工
   (c) 雇用第 8 位員工時，邊際產出大於平均產出
   (d) 生產一開始就有邊際報酬遞減現象
　　　　　　　　(108 年初等考試)

9. 下表為歡歡公司的成本表，請問下列敘述何者為真？

太陽眼鏡數	1	2	3	4	5	6
TFC	20	20	20	20	20	20
TVC	38	48	60	80	110	150

   (a) 平均固定成本不隨產量變動而變動
   (b) 在產量為 5 時，邊際成本與平均成本相等
   (c) 生產第 5 副太陽眼鏡的邊際成本為 30
   (d) 當完全不生產時，歡歡公司的總成本為 0
　　　　　　　　(93 年逢甲群組二)

10. 廠商生產 100 單位產品時發現平均變動成本隨產量增加而增加，則：
    (a) 短期平均總成本一定處於遞增狀態
    (b) 平均固定成本一定處於遞增狀態
    (c) 邊際產量一定處於遞增狀態
    (d) 邊際產量一定處於遞減狀態
　　　　　　　　(108 年稅務特考)

11. 若家樂福的邊際成本為 2,000 元，且固定成本是 20,000 元，請計算：
    (a) 平均變動成本和平均總成本
    (b) 若廠商希望在平均總成本最低點生產，請問此時的產量會很大或很小？

12. 假設廠商的成本函數為 $C = 15+4q$，其中 C 為總成本，而 q 則為總產量。下列敘述何者正確？
    (a) 當產量增加時，邊際成本亦隨之上升
    (b) 當產量增加時，邊際成本會逐漸下降
    (c) 當產量增加時，平均成本亦隨之上升
    (d) 當產量增加時，平均成本會逐漸下降
　　　　　　　　(108 年稅務行政特考)

13. 假設在香香果園勞力是唯一的變動成本，已知當勞力為 0。產出為 0。此外，當勞力為 2，總成本為 100；當勞力為 3，總成

本 120。若每單位勞力的成本是一樣的，請問固定成本為何？
(a) 40　　　(b) 60
(c) 80　　　(d) 100　　(108 年普考)

14. 如果長期總成本曲線是一條從原點出發的直線，則生產函數是報酬遞減、固定還是遞增？請繪出長期邊際成本曲線和長期平均成本曲線。

15. 廠商的長期平均總成本不可能：
(a) 大於短期平均總成本
(b) 等於短期平均總成本
(c) 小於短期平均成本
(d) 小於邊際成本　　(108 年勞工行政)

網路習題

1. 二十年前的電影院只有一個放映廳，如臺北國賓戲院。現在的電影院則有多個放映廳，如威秀影城，我們稱為規模經濟。請問在你住家附近的電影院屬於何種形式？請上網至 https://www.amctheatres.com/amc-info/index.6tml、https://www.generalcinema.com/default.asp，以及威秀影城網站，找出各家戲院的平均放映廳數。

Chapter 7

完全競爭

俊傑去逛光華商場,發現目前電腦的廠牌很多,如蘋果、戴爾 (Dell)、宏碁、聯想、華碩、聯強,甚至可依個人需求請商家組裝。談到自行組裝,中央處理器就有多種設計,英特爾 (Intel) 四核、英特爾雙核、AMD 等。主機板也有很多選擇,華碩、技嘉、微星等。記憶體更是琳琅滿目,其它還有如顯示卡、音效卡、固態硬碟等,也發現每家廠商對同性質商品的報價幾乎相同。

究竟是什麼原因讓光華商場的電腦廠商不敢提高價格,增加毛利?又為什麼像台灣中油這種國營企業沒有達到年度盈餘目標,就可以調漲油價?不同的商品市場,廠商訂價行為並不相同。如果針對每種產品都進行分析,不但會遭遇種類太多、分析不完的窘境,還有可能會因為某些商品性質相近,發生重複分析的資源浪費情況。並且隨著經濟結構轉變,新商品的出現,使舊商品被取代或消失,要進行商品市場分析是不可能的任務。由於廠商的決策是受市場結構的影響,因此經濟學家是依據市場結構特性,將所有產品分成幾大類市場加以分析。

本章重點

市場結構的分類
利潤極大化
競爭與效率
生產者剩餘

市場結構 描述市場的一些重要特性包括：廠商數目、產品同質或異質、進出市場難易程度。

市場結構 (market structure) 是描述市場的一些重要特性，諸如：(1) 廠商數目的多寡。某些市場只有一個廠商時，如臺北捷運公司絕對可以決定市場價格。某些市場有少數廠商時，如麥當勞，就必須考慮對手的價格策略；(2) 產品品質是否相同。可從兩方面來分析：第一，以股票市場的商品而言，股票是同質的 (homogeneous)，在臺北買的台積電股票和在臺東買的台積電股票，兩者的品質毫無差別。第二，以唱片市場的商品而言，音樂是異質的 (heterogeneous)，如臺語唱片和國語唱片的語言不一樣，周杰倫與頑童的歌路也不相同；(3) 進出市場難易程度。微軟 (Microsoft) 公司的視窗作業系統 (Windows) 已有專利權的保護，別家廠商無法製作相同的軟體；相反地，在公館夜市擺地攤賣手機配件，就容易多了。

以下幾章將分析廠商短期與長期決策，可以發現前面所討論的長短期成本，尤其是完全競爭廠商的供給曲線是來自其邊際成本曲線。無論是哪一種市場結構，廠商生產商品的最終目的就是追求利潤最大。

7-1 市場結構的分類

完全競爭市場 當一個市場擁有為數眾多的買賣雙方、廠商生產同質產品、完全資訊及自由進出市場時，可稱為完全競爭市場。

市場依據廠商數目、產品性質和進出難易可以分為四個市場：完全競爭 (perfect competition)、獨占 (monopoly)、寡占 (oligopoly) 及壟斷性競爭 (monopolistic competition)。完全競爭市場有為數眾多的買方與賣方，廠商生產同質的產品。譬如，農產品市場中的小麥、稻米、玉米或牛奶等品質近乎一致。相對於整個市場產量，每個農夫的生產量僅占其中的一小部分，所以個別農夫無法影響市場價格，農產品市場是一高度競爭市場。當廠商可以自由進出市場時，我們就稱市場內的廠商是處於完全競爭。如股票市場，任何人都可在證券公司開戶、自由買賣，進出市場沒有障礙。所以，股票市場可視為完全競爭市場。

獨占市場只有一家廠商。獨占廠商的產品很難找到近似替代品 (close substitutes)。如對專利權和商標的法律保護，英特爾的奔騰 (Pentium) 處理器即是一例。政府特許也會造成獨占，如台灣自來水公司及電力公司就是最佳的例子。成本優勢也會造成獨占，如中華電信鋪設電話線會創造進入障礙。即使是長期，獨占市場也可能缺少競爭對手，而只有一家廠商。

寡占市場只有少數幾家廠商。每家廠商生產的產品可能有些許差異，對於市場價格具有相當的影響力。速食連鎖店如麥當勞、漢堡王 (Burger

King)、肯德基 (KFC) 等廠商決定自家產品的價格時也很注意競爭對手的策略。因為廠商家數少，再加上產品有些差異，其它廠商不易進入寡占市場。

壟斷性競爭市場有很多廠商。每家廠商生產的產品有些差異，但差異並不大，比較容易找到替代品，所以廠商對價格仍有些影響力。譬如，線上音樂串流平臺的音樂琳琅滿目，有國語、臺語、日語、韓語及英文等流行歌曲、古典音樂、戲曲歌劇、宗教音樂等，消費者可以有許多的選擇。有很多廠商 (作曲者、歌手、唱片公司) 為這個市場提供不同的音樂。同時，音樂是異質產品。由於每家唱片公司的音樂製作品質各有擅長，每位歌手的詮釋方式也不盡相同。所以，唱片公司擁有部分價格的決定能力。其它壟斷性競爭廠商的例子還有大城市裡的許多便利商店、連鎖咖啡店及藥房等。

表 7-1 列出四種不同市場結構的特性及例子。

▶ 表 7-1　四種不同市場結構

	完全競爭	獨占	寡占	壟斷性競爭
廠商數目	眾多買賣者	一家	少數	許多
產品性質	同質	無近似替代品	異質/同質	少許差異
進入難易	自由進出	非常困難	有進入障礙	自由進出
例　子	小麥、稻米、股票、外匯	自來水公司、微軟、台電	速食連鎖店、汽車業、油品	音樂、服飾、餐廳

7-2 完全競爭的特性

完全競爭市場有四個特性：

1. 這個市場有很多的廠商與消費者，所以他們的交易只占市場極微小的部分。
2. 廠商銷售同質或標準化商品，這些商品之間是 *完全替代* (perfect substitutes)，如外匯 (美元、歐元)、公債、稻米。
3. 買賣雙方充分瞭解價格、買賣雙方對商品與生產因素市場具有 *完全資訊* (perfect information)。
4. 廠商可以自由進出市場，不會遭遇任何進入障礙。當有利潤可圖時，新廠商會加入市場；發生虧損時，原有廠商會退出市場。

如果一個市場能符合前三項特性,市場裡的廠商對價格完全沒有控制能力。特性 1 是指任何一個廠商的規模相對市場而言都很小,以致於廠商的生產行為無法影響市場供給。特性 2 與特性 3 隱含商品完全替代時,其中一廠商如果提高售價,消費者可藉著資訊的完全流通找到其它同質且售價較低的商品。

市場有很多的廠商與消費者,加上商品為同質的特性,此造成廠商或消費者均無法決定商品的價格。那麼商品的價格是如何決定?商品的價格由市場供給與需求決定,每一個廠商與消費者都必須接受這個價格,他們都是**價格接受者** (price taker)。完全競爭廠商根據這個市場價格來制定生產決策以追求利潤最大。譬如,清晨 3、4 點時,來自全省各地的蔬果批發商、果農、消費者會聚集在臺北市環南第一果菜市場決定蔬果價格。

假設市場供需決定玉米 1 公斤 15 元,每日成交數量 1,000,000 公斤,如圖 7-1(a) 所示。一旦價格決定在 15 元,任何農民 (消費者) 都可以在果菜市場銷售 (購買) 他們願意的數量。對個別廠商 (農夫) 而言,商品 (玉米) 的需求是一條水平的直線,如圖 7-1(b) 所示。因為資訊完全流通,沒有一個廠商 (農夫) 敢提高商品售價,也沒有一個廠商 (農夫) 會削減售價。水平的需求曲線代表廠商 (農夫) 是價格接受者。

> **價格接受者** 價格是由市場供需決定。個別廠商對價格無左右能力。廠商面對一條水平的商品需求曲線。

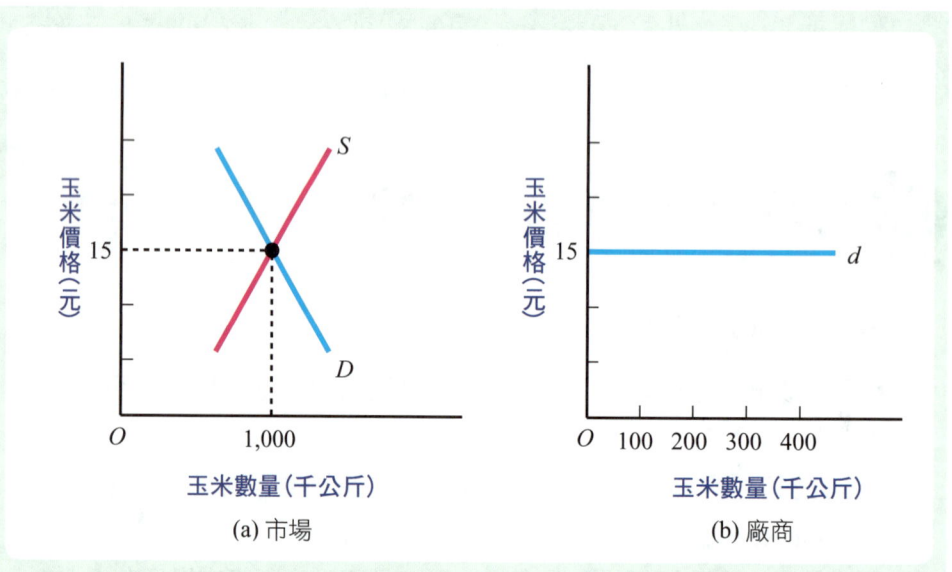

(a) 市場

(b) 廠商

(a) 圖,市場的供給與需求決定玉米價格為每公斤 15 元。任何競爭廠商可以在這個價格下,銷售想要銷售的數量。(b) 圖,廠商面對商品 (玉米) 的需求曲線是水平直線 d。

圖 7-1 市場價格與個別廠商需求曲線

7-3 短期利潤極大化

廠商的短期是指有些生產因素數量無法調整的期間。譬如，農地面積與廠房面積是固定生產因素，農夫或廠商並不會輕易調整。在短期，生產因素分成兩類：固定生產因素與變動生產因素。因此，廠商的短期成本也分為兩類：固定成本與變動成本。當廠商追求短期利潤最大時，尚須考量固定成本的因素。另一方面，價格固定使廠商的最適選擇只需侷限於產出數量的決定，就能夠有最大利潤。

7-3-1 總收入與總成本

利潤是總收入減總成本，利潤最大表示總收入減總成本的差額最大。總收入是產品的單價乘以銷售數量。表 7-2 列出稻米價格、產量、總收入與總成本的資料。第 1 欄是農夫阿信的稻米生產數量；第 2 欄是稻米的市場價格，每公斤 10 元，由於阿信是價格接受者，故產量與價格無關；第 3 欄是總收入 (TR)，等於產量 (q) 乘以價格 (P)。

第 4 欄平均收入 (average revenue, AR)，是阿信賣出 1 公斤稻米平均收到的金額，等於總收入除以銷售數量；第 5 欄邊際收入 (marginal revenue, MR)，為阿信每賣出 1 公斤稻米所能增加的收入，等於總收入變動量除以銷售量的變動量。以數學式表示平均收入和邊際收入：

$$平均收入 = \frac{總收入}{銷售數量}$$

平均收入 總收入除以總產量。

邊際收入 廠商額外銷售一單位產品，總收入增加的金額。

表 7-2 完全競爭廠商短期總收入和總成本

產量 (q)	價格 (P)	總收入 (TR)	平均收入 (AR)	邊際收入 (MR)	總成本 (TC)	邊際成本 (MC)	平均成本 (ATC)	利潤 (Profit)
0	10	0	10	10	12	—	—	−12
1	10	10	10	10	14	2	14	−4
2	10	20	10	10	15	1	7.5	5
3	10	30	10	10	17	2	5.66	13
4	10	40	10	10	20	3	5	20
5	10	50	10	10	25	5	5	25
6	10	60	10	10	35	10	5.83	25
7	10	70	10	10	50	15	7.14	20
8	10	80	10	10	81	31	10.01	−1

或
$$AR = \frac{TR}{q} = \frac{P \times q}{q} = P$$

$$邊際收入 = \frac{總收入的變動量}{銷售數量的變動量}$$

或
$$MR = \frac{\Delta TR}{\Delta q} = \frac{\Delta(P \times q)}{\Delta q} = \frac{P \times \Delta q}{\Delta q} = P \qquad (7\text{-}1)$$

式 (7-1) 中，平均收入等於價格 ($P = AR$)。因為稻米價格固定，所以平均收入始終是 10 元。邊際收入是額外賣出 1 單位產量所增加的總收入金額。譬如，第 2 單位的邊際收入等於 (20 − 10)/(2 − 1) = 10，第 3 單位的邊際收入等於 (30 − 20)/(3 − 2) = 10。由於價格固定，總收入與產量等比例增加，故邊際收入會等於價格 ($P = MR$)。

第 6 欄是阿信生產稻米的總成本；第 7 欄與第 8 欄分別是邊際成本與平均成本；最後 1 欄的利潤是總收入減去總成本。當利潤小於零時，表示阿信遭遇損失。只要產量低於 2 公斤或高於 7 公斤，阿信都會有損失。以圖 7-2(a) 來看，就是總成本曲線位於總收入曲線的上方。若總收益曲線位於總成本曲線的上方，阿信會獲得利潤。

利潤最大，表示總收入減總成本的差距最大。以圖形來看，總收入曲線是一條從原點出發的直線，斜率等於價格 10 元。總成本為一曲線，先經歷邊際報酬遞增，然後邊際報酬遞減。當產量等於 5 或 6 時，總收入曲線與總成本曲線的垂直距離最大，此時的利潤是 25。

7-3-2　邊際收入與邊際成本

利潤極大化也能從邊際的觀點來探討。邊際收入是總收入曲線的斜率。因為總收入曲線是從原點出發的直線，完全競爭廠商的邊際收入會等於平均收入，也等於價格：

$$P = AR = MR$$

阿信生產第 1 公斤稻米的邊際收入是 10 元，而邊際成本是 2 元。因此，第 1 單位可增加利潤 8 元。只要邊際收入超過邊際成本 ($MR > MC$)，提高產量就可增加利潤。一直到生產第 7 公斤的稻米，邊際成本超過邊際收入，利潤減少 5 元 (由 25 元減至 20 元)。如果阿信追求利潤最大，他會選擇生產稻米 6 公斤。此時，邊際收入等於邊際成本，即 $MR = MC$，有人稱此條件為**利潤極大化的黃金法則** (golden rule of profit maximization)。

在圖 7-2(b)，廠商面對的需求曲線 (即價格線) 是水平的，價格等於

利潤極大化的黃金法則　廠商追求利潤最大或損失最小的生產量，會是在邊際收入 (MR) 等於邊際成本 (MC) 處生產。

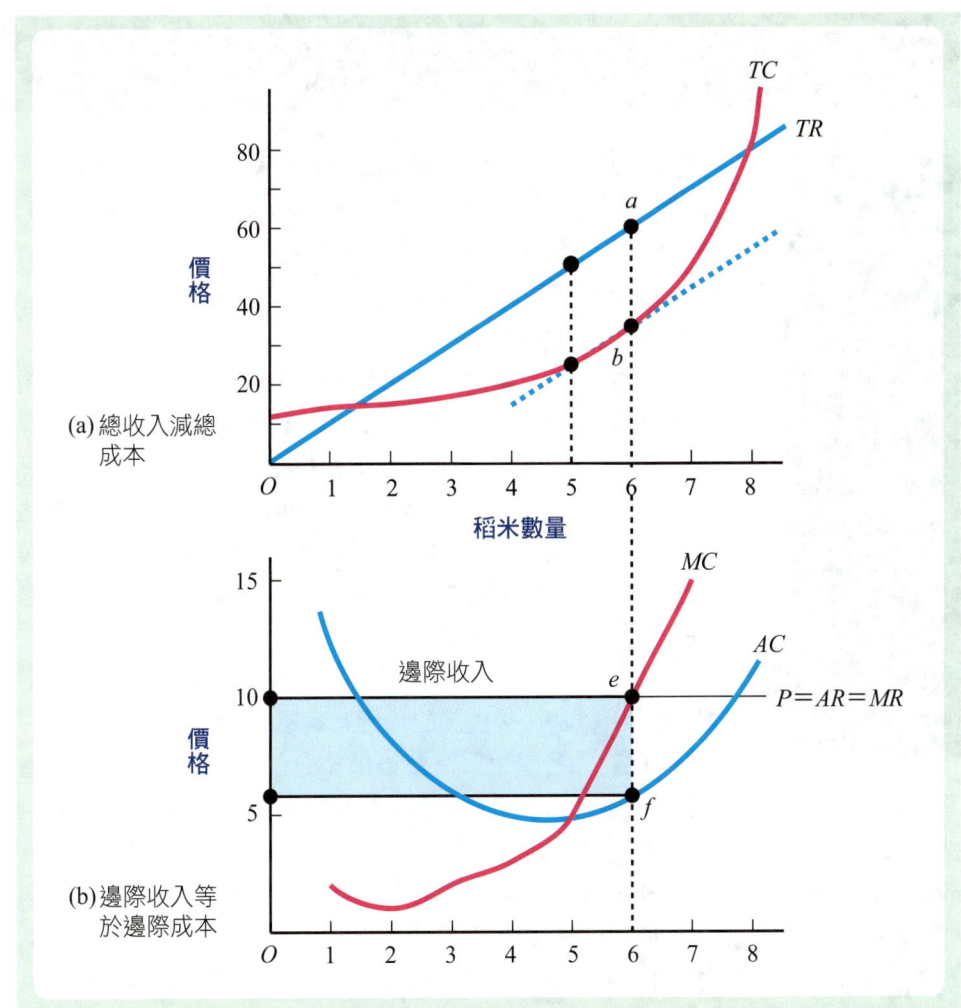

(a) 圖，利潤最大發生在總收入與總成本差額最大時。此時總收入曲線的斜率與總成本曲線的斜率平行。(b) 圖，邊際收入等於平均收入等於價格。當邊際收入等於邊際成本時，利潤達到最大。

圖 7-2　利潤最大化

邊際收入，故利潤極大化的黃金法則可以寫成：

$$價格 = 平均收入 = 邊際收入 = 邊際成本$$

或

$$P = AR = MR = MC \tag{7-2}$$

可簡化成：

$$P = MC$$

為什麼 $P = MC$ 是利潤最大的生產點？首先，當 $P = MC$ 時，阿信會在 e 點生產，產量是 6 公斤。其次，當阿信選擇的生產稻米數量低於 6 公斤時，邊際收入超過邊際成本。只要多增加 1 單位稻米生產，利潤就會增加（額外的收入大於額外的成本）。因此，只要邊際收入高過邊際成本 ($MR > MC$)，廠商就會繼續生產。

從臺灣看天下

歐普拉秀

在美國西北大學的凱洛格 (Kellogg) 管理學院裡，選課是一種完全競爭的學問。為了要選課，MBA 學生必須互相競標。每一名學生擁有的點數都相同，然而愈受歡迎的教授，選修其課程所需的代價也愈高。

在 1999 年的秋季班，競標尤其扣人心弦。領導學課程中，星期一晚上的老師是管理學院教授史考特 (Walter D. Scott)，星期二晚上的老師是著名脫口秀主持人歐普拉·溫芙蕾 (Oprah Winfrey)。學生整年的選課點數是 3,000 點，有些學生為了要成為 110 名學生中的一位，願意花費 2,800 點來競標。

自從西北大學在 5 月份宣布將聘請歐普拉教授"領導的動態學" (Dynamics of Leaderships) 一門課後，學校的其他管理學院教授就提出一些奇怪的問題：學生是否在浴缸內上課？教室周圍是否布滿蠟燭？課堂上是否會討論減重的外部性？

歐普拉擁有田納西州立大學戲劇學士的學位，她的事業版圖遍及電視、電影、慈善事業、網際網路、教育及健身中心。她名列《富比士》(Forbes) 雜誌美國富有人士的第 348 名，擁有高達 7.25 億美元的財富，也是白手起家中最富有的女性。

歐普拉在課堂上與學生打成一片，熱烈討論領導的定義。她讓每一位學生說出自己對領導的看法。在第一次的課堂上，歐普拉指出企圖 (intention) 與真誠 (authentic) 是個人領導最重要的兩個元素。她說："她的成功來自於目標設定與專注地完成"、"領導者必須自我反省，承認錯誤並接納別人的缺點"。

記得前面提到的點數嗎？當選課競標結束時，這門課的代價其實是 1,006 點，原因是每一名學生只需負擔最後一位學生出價的點數。這點非常類似完全競爭廠商的最適均衡條件：$P = MC$。

其實這是一筆很划算的交易。因為在一次慈善拍賣會中，達拉斯的某位科幻小說作者以 58,750 美元的代價，得到與歐普拉共進午餐，以及兩張觀賞脫口秀的門票。如果你選修這門課，一整年的每個星期二晚上可以坐在前排與她討論，還可以省下 11,212 美元。

課程競標系統是西北大學凱洛格管理學院全時碩士課程的選課程序。當課程的需求大於供給時，競標可達到公平且有效的座位分配。

資料來源：Bill Dedman, "Professor Oprah, Preaching What She Practices," *New York Times*, October 10, 1999, pp. 3-9.

相反地，當阿信選擇的稻米產量高於 6 公斤時，邊際成本超過邊際收入 ($MC > MR$)。只要減少 1 單位稻米的生產，即可節省成本支出 (邊際成本可以降低)。因此，只要邊際成本高過邊際收入，阿信就應該減少生產。

因此，當 $MR > MC$，廠商會增加生產；當 $MR < MC$，廠商會減少生產；只有當 $MR = MC$ 時，廠商才會停止調整，這個產量讓利潤達到最大或損失達到最小。

7-3-3 短期利潤極大化的三種情況

完全競爭市場下的廠商是價格接受者，絲毫無左右市場價格的能力。當市場價格低於平均成本時，廠商會遭受損失，這時廠商有兩個選擇：繼續生產或暫時歇業。譬如，在冬季寒冷的北方，所有農業活動都會停止。完全競爭廠商追求短期利潤極大化，總共有三種情況。

情況 1：$P = MC$，$P > ATC$，利潤為正　在圖 7-2(b)，當稻米每公斤的市場價格是 10 元時，阿信會在 $P = MC$ 的 e 點生產，產量是 6 公斤。當產量等於 6 公斤時，平均成本在 f 點，等於 5.83 元。阿信的利潤就是價格減去平均成本的差額，再乘以最適產量。在這個例子裡，利潤是 25 元。以數學式表示，可得：

$$利潤 = 總收入 - 總成本 = TR - TC = \left(\frac{TR}{q} - \frac{TC}{q}\right) \times q \quad (7\text{-}3)$$

$$= (AR - ATC) \times q = (P - ATC) \times q$$

式 (7-3) 中，如果價格 (P) 高過平均成本 (ATC)，廠商利潤為正；如果價格 (P) 低於平均成本 (ATC)，廠商利潤為負，廠商會遭受損失；如果價格 (P) 等於平均成本 (ATC)，利潤等於零，則廠商不賺不賠。

情況 2：$P = MC$，$AVC \leq P < ATC$，有損失，但繼續生產　假設稻米研發突破技術瓶頸，使稻米大豐收，市場供給遽增，價格滑落至每公斤 3 元。從表 7-3 來看，在任何一個產量下，價格都會低於平均成本，所有的利潤都小於零。

廠商短期內遭受損失若停止生產，仍必須支付固定生產因素的成本，如保險費、地價稅和地租等。只有繼續生產，才能夠支付變動因素的成本，並彌補一部分固定成本支出。在這種情況下，即使有損失，廠商也必須繼續生產。

表 7-3 的成本資料與表 7-2 相同，除了稻米價格由每公斤 10 元跌至每公斤 3 元。第 5 欄的利潤都是負值。如果阿信停止生產，損失是固定成本 12 元。若稻米生產量介於 1 到 5 公斤間，損失低於 12 元。最小的損失 8 元，發生在產量等於 4 公斤的地方。阿信賣出 4 公斤稻米可獲得 12 元的

表 7-3 短期最小損失

產量 (q)	價格 (P)	總收入 (TR)	總成本 (TC)	利潤 (TR−TC)	平均成本 (ATC)	平均變動成本 (AVC)	平均固定成本 (AFC)	邊際成本 (MC)
0	3	0	12	−12	—	—	—	—
1	3	3	14	−11	14	2	12	2
2	3	6	15	−9	7.5	1.5	6	1
3	3	9	17	−8	5.67	1.67	4	2
4	3	12	20	−8	5	2	3	3
5	3	15	25	−10	5	2.6	2.4	5
6	3	18	35	−17	5.83	3.89	2	10
7	3	21	50	−29	7.14	5.43	$\frac{12}{7}$	15
8	3	24	81	−57	10.01	8.625	1.5	31

收入。12 元支付變動成本 8 元後還剩下 4 元，可用來支付一部分的固定成本。

在圖 7-3，利潤極大化的黃金法則使阿信選擇在 e 點生產 ($P = MC$)，產量是每日 4 公斤，平均變動成本是 2 元，而平均固定成本是 3 元。利潤等於 $(AR − ATC) \times q = (3 − 5) \times 4 = −8$，阿信會遭受損失。

由於價格 3 元超過平均變動成本 2 元，剩下的 1 元可以彌補平均固定成本 3 元的一部分。因此，每一單位損失 2 元，總損失是 8 元 [$= (3 − 5) \times 4$]。圖 7-3 的 f 點是每日稻米產量 4 公斤的平均成本，g 點是平均變動成本。只要市場價格介於 f 點與 g 點之間，短期即使面臨損失，阿信仍會繼續生產。圖中藍色的面積為阿信生產稻米在價格 3 元下的損失。

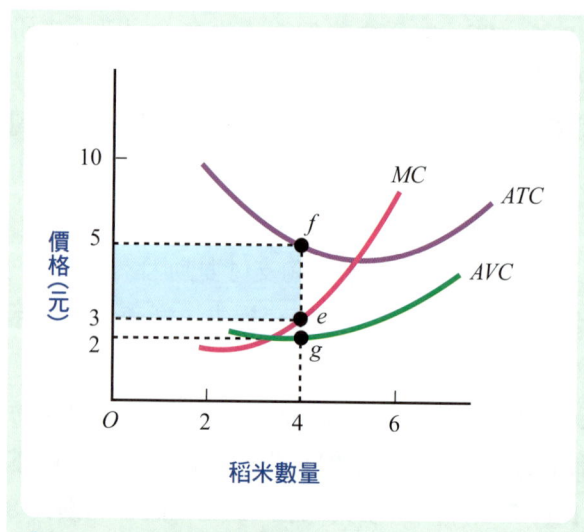

廠商追求利潤最大是在 $P = MC$，此時若 P 在 AVC 和 ATC 之間，廠商遭受損失但仍須繼續生產。

圖 7-3 短期最小損失

情況 3：$P = MC$，$P < AVC$，暫時歇業　　情況 2 提及廠商面對過低市場價格而遭受虧損，只要價格高過平均變動成本，仍會選擇繼續生產。在現實生活中，常會聽到美國農夫發生虧損卻仍繼續耕種的例子。但如果價格低於平均變動成本，廠商不但要自付全部的固定成本外，也要支付變動成本其中的一部分，如圖 7-4 之 e 點所示，此時廠商只得選擇**歇業** (shutdown)。歇業並不表示廠商會即刻離開市場。在歇業期間，廠商須自付全部的固定成本，只要等到景氣回春，市場需求增加，價格上揚，即可恢復生產；如果景氣低迷，需求疲弱，在長期有損失下，廠商會選擇退出市場。

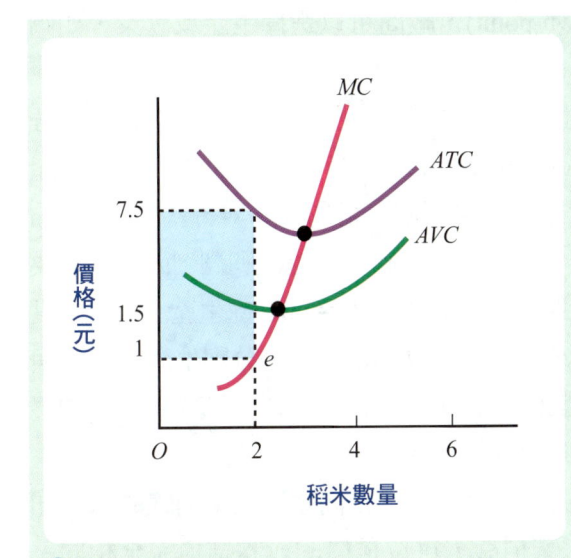

當 $P < AVC$ 時，廠商收入無法彌補部分固定成本。因此，選擇暫時歇業。

圖 7-4　歇業

固定成本與變動成本

實例與應用

　　每年 5 月，臺灣的室外游泳池和海水浴場相繼對外開放。為什麼大部分游泳池在 5 月以前不開放？即使在夏天開放，也不是每天都人滿為患，遇到下雨或非假日期間，可能沒有幾個人游泳，為什麼不乾脆休息來節省開銷？

　　記得廠商是否選擇繼續生產或暫時歇業，必須考慮價格、變動成本及固定成本間的關係。游泳池的固定成本有保險費、租金、維修支出、清潔費用及其它。5 月以前，天氣寒冷和梅雨季節，民眾不會想去室外游泳池游泳，這段期間室外游泳的收入根本無法支付游泳池的變動成本 (包括救生員及行政人員)，營業只會讓損失擴大，所以經營者選擇暫時歇業；5 月以後，只要平均收入超過平均變動成本，游泳池就可以繼續開放。這也是為什麼偏遠地區的游泳池也開放的原因。

某些行業也有類似的情形存在。譬如，旅遊業、營造業及農業等看天吃飯的行業。加拿大洛磯山脈冬季封山，當地旅館及餐廳會暫時歇業。這些行業的固定成本始終存在，如果收入無法支應變動成本和一部分固定成本，暫時歇業是最佳決策。

7-3-4 廠商與產業的短期供給曲線

在短期，完全競爭廠商的生產取決於價格與平均變動成本之間的關係。只要 $P > AVC$，廠商會在 $P = MC$ 處生產；相反地，$P < AVC$，廠商會選擇暫時歇業。因此，當 $P = AVC$，也就是平均變動成本的最低點時，我們稱為**歇業點** (shutdown point)，廠商可以選擇生產或歇業，如圖 7-5 的 S 點。

當市場價格是 P_1，廠商生產 q_1，雖然有損失，但收入可以彌補部分的固定成本，其損失極小化 (loss minization)。當市場價格是 P_2，廠商生產 q_2，經濟利潤等於零，廠商只賺取正常利潤，稱為**損益平衡點** (breakeven point)。當市場價格等於 P_3，廠商生產 q_3，此時有超額利潤。因此，只要價格高於平均變動成本，完全競爭廠商願意在 $P = MC$ 處生產。這正是供給曲線的定義：廠商願意在價格等於 P_1、P_2 和 P_3 時，分別生產 q_1、q_2 與 q_3。所以，完全競爭廠商的短期供給曲線是在 S 點 (AVC 最低點) 以上的邊際成本曲線；在 S 點以下，供給數量為零。

至於產業 (市場) 的短期供給曲線是個別廠商短期供給曲線的水平加總。譬如，假設市場有 1,000 家稻農，每位稻農的成本結構完全相同。如果當稻米每公斤市價是 10 元時，稻農生產 12 公斤，每一個農夫的供

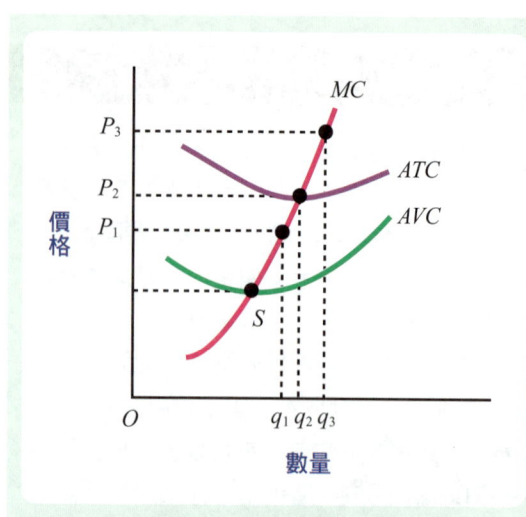

完全競爭廠商會在 $P = MC$ 處生產，只要此時 $P > AVC$，就會繼續生產。若 $P < AVC$，廠商品的供給數量為零。所以，高於 AVC 最低點以上的 MC 曲線是廠商短期的供給曲線。

圖 7-5　完全競爭廠商的短期供給曲線

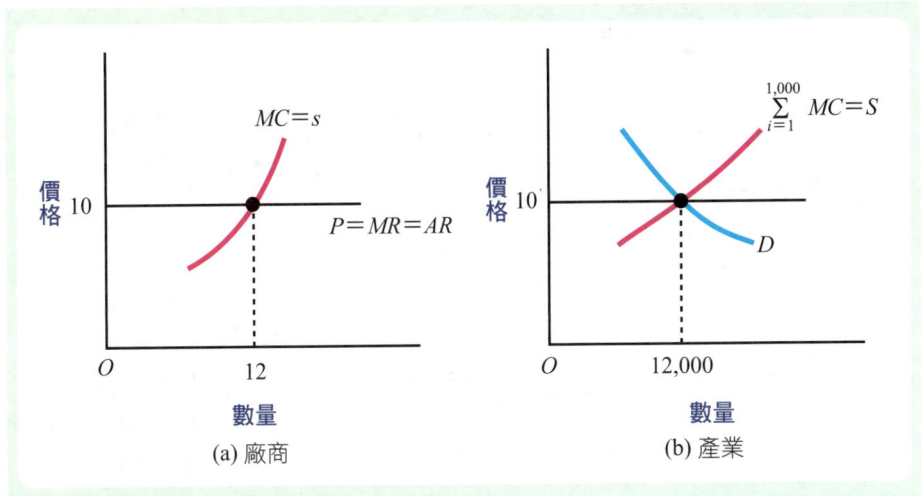

産業短期供給曲線是廠商短期供給曲線的水平加總。

圖 7-6　產業短期供給曲線

給曲線如圖 7-6(a) 所示。整個產業 (市場) 的供給量會等於 12,000 公斤 ($=12\times1,000$)。圖 7-6(b) 的供給曲線是廠商短期供給曲線的水平加總 $\left(S=\sum_{i=1}^{1000}MC_i\right)$。

7-4　長期利潤極大化與長期均衡

在長期，所有生產因素數量都可以變動，廠商能夠自由調整生產規模。在第 7-2 節，完全競爭市場的特性 4 是廠商可以自由進出市場。如果廠商在長期蒙受損失，會選擇退出市場；相反地，若潛在廠商看見這個市場有超額利潤，會加入生產來分享利潤。如果原有廠商在短期有超額利潤，長期會調整生產規模，以追求更大的利潤。

以下先討論完全競爭市場存在正的利潤時，原有廠商如何追求利潤極大。然後再討論新廠商加入後，完全競爭市場如何達到長期均衡。

7-4-1　長期利潤極大化

短期內，如果廠商有正的利潤，表示市場價格高於短期平均成本。在圖 7-7，廠商面對水平的需求曲線，在追求利潤最大下，會選擇在 d 點生產 q_1。由於 $P>ATC$，利潤為正，等於面積 $abcd$。

在長期，廠商會沿著 LAC 線擴充生產規模，成本可以降低，利潤因此增加。廠商長期會在 $P=LMC$，也就是在 e 點生產。此時生產規模擴充至 ATC_2，產量增加到 q_2，利潤等於面積 $aefg$。原有廠商的長期最適產

▲ 圖 7-7　長期利潤最大化

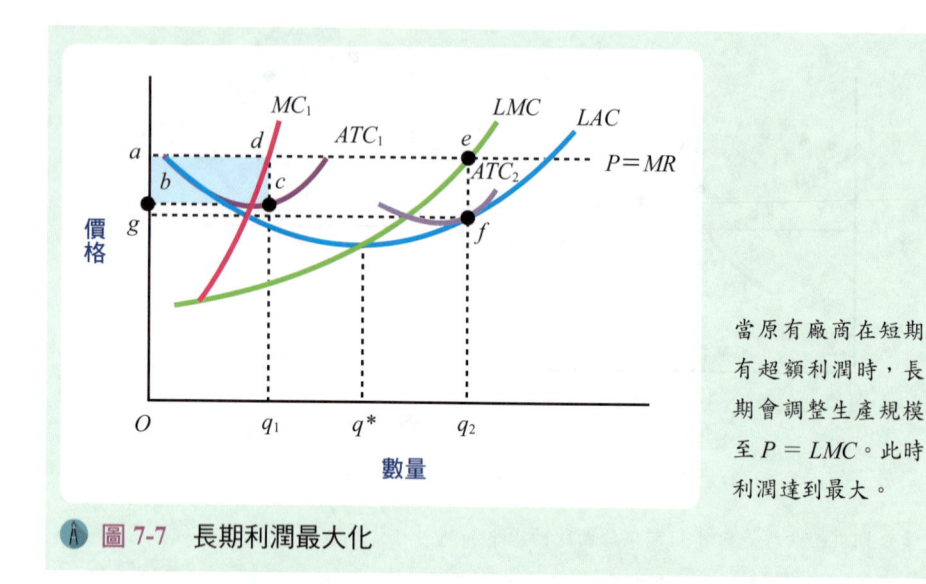

當原有廠商在短期有超額利潤時，長期會調整生產規模至 $P=LMC$。此時利潤達到最大。

量 (q_2) 超過短期最適產量 (q_1)，故長期利潤大於短期利潤 (記住：長期成本是短期成本的包絡線)。

當然市場價格愈高，廠商賺取的利潤就愈多；同樣地，市場價格愈低，廠商長期利潤就愈少。當價格觸及長期平均成本最低點時，廠商會生產 q^*，此時經濟利潤為零。因此，廠商長期供給曲線是邊際成本高於長期平均成本的部分。當產量低於 q^* 時，廠商會有損失，並不會提供任何產量。

7-4-2　長期均衡

當別的廠商見到這個產業的廠商獲利時，就會相繼將資源投入這個市場。新的廠商開始加入這個產業，總產量隨之提高，市場供給曲線向右移動。如圖 7-8(a) 所示，供給曲線由 S_1 移至 S_2，均衡價格由 P_1 跌至 P_2。對廠商而言，如果 P_2 仍高於長期平均成本，還會有更多新廠商加入，直到價格等於長期平均成本最低點時，才會沒有新廠商加入，此時經濟利潤等於零。同理，當市場價格過低時，有些廠商不堪虧損，長期會退出市場，市場供給曲線向左移動，價格上升。這種調整會持續直至市場價格等於廠商的長期平均成本，也就是利潤等於零的地方，才會停止。

因此，完全競爭廠商的**長期均衡** (long-run equilibrium) 是在價格等於長期平均成本的最低點，經濟利潤等於零。以數學式表示，長期均衡條件為：

$$P = AR = MR = LAC = LMC = ATC = SMC$$

其中 LAC 及 LMC 分別為長期平均成本和長期邊際成本。ATC 和 SMC 分別為短期的平均成本及短期邊際成本。

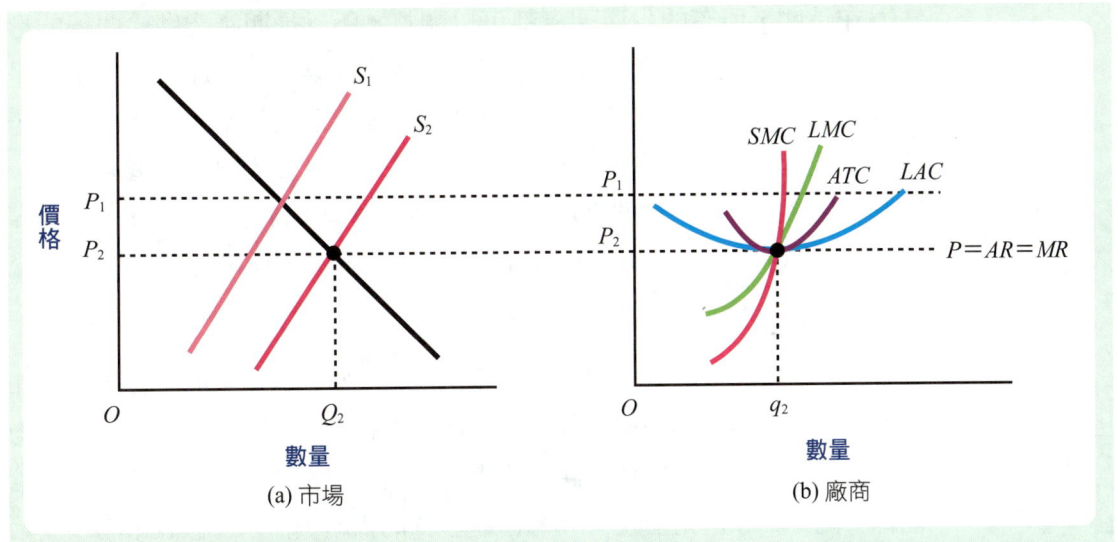

當市場價格為 P_1 時，有超額利潤。新的廠商開始加入，市場供給曲線右移，價格下跌至 P_2，此時 $P_2 = LAC$，廠商利潤為零。

圖 7-8　長期均衡

長期均衡條件可簡化成：

$$P = MR = MC = ATC \tag{7-4}$$

式 (7-4) 有下列的經濟意義：

1. $P = MR$：僅存在完全競爭市場，廠商為價格接受者，廠商所面對的需求曲線為一條水平線。
2. $P = MC$：資源最有效率使用，社會福利達到最大。此將在第 7-5 節中討論。
3. $P = ATC$：廠商沒有經濟利潤，僅賺到正常利潤。
4. $MR = MC$：雖然廠商僅賺取正常利潤，但他們仍然是以追求利潤最大的方式來決定他們的生產量。
5. $MC = AC$：廠商在 LAC 之最低點外生產，消費者能夠以最低的價格來消費。因此，在 LAC 最低點下之短期生產規模 (如圖 7-8 之 ATC) 為最適規模 (optimum scale)，而其產量 (圖 7-8 之 q_2) 為最適產出量 (optimun output)。

7-4-3　長期產業供給曲線

短期內，產業供給曲線是個別廠商供給曲線的水平加總。在長期，由於廠商可自由進出市場，每一廠商的供給數量很難精確計算，產業的長期供給曲線也就無法從個別廠商的供給加總而得。

固定成本產業 當產業產量增加或減少時，生產成本不會跟著變動。

遞增成本產業 產業成本隨產量擴張而上升的產業。

遞減成本產業 產業成本隨產業擴張而下降的產業。

在長期，所有的生產因素都可以調整，所以長期產業供給曲線的形狀受廠商雇用生產因素價格的影響。當整個產業產量增加時，完全競爭廠商會增加對生產因素的雇用。至於是否因此造成生產因素價格波動，還必須視因素使用量占整個生產因素使用量，以及比例的高低來決定。因此，產業的長期供給曲線可分成三種情況討論：固定成本產業 (constant cost industry)、遞增成本產業 (increasing cost industry)，以及遞減成本產業 (decreasing cost industry)。

情況 1：固定成本產業 固定成本產業是指，當整個產業的生產數量增加或減少時，生產因素價格和其它生產成本在長期固定不變，廠商長期平均成本曲線維持不變。我們以圖 7-9 來說明固定成本產業下的產業長期供給曲線。圖 7-9(a) 是完全競爭市場 (或產業) 的供給與需求。假設市場一開始的均衡是 A 點 (D_1 與 S_1 的交點)。

如果市場需求突然增加，需求曲線會由 D_1 移至 D_2，市場價格由 P_1 上升至 P_2，B 點是短期均衡點。在圖 7-9(b)，廠商面對市場價格 P_1，會選在 a 點生產 q_1，a 點為廠商的長期均衡點。當廠商面對 P_2 時，他會依循利潤極大化的黃金法則，選擇在 b 點生產 q_2，b 點是短期均衡點。此時，因為價格大於短期平均成本，廠商可賺取超額利潤。正的利潤吸引新的廠商進入這個產業，使市場供給曲線向右移動，在圖 7-9(a) 中是由 S_1 移至 S_2。D_2 和 S_2 的交點 C 點，是新的長期均衡點。理由是廠商面對價格 P_1，會選擇在 a 點生產 q_1 數量，而長期的經濟利潤等於零，故 a 點是廠商的長期均衡點。

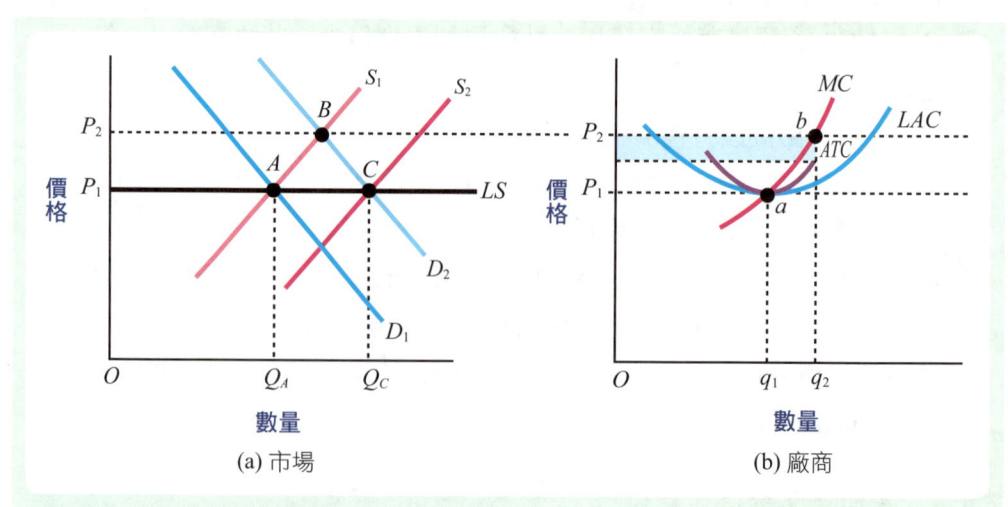

(a) 市場

(b) 廠商

固定成本產業的長期供給曲線是水平的 LS。當市場需求提高 (由 A 點到 B 點)，廠商產量由 q_1 增加至 q_2，利潤的增加 (藍色部分) 誘使新廠商加入，造成市場供給曲線右移至 S_2。因為長期平均成本不變，廠商的長期均衡點會回到 a 點。

圖 7-9　固定成本產業的長期供給曲線

圖 7-9(a) 的 A 點與 C 點都是產業的長期均衡點，連接這兩點可以得到：固定成本產業的長期供給曲線是水平的直線 LS。這類產業使用的生產因素數量通常占該因素市場比重頗低，生產因素需求增加並不會造成價格上漲。

還有一點值得注意的是，雖然產業的產量由 Q_A 增至 Q_C，每一個廠商產量仍是 q_1。市場產量的擴增來自於廠商數目的增加，而非原有廠商規模的改變，廠商的成本曲線並沒有變動。譬如，股市低迷不振，資金轉入債券市場，雖然債券交易所使用的電腦數量增加，並不會使電腦價格上漲。因為票券公司使用的電腦僅占整個電腦市場極小的部分。

情況 2：遞增成本產業　遞增成本產業是指產業生產數量增加，廠商生產成本隨之上升，成本曲線因而上移。假設市場原來的長期均衡是 A 點，如果市場需求提高，由 D_1 右移至 D_2，價格會從 P_1 上漲至 P_2。原有廠商面臨新的價格 P_2，會生產 q_2 產量並賺取超額利潤。圖 7-10(a) 的 B 點是市場的短期均衡點，而圖 7-10(b) 的 b 點是廠商的短期均衡點。

正的利潤會吸引新廠商加入。新的廠商加入造成產業擴張，產業的擴張使得廠商對生產因素的需求增加，導致因素價格上升，廠商的短期與長期成本皆上揚。在圖 7-10(b)，長期平均成本由 LAC_1 上升至 LAC_2，邊際

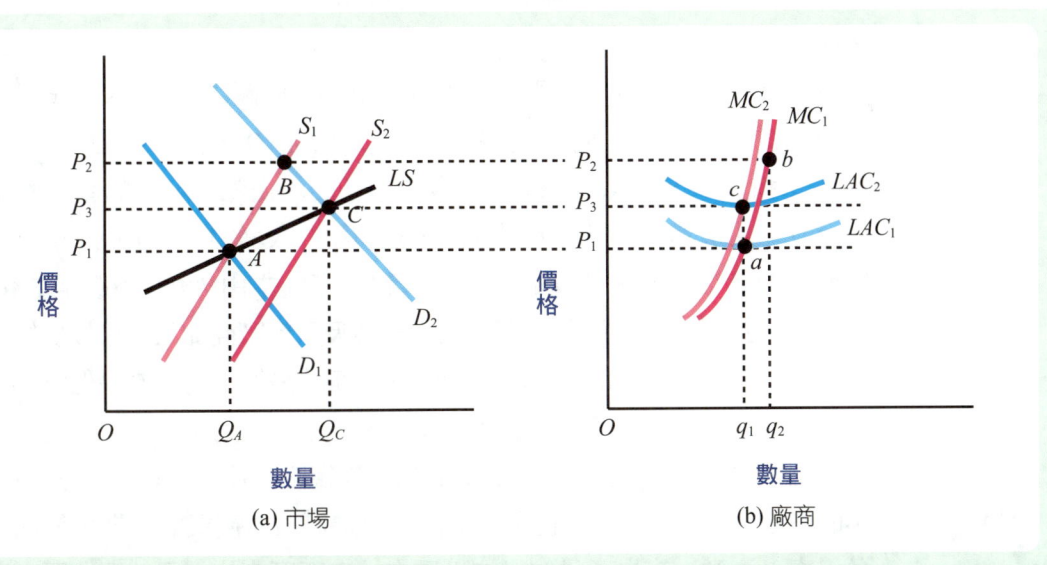

當需求增加時，市場價格上漲至 P_2。廠商利潤增加，進而吸引新廠商加入，市場供給增加至 S_2。同時生產因素價格上漲，使成本曲線上升至 LAC_2。最後均衡在 C 點，廠商的經濟利潤為零，C 點為一長期均衡點。連接 A 點和 C 點可得正斜率的長期產業供給曲線 LS。

▲ 圖 7-10　遞增成本產業的長期供給曲線

成本由 MC_1 上升至 MC_2。而新廠商加入生產，使市場供給曲線由 S_1 增至 S_2。新的市場價格 P_3，通過長期平均成本 LAC_2 的最低點：這是廠商的長期均衡點。

C 點是市場新的長期均衡點。連結 A 點和 C 點，可得產業長期供給曲線 LS。與固定成本產業不同的是，遞增成本產業的長期供給曲線具正斜率。

注意，市場產量由 Q_A 擴張至 Q_C，而廠商仍是生產 q_1。這表示產業擴張是源自廠商數目的增加，而非原有廠商規模的改變。民國 77 年，財政部開放券商設立，市場多頭行情啟動，加權指數大漲。超額利潤吸引新券商如雨後春筍般設立，原有券商亦紛紛設立分行，以擴大市場占有率。券商家數突然暴增，營業員與研究員的需求大增，造成營業成本、房租和人事費用大幅提高。所以，當時的證券業是屬於遞增成本產業。

情況 3：遞減成本產業　遞減成本產業是指產業擴充，使廠商生產成本降低，此如網際網路的普及降低了廠商的交易成本。民國 89 年，英特爾總裁葛洛夫 (Andy Grove) 在臺灣舉行亞太經濟論壇時曾經提及，網際網路興起前，英特爾及其下游廠商進行一筆交易需費時兩週。但經過電子商務 B2B 跨平臺的設立，時間縮短成三天，交易成本大幅下降。所以當市場需求旺盛，又逢英特爾的 Pentium 出貨量大增時，交易成本降低，自然會使生產成本降低。

遞減成本產業的長期供給曲線具負斜率，如圖 7-11 所示。假設 A 點是原來的長期均衡。若市場需求由 D_1 右移至 D_2，價格將由 P_1 上升至 P_2。P_2 和 MC_1 的交點 (b 點)，是廠商短期的均衡點，廠商的產量會由 q_1 增至 q_2。由於價格上升與產量提高，廠商總收入增加，加上成本的下跌，廠商會有超額利潤。產量的擴充，導致生產成本由 LAC_1 下跌至 LAC_2，MC_1 也下跌至 MC_2；另一方面，正的利潤吸引新廠商加入，市場供給曲線由 S_1 向右移至 S_2。新的市場價格 P_3 會和新的長期平均成本最低點相交。此時廠商達到長期均衡，經濟利潤等於零。

圖 7-11(a) 中的 C 點是市場新的長期均衡點。連結 A 點和 C 點可得產業的長期供給曲線 LS。從圖 7-11 觀察，遞減成本產業的長期供給曲線具負斜率。注意，市場產量的增加仍是來於自新廠商的加入，而非原有廠商生產規模的擴充。

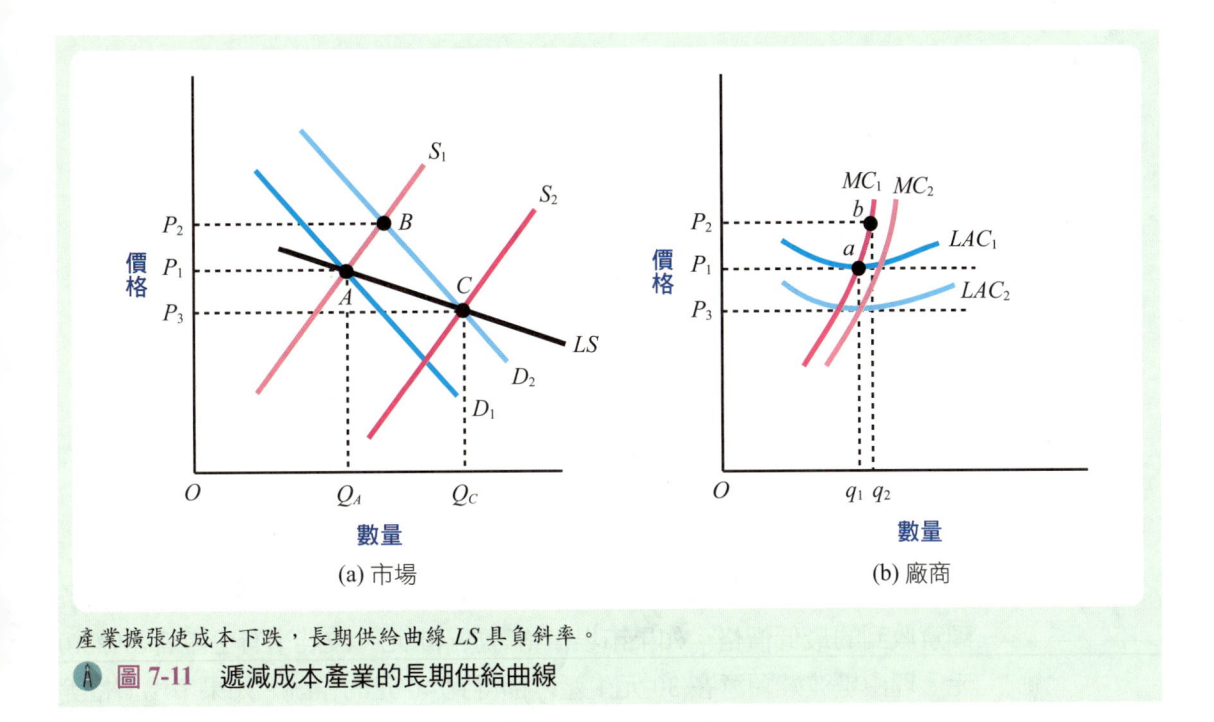

產業擴張使成本下跌，長期供給曲線 LS 具負斜率。

▲ 圖 7-11　遞減成本產業的長期供給曲線

7-5　完全競爭與效率

　　完全競爭市場的資源分配究竟有無效率？在一般的經濟學教科書中，效率通常有兩種概念：技術效率與經濟效率。在第 6 章曾經提到**技術效率** (technical efficiency)，是指廠商以最低成本來生產固定產量。在長期，完全競爭廠商的均衡是在長期平均成本的最低點生產，所以完全競爭廠商具技術效率。有些人稱技術效率為**生產效率** (productive efficiency)，理由是廠商運用最低成本方式生產，競爭均衡下的產量，資源毫無浪費之虞。

　　經濟效率 (economic efficiency) 是消費者剩餘與生產者剩餘總和達到最大時的產量。消費者剩餘的定義在第 5 章曾經提及，是指消費者願意支付價格和實際支付價格間的差額。**生產者剩餘** (producer surplus) 則是生產者實際收到的價格與願意收到價格間的差額。

7-5-1　生產者剩餘

　　需求曲線上的任何一點，是衡量消費者購買商品所願意支付的價格；同樣地，供給曲線上的任何一點，是衡量生產者供給一單位願意收到的最低價格。譬如，三名果農——波娃、大威、小威比鄰而居，他們都生產蘋果，其每公斤的生產成本分別是 30 元 (波娃)、40 元 (大威) 和 50 元 (小威)。當市場價格介於 30 元和 40 元時，只有波娃願意提供蘋果；當市場價格介於 40 元和 50 元時，波娃與大威都願意提供蘋果。

生產效率　又稱技術效率，是指廠商以最低成本生產固定產量。

經濟效率　是指消費者剩餘和生產者剩餘總和達到最大時的產量，又稱分配效率。

生產者剩餘　生產者實際收到價格與願意收到價格間的差額。

▲ 圖 7-12　生產者剩餘

生產者剩餘等於市場價格和供給曲線圍成的面積。

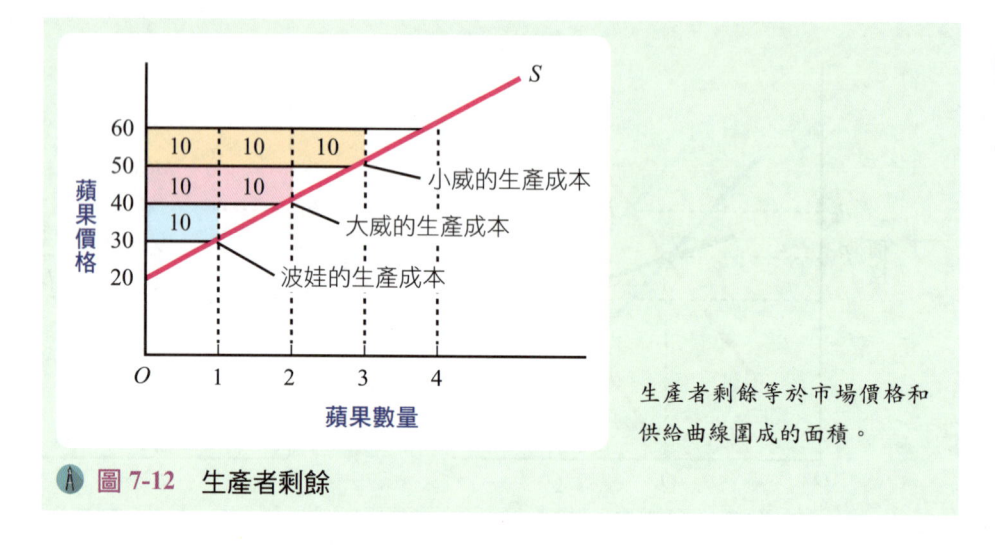

　　生產者實際收到的價格是由市場供需決定，而供給曲線是衡量生產者願意收到的最低價格。如果市場價格等於 40 元，波娃享有生產者剩餘 10 元。理由是波娃願意在 30 元生產，卻得到 40 元的報酬。如果市場價格等於 60 元，生產者剩餘等於 60 元，因為波娃有生產者剩餘 30 元，大威有生產者剩餘 20 元，而小威有生產者剩餘 10 元，總和是 60 元。如圖 7-12 所示。

　　因此，生產者剩餘是市場價格與供給曲線所圍成的面積。完全競爭廠商的短期 (長期) 供給曲線是邊際成本高於平均變動成本 (平均成本) 以上的那一段。因此，完全競爭市場的生產者剩餘是價格與邊際成本曲線圍成的面積，邊際成本是衡量廠商生產最後一單位產量，總成本增加的金額。所以，生產者剩餘也可以定義成總收入減去總變動成本。注意，每一單位的邊際成本相加會等於總變動成本，和固定成本多寡無關。

　　生產者剩餘和短期利潤兩者並不相等。廠商的短期利潤是總收入減總成本。我們可以用數學式來澄清上述兩個概念：

$$\text{生產者剩餘} = \text{總收入} - \text{變動成本}$$
$$PS = TR - VC$$

$$\text{利潤} = \text{總收入} - \text{變動成本} - \text{固定成本}$$
$$\text{profit} = TR - VC - FC \tag{7-5}$$

　　從式 (7-5) 中，我們知道在短期，生產者剩餘大於廠商的利潤。

從臺灣看天下

我去打超級盃，歡迎到我家看球賽

在短期租屋平臺 Airbnb 上，卡羅萊納黑豹隊 (Panther) 的安全衛哈波 (Roman Harper) 寫著："來看我打超級盃吧！坐在我的沙發上。"

租屋一晚的價格是 5,000 美元，租金收入捐給哈波的 Home 41 基金會，Airbnb 也會捐出相同金額。哈波回應："他會回贈一顆簽名球。"

2009 年才在美國西岸起步的 Airbnb，目前，全球已經有 191 個國家，300 萬個房間，遍布世界 65,000 個城市，2020 年公司的市值高達約 1,000 億美元。Airbnb 的核心概念是共享經濟。《經濟學人》形容共享經濟是 "在網路上，任何東西都能出租"，與其閒置，不如分享。

物聯網的出現，提高了物品使用的效率。透過通訊網路，串聯起所有的汽車，出現了 Uber 的共乘分享汽車模式；串聯起所有的房子，出現了 Airbnb 的房間住宿分享模式。

7-5-2 完全競爭與經濟效率

圖 7-13 說明完全競爭市場與經濟效率間的關係。完全競爭市場的短期供給曲線是由 i 點以上，個別廠商供給曲線的水平加總。在 i 點以下，無論廠商如何生產都無法彌補變動成本，故產量等於零。

當供給等於需求時，市場價格等於 P^*，產量是 Q^*。個別廠商面對市場價格 P^*，會選擇在 $P = MC$ 處生產。邊際成本是衡量廠商利用資源的機會成本，而價格是衡量消費者購買最後一單位商品的**邊際利益** (marginal benefit, MB)。當邊際利益等於邊際成本時，表示最後一單位商品的價值等於使用相同生產因素所能生產商品的價值。因此，在 $P = MC$ 時，生產因素無論如何分配，也無法生產更有價值的商品，資源分配已達效率境界。

在短期，完全競爭市場對生產因素的雇用和商品的分配會使生產者利潤最大且使消費者的效用最大；亦即，消費者剩餘與生產者剩餘的總和面積達到最大。因此，有些經濟學家將完全競爭市場的供給等於需求，或廠商的價格等於邊際成本，稱為**分配效率** (allocative efficiency)。

分配效率不僅存在於完全競爭市場的短期均衡，也適用於長期均衡。理由很簡單，長期均衡的最適條件是 $P = LAC = LMC$，既然價格等於長期邊際成本，廠商自然有分配效率。

圖 7-13 完全競爭市場與經濟效率

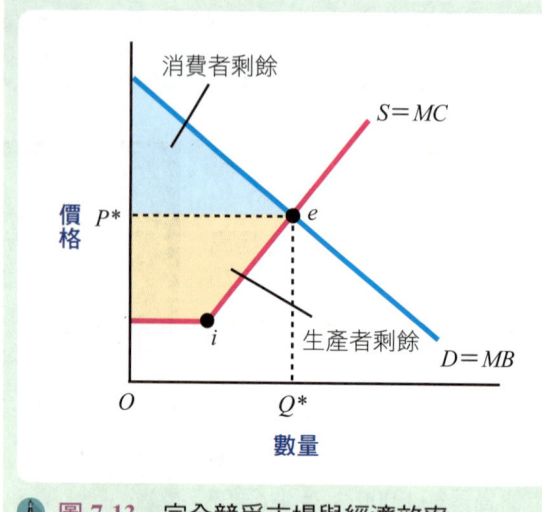

完全競爭市場的短期均衡在 e 點，廠商會在 $P = MC$ 處生產。

在長期，$P = LAC$，這個條件保證經濟利潤等於零。$P = LAC = LMC$，即表示廠商會在長期平均成本最低點生產。因此，完全競爭廠商在長期不僅有技術效率(生產效率)，還有經濟效率(分配效率)。

7-6 結　語

完全競爭市場是一個理想的市場型態，其特性有四：(1) 市場內有為數眾多的買方與賣方；(2) 廠商生產同質產品；(3) 買賣雙方擁有完全資訊；(4) 廠商可自由進出市場。事實上，經濟社會很難找到純粹完全競爭市場的例子。農產品市場、股票市場、外匯市場及債券市場，是非常接近完全競爭市場的例子。違反完全競爭市場的任何一個特性，市場則為不完全競爭。在以下幾章討論不完全競爭市場時，我們將用廠商決策行為來和完全競爭廠商的決策行為做比較。

本章有一個重要的工作是推導出廠商的供給曲線，如表 7-4 所示。

表 7-4　完全競爭市場與廠商的供給曲線

	短期	長期
廠商	邊際成本高於平均變動成本以上的部分	邊際成本高於平均成本以上的部分
產業	個別廠商供給曲線的水平加總	遞增成本產業：正斜率供給曲線 固定成本產業：水平供給曲線 遞減成本產業：負斜率供給曲線

摘要

- 市場結構的特性包括：廠商數目的多寡、產品是同質或異質，和廠商進出市場難易程度。完全競爭市場的特性為買賣雙方人數眾多、廠商生產同質產品、完全資訊及完全自由進出市場。
- 在完全競爭市場下，商品的市場價格由市場供需決定，個別廠商是價格接受者。面對水平的需求曲線，價格等於平均收入等於邊際收入 ($P=AR=MR$)。
- 利潤極大化的黃金法則是邊際收入等於邊際成本 ($MR=MC$)。在完全競爭市場時，黃金法則可以寫成價格等於邊際成本 ($P=MC$)。
- 短期內，廠商追求利潤最大有三種情況：(1) $P=MC$，$P>ATC$，利潤為正；(2) $P=MC$，$AVC<P<ATC$，利潤為負，繼續生產；(3) $P=MC$，$P<AVC$，利潤為負，暫時歇業。
- 廠商短期供給曲線是邊際成本 (MC) 高於平均變動成本 (AVC) 以上的部分。若價格低於 AVC，產量為零。
- 短期產業供給曲線是個別廠商供給曲線的水平加總：$S=\sum_{i=1}^{n}MC_i$。其中，S 是短期產業供給曲線，MC_i 是個別廠商的邊際成本曲線。
- 完全競爭市場長期利潤極大化是在價格 (P) 等於長期邊際成本 (LMC) 處生產。長期均衡的最適條件是 $P=AR=MR=LAC=LMC=ATC=SMC$，此時經濟利潤為零。
- 廠商長期供給曲線是長期平均成本 (LAC) 最低點以上的邊際成本曲線 (LMC)。若價格低於 LAC 的最低點，產量等於零。
- 生產者剩餘是總收入減總變動成本，等於市場價格與供給曲線圍成的面積。
- 技術效率 (生產效率) 是指廠商以最低成本方式來生產固定產量。經濟效率 (分配效率) 是指消費者剩餘和生產者剩餘的總和達到最大的境界。
- 完全競爭市場有生產效率 (在 LAC 最低點生產) 和分配效率 ($P=LMC$)。

習題

1. 何謂市場結構？完全競爭與不完全競爭的區別為何？

2. 假設某一廠商的收入和成本資料如下：

產量	0	1	2	3	4	5	6	7
總收入	0	35	70	105	140	175	210	245
總成本	40	50	60	80	110	150	200	260

   (a) 請計算各產量下的利潤是多少。最大利潤下的產量為何？
   (b) 請計算邊際收入和邊際成本，並在圖形上畫出這兩條曲線
   (c) 該廠商是否為完全競爭廠商？若是，該廠商是否處於長期均衡？

3. 假設瓶裝水的市場為完全競爭，當其中一家礦泉水廠商退出市場時：
   (a) 瓶裝水的市場消失
   (b) 瓶裝水的市場均衡價格降低
   (c) 瓶裝水的市場均衡價格提高

(d) 瓶裝水的市場均衡價格不受影響
(107 年經建行政)

4. 下列有關完全競爭市場的敘述，何者正確？
(a) 市場需求曲線為一水平線
(b) 個別廠商可以影響價格
(c) 在長期，廠商的經濟利潤為零
(d) 在短期，廠商一旦有虧損，一定會退出市場 (108 年初等考試)

5. 完全競爭市場中的均衡價格與均衡數量由：
(a) 單一賣家所決定
(b) 單一買家所決定
(c) 所有買家所決定
(d) 所有買家與所有賣家所決定
(108 年普考)

6. 在完全競爭市場中，如果每家廠商的生產成本完全相同，則個別廠商的：
(a) 短期利潤一定為零
(b) 短期利潤一定大於零
(c) 長期利潤一定為零
(d) 長期利潤一定大於零 (108 年高考)

7. "新鮮吐司專賣店"的營業時間為每天早上七點到晚上七點，為維持販售新鮮吐司的商譽，每天晚上七點關門時，老闆會銷毀所有未售出的吐司。假設生產一條吐司的成本是新臺幣 50 元，而吐司的售價是每條新臺幣 120 元。若某日傍晚六點半，還有 12 條未售出的吐司，下列何者為利潤最大的決策：
(a) 降價求售，即使售價低於生產成本新臺幣 50 元
(b) 降價求售，但最低價不低於生產成本新臺幣 50 元
(c) 銷毀未售出的吐司，明天減少生產 12 條吐司
(d) 明天開始調降每條吐司的售價，讓吐司可以早一點完售 (107 年經建行政)

8. 短期完全競爭廠商何時應停止生產？
(a) 當邊際成本大於平均成本
(b) 當價格小於平均成本
(c) 當價格小於邊際成本
(d) 當價格小於平均變動成本的最小值
(108 年普考)

9. 完全競爭市場為何最有效率？
(a) 經濟利潤為零
(b) 因為廠商數多
(c) 廠商會在總產量最高處生產
(d) 價格等於邊際成本

10. 假設礦泉水市場為完全競爭市場，市場需求函數為 $P = 14 - Q$，市場供給函數為 $P = 2 + Q$。若多喝水公司為其中一家廠商，總成本函數為 $TC = 10 + 0.5q^2$，則在其它條件不變下，追求利潤極大的多喝水公司，其短期利潤為：
(a) 8　(b) 16　(c) 22　(d) 64
(108 年關務特考)

11. 在完全競爭市場中，所有廠商因製程創新使得平均總成本下降，則：
(a) 廠商的長期利潤增加
(b) 廠商的長期利潤下降
(c) 在長期，廠商的平均收益增加
(d) 在長期，廠商的平均收益下降

12. 在完全競爭市場中，若某家廠商之總成本函數為：

$$C(q) = 100 + 4aq + 0.5bq^2$$

q 為產量，請問此廠商生產之邊際成本與固定成本各為何？　(102 年臺大工工所)

13. 某成本不變的完全競爭產業中，每家廠商的長期成本為 $LTC(q) = q^2 - 20q + 200$，q 為廠商產量。若市場需求為 $P = 500 - 0.2Q$，Q 為市場產量，留在該產業的廠商數目該是多少？　(103 年東吳企管)

14. 一完全競爭市場有很多潛在廠商想要加入。每家廠商成本結構相同，其長期平均成本在 $q^* = 20$ 達到最低，最低平均成本

是每單位 $10，市場需求函數 $Q = 1,500 - 50P$。
(a) 產業長期供給曲線為何？
(b) 長期均衡價格 (P^*)？產業總產出 (Q^*)？各廠商產出 (q^*)？廠商家數 (h)？廠商利潤？　(104 年東吳企管)

15. 假設某咖啡店的咖啡一杯售價 10 元。每日咖啡生產數量和員工人數的資料如下：

產量	0	5	10	15	20	25	30	35
員工人數	0	1	2	4	7	11	16	22

如果一名員工每日薪資是 10 元，固定的機器成本是 60 元。
(a) 利潤最大的咖啡產量是多少？最大利潤是多少？
(b) 如果固定成本是 30 元，利潤最大的咖啡產量是多少？
(c) 如果政府對咖啡店課徵一杯 2 元的稅，利潤最大的咖啡產量為何？

16. 如果政府對完全競爭廠商，每單位產量課徵從量稅 10 元，對成本曲線有何影響？對短期供給曲線有何影響？

17. "生產者剩餘為價格線以下，產品供給線以上的面積，所以等於廠商的利潤。" 上述的說法有一部分是錯的，請指出並予以更正。

18. 一追求收入極大廠商的市場需求函數為 $Q = 20 - P$，其短期總成本函數 $SRTC = 10 + Q^2$。請問收入極大化價格為何？生產者剩餘及消費者剩餘為何？
　(102 年臺大財金所)

19. 完全競爭市場需求函數為 $Q(p) = 500 - 10P$，市場有 200 家完全相同的廠商，其成本函數為 $TC(q) = 4 + 0.02nq + q^2$，其中 n 和 q 代表廠商家數和產量。每家廠商的邊際成本是遞增。請問短期均衡下，各廠商利潤是多少？在長期，廠商可自由進出，長期均衡時，廠商家數為何？產量為何？邊際成本為何？　(102 年政大商學所)

網路習題

1. 金融市場是完全競爭市場嗎？請用市場結構的條件一一檢視。請至芝加哥期貨交易市場網站：https://www.cbot.com 蒐集相關資料，判斷期貨市場是否具競爭市場的條件。

2. 寬頻網路事業是完全競爭市場嗎？請上網蒐集各家寬頻業者 (中華電信、台灣固網、Seednet) 的價格、方案等資料，並比較 ADSL 和 cable modem 的異同處。

3. 拍賣市場是一完全競爭市場嗎？拍賣有兩種方式：一是荷蘭式拍賣 (Dutch auction)，從高價依次遞減，荷蘭的花卉、加拿大的菸草均屬此類；另一類是英國式拍賣 (English open outcry auction)，從低價依序往上升，如股票、期貨、蘇富比藝術品拍賣。請至 eBay 網站：https://www.ebay.com，找出 10 種拍賣物品，並指出是哪一種拍賣方式。

Chapter 8

經濟效率的應用

在臺灣，稻米經常生產過剩。政府為了照顧農民，通常會執行數十億元的稻米保證價格收購計畫，其收購價格常高出市價許多，讓農民不致血本無歸。這樣的政策對消費者有何影響？對農夫有何影響？美國紐約市寸土寸金，市政府為了讓一般民眾住者有其屋，對房租實施上限管制。這樣的政策是否能讓每個人都有房子住？這些有關消費者福利、生產者福利，以及社會總福利的問題是本章關注的主題。[1]

政府有許多政策，如最低工資法、奢侈稅、進口關稅與配額等，會改變生產者與消費者的決策，市場均衡價格與數量也跟著改變。本章主要是討論經濟效率，分析的工具是來自第 5 章的消費者剩餘與第 7 章的生產者剩餘，這兩個概念可以用來衡量福利變動的情況。在第 7 章曾經定義經濟效率是生產者剩餘與消費者剩餘的總和達到最大的境界。藉由比較消費者剩餘和生產者剩餘的改變，可以作為評估政策應用成敗的依據。

本章重點

價格上限
價格下限
稅　收
配額與關稅

---

[1] 由於保證價格與生產配額率涉較複雜的經濟觀念，其福利效果分析請見附錄（請至東華書局網站下載）。

8-1 計算總福利

　　社會總福利水準包含消費者剩餘與生產者剩餘的總和。消費者剩餘是消費者願意支付價格與實際支付價格的差額。消費者願意支付價格是由需求曲線來衡量，而實際支付價格是指消費者付給賣方的價格。所以，需求曲線 (消費者願意支付價格) 與市場價格圍成的面積就是消費者剩餘，可定義成：

$$消費者剩餘 = \frac{願意支付的價格}{} - \frac{市場價格}{} = \frac{商品最高價值}{} - \frac{市場價格}{}$$

　　生產者剩餘是生產者實際收到的價格減去願意收到的價格。生產者願意收到的價格是廠商生產商品的成本，由供給曲線來衡量；而實際收到的價格是由消費者支付的市場價格。所以，市場價格與供給曲線圍成的面積就是生產者剩餘，可定義成：

$$生產者剩餘 = \frac{市場價格}{} - \frac{願意收到的價格}{} = \frac{市場價格}{} - \frac{商品最低成本}{}$$

若將社會總剩餘 (總福利) 定義成消費者剩餘加生產者剩餘，可得：

　　總剩餘 = (商品最高價值－市場價格) + (市場價格－商品最低成本)

或

$$總剩餘 = 商品最高價值 - 商品最低成本 \tag{8-1}$$

　　式 (8-1) 中，需求曲線上的任何一點衡量消費者對商品願意付出的最高價值，而供給曲線上的任何一點衡量生產者生產商品的最低成本。假設市場供給等於市場需求，均衡為 e 點，如圖 8-1 所示。社會總剩餘是指在均衡數量 Q^* 下，供給與需求曲線所圍成的面積。

　　市場那隻看不見的手會將商品分配給心目中認為最有價值的消費者，同時也會將商品生產數量分配給那些使用最低成本生產的廠商。因此，當總福利達到極大時，我們稱資源分配已達經濟效率；亦即，資源不管如何重新分配，也無法再改善增加社會福利的境界。

▲ 圖 8-1 市場均衡下的消費者剩餘和生產者剩餘

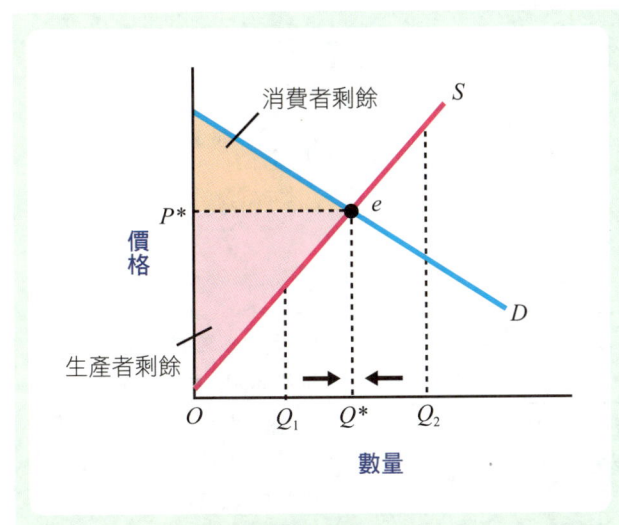

總剩餘是指在均衡數量 Q^* 下，供給和需求曲線圍成的面積。

假設市場不在最適產量 Q^* 下生產，社會是否有經濟效率？當產量低於 Q^* (如 Q_1) 時，商品帶給消費者的價值超過生產該商品的最低成本，提高產量可以增加總剩餘。另一方面，當產量高於 Q^* (如 Q_2) 時，商品的最低生產成本超過該商品帶給消費者的價值，減低產量可讓損失下降，總剩餘增加。因此，只有當產量等於 Q^* 時，總剩餘達到最大。

8-2 價格上限——房租管制的福利效果

價格上限是政府規定商品銷售的最高價格。因此，政府規定的價格要低於均衡價格才會有政策效果。房租管制是一個明顯的例子。

在某些城市，如紐約，政府為了讓較貧窮者能有房子住，通常會制定房租的最高上限，在圖 8-2 中，房租的市場行情是 7,000 元。政府採取價格上限政策，規定房東收取房租不得超過 3,500 元。房租如果是每月 3,500 元，會讓本來想買房子的人，因為便宜的房租，而打消了購屋的念頭，需求因而提高 ($Q = 100$)；另一方面，房東收取的房租過低，不僅無法支應日常開支，甚至會不願意支付房屋的維修費用，供給因此減少 ($Q = 40$)。當供給小於需求時會造成短缺現象。

在圖 8-2，政府尚未實施房租管制前，市場價格是每月 7,000 元，有 8 萬戶房子可供出租。當數量等於 80 時，消費者剩餘為面積 $A + B + C$。生產者剩餘為面積 $D + E + F$。總剩餘是消費者剩餘加生產者剩餘，亦即，面積 $A + B + C + D + E + F$。

圖 8-2 價格上限的福利效果

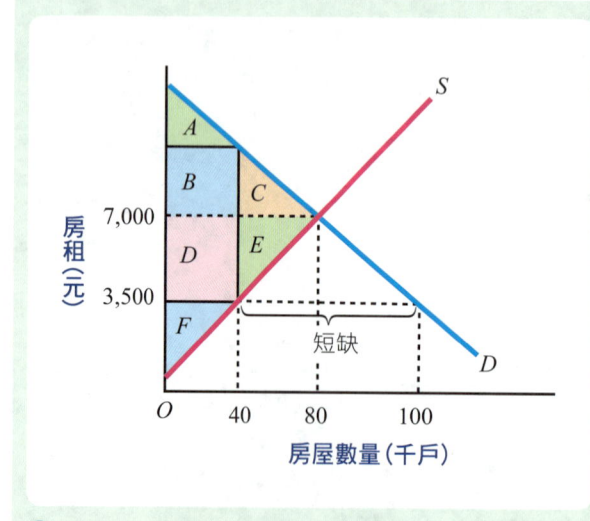

政府實施房租上限後，房租為 3,500 元。消費者剩餘 = A + B + D，生產者剩餘 = F，總剩餘 = A + B + D + F，無謂損失 = C + E。

　　政府實施房租管制後，市場最高價格是每月 3,500 元。由於房租便宜，造成供不應求的現象，市場僅有 4 萬戶房屋出租。當數量等於 40 時，生產者剩餘是價格等於 3,500 元與供給曲線圍成的面積 (F)。消費者剩餘是需求曲線與價格等於 3,500 元圍成的面積 (A + B + D)。總剩餘現在等於面積 A + B + D + F。表 8-1 列出政策實施前後剩餘情況的比較。

　　表 8-1 的第 3 欄是實施房租管制前後的福利變動情況。政府實施房租管制政策後，消費者剩餘增加面積 D (租到房子者因價格下跌的福利增加)，減少面積 C (房租管制後租屋數量減少，租不到房屋者的福利減少)。消費者剩餘淨福利是增加還是減少，要比較 D 和 C 的面積。如果 D 大於 C，消費者淨福利會增加；如果 D 小於 C，則消費者淨福利會減少。

　　房租管制政策實施後，生產者剩餘減少 D + E 的面積。總剩餘的變動等於 (D − C) − (D + E)，即 −(C + E)。管制後，社會總剩餘減少 C + E 的面積。因為政府干預造成市場機能扭曲，引起社會總福利的下降，這部分損失稱為**無謂損失** (dead-weight loss) 或絕對損失。以圖形觀察，是指面積 C + E 的部分。

無謂損失 因為市場機能扭曲所造成社會總福利水準的減少。

表 8-1 房租管制前後的福利效果

	房租管制前	房租管制後	剩餘的變動
消費者剩餘	A+B+C	A+B+D	+(D−C)
生產者剩餘	D+E+F	F	−(D+E)
總剩餘	A+B+C+D+E+F	A+B+D+F	−(C+E)

註：第 3 欄剩餘的變動是第 2 欄房租管制後的剩餘減去房租管制前的剩餘。表中英文字母來自圖 8-2。

實例與應用：房租管制的短期與長期福利效果

房租管制的長短期供給與需求曲線形狀會有些不同。記得在第 4 章討論供給與需求彈性的決定因素時，時間是一個很重要的變數。短期內，消費者不易找到近似的替代品，生產者也不易找到替代生產因素，使得需求與供給在短期間較不具彈性，也就是供需曲線斜率較陡峭；相反地，長期讓廠商與消費者容易找到替代品，供需較具彈性，也就是供需曲線斜率較為平坦。

圖 8-3(a) 是房屋出租的短期圖形。短期內，房東與房客不易對房租管制政策做出立即反應，出租公寓的短缺數量是 2 萬戶。長期時，房東不會再興建新公寓，也不願再花錢維修舊公寓，供給會較有彈性。面對較低的房租價格，房客寧可租屋也不想購屋，且低房租也會吸引大批人潮湧入城內，使房屋出租的需求較有彈性，如圖 8-3(b) 所示。僧多粥少的現象，造成出租公寓短缺。在長期，出租公寓短缺的數量暴增至 9 萬戶。

比較短期與長期房屋管制的福利效果發現，長期的無謂損失大於短期的無謂損失。理由是長期時，房東比較不願意提供出租公寓，消費者卻比較願意租屋，這種不願買屋的現象造成長期出租房屋的短缺數量較為嚴重。短缺數量愈多，生產者剩餘與消費者剩餘的面積就會愈小，無謂損失就會愈大。因此，當供給與需求曲線較具彈性時，無謂損失就愈大。

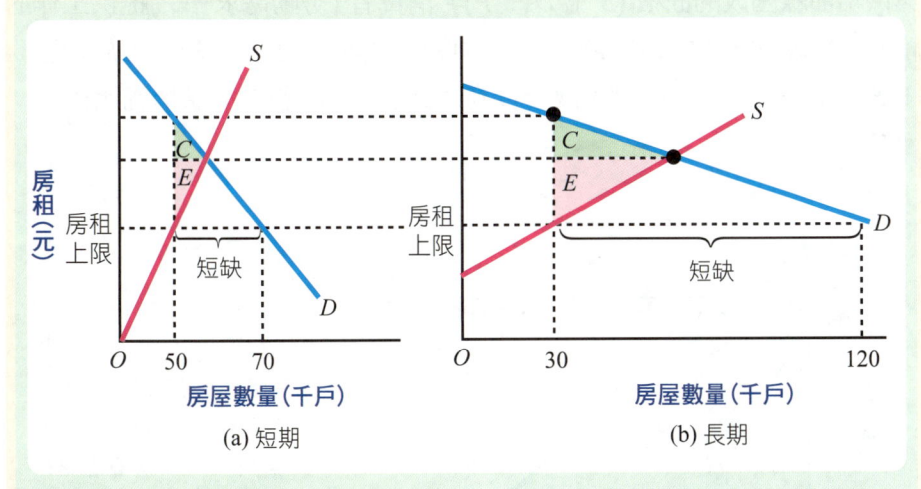

(a) 短期

(b) 長期

短期的供需較不具彈性，房屋短缺數量較小。長期的供需較具彈性，短缺數量較大。無謂損失面積 $C + E$，是因房屋數量短缺所引起，所以長期的無謂損失大於短期的無謂損失。

圖 8-3　房租管制：短期與長期的福利效果

8-3 價格下限 —— 最低工資率的福利效果

價格下限是政府規定商品銷售的最低價格，因此政府規定的價格要高於均衡價格，才會有政策效果。最低工資率是價格下限的例子。

臺灣自 2021 年 1 月 1 日起，最低工資由每小時 158 元調整到 160 元。[2] 通常，領取最低工資者是那些缺乏技術的青少年或打工的學生。假設勞動市場雇用一位勞工的行情是每小時 150 元，政府規定最低工資不得低於 160 元。工資過高會造成工作意願提高，青少年大量投入勞動市場，勞動供給增加；再者，廠商雇用勞工的成本提高，利潤降低，勞動需求會減少。當勞動供給大於需求時，就會發生失業現象，如圖 8-4 所示。

政府未實施最低工資率前，均衡工資每小時 150 元，有 10 萬人就業。當勞動數量等於 10 萬人時，消費者剩餘是面積 $A+B+C$。生產者剩餘是面積 $D+E+F$。總剩餘是面積 $A+B+C+D+E+F$。

政府實施最低工資率後，現行工資是每小時 160 元。在圖 8-4，勞動市場的供過於求造成 12 萬人想要工作卻僅有 8 萬人可以就業，失業人數是 4 萬人。生產者 (勞動供給 —— 提供勞力的青少年) 剩餘是最低工資率與供給曲線圍成的面積 $(B+D+F)$。消費者 (勞動需求 —— 提供工作的廠商) 剩餘是需求曲線與最低工資率圍成的面積 (A)。總剩餘等於面積 $A+B+D+F$。表 8-2 列出政府實施最低工資率前後的剩餘情況比較。

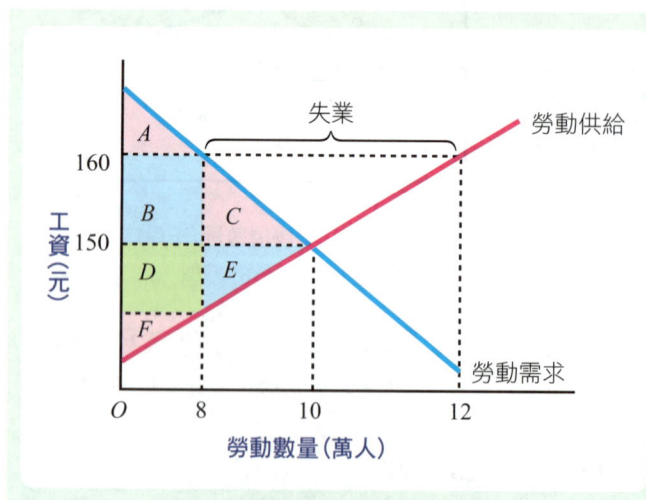

▲ 圖 8-4　價格下限的福利效果

政府實施最低工資率後，每小時工資為 160 元。消費者剩餘 $=A$，生產者剩餘 $=B+D+F$，總剩餘 $=A+B+D+F$，無謂損失 $=C+E$。

---

[2] 基本工資審議委員會於 2020 年 8 月 18 日召開第 35 次會議，經過審慎考量，通盤參考包括物價指數、經濟成長數據及就業狀況等相關因素，建議基本工資由每月 23,800 元調整至 24,000 元，調幅為 0.84%；時薪由 158 元調整至 160 元，由勞動部呈報行政院核定。

表 8-2　最低工資率實施前後的福利效果

	最低工資率實施前	最低工資率實施後	剩餘的變動
消費者剩餘	$A+B+C$	A	$-(B+C)$
生產者剩餘	$D+E+F$	$B+D+F$	$+(B-E)$
總剩餘	$A+B+C+D+E+F$	$A+B+D+F$	$-(C+E)$

註：第 3 欄剩餘的變動是第 2 欄實施最低工資率後的剩餘減去最低工資率實施前的剩餘。表中英文字母來自圖 8-4。

表 8-2 第 3 欄是最低工資率實施前後的福利變動情況。政府實施最低工資率後，消費者剩餘減少面積 $B+C$。生產者剩餘增加面積 B (有工作的青少年，薪水增加的部分)，以及減少面積 E (失業青少年沒有收入的部分)。生產者剩餘的淨福利是增加或減少，必須比較面積 B 和 E。若 B 大於 E，生產者剩餘的淨福利增加；反之，則減少。表 8-2 的最後 1 欄顯示總剩餘減少 $C+E$ 的面積。面積 $C+E$ 是無謂損失，純粹是因為政府干預市場機能所引起，既不為廠商享有，也不為青少年享有。

8-4　稅收的福利效果

稅收是政府最重要的財源：國民有收入者必須申報個人所得稅；有房屋者必須繳交地價稅和房屋稅；有汽車者必須繳交燃料稅及牌照稅，即使到便利商店購買東西也必須支付貨物稅。廠商是否可以完全轉嫁給消費者？貨物稅的課徵是否有無謂損失？

首先，貨物稅課徵對象可以是消費者，也可以是廠商。譬如，政府對米酒的課稅，如果是針對買方課稅，買方必須支付比原來價格更多的錢來購買米酒，米酒需求因而減少，需求曲線向左移動 (由 D_0 左移至 D_1)，如圖 8-5(a) 所示。假設每瓶米酒的稅額是 10 元，需求曲線平行下移 10 元。若課稅前消費者只要支付 30 元，課稅後必須支付 35 元才能買到一瓶米酒。因此，扣掉繳給政府的稅額 10 元後，賣方實際收到的價格是 25 元。圖 8-5(a) 中，政府稅收等於單位稅收乘以銷售數量，即 $10 \times 1{,}500 = 15{,}000$ 元。其中，消費者必須負擔的稅金是 $(35-30) \times 1{,}500 = 7{,}500$ 元，廠商必須負擔的稅金是 $(30-25) \times 1{,}500 = 7{,}500$ 元。

如果針對廠商課稅，賣方成本提高，供給曲線向左移動 (由 S_0 左移至 S_1)，移動數額等於單位稅收 10 元，如圖 8-5(b) 所示。此時，消費者購買一瓶米酒，所付的價格是 35 元，這也是廠商收到的價格。但是廠商必須支

圖 8-5 貨物稅課徵

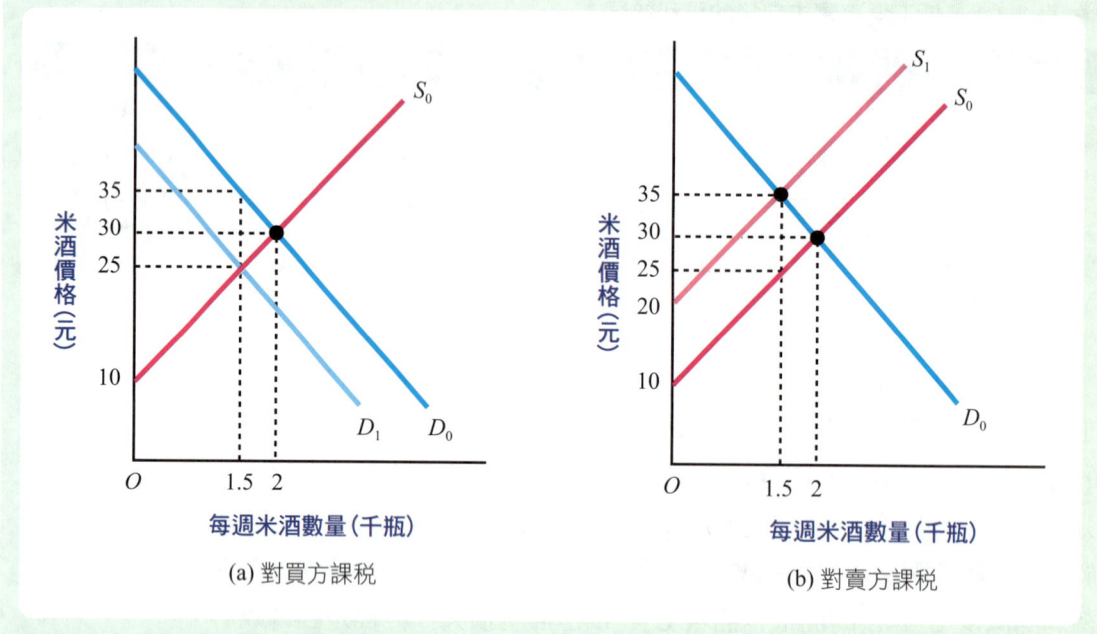

(a) 對買方課稅
(b) 對賣方課稅

(a) 圖，政府針對買方課稅，需求因而減少，需求曲線左移至 D_1。買方支付的價格是 35 元，賣方收到的價格是 25 元，其中差額 10 元是政府對每一瓶米酒課徵的稅額。(b) 圖，政府針對賣方課稅，使供給減少，供給曲線左移至 S_1。買方支付的價格是 35 元，賣方收到的價格是 25 元，差額 10 元是每一瓶米酒的稅額。

消費者負擔 政府稅收中，由消費者支付金額的部分。

生產者負擔 政府稅收中，由生產者支付金額的部分。

付其中的 10 元給政府，剩下的 25 元才是實際收到的價格。政府稅收是 $10 \times 1,500 = 15,000$ 元。其中，**消費者負擔**的稅金是 $(35 - 30) \times 1,500 = 7,500$ 元，**生產者負擔**的稅金是 $(30 - 25) \times 1,500 = 7,500$ 元。

從圖 8-5 的分析可得一重要結論：不論針對買方或賣方課徵貨物稅，結果都是一樣的；亦即，買方付稅與賣方付稅的生產者負擔與消費者負擔都是一樣。

政府稅收是由消費者與生產者共同負擔。在圖 8-5，稅金平均落在消費者與生產者身上 (都是 7,500 元)，這種情況很少發生在實際生活中。

若需求相對有彈性，而供給相對無彈性，生產者會負擔大部分的稅額，如圖 8-6(a) 所示。理由是：買方對價格敏感度很高，價格上漲一些，購買數量會減少很多；相對地，賣方對價格敏感度較低，價格下跌，生產數量無法減少很多。譬如，政府如果對奢侈品課稅，如珠寶，有錢人可轉移消費，改為往歐洲旅遊而不購買珠寶。而珠寶廠商和員工卻必須面對消費數量減少的事實。所以，若供給相對無彈性，生產者負擔較大。

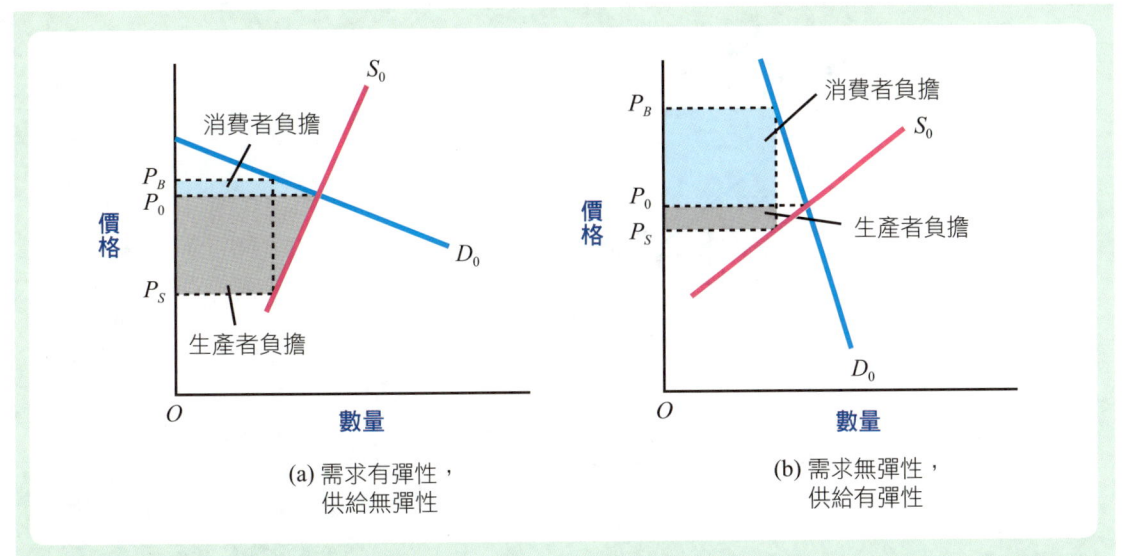

(a) 圖，供給無彈性，廠商收到的價格 (P_S) 下跌很多，而消費者所支付的價格 (P_B) 只上升一點，生產者租稅負擔較大。(b) 圖，需求無彈性，買方支付的價格 (P_B) 上升很多，而廠商所付的價格 (P_S) 只下降一點，消費者租稅負擔較大。

圖 8-6　彈性與租稅

若需求相對無彈性，而供給相對有彈性，消費者將負擔大部分的稅額，如圖 8-6(b) 所示。理由是：買方對價格較不敏感，而賣方比較敏感。譬如，香菸會讓人上癮，香菸的需求彈性很低。政府對香菸課稅，消費者因為無法拒絕香菸的誘惑，願意支付較高的價格，故必須負擔大部分的稅，廠商可以負擔較低的稅額。所以，當需求相對無彈性時，消費者租稅負擔較大。

既然貨物稅課在消費者與生產者身上結果相同，現在就可以來討論稅收的福利效果。在圖 8-7，當政府尚未實施貨物稅時，供給曲線 (S_0) 和需求曲線 (D_0) 相交，決定均衡價格 P_0 與數量 Q_0。消費者剩餘是面積 $A + B + C$。生產者剩餘是面積 $D + E + F$。總剩餘為面積 $A + B + C + D + E + F$，如表 8-3 的第 1 欄所示。

當政府課徵貨物稅後，消費者支付的價格由 P_0 上升至 P_B，消費者剩餘是需求曲線與價格 P_B 圍成的面積 A。生產者收到的價格由 P_0 下跌至 P_S，生產者剩餘是 P_S 與供給曲線圍成的面積 F。而政府課徵貨物稅的收入等於面積 $B + D$。總剩餘，包括消費者剩餘、生產者剩餘及政府稅收，等於面積 $A + B + D + F$。

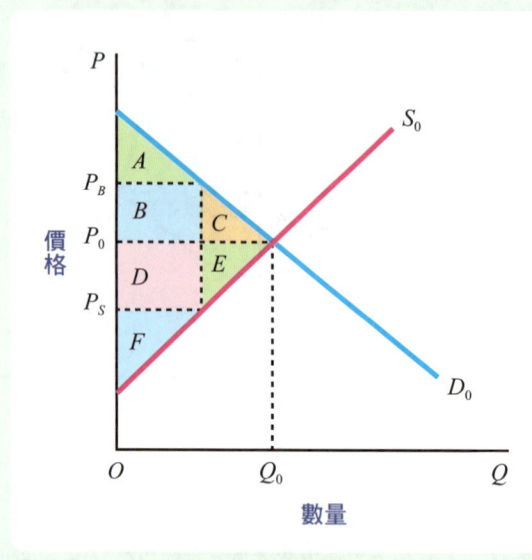

課徵貨物稅讓消費者剩餘減少面積 $B+C$，生產者剩餘減少面積 $D+E$，政府稅收是面積 $B+D$，由於減少的福利超過政府稅收，無謂損失是面積 $C+E$。

▲ 圖 8-7　課稅的福利效果

● 表 8-3　課稅的福利效果

	課稅前	課稅後	剩餘的變動
消費者剩餘	$A+B+C$	A	$-(B+C)$
生產者剩餘	$D+E+F$	F	$-(D+E)$
政府稅收	0	$B+D$	$+(B+D)$
總剩餘	$A+B+C+D+E+F$	$A+B+D+F$	$-(C+E)$

註：第 3 欄 "剩餘的變動" 等於第 2 欄 "課稅後" 剩餘減去第 1 欄 "課稅前" 剩餘。表中英文字母來自圖 8-7。

　　表 8-3 的第 3 欄是比較貨物稅課徵前後的福利變動情形。消費者剩餘減少面積 B（價格提高，引起消費者福利減少的部分）與面積 C（消費數量，減少引起消費者福利減少的部分）。生產者剩餘減少面積 D（價格下跌，引起生產者福利減少的部分）與面積 E（銷售數量減少，引起生產者福利減少的部分）。政府稅收則增加面積 $B+D$（B 是由消費者剩餘得來，D 是由生產者剩餘得來）。現在將這三部分淨變動加在一起，發現整個社會總福利減少面積 $C+E$。所以，政府課稅會引起無謂損失，即面積 $C+E$ 的部分。

28% 的解答

從臺灣看天下

1980 年代，美國雷根 (Ronald Reagan) 總統與民主黨的國會通過一項租稅改革法案，將最高的所得稅率降至 28%。這項法案的基本目的是，取消許多扣抵措施與對高所得者的特別規定，並不會改變所得分配或預算赤字。

在老布希 (George Herbert Walker Bush) 總統執政期間，最高稅率上升至 31%。柯林頓總統在位時，最高稅率調升至 39.6%。小布希 (George Walker Bush) 總統則提出降低邊際稅率的政策。

降低邊際稅率有兩個好處：讓民眾的財富增加，並且能夠減少高稅率帶來的扭曲與負面誘因效果。年薪 5 萬美元的人必須面對 50% 的邊際稅率——28% 的聯邦所得稅、15% 的薪資稅，以及額外的州與地方政府稅。每賺 1 塊錢，只有 5 毛錢放在自己的口袋。任何一個期望高薪且壓力大的工作必須在額外所得與工作衍生的壓力和風險間取得平衡。這是一個人民與國家雙輸的局面。高邊際稅率也誘使人們將其報酬的一大部分轉為福利與其它不用課稅的收入。因為要繳交 50% 的稅，勞工會將其所得的一部分轉為要求更好的工作環境或保險。這樣做的結果，會讓個人與國家再度受損。

經濟學家稱此為稅負的無謂損失。費德斯坦 (Martin Feldstein) 教授與費柏格 (Daniel Feenberg) 教授利用財政部的稅收資料來估計小布希減稅計畫的影響。根據他們的估計，在未來十年內，所得稅引發的無謂損失會減少 6,000 億美元；另一方面，他們也利用國家經濟研究局 (National Bureau of Economic Research, NBER) 的賦稅資料分析，並發現邊際稅率降低所造成的稅收減少是官方估計收入減少的 65%。整個收入的減少會從 1.6 兆美元降至 1 兆美元。

小布希的減稅計畫可以減少資源浪費與強化誘因。或許有人會問，為什麼不直接將最高稅率從 33% 降回至 28%？這樣做的效果並不大，因為高所得者仍需繳交醫療福利稅及其它未來扣抵的稅負，總邊際稅率仍高達 32%。

在 2006 年，曼昆 (N. Gregory Mankiw) 教授在自己的部落格提到，從費德斯坦最近的研究中指出，倘若所有的個人所得稅率都提高 1 個百分點，政府每 1 美元的收入會創造 76 美元的無謂損失。費德斯坦在 2008 年的文章中也指出，所有稅率級距都往上提高 1%，稅收可增加 46 億美元，但因而產生的無謂損失是 35 億美元。

資料來源：

Martin Feldstein, "The 28% Solution," *Wall Street Journal*, February 16, 2001, p. A.10.

Martin Feldstein, "Effects of Taxes on Economic Behavior," NBER Working Papers, January 2008.

實例與應用：個人所得稅的福利效果

個人所得稅是政府針對個人所得予以課稅。在臺灣，每年 5 月必須申報個人所得稅。一般而言，勞動所得占個人所得的比例頗高。課徵所得稅，導致勞動供給減少、薪酬給付制度的改變，以及個人會以免稅的消費商品與服務來取代需課稅的商品與服務，這些都是稅收扭曲。所得稅的課徵，正如同銷售稅，存在無謂損失。但是，無謂損失的大小是和勞動供給彈性有關。

圖 8-8 提供兩種不同的勞動供給曲線。圖 8-8 的勞動供給曲線 S 較為陡峭，供給彈性相對較小。彈性較小的供給曲線代表，不管薪水多寡，大部分的勞工都是全職工作者。所以，當勞動供給的工資彈性很小時，課稅只會造成少量的無謂損失 (面積 A)。

圖 8-8 中勞動供給曲線 $S*$ 較為平坦，彈性相對較大。雖然有許多人屬全職工作者，但是仍有人會在高工資誘惑下，加入勞動市場。譬如，家庭主婦 (夫)、屆齡退休者、彈性工作者 (如護理人員) 等。如果所得稅率太高，導致稅後工資太低，這群人必定不願出來工作，所造成的無謂損失也會比較大。因此，供給愈有彈性，無謂損失愈大 (面積 $A + B$)。

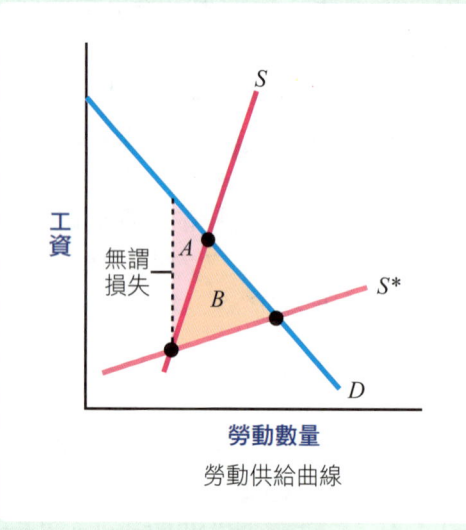

勞動供給 $S*$ 彈性較大，無謂損失愈大 $(A + B)$；勞動供給 S 彈性較小，無謂損失愈小 (A)。

圖 8-8 課所得稅的福利效果

8-5 自由貿易下的福利效果 [3]

一國家在商品的交易上，到底是有國際貿易好呢，還是沒有國際貿易好？從實例來看，中國自從門戶開放後，其經濟成長快速，總產值已超過日本，僅次於美國，人民的生活水準正快速竄升。臺灣電子產品的出口，除了占臺灣總產值的高比例外，更創造出不少高所得的電子新貴。很明顯地，對一國來說，有國際貿易絕對比沒有國際貿易好！我們可以分別從出口與進口的福利效果來證明上述事實。

臺灣是蝴蝶蘭的王國，其產量與研發技術高居世界第一位，與世界其它國家相比較下，臺灣蝴蝶蘭的價格 (國內價格) 低於世界其它國家的價格 (世界價格)。我們可利用圖 8-9 來說明臺灣蝴蝶蘭的出口 (與世界其它國家交易) 絕對會比不出口 (僅在國內交易) 好。

圖 8-9 中之 D 與 S 分別是臺灣國內蝴蝶蘭的需求曲線與供給曲線。在沒有國際貿易下之均衡價格為 P_d，均衡交易量為 Q_0。由於臺灣生產蝴蝶蘭的成本低於外國生產蝴蝶蘭的成本，所以臺灣的國內價格 (P_d) 會低於世界價格 (P_w)。相對國際市場而言，臺灣市場的規模小，所以臺灣是蝴蝶蘭的價格接受者。因此，國內蝴蝶蘭市場面對的是水平的國際蝴蝶蘭需求曲線 ($D_{國際}$)。水平需求曲線的經濟意義是：無論臺灣出口多少數量的蝴蝶蘭，都不會影響世界價格。圖中蝴蝶蘭的世界價格 (P_w) 高於國內價格 (P_d)，在 P_w 下，國內的供給量為 Q_S，需出量為 Q_D。所以臺灣出口 ($Q_S - Q_D$) 數量的蝴蝶蘭。

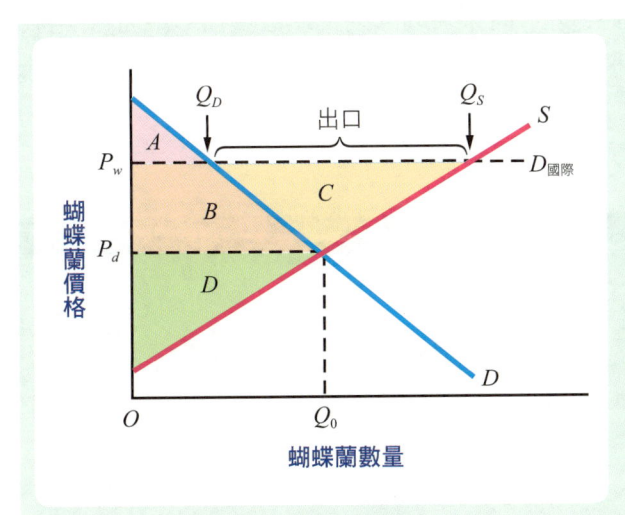

因為世界價格 (P_w) 高於國內價格 (P_d)，臺灣會出口蝴蝶蘭 ($Q_D - Q_S$)，總福利增加 C 面積。

圖 8-9　蝴蝶蘭出口的福利效果

---

[3] 較複雜的課徵關稅與進口配額之福利效果分析，請見附錄(請至東華書局網站下載)。

我們可以利用圖 8-9 來比較開放出口前與出口後的福利水準。蝴蝶蘭開放出口前的均衡價格為 P_d，均衡數量是 Q_0。消費者剩餘是面積 $A + B$，生產者剩餘是面積 D，總剩餘是面積 $A + B + D$。蝴蝶蘭開放出口後，世界價格提高至 P_w，國內消費量減少至 Q_D，生產數量則為 Q_S，超額供給 $(Q_D - Q_S)$ 即為出口。蝴蝶蘭出口後的消費者剩餘是面積 A，生產者剩餘是面積 $B + C + D$，總剩餘是面積 $A + B + C + D$。

表 8-4 的第 3 欄是描述開放蝴蝶蘭出口前與出口後之福利水準變動情形。消費者剩餘減少面積 B (價格上升，消費者福利減少)，生產者剩餘增加面積 B 與 C (價格上升，生產者福利增加)，社會總剩餘增加面積 C。從國家整體福利來看，開放出口會增加社會總福利。從個體角度觀察，出口蝴蝶蘭讓消費者福利減少，而生產者福利增加。

當某種商品的國內價格高於世界價格時，國內就會進口這個商品。以小麥為例，臺灣生產小麥的成本超過國外生產小麥的成本，所以小麥的國內售價會高於國際售價，臺灣是小麥進口國。相對國際市場而言，臺灣市場規模很小，是小麥的價格接受者，國內小麥市場面對的是水平的國際小麥供給曲線。水平供給曲線的經濟意義是，無論臺灣購買多少數量，都不會影響世界價格。

圖 8-10 是臺灣小麥進口的圖形。因為小麥的世界價格 (P_w) 低於國內價格 (P_d)，國內除了自己生產 Q_S 外，還會進口 $(Q_S - Q_D)$ 的小麥。現在，我們可以利用圖 8-10 來比較開放進口前與進口後的福利水準。小麥開放進口以前，小麥均衡價格是 P_d，數量是 Q_0。消費者剩餘是面積 A，生產者剩餘是面積 $(B + D)$，總剩餘面積 $A + B + D$。小麥開放進口後，市場價格降至 P_W，消費數量增至 Q_D，而小麥的國內生產數量在 Q_S。小麥開放進口後的消費者剩餘是面積 $A + B + C$，生產者剩餘是面積 D，而總剩餘是面積 $A + B + C + D$。

🍊 表 8-4　開放出口的福利效果

	開放出口前	開放出口後	剩餘的變動
消費者剩餘	$A+B$	A	$-B$
生產者剩餘	D	$B+C+D$	$+(B+C)$
總剩餘	$A+B+D$	$A+B+C+D$	$+C$

註：第 3 欄 "剩餘的變動" 是第 2 欄 "開放出口後" 的剩餘減去 "開放出口前" 的剩餘。表中的英文字母來自圖 8-9。

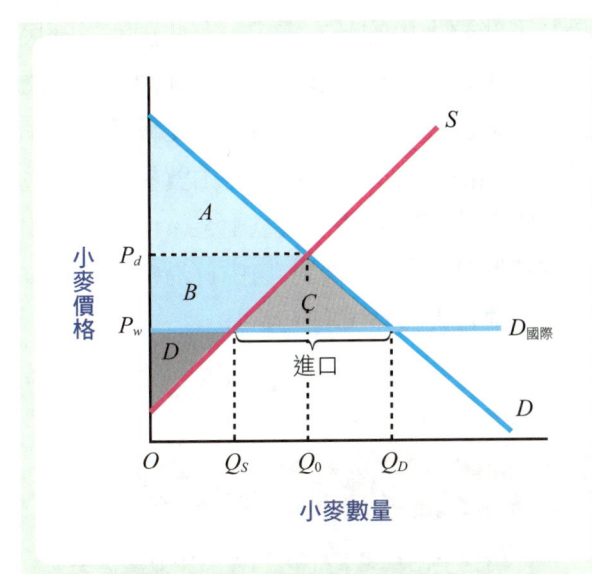

圖 8-10 小麥進口的福利效果

因為世界價格 (P_w) 低於國內價格 (P_0)，臺灣會進口小麥 ($Q_D - Q_S$)，總福利增加面積 C。

表 8-5 開放進口的福利效果

	開放進口前	開放進口後	剩餘的變動
消費者剩餘	A	$A+B+C$	$+(B+C)$
生產者剩餘	$B+D$	D	$-B$
總剩餘	$A+B+D$	$A+B+D$	$+C$

註：第 3 欄"剩餘的變動"是第 2 欄"開放進口後"的剩餘減去第 1 欄"開放進口前"的剩餘。表中的英文字母來自圖 8-10。

表 8-5 的第 3 欄是描述開放小麥進口前與進口後的福利水準變動情形。消費者剩餘增加面積 B 與 C (價格下跌，消費者福利提高)，生產者剩餘減少面積 B (價格下降，引起生產者福利減少)，社會總剩餘淨增加面積 C。從整個國家的角度觀察，開放進口能夠增加社會總福利。但從個別角度觀察，消費者的福利增加，而生產者的福利減少。

8-6 結 語

當生產者剩餘加消費者剩餘的面積達到最大時，我們稱社會已達經濟效率。如果政府政策扭曲市場機能，讓資源分配無法達到最適狀態，某種程度的市場效率會被犧牲。

譬如，政府課徵稅收，是為了造福人民的基本需求。有些國家對國民福利的最終目標是從出生到死亡皆予以照料，這樣的政府會課徵比較高的稅率。有些國家是傾向由人民選擇自己的生活方式，稅率會比較低。稅率高低與無謂損失之間的關係是值得關注的。另一方面，自由貿易與保護主義通常存在不同立場。歐盟會員國之間存在矛盾與利益衝突。自由貿易和進口壁壘間的論戰屢見不鮮。本章的分析告訴我們，自由貿易會讓國家整體福利上升，在貿易自由化的過程中有人獲益，有人受損。

摘要

- 當消費者剩餘加生產者剩餘達到最大時，我們稱社會已達經濟效率。如果政策扭曲市場機能，效率會有某種程度損失。
- 無謂損失是社會福利的減少，主要是市場機能遭受扭曲所引起。這部分的效率損失既不為生產者享有，也不為消費者所享有。
- 價格上限與價格下限均會引起無謂損失。
- 課稅會引起無謂損失，理由是買方支付較高的價格，而消費較少的數量；賣方收到較低的價格，而生產較少的數量。
- 供給與需求彈性愈大，無謂損失就愈大。
- 自由貿易會使出口國與進口國的社會總福利增加。

習題

1. 制定價格上限 (price ceiling) 高於市場均衡價格，則：
   (a) 市場均衡價格提高
   (b) 市場均衡價格降低
   (c) 市場的成交數量降低
   (d) 市場的成交數量不受影響 (107 年普考)

2. 價格＿＿＿＿是一個管制的＿＿＿＿，它要產生效果需要設在均衡價格之下。
   (a) 下限 (floor)；價格
   (b) 下限 (floor)；數量
   (c) 上限 (ceiling)；價格
   (d) 上限 (ceiling)；數量 (108 年高考)

3. 若最低工資訂的比原本市場均衡工資低的話，則：
   (a) 會產生失業
   (b) 會產生勞動的超額需求
   (c) 會使勞動供給曲線往右移動
   (d) 不影響勞動市場的均衡狀態
   (108 年身心障礙)

4. 在市場供需圖中，以 S 為市場供給線，D 為市場需求線，假設市場原來的均衡價格為 OB，均衡數量為 OQ_2。現若政府設定價格上限 OG，則新的生產者剩餘為下列哪一塊面積？

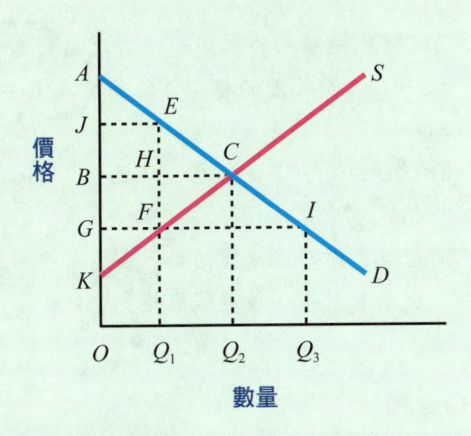

(a) 三角形 GFK
(b) 四邊形 JEFK
(c) 四邊形 BCFG
(d) 四邊形 KCQ_2O　　　(108 年初等考試)

5. 為了照顧無殼蝸牛的租屋者，政府採取限制租房價格，對房租訂定有效的價格上限，則下列敘述何者正確？
(a) 市場將出現超額供給
(b) 市場將出現超額需求
(c) 房租將高於市場均衡價格
(d) 社會福利將增加　　　(108 年普考)

6. 最低工資政策，對勞動市場產生的影響，下列敘述何者正確？
(a) 勞動市場將出現超額供給
(b) 勞動市場將出現超額需求
(c) 勞動市場的就業量不受影響
(d) 勞動市場的失業率會減少
　　　　　　　　　　　(108 年普考)

7. 假設橫軸為數量，縱軸為價格。若毛巾的市場需求線為負斜率，但市場供給線為水平線，則：
(a) 生產者剩餘為正
(b) 生產者剩餘為零
(c) 生產者剩餘為負
(d) 交易數量少時生產者剩餘為正，交易數量多時生產者剩餘為負
　　　　　　　　　　　(108 年關務特考)

8. 假設以價格為縱軸，數量為橫軸。在其它條件不變下，下列何種因素會使因為課徵從量稅所造成的無謂損失 (deadweight loss) 變小？
(a) 從量稅的稅額變大
(b) 需求曲線變平坦
(c) 供給曲線變平坦
(d) 需求曲線變陡　　　(108 年身心障礙)

9. 在其它條件不變下，下列何種稅制最具經濟效率？
(a) 定額稅
(b) 累退稅
(c) 累進稅
(d) 從量稅　　　(108 年身心障礙)

10. 假設某市場的需求曲線為 $P=10-Q$，供給曲線為 $P=2+Q$，其中 P、Q 分別代表市場價格與數量。假若政府對生產者每單位產量課徵 $2 的從量稅，社會的無謂損失為何？
(a) 0.5　(b) 1　(c) 2　(d) 4
　　　　　　　　　　(108 年勞工行政)

11. 已知市場需求為 $P=24Q$，市場供給為 $P=3Q$，若政府規定之價格上限為 $P=9$，下列何者為真？(Q為數量，P為價格)
(a) 供不應求，缺口為 12 單位
(b) 供過於求，缺口為 9 單位
(c) 市場均衡交易量增加 3 倍
(d) 產生無謂損失108 單位　(100 年二技)

12. 進口啤酒的供給與需求函數分別為 $Q^s = 1,200+20P$ 與 $Q^d = 4,800-40P$。為了鼓勵本國啤酒產業，國會對進口啤酒設置配額 600 單位。請問實施配額後的生產者剩餘與無謂損失各為何？　(102 年中山財管所)

13. 假設臺灣糖的供給與需求如下：

供給：$Q^S = (2/3)P$
需求：$Q^d = 40-2P$

其中，Q 是糖的數量 (萬公噸)，P 是糖的價格 (元/公斤)。

均衡：$Q^d = Q^S$

如果國際糖價是每公斤 9 元：
(a) 臺灣的糖是進口還是出口？進口或出口數量是多少？
(b) 假設臺灣對糖的進口設立配額 8 萬公噸，臺灣糖價是多少？消費者剩餘和生產者剩餘的變動如何？請用圖形分析。

14. 假設國內稻米價格高於世界價格。
(a) 臺灣稻米產量僅占全球產量一小部分，請繪圖指明自由貿易下的消費者剩餘、生產者剩餘和總剩餘
(b) 假設氣候變遷導致全球稻米收穫量降低，請問對世界稻米價格有何影響？消費者剩餘和生產者剩餘如何變動？

15. 假設智慧機器人的本國超額需求函數為 $P = 2 - Q$，而外國的超額供給函數為 $P = 1 + Q$。
(a) 在自由貿易下，本國進口數量與均衡價格是多少？
(b) 若本國政府課徵從價稅，在追求福利最大的目標下，最適關稅是多少？

(102 年政大商學所)

網路習題

1. 請至世界貿易組織網站：https://www.wto.org/，蒐集贊成自由貿易的理由。
2. 行政院在 2010 年提出課徵奢侈稅的政策，請上網蒐集課徵奢侈稅的利弊得失。

Chapter 9

獨　占

2018 年 7 月 24 日，歐盟執委會宣布，對包括華碩在內的 4 家涉及《反托辣斯法》的公司開罰，其中華碩被罰最重，罰金達 6,350 萬歐元。理由是華碩在 2011 年到 2014 年監控其於德國和法國的筆記型電腦與顯示器的轉售價格，並出手干預，以維持在建議售價的水準。

《反托辣斯法》透過規範企業的反競爭行為來促進或維持市場競爭，在臺灣稱為《公平交易法》，在中國和俄羅斯稱為《反壟斷法》，在美國和歐盟則稱為《反托辣斯法》。《反托辣斯法》的經典案例是 Google 被歐盟三度裁罰，金額合計達 82 億歐元。2017 年因 Google 使用其搜尋引擎，將消費者導引至自己的購物平臺；2018 年是該公司將 App 置入智慧型手機，阻擋競爭者；2019 年則是由第三方網站施加合約性限制，限制競爭對手的廣告。

聯合壟斷是一種勾結 (collusion)──市場中廠商協議共同制定價格或生產數量，聯合壟斷形成的組織稱為卡特爾 (cartel)。卡特爾本質上就是獨占。本章的重點即為**獨占** (monopoly)。獨占是指市場只有一家廠商，銷售的產品並無近似替代品。美國的微軟、中國的中石油、臺灣的自來水公司都是獨占。一般來說，獨占市場存在高度的進入障礙。

本章重點

獨占的特性：進入障礙
利潤極大化
差別訂價
獨占的管制

> **獨占** 市場只有一家廠商，銷售的產品並無近似替代品。

159

9-1 進入障礙

進入障礙 任何能夠阻止新廠商與現有廠商競爭的機制。

進入障礙 (barriers to entry) 是指任何能夠阻止新廠商與現有廠商競爭的機制。譬如，在臺灣未加入世界貿易組織前的臺灣菸酒公司是政府特許，唯一可以合法製造、銷售菸酒的廠商。郵局是另一個例子，只有郵政總局才可以印製郵票，而追查國外掛號信的遞送情形，也只有郵政總局與國際間郵局合作才能達成任務。

通常進入障礙大致分為三類：法律的限制、規模經濟，以及獨家擁有生產因素。

9-1-1 法律的限制

透過法律的保護，廠商可以合法成為唯一的產品提供者。這些法律包括專利、著作權或由政府發給執照。**專利** (patent) 是法律給予新產品發明者，在固定期間唯一銷售新產品的權利。依據臺灣現行《專利法》規定，專利分為發明、新型及設計三種。

專利 法律給予新產品發明者，在固定期間唯一銷售新產品的權利。

發明專利權期限自申請日起算二十年屆滿；新型專利權期限是自申請日起算十年屆滿；設計專利權期限自申請日起算十五年屆滿。因為專利權的賦予，獨占廠商可確保其利潤，而願意投入更多經費來做研究發展，發明創新更多新產品。

著作權是用來保護著作權人精神上的創作，譬如，文學、藝術、科學或其它學術範圍之創作，由國家制定法律予以保護。著作權包括著作人格權與著作財產權。著作財產權的保護期間：一般是存續到著作人死亡以後五十年；攝影、視聽、錄音及表演是存續到著作公開發表後五十年。微軟的視窗作業系統享有各國著作權法保護，任何廠商不得生產類似的產品，這使比爾‧蓋茲名列全美十大富豪。

某些國營企業由政府**特許** (franchise) 保障唯一具有合法經營的權利。雖然其他廠商擁有相同的生產技術，但基於某些利益的考量，政府只准許一家廠商銷售產品或提供服務，如臺鐵、中船、自來水公司及郵局等。

注意，獨占的定義有市場範圍的限制。譬如，郵政服務，若界定在普通信件、掛號信件的業務，屬於獨占；如果界定在郵件快遞業務，則是與優比速快遞 (UPS)、聯邦快遞和 DHL 等廠商在同一市場相互競爭，這種郵件遞送業務就不算獨占。

一個名字價值 50 億美元？身為尼克隊死忠球迷的名導演史派克‧李 (Spike Lee) 接受紐約媒體採訪時表示："柯瑞 (Stephen Curry) 是一名很棒的球員，但喬丹 (Michael Jordan) 光是名字就價值 50 億美元，連比都不用比。"

為什麼喬丹的名字這麼值錢？讓我們舉一個例子。2015 年 8 月 14 日，美國連鎖食品超市多明尼克 (Dominick's Finer Food) 未經同意就冒用喬丹的肖像。喬丹的律師指出，喬丹對於耐吉來說，至少有 4.8 億美元的價值。每次的商業用途只要提到喬丹的名字，就有 1,000 萬美元 (相當於新台幣 3.3 億元) 的價值。"喬丹最有價值的財產是什麼？就是他的身分使用權。"

9-1-2 規模經濟

當一家廠商提供整個市場產量的生產成本要低於同時有兩家或兩家以上廠商的生產成本時，獨占就會形成。這種獨占非由人為干預，純粹是生產享有規模經濟，我們稱為 自然獨占 (natural monopoly)。

自然獨占的長期平均成本曲線如圖 9-1 所示。任何廠商企圖進入市場，都會面臨高固定成本而無法如願。譬如，自來水公司的固定成本，是包括鋪設至每一用戶的管線及水壩建設成本。如果新廠商想要提供自來水，必須先克服管線鋪設及水壩建設的困難。這種固定成本自然形成一種進入障礙，造成只有一家廠商提供自來水的成本最低。在日常生活中，自然獨占廠商的例子尚有電力公司、電信公司、高速公路等。

> **自然獨占** 市場只有一家廠商提供產品的生產成本低於由兩家或兩家以上提供的成本時，自然形成獨占。

9-1-3 獨家擁有生產因素

當一家廠商掌握商品的關鍵生產因素時，這家廠商擁有形成獨占的市場力量。美國職籃 NBA 擁有全世界素質最好的球員、設備完善的場館和待遇優渥的長期合約。譬如，2019 年到 2020 年洛杉磯湖人隊支付詹姆斯的薪資為 3,740 萬美元。這讓中國職籃 (CBA) 與其它國家職籃無法與 NBA 競爭。另一個典型的例子是鑽石，南非戴比爾斯公司 (Dee Beers) 控制全

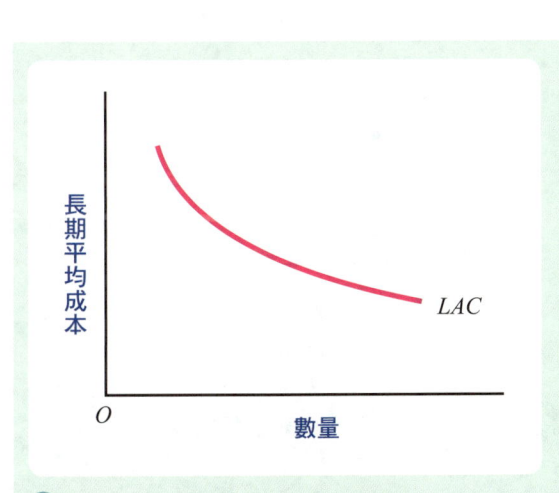

▲ 圖 9-1 規模經濟的進入障礙

當廠商在長期平均成本 (LAC) 下降的階段生產時，其他廠商的成本較之為高，這是一種進入障礙。

世界四分之三的鑽石交易，絕大多數的南非礦脈掌握在該公司手中，藉由廣告和限制供給數量形成獨占力量。

9-2 短期利潤極大化

不管是完全競爭廠商或獨占廠商，廠商生產商品的目標都是追求利潤最大。完全競爭廠商的生產規模很小，他可以在市場既定的價格下，銷售任何想要銷售的數量。所以，廠商是價格接受者 (price taker)，面對的是一條水平的需求曲線，如圖 9-2(a) 所示。

因為獨占市場只有一個廠商，廠商的需求曲線就是市場需求曲線。因此，獨占廠商不再是價格接受者而是價格制定者 (price maker)。這意味著廠商如果想要多銷售一些，就必須調降價格；如果產品數量不多，就可以提高價格。所以，獨占廠商面對的是一條負斜率的需求曲線，如圖 9-2(b) 所示。不同於完全競爭廠商只要決定生產數量，獨占廠商必須先決定商品的產量，而後再決定其銷售價格。

9-2-1 獨占廠商的收入

假設莫那魯道住在霧社，居民僅 1,000 人的某偏遠小鎮。唯一的水井在莫那魯道家後院，每一戶都要向他買水。表 9-1 是莫那魯道賣水的收入。第 1 欄與第 2 欄是全鎮居民對水的需求量與價格的資料。如果莫那魯道只提供 1 加侖的水，這 1 加侖可以賣 12 元；如果提供 3 加侖的水，他必

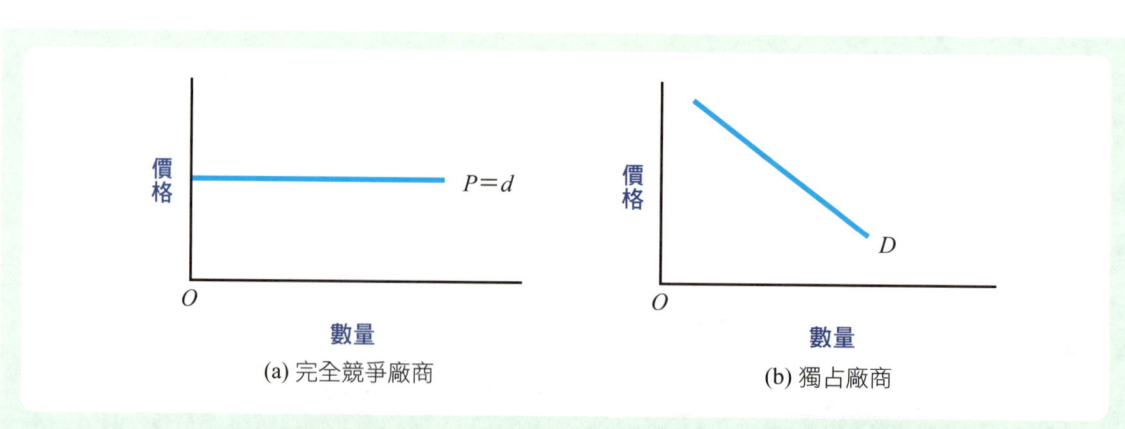

(a) 完全競爭廠商

(b) 獨占廠商

(a) 圖的完全競爭廠商是價格接受者，面對一條水平的需求曲線。(b) 圖的獨占廠商是價格制定者，面對一條負斜率的需求曲線。

圖 9-2 完全競爭廠商與獨占廠商的需求曲線

表 9-1　獨占廠商的收入

水的數量 (Q)	價格 (P=AR)	總收入 (TR)	邊際收入 (MR)
0	13	0	—
1	12	12	12
2	11	22	10
3	10	30	8
4	9	36	6
5	8	40	4
6	7	42	2
7	6	42	0
8	5	40	−2
9	4	36	−4
10	3	30	−6

須將價錢降到每加侖 10 元才賣得出去，此與完全競爭市場模型不同的是，價格不再是固定，而是和需求量成反向關係。

第 3 欄是賣水的總收入 (TR)，等於第 1 欄的銷售數量 (Q) 乘以第 2 欄的價格 (P)；第 4 欄是邊際收入 (MR)，是指莫那魯道多銷售 1 加侖水可帶來總收入增加的金額，等於總收入的變動量除以產量的變動量。譬如，生產 3 加侖水的收入是 30 元，生產 4 加侖水的收入是 36 元。所以，生產第 4 加侖水的收入是 6 元。平均收入在此並未列出，但由第 7 章的討論可知，平均收入就是商品價格 (P)。

比較表 9-1 的第 2 欄和第 4 欄發現，邊際收入始終小於商品價格，且價格愈低，兩者的差額愈大。譬如，生產 3 加侖水時，價格與邊際收入的差額是 2 元；生產 6 加侖的水時，差額會擴大到 5 元。

至於邊際收入小於商品價格的原因，是廠商面對負斜率的需求曲線。譬如，產量等於 3 加侖時，總收入是 30 元，平均銷售 1 加侖水的收入是 10 元；當產量是 4 加侖時，總收入是 36 元，平均銷售 1 加侖水的收入是 9 元。本來 3 加侖水平均賣 10 元，現在加了第 4 加侖，前面 3 加侖平均只賣 9 元，等於少了 3 元，所以第 4 加侖的加入，使平均收入降低。因此，邊際收入必定小於平均收入。

圖 9-3 是將表 9-1 的價格與邊際收入的資料繪成圖形。因為獨占廠商面對的需求曲線具負斜率，邊際收入曲線會在平均收入曲線的下方 (MR ＜ AR)。當邊際收入等於零時，總收入達到最大，理由是邊際收入是總收入曲線的斜率。當總收入的斜率等於零，代表廠商總收入達到最大，此時剛好是平均收入 (需求) 曲線的中點，如圖中之 m 點所示。

圖 9-3 平均收入與邊際收入

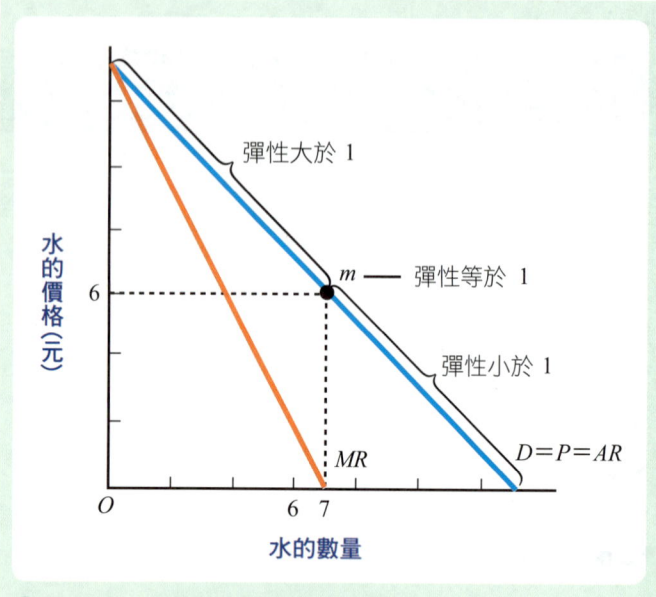

廠商多銷售一單位產量，平均價格會下跌，故邊際收入小於價格。在此，需求曲線就是平均收入曲線，也等於價格線。

根據第 4 章對需求彈性的討論，直線型需求曲線中點的需求彈性等於 1；中點以上，需求彈性大於 1，對應的邊際收入大於零；中點以下，需求彈性小於 1，對應的邊際收入小於零。

9-2-2 短期利潤極大化

在考慮過莫那魯道的收入後，現在可以討論獨占廠商短期的生產與訂價行為。表 9-2 是莫那魯道生產水的收入與成本，前三欄資料與表 9-1 相同，第 4 欄是總成本。當產量為零時，總成本等於 10，是獨占廠商的固定成本。即使莫那魯道不打算生產任何產量，莫那魯道仍需支付保險費、租金、維修費用等的固定支出。第 5 欄是利潤，定義為第 3 欄的總收入減去第 4 欄的總成本。根據利潤的資料，如果莫那魯道的目標是追求利潤最大，莫那魯道一定會生產 3 或 4 加侖的水。

第 6 欄是邊際收入，第 7 欄是邊際成本。當莫那魯道生產第 1 加侖水時，額外增加的收入是 12 元，額外增加的成本是 5 元，利潤增加 7 元 (由 －10 到 －3)。第 2 加侖水的邊際收入是 10 元，而邊際成本是 4 元，利潤增加 6 元 (由 －3 到 ＋3)。只要邊際收入超過邊際成本，增加生產可以提高利潤。一直到生產 4 加侖水後，情況有些不同。第 5 加侖水的邊際收入是 4 元，邊際成本是 7 元，生產這 1 加侖水會讓利潤減少 (由 6 到 3)。所以，莫那魯道的生產不會超過 4 加侖。

表 9-2　獨占的短期收入與成本

銷售數量 (Q)	價格 (P)	總收入 (TR)	總成本 (TC)	利潤 (profit)	邊際收入 (MR)	邊際成本 (MC)
0	13	0	10	−10	—	—
1	12	12	15	−3	12	5
2	11	22	19	3	10	4
3	10	30	24	6	8	5
4	9	36	30	6	6	6
5	8	40	37	3	4	7
6	7	42	45	−3	2	8
7	6	42	54	−12	0	9
8	5	40	64	−24	−2	10
9	4	36	75	−29	−4	11
10	3	30	87	−57	−6	12

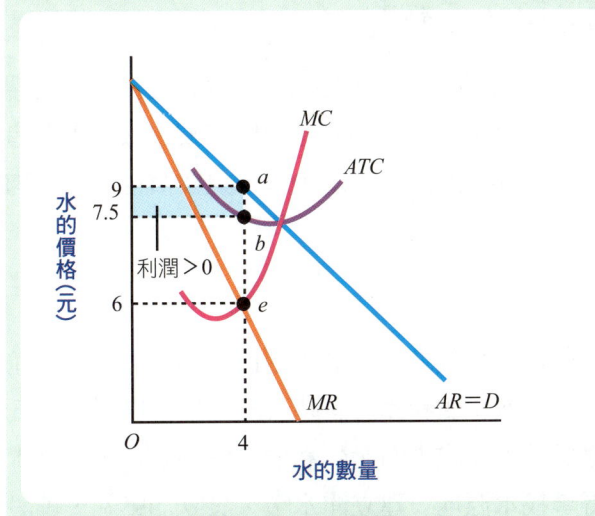

廠商追求利潤最大是在 e 點，此時 $MR = MC$。價格在 a 點，平均成本在 b 點，且 $P > MC$。

圖 9-4　獨占廠商的短期利潤極大化

　　圖 9-4 畫出莫那魯道生產水的平均收入、邊際收入、平均成本及邊際成本曲線。如果水的產量低於 4 加侖，邊際成本低於邊際收入，廠商增加生產可以提高利潤 (或減少損失)；反之，若水的產量大於 4 加侖，邊際成本高於邊際收入，減少水的產量可以提高利潤。所以，莫那魯道生產 4 加侖水的利潤最大，此時，邊際收入等於邊際成本。

　　邊際收入等於邊際成本正是第 7 章提到的廠商追求利潤極大化的黃金法則。

　　注意，當產量等於 4 加侖時，價格對應的是 a 點，而非 e 點。a 點是在平均收益曲線而非在邊際成本曲線上，所以獨占廠商短期均衡的價格會大於邊際成本。在完全競爭市場，廠商追求利潤極大化的黃金法則，雖然也是邊際收入等於邊際成本，但由於廠商面對水平需求曲線，所以價格會等於邊際成本。我們可將獨占與完全競爭廠商的短期均衡條件整理如下：

$$獨占廠商：P = AR > MR = MC$$
$$完全競爭廠商：P = AR = MR = MC$$

上面的最適條件說明獨占廠商與完全競爭廠商利潤極大化的條件，兩者之間有一個重要差異：獨占的價格大於邊際成本；而在完全競爭，價格等於邊際成本。

在圖 9-4，獨占廠商短期最適產量 4 加侖的平均成本是在 b 點，即平均每生產 1 加侖水的成本是 7.5 元。記得利潤等於總收入減總成本，也等於平均收入減平均成本的差額再乘以產量。以數學式表示，可寫成：

$$利潤 = (P - ATC) \times Q$$

莫那魯道生產 4 加侖水的價格是 9 元，平均成本是 7.5 元。短期利潤等於 (9 − 7.5)×4 = 6 元，即圖 9-4 的藍色面積。所以，獨占廠商短期追求利潤最大，會選擇在邊際收入等於邊際成本處生產，只要價格高於平均成本，就享有正的利潤。

9-2-3 短期損失最小

雖然獨占廠商的產品沒有近似替代品，商品售價比較高。然而，這並不代表獨占廠商在短期，一定獲取超額利潤。有時可能因為市場需求太低或本身成本太高，導致價格低於平均成本而發生虧損。譬如，台灣自來水公司要在澎湖營運。首先得尋找水源地，建立淨水廠，設立加壓站，鋪設到家庭用戶的大小水管，辦公大樓 (以上可視為固定成本)；雇用工程師、技師、辦事員 (可視為變動成本)。在開始時 (短期)，由於用戶少，入不敷出，必定是處於虧損狀態。圖 9-5 說明獨占廠商短期面臨損失的決策。

短期廠商追求利潤最大 ($MR = MC$) 使獨占廠商選擇在 e 點生產 Q_0。當產量等於 Q_0 時，產品價格訂在 P_0 (a 點)。在圖 9-5(a)，P_0 介於平均成本 (b 點) 和平均變動成本 (c 點) 之間。價格低於平均成本，獨占廠商遭受損失，價格卻高於平均變動成本，廠商選擇繼續生產不僅可支付變動成本外還可彌補一部分的固定成本。所以，獨占廠商短期尋求最小損失的決策是：邊際收入等於邊際成本，如果價格低於平均成本，而超過平均變動成本，會選擇繼續生產。在圖 9-5(a)，損失的部分是藍色面積，等於平均單位損失 (ab) 乘以數量 Q_0。

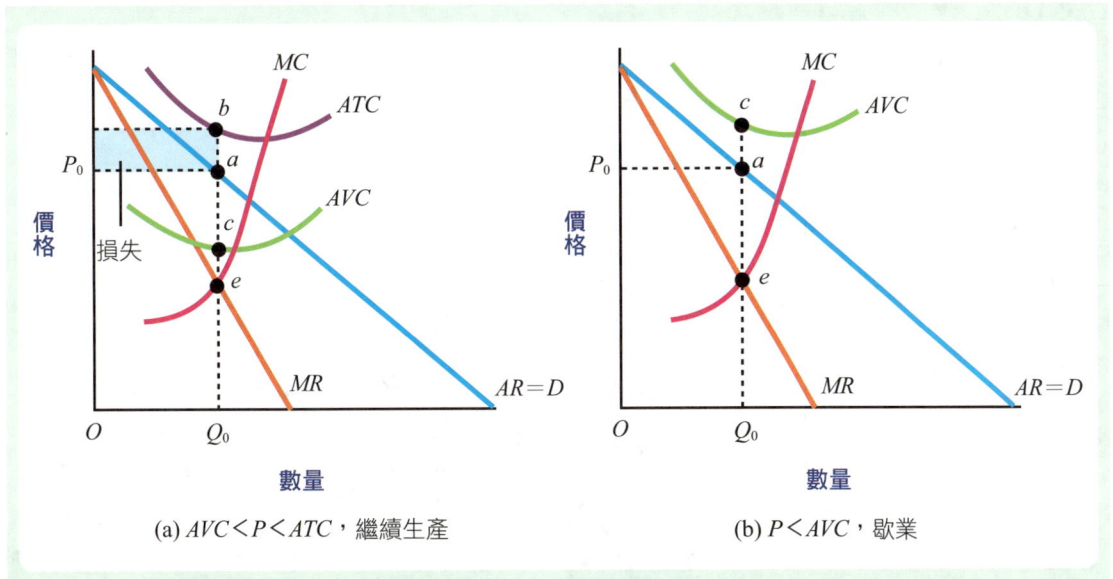

(a) 圖，利潤極大化的黃金法則讓廠商選擇在 e 點生產，雖然價格 (a 點) 小於平均成本 (b 點)，但是 AVC < P < ATC，所以廠商會繼續生產。(b) 圖，獨占廠商在 e 點生產，此時價格 (a 點) 小於平均變動成本 (c 點)，廠商會暫時歇業。

圖 9-5 獨占廠商損失極小

如果在最適產量 Q_0 下，價格低於平均變動成本，獨占廠商會選擇暫時歇業，此如圖 9-5(b) 所示。理由是繼續生產不僅無法支付固定成本，就連變動成本也無法回收，不歇業將使虧損持續擴大。

獨占廠商短期追求利潤最大有三種情況：

情況 1：$MR = MC$，$P > ATC$，享有正的利潤。
情況 2：$MR = MC$，$AVC \leq P < ATC$，有虧損，但會繼續生產。
情況 3：$MR = MC$，$P < AVC$，有虧損，暫時歇業。

9-2-4 獨占廠商沒有供給曲線

在第 7 章探討完全競爭廠商的短期分析時，曾經提到邊際成本高於平均變動成本最低點以上的部分是廠商短期的供給曲線。

獨占廠商雖然有邊際成本曲線，但 MC 卻不是供給曲線。如前所述，獨占廠商的最適產量決定於邊際收入與邊際成本的交點，這和完全競爭廠商的最適決策相同。但與完全競爭廠商不同的是，獨占廠商的最適商品價格取決於需求曲線，而非邊際成本曲線。簡單地說，在某一產量下，獨占廠商無法在 MC 曲線上找到唯一與之對應的價格。最適價格與產量在獨占是同時決定，所以有可能同一價格下會有兩個產量，如圖 9-6 所示。

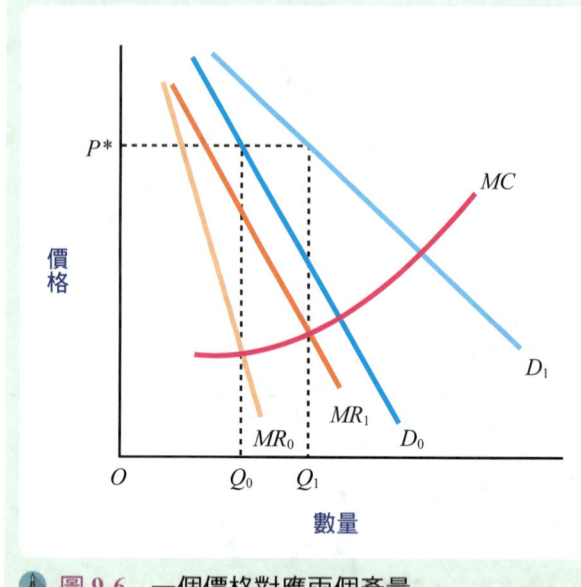

獨占廠商的邊際成本曲線只有一條，但和不同的邊際收入曲線相交，會得到相同價格下卻對應兩個不同的產量。

▲ 圖 9-6 一個價格對應兩個產量

在圖 9-6，獨占廠商面對市場需求 D_0 時，會選擇生產 Q_0，最適商品價格在 P^*。如果另一市場需求為 D_1，廠商會選擇生產 Q_1，此時的價格仍維持在 P^*；亦即，面對同一個價格廠商願意提供兩個不同的產量，價格與產量沒有一對一的關係，故邊際成本曲線不是獨占廠商的供給曲線。

9-3 獨占廠商的長期

當一個獨占廠商在短期享有正的利潤時，除非長期不再享有獨占優勢，否則長期可以享有更高的利潤。原因是其可調整生產規模，降低生產成本，擴大價格與平均成本間的差額，利潤幅度因而加大與完全競爭廠商的長期行為大不相同。由於在長期，完全競爭廠商可自由進出市場，藉由廠商數目的調整而影響商品價格變動，最後會導致經濟利潤等於零。

另一方面，若獨占廠商在短期遭受虧損，可以在長期藉由尋找更有效率的生產規模以轉虧為盈。如果方法都無法奏效，任何獨占廠商均無法忍受長期損失，只好選擇關門大吉。圖 9-7 說明獨占廠商的長期均衡。獨占廠商短期均衡在 MR 與 SMC 的交點 (e_1 點)，短期最適產量是 Q_1，此時，價格 (P_1) 高於短期平均成本 (ATC_1)，廠商享有超額利潤。

在長期，獨占廠商可以藉由生產規模的調整，尋找更低成本的生產方式。獨占廠商追求長期利潤最大是在邊際收入 (MR) 等於長期邊際成本 (LMC) 的地方 (e_2 點) 生產。長期最適產量為 Q_2，而最適價格是 P_2，廠商

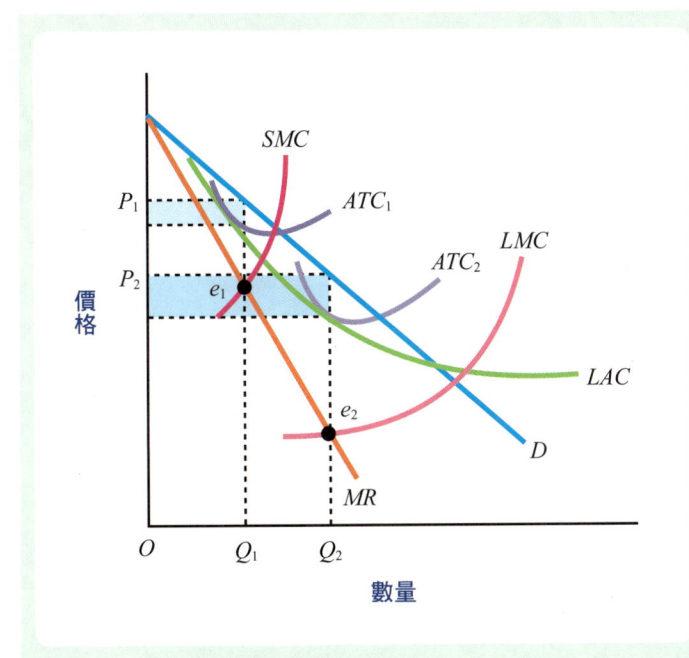

獨占廠商短期均衡在 e_1 點，價格是 P_1，而產量是 Q_1，在生產規模 ATC_1 下，享有經濟利潤。在長期，廠商可尋找更好的生產規模 ATC_2，此時長期均衡在 e_2 點，均衡價格 P_2 使獨占廠商的經濟利潤更大。

圖 9-7　獨占廠商的長期均衡

選擇的生產規模 ATC_2 低於原先的生產規模 ATC_1。因此，獨占廠商在長期享有更高的經濟利潤。

9-4　獨占與效率

　　獨占廠商沒有競爭者的威脅，長期可以享有超額利潤，其社會福利會比完全競爭市場好嗎？圖 9-8 可用來說明比較獨占與完全競爭市場的生產與效率。

　　為簡化起見，假設獨占與完全競爭面對同樣的需求與邊際成本曲線且邊際成本曲線為一條水平線 ($LMC = LAC$)。廠商追求利潤最大的長期均衡：完全競爭廠商選擇在 c 點 ($P = MC$) 下生產，其價格是 P_c，產量是 Q_c；獨占廠商選擇在 e 點 ($MR = MC$) 下生產，其價格為 P_m，產量為 Q_m。若比較完全競爭與獨占的均衡會發覺，完全競爭的市場價格 P_c 低於獨占的價格 P_m；完全競爭的產量 Q_c 大於獨占的產量 Q_m。

　　在第 8 章曾提到兩種效率的概念：技術效率與經濟效率。技術效率是指廠商以最低成本生產固定產量。完全競爭廠商長期均衡的最適條件是 $P = LAC = LMC = SAC = SMC$，是在長期平均成本的最低點生產，此時的經濟利潤等於零，完全競爭廠商有技術效率 (生產效率)。獨占廠商的長

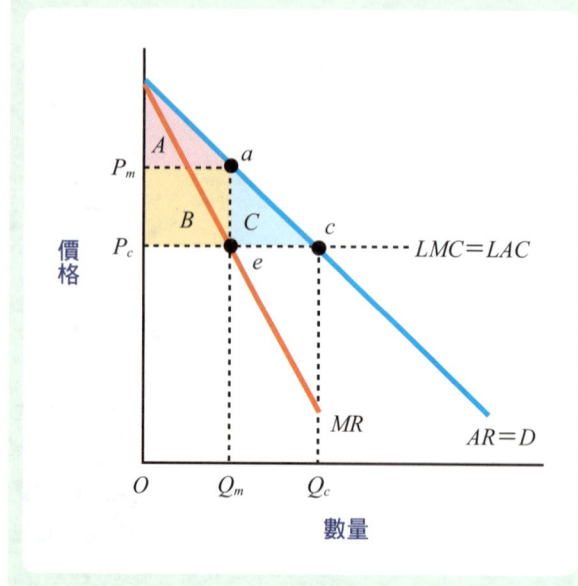

完全競爭市場在 $P = MC$ 處生產，此時有分配(經濟)效率。獨占廠商在 $MR = MC$ 處生產，此時，$Q_m < Q_c$ 與 $P_m > P_c$，$\triangle aec$ 是無謂損失。

圖 9-8　獨占的社會福利效果

期均衡在 e 點，生產 Q_m 的商品數量，價格是由 a 點決定，等於 P_m。因為價格大於邊際成本，獨占廠商並沒有在長期平均成本 (LAC) 的最低點生產，而在長期享有正的經濟利潤，故獨占廠商沒有技術效率。

經濟效率是指消費者剩餘和生產者剩餘的總和，也就是總剩餘，達到最大。從市場角度觀察，當供給等於需求時，總剩餘達到最大。從廠商角度觀察，當價格等於邊際成本時，總剩餘達到最大。在圖 9-8，完全競爭廠商的均衡產量是 Q_c，消費者剩餘是面積 $A + B + C$。由於供給曲線是水平，生產者剩餘等於零。社會總剩餘是面積 $A + B + C$。由於在 c 點，價格等於邊際成本，所以完全競爭市場 (廠商) 有經濟效率。

獨占廠商的最適生產數量是 Q_m，價格是 P_m。消費者剩餘是面積 A，生產者剩餘是面積 B，總剩餘是面積 $A + B$。比較完全競爭與獨占的福利效果可以發現：因為產量的減少價格高，使消費者剩餘減少面積 B 和面積 C。其中，面積 B 是獨占廠商的生產者剩餘，也是廠商的長期利潤。面積 C 是無謂損失，純粹是因為價格高，消費者減少購買所引起。由於獨占廠商的生產會引起無謂損失，故獨占廠商沒有經濟效率 (分配效率)。

除了無謂損失外，獨占還有其它社會成本。譬如，獨占的競租 (rent seeking) 支出。競租是個人或廠商花費大筆金錢來取得或維持其獨占地位以賺取更高的利潤。這些手段包括：國會遊說活動、捐贈競選經費來阻止潛在競爭者、刊登廣告從事公益活動來逃避反托辣斯 (antitrust) 法律的指控。通常，這些支出因為沒有移作生產用途，而被認為是浪費社會資源。

競租　廠商花費大量金錢遊說影響政府政策以保持或獲得獨占權利。

其次,獨占廠商不用面臨市場強烈競爭,心態比較保守,對新科技接受度較緩慢、缺乏創新誘因。譬如,美國郵局的包裹遞送業務曾面臨優比速快遞低價競爭,而喪失 95% 的業務量。在信件方面則面臨電子郵件、Line 和傳真機的普及,逐漸喪失領導地位。快遞與新科技正挑戰郵局的獨占地位。

第三,缺乏競爭讓管理鬆散、組織肥胖。獨占廠商即使不是在最低成本處生產,公司仍享有超額利潤。這會造成公司主管怠惰、貪圖享受且浪費資源,如挪用公款作為私人用途。李賓斯坦 (Harvey Leibenstein) 教授稱發生在獨占的組織鬆弛 (organizational slack) 現象為 X 型無效率 (X-inefficiency)。X 型無效率大都是由於資源擁有者缺乏動機而造成公司產出的減少。他曾以兩家埃及煉油廠為例,原先這兩家煉油廠由於組織過於龐大,生產都沒有效率。其中一家因為雇用新的經理,使產出獲得明顯改善。李賓斯坦教授認為,獨占沒有效率是肇因於管理階層鬆散、不夠努力。

> **X 型無效率** 由於獨占廠商的組織鬆弛、缺乏動機而造成產出的減少。

有些經濟學家認為獨占不全然沒有優點,譬如,專利權的存在會鼓勵廠商從事創新。完全競爭廠商通常規模較小,且無力從事研究發展。獨占廠商因為專利而享有超額利潤,利潤可以用來從事研發創新。雖然基礎研究成果不見得百分之百商品化,一旦有商品成功上市,廠商產量增加會使平均成本下跌,社會大眾便能獲益,著名的愛滋病雞尾酒療法即是一例。

電力供應、鐵路運輸、天然氣和自來水等都有自然獨占的特性。此外,自然獨占是指市場由一家廠商供應的成本比兩家或兩家以上供應的成本要來得低。當廠商生產享有規模經濟時,擴大生產很容易就達到最小效率規模。

9-5 差別訂價

一般而言,獨占廠商會針對某些特定族群收取比較高的價格,以賺取更高利潤。當廠商以同樣的商品針對不同消費者 (或不同的消費數量),收取不同的價格時,我們稱為**差別訂價** (price discrimination)。譬如,看電影有兒童票、學生票、全票、敬老票之分;長途電話費率區分為深夜與一般時段;用電有尖峰用電與離峰用電兩種,這些都是差別訂價的例子。

> **差別訂價** 廠商將相同的產品以不同的價格銷售給不同的消費者 (或不同的消費數量),以獲取更高的利潤。

9-5-1　差別訂價的條件

廠商如何能夠分辨不同的消費者而實施差別訂價？差別訂價的成立，必須符合下列四個條件：

1. 廠商要有控制價格的能力。銷售同質商品，完全競爭廠商規模小，任意提高價格會喪失所有顧客，故無法實施差別訂價。獨占廠商則不相同，他面對負斜率的需求曲線，對商品售價是價格制定者。
2. 至少要有兩群不同的顧客，且每一群顧客有不同的需求彈性。如果所有顧客的消費能力及偏好都一樣，廠商就無法訂立不同的價格。譬如，老年人與青年人的消費能力不同，通常老年人對價格敏感度比青年人高。非營業與營業的用電需求也不相同，前者為消費，後者為謀取利潤，而營業對價格的敏感度較大。
3. 廠商要有能力分辨不同消費者。廠商可依據時間、地域、數量、身分等特性來區隔市場。早場電影與午夜場電影的消費族群不同，電影院可依進場時間來區分消費者。
4. 廠商有能力防止產品轉售。雖然廠商能夠區隔市場，若無法禁止商品轉售，民眾就可以買低賣高，從事套利行為。譬如，電影院以顏色區分學生票和全票。

9-5-2　差別訂價的例子

在美國有許多餐廳(如龐德羅莎和時時樂)會提供折扣給老年人；臺灣有些餐廳也會推出敬老專案優惠，譬如，對 70 歲以上老人給予 8 折優惠等。70 歲通常已處於退休階段，其收入往往不及一般上班族的薪資收入，因此老年人對商品價格的敏感度會比較高，所以老年人需求的價格彈性比較大。

另外，航空公司也對老年人提供若干優惠。商務人士因為工作需要，常常必須在第一時間和顧客見面。為了應付突發狀況並避免錯失商機，再加上公司會支付差額費用，因此對機票的需求彈性較小；相反地，退休者沒有時間的急迫性，旅行不但可以事先規劃，還可以選擇不同的交通工具；如果機票太貴，就選擇乘坐巴士。因此，美國國內航線會針對顧客族群與預訂時間早晚進行差別訂價。

折價券 (coupon) 是另外一個例子。家樂福或好市多 (Costco) 等大賣場經常郵寄廣告給會員，廣告單上印有特價商品的折價券，憑券可以買到比訂價便宜 30% 或 50% 的商品。這些賣場為什麼不乾脆降價，而要如此大費周章？答案是折價券讓廠商可以區隔市場，進行差別訂價。廠商知道並不是所有的消費者都願意花時間蒐集折價券。有些人覺得時間就是金錢，花費時間注意各種折價券的成本太高，這些人對價格敏感度較低。

一般的量販店通常會進行**數量折扣** (quantity discount)。譬如，購買 5 公升裝沙拉油和 1 公升裝沙拉油價錢不一樣；買一罐可口可樂要 15 元，但一次買 24 罐可能只要 240 元。百貨公司新裝上市都以原價出售，換季時，百貨公司開始打 8 折、5 折，甚至 3 折。如果消費者追求流行，就會購買新品，而對價格較敏感者，都會等到低折扣才出手。

還有一種是**尖峰－離峰訂價法** (peak-load pricing)，它是在不同時段向消費者收取不同的價格。遊樂場每逢週末人潮擁擠，邊際成本較高，可收取較高的門票價格；在平時顧客較少，遊樂場會給予適當門票優惠以招徠顧客。早晚場電影、尖峰離峰用電都屬於這種差別訂價。

9-5-3 差別訂價模型

差別訂價模型可以分為三類：第一級差別訂價、第二級差別訂價和第三級差別訂價。我們先從第三級差別訂價談起。

第三級差別訂價　**第三級差別訂價** (third-degree price discrimination) 是廠商依不同的消費者需求，將顧客區分成兩個或兩個以上的市場，並對不同市場的消費者收取不同的價格。以 2020 年 1 月 15 日為澳洲大火所舉辦的慈善網球表演賽為例，費德爾、納達爾、喬科維奇均共襄盛舉，球迷分成所得高與所得低兩族群。圖 9-9 表示需求彈性不同的兩個族群。圖 9-9(a) 的需求價格彈性比較低，是屬於所得高球迷群；圖 9-9(b) 的需求價格彈性比較高，是屬於所得低球迷群。

為了方便比較，假設網球場的長期平均成本和邊際成本都固定在 3,000 元。廠商追求利潤極大化的黃金法則是邊際收入等於邊際成本，因此在圖 9-9(a)，網球場會向所得高球迷收取 8,000 元；圖 9-9(b)，網球場對所得低球迷的訂價是 5,000 元。獨占廠商針對價格敏感度高 (需求彈性大) 的消費群，收取較低的價格；而針對價格敏感度低 (需求彈性小) 的消費群，收取比較高的價格。

注意，儘管兩個市場價格有差異，但網球場向不同消費群的最後一位客人收取的價格 (邊際收入) 都等於 3,000 元 (邊際成本)。$MR = MC = 3,000$ 元是網球場利潤最大的生產點。若多賣一張球票給球迷，則邊際成本大於邊際收入，利潤會減少；如果少賣一張球票給球迷，則邊際收入大於邊際成本，增加銷售量可增加利潤。所以，若不分消費族群，制定同一價格，利潤不會比差別訂價的利潤來得大。

> **第三級差別訂價**
> 廠商依據消費者需求彈性的不同，將消費者分成兩族群或以上，分別索取不同的價格。

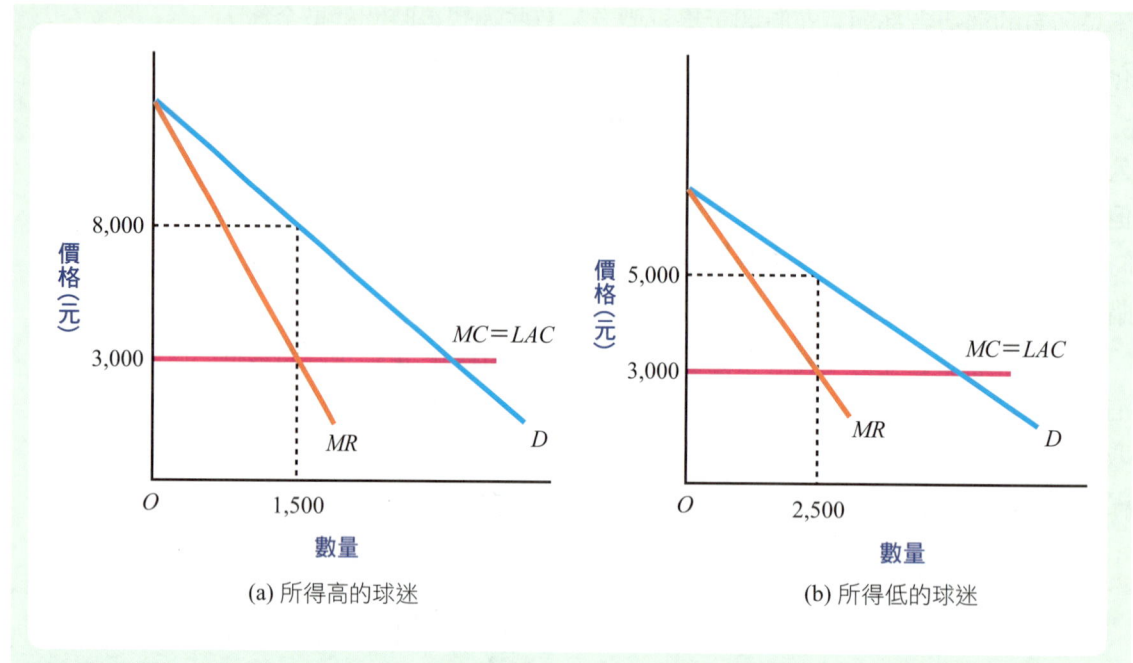

(a) 圖是所得高、需求彈性較低的球迷，球票價格可訂在 8,000 元。(b) 圖是所得低、需求彈性較高的球迷，價格可訂在 5,000 元。

圖 9-9　第三級差別訂價：以網球場賣門票為例

第二級差別訂價
同樣商品依不同數量，索取不同的價格，有數量折扣與區間訂價兩種。

第二級差別訂價　在某些市場，消費數量超過一定門檻後，消費者的購買意願逐漸降低，如水、電、瓦斯等。如果廠商希望刺激消費量，其可依照購買數量的不同，採取差別訂價，這就是第二級差別訂價。通常廠商銷售同一商品，當消費者購買量大時，會索取較低價格；購買量少時，會索取較高價格。

　　第二級差別訂價有兩種方式。第一種是數量折扣，譬如，光華商場的空白 DVD，100 片裝的售價是 600 元，單買 1 片可能要 9 元。以圖 9-10(a) 為例，如果 100 片裝的空白 DVD 價格是 600 元，平均 1 片是 6 元。如果 500 片裝的價格是 2,000 元，則平均 1 片是 4 元。

　　第二種是區間訂價 (block pricing)。廠商針對相同商品，不同區間的消費數量，索取不同的價格。這是電力公司、自來水公司及瓦斯公司常採取的方式。以圖 9-10(b) 為例，假設自來水公司享有規模經濟，產量愈大，平均成本愈低。此時，可採取區間訂價來進行差別訂價。當消費數量低於 Q_1 時，廠商針對每單位商品索取價格 P_1；當消費數量介於 Q_1 和 Q_2 之間，廠商針對每單位商品索價 P_2；當消費數量介於 Q_2 與 Q_3 之間，廠商每單位商品索價 P_3。這種差別訂價一方面可以增加消費者福利，另一方面又可提高廠商利潤：不同區間的平均價格 $(P_1 + P_2 + P_3)/3$ 會低於單一訂價 P。

從臺灣看天下　隨處可見的差別訂價

在美國，傳統觀點認為美國大學學費大幅飆漲。自 1978 年以來，學費以通貨膨脹率 3 倍的速率上升。

以哈佛大學為例，2012 年大學生的一年費用是 54,496 美元，然而，是否每位哈佛大學的學生都支付如此昂貴的學費？當然不是，平均每一位哈佛學生每年能拿到 41,000 美元的獎學金。入學淨成本 (net cost) 降低的原因是差別訂價。富裕家庭支付高昂的學費，讓他們的小孩念大學；中產階級家庭小孩的學費並未顯著增加。1992 年與 2014 年的實質大學學費分別為 3,810 美元和 8,660 美元，增加的金額為 4,850 美元，其中只有 20%（990 美元）是因為住宿費用的增加，剩下的 80% 是差別訂價。

在地球的另一端，臺灣的貓空纜車也在 2016 年 2 月 1 日開始實施差別訂價。未實施差別訂價前，貓纜的票價是一站為 30 元、兩站 40 元、三站 50 元；實施差別訂價後，將調漲一站 70 元、兩站 100 元、三站 120 元；並同時推行假日與非假日差別費率，一般遊客於非假日搭乘享有 20 元的折扣優惠。相關票價請見表 9-3。

近幾年大行其道的廉價航空更是不廉價，額外收費賺飽飽，從預約座位、列印登機證、餐飲及行李都要額外付費。據航空諮詢公司 IdeaWorks 指出，捷星航空 (Jetstar) 有超過 20% 的收入來自於額外服務費用，在全球各大航空公司中排名第七，第一名是聯合航空的 58 億美元。華航在 2019 年 10 月 2 日起推出"優選喜好座位"，購買樂活方案須付短程 20 美元至長程 30 美元；經濟艙則分三種座位方案收費 10 美元至 120 美元。

資料來源：張玉琴編譯，"加價服務好賺，聯航額外收費最多"，《世界日報》，2015 年 7 月 15 日。

表 9-3　貓空纜車票價表

旅客性質		尖峰 (假日)			離峰 (非假日)		
		一站	兩站	三站	一站	兩站	三站
一般旅客 (非臺北市民)	單程票	70	100	120	70	100	120
	悠遊卡				50	80	100
臺北市民 (兒童、年長者、身心障礙者優待票)		單一票價每次 50 元					
里民優待票 (指南里、老泉里、政大里、萬興里)		每日 60 元					
團體票		10 人 (含) 以上單程票 9 折 40 人 (含) 以上單程票 8 折					

資料來源：臺北市交通局。

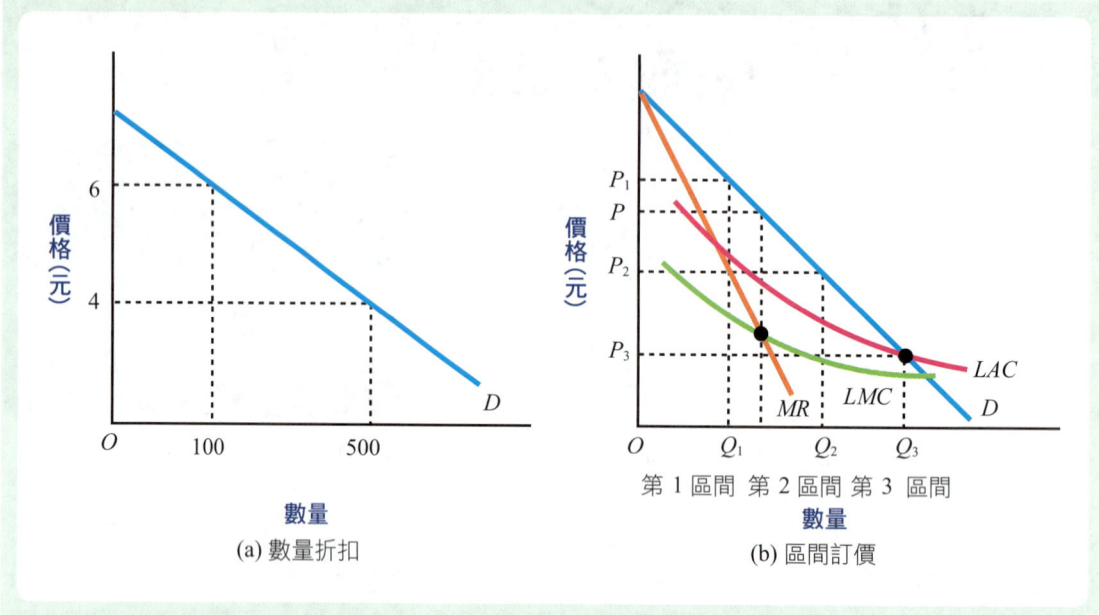

(a) 圖是數量折扣的圖形。消費者購買量大，平均價格下跌。(b) 圖是區間訂價的圖形。消費者的消費量在 0 到 Q_1 之間，廠商每單位索取價格 P_1；Q_1 至 Q_2 之間，廠商每單位索取價格 P_2；Q_2 至 Q_3 之間，廠商每單位索取價格 P_3。

圖 9-10　第二級差別訂價

區間訂價的消費者剩餘比單一訂價的消費者剩餘高，從圖形觀察，當價格等於 P_3 時的消費者剩餘大於價格等於 P 的消費者剩餘。區間訂價的生產者利潤比單一訂價的生產者利潤高，從圖形觀察，價格等於 P_1 與 P_2 的利潤總和會大於價格為 P 的利潤。

> **第一級差別訂價**
> 針對每一單位的產量銷售，索取不同的價格。

第一級差別訂價　第一級差別訂價又稱**完全差別訂價** (perfectly price discrimination)，是針對每一單位產量，索取不同的價格。完全差別訂價是依據每一個消費者願意付出的價格來制定商品的價格。從第 8 章的討論得知，需求曲線上的每一個點是衡量消費者願意付的價格。所以，只要價格大於邊際成本，廠商增加生產，利潤就會增加。因此，只要價格高於邊際成本，廠商會持續進行差別訂價。只有在價格等於邊際成本時，廠商才會停止生產。

在圖 9-11，假設廠商的長期平均成本和邊際成本都是固定。只要價格大於邊際成本，廠商會藉增加銷售來擴大利潤。因此，所有消費者剩餘均被生產者剝奪，轉為生產者利潤。完全差別訂價的均衡產量落在 Q_0，此時的價格等於邊際成本，社會總剩餘達到最大，而無謂損失等於零。在現實生活中找不到完全差別訂價的例子。但是有些例子接近完全差別訂價，譬如，律師可能對窮人收費較低，而對富人索取較高費用。

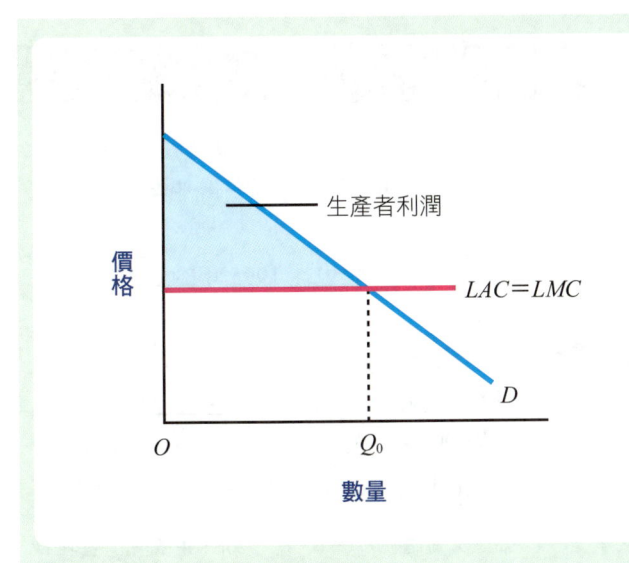

[圖 9-11 第一級差別訂價]

第一級差別訂價又稱完全差別訂價，廠商的銷售數量為 Q_0，此時消費者剩餘完全成為生產者利潤。

9-6 獨占的管制

獨占廠商具有**市場力量** (market power)，廠商的產品訂價高於完全競爭市場的產品價格，獨占的產量小於完全競爭的產量。價格大於邊際成本的結果，造成資源配置沒有效率，社會發生無謂損失。

9-6-1 糾正獨占的方法

有關獨占所發生的種種問題，政府可以用幾種選擇加以糾正：

管制 政府可針對獨占事業的工作環境安全和健康與否進行**管制** (regulation)。政府也可針對產品的售價、生產數量、品質及進出市場的標準予以規範。本節稍後將詳細探討管制的優劣。

反托辣斯法 立法目的是防止廠商有壟斷市場的行為，以及確保公平競爭的環境。美國第一個**反托辣斯法** (antitrust law) 是 1890 年的《雪曼反托辣斯法》(Sherman Antitrust Act)，目的是防止任何壟斷市場的行為發生。雪曼反托辣斯法的通過是因為當時製糖業、菸草業和石油業等製造業為增加銷售量而形成托辣斯 (trust)，這個組織壟斷整個市場，導致產品價格大幅上升，造成消費者生計日益艱困。美國在 1914 年分別通過《克萊頓法》(Clayton Act) 和《聯邦貿易委員會法》(Federal Trade Commission Act)。這三項法案構成美國反托辣斯法的基本架構。

> **管制** 政府針對獨占廠商工作環境安全和健康與否進行管制；或是針對產品品質、售價、數量及進出市場標準予以規範。

實例與應用：行政院公平交易委員會處理聯合壟斷案例

從頭城區漁會賞鯨船的官網進入，賞鯨費用一目瞭然。繞島每人 600 元，賞鯨及繞島每人 1,200 元，登島及繞島每人 1,200 元。頭城賞鯨船業者集中設櫃售票是一種聯合壟斷嗎？

龜山島自 2,000 年開放民眾登島觀光，賞鯨船也從 1995 年的 6 艘增加到 2014 年的 12 艘。

比鄰烏石港碼頭的頭城區漁會，為配合宜蘭縣推動地方觀光及維護環境秩序，提供該大樓一樓供案者設置服務櫃檯。賞鯨船業者在櫃檯公開陳列 DM 價格，市場資訊公開。交易採預約制，交易慣例為個別議價，並無費用收取一致情形。公平交易委員會經調查後，發現賞鯨船業者有聯合壟斷行為。

資料來源：行政院公平交易委員會，《公平交易通訊》，63 期，2015 年 5 月。整理自行政院公平交易委員會網站：https://www.ftc.gov.tw。

臺灣於民國 80 年 2 月 24 日通過《公平交易法》，並在 81 年 1 月 27 日成立行政院公平交易委員會。《公平交易法》立法宗旨是維護交易秩序與消費者利益、確保公平競爭、促進經濟安定與繁榮。

《公平交易法》的架構分兩大部分：

1. 規範反托辣斯行為：包括獨占行為、結合行為和聯合行為之定義、處分、禁止、例外等。
2. 規範不公平競爭行為：包括維持轉售價格行為、妨礙公平競爭行為、虛偽不實廣告行為、其它足以影響交易秩序之欺罔或顯失公平之行為之禁止及罰則。

如果社會有發生違反《公平交易法》的規定，而危及公共利益時，公平交易委員會得依檢舉或自身之權責調查處理。譬如，2011 年 10 月，24 小時便利商店將咖啡價格每杯調漲 5 元。公平交易委員會查證結果，認為有聯合壟斷行為，而開罰統一超商 1,000 萬元、全家 800 萬元、萊爾富 20 萬元。

標售獨占權利 政府可以邀集私人業者來競爭自然獨占的權利。政府相關單位可在報紙或網路詳細公告標售內容。如消防設施、垃圾處理等，由出價最低者或最接近底價者得標。這種作法可減少無謂損失，得標廠商為提高本身利潤也會努力降低成本，讓資源有效利用。台灣高速鐵路 BOT 案，當時由中華高鐵與台灣高鐵競標；公益電腦彩券由台北銀行、高雄銀行競標等都是著名的例子。

不加任何干涉　在第 8 章討論政府政策與效率時曾指出，任何不尊重市場機能的政策都會引來社會無謂損失。有些經濟學家認為任何干涉和企圖改進獨占的效率損失，本身就會引起另外一種福利損失。因此，最好的作法是尊重市場機制，由那一隻看不見的手主導即可。

9-6-2　政府的管制

反托辣斯法的目的之一是，禁止廠商有聯合壟斷的行為。政府的管制是對既存的獨占事業予以規範。因此，獨占的存在有其經濟理由，我們從兩個角度加以說明。

首先，從公眾利益的角度觀察，獨占廠商通常享有超額利潤。政府對其價格和數量予以適當規範，可以增進社會福利。尤其是自然獨占事業，享有規模經濟；亦即，市場與其讓多家小廠供應，不如由一家廠商獨家供應的生產效率高些。如自來水公司及地區性的瓦斯公司，都是由一家廠商來供應這個地區所有客戶的需求。

其次，從廠商利益的角度觀察，任何能夠增加利潤的獨占事業，廠商會盡力影響政府，促請立法限制其它廠商競爭或阻止新廠商進入，其立論點為惡性競爭影響消費者權益。譬如，不肖計程車業者的搶奪傷害，甚至欺負夜歸婦女的事件，讓許多大城市採取管制措施。其次，管制能夠確保服務品質，特別是醫生、律師、建築師等需要執照的行業。如果沒有適當管制，可能會發生蒙古大夫醫死人，或因房屋缺乏合格建造而發生倒塌的不幸事件。

針對自然獨占的管制，採取價格管制方式：(1) *邊際成本訂價法* (marginal cost pricing principle)；(2) *平均成本訂價法* (average cost pricing principle)。一般來說，自然獨占廠商的固定成本較高，所以當廠商擴充產量時，所分攤的平均成本會逐漸減少，故長期平均成本曲線具負斜率。如圖 9-12 所示。

如果政府未進行任何管制，廠商會選擇邊際收入等於邊際成本的地方生產，產量為 Q_m，價格是 P_m。雖然享有獨占利潤，但因為價格 (b 點) 大於邊際成本 (c 點)，資源分配沒有效率，而有無謂損失。如果產量能夠提高，消費者的福利可以獲得改善。因此，政府可要求獨占依循邊際成本訂價或平均成本訂價兩種方式生產。

邊際成本訂價法　假設政府著眼於公眾利益，希望獨占廠商生產能夠達到經濟效率，會要求廠商在 $P = MC$ 處生產。如圖 9-12 所示，此時社會的總剩餘達到最大，獨占廠商將價格訂在 P_e，產量在 Q_e。廠商在 Q_e 生產，長期平均成本 (d 點) 超過價格 (e 點)，獨占廠商在長期遭受經濟損失。

> **邊際成本訂價法**
> 基於公眾利益考量，政府要求廠商的生產數量在價格等於邊際成本的地方，以達總剩餘的最大。

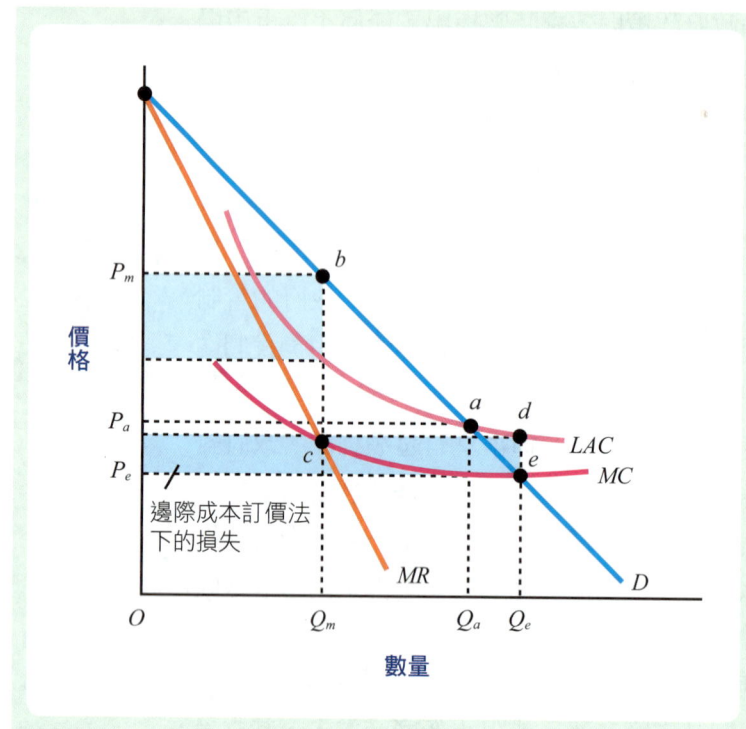

政府價格管制有兩種方式：(1) 邊際成本訂價法：$P = MC$，均衡點在 e 點，產量是效率產量 Q_e，此時廠商有損失；(2) 平均成本訂價法：$P = LAC$，均衡點是 a，產量是 Q_a，此時廠商的利潤等於零，只賺取正常利潤。

圖 9-12　獨占的價格管制

　　當然，任何廠商都無法長期忍受虧損，政府想要讓獨占廠商生存，只有補貼一途。然而，補貼會衍生一個問題：政府必須靠稅收來補貼獨占廠商的虧損。在第 8 章曾經提到，政府課稅會導致無謂損失。因此，邊際收入等於邊際成本訂價法是政府在犧牲效率的前提下，讓獨占有經濟效率。

平均成本訂價法　如果政府不想補貼，又希望消費者能夠享有較多的福利，可要求廠商在 $P = LAC$ 處生產。在圖 9-12 的 a 點，廠商生產 Q_a 產量，此時的價格 P_a 剛好等於長期平均成本，經濟利潤等於零，廠商只賺取正常利潤。當產量等於 Q_a 時，社會總剩餘大於無管制下的總剩餘，但仍會有無謂損失。

　　平均成本訂價法還有另外一個問題是，政府強制獨占廠商按平均成本訂價，廠商會沒有誘因節省成本支出，如龐大的人事費用，或浮濫的交際費用等。這種現象同樣會發生在邊際成本訂價法。

　　除了管制自然獨占的價格外，政府可以將民間獨占企業收歸國營。許多歐洲國家政府均採行這種作法，如法國將電信產業歸由國營就是一例。

> **平均成本訂價法**
> 政府只讓獨占廠商賺取正常利潤，要求價格制定在平均成本的地方。

> **實例與應用**
>
> ### 集體漲價
>
> 　　每年到了 4 月 1 日，鮮乳市場會發生集體漲價的現象。行政院公平交易委員會特別邀請相關單位：農委會、消費者保護委員會、臺灣區乳品工業同業公會、中華民國乳業協會及味全、光泉、統一、佳乳、義美等鮮乳主要供應商，召開"鮮乳市場與公平交易法相關事宜座談會"。
>
> 　　公平交易委員會指出，經過各單位的報告與討論後，瞭解 4 月份的確是乳品的波動期。因為臺灣地區夏季乳源減少，為保護國內酪農事業穩定發展，農委會訂有三段式生乳收購計價辦法，而每年 4 月起則會調整生乳收購價格。
>
> 　　鮮乳業者因應冬季生產過剩，夏季供應不足的現象，與 4 月起生乳成本提高，進行售價調整。業者強調，他們是各自因應不同通路及促銷方案，依營運計畫反映售價，相互競爭。公平交易委員會再度重申，雖然 4 月起生乳收購價格提高，但業者不得聯合漲價，或約定下游轉售價格，要是被查察相關違法情事，公平交易委員會將依具體個案查處，最高可處新臺幣 2,500 萬元罰鍰。
>
> 　　公平交易委員會在 2019 年 4 月 24 日認定國內五家水泥業者，包括台灣水泥、環球水泥等，通知下游業者從 2019 年元旦起調漲價格，已涉及聯合行為，因此重罰五家業者，罰鍰金額總計 6,000 萬元。
>
> 資料來源：中央社，"鮮乳漲價？公平會籲勿聯合調漲"，2004 年 3 月 31 日。

9-7　結　語

　　如果完全競爭市場是一個極端，則獨占市場又是另一個極端。真實生活中，很少有獨占能夠長期存在。譬如，郵政服務正接受網際網路與快遞公司的挑戰；菸酒公賣局的菸酒專賣也在臺灣加入世界貿易組織後劃下句點。

　　獨占廠商追求利潤極大的同時，社會資源會發生無謂損失。政府可以管制，反托辣斯法或廠商可採行差別訂價等方式來增加社會總福利。儘管沒有一個方式是完美的，但社會總剩餘可以比較接近完全競爭市場下的社會福利水準。

摘要

- 獨占是指市場只有一家廠商，所生產的商品沒有近似替代品。獨占最重要的特性是進入障礙。進入障礙有三種：(1) 法律的障礙，有專利、著作權及政府特許等；(2) 規模經濟，廠商擴充產量，長期平均成本會下跌；(3) 控制關鍵的生產因素。
- 獨占廠商是價格制定者，面對的需求曲線就是市場需求曲線。由於需求曲線斜率為負，廠商的邊際收入小於平均收入 (價格)。
- 短期追求利潤極大化的黃金法則是邊際收入等於邊際成本。獨占廠商短期利潤極大化有三種不同情況：(1) 價格大於平均成本，利潤為正；(2) 價格介於平均成本與平均變動成本間，利潤為負，廠商會繼續生產；(3) 價格低於平均變動成本，廠商選擇暫時歇業。
- 在長期，獨占廠商可以有經濟利潤，只要價格高於平均成本。但若價格低於平均成本，廠商會退出市場。
- 差別訂價分為三種：第一級、第二級和第三級。第一級差別訂價是針對每一單位產量採取不同訂價；第二級差別訂價是依照不同消費數量採取差別價格；第三級差別訂價是廠商針對兩群或以上需求彈性不同的消費者進行差別訂價。
- 獨占由於價格大於邊際成本，會有無謂損失。政府可經由管制來減少無謂損失。
- 政府可利用反托辣斯法，出售自然獨占權利或價格管制來規範自然獨占。

習題

1. 下列有關獨占廠商的敘述，何者錯誤？
   (a) 獨占廠商的長期和短期利潤一定都是正數
   (b) 獨占廠商所選定的利潤極大化價格，一定不是在價格需求彈性絕對值小於一的地方
   (c) 獨占廠商利潤極大化的一階條件為邊際收入等於邊際成本
   (d) 獨占廠商進行差別訂價時，其利潤一定會大於或等於單一訂價時的利潤
   (108 年高考改編)

2. 汽油或電力等產業之所以容易形成自然獨占，主要是因為其成本結構具有下列哪一個特性？
   (a) 固定成本很低
   (b) 總成本隨產量增加而減少
   (c) 平均成本隨產量增加而減少
   (d) 邊際成本隨產量增加而增加
   (108 年初等考試)

3. 有獨占廠商的敘述，下列何者正確？
   (a) 獨占廠商沒有供給曲線
   (b) 獨占廠商沒有總成本曲線
   (c) 獨占廠商沒有邊際成本曲線
   (d) 獨占廠商沒有平均成本曲線
   (108 年商業行政)

4. 某獨占者面對的市場需求狀況如下表所示。如果生產只有固定成本，沒有變動成本，他應該生產幾個產品才能得到最大利潤？
   (108 年關務特考改編)

價格(元)	50	45	40	35	30	25	20	15	10
需求量(個)	1	2	3	4	5	6	7	8	9

5. 某大速食店對木柵附近居民而言是獨占，其漢堡之需求如下：$Q=80-5P$，式中 Q 為需求量、P 為價格。假設每個漢堡的成本是 8 元，且固定成本為零。請問老闆可以賺多少錢？最適訂價為多少？會賣出多少個漢堡？ (108 年高考)

6. 在獨占市場中，市場需求函數為 $Q=300-P$，廠商的固定成本為 200 元，邊際成本為固定值 20 元，如果政府管制價格不得超過 100 元，則產品交易量為多少？ (108 年稅務特考改編)

7. 追求利潤最大的張無忌，在某夜市開設唯一的一家冰品店，承租店面的租金為 100 元，生產冰品的邊際成本固定為 4 元。假設前來夜市遊客的冰品需求是 $P=36-2Q$，請問利潤最大的產量、價格及消費者剩餘為何？ (107 年普考改編)

8. 獨占廠商差別訂價的理由為？
   (a) 不知道市場的需求特性
   (b) 促進消費者大量消費
   (c) 攫取消費者剩餘
   (d) 服務不同的客群滿足其需求
   　　　　　　　　(108 年普考改編)

9. 某獨占廠商的單位成本固定為 10，且產品可銷售到兩個不同市場，$P_A=90-Q_A$，$P_B=40-Q_B$。
   (a) 廠商最適單一訂價是多少？
   (b) 最佳三級差別訂價總銷售量是多少？
   　　　　　　　　(103 年淡江國企、財金)

10. 在獨占市場中，若廠商面臨 A、B 兩個市場，則下列敘述何者正確？
    (a) A、B 兩市場的價格一定相同
    (b) 需求彈性愈小的市場，價格愈高
    (c) 需求彈性愈大的市場，價格愈高
    (d) 價格與兩市場的需求無關 (108 年普考)

11. 若獨占廠商能進行完全差別訂價，下列敘述何者正確？
    (a) 沒有社會無謂損失
    (b) 價格會等於邊際成本
    (c) 消費者剩餘將會極大化
    (d) 廠商完全不知道消費者的偏好
    　　　　　　　　(108 年普考)

12. 假設一個獨占廠商面對負斜率的直線需求曲線，如果此一廠商由追求利潤最大的目標改變為採用第一級差別訂價 (the first-degree price discrimination) 來決定其產品的價格，則：
    (a) 產品價格會上升
    (b) 消費者剩餘會增加
    (c) 生產者的利潤會減少
    (d) 社會福利 (消費者剩餘及生產者利潤的總和) 會增加　　(108 年稅務特考)

13. 某獨占廠商，其 $MC=ATC=5$，市場需求為 $Q=53-P$，$MR=53-2Q$。
    (a) 請問利潤最大的價格產量與消費者剩餘為何？
    (b) 若為完全競爭，產出水準為何？
    　　　　　　　　(104 年東吳企研所)

14. 完全差別訂價下的無謂損失和自然獨占下的無謂損失有何不同？

15. 從甲城開到乙城只有一條公路，兩個收費橋樑市場需求為 $Q=120-P$，其中，Q 為通行車輛數目，P 為兩個收費站合計收費金額。若兩座橋樑屬於同一家獨占廠商，請問廠商將收取多少通行費？通行車輛數目為何？　　(102 年臺大商研)

16. 假設小鎮只有一家廠商供應礦泉水，其需求和成本資料如下：

    需求：$P=100-0.01Q$
    成本：$C=30,000+50Q$

    (a) 請計算利潤最大的價格、產量和利潤
    (b) 政府如果針對每單位產量課徵 10 元的稅，新的價格、產量和利潤為何？

網路習題

1. 請至科技產業資訊室網站：https://iRnow.stpi.nari.org.tw，下載最新一期的專利情報，並略述之。
2. 請至行政院公平交易委員會網站，下載《公平交易法》的立法結構，並從最近一期的《公平交易通訊》中，指出違反《公平交易法》案例的報導。
3. 獨占的進入障礙有哪幾類？請上經濟部網站，搜尋有關著作權等智慧財產權的相關法律規定。

Chapter 10

壟斷性競爭

1933 年哈佛大學教授張伯倫 (Edward Chamberlin) 發表《壟斷性競爭理論》(*Theory of Monopolistic Competition*) 一書,指出這種市場結構是日常生活中很常見的。所謂**壟斷性競爭** (monopolistic competition),也稱為獨占性競爭,是指市場有很多廠商銷售異質產品,廠商可以毫無限制地自由進出市場。

壟斷性競爭市場有兩個特性與完全競爭市場相同:一是廠商數目很多,一是廠商能夠自由進入或退出市場。以臺北大學附近的錦州街、合江街為例,飯類有日本丼飯、滷肉飯、自助餐,麵店有山西刀削麵、馬祖麵、拉麵、陽春麵、義大利麵、素麵,每家口味各有特色,距離也不太遠。其它如手搖飲、麵包店、餐廳等,都屬於商品有些差異,但廠商很容易進入或退出市場。

壟斷性競爭市場有一個特性和獨占相同,就是廠商銷售異質產品。譬如,每一家餐廳的招牌菜不盡相同,每一家麵包店麵包的口感也不太一樣。這和獨占廠商有一點不同,獨占市場只有一個廠商,產品沒有近似替代品,但壟斷性競爭廠商的產品替代性頗高。

本章重點

產品差異性
廣　告
壟斷性競爭與效率
長期均衡

> **壟斷性競爭**　市場有許多廠商銷售異質產品,廠商可以自由進出市場。

10-1 產品差異性

產品差異性 (product differentiation) 是壟斷性競爭市場最重要的一個特性。廠商銷售其產品時，會儘量強調自己產品的特色，並凸顯與他人產品不同之處。產品可能有重量、顏色、包裝設計、形狀、香味等的實質差異。譬如，洗衣粉有盒裝和袋裝兩種價錢。洗髮精即使本質相近，有些廠商強調洗髮、潤髮一次完成，有些強調可以去除頭皮屑，有些則強調保濕。花果茶種類更是多得不可勝數：玫瑰、薰衣草、柑橘、藍莓、蘋果、香草等。產品差異使廠商對商品價格有某些控制能力，漲價不致喪失所有顧客，降價會吸引部分消費者。因此，壟斷性競爭廠商面對的需求曲線為負斜率。

10-2 壟斷性競爭的短期利潤極大與長期均衡

異質產品的特性讓壟斷性競爭廠商擁有市場力量，因此廠商面對的是負斜率的商品需求曲線，這個結論和獨占廠商相同，即邊際收入小於平均收入。另一方面，由於產品差異不大，近似替代產品很多，這個特性比較接近完全競爭廠商的市場結構特性。所以，壟斷性競爭廠商面對需求曲線的斜率是介於完全競爭廠商需求曲線斜率(水平)與獨占廠商需求曲線斜率(負斜率)之間，一條較平坦的商品需求曲線。

10-2-1 短期均衡

在短期，壟斷性競爭廠商追求利潤最大，會選擇邊際收入與邊際成本相交的地方生產，以圖 10-1 為例，即 e 點。當產量是 Q_0 時，對應的價格是需求曲線上的 a 點。圖 10-1 的三個圖形和獨占廠商短期均衡的三個圖形完全相同。圖 10-1(a) 中，當壟斷性競爭廠商追求短期最大利潤生產 Q_0 時，價格 (a 點) 會高過平均成本 (c 點)，廠商享有正的利潤，如圖 10-1(a) 的灰色面積。圖 10-1(b)，當廠商生產最大利潤的產量 Q_0 時，價格 (a 點) 低於平均成本 (c 點)，但高於平均變動成本 (b 點)。雖然短期遭遇損失，但繼續生產仍可收回部分的固定成本，廠商會選擇繼續生產。圖 10-1(c)，當廠商生產均衡產量 Q_0 時，價格 (a 點) 低於平均變動成本 (b 點)，若選擇繼續生產，只會讓損失持續擴大，因為不但連固定成本無法回收，還要自付部分的變動成本。所以，壟斷性競爭廠商短期均衡的情況，與獨占廠商短期均衡的情況完全一致。

(a) $MR = MC$，$P > ATC$

(b) $MR = MC$，$AVC < P < ATC$

(c) $MR = MC$，$P < AVC$

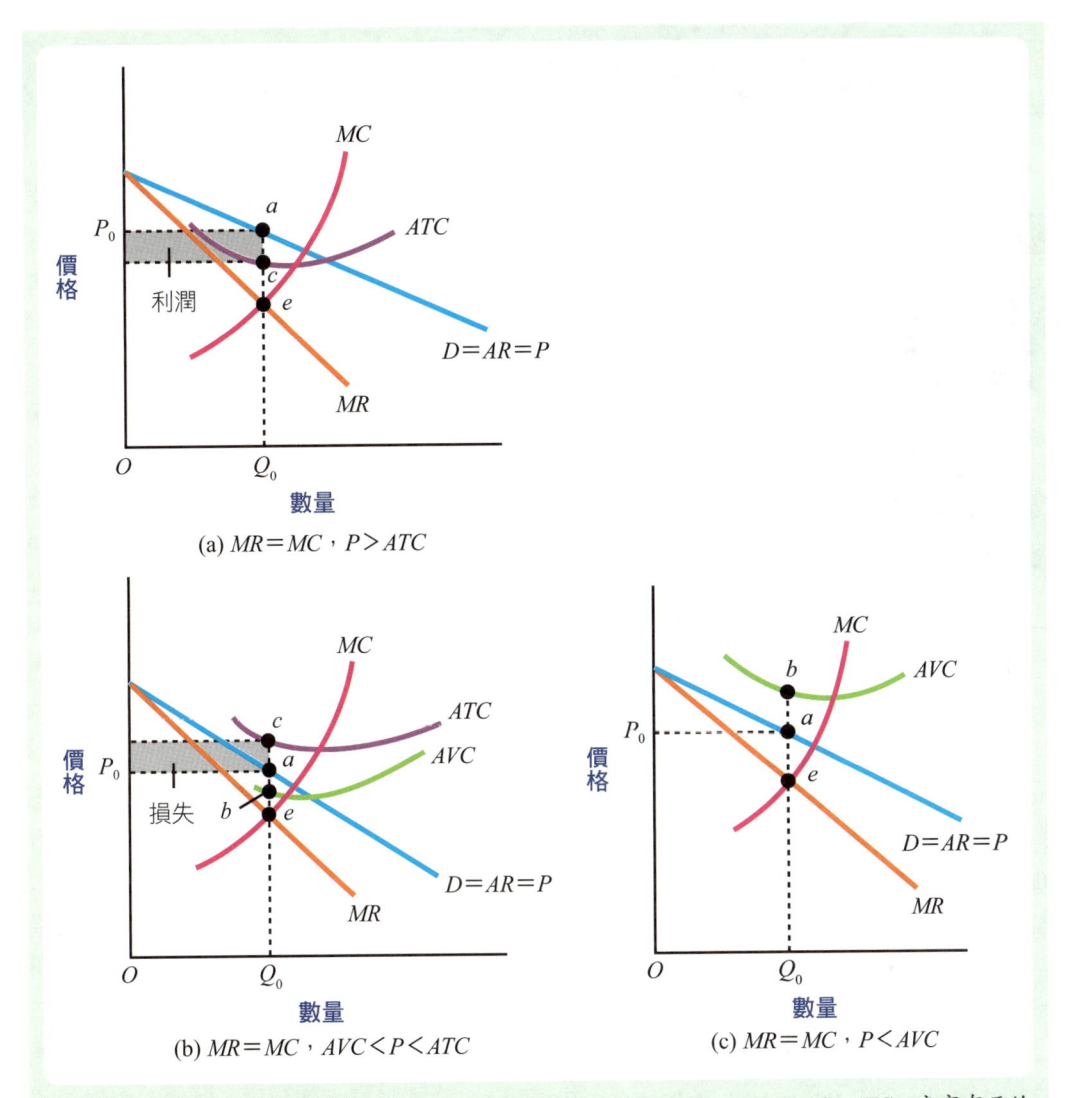

壟斷性競爭廠商短期均衡與獨占廠商短期均衡條件相同。(a) $MR = MC$，$P > ATC$，廠商有正的利潤；(b) $MR = MC$，$AVC < P < ATC$，廠商有損失，繼續生產；(c) $MR = MC$，$P < AVC$，廠商有損失，暫時歇業。

圖 10-1　壟斷性競爭廠商短期均衡

10-2-2　長期均衡

　　壟斷性競爭市場的特性之一是廠商可自由進出市場。在短期，若廠商享有超額利潤，潛在競爭者會在長期加入這個市場。雖然各家產品存在差異性，但新廠商的產品仍與現有產品相似，如洗髮精廠商會推陳出新來攻占市場，有時強調控油去屑，有時強調柔亮絲滑。所以，原有壟斷性競爭廠商會有部分客戶流失，原有廠商面對的商品需求，導致需求曲線向左移動。只要市場存在正的利潤，新廠商就會不斷加入，直到所有廠商只能賺取正常利潤才會停止。

產品差異化

葡萄酒以鋁罐包裝？啤酒也盛裝在細長的鋁罐內？為了要將產品的觸角延伸到更多消費者客群，許多飲料公司揚棄舊包裝，嘗試將產品以新包裝推出。

2004年8月24日，匹茲堡釀酒公司 (Pete's Beer Distributor) 宣布，在它的旗艦產品 Iron City Beer 引進12盎司的鋁罐包裝。期望能夠提升產品形象，並與優質的進口啤酒競爭。時任匹茲堡釀酒公司副總經理皮奇瑞利 (Joseph Piccirilli) 說："這是一種未來的包裝趨勢。"公司計畫投資30萬美元來修改裝瓶機器，以能處理新的鋁罐。

2004年夏初，加州納帕谷 (Napa Valley) 的酒商 Francis Ford Coppola Winery 推出粉紅鋁罐包裝的葡萄氣泡酒，四罐裝價格為20美元。這種時髦的6.4盎司鋁罐附了一支小吸管，以鼓勵大家品酒而非牛飲。為了要保存氣泡酒的原味，添加高分子化合物，以阻止鋁金屬與葡萄酒產生化學作用。酒廠老闆馬丁 (Erle Martin) 指出，新產品不僅重量更輕且更容易攜帶，冰得更快，喝完後也容易將空罐擠壓變平。

馬丁說："這種作法拓展酒的銷售領域，產品也更容易被消費者看見。"並估計首年可以賣出5萬箱。新的包裝讓啤酒與葡萄酒更吸引人且更容易飲用。雖然以鋁罐包裝葡萄酒有些突兀，但卻適合健走和釣魚的人攜帶，這使罐裝酒可以深入運動人口和音樂會場地。隨著時間經過，包裝在品牌差異化之間扮演愈來愈重要的角色。

公司期望它們的產品在展示架上能夠被消費者所注意，產品差異化是必須做的事。新的 Iron City Beer 鋁罐成本幾乎是玻璃瓶裝的2倍，每罐約30美分。但是，行銷部門總裁馬汀 (Edwaord Martin) 認為這是相當值得的，因為它不僅是那種一般在家裡飲用的大瓶易開罐飲料，也是那種你在酒吧裡會注意到的商品。

如第10-1節所述，產品差異化可能來自包裝、重量、香味等實質差異，但產品差異化也可能來自非實質差異。

根據2016年2月1日《經濟日報》報導，溫蒂連鎖漢堡，及強調健康養生的連鎖麵包餐廳潘娜拉 (Panera Bread) 大舉重新裝修店面；潘娜拉裝潢以科技為主題，在店中還有觸控平板數位點餐區；溫蒂漢堡則設置平板電視、壁爐、皮椅，強調溫馨的用餐空間；麥當勞在日本鬧出食安風暴後，試圖以開放式廚房來重獲消費者青睞。

資料來源：

Paul Glader and Christopher Lawton, "Beer and Wine Maker Use Fancy Cans to Court New Fans," *Wall Street Journal*, August 24, 2004, p. B1.

黃智勤編譯，"連鎖速食業，拉皮搶客"，《經濟日報》，2016年2月1日。

▲ 圖 10-2　壟斷性競爭廠商的長期均衡

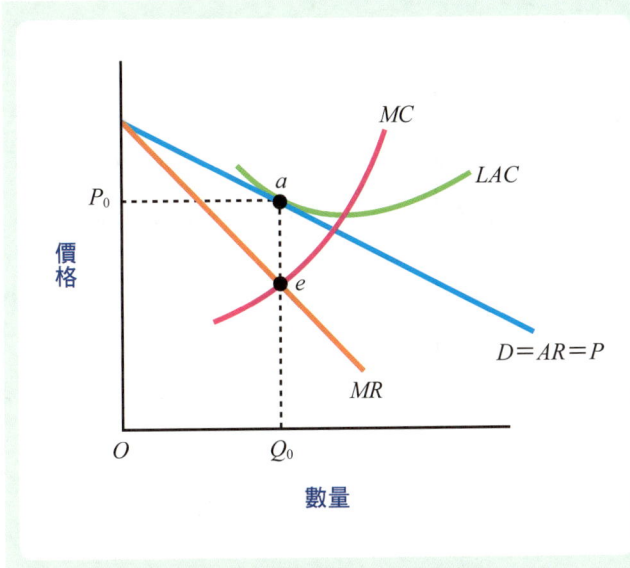

因為廠商可以自由進出，壟斷性競爭廠商長期經濟利潤等於零，$P = LAC$。

同理，短期廠商遭遇損失時，有些廠商會選擇在長期離開市場。因此，顧客流向留下的廠商，每一家廠商的需求增加，需求曲線向右移動，直到經濟利潤等於零時，廠商退出市場的動作才會停止。

以圖 10-2 為例，在長期，廠商追求利潤最大，選擇在 e 點生產 Q_0，價格和長期平均成本在 a 點相切，經濟利潤等於零。注意，在此假設廠商的長期成本不會隨著需求的增減而有變動。如果某些廠商具有獨特品牌且生產成本並不相同，則這些廠商在長期很可能有小額經濟利潤。一般而言，自由進出的特性，讓壟斷性競爭廠商長期均衡與完全競爭廠商長期均衡的結論相同：經濟利潤等於零。

10-3　壟斷性競爭與效率

圖 10-3 分別列出壟斷性競爭與完全競爭的長期均衡。在長期，兩個市場有一個相同的特性：廠商可以自由進出市場，經濟利潤等於零，壟斷性競爭廠商會在 m 點，邊際收入等於邊際成本的地方生產 Q_m，價格訂在 P_m (a 點)，如圖 10-3(a) 所示。完全競爭廠商的長期均衡在圖 10-3(b) 的 e 點，價格等於邊際成本等於長期平均成本，廠商的產量為 Q_c。若從技術效率 (生產效率) 和經濟效率 (分配效率) 觀點進行比較，兩個市場會有兩點差異：

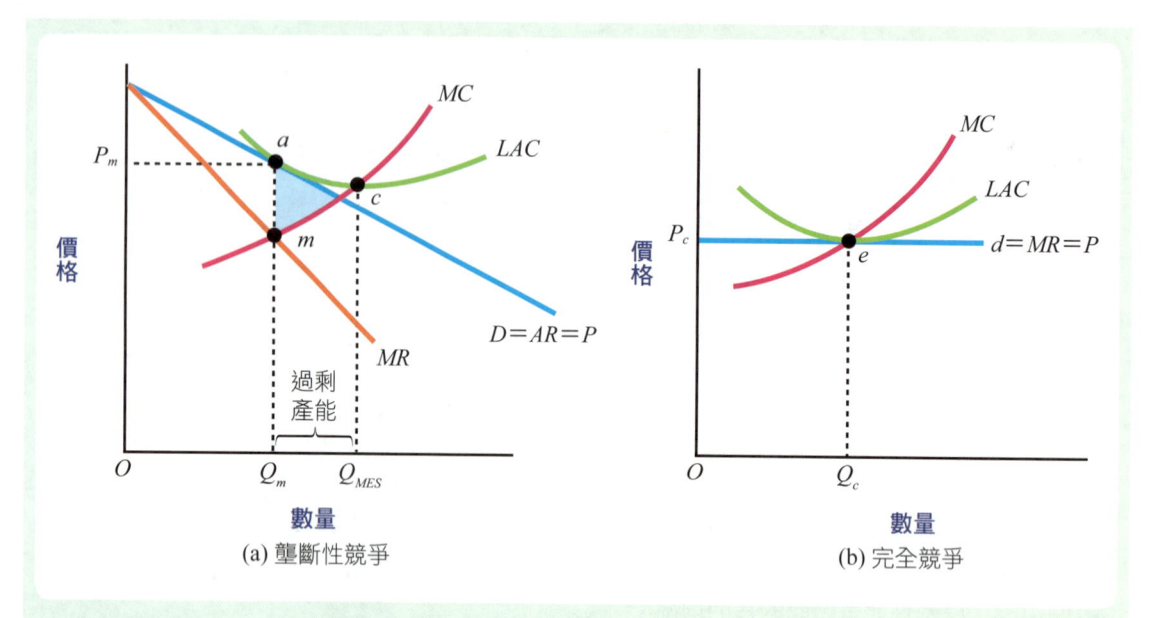

(a) 圖，壟斷性競爭廠商的長期均衡在 m 點，價格在 a 點。(b) 圖，完全競爭廠商的長期均衡在 e 點。若比較兩個市場的效率會發覺有兩點不同：(1) 壟斷性競爭在 Q_m 生產，其產量小於長期平均成本最低點下的產量 Q_{MES}。完全競爭在 Q_c 生產，是長期平均成本最低點也是最小效率規模產量 Q_{MES}。(2) 壟斷性競爭的市場價格高於邊際成本，完全競爭的市場價格等於邊際成本。

圖 10-3　壟斷性競爭與完全競爭

生產效率　如上所述，壟斷性競爭廠商長期生產 Q_m 產量。從圖 10-3(a) 觀察，Q_m 並非長期平均成本最低點下的產量 Q_{MES}。原因是產品差異性讓壟斷性廠商在長期面對的需求曲線具負斜率。如果長期經濟利潤必須等於零，價格與長期平均成本會相切於 a 點，而 a 點會在 c 點左邊 (因為 c 點的斜率等於零)。所以，壟斷性競爭廠商的產量 Q_m 會小於長期平均成本最低點的產量 Q_{MES}。長期平均成本最低點的生產規模稱為最小效率規模，而 Q_{MES} 是長期平均成本最低點的產量。

壟斷性競爭廠商選擇生產 Q_m 而不生產 Q_{MES}，代表長期時資源未達生產效率，這個現象稱為 **產能過剩** (excess capacity)；反之，完全競爭廠商的長期均衡是在長期平均成本的最低點生產，Q_c 是最小效率規模產量。在 Q_c，資源充分利用，且達生產效率。

分配效率　完全競爭與壟斷性競爭長期均衡的第二個差異在價格與邊際成本的關係。圖 10-3(b) 中完全競爭廠商的價格等於邊際成本。在圖 10-3(a)，壟斷性競爭廠商的價格在 a 點，邊際成本在 m 點，故價格大於邊際成本。

產能過剩　長期平均成本最低點產量與利潤最大產量之間的差距。主要是反映資源未能充分利用。

價格是消費者衡量最後一單位產量的邊際價值。如果邊際價值大於邊際成本，表示廠商增加產量，會讓消費者剩餘和生產者剩餘增加。換言之，當價格等於邊際成本時，社會總剩餘最大，社會已達分配效率。所以，完全競爭有分配效率，而壟斷性競爭沒有分配效率，無謂損失是面積 amc。

如果壟斷性競爭廠商沒有生產效率和分配效率而有無謂損失，政府是否應該加以管制？第 9 章討論自然獨占時，贊成應該管制的理由為自然獨占由一家廠商供給的成本較低，為了避免惡性競爭、影響消費者權益及提供一致的服務，市場由一家廠商來提供產品是最適情況。

壟斷性競爭與獨占的不同，在於壟斷性競爭市場有許多廠商，銷售異質產品，產品間的差異卻不大，消費者有許多近似替代品可供選擇。如果政府進行管制，要求每一家廠商實施邊際成本訂價法，面對為數眾多的廠商，政府管制的行政成本必定異常龐大。此外，邊際成本訂價法會讓每一家廠商在長期蒙受損失，政府要進行補貼來挽救所有廠商，則是一項不可能的任務。此外，新廠商可帶來**產品多樣性** (product variety) 的好處，多數的消費者對能夠選擇不同種類與品牌的產品，會有不同的認知。

10-4 廣 告

廣告的價值是多少？2020 年 2 月 29 日《聯合報》報導，NBA 湖人隊詹姆斯在對鵜鶘一戰下場休息時，隨手跟觀眾拿了一條糖果吃，行銷公司統計，此舉動替這款名為 "Red Vines" 的糖果做了免費行銷，一天左右等同 260 萬美元的各媒體平臺宣傳曝光。

當你打開電視時，上午時段有很多藥品廣告，晚間時段有各式的飲料廣告；如果播映的是運動節目，就會有一連串運動用品廣告。報紙、信箱、街道上，甚至網際網路，日常生活中無處不充滿廣告，壟斷性競爭廠商尤其注重廣告。這個市場的廠商銷售替代性高的異質產品，廣告能夠提高知名度，凸顯自己與它牌產品的不同，以提高市場占有率來增加廠商利潤。

為什麼 2020 年超級盃 30 秒廣告價格要 560 萬美元？從廠商的角度觀察，廣告可以區隔市場，建立顧客忠誠度，進而削弱對手競爭力，造成競爭者進入障礙。當消費者對商品的需求增加時，售價自然容易調高，廠商獲利就可增加。

至於從消費者角度，廣告又是扮演什麼樣的角色？贊成廣告者認為廣告提供消費者產品資訊，包括商品價格、商品內容、出售地點及新產品等。譬如，阿亮想買一臺筆記型電腦，他可以上雅虎奇摩網站、露天拍賣網站，或各家筆記型電腦廠商網站，蒐集價格、重量、配備、速度、售後服務等資料。不僅可省去往返店家的時間，還可以提供許多選擇與正確的資訊。想像如果沒有廣告，阿亮要花多少時間與金錢才能買到理想的筆記型電腦？

其次，廣告使資訊公開，廠商彼此間容易產生競爭，消費者也能以較低的價錢買到想要的商品，使消費者福利可以提高。最後，贊成者認為廣告可釋放產品的另一層涵義：品質。假設你走進運動用品專賣店，看到耐吉籃球鞋和一些不知名品牌的籃球鞋放在一起，即使沒有品牌知名度的球鞋便宜許多，你還是有較大的機會會選擇耐吉。因為耐吉花費大筆鈔票聘請詹姆斯、杜蘭特等知名球員做廣告，為球鞋品質提供一定的保證。消費者如果因為耐吉球鞋而產生運動傷害，對耐吉商譽的傷害就難以估計。因此，耐吉這個品牌名稱便代表某種品質的象徵。

另一方面，批評者認為廣告雖然提供部分資訊，但多數廣告企圖造成消費者主觀印象，操縱消費者心理。譬如，日本三得利 (Suntory) 威士忌廣告強調父子親情，從未涉及酒品本身的實質內容；中華汽車廣告也集中描繪兩代間的情感，對於汽車的安全、操控和省油均未提及。其次，廣告可能妨礙市場競爭。當廣告訴求產品差異，建立起消費者品牌忠誠度後，消費者會較不在意價格。譬如，耐吉的廣告深植年輕人的心底，即使籃球短褲較其它品牌稍貴，消費者也較不在乎。

有時候消費者無法分辨廣告內容的真實性。譬如，菲夢絲曾刊登報紙廣告，其內容容易讓消費者誤以為 18,000 元 "窈窕假期" 課程可以達到提高肌肉機能及促進體脂肪燃燒的功效。但根據衛生署專業鑑定意見，菲夢絲的 "窈窕假期" 課程及科學理論依據，並無系統敘述，也無臨床的報告依據。根據專家意見及醫學證據顯示，最有效的減重塑身方法應是從事規律且適當的運動。

10-5 結　語

壟斷性競爭市場填補完全競爭市場與獨占市場的部分缺憾。日常生活中有許多壟斷性競爭廠商的例子包括：餐廳、便利商店、加油站、報紙、連鎖藥房、洗髮精、電影、小說、運動商品、智慧型手機，還有超級市場的商品等。

產品差異性是壟斷性競爭市場最重要的一個特性。廠商為了凸顯差異，會使用一些非價格競爭手段，如創新品牌、改善產品品質、廣告或取得專利權等方式來進行品牌競爭，廣告是壟斷性競爭廠商最常用的一種方式。廣告是否浪費社會資源有正、反兩種意見：反對者認為廣告操縱消費者偏好，建立消費者盲目的品牌忠誠度、不實廣告會誤導消費者。贊成者認為廣告提供資訊、提供品質訊息及促進競爭。政府是否應當管制壟斷性競爭市場，從行政負擔、管理和產品多樣性來看，壟斷性競爭造成的無謂損失顯得微不足道。

摘要

- 壟斷性競爭市場有三個特性：為數眾多的廠商、產品差異化，以及自由進出市場。
- 壟斷性競爭廠商的短期均衡和獨占廠商的短期均衡條件完全相同。壟斷性競爭廠商的長期均衡是經濟利潤等於零，這個結論與完全競爭長期均衡的結論一致。
- 壟斷性競爭市場的長期均衡和完全競爭市場的長期均衡有兩點不同：(1) 產能過剩：壟斷性競爭廠商並未在長期平均成本最低點生產；(2) 價格高於邊際成本：壟斷性競爭廠商有無謂損失。
- 壟斷性競爭廠商為凸顯產品差異，會採取非價格競爭。譬如，改善產品品質、產品創新、廣告等。
- 廣告是壟斷性競爭廠商最常用的方式。廣告是否浪費社會資源有正、反兩面意見。支持廣告者認為廣告可以促進競爭、提供資訊及品質訊息等；反對廣告者則認為廣告只會操縱消費者偏好、建立盲目品牌忠誠度，而不實廣告更會誤導消費者。

習題

1. 下列何者敘述不是壟斷性競爭 (monopolistic competition) 市場的特性？
   (a) 產品間存在差異化
   (b) 廠商家數多於寡占市場
   (c) 個別廠商所面對的需求曲線都是水平線
   (d) 廠商有部分的訂價能力　　(108 年高考)

2. 獨占性競爭市場和完全競爭市場的長期均衡，具備的共同性質為：
   (a) 經濟利潤為零
   (b) 都位於平均成本最低處生產
   (c) 產品都是同質
   (d) 都在邊際成本小於平均成本處生產
   　　　　　　　　　(108 年關務特考)

3. 一壟斷性競爭廠商，短期的價格、數量和成本資料如下：
   (a) 請將空格填滿：

Q	0	1	2	3	4	5	6	7
P	100	90	80	70	60	50	40	30
FC	100	—	—	—	—	—	—	—
VC	0	50	90	150	230	330	450	590
TC								
TR								
Profit/Loss								

   (b) 最適產量為何？利潤為正或負？
   (c) 廠商短期應否停業？為什麼？

4. 完全競爭和壟斷性競爭兩個市場，都允許廠商長期可自由進出。為何兩個市場長期均衡下的產量不同？

5. 在長期，一個追求利潤最大的獨占性競爭廠商會：
   (a) 擁有零的經濟利潤，且具產能過剩
   (b) 擁有零的經濟利潤，但不具產能過剩
   (c) 擁有正的經濟利潤，且具產能過剩
   (d) 擁有正的經濟利潤，但不具產能過剩
   　　　　　　　　　　　(108年身心障礙改編)

6. 對於獨占性競爭市場而言，下列敘述何者正確？
   (a) 廠商為價格接受者
   (b) 長期存在超額利潤
   (c) 短期均衡也等於長期均衡
   (d) 個別廠商所面對需求曲線為負斜率
   　　　　　　　　　　　　　(108年普考)

7. 獨占性競爭市場中廠商長期利潤為零的原因為：
   (a) 廠商無法影響價格
   (b) 價格相對不穩定
   (c) 市場沒有進入障礙
   (d) 合作優於競爭　　　　(108年普考)

8. 在長期，一追求利潤極大的壟斷性競爭廠商，其生產是否有效率規模？請解釋之。

9. 壟斷性競爭市場的無謂損失是由價格大於邊際成本或價格低於邊際成本所引起？請以圖形說明。

10. 下列有關獨占廠商與獨占性競爭廠商的比較，何者正確？
    (a) 兩者皆有訂價能力
    (b) 兩者皆生產同質商品
    (c) 兩者在長期皆享有正利潤
    (d) 獨占廠商會造成社會福利損失，獨占性競爭廠商則不會

11. 下表是某廠商的平均收益 (AR)、邊際收益 (MR) 及其產量 (Q) 的關係，則該廠商最不可能身處在哪一種市場之中？

Q	1	2	3	4	5	6
AR	16	14	12	10	8	6
MR	16	12	8	4	0	−4

   (a) 完全競爭市場　(b) 獨占市場
   (c) 寡占市場　　　(d) 獨占性競爭市場
   　　　　　　　　　　　(108年初等考試)

12. 承上題，如果該廠商的邊際成本為 $MC = Q$，則它利潤極大的產量為何？
    (a) 1　(b) 3　(c) 4　(d) 5
    　　　　　　　　　　　(108年初等考試)

13. 在檳榔城中有多家檳榔攤，形成壟斷性競爭。其中"美味"檳榔攤的 $ATC = 50Q + 30,000$，面對的需求函數為 $P = 100 - 0.01Q$，如果政府強制每家檳榔攤繳 100 元健康捐。請問美味檳榔攤利潤最高下的訂價、銷售量是否改變？
    　　　　(104年臺師大全球經營與策略研究所)

14. 壟斷性競爭平均成本函數為 $LAC = q^2 - 12q + 40$，其中 q 為產量。在長期均衡時，產品價格為 8。其長期均衡產量是多少？
    　　　　　　　　　　　(102年成大政經所)

15. 李安身處壟斷性競爭的電影產業。電影公司運用廣告為其新作做宣傳，請問其加成 (價格大於邊際成本的部分) 會如何變動？
    　　　　　　　　　　　(104年政大商學所)

16. 廣告會使消費者獲利或遭受損失？為什麼？

17. 壟斷性競爭與獨占的相異處為何？兩個市場何者比較願意進行廣告促銷？

18. 請解釋"壟斷性競爭廠商的需求曲線比市場需求曲線平坦"。

19. 一壟斷性競爭廠商追求利潤最大的長期均衡為何？　　　　(102年政大商學所)

網路習題

1. 網路咖啡店是壟斷性競爭廠商的一種。最近連鎖漫畫店也難抵潮流，預備輔導加盟店進入網路咖啡店領域。請上網搜尋網路咖啡店資料，並整理其與連鎖漫畫店有何異同。

Chapter 11

寡　占

當你打算買一部 1800 c.c. 房車，上網搜尋會發覺有好幾種選擇：本田 Civic、豐田 Corolla Altis、裕隆日產 Sentra、馬自達 323、中華三菱 Lancer 和福特 Focus。每一車種的價格相近，性能配備也幾近相同，多數具備鋁合金鋼圈、恆溫空調、真皮座椅、觸控螢幕、藍牙、衛星導航等。

汽車市場的廠商行為是完全競爭、獨占或壟斷性競爭市場理論所無法解釋的。完全競爭市場的廠商數目眾多、規模很小，以致無法影響市場價格。獨占市場只有一個廠商面對整個市場，由市場需求來決定價格與產量。壟斷性競爭市場中有許多廠商，產品間替代性高，進入障礙門檻低。

前面三章的市場特性似乎無法完全解釋汽車市場的訂價與決策行為。在上面的例子可知，六家車商幾乎囊括 1800 c.c. 房車的市場，每家車種的功能配備大同小異，車商的決策似乎相互影響，新廠商不容易加入市場。具備這些特性的市場，我們稱為寡占市場。

最著名的寡占市場例子是石油輸出國家組織 (Organization of Petroleum Exporting Countries, OPEC)，OPEC 是在 1960 年由伊朗、

本章重點

卡特爾
價格領導
拗折需求曲線
賽局理論

伊拉克、沙烏地阿拉伯、科威特及委內瑞拉等國共同成立，1973 年又加入其它八個國家。OPEC 會員國控制世界約三分之二的油田。在 1974 年及 1979 年兩次成功地提高國際油價。1999 年下半年，OPEC 和墨西哥與挪威再次以限制產量方式提高油價。2008 年 7 月 11 日，美國原油期貨上漲至每桶 147.28 美元歷史高價。這種聯合漲價稱為**勾結** (collusion)，是寡占的一種。

> **勾結** 幾家廠商聯合起來共同決定價格與生產數量。

11-1 寡占市場的特性

寡占的特性是市場只有少數幾家廠商生產同質或異質產品。因為只有少數廠商存在，自家的生產與訂價決策會影響到其它競爭廠商的價格與利潤。**寡占市場**的特性有以下四點：

> **寡占市場** 市場只有少數幾家廠商生產同質或異質的商品，彼此間的決策會相互影響。

1. 廠商家數不多，主要廠商擁有市場力量。
2. 產品可為同質或異質。如果各廠商生產完全相同的產品，稱為同質寡占，如石油、鋼鐵及水泥。如果各廠商生產品質不同的產品，稱為異質寡占，如寬頻網路服務、智慧型手機、汽車、報紙。
3. 存在進入障礙。寡占廠商通常需要龐大的資本投入或高度科技技術，如原油進出口需要港口設施、煉油需要煉油廠、輸送原油需要油管；這些固定資本相當可觀，新廠商不易進入此種產業。
4. 廠商間**相互依賴** (interdependence)。寡占廠商在商品價格上彼此相互依存，因此商品價格不甚變動，稱為**價格僵固** (price rigidity)。汽車價格是個例子。每家廠牌的汽車其外觀與內裝均不相同 (異質)，但其銷售價格卻很少有變動 (除非是新款車的上市)，車商往往以非價格競爭 (廣告或增加車內配備) 來增加其銷售量。

寡占廠商不僅要追求自身利潤，還要顧及對手反應。因此，並沒有一個確定的模型可以用來分析寡占市場。在此我們將介紹其中的四種比較重要的模型：(1) 卡特爾；(2) 價格領導；(3) 拗折需求曲線；以及 (4) 賽局理論。

11-2 卡特爾

當市場只有幾家廠商時，為了避免惡性競爭並確保利潤，他們會聯合起來共同決定產品的價格與生產數量。聯合行為或稱為勾結，是廠商間彼此達成協議，來固定價格與限制產量。**卡特爾** (cartel) 就是廠商相互勾結形成獨占，並賺取獨占利潤的組織。OPEC 即屬卡特爾。

圖 11-1 是獨占廠商的圖形。卡特爾本質上就是獨占，它會選擇邊際收入與邊際成本曲線 (所有會員邊際成本曲線的水平加總) 的交點生產。產量為 Q_m，價格訂在 P_m，此時享有超額利潤。決定產量後，卡特爾組織成員會遵守協議共同生產 Q_m 的總產量，而利潤也由成員間共同分配。與完全競爭比較，卡特爾的市場價格高於完全競爭的市場價格，產量則低於完全競爭的市場產量，造成社會的無謂損失。

然而，卡特爾的組織極其脆弱，即使 OPEC 也無法長期維持高油價。其理由是：第一，廠商數目愈多，卡特爾愈難形成共識；第二，無法形成最適產量的分配。如果想要平均分配利潤，則成本高的廠商要比成本低的廠商分配到較多產量，如此勢必違反利潤極大化原則；如果要追求利潤最大，成本高的廠商勢必分配到較少的產量。成本高的廠商獲得利潤較少，容易心生不滿而退出卡特爾；第三，獨占力量長期難以維繫。卡特爾享有暴利，自然容易吸引廠商加入。在 2014 年 6 月到 2016 年間，美國頁岩油加入原油生產行列，加上全球經濟減速、市場需求疲軟，使原油價格崩跌每桶 30 美元以下。OPEC 在這段時期是名存實亡；第四是**作弊** (cheating)。當卡特爾成功限制產量，提高價格之際，組織成員有極高誘因打破協議。譬如，廠商祕密調低售價，以銷售更多產量，提高本身的利潤。這種現象在經濟不景氣階段尤其顯著。若每個成員都如此，卡特爾自然就會瓦解。

> **卡特爾** 廠商互相勾結，形成一個獨占組織，並賺取獨占利潤。

> 卡特爾組織是聯合壟斷，也就是獨占。因此產量低於完全競爭市場下的產量，價格也會高於完全競爭下的市場價格。

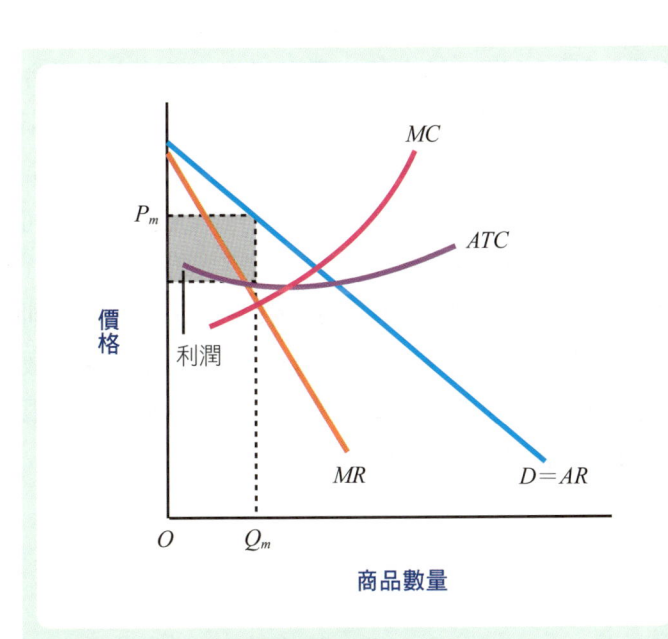

▲ 圖 11-1　卡特爾形同獨占

> **實例與應用　499 之亂**
>
> 臺灣 5G 在 2020 年 7 月展開，臺灣電信業陸續擺好架勢"固樁"，遠傳與台灣大哥大較為積極，除了 499 雙飽續約，還有 399 元與 319 元等不同優惠方案。
>
> 臺灣電信業在 2018 年 5 月母親節檔期推出 499 資費雙飽方案 (上網吃到飽和網內講到飽)，引爆空前排隊申辦熱潮，又稱"499 之亂"。
>
> 電信服務產業為寡占市場，大眾熟悉的五大電信包括中華電信、台灣大哥大、遠傳、亞太電信與台灣之星。根據國家通訊傳播委員會 (NCC) 公布 2019 年第 3 季行動通訊市場統計資訊，中華電信、台灣大哥大與遠傳的市占率分別為 36.31%、24.62% 及 24.43%，電信三雄合占市場 85.37%，整體行動通訊市場 HHI 值為 2,628.4，市場集中度 C4 值為 0.931。
>
> 而各家電信業者的行動通訊服務每月每用戶平均貢獻度 (ARPU) 從 2018 年第 2 季至 2019 年第 3 季呈逐季下滑趨勢，中華電信從 605.6 元下跌至 483.5 元，台灣大哥大從 558.4 元下跌至 468.1 元，遠傳從 579.1 下跌至 485.7 元。預期 5G 的開辦可吸引"較高價值顧客"而提高 ARPU。
>
> 資料來源：國家通訊傳播委員會，"2019 年第 3 季行動通訊市場統計資訊"，2019 年 12 月 26 日。

11-3　價格領導

卡特爾是公開形式的聯合行為，在反托辣斯的國家是不合法的，所以卡特爾大都屬於國際組織。除了公開的結合外，還有另外一種暗中的聯合訂價方式，廠商形成某種程度的默契，採取相同的價格。譬如，臺灣各家銀行的利率走勢相當一致。當中央銀行調整重貼現率或存款準備率，通常在隔日，幾個大型行庫，如臺灣銀行或合作金庫銀行，會率先宣布調整利率，其它公營行庫及民營銀行也會隨後跟進。

如果經常由同一家廠商進行價格調整，其它廠商接受既定的價格，則該廠商是**價格領導** (price leadership)，通常價格領導是產業中最主要的廠商。在臺灣，我們可以看到很多不同產業的價格領導者：銀行業的臺灣銀行；日系汽車的豐田；西式速食的麥當勞；24 小時便利商店的 7-Eleven。

價格領導　寡占市場由一家廠商先進行價格調整，市場內其它廠商會接受這個既定的價格。

11-4 拗折需求曲線模型

市場上某些廠商，即使面臨成本或需求變動，也不願更動價格，他們擔心降價會引發廠商間的價格戰爭，漲價又怕對手不跟進而流失客戶。譬如，《聯合報》與《中國時報》即使經歷國際紙漿價格波動和勞動成本上升，已數年仍維持一份報紙 10 元。所以，價格僵固是寡占市場另一個凸顯的特色。我們可藉由**拗折需求曲線模型** (kinked demand curve model) 來說明寡占市場中價格僵固的現象。

拗折需求曲線模型是基於一個簡單的概念：當一廠商降價時，其它競爭廠商會跟進降價以避免顧客被首先降價的廠商搶走。當一個廠商漲價時，其它廠商不會跟進，希望能搶到部分顧客。換言之，廠商在價格上的反應是"跟跌不跟漲"。

在圖 11-2，假設中華電信 HiNet 提供寬頻光世代網際網路服務，需求曲線 DD 代表中華電信如果調整價格，其它廠商不會跟進調整下，中華電信所面臨的光世代需求曲線 (較有彈性)。譬如，中華電信每月費用由 600 元降低到 400 元。如果其它廠商維持原價，許多使用者就會轉租中華電信的光世代，中華電信的業務量將大增。同理，若中華電信調漲光世代費用到每月 800 元，由於其它廠商並未跟著調漲，中華電信將流失很多客戶至其他業者。

需求曲線 $D'D'$ 表中華電信調整價格，其它公司也會跟隨調整下，中華電信所面臨的需求曲線 (無彈性)。譬如，假設中華電信將光世代月租費

> **拗折需求曲線模型**
> 當一廠商降價時，其它競爭廠商會跟進降價。當一廠商漲價時，其它廠商不會跟進。

> 原先價格在 P_0、產量在 Q_0，DD 是對手廠商不會跟進的需求曲線，$D'D'$ 對手會跟進的需求曲線。如果對手是"跟跌不跟漲"，則廠商面臨的需求曲線是 DaD'，邊際收入曲線是 $DbcM'$。

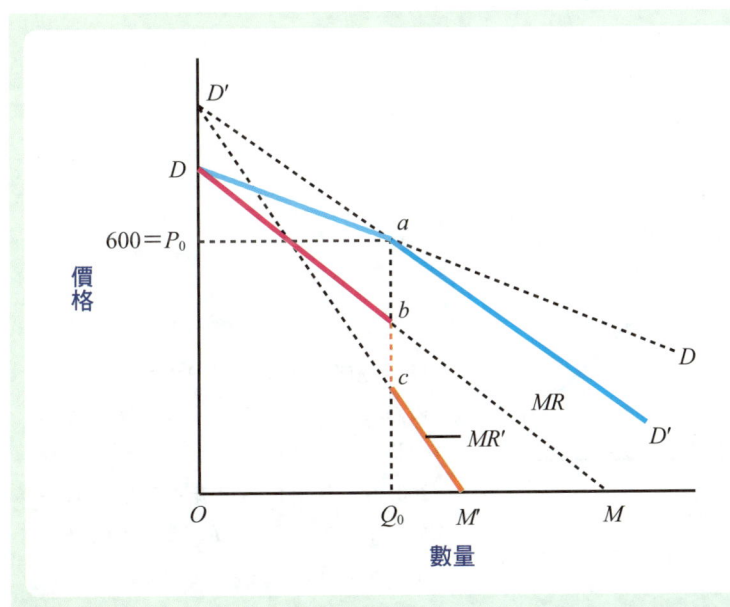

▲ 圖 11-2　拗折需求曲線模型

由每月 600 元調降至 400 元，因為其它公司也跟進調降至 400 元，中華電信只能吸引到少數顧客。同樣地，中華電信調漲月租費到 800 元，其它對手也跟進調漲至 800 元，中華電信也只會損失少數顧客。

實際的狀況是，如果中華電信降價，其它廠商會隨之降價，中華電信面臨的需求曲線是 aD' 部分；而中華電信漲價，其它廠商以不跟進來吸引中華電信的客戶時，中華電信所面臨的需求曲線應該是 Da 部分。因此，在其它廠商對價格的反應為"跟跌不跟漲"下，中華電信所面對的市場需求曲線是 DaD' 實線部分，在 a 點處拗折，稱為拗折需求曲線。

由於需求曲線 DaD' 是拗折的，對應的邊際收入曲線也不會是一條直線。對應需求曲線 DD 的邊際收入曲線是 DM，而 D'D' 的邊際收入曲線是 D'M'。在中華電信面臨的需求曲線是 DaD' 下，實線 Da 需求曲線的邊際收入曲線是 Db，而實線 aD' 需求曲線的邊際收入曲線是 cM'，所以中華電信面臨的邊際收入是 DbcM' 線。

如果中華電信光世代的邊際成本是圖 11-3 中的 MC 曲線。廠商追求利潤最大是選擇在 MC 和 bc 部分的 MR 交點處生產。此時，中華電信有 200 萬個客戶，每戶月租費是 600 元。如果因為纜線價格變動而導致成本結構變動 (MC_1 或 MC_2)，中華電信不會調整任何價格。換言之，中華電信只有在邊際成本高過 b 點或低於 c 點時才會調整價格。這也是寡占廠商能夠維持價格不變的原因。

有些經濟學家對拗折需求曲線模型提出質疑：模型本身似乎只有描述價格僵固現象，並沒有解釋價格 P_0 是如何產生。

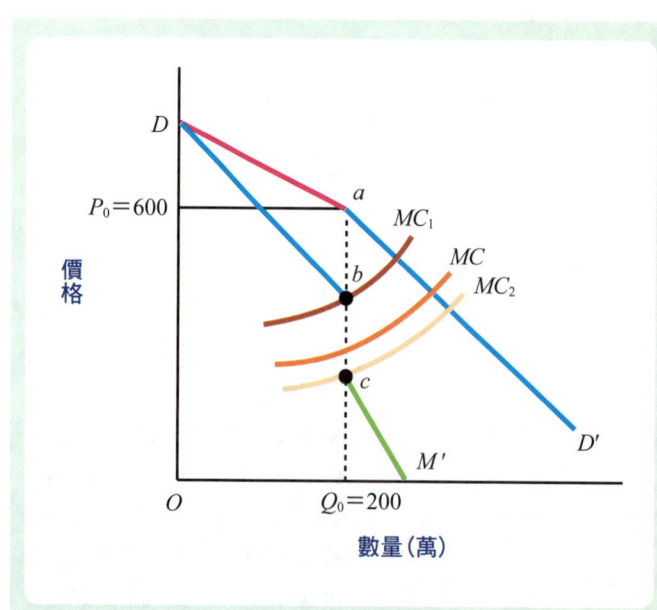

假如邊際成本曲線是 MC，邊際收入曲線是 DbcM'，廠商追求利潤最大的價格在 P_0，等於 600 元，產量 Q_0 等於 200 萬。無論成本上升或下跌，只要 MC 曲線在 MC_1 與 MC_2 之間，價格仍維持在 600 元。

圖 11-3　價格僵固

11-5 賽局理論

寡占市場的基本特色是每一家廠商做決策時，會考慮對手的反應。前面三個模型描述寡占市場的價格與產量決策。然而，有些廠商行為並未被詳細討論。譬如，為何廠商在某些市場會相互勾結，在某些市場又彼此競爭？面臨需求或成本的改變，廠商應做何反應？

1944 年，馮紐曼 (John von Neumann) 教授和摩根斯坦 (Oskar Morgenstern) 教授共同發表《賽局理論與經濟行為》(Theory of Game and Economic Behavior)，書中探討廠商間策略性行為。以橋牌為例，假設你參加線上遊戲對打，在不知對手是誰的情況下，你必須從叫牌中瞭解各家的點力、張數分配情形。在打牌過程中，必須熟記對手所出每一張牌的大小花色，以及對手出牌的暗號，如此才能夠打出一副好牌。

賽局理論 (game theory) 又稱遊戲理論或博弈理論，是研究參賽者 (廠商) 面臨各種策略的行為。任何賽局都有三個基本元素：

1. 參賽者 (players) 和遊戲規則 (rules)。
2. 策略 (strategies)。
3. 報酬 (payoffs)。

我們以下面的例子來說明為何這三個元素可以構成賽局理論的基礎。在啤酒尚未開放進口前，台灣啤酒一直是市場的最愛。在啤酒開放進口後，美國、荷蘭、德國、日本，甚至中國的青島啤酒等相繼進入臺灣的啤酒市場。其中，海尼根啤酒以其清淡香醇的口感，成為除了台灣啤酒外的領導品牌。目前啤酒的競爭已經擴及到廣告上，海尼根強調國際路線，台灣啤酒曾請五月天代言，走本土路線。

假設台灣啤酒決定請陳偉殷和林俊傑來加強廣告陣容，而海尼根決定不增加廣告支出。在這種情況下，台灣啤酒每週會有 800 萬元的利潤，而海尼根每週利潤只有 200 萬元。如果兩家公司都增加廣告支出，兩者利潤都會增加 500 萬元；相反地，若海尼根增加廣告支出，而台灣啤酒仍維持原廣告金額，則海尼根每週利潤是 800 萬元，而台灣啤酒是 200 萬元。若兩家不打廣告戰，都維持原來支出，則兩者的利潤各是 600 萬元。

若將啤酒的例子當成一個賽局，三個基本元素所指為何？首先，參賽者是兩家啤酒公司：台灣啤酒及海尼根啤酒。策略是指增加廣告支出或不增加廣告支出。報酬為策略選擇下的利潤。至於參賽規則是每一家公司企圖爭取最大的利潤。我們可將本例以圖示方式來呈現參賽者、策略及報酬等相關資訊稱為**報酬矩陣** (payoff matrix)，如圖 11-4 所示。

> **賽局理論** 研究參賽者面臨各種策略的行為。

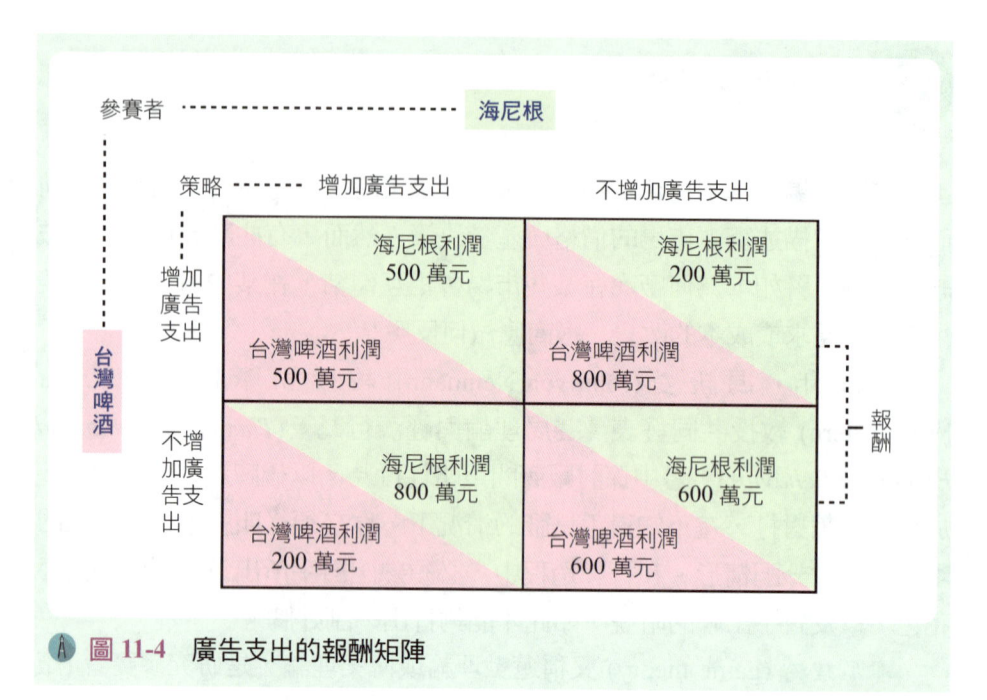

	海尼根	
策略	增加廣告支出	不增加廣告支出
台灣啤酒 增加廣告支出	海尼根利潤 500 萬元 台灣啤酒利潤 500 萬元	海尼根利潤 200 萬元 台灣啤酒利潤 800 萬元
台灣啤酒 不增加廣告支出	海尼根利潤 800 萬元 台灣啤酒利潤 200 萬元	海尼根利潤 600 萬元 台灣啤酒利潤 600 萬元

▲ 圖 11-4　廣告支出的報酬矩陣

11-5-1　囚犯兩難賽局

在賽局理論中有一個古典的例子叫**囚犯兩難** (prisoner's dilemma)，描述現實生活中，寡占廠商維持合作的困難。這個例子告訴我們，即使廠商間合則兩利，但他們的選擇不必然是最佳結果。接下來以一個假想的例子來說明囚犯兩難的賽局。

魯夫與魯邦在闖空門時恰好被警察撞見而被抓，由於罪證確鑿，法官判刑 1 年。警方還懷疑他們涉及地方農會搶案，只是苦無證據，無法破案。因此，警方決定將他們隔離偵訊，並分別提供兩人以下的條件：現在是判刑 1 年，即將發監服刑；如果魯夫承認涉及農會搶案，並指證魯邦涉案，魯夫將轉為污點證人，獲無罪釋放，魯邦會被法官求刑 20 年；如果兩人都主動承認涉案，法官會依自首處分從輕量刑，各判 5 年刑期。

魯夫與魯邦馬上面臨的困難抉擇是：到底是承認還是不承認？圖 11-5 整理出他們的選擇。在這個報酬矩陣中，參賽者是魯夫與魯邦，使用的策略是承認搶劫與否認搶劫，獲得的報酬是圖中的四個結果：各判刑 1 年；各判刑 5 年；一人被判刑 20 年、另一人無罪開釋。遊戲規則是警方採取隔離偵訊。

從魯夫的角度看，他會做以下的推理：因為隔離偵訊，無從得知魯邦的情況。如果魯邦保持緘默，魯夫的最佳策略是承認搶劫。因為否認會被

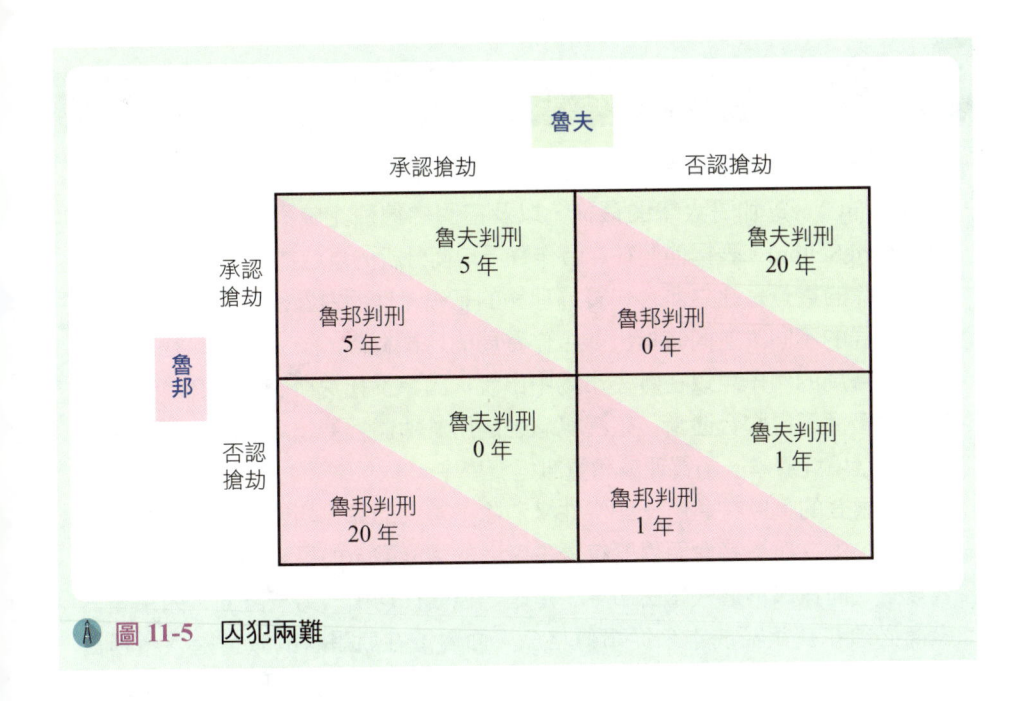

	魯夫	
	承認搶劫	否認搶劫
魯邦 承認搶劫	魯夫判刑 5 年 / 魯邦判刑 5 年	魯夫判刑 20 年 / 魯邦判刑 0 年
魯邦 否認搶劫	魯夫判刑 0 年 / 魯邦判刑 20 年	魯夫判刑 1 年 / 魯邦判刑 1 年

圖 11-5　囚犯兩難

判刑 1 年，承認則無罪獲釋。如果魯邦招供，魯夫的最佳策略是承認搶劫。理由是否認會被判刑 20 年，承認則只判刑 5 年。因此，不管魯邦的策略如何，魯夫的最佳策略是承認搶劫。

當參賽者選定最佳策略，而不管對手的選擇時，這個策略稱為**優勢策略** (dominant strategy)。在這個例子，魯夫的優勢策略就是承認搶劫。無論魯邦做何種決策，只要魯夫認罪就可少蹲苦窯。在上述啤酒的例子中，不管海尼根的策略如何，台灣啤酒的優勢策略就是增加廣告支出。

現在來看魯邦的選擇。他面對與魯夫一樣的條件，且推理和魯夫相同。認罪是魯邦的優勢策略，也就是不管魯夫的策略決定，承認搶劫可讓自己的刑期減少。

但結果卻是魯夫與魯邦都承認搶劫，各被判刑 5 年。這並非最好的結局，因為對兩人最好的結局應該是死不認罪，兩人只會被判刑 1 年。魯夫與魯邦都選擇個人的優勢策略，卻共同達成對自己最糟的結果。

魯夫與魯邦都認罪的結果是賽局的均衡解，這個觀念在 1951 年首先由數學家聶徐 (John F. Nash) 提出，故稱此均衡為**聶徐均衡** (Nash equilibrium)。這個例子告訴我們一個事實：現實生活中，廠商合作是很困難的。即使魯夫與魯邦有機會串供，但只要一隔離偵訊，兩人的優勢策略都是認罪，合作不可能存在。

聶徐均衡　在對手的策略既定下，每位參賽者均選擇最佳策略時的狀態。

實例與應用：1994 年諾貝爾經濟學獎：非合作賽局的先驅者

1994 年的諾貝爾經濟學獎頒給三位教授：加州柏克萊大學的哈薩伊 (John C. Harsanyi)、芝加哥大學的聶徐，以及德國佛德烈克威爾漢大學的薩爾登 (Reinhard Selton)，表揚他們在非合作賽局均衡分析的卓越貢獻。

聶徐的貢獻是建立非合作賽局理論的基礎。他明白區別出合作賽局與非合作賽局的不同，並同時指出非合作賽局的均衡概念，後人稱為聶徐均衡。非合作賽局的例子可以在寡占市場中出現，因為反托辣斯法的存在，使市場的少數廠商不得聯合壟斷。這種概念也適用於總體經濟領域中的經濟政策、資源與環境經濟學、國貿理論和資訊經濟學中。

薩爾登的貢獻在運用一些條件來消除不重要的聶徐均衡。譬如，在一獨占市場，潛在競爭者會面對既存獨占廠商的價格戰。如果競爭者認為價格戰會發生，而採取不進入獨占市場，這是一種聶徐均衡。另一方面，如果獨占廠商必須花費鉅額成本來從事價格戰。面對潛在競爭者的威脅進入，獨占廠商不會從事價格戰，這也是聶徐均衡。薩爾登提出次賽局完全 (subgame perfection) 的概念──唯有值得信賴的威脅才是考慮的重點。

哈薩伊的貢獻是不完全資訊下的賽局理論。聶徐均衡是植基於參賽者知道每個競爭對手的偏好。哈薩伊認為每一位參賽者面對許多不同的偏好型態及主觀機率，參賽者會在不完全訊息下選擇自己的策略。譬如，金融市場及上市公司並不知道央行對失業率和通貨膨脹間抵換關係的偏好情形。根據哈薩伊的研究，最簡單的情況是央行有兩種策略：一是緊縮貨幣以對抗通貨膨脹；另一是寬鬆貨幣來降低失業，這兩種策略各有其主觀機率存在。

聶徐均衡是在對手的策略既定下，每一位參賽者選擇最佳策略時的狀態。將上面的分析運用在啤酒的例子，台灣啤酒的優勢策略是增加廣告支出，海尼根啤酒的優勢策略也是增加廣告支出。賽局的聶徐均衡是兩家公司都增加廣告支出，各自賺取利潤 500 萬元，這個結果並不是最好的。最好的結局應該是兩家公司都不要增加廣告支出，且維持原來的廣告額度，此時兩家廠商各自賺取 600 萬元。

從臺灣看天下　　美麗境界

對抗恐怖攻擊是一件非常不容易的工作。任何的政府政策，包括戰爭，都蘊含成本和利益。傳統的經濟分析是否有助於消弭恐怖攻擊？自 1970 年代末期，有許多學者從事相關研究，雖然研究成果令人沮喪，但結論卻發人深省。

恐怖攻擊的成本是什麼？911 恐怖攻擊事件導致消費者支出與航空事業嚴重萎縮，其對保險成本、新的建築安全規範，以及飛航安全有深遠影響，也造成人民心理與感情上的創痛。當一個國家經常處於恐怖主義氛圍，其國內外投資都會受阻，而阻止恐怖攻擊將有數不清的益處。

更精細的經濟分析是如何打贏這場防止恐怖攻擊的戰爭。一個方式是觀察恐怖份子，如同觀察消費者，為他們受限於金融資源──恐怖份子的戰術與人數。恐怖份子的行為有其效用，即造成政治不穩定性 (有如消費者的滿足慾望)。

第一個從消費者選擇角度分析恐怖主義的學者蘭迪斯 (William Landes) 指出，自 1973 年美國機場設置金屬探測器後，接下來的三年，劫機事件大幅減少。但就像是消費者不會停止購買物品，恐怖份子會轉向其它方式替代。

南加大的桑德勒斯 (Todd Sandlers) 教授與阿拉巴馬大學的恩德斯 (Walter Enders) 教授運用賽局理論來分析恐怖主義。恩德斯說：「我們利用賽局理論──假設恐怖份子的瘋狂是理性行為──來分析恐怖攻擊。」他們指出，恐怖份子尋求以其它方式避開金屬偵測器，其中最有效的是液體炸彈。譬如，美國機場自 1973 年裝置金屬偵測器後，劫機事件從 70 件減少至 16 件；但人質劫持事件從一年 20 件增加至一年 48 件，暗殺事件也從一年 20 件上升至一年 36 件。同樣地，美國自 1976 年大使館強化保護措施後，美國外使館受攻擊次數從 28 件減少至 20 件；取而代之的是，外交官與士兵在外遭受攻擊的次數從一年 20 件增加至一年 53 件。

恐怖份子會分配資源讓報酬 (製造恐怖氣氛、占領媒體版面及造成政治不穩定) 達到最大。反恐政策最好的方法不是保護攻擊目標，而是減少恐怖份子的資源：找出訓練基地與藏匿武器的場所，斷絕金錢來源並滲透進入其組織。

賽局理論指出恐怖主義的陷阱。若 A 國是恐怖份子的目標，A 國會加強邊境管制和保護更多的目標。恐怖份子則會將目標轉向 B 國，而 B 國也會有更多反恐上的支出。結果就像是囚犯兩難賽局，兩個國家競相將資源投入反恐行動上。恩德斯：「國家花費愈來愈多資源在反恐，並不必然使國家變得更安全。」聶徐均衡顯示，最理性的行動不一定是聯合利益的最大。運用到恐怖主義，追求自我利益的結果是悲劇發生。

2005 年的諾貝爾經濟學獎得主歐曼 (Robert J. Aumann) 與謝林 (Thomas C. Schelling) 以賽局理論協助眾人瞭解各式各樣的衝突與合作，包括貿易紛爭、幫派犯罪等。

謝林在冷戰時期發展出的理論指出，面對攻擊時，反擊的能力比抵禦的能力更有用，而且最好不要讓敵人得知自己的反擊方法。

資料來源：

Jeff Madrick, "Effective Victory in the War against Terror Hinges on Cutting off Resources," *New York Times*, May 21, 2002, p C.2.

Sharon Begley, "A Beautiful Mind: Getting the Math Right Can Thwart Terrorism," *Wall Street Journal*, May 16, 2003, p. B.1.

Jacob, Olidort, "The Game Theory of Terrorism," *Foreign Affairs*, December 10, 2015.

11-5-2 寡占與囚犯兩難

囚犯兩難賽局可以用來解釋寡占廠商的行為。在寡占市場，如果每一個廠商能夠聯合起來並遵守協議，就能夠達到最大利益，卡特爾就是一個例子。賽局理論能夠幫助說明為何卡特爾組織如此脆弱，正如同卡特爾成員有強烈作弊的傾向，使卡特爾的協定難以在長期維繫，成員之間彼此缺乏長期互信的基礎。

假設臺灣的有線電視系統業者，只有兩家廠商：凱擘與中嘉。這是一個**雙占** (duopoly) 市場，也就是市場中只有兩家廠商，提供性質相近或完全相同的商品。行政院新聞局規定系統業者向消費者索取月租費不得超過 600 元。目前兩家業者的月租費皆為 600 元，提供的頻道數目相同。如果兩家業者間存在某種默契，不準備從事非價格競爭，則凱擘與中嘉可以聯合壟斷市場，而形成一個獨占。但是，如果新聞局允許增加頻道數目，其中一家廠商為了提高市場占有率而從事非價格競爭。非價格競爭會使業者利潤產生若干變動。圖 11-6 整理出凱擘與中嘉的報酬矩陣。

假設你是凱擘的老闆，你會做兩種推論：遵守默契或偷偷增加頻道數目。如果中嘉遵守協議，維持原頻道數目，則凱擘的優勢策略是增加頻道數目。理由是增加頻道數目的利潤 8 億元大於不增加頻道數目的利潤 7 億元。如果中嘉不遵守協議而增加頻道數目，凱擘也跟進，則可賺 5 億元優於不跟進的 3 億元。凱擘的優勢策略是增加頻道數目。因此，不管中嘉的策略如何，凱擘會選擇增加頻道數目而破壞協議，增加頻道數目是凱擘系統業者的優勢策略。同理，中嘉會做相同推理。增加頻道數目也是中嘉系

雙占 市場只有兩家廠商，生產性質相近或完全相同的商品。

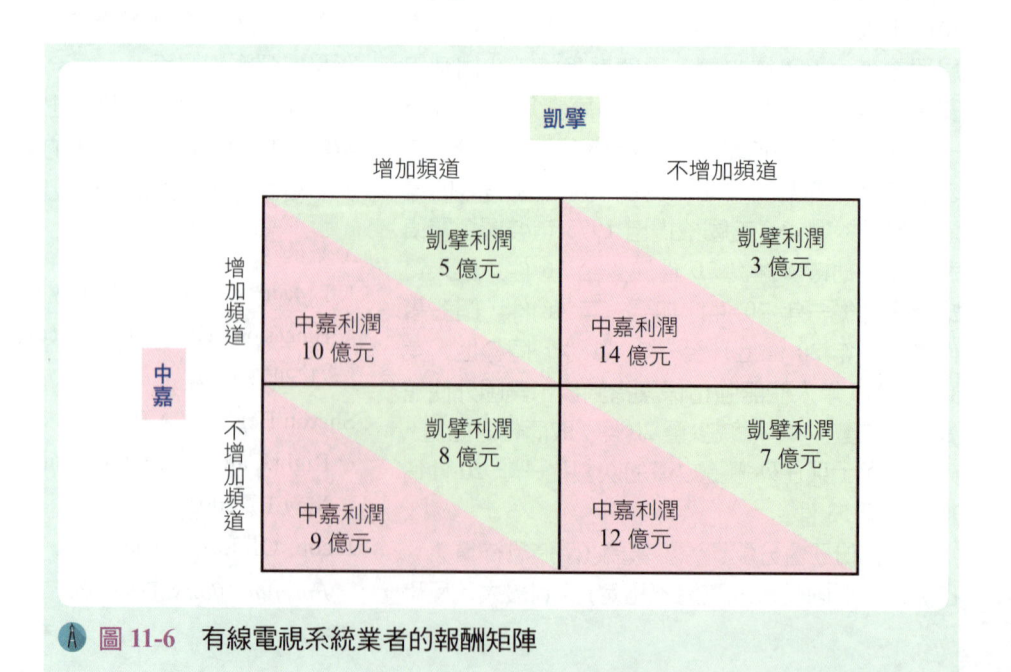

	凱擘 增加頻道	凱擘 不增加頻道
中嘉 增加頻道	凱擘利潤 5 億元 / 中嘉利潤 10 億元	凱擘利潤 3 億元 / 中嘉利潤 14 億元
中嘉 不增加頻道	凱擘利潤 8 億元 / 中嘉利潤 9 億元	凱擘利潤 7 億元 / 中嘉利潤 12 億元

▲ 圖 11-6　有線電視系統業者的報酬矩陣

統業者的優勢策略。結果：兩家均選擇增加頻道數目，這是聶徐均衡。可惜的是，這個結果是較差的。最好的結果是兩家聯合壟斷，賺取獨占利潤(凱擘 7 億元，中嘉 12 億元)。

這個例子告訴我們，寡占廠商很難維持獨占地位。對廠商而言，獨占利潤是最合理的結果。但只要廠商追求自身利益的最大，就會使獨占組織瓦解，廠商產量增加。從社會福利角度觀察，競爭下的總剩餘大於聯合壟斷的總剩餘。所以，在這個例子裡，聶徐均衡產生的社會福利較獨占的福利水準高。

11-6 結　語

寡占市場只有少數幾家廠商，廠商間的行為相互影響。由於市場瞬息萬變，廠商決策行為複雜，並沒有一個經濟模型可以完整描述寡占市場的廠商行為。多數廠商必須同時顧及自身利益和對手廠商的共同利益。若是聯合壟斷，廠商可共享獨占利潤；若是追求自身利益，可能趨向競爭結果。

根據《公平交易法》第 7 條：

> 本法所稱獨占，指事業在相關市場處於無競爭狀態，或具有壓倒性地位，可排除競爭之能力者。
>
> 二以上事業，實際上不為價格之競爭，而其全體之對外關係，具有前項規定之情形者，視為獨占。

由此可見寡占市場之勾結，亦被視之為獨占。

摘要

- 寡占市場的特色是廠商家數少，彼此間行為相互影響，進入障礙高，價格僵固，並從事非價格競爭。
- 寡占廠商若勾結成卡特爾，就可享有獨占利潤。成員間如果成本差距大，廠商家數過多或個別廠商企圖追求自身利潤最大，均會導致成員間合作不易。
- 價格領導是一種暗中的勾結行為，通常大廠商決定價格後，其它廠商會依據其價格來訂價。
- 拗折需求曲線是說明寡占市場中價格僵固的現象。
- 賽局理論是參賽者策略與行為的研究。有三個基本元素：參賽者和遊戲規則、策略，以及報酬。
- 囚犯兩難賽局說明寡占廠商若追求自身利益的最大，廠商間不可能合作。

習題

1. 目前臺灣的主要電信業者包含有中華電信、台灣大哥大、遠傳電信與亞太電信，請問臺灣的電信市場偏向屬於哪一類型的市場結構，並說明理由。(98年輔大企管)

2. 假設一小鎮上李威和凱文兩戶人家擁有水井且可出售飲用水。為簡單起見，假設李威和凱文生產水的成本為零，因為水的邊際成本等於零。下表為小鎮每週對水的需求、價格和總收入的資料：
   (a) 若李威和凱文聯合壟斷市場，請問利潤最大的價格為何？
   (b) 若水市場為完全競爭而非獨占，請問水的數量為何？
   (c) 若《公平交易法》禁止李威和凱文形成聯合壟斷，請問聶徐均衡的價格為何？

每週數量	價格	總收入(總利潤)
0	$12	0
10	11	110
20	10	200
30	9	270
40	8	320
50	7	350
60	6	360
70	5	350
80	4	320
90	3	270
100	2	200
110	1	110
120	0	0

3. 在寡占市場中，相較於廠商競爭的情況，廠商勾結將導致：
   (a) 生產者剩餘下降
   (b) 社會福利上升
   (c) 消費者剩餘下降
   (d) 社會福利不變　　　(108年勞工行政)

4. 假設鑽石的價格和購買量如下：
   如果鑽石的邊際成本固定在1,000元。
   (a) 假設有許多鑽石供應商，其價格與數量如何決定？

價格	購買量
8,000	5,000
7,000	6,000
6,000	7,000
5,000	8,000
4,000	9,000
3,000	10,000
2,000	11,000
1,000	12,000

   (b) 假設只有一個供應商，其價格與數量如何決定？
   (c) 假設有兩個供應商，且平分市場，兩家勾結形成卡特爾，則數量與利潤如何決定？如果其中一家提高產量1,000顆，另一家遵守卡特爾協議，數量及利潤會如何變化？

5. 某小鎮只有兩家生產同質商品的店，兩家店的邊際生產成本都是10，且因為兩家都在自家開店，故都沒有固定成本。它們從事價格競爭。下列有關長期均衡結果的敘述何者錯誤？
   (a) 兩家店的價格相同
   (b) 兩家店的利潤都是正值
   (c) 兩家店的產量相同
   (d) 消費者剩餘為正值　　(108年關務特考)

6. 拗折需求曲線如何解釋價格僵固現象？請舉出現實生活中，哪些行業是寡占市場且具價格僵固特性？

7. 假設有兩家冰淇淋店：小美和義美。兩者均可生產高品質或低品質的冰淇淋，其利潤報酬矩陣如下：

義美／小美 報酬矩陣

	小美 低品質	小美 高品質
義美 低品質	小美 −30／義美 −20	小美 600／義美 900
義美 高品質	小美 800／義美 100	小美 50／義美 50

(a) 聶徐均衡為何？
(b) 合作的均衡為何？
(c) 哪一家廠商從合作均衡中獲利最多？合作均衡，至少應該支付多少給另一家廠商，才有勾結出現？

8. 假設有三井和華泰兩家暢貨中心，兩家店都希望能擴充店面及停車空間以吸引更多顧客上門。下圖為兩家暢貨中心的報酬矩陣。

	三井 擴充店面和停車場	三井 不擴充店面和停車場
華泰 擴充店面和停車場	三井 50／華泰 65	三井 25／華泰 275
華泰 不擴充店面和停車場	三井 250／華泰 35	三井 85／華泰 135

(a) 假設三井和華泰都採取優勢策略，華泰與三井的利潤各是多少？
(b) 價格均衡是多少？
(c) 若兩家暢貨中心老闆有一天餐敘，相談甚歡。並討論追求最大利潤的策略，請問兩家暢貨中心將採取何種策略？

9. 假設有四家同質廠商，其邊際成本 $MC = 20$，面對整個市場的需求函數 $P = 40 - 0.01Q$，目前每家廠商價格都訂在完全競爭價格上。但他們考慮聯合壟斷來併購 TVBS，他們認為需付出一筆資金以確保契約維持。請問每家廠商願意付出多少，此協議才具強制力？
(102 年中興應經所)

10. 假設臺灣與美國兩國貿易的報酬矩陣如下：

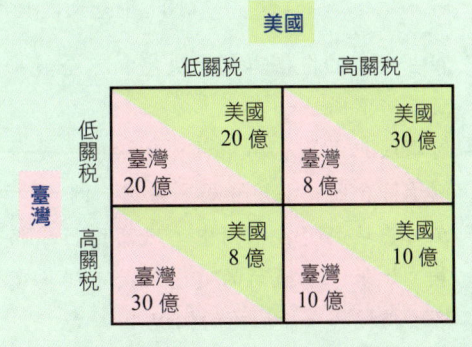

	美國 低關稅	美國 高關稅
臺灣 低關稅	美國 20 億／臺灣 20 億	美國 30 億／臺灣 8 億
臺灣 高關稅	美國 8 億／臺灣 30 億	美國 10 億／臺灣 10 億

(a) 美國的優勢策略為何？臺灣的優勢策略為何？
(b) 聶徐均衡為何？

11. 考慮下列寡占廠商的報酬矩陣：

	B 廠商 $40	B 廠商 $30
A 廠商 $40	利潤＝$55／利潤＝$60	利潤＝$60／利潤＝$50
A 廠商 $30	利潤＝$45／利潤＝$65	利潤＝$50／利潤＝$55

若 A 廠商與 B 廠商相互勾結，最有可能的結果為何？ (102 年清華計財所)

12. 戚總兵與荒木大佐之間有一賽局。戚總兵率軍將荒木大佐軍圍困在城中。戚總兵可能選的策略為 (1) 火攻；(2) 水攻荒木；大佐軍可選的策略為 (1) 備水龍；(2) 備沙袋。各策略組合下的報酬如下：

採行策略		報酬	
戚總兵	荒木大佐	戚總兵	荒木大佐
火攻	備水龍	10	−3
火攻	備沙袋	21	−9
水攻	備水龍	7	−1
水攻	備沙袋	6	1

若戚總兵與荒木大佐同時做決策 (不是多期賽局)，請畫出報酬矩陣，並據以求均衡解。　　　　　　　(102 年臺大國企所)

13. 寡占廠商的價格與數量決定和完全競爭廠商有何不同？
14. 何謂囚犯兩難賽局？現實生活中，是否有例子符合囚犯兩難賽局？請舉一例。
15. 在同質產品雙占市場中，廠商進行價格競爭，如果一家廠商的訂價低於市場均衡價格，相較於矗徐均衡的情況：
(a) 總消費者剩餘上升
(b) 總生產者剩餘上升
(c) 社會福利減少
(d) 社會福利不變　　(108 年稅務行政改編)

網路習題

1. 請至行政院公平交易委員會網站：https://www.ftc.gov.tw/，查閱《公平交易通訊》，並指出最近一期有關寡占廠商的例子。
2. 石油輸出國家組織 (OPEC) 是歷史上非常著名的國際卡特爾。請上網查詢最近一期的油價及 OPEC 最近的集會會議結論。

Chapter 12

生產因素市場與勞動市場

　　如果臺灣人都愛用國貨，在智慧型手機盛行時代，大家都不買 iPhone 12 而改買 Zenfone Max Pro 手機，於是華碩就必須擴廠，增購生產手機的機器，多雇用軟體設計師及員工來增加 Zenfone Max Pro 手機生產量。華碩要去哪裡尋找其所要擴大招募的人才呢？

　　一群剛從學校畢業的學生，初次踏入職場，他們要去哪裡尋找適合所學專長的職業呢？在以前沒有網際網路時代，他們會透過親朋好友或報紙徵才廣告來獲知資訊，然後郵寄履歷表，以等待求得職業的機會。

　　網際網路的發達，讓所有資訊的流通與傳遞更快速。華碩的招募人才、畢業生的求職，均可透過人力銀行做快速的媒合。國內的 104、1111、yes123 等人力銀行就是經濟學教科書中所稱的生產因素市場 (factor market)；求職的學生是勞動的供給，而華碩的徵才則是勞動的需求。當企業 (廠商) 找到他們所需要的人才，而求職者 (家計單位) 提供了他們的專長而獲得一職，此生產因素市場就達到一種均衡狀態。

　　本章的主題即探討生產因素市場中的勞動市場。

本章重點

引申需求
勞動需求與供給
補償性差異
邊際生產收入和勞動邊際產值

12-1 引申需求

在商品市場 (commodity market) 裡，消費者是商品的需求者，而廠商是商品的供給者；家計單位消費商品與服務，以達到最大效用；廠商生產商品與服務來追求最大利潤。在因素市場中，消費者是生產因素的供給者，而廠商是生產因素的需求者；家計單位提供生產因素，以達到最大效用；廠商購買生產因素以追求最大利潤。圖 12-1 是來自圖 1-1 之循環流程圖，可說明家計單位與廠商在兩個市場間之關係。

雖然因素市場與商品市場都由供需決定均衡價格與數量，兩個市場卻有一個重要的區別：家計單位可以到麥當勞消費超值全餐，廠商本身卻不會消費勞動或資本。廠商需要生產因素的理由，是因為消費者需要消費商品，而廠商才去生產商品，這是一種**引申需求** (derived demand)，也就是

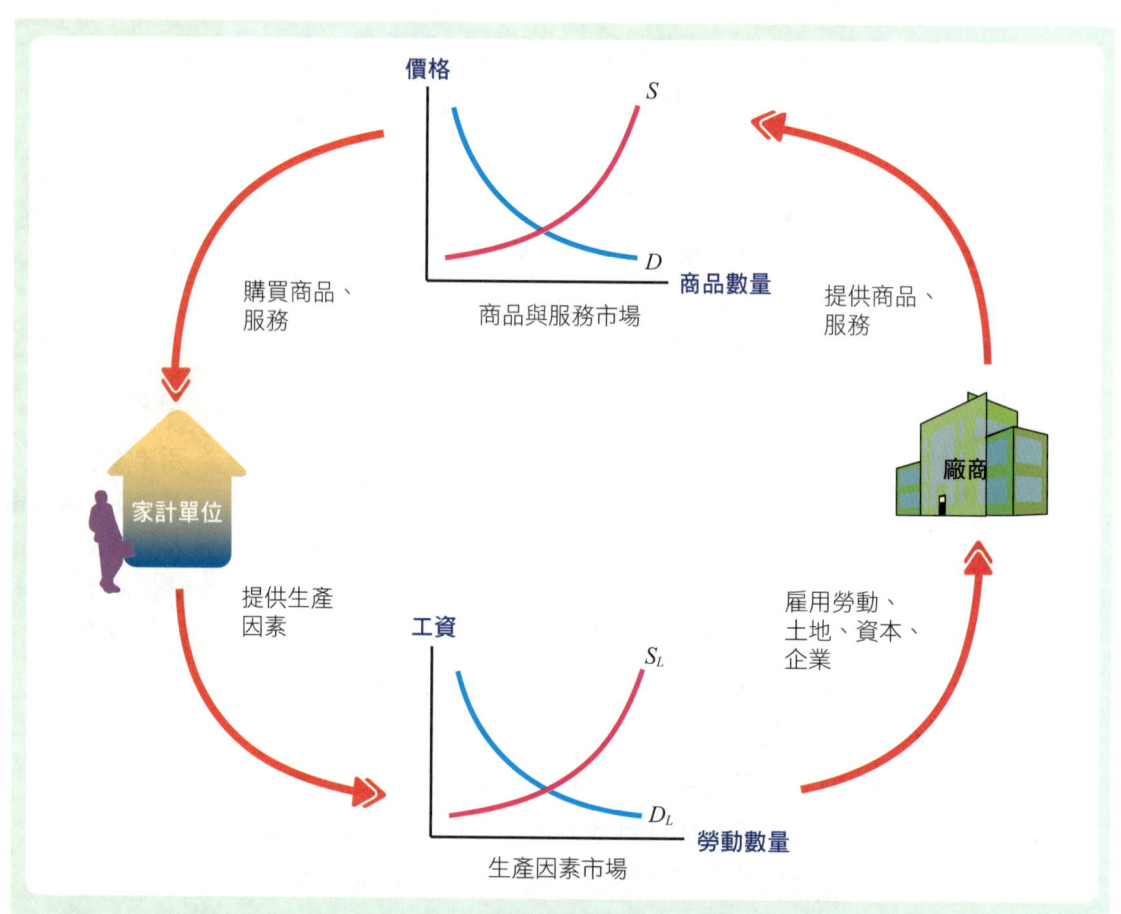

> **引申需求** 廠商對生產因素需求是來自於消費者對最終商品的需求。

家計單位提供生產因素獲取所得，然後消費商品與勞務以達到最大效用。廠商為了提供商品與勞務而雇用生產因素，以追求最大利潤。

圖 12-1　家計單位與廠商關係

透過對商品有需求才引申出廠商對生產因素的需求。譬如，麥當勞對牛肉的需求源自消費者購買超值全餐；NBA 洛杉磯湖人隊對詹姆斯的需求，引申自觀眾喜歡職籃比賽的刺激與精彩。

如果家計單位對商品需求愈高，廠商對生產因素的需求隨之提高，生產因素的價格也會愈高。晚間 8 點檔的收視率愈高時，廠商會愈想要在該時段播出廣告，因此電視臺就可索取更高的廣告費用。同樣地，如果觀眾愈喜歡看詹姆斯打球，詹姆斯的年薪就愈高。

12-2 勞動需求

勞動市場如同經濟社會中的其它市場，有供給與需求。勞動需求是一引申需求。當消費者需要某種商品或服務時，廠商才會雇用勞動。譬如，消費者到 SOGO 百貨購物，SOGO 百貨才會雇用售貨及服務人員。

12-2-1 邊際產值

周董在臺東初鹿鄉的牧場飼養乳牛，生產新鮮牛奶。假設鮮奶市場是一完全競爭市場，則生產牛奶的牧場是價格接受者。由於臺東勞動力充足，牧場不論雇用多少工人，都不會影響工人的工資水準，所以牧場工人的勞動市場也是完全競爭市場；亦即，周董在勞動市場對工人的需求也是價格接受者。周董追求利潤最大時，由於產品價格和生產因素價格均為固定，牧場只要決定牛奶的生產數量和工人雇用量就可以確保利潤最大。

表 12-1 的第 1 欄是牧場工人的雇用數量 (labor, L)，第 2 欄是每日生產牛奶的總數量 (total product, TP)：牧場雇用 1 名工人時，每天生產 10 公

表 12-1　競爭廠商的邊際生產收入

勞動 (L)	總產量 ($TP=Q$)	勞動 邊際產量 (MP_L)	商品 價格 (P)	總收入 (TR)	勞動 邊際產值 (VMP_L)	工資 (W)
0	0	—	50	0	0	0
1	10	10	50	500	500	400
2	22	12	50	1,100	600	400
3	32	10	50	1,600	500	400
4	40	8	50	2,000	400	400
5	46	6	50	2,300	300	400
6	50	4	50	2,500	200	400
7	52	2	50	2,600	100	400
8	52	0	50	2,600	0	400
9	50	−2	50	2,500	−100	400

升牛奶；牧場雇用 2 名工人時，每天生產 22 公升牛奶。此產量和勞動關係的圖形，正是第 6 章圖 6-1 的生產函數圖形。第 3 欄的 勞動邊際產量 (marginal product of labor, MP_L)，是多雇用一單位勞工所增加的商品數量，定義成總產量的增加量除以勞動的增加量。譬如，從第 1 名勞工到第 2 名勞工，牛奶生產增加 12 公升，所以第 2 名勞工的邊際產量是 12 公升。

> **勞動邊際產量** 多雇用一單位勞工所增加的商品數量。

第 4 欄是牛奶每公升的價格；由於牛奶市場是完全競爭，廠商面對固定的市場價格。第 5 欄的總收入係等於第 4 欄的商品價格 (P) 乘以第 2 欄的總產量 (Q)。第 6 欄是 勞動邊際產值 (value of marginal product of labor, VMP_L)，定義成多雇用一單位勞動，所增加的總收入。以數學式表示，可寫成：

> **勞動邊際產值** 在商品市場為完全競爭市場下，多雇用一單位勞動，所增加的收入。

$$勞動邊際產值 = \frac{總收入的增加量}{勞動的增加量}$$

或

$$VMP_L = \frac{\Delta TR}{\Delta L} = \frac{\Delta TR}{\Delta Q} \times \frac{\Delta Q}{\Delta L}$$
$$= MR \times MP_L = P \times MP_L \tag{12-1}$$

式 (12-1) 的勞動邊際產值等於總收入的增加量 (ΔTR) 除以勞動的增加量 (ΔL)。$\Delta TR/\Delta Q$ 是總收入的增加量除以產量的增加量，為邊際收入 (MR)。$\Delta Q/\Delta L$ 是總產量的變動量除以勞動的變動量，也就是勞動邊際產量 (MP_L)。在完全競爭市場，廠商面對水平的需求曲線，價格等於邊際收入，因此，當廠商面對完全競爭的商品市場時，勞動邊際產值等於價格 (第 4 欄) 乘以勞動邊際產量 (第 3 欄)。

12-2-2 邊際生產收入

當銷售的商品，如汽車、披薩、洗髮精，是不完全競爭市場時，廠商是價格制定者而非接受者。在不完全競爭市場中，廠商面對的需求曲線是負斜率的曲線，所以價格大於邊際收入。在不完全競爭市場，式 (12-1) 必須改寫成：

$$MRP_L = \frac{\Delta TR}{\Delta L} = MR \times MP_L \tag{12-2}$$

> **勞動邊際生產收入** 當商品為不完全競爭市場時，廠商多雇用一單位勞動，所增加的銷售收入。

式 (12-2) 中，勞動邊際生產收入 (marginal revenue product of labor, MRP_L) 定義成增加一單位勞動，所增加的總收入。$MR \times MP_L$ 是邊際收入乘以勞動邊際產量。因為邊際收入會小於價格，勞動邊際生產收入 (MRP_L) 會小於勞動邊際產值 (VMP_L)，如圖 12-2 所示。此外，邊際收入與勞動邊際產量都是負斜率，邊際生產收入自然也是負斜率。

▲ 圖 12-2　勞動邊際產值與勞動邊際生產收入

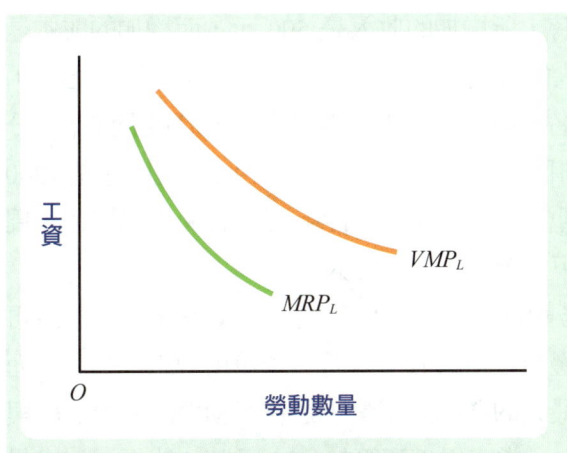

勞動邊際產值會高於勞動邊際生產收入，因為 $VMP_L = P \times MP_L$，而 $MRP_L = MR \times MP_L$。在不完全競爭市場，$P > MR$。

12-2-3　邊際產值與勞動需求

表 12-1 的最後 1 欄是周董牧場雇用工人所支付的工資。假設勞動市場是完全競爭，不管牧場雇用多少工人都不會影響市場工資。因此，廠商面對的工資曲線是一條水平線，如圖 12-3(b) 所示。圖 12-3(a) 是勞動市場的供給與需求曲線，當市場的供給等於需求時，均衡工資是 400 元。由於牧場規模很小，在每日工資 400 元下，周董可以雇用任何想要雇用的勞動數量。圖 12-3(b) 的工資曲線是勞動供給曲線。勞動供給曲線是在既定工資水準下，勞工所願意供給的數量。

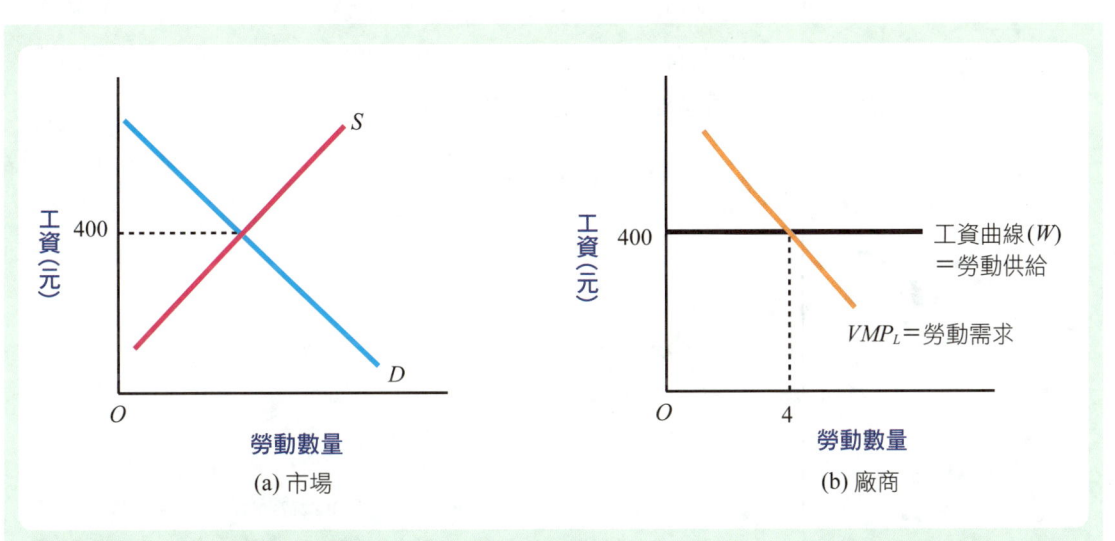

(a) 市場　　　　(b) 廠商

(a) 圖，勞動市場決定市場工資是 400 元。廠商是工資接受者，所以 (b) 圖，當工資和勞動邊際產值的交點，決定利潤極大化的工人雇用數量是 4 名，其中 VMP_L 是完全競爭廠商的勞動需求曲線。

▲ 圖 12-3　勞動市場與廠商的勞動需求

當牧場雇用第 1 位工人時，所增加的收入是 500 元，而增加的成本是 400 元，所以雇用第 1 名工人能獲利 100 元，周董牧場會雇用第 1 名擠牛奶工人。同樣地，雇用第 2 名、第 3 名工人的邊際產值大於邊際成本，分別有正的利潤使牧場願意雇用。當第 5 名工人被雇用時，邊際產值 (300 元) 小於工資 (400 元)，利潤會減少 100 元。從上面的討論可以知道，周董牧場在利潤極大化的目標下，會雇用 4 名工人。

　　以圖 12-3(b) 來看，當勞動邊際產值大於工資時，廠商多雇用勞工可增加利潤；相反地，當勞動邊際產值低於工資時，多雇用勞工，利潤反而減少。因此，廠商追求利潤最大的勞動雇用量，是在勞動邊際產值曲線與工資曲線的交點 ($VMP_L = W$)。當市場工資等於 400 元時，牧場為追求最大利潤，願意雇用 4 位工人；同樣地，市場工資是 300 元時，牧場為追求利潤最大，願意雇用 5 名工人。任何工資曲線與勞動邊際產值曲線的交點，都代表廠商願意雇用的勞動數量。因此，勞動的邊際產值曲線是完全競爭廠商的勞動需求曲線。然而，不完全競爭廠商的勞動需求曲線又是什麼？

　　在不完全競爭的商品市場，多雇用一單位勞動所增加的收入稱為勞動的邊際生產收入，而非勞動的邊際產值。圖 12-3(b) 的推理仍可適用在不完全競爭市場。以圖 12-4 為例，當市場工資是 W_1 時，廠商會雇用 L_1 的勞動數量；在 L_1 的左邊，廠商多雇用一單位勞動所增加的收入大於增加的成本，總利潤會增加；在 L_1 的右邊，工資會超過勞動的邊際生產收入，廠商的總利潤會減少。所以，在 W_1 的工資下，廠商雇用 L_1 的利潤最大。同理，市場工資是 W_2 時，廠商雇用 L_2 數量勞動的利潤最大。因此，MRP_L 是不完全競爭廠商的勞動需求曲線。

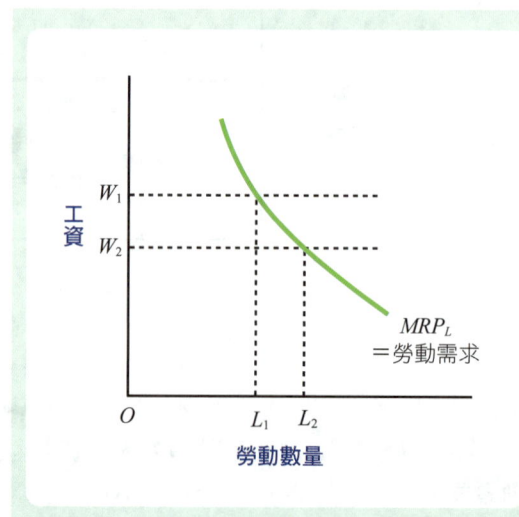

當市場工資是 W_1 時，廠商願意雇用 L_1 數量；當市場工資是 W_2 時，廠商願意雇用 L_2 數量。所以 MRP_L 是勞動需求曲線。

圖 12-4 不完全競爭市場的勞動需求曲線

12-2-4 市場需求曲線

生產因素的市場需求是不同產業間廠商對特定生產因素需求的加總。譬如，程式設計師的市場需求是遊戲軟體業、IC 設計業、防毒軟體業、資料倉儲業、統計軟體業、繪圖設計業等產業需求的加總；同樣地，鋼鐵的市場需求是造船、鐵軌、建築、電腦硬體、飛機、橋樑、雕塑、汽車等需求的加總。因此，生產因素市場需求的推導必須經過兩個步驟：第一，先決定同一產業內各廠商的需求；第二，再將各產業的生產因素需求水平加總。

以圖 12-5 為例。圖 12-5(a) 是完全競爭廠商的勞動需求曲線。當工資等於 400 元時，周董牧場願意雇用 4 人。如果市場工資由 400 元降為 300 元，周董願意雇用的人數由 4 人增加至 6 人。但是工資的下跌同時造成產業內其他廠商的勞動雇用量增加，導致整個產業的產量會增加，使市場供給曲線向右移動，造成商品的市場價格下跌。

當商品價格下跌時，勞動邊際產值減少，邊際產值曲線由 VMP_L 下跌至 VMP'_L。就單一廠商 (周董牧場) 而言，當工資是 300 元時，牧場的收入減少，周董只願意雇用 5 人而非 6 人。圖 12-5(b) 的 D_1 是未考慮價格下跌時，個別廠商勞動需求的水平加總，如果將價格效果包括在內，則產業真正的勞動需求曲線為 D_0。當工資等於 400 元時，產業的勞動需求數量

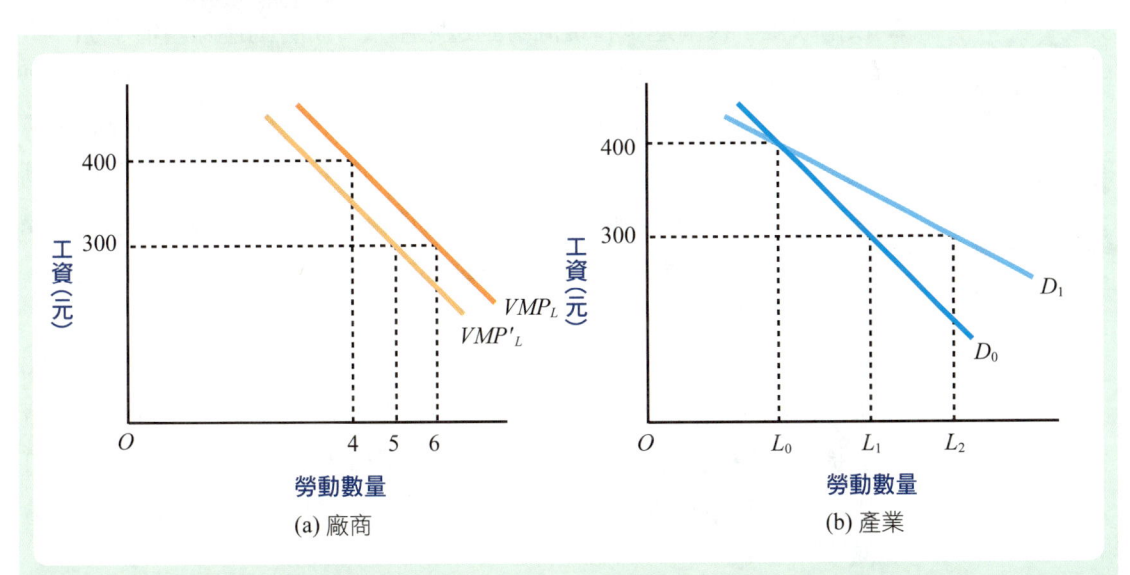

(a) 圖，當工資是 400 元時，廠商的勞動需求是 4 人，如果工資下跌，使整個產業勞動需求增加，產業的供給增加，使得產品價格下跌，VMP 會往左移動 (由 VMP_L 左移至 VMP'_L)。當工資等於 300 元，廠商會雇用 5 人。(b) 圖的 D_1 是未考慮價格下跌的勞動需求曲線，而 D_0 才是產業的真正勞動需求曲線。

▲ 圖 12-5　產業的勞動需求

是 L_0；當工資下跌至 300 元時，勞動成本降低導致產業的商品供應增加，商品價格下跌的結果，使產業的勞動需求數量增加至 L_1，而非 L_2。

圖 12-5(b) 的產業勞動需求曲線 D_0 代表第一個步驟已經完成。第二個步驟只是將各產業的勞動需求曲線水平加總，即可得到市場的勞動需求曲線。由於產業的勞動需求曲線具負斜率，市場的勞動需求曲線也會是負斜率。當工資下跌時，不同產業的生產者比較願意且能夠雇用更多數量的勞工。這個結論適用於勞動市場，也適用於資本市場與土地市場。生產因素價格上漲，生產者較不願意且無法雇用該生產因素；生產因素價格下跌，生產者較願意且能夠增加該生產因素的雇用量。

12-2-5　影響勞動需求曲線移動的因素

完全競爭廠商的勞動需求是勞動的邊際產值，等於商品價格乘以勞動邊際產量；不完全競爭廠商的勞動需求是勞動的邊際生產收入，等於邊際收入乘以勞動邊際產量。影響勞動需求曲線移動的因素有以下三項：

1. 商品價格：當商品價格上升時，勞動邊際產值 (或勞動邊際生產收入) 增加，使勞動的收入大於成本，導致廠商利潤提高，廠商會增加對勞動的雇用。譬如，若研究發現牛奶可以醫治癌症，牛奶的需求必定大增，因此擠牛奶工人的需求也會增加，勞動需求曲線向右移動。
2. 技術改變：技術進步會提高勞動邊際產量，使勞動邊際產值增加，廠商利潤提高，而增加勞動需求。譬如，假設科學家新發明一種擠牛奶的輔助機器，使工人在每一小時的產量倍增，勞動邊際產量提高，導致勞動需求曲線右移。有時，並非所有的科技進步都會使產業的勞動需求增加。譬如，網際網路的普及，使得線上教學成為一股潮流，學生如果在任何時間、地點透過網路都能上課，老師的需求曲線左移，老師將會失業。
3. 相關生產因素的供給：通常廠商生產的商品，不會單靠一種生產因素。有些生產因素在生產過程中為 替代 (substitutes)。譬如，自動櫃員機可以替代銀行櫃檯人員。當銀行櫃檯人員工資上漲時，銀行可以利用自動櫃員機來替代櫃檯人員的部分業務，櫃檯人員的需求會減少。

有些因素在生產過程中為 互補 (complements)。譬如，口蹄疫疫情讓乳牛數目減少，擠牛奶工人的邊際產量降低，勞動邊際產值下降，造成勞動需求減少，需求曲線向左移動。乳牛與擠牛奶工人是屬於互補的兩種生產因素。

12-3 勞動供給

如同廠商追求利潤極大，雇用最適的勞動需求量一樣，勞動供給是家計單位追求效用極大所願意提供的勞動數量。家計單位一天有 24 小時的時間可運用，約略可分為三大類：第一類是從事*市場活動* (market work)——外出工作，即所謂的勞動供給；第二類是從事*非市場活動* (nonmarket work)——在家中從事生產活動，譬如，煮飯、洗衣服、打掃、照顧幼童或老人，這些活動並未透過市場 (沒有雇請管家)，所以沒有報酬，通常稱為*家務生產* (household production)；第三類是*休閒* (leisure)——不從事任何生產活動，譬如，釣魚、看電視、逛街、旅遊、上網、爬山等。

家計單位可以從消費及休閒中獲取正的效用：消費商品，如吃冰淇淋，可以使消費者滿足程度提高；從事休閒活動，如爬山，可以使消費者身體健康、心情愉快，滿足程度也會提高。若同時考慮消費與休閒兩種活動，消費者的目標是在時間及所得的限制下，尋找最適的消費與休閒組合，以達到效用的最大。

12-3-1 勞動供給

假設補習班經濟學名師阿亮每小時的工資 (授課鐘點費) 是 2,000 元，這 2,000 元是休閒的機會成本，因為他若選擇多休閒 1 小時，就等於放棄多工作 1 小時，少賺 2,000 元。我們以圖 12-6 來說明阿亮的勞動供給。假設扣除 48 小時的非市場活動時間，阿亮每週有 120 小時可以從事消費與休閒。

如果阿亮花 120 小時休閒，他就沒有收入，商品消費數量等於零。如果阿亮 120 小時都在工作，他就沒有時間休閒，每週有 240,000 元的所得從事消費。圖 12-6 中 I_1 是阿亮的預算線。阿亮追求滿足程度最大，會選擇無異曲線 I_1 和預算線的切點，e 點；亦即在每小時鐘點費是 2,000 元下，阿亮每週工作 40 小時，休閒 80 小時。

如果阿亮愈來愈受學生歡迎，補習班老闆決定調漲鐘點費，由原來的每小時 2,000 元，提高到每小時 3,000 元，則其預算線會順時鐘定點旋轉，無異曲線由 I_1 提高到 I_2；消費者均衡從 e 點提高至 b 點，是新的預算線與無異曲線 I_2 的切點。工資上漲使阿亮滿足程度提高，他會選擇每週休閒 70 小時，工作 50 小時。工資變動引起工作時間的變動，可以分成兩種效果：替代效果與所得效果。

實例與應用：1992 年諾貝爾經濟學獎：貝克

1992 年的諾貝爾經濟學獎頒給芝加哥大學教授貝克 (Gary Becker)。貝克主要貢獻是將個體經濟學領域延伸至人類的行為和互動，其中也包括非市場行為。

中學時期，貝克每天必須為雙眼失明的父親朗讀股市及金融新聞，這是他第一次對經濟學發生興趣。1951 年，他就讀芝加哥大學研究所時，選修了傅利德曼教授的個體經濟學。傅利德曼強調經濟理論是分析現實生活的有力工具，深深影響了貝克的研究方向。他在哥倫比亞大學任教期間，也擔任國家經濟研究院的研究員。在十二年間，研究重心是人力資本、時間分配、犯罪與懲罰，以及不理性行為。

貝克的研究奠基於個別經濟單位的行為是理性的。他運用理性和最適原則在四個不同的領域：(1) 人力資本投資；(2) 家庭行為，包括家庭成員的工作決策和時間分配；(3) 犯罪與懲罰；(4) 勞動和商品市場的歧視。

在 1964 年《人力資本》(*Human Capital*) 一書中，貝克的人力資本模型闡釋教育和在職訓練與勞工薪資間的關係，也解釋工資差異的原因。他在 1981 年出版的《家庭論文》(*A Treatise on the Family*) 一書中提出，家庭如同一小型工廠，利用時間和其它市場商品來生產食物、娛樂、家務生產等基本商品。基本商品的價格有兩種形式：一是直接向市場購買，如買麵粉來製作麵包；另一是家務生產的時間支出，如把衣服送洗衣店乾洗。因此，家庭成員的實質工資提高，會改變其他成員的工作誘因，以及家務生產內容。1960 年出版的《生育率經濟分析》(*An Economic Analysis of Fertility*) 強調，工資提高會讓父母多投資人力資本，而子女生育人數會減少。

第三個領域是犯罪與懲罰，貝克運用理性行為和人力資本理論來說明人類的犯罪行為，他認為人們犯罪會考量預期懲罰的報酬與成本，而犯罪型態可以用教育程度來解釋。實際資料顯示，犯罪被抓的機率比坐牢時間長短更能夠阻止犯罪的發生。1957 年的《歧視的經濟分析》(*The Economics of Discrimination*) 一書中定義歧視為：一經濟單位不願與某些人從事交易所遭遇的成本。歧視如同課稅，對被歧視者及歧視別人者都會造成福利損失。

貝克的影響是讓經濟學家重視社會科學的其它領域，譬如，人口學裡的兒童教育、人口生育率的研究；社會學的犯罪研究、歧視行為分析等。

工資提高的替代效果 當工資提高時，勞工會以增加工作替代其它的非市場活動。

替代效果 當阿亮鐘點費提高時，休閒 (相對消費) 的機會成本提高，促使阿亮以工作替代休閒，休閒時間減少，工作時間增加。換言之，工資上漲使勞動供給增加，意味著勞動供給曲線是正斜率。圖 12-6 的 e 點到 a 點，即為替代效果。

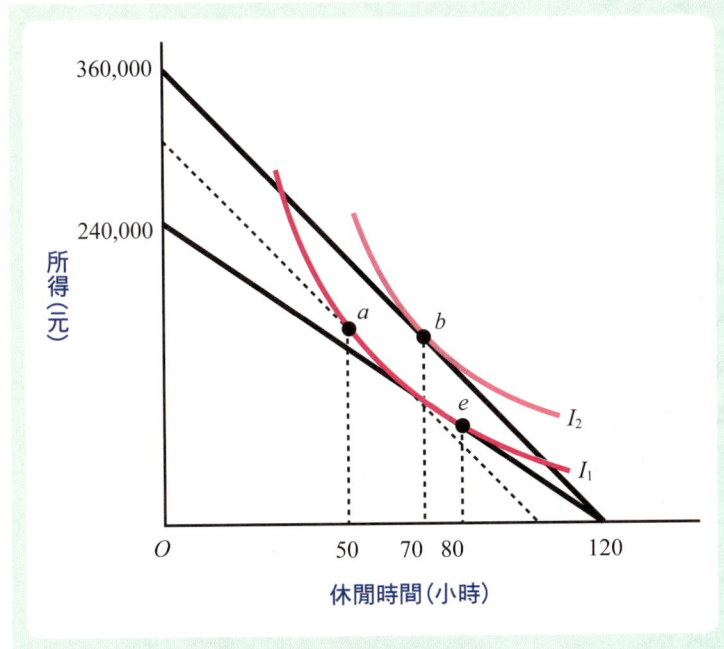

如果阿亮的鐘點費是 2,000 元，他會選擇一週工作 40 小時，休閒 80 小時；如果鐘點費上漲為每小時 3,000 元，他會選擇工作 50 小時，休閒 70 小時。

▲ 圖 12-6　消費與休閒的最適組合

所得效果　當阿亮的鐘點費上漲時，他的所得也會上升。由於休閒是正常商品，阿亮所得愈高，就會愈重視休閒。當休閒時間增加時，工作時間就會減少；亦即工資上升使勞動供給減少，意味著勞動供給曲線是負斜率。圖 12-6 的 a 點到 b 點即為所得效果。

圖 12-7(a) 分別列出鐘點費 2,000 元、3,000 元和 4,000 元的三條預算線。阿亮面對補習班老闆不同的薪資方案，會有不同的休閒與消費組合。當鐘點費是 2,000 元時，阿亮選擇 40 小時的工作和 80 小時的休閒 (a 點)；當鐘點費是 3,000 元時，阿亮選擇 50 小時的工作和 70 小時的休閒 (b 點)；當鐘點費是 4,000 元時，阿亮選擇 38 小時的工作和 82 小時的休閒 (c 點)。

從 a 點到 b 點是工作時間增加，而從 b 點到 c 點是工作時間減少。如果將鐘點費與工作時間的關係繪成圖形，就可得圖 12-7(b) 的勞動供給曲線。當工資增加時，勞動供給一開始會增加 (a 點到 b 點)，然後再減少 (b 點到 c 點)，所以圖 12-7(b) 是一條**後彎的勞動供給曲線** (backward-bending labor supply curve)。

後彎供給曲線可解釋為：阿亮剛在補習班授課時，沒有知名度。當老闆提高鐘點費時，阿亮會想多賺錢，少休息，所以替代效果大於所得效果，勞動供給隨工資上漲而增加 (a 點到 b 點)。經過時間的歷練，阿亮提高知名度，財富也逐漸累積。當老闆再度調高工資時，阿亮會比較注重休

> **工資提高的所得效果**　工資提高，勞工的實質所得提高，家計單位對休閒的需求增加，而工作時間減少。

> **後彎的勞動供給曲線**　當工資的替代效果大於所得效果，勞動供給曲線為正斜率。當工資的替代效果小於所得效果，勞動供給曲線為負斜率。

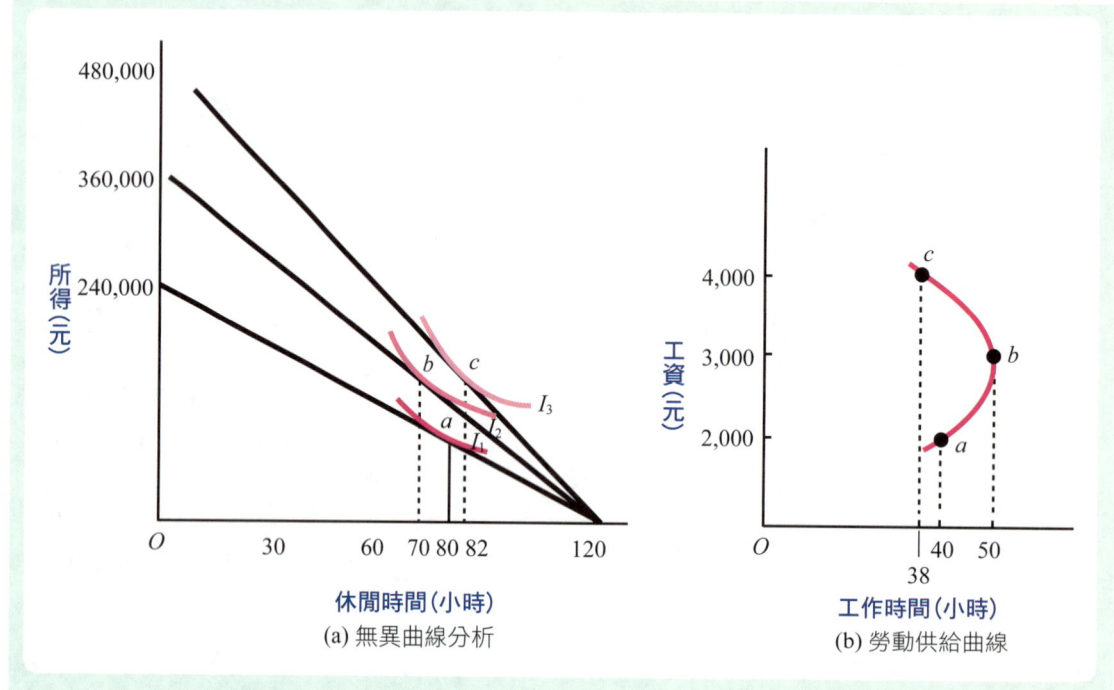

(a) 圖中的 a 點為阿亮每週工作 40 小時，工資是每小時 2,000 元。b 點是阿亮每週工作 50 小時，每小時薪資是 3,000 元。c 點為阿亮每週工作 38 小時，每小時工資是 4,000 元。(b) 圖中的 a 點到 b 點意味著正斜率的勞動供給曲線，此時替代效果大於所得效果。從 b 點到 c 點是負斜率的勞動供給曲線，此時所得效果大於替代效果。

圖 12-7　阿亮的勞動供給曲線

閒與家庭生活而不願汲汲營營，這個階段的所得效果超過替代效果 (b 點到 c 點)。勞動供給隨工資上升而減少，所以是負斜率的勞動供給曲線。

因此，當替代效果大於所得效果，勞動供給曲線具正斜率；當替代效果小於所得效果時，勞動供給曲線具負斜率。就個人而言，後彎的勞動供給曲線經常發生。

12-3-2　勞動市場供給

勞動市場的勞動供給是市場內每個人勞動供給的水平加總。雖然個人勞動供給曲線有後彎現象，但是經水平加總後，市場供給曲線可能會在相當高的工資水準才開始後彎。隨著工資水準的調高，家庭內成員投入勞動市場的意願會比較高，所以勞動市場供給曲線可視為正斜率。

假設勞動市場只有三個人：浩志、美樹和小濱。圖 12-8(a)、(b) 和 (c) 分別代表三人的勞動供給曲線。浩志的勞動供給在工資 W_1 時開始後彎 [(a) 圖]；美樹的勞動供給在工資 W_2 時開始後彎 [(b) 圖]；小濱的勞動供給在工資 W_3 時開始後彎 [(c) 圖]。圖 12-8(d) 是勞動市場的供給曲線，為浩志、

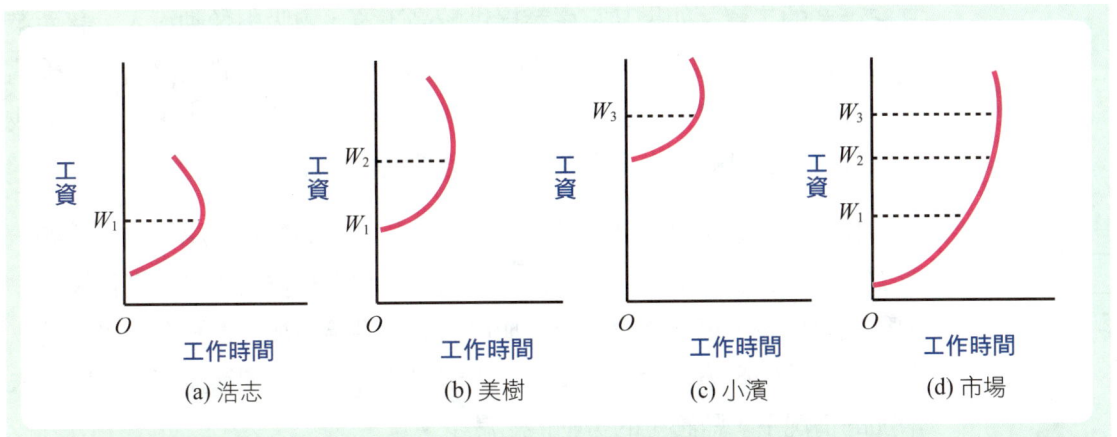

工資 W_1 -----	工資 W_2 ----- W_1 -----	工資 W_3 -----	工資 W_3 ----- W_2 ----- W_1 -----
O　　工作時間	O　　工作時間	O　　工作時間	O　　工作時間
(a) 浩志	(b) 美樹	(c) 小濱	(d) 市場

(a) 圖、(b) 圖與 (c) 圖分別代表浩志、美樹和小濱的勞動供給曲線，各圖分別都有後彎現象。(d) 圖為市場供給曲線，是三人供給的水平加總。在大部分的工資水準下，勞動供給曲線是正斜率。

▲ 圖 12-8　勞動市場供給曲線

美樹和小濱三人勞動供給的水平加總：在很高的工資水準下才會開始後彎。經濟社會中的勞動市場包含許多人的勞動供給，所以勞動市場供給可視為正斜率的曲線。

12-3-3　影響勞動供給曲線移動的因素

在前面的分析中，家計單位的目標是在所得與時間限制下，追求滿足程度的最大。而勞動供給、消費商品及休閒時間是家計單位進行消費行為時，同時決定的因素。任何影響消費者偏好，以及所得多寡的因素均會影響勞動供給量。因此，影響勞動供給的因素有以下五項：

偏好的改變　民國 70 年臺灣地區女性的勞動參與率為 37.57%。到民國 100 年，女性是 49.67%。女性勞動參與率提高的一個原因是社會結構的轉變。愈來愈多女性的教育程度提高、結婚年齡延後，且婚後不會馬上退出勞動市場。因此，女性對工作偏好的改變，使女性的勞動供給增加。

非工作所得　當一個人的所得愈高，會愈重視休閒 (所得效果大於替代效果)，其工作時間會減少。非工作所得 (non-earned income) 是指工作以外的收入，如儲蓄所得、政府補助、贈與、遺產等。通常較富有的人，工作誘因會降低，勞動供給減少。譬如，工作二十五年，退休金有 1,000 萬元者，其工作意願會比退休金有 100 萬元的人低。因此，非工作所得金額愈高，勞動者的所得效果愈大，對勞動供給的影響也愈大。

> **影響勞動供給曲線移動的因素**　(1) 偏好的改變；(2) 非工作所得；(3) 其它產業的工資；(4) 政府政策；(5) 工作環境。

> **非工作所得**　是指工作以外的收入，如儲蓄所得、政府補助、贈與、遺產等。

其它產業的工資　如果其它產業提供較高工資，會吸引勞動流入，該產業的勞動供給會增加。譬如，民國 88 年臺灣股票市場股價加權指數突破萬點，許多人都希望投身證券業，而較不願意到貿易公司或工廠上班，造成製造業的勞動供給減少，而證券業的勞動供給增加。

政府政策　當政府政策鼓勵某種產業時，該產業的勞動供給增加。譬如，新加坡政府為了扶植高科技產業，吸引外資和高科技人才，對高科技人才的移民有較多優惠，這會造成新加坡的勞動供給增加。臺灣在不景氣時，開始緊縮外勞政策，提高外籍監護工申請門檻，在本國籍監護工人數並未增加的情況下，監護工的勞動供給減少。

工作環境　在其它條件不變下，工作環境愈佳，勞動供給愈高。假設你從學校畢業時有兩個工作地點選擇：礦坑或麥當勞。在薪水相當的情況下，你會選擇去麥當勞，因為在礦坑工作的危險性高，空氣污濁；麥當勞的工作環境明亮、工作輕鬆，又有免費餐點。因此，麥當勞的勞動供給增加，礦工的勞動供給減少。

12-4　勞動市場

12-4-1　勞動市場均衡

勞動市場的均衡條件與商品市場的均衡條件相同。當勞動供給等於勞動需求時，決定均衡工資 (W_0) 和均衡勞動數量 (L_0)，如圖 12-9 的 E 點。當工資等於 W_0 時，想要找工作的人都可以找到工作，勞動市場可謂充分就業。就完全競爭廠商而言，勞動需求是勞動邊際產值。在均衡的 E 點時，工資等於勞動邊際產值，以數學式表示，可寫成：

$$W = VMP_L = P \times MP_L \tag{12-3}$$

式 (12-3) 等號左右兩邊除以勞動邊際產量 (MP_L) 可得：

$$\frac{W}{MP_L} = P \tag{12-4}$$

式 (12-4) 的 W/MP_L 是工資除以勞動邊際產量，其實就是邊際成本 (MC)。假設多雇用一名擠牛奶工人的每日工資是 400 元，勞動邊際產量是 5 公升

▲ 圖 12-9 勞動市場均衡

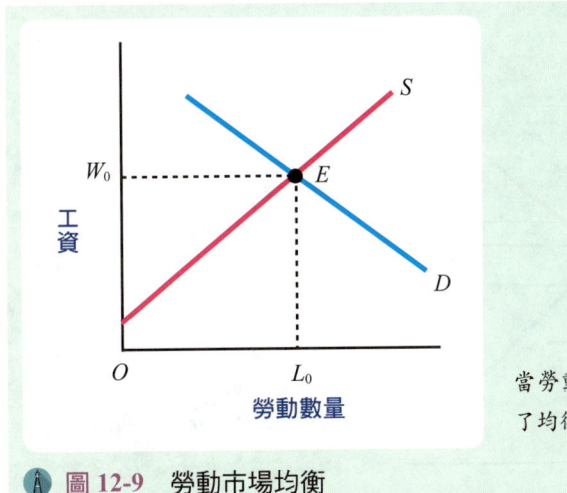

當勞動市場的供給等於需求時，決定了均衡工資 W_0 和均衡勞動量 L_0。

牛奶。換句話說，生產 5 公升牛奶的成本是 400 元，則生產 1 公升牛奶的邊際成本是 400/5 = 80 元。所以，$W/MP_L = MC$。將此關係代入式 (12-4)，可得：

$$P = MC \qquad (12\text{-}5)$$

式 (12-5) 是商品價格等於商品生產的邊際成本。這正是完全競爭廠商在商品市場追求利潤極大化的黃金法則。

因此，當完全競爭廠商在勞動市場是依循 $W = VMP_L$ 的原則來雇用勞工時，廠商在商品市場會依循 $P = MC$ 的利潤極大化的黃金法則來生產商品，亦即是完全競爭廠商追求利潤最大，也讓商品市場與勞動市場 (或其它生產因素市場) 達到均衡。

12-4-2　勞動需求曲線的移動

雖然臺灣婦女的勞動參與率呈現上升趨勢，但婦女因結婚、生育退出後再進入勞動市場的比例偏低。與日、韓等鄰國相比，臺灣婦女勞動參與率並未呈 M 型；也就是說，婦女參與的第二高峰並未出現。當然，中高齡婦女參與意願偏低的解釋很多，其中之一是專業工作技能不足。

如果二度就業的中高齡婦女的技能與工作無法配合，婦女的勞動邊際產量會降低，婦女的邊際產值也隨之下跌，廠商對中高齡二度就業婦女的勞動需求會減少。以圖 12-10 為例，勞動需求曲線從 D_0 左移至 D_1，均衡工資由 W_0 下跌至 W_1，就業量也由 L_0 減少至 L_1，此解釋了為什麼二度就業婦女薪資是男性薪資的七成五，以及婦女勞動參與率偏低的原因。

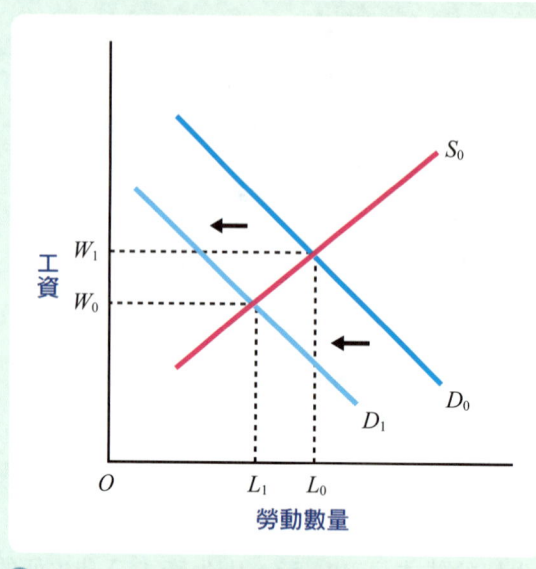

當勞動需求減少時，需求曲線由 D_0 左移至 D_1，均衡工資下跌，就業量也會減少。勞動邊際產量下降會促使勞動需求曲線左移。

▲ 圖 12-10　勞動需求的變動

12-4-3　勞動供給曲線的移動

臺灣經濟經歷產業結構轉變，大家對工作的偏好改變，愈來愈多人不喜歡進入需要耗費體力的工作，如土木建築工、搬運工等行業工作。以圖 12-11 為例，假設社會新鮮人比較不願意從事搬家行業，使勞動供給由 S_0 左移至 S_1。在原來工資 W_0 水準下，勞動需求大於勞動供給，導致工資上漲至 W_1，就業量由 L_0 減少至 L_1。這種現象說明了搬家公司在提供搬遷服務時收取較高費用的原因。

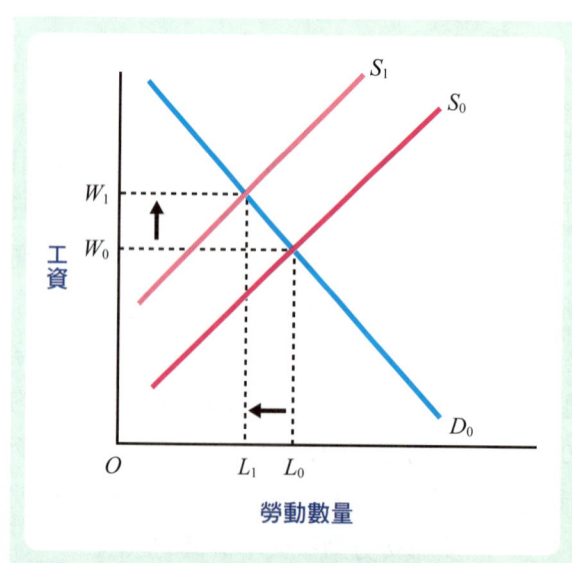

當勞動供給減少時，供給曲線由 S_0 左移至 S_1，均衡工資由 W_0 上升至 W_1，就業量由 L_0 下跌至 L_1。

▲ 圖 12-11　勞動供給曲線的移動

12-5 工資差異分析

工資是由勞動供給與需求共同決定，勞動需求取決於勞動生產力，而勞動供給取決於家計單位的偏好與所得。在現實生活中，工資差異很大的例子隨處可見。譬如，好萊塢影星哈里遜‧福特 (Harrison Ford) 曾經是一名廚師，現在當演員的片酬動輒上千萬美元，為什麼最好的廚師無法賺得這樣的薪水？為什麼大學畢業生的平均薪資高於高中畢業生？為什麼醫生的待遇高於大學教授？

基本供需原理不足以詳細解釋為何工資差異如此之大。本節將從勞動市場的均衡理論和失衡理論分別加以解釋。

12-5-1 工資差異的均衡分析

人力資本 　人力資本 (human capital) 是人類知識投資的累積，如教育、在職訓練、工作經驗等。人力資本和物質資本 (physical capital) 不同，物質資本是指機器設備和建築廠房的累積，是具體有形的資本；人力資本是無形而屬於個人的。以教育為例，高中是基礎教育，所學的是基礎科目：歷史、英文、物理、數學。專科及大學是專長教育：就讀法律科系，將來有機會成為律師；就讀醫事科系，將來可從事醫護工作；就讀電腦資訊科系，將來可成為程式設計人員或硬體工程師。

人力資本的累積可以增加勞動生產力，導致廠商對這些技能的需求增加，勞動需求曲線右移。因此，擁有較多人力資本的勞工，其薪資會高於擁有較少人力資本的勞工。

能力不同 　即使擁有相同的學歷和工作經驗，勞動者間因能力 (ability)、努力程度 (effort) 和機運 (chance) 的不同，其薪資會有不同。

超級巨星現象 　運動和影視娛樂這兩個行業中的超級巨星，其薪資通常高達數百萬，甚至上千萬元。這些巨星扮演關鍵角色，成功與否和他們有相當的關係，因此讓企業願意支付鉅額報酬。譬如，《侏羅紀公園》與《ET》是世界二十大賣座影片，導演史蒂芬‧史匹柏 (Steven Spielberg) 厥功至偉；曾連續三年奪得 NBA 總冠軍的洛杉磯湖人隊，由當時球隊的鐵三角：教練傑克森、俠客歐尼爾和黑曼巴布萊恩共同打造紫金王朝。

企業競相爭取超級巨星，使得他們的酬勞高達千萬元。譬如，根據《富比士》的報導，2019 年全球最吸金的男演員是主演《野蠻遊戲：全面晉級》的巨石強森 (Dwayne Johnson) 2,350 萬美元；第二名為主演《雷神索

人力資本 人們對知識投資的累積，如教育、在職訓練和工作經驗等。

物質資本 機器設備和建築廠房的累積，屬於具體有形的資本。

超級巨星現象 一部影片或一個競賽的成功與否取決於關鍵少數人。即使人力資本相同，薪資差距卻非常巨大。

爾》的克里斯‧漢斯沃 (Chris Hemsworth)，片酬 54 萬美元。喬丹在芝加哥公牛隊最後一年的年薪是 3,600 萬美元；巴塞隆納足球俱樂部前鋒梅西 (Lionel Messi) 在 2019 年的收入高達 1.27 億美元。康乃爾大學教授法蘭克 (Robert Frank) 和庫克 (Philip Cook) 稱這種類型的市場為**贏家全拿勞動市場** (winner-take-all labor market)。

補償性差異 為了吸引勞工在較危險或較差的環境下工作，在其它條件不變下，雇主願意支付比較高的工資。這種工資差異純粹是反映工作條件的差異，稱為**補償性差異** (compensating differentials)。譬如，消防隊員冒著生命危險救火，薪水通常比一般警員高；一般公司派駐國外人員的薪水會高於待在國內相同職位人員的薪水，因為他必須忍受離鄉背井、語言、生活、食物等適應的問題；上夜班的員工薪水會比不上夜班的薪水高，工資差異是用來等補償日夜作息顛倒的不適。

> **補償性差異** 工資差異用來補償工作條件的差異。

地理位置 在其它條件不變下，勞工比較願意遷徙到待遇最好的地方。譬如，全世界各地最優秀的籃球選手都願意到 NBA 打球。號稱"移動長城"的姚明到休士頓火箭隊、喀麥隆的恩比德 (Joel Embiid) 到費城 76 人隊、斯洛維亞的東契奇 (Luka Doncic) 到達拉斯獨行俠隊等，都是地理位置不同而有薪資差異的現象。

12-5-2 工資差異的失衡分析

前述的五個勞動市場模型是在均衡分析架構進行──工資自由調整讓市場供給等於需求。有時勞動者得到的工資並非由市場供需來決定，這種工資模型是一種**失衡分析** (disequilibrium analysis)。以下分析的最低工資、效率工資理論和工會都可以用價格下限概念加以說明，勞動市場的價格下限是指勞工在市場上接受的工資高於均衡工資的狀況。

最低工資 **最低工資** (minimum wage) 是政府立法規定雇主支付員工工資，不得低於某一水準。民國 110 年 1 月 1 日，臺灣實施基本工資 (最低工資) 調至 24,000 元，最低時薪為 160 元。

> **最低工資** 政府立法規定雇主最低必須給付的工資。

以圖 12-12 為例，均衡工資 W_0 由市場供給與需求共同決定。W_1 是政府規定的最低工資。由於最低工資超過均衡工資，雇主減少勞動雇用量將引發失業，市場會有過剩勞動。受最低工資影響的是那些沒有工作經驗和工作技能的族群，這些人多數是高中輟學生及剛進入勞動市場的年輕人。雇主對最低工資的因應措施，包括以部分工時替代全職、以品質較佳的勞工取代品質較低的勞工，以及減少福利措施 (在職訓練、健康保險)。

圖 12-12　最低工資──價格下限

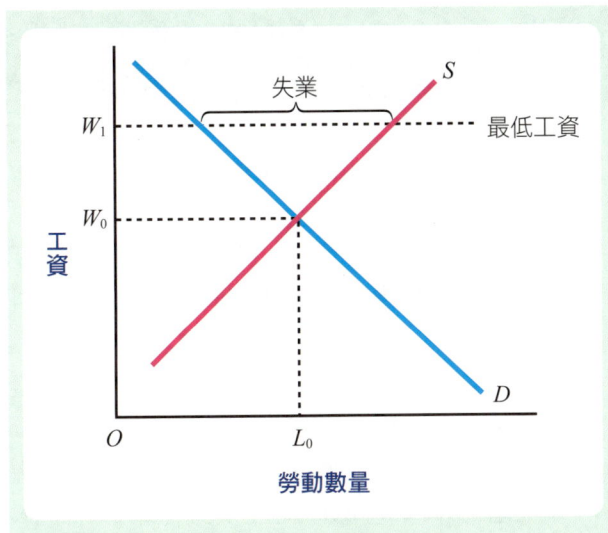

政府規定雇主最低支付的工資不得低於 W_1。原來的均衡工資是 W_0。

實例與應用　雇主歧視

有許多女性因為結婚或懷孕生產，無法在其工作崗位執行任務，雇主可能會有就業歧視現象，也就是實施"單身條款"或"禁孕條款"，規定女性員工結婚後必須離職，或強制員工以留職停薪方式請待產假，且需找到職務代理人，否則必須辭職。

譬如，國際級觀光旅館的櫃檯接待人員以女性居多。而臺北市勞工局針對臺北市觀光旅館是否存在就業歧視進行問卷調查和統計分析，研究結果顯示，臺北市觀光旅館業並未發現女性勞工就業歧視的現象。另外，進行勞動檢查，也沒有所謂"單身條款"和"禁孕條款"出現。

NBA 沙加緬度國王隊為迎接中國新年，2016 年 2 月 1 日原本準備在主場贈送球迷猴年 T 恤，不過正巧當天與非裔歷史月的首日撞期而決定取消贈送 T 恤，因為非裔在過去種族歧視年代曾被辱為猴子與猩猩。

效率工資

效率工資 (efficiency wage) 是指廠商支付高於均衡工資的報酬以提高員工生產力，進而增加利潤。廠商認為高薪可以降低**勞工異動** (labor turnover)，減少企業雇用和訓練成本。其次是高薪可以激勵員工努力工作，因為員工若工作不盡責而出錯，他可能會被開除而喪失高薪報酬；並且可以降低監督成本。最後，高薪可以吸引素質較好的勞工來應徵工作、降低應徵和過濾員工的成本。

> **效率工資**　廠商支付高於市場行情的報酬，以提高員工生產力。

從臺灣看天下　就業歧視

2004 年 8 月 17 日，美國好市多的雇員向舊金山的聯邦地方法院提起團體訴訟，控告大型量販店好市多歧視女性，妨礙女性員工升遷。

這件訴訟案毀掉好市多作為全國對員工最友善企業之一——給付較高的工資及福利——的美譽。科羅拉多州道格拉斯的好市多副理艾莉斯 (Shirley Ellis) 指出，在將近一半員工為女性的情況下，只有 17% 的高階主管是女性，這是一種性別歧視。

艾莉斯曾是山姆會員商店 (Sam's Club) 的經理。她說：「在她擔任副理的六年中，公司拒絕讓她升遷到經理的職位。」好市多總部則發表聲明：「我們完全不同意這項指控，好市多並未歧視任何個人或團體。」

無獨有偶，全球零售龍頭沃爾瑪 (Walmart) 也被 6 名女性員工提出性別歧視的集體訴訟，指控內容包括集團內女員工占三分之二，但很少晉升至經理職位。幾乎所有工會的女員工，薪酬都比男性低。

2011 年 6 月，美國最高法院駁回這些控訴，理由是沒有證據顯示政策歧視女性，所以不能以集體訴訟形式賠償。

2015 年全球最高收入 (5,200 萬美元) 的女明星珍妮佛‧勞倫斯 (Jennifer Lawrence) 公開批評好萊塢男星、女星同工不同酬的現象。

資料顯示，由珍妮佛‧勞倫斯、艾美‧亞當斯 (Amy Adams)、克里斯汀‧貝爾 (Christian Bale)、布萊德利‧庫柏 (Bradley Cooper) 與傑瑞米‧雷納 (Jeremy Renner) 主演的《瞞天大佈局》(American Hustle) 在全球票房開出好成績，其中兩位女主角的報酬是票房的 7%，其餘三位男生卻是 9%。

臺北市勞工局在 2010 年 6 月曾針對四季飯店，規定男員工可戴眼鏡上班，女性卻不行，只能戴隱形眼鏡，開罰 10 萬元。華航招考空服員，卻限制身高，勞工局認定是容貌歧見，開罰 30 萬元，成航空業首例。

2019 年 3 月 6 日《聯合報》報導指出，勞動部公布 2018 年「雇用管理員工作場所就業平等概況」，其中 55 到 64 歲女性遭到歧視比率最高，可能被認為技能跟不上時代變化或體力不足。

資料來源：

Claudia H. Deutsch, "Employee Suit Accuses Kodak of Race Discrimination," *New York Times*, July 31, 2004, p. C.2.

Steven Green House, "Woman Sues Costo, Claiming Sex Bias in Promotions," *New York Times*, August 18, 2004, p. C.3.

工會　一勞工組織，代表勞工和資方集體協商工資、工作條件及福利。

工會　工會 (union) 是一勞工組織，代表員工和雇主集體協商工資和工作條件等議題。工會通常要求雇主給付會員的工資高於非工會會員的工資。工會認為高工資能夠吸引有更多工作經驗和更好工作技能的勞工，這些人更能夠符合大公司的要求。其次，工會能協助解決勞資糾紛，暢通溝通管道，並增進員工穩定性，增加勞工生產力。另一方面，工會可作為弱勢團體代言人。

歧視 歧視 (discrimination) 是雇主對擁有相同人力資本的勞工，因為性別、年齡或種族不同，給予不同的待遇。臺灣女性勞動者平均薪資是男性勞動者平均薪資的八成五，美國女性勞動者平均薪資是男性勞動者平均薪資的八成。

> **歧視** 針對擁有相同人力資本的勞工，只因膚色、種族、性別或年齡不同，給予不同報酬。

12-6 結語

生產因素市場與商品市場是一體的兩面。廠商是商品供給者和生產因素需求者，家計單位是商品需求者和生產因素供給者。雖然兩個市場都有供給與需求，但兩者有一個重要的區別：生產因素的需求是一種引申需求，廠商只有在消費者需要商品與服務時，才會雇用生產因素。廠商在追求利潤極大過程中，同時決定商品供給和生產因素需求。同樣地，家計單位在追求效用最大過程中，同時決定商品需求與生產因素供給。當商品市場達到均衡時，生產因素市場同時也達到均衡。

均衡工資由勞動市場的供給與需求共同決定。一個勞工可能因為擁有較多人力資本，比別人勤奮聰明，能夠忍受較差工作條件；或本身就是超級巨星，他的薪資會比一般人高。有時雇主會因為膚色、種族、性別、年齡不同，給予員工不同待遇。某些需要高度技能與經常面臨勞動短缺的行業，願意支付比市場行情好的待遇來吸引勞工。本章所介紹的這些工資差異解釋只是一個開端，仍有待更多事實來驗證。

摘要

- 廠商追求利潤極大時，會決定最適生產因素的雇用量。消費者在追求效用最大時，會決定最適生產因素的供給量。
- 生產因素的需求是一種引申需求，由最終商品的需求來決定雇用何種生產因素。
- 生產因素 (如勞動) 的需求是生產因素 (如勞動) 的邊際產值 (完全競爭市場) 或生產因素 (如勞動) 的邊際生產收入 (不完全競爭市場)，生產因素需求曲線具負斜率。
- 生產因素供給曲線具正斜率，表示家計單位在不同報酬下，願意且能夠提供生產因素的數量。
- 影響勞動需求曲線移動的因素有三：商品的價格、其它生產因素的供給量，以及生產技術。
- 在所得及時間限制下，消費者追求效用最大，所得到的勞動供給曲線會有後彎現象。當替代效果大於所得效果，供給曲線具正斜率；當所得效果大於替代效果，供給曲線具負斜率。

- 影響勞動供給曲線移動的因素有五個：偏好、非工作所得、其他產業的工資、政府政策，以及工作環境。
- 勞動需求和勞動供給共同決定均衡工資與就業量。
- 工資差異的解釋可能來自於均衡分析與失衡分析。均衡分析理論包括人力資本、能力不同、超級巨星現象、補償性差異和地理位置。失衡分析理論包括最低工資、效率工資、工會和歧視。
- 最低工資、效率工資和工會均是價格下限模型，廠商願意支付較高薪水雇用員工。

習 題

1. 假設敏督利颱風引發土石流，嘉義地區多數鳳梨果園受損。
   (a) 土石流對鳳梨價格和採果工人的邊際產量有何影響？對採果工人勞動需求影響為何？
   (b) 假設鳳梨價格上漲 1 倍，而邊際產量下跌 30%。請問對採果工人均衡工資的影響？
   (c) 假設鳳梨價格上漲 30%，而邊際產量下跌 50%，請問對採果工人均衡工資影響為何？

2. 競爭市場的廠商利用 7,000 元的資本，配合勞動量 L 從事 X 物的生產，其勞動投入量與產出量 X 的對應關係如下表所示：

L	0	1	2	3	4	5	6
X	0	20	37	51	62	70	75

   請問：
   (a) 當每單位價格為 100 元，且每單位勞動工資率是 1,500 元時，該廠商應雇用多少的勞動？同時其資本的報酬率是多少？(計算至百分率的小數點第二位)
   (b) 當工資率由 1,500 元降為 1,000 元時，該廠商應雇用多少勞動？同時，其資本報酬率是多少？(計算至百分率的小數第二位)
   (c) 當工資率為 1,000 元，且產品價格由 100 元降為 80 元時，該廠商又應雇用多少勞動？同時，其資本的報酬率是多少？(計算至百分率的小數第二位)

   (100 年二技)

3. 某工廠的生產函數如下表：

勞動數量	總產量
0	0
1	20
2	50
3	90
4	120
5	140
6	150
7	150
8	140

   假如產品的單位價格為 $2，且勞動市場的每單位勞工工資為 $60，利潤最大化的勞動雇用量是多少單位？
   (a) 0　　(b) 2　　(c) 4　　(d) 6

   (108 年商業行政)

4. 在消費與休閒的消費者選擇模型中，若休閒為正常財，下列何者正確？
   ① 工資下降的替代效果意味著勞動工時會增加
   ② 工資下降的所得效果意味著勞工的休閒時數增加

③ 如果工資下降，並且勞動工時下降，則替代效果大於所得效果
④ 如果工資上升，並且勞動工時下降，則所得效果大於替代效果
(a) ①④　　(b) ②③
(c) ③④　　(d) ①②④
(108 年原住民特考改編)

5. 當要素市場是完全競爭時，被雇用勞工的邊際產值應該如何計算？
(a) 產品價格乘以勞工的邊際產量
(b) 產品價格乘以支付給勞工的工資
(c) 支付給勞工的工資乘以勞工的邊際產量
(d) 勞工的邊際產量除以產品價格

6. 完全競爭產品市場中的個別廠商，在完全競爭的勞動市場之下，其所面對的勞動供給曲線為：
(a) 正斜率曲線　　(b) 負斜率曲線
(c) 垂直線　　　　(d) 水平線
(108 年身心障礙)

7. 假設在現行工資下，勞動市場中對能應用人工智慧的勞工的需求量大於能應用人工智慧的勞工的供給量，我們預期：
(a) 能應用人工智慧的勞工的薪資上升
(b) 對能應用人工智慧的勞工的需求下降
(c) 對能應用人工智慧的勞工的替代品需求下降
(d) 使用能應用人工智慧的勞工為投入的產品價格下降　　(108 年普考)

8. 勞動市場在獨買 (monopsony) 時，供需均衡下的雇用量所決定的邊際勞動成本與工資率的關係為何？
(a) 邊際勞動成本大於工資率
(b) 邊際勞動成本小於工資率
(c) 邊際勞動成本等於工資率
(d) 邊際勞動成本先大於工資率，後小於工資率　　(108 年郵政特考)

9. 如果兩位勞工具相同人力資本，他們的工資是否相同？請評論之。

10. 請舉一例說明勞動市場在競爭假設下，歧視仍然存在的情況。

11. 假設一廠商的生產函數是 $Q = 12L - L^2$，$0 \leq L \leq 6$。如果完全競爭的商品售價是 10 元。請計算廠商勞動需求曲線。如果工資是 30 元，廠商應雇用幾位勞工？如果工資是 60 元，又應該雇用幾位勞工？

12. 某位成大校友很喜歡公務員的穩定，但他選擇薪資更高的南科科技主管工作，這種薪資差異來自何處？

13. 假設市場有兩種水泥工人：公寓建築和高樓大廈，其需求曲線分別如下：

公寓建築：$W_1 = 40 - 10L_1$
高樓大廈：$W_2 = 40 - 5L_2$

其中，W 為每小時的工資，L 代表每位勞工工作時數。假設現在社會上有 300 位水泥工，每個人都可在公寓或大廈工作。試求兩種工人的個別均衡工資和就業數量？
(提示：可先求出市場勞動需求曲線。)

14. 承上題。如果工會要求在高樓大廈工作的水泥工，因為安全理由，工資每小時不得低於 30 元。無法在高樓大廈工作者，可以在公寓建築工作。兩個市場的均衡工資和均衡工作時數是多少？

15. 假設 MERS 病毒蔓延，強調有相當多的人數死亡。若強國農業生產函數中的土地和勞動互補，請問 MERS 對勞工工資 (wage) 和地主地租 (rent) 有何影響？
(104 年中正企管所)

16. 請舉出兩個有關顧客歧視的例子，並探討對均衡工資有否影響？　　(99 年技專)

17. "超級巨星現象"如何產生？醫生這個行業會產生超級巨星嗎？請解釋之。

18. 假設我國國內只有一家製糖廠，對國內具製糖專長員工具有獨買權。其勞動的邊際收益為 $MRP_L = 40 - 2L$，而其勞動供給函數為 $L^S = \frac{1}{3} P_L$。請問：

(a) 製糖員工的工資為何？

(b) 若製糖專長員工組成工會，則工會要求的工資為何？　　　(102 年中興應經所)

網路習題

1. 請至 https://www.aflcio.org/ 下載有關工會存在的理由，並至國內相關網站，下載相關資料比較之。

2. 在美國，企業的高階主管出現了"超級巨星現象"。請至《富比士》雜誌網站：https://www.forbes.com/forbes/Subest/Excutive.htm/，查看最近一年前五名高薪主管的姓名、公司及薪水。國內有哪些行業有超級巨星現象？管理階層有嗎？

Chapter 13

外部性

2015 年 7 月,一宗氣候難民庇護案被紐西蘭最高法院駁回,駁回原因是不符合聯合國難民地位公約的難民定義標準。主要申請人是太平洋島國吉里巴斯,該國曾是臺灣的邦交國之一。

新幾內亞的卡特瑞島 (Carteret Island) 曾被預計 2015 年是完全沉入海中的"末日年",此島為全世界第一個氣候難民轉移實踐案例,2009 年開始撤離,2,600 位居民遷移到布干維爾島 (Bougainvile Island)。這是氣候變遷、全球暖化的過程所造成。根據聯合國氣候變遷委員會 (Intergovernmental Panel on Climate Change, IPCC) 的說法,一旦全球增溫攝氏 2 度,全球海平面將升高 26 到 82 公分,包括紐約、東京、香港及臺灣主要城市都會沒入海中。

科學家相信氣候變遷有九成都是人類的責任。過去一百多年來,我們一直依賴石化燃料,提供能源應付生活所需,排放的溫室氣體加強了溫室效應;森林濫伐、農業、畜牧業及生產冰箱用的製冷劑都加劇氣候變化。

人類為了自身利益從事生產或消費,製造出更多的社會成本。這種社會成本高過私人成本的現象,稱為**外部性** (externality)。外部性是指生產者或消費者的生產或消費行為影響到第三者的福利水

本章重點

外部性
政府政策
寇斯定理

準。若這個影響會減損他人福利,稱為**負的外部性** (negative externality);若這個影響會增加他人福利,稱為**正的外部性** (positive externality)。

近年來,臺灣只要某些地區雨量過於集中,往往就會發生土石流現象。導致土石流的原因有許多,包括山坡地的過度開發、水土保持不良、河川的濫採砂石等。土石流現象是生產引起之負的外部性。

一個人受高等教育不但使自己的所得提高,因為教育訓練可以增加工作技能,提高勞動生產力,使公司利潤提高,更可降低社會的犯罪率。所以,教育不但能夠提高生活水準,影響他人,更能提高社會福利,是為正的外部性。

由於外部性是生產或消費所引起的副作用,當市場那一隻看不見的手無法解決外部性產生的效率不彰時,政府就可以扮演解決市場失靈的角色。**市場失靈** (market failure) 是指市場無法有效率地分配資源。經濟學家將市場失靈歸納為四個因素:獨占力、外部性、公共財及資訊的不對稱。獨占力已在獨占市場中討論,本章討論外部性,至於公共財及資訊的不對稱則分別在接下來兩章中討論。

> **市場失靈** 市場無法有效率地分配資源。

13-1 經濟效率與外部性

負的外部性造成社會成本高於私人成本,而正的外部性造成社會利益大於私人利益。台塑麥寮六輕排放廢氣,灰塵造成附近居民養殖的魚蝦死亡,吸入太多空氣中的細懸浮微粒和二氧化硫,會使呼吸器官喪失正常防禦及清除功能,甚至有致癌的危險。外部性引起廣泛注意是因為廠商不見得會去負擔此外部成本,反而可能由社會大眾共同去承擔。

當存在社會成本時,社會福利會遭遇無謂損失。第 8 章定義經濟效率是消費者剩餘與生產者剩餘總和達到最大的境界。需求曲線代表消費者衡量商品消費的邊際利益;供給曲線則代表生產者衡量商品的生產成本。

以圖 13-1 為例。當供給等於需求時,均衡數量 Q_0 之社會總剩餘達到最大,社會有經濟效率。如果產量為 Q_1 (小於 Q_0),消費者得到的利益超過廠商生產該單位的成本,增加商品生產,社會總剩餘會增加;如果產量為 Q_2 (大於 Q_0),消費者得到的利益小於廠商的成本,降低產量,總剩餘會增加。所以,廠商生產 Q_0,可讓社會福利水準達到最大。注意,這裡的供給是廠商的成本,而需求是消費者的社會需求。

13-1-1 負的外部性

首先考慮負的外部性與經濟效率之間的關係。假設台糖在屏東設置養

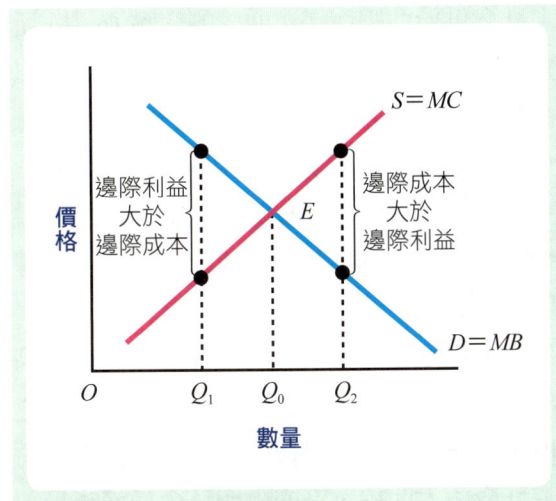

圖 13-1 經濟效率

當產量是 Q_1 時，邊際利益大於邊際成本；當產量是 Q_2 時，邊際利益小於邊際成本；當產量是 Q_0 時，邊際利益等於邊際成本，總剩餘達到最大。

豬場，豬隻排泄物每天直接排入河中，造成高屏溪的水污染，對使用這條河沿岸的居民、遊客等造成負的外部性。假設每隻豬造成的**邊際外部成本** (marginal external cost, *MEC*) 是圖 13-2 的 $\overline{ac}$。台糖豬隻生產的**邊際社會成本** (marginal social cost, *MSC*) 等於生產豬隻的**邊際私人成本** (marginal private cost, *MPC*) 加上豬隻污染成本 (*MEC*)。若以數學式表示，考慮外部成本的社會供給曲線可寫成：

$$S_S = MSC = MPC + MEC \tag{13-1}$$

式 (13-1) 中，S_S 是社會供給曲線。*MSC* 代表額外生產一單位商品所增加的社會成本。由於豬隻排泄物造成水污染，社會供給曲線在廠商供給曲線的左邊，而社會供給曲線與廠商供給曲線的垂直差額就是邊際外部成本 (*MEC*)。

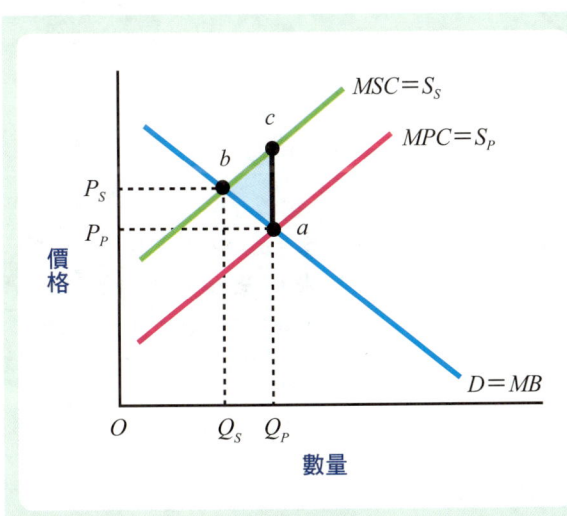

邊際外部成本 當廠商增加一單位商品生產時，引起外部成本的增加量。

邊際社會成本 增加一單位商品生產，所增加的社會成本。

當有負的外部性存在時，經濟效率是在需求等於社會成本時達到最大，此時 $Q_S < Q_P$。

圖 13-2 生產的外部成本

社會最適豬隻生產數量是由社會供給曲線與需求曲線的交點 (b 點) 所決定。當產量等於 Q_S 時，消費最後一單位豬隻的利益等於生產最後一單位豬隻的社會成本，從整個社會觀點看，在 Q_S 產量下的經濟效率最高。

在圖 13-2，a 點是台糖未負擔外部成本的均衡點。豬隻的最適生產數量 Q_P 大於社會的最適生產數量 Q_S。當產量等於 Q_P 時，消費的邊際利益小於生產的社會成本。這表示台糖生產過多的豬隻，造成太多污染，而導致社會福利損失，其無謂損失是面積 $\triangle abc$。

當市場機能無法誘使廠商生產最適產量時，政府可以課稅方式來提高社會福利。如果廠商生產的外部成本可以正確地被衡量，政府對每一單位產品課徵等於邊際外部成本的稅額 t ($=\overline{ac}$)。課稅後的廠商供給曲線會向左移動，新的供給曲線就是邊際社會成本曲線，廠商生產社會最適產量。因此，政府針對廠商課徵污染稅，可以達到經濟效率，而沒有無謂損失。

除了生產有外部成本以外，消費也可能有外部成本。譬如，在安靜社區開派對會影響鄰居安寧。在這種情況下，社會利益小於個人利益。以圖 13-3 為例，假設噪音引起的外部成本是 $\overline{ac}$，**邊際社會利益** (marginal social benefit, MSB) 等於**邊際私人利益** (marginal private benefit, MPB) 減去邊際外部成本 (MEC)。以數學式表示，可寫成：

$$D_S = MSB = MPB - MEC \tag{13-2}$$

式 (13-2) 中，D_S 是社會需求曲線。MSB 代表增加一單位商品消費所增加的社會利益。由於噪音污染造成外部成本，社會需求曲線在個人需求曲線

邊際社會利益 增加一單位商品消費所增加的社會利益。

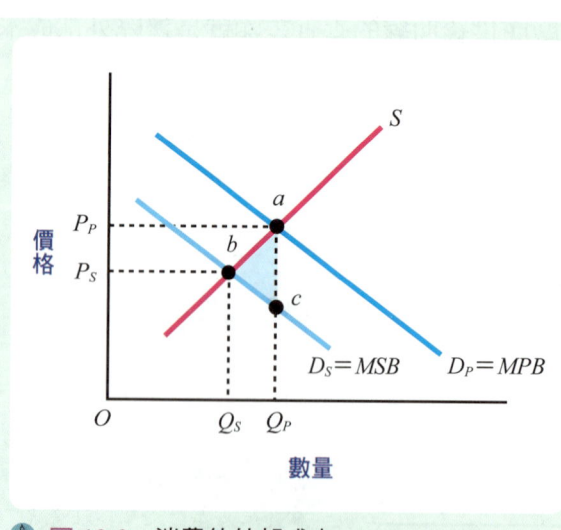

▲ 圖 13-3 消費的外部成本

噪音引起外部成本，社會需求 D_S 低於個人需求 D_P。最適社會產量等於 Q_S。此時，$Q_S < Q_P$。

的左邊。社會最適產量是在社會需求曲線與供給曲線的交點，b 點。當產量等於 Q_S 時，消費最後一單位的社會利益等於生產最後一單位的成本，從整個社會觀點看，此時的經濟效率最高。

在圖 13-3，a 點是未考慮外部成本的均衡點。消費者若無須負擔噪音防治成本，最適消費數量是 Q_P，其邊際成本超過邊際社會利益，無謂損失是面積 $\triangle abc$。同樣地，政府可以課稅方式來糾正外部成本。政府針對消費者課徵相當於 MEC 的稅額，所以消費者的最適消費數量恰好等於社會最適消費數量 (Q_S)。酒醉駕車與二手菸是屬於消費外部性的例子。

13-1-2 正的外部性

現在，讓我們考慮正的外部性與經濟效率之間的關係。正的外部性可來自廠商及消費者。通常廠商會將研究發展成果申請專利，以賺取超額利潤。如果廠商將研究發展成果公諸於世，與其它廠商共享，不但其它廠商能夠享受技術進步成果，社會與自己也會因資源共享而獲利。譬如，非蘋陣營的安卓 (Android)，安卓是基於 Linux 核心的行動作業系統，由 Google 開發，為開放程式碼，主要用於智慧型手機與平板電腦。全球除了蘋果產品外，幾乎所有的手機都使用安卓作業系統。

圖 13-4 的 MPC 是所有廠商生產商品的邊際私人成本，也是私人供給曲線。a 點是需求曲線與私人供給曲線的交點，廠商的生產量是 Q_P。如果因為資源共享嘉惠其它廠商，創造的外部利益假設為 $\overline{ac}$，產品的邊際社會

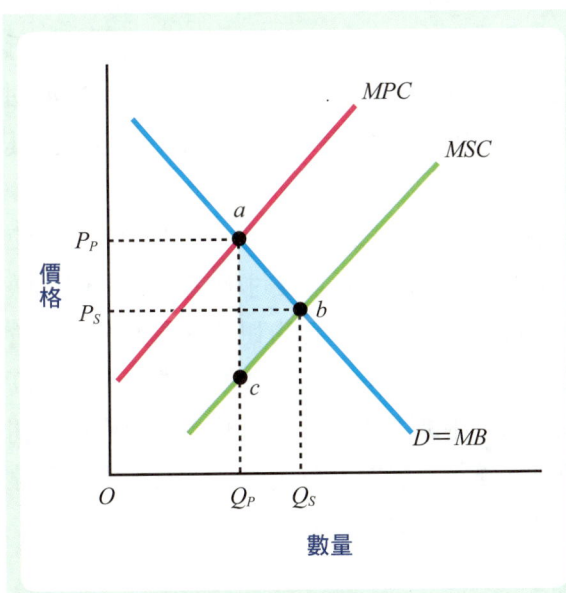

當存在正外部性時，社會成本低於私人成本，最適產量 Q_S 大於私人產量 Q_P。

▲ 圖 13-4　生產的外部利益

成本小於邊際私人成本，即 MSC 曲線在 MPC 曲線的右邊。以數學式表示，可寫成：

$$MSC = MPC - MEB \qquad (13\text{-}3)$$

邊際外部利益 當廠商增加一單位商品生產時，造成他人利益增加的數量。

其中，MEB 為**邊際外部利益** (marginal external benefit, MEB)，是衡量廠商增加一單位商品生產時，造成他人利益增加的數量。

社會最適產量 Q_S 是在需求曲線和社會供給曲線的交點 b 點，其邊際利益等於社會成本。由於存在外部利益，社會最適產量大於個別廠商產量 ($Q_S > Q_P$)，消費者享受到的價格 (P_S) 低於個別廠商售價 (P_P)。當廠商生產 Q_P 時，邊際利益大於邊際社會成本 (c 點)，增加生產可提高社會福利水準，面積 △abc 是社會福利淨增加的部分。

同樣地，當市場機能無法引導廠商生產社會最適產量時，政府可以補貼方式來增加社會福利。若外部利益可以正確被衡量，政府補貼每一單位商品金額 s，幅度等於邊際外部利益 ($\overline{ac}$)，此會使廠商供給曲線向右移動，新的供給曲線就是邊際社會成本曲線，廠商生產社會最適產量。因此，政府針對外部利益的生產廠商給予補貼，可以達到經濟效率。

網路外部性 使用人數愈多，得到的利益就愈大。

除了生產有外部利益以外，消費也會產生外部利益。**網路外部性** (network externality) 即為一例。所謂網路外部性是指使用者人數愈多，得到的利益愈大。以網路電話為例，裝設網路電話的人數愈多，使用電話的功效愈大，電話的單位價值也愈高。康卡斯特 (Comcast) 是美國的**網際網路服務提供者** (Internet service provider, ISP) 和**即時服務提供者** (on-line service provider, OSP)。當使用美國線上人數愈多時，康卡斯特會記錄分析個人使用習慣，加以修正，並進行個人化服務。因此，使用人數的增加固然可以分攤固定成本，增加外部性價值，消費者每一次的使用，也會對其下次使用，產生外部利益。

以圖 13-5 為例。個別消費者使用網際網路所願支付的價格是 P_P，使用數量是 Q_P。如果存在網路外部性，消費者願意支付價格是 P_S，使用數量是 Q_S，也就是說，使用人數愈多，消費者得到的利益就愈大。當產量是 Q_P 時，邊際社會利益 (c 點) 高於邊際成本 (a 點)，增加消費，可以提高社會福利。面積 △abc 代表社會淨福利增加的部分。同樣地，政府可以利用補貼方式，提供誘因給消費者，讓需求曲線右移至 MSB，其與供給曲線的交點 (b 點)，廠商願意提供 Q_S，社會總剩餘達到最大。

圖 13-5　消費的外部利益

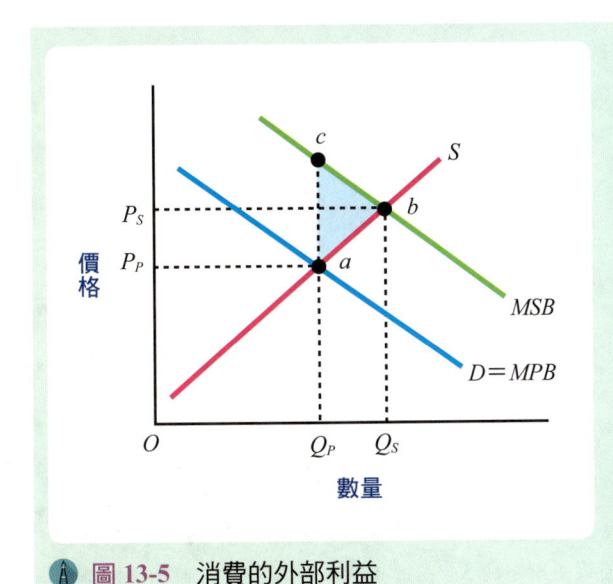

當存在正的外部性時，社會利益大於個人利益，社會最適商品數量 Q_S 大於個人最適消費數量 Q_P。

13-2 政府政策

當市場存在外部性，特別是外部成本，造成資源配置未達經濟效率時，政府可以利用不同的政策來糾正市場失靈。這些政策包括直接管制、課稅與補貼，以及排放交易制度。

13-2-1　直接管制

政府可採取兩種方式來直接管制污染廠商：數量管制和價格管制。**數量管制** (quantity regulation) 是政府規定廠商製造排放污染的最高數量。譬如，行政院環保署的《空氣污染防制法》，制定總量排放標準，以及制定地區和業別排放標準；《噪音管制法》制定車輛航空器等交通噪音的防治規定，並提高罰鍰額度；《水污染防治法》規定、擴大污染源管制對象、建立總量管制制度、提高罰鍰額度，以及增加刑責規定等，這些例子都屬於數量管制。

圖 13-6(a) 是數量管制的經濟分析，橫軸是廠商排放的污染數量，縱軸是污染排放價格。**邊際污染廢除成本** (marginal cost of abatement, MCA) 是衡量廠商防止額外一單位污染必須付出的成本。如果廠商不需負擔任何污染成本，他會製造 Q_0 的污染數量。如果廠商需要防止的污染數量愈多，亦即，當廠商必須花費大筆金錢購買防治污染設備時，邊際污染廢除成本會愈高，MCA 是負斜率的曲線。

污染的邊際社會成本告訴我們，廠商排放污染數量愈多，社會負擔的外部成本就愈高，所以 MSC 是正斜率的曲線。社會最適的污染數量是在

數量管制　政府立法規定廠商製造排放污染的最高數量。

邊際污染廢除成本　廠商防止額外一單位污染必須付出的成本。

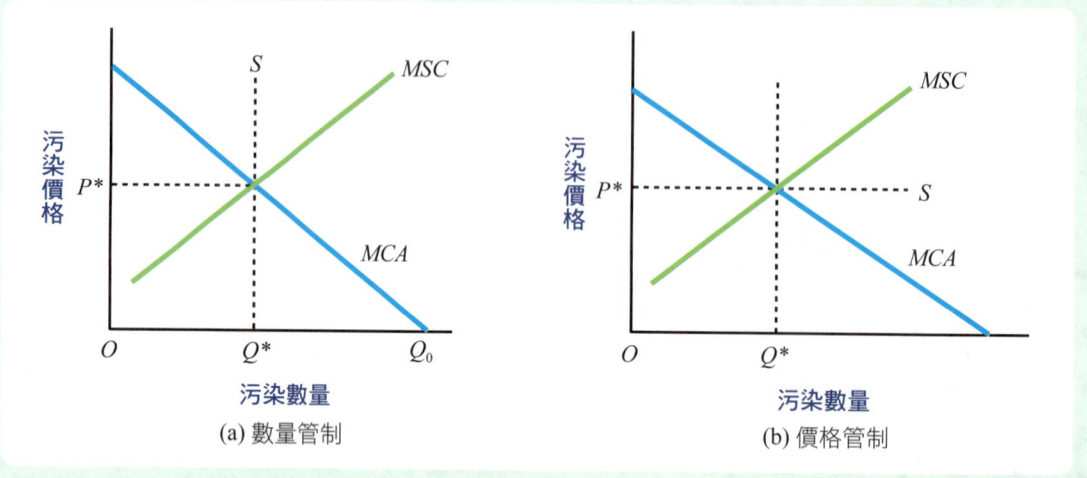

(a) 圖是政府直接制定污染數量 Q^*，此時供給曲線是垂直的 S，而非正斜率的 MSC，社會最適污染價格是 P^*。(b) 圖是政府直接制定污染價格 P^*，供給曲線是水平的 S，而非正斜率的 MSC，此時均衡污染數量是 Q^*。

圖 13-6　價格管制與數量管制

MCA 與 MSC 的交點。污染邊際社會成本等於防治污染所必須支出的邊際污染廢除成本，廠商生產效率可達到最高境界。

數量管制是政府立法規定廠商的最大排放污染數量 Q^*。此時廠商面對的供給曲線，即法定排放標準，是垂直的 S。廠商為了符合規定，會以每單位 P^* 的價格購買防止污染設備。因此，政府對污染數量的管制，可以讓廠商的生產達到效率境界。

價格管制 (price regulation) 是政府對每一單位污染排放徵收防治污染費用。譬如，臺灣環境保護法規，針對空氣污染和水污染徵收污染防治費用。《廢棄物清理法》中，為貫徹污染者及受益者付費原則，規定執行機關為執行一般廢棄物的消除處理，應向指定清除地區內居民徵收費用，這些都是價格管制的例子。

假設政府徵收每單位污染費用為 P^*，如圖 13-6(b) 所示。當污染數量很少時，廠商會選擇以設備來減少污染，因為所花費的邊際污染廢除成本小於 P^*。當污染數量很大且超過 Q^* 時，廠商會選擇付給政府 P^*，而不願再添購設備來減少污染。因此，當政府對每一單位課徵 P^* 的污染費用時，廠商的最適排放污染數量是 Q^*。這個結論和圖 13-6(a) 數量管制的結論相同，廠商的生產已達效率境界。

雖然制定排放標準與徵收污染防治費用的結論相同。但是在某些情況下，這兩種管制措施各有其優缺點。譬如，假設兩家廠商污染防治成本不

> **價格管制**　政府針對廠商每一單位的污染排放徵收防治污染費用。

同,如果政府要求同樣污染排放數量,將造成高污染廠商的邊際防治成本增加,低污染廠商邊際成本卻減少有限。若以費用徵收方式,則廠商可依其污染防治成本而有不同污染排放數量,這兩家廠商都可達效率境界。因此,費用徵收比標準制定措施更有生產效率。另一方面,如果政府無法精確估算每一種污染源的徵收費用,制定排放標準顯得比較簡單,並可達到生產效率。

除了設定排放標準和徵收污染防治費用以外,政府可要求廠商採用某種技術來減少污染。譬如,要求汽車加裝觸媒轉換器,或使用無鉛汽油。另外,政府也可機動派員檢視,加強取締工廠和汽車排放大量廢氣,或污染水源等。

13-2-2 課稅與補貼

第二個措施是,針對產生外部成本的廠商予以課稅或針對產生外部利益的廠商給予補貼。在圖 13-2,外部成本使廠商追求利潤極大的產量高於社會最適產量。當政府針對負的外部性課稅時,廠商供給曲線向左移動,新的供給與需求曲線的交點所決定的均衡產量,正是社會最適產量。針對外部成本課稅,一方面可提高政府稅收,另一方面可提高經濟效率。

同樣地,在圖 13-4,外部利益使廠商追求利潤極大的產量低於社會最適產量。當政府針對創造正的外部性廠商予以補貼時,廠商的供給曲線向右移動,新的供給曲線與需求曲線的交點所決定的均衡產量,正是社會最適產量。因此,補貼廠商可使社會淨福利水準提高。

13-3 寇斯定理

當經濟存在外部性現象時,我們已經看到政府可以藉由命令管制或提供經濟誘因兩種方式,來糾正資源分配的沒有效率。然而,政府並非唯一能夠提供解決之道的機構,民間也存在某些解決方式,譬如,綠色和平組織致力於環境保護。在某些重視環境保護的國家,如澳洲,到處都是國家公園或保護區,民眾不會隨意攀折樹枝或污染水源。雖然有公園巡邏員,卻非常少見違法情事,這均有賴社會規範及教育功能來進行環境資源維護。此外,透過契約協商方式,也能夠解決外部性問題,這種方式是本節所要探討的主題——**寇斯定理** (Coase theorem)。

> **寇斯定理** 當交易成本為零時,污染者與被污染者可透過協商談判,來達成協議,解決外部性問題,而達到資源最有效率的使用。

13-3-1　寇斯定理

　　1991 年諾貝爾經濟學獎得主寇斯 (Ronald Coase) 指出，在無交易成本假設下，藉由污染者與被污染者雙方的協商談判，達到最適污染水準，解決外部性的問題。我們以南科振動為例來說明寇斯定理。假設台積電在臺南科學園區承租土地，興建十二吋晶圓廠。然而，興建廠址非常靠近高速鐵路，對台積電動態隨機存取記憶體 (DRAM) 的生產過程相當不利，必須克服高鐵振動問題。假設高鐵變更設計必須花費 10 億元，而台積電遷廠資金是 5 億元。這裡的外部性──振動──是因為高鐵與台積電雙方無法共存所引起。若沒有其它辦法，台積電撤離南科是解決外部性的成本最低措施。

　　寇斯認為不論**財產權** (property right) 歸屬任何一方，私人協議可使資源有效利用。所謂財產權是指所有人可自由使用其財產和其他人被禁止干擾所有人行使的權利。假設台積電有權利在南科當地興建十二吋晶圓廠，

> **財產權**　擁有使用、租賃或銷售財產的權利。並禁止他人干擾所有人行使的權利。

實例與應用　　1991 年諾貝爾經濟學獎得主：寇斯

　　1991 年的諾貝爾經濟學獎頒給芝加哥大學教授寇斯，以表彰其發現並澄清經濟社會制度結構和功能中的交易成本與財產權。

　　寇斯是在 1910 年 12 月 29 日出生於倫敦郊區威力士敦 (Willesden)，父親是郵局的電報員。在寇斯 11 歲時，父親帶他去看顱相學家。這位顱相學家從寇斯的行為而非頭顱形狀得到結論：生性聰穎，雖然可與他人合作，但更適合獨立思考與單獨工作，並建議寇斯從事科學、銀行及會計的工作。1951 年，寇斯移民美國。1959 年，撰寫一篇討論聯邦通訊委員會應該將廣播電臺的頻率拍賣給出價最高者的文章，在文中探討有關財產權的議題。當時芝加哥大學的某些經濟學家認為寇斯部分的見解有誤，於是在與這些經濟學家的會面中，寇斯一一說服他們，並將這些討論發表在 1961 年的 *Law and Economics* 期刊中，這篇名為 The Problem of Social Cost 的論文廣為現代經濟學家引述。

　　寇斯對經濟學的貢獻有二：第一，指出傳統個體經濟學理論僅包括生產與運輸成本，並未包括制定與執行契約，以及組織管理的交易成本。不同型態的交易成本，提供經濟體系制度的系統分析；第二，提出財產權的觀念。寇斯主張，如果財產權能夠清楚界定且可以移轉，在交易成本為零的情況下，資源的使用與財產權的分配無關。因為寇斯明白交易成本絕對不等於零，他認為經濟社會的制度結構能夠由不同制度安排的相對成本來解釋，除了價格機能外，制度安排也是資源分配過程中的一個步驟。

可以要求高鐵公司減少因行駛產生的共振。高鐵並不一定要花費 10 億元來減少振動，它可以選擇支付介於 5 億元與 10 億元間的金額，請台積電搬離共振地區。這種結果對雙方都有利，因為高鐵支付的金額少於 10 億元，而台積電獲得比搬遷所需更多的經費。因此，台積電搬遷是有效率的解決方式。

相反地，若高鐵擁有振動的權利，則無須變更任何計畫，可依既定路線行駛。台積電既然無免於振動的權利，就必須設法解決問題。一是支付 10 億元給高鐵，要求變更設計減少振動，但這顯然高出搬遷預算 5 億元甚多。所以，台積電會選擇離開南科。最後的結論是：不論高鐵或台積電誰擁有振動的權利，台積電遷離是最有效率及成本最低的方式。

總結來說，寇斯定理是指在財產權確定情況下，無論所有權歸屬，在交易成本為零的假設下，雙方協議解決外部性問題，使彼此互蒙其利，進而達到效率境界。

13-3-2　寇斯定理的延伸

雖然外部性問題可透過協商來解決，但在實際生活中，協商過程不一定是順利的。譬如，寇斯定理假設雙方商議過程，沒有交易成本發生。交易成本包括搜尋成本、協商成本和執行成本，協商與執行過程則需要律師的協助。當碰到像高鐵與台積電的大案子，中間牽涉的律師費用及評估費用可能會使協商不容易進行，問題難以解決。

其次，如果交涉雙方人數眾多，協調每人的成本所費不貲，協議便很難達成。譬如，蔡投貴在三芝有一個養雞場，每逢東北季風吹起，北投關渡地區總會傳來養雞場的陣陣惡臭。更糟的是，養雞場主人蔡投貴還計畫擴大養殖規模。北投和關渡居民正以法律途徑來解決外部性問題。蔡投貴如果尋求庭外和解，必須和成千上萬居民協商，而居民之間要形成共識是相當困難的事。

當交易成本過高，以致無法進行商議時，便有賴法律來界定財產權的歸屬。建立法律制度可以排除私人間進行商議的障礙、減少交易成本、促進資源有效運用。通常，法律保護財產權的方式有兩種：**金錢損害賠償** (damages)，以及**禁制令** (injunctions)。金錢損害賠償是被告對已發生事情支付一筆金額，賠償原告損失，如果被告違反法院判決，得拍賣其財產。禁制令是原告申請法院命令被告一定之作為或不作為，如果被告違反，可能被判蔑視法庭或坐牢。

當法律上對權利認定愈清楚，私人間協議就愈容易達成。通常禁制令比損害賠償清楚，採用損害賠償時，並不容易知道法院決定的實際賠償金

> **金錢損害賠償**　被告對已發生之事支付一筆金額賠償原告損失。
>
> **禁制令**　是原告申請法院命令被告一定之作為或不作為。

從臺灣看天下：超級盃門票價格的功課

普林斯頓大學經濟學教授亞倫・克魯格 (Alan Kruger) 與父親諾曼・克魯格 (Norman Kruger) 一起觀賞第 35 屆超級盃足球賽。從一項小型調查中得到有關超級盃門票價格的七項功課。

功課一 如果票價設定夠低，將會產生超額需求。2001 年超級盃門票的面值是 325 美元。美式足球聯盟 (National Football League, NFL) 拿出 500 張門票來舉辦樂透抽獎，有 36,000 人參與，這比進入普林斯頓大學就讀的機率還低。比賽當天，許多人在場外舉著"需要門票"的牌子，並希望能以 1,500 美元買到門票。

功課二 低票價導致次級市場的產值。次級市場包括黃牛、網路拍賣，以及合格的門票經紀商。超級盃開打前的一週，雅虎拍賣的價格介於 1,500 美元到 3,500 美元之間。

功課三 次級市場的價格波動劇烈。有一位球迷購買一張 1,000 美元的黃牛票，而另一位球迷花 3,500 美元買到同一區的門票。一般來說，同區段的門票隨著拍賣回合的增加，價格會遞減。

功課四 NFL 能夠在短期索取高價賺取利潤，其代價卻是長期利潤的減少。次級市場的票價約在 1,000 美元到 4,000 美元之間，若 NFL 以市場價格售出門票，可增加 1 億 5,000 萬美元的收入。NFL 的公關發言人認為，合理的價格有助於維繫與球迷之間的互動。

從寇斯定理的角度觀察，在樂透中，以低於市場價格的方式分配門票是無法決定誰是真正最需要門票並向中獎者買票的人。為什麼 NFL 要關心這些球迷？

其實 NFL 明白個中道理。調查顯示，只有 20% 的球迷支付超過面值的價格進場；28% 球迷的門票是抽獎得到的；40% 球迷的門票來自公司或朋友的饋贈。

功課五 通常從樂透抽獎得到的門票不會售出。芝加哥大學教授泰勒 (Richard Thaler) 稱這種現象是稟賦效果 (endowment effect)──當人們視門票為財產時，其價值會與日俱增。

功課六 儘管球迷各有偏好，但他們仍會考慮稅負問題。有些在 eBay 或雅虎拍賣的票價，承諾將其所得捐給慈善機構，購買價格超過稅後價格。如果有兩張門票以 7,300 美元售出，扣除最高邊際稅率 39.6% 後的價格是 4,667 美元，非常接近次級市場的票價。

功課七 即使在賽後，超級盃門票仍具有價值。許多人希望能用 20 美元購買票根。

資料來源：Alan Krueger, "Seven Lessons about Super Bowl Tickets Prices," *New York Times*, February 1, 2001, p. C.2.

額；採禁制令時，污染者與被污染者能有一個清楚的商議，在商議過程中，可建立被污染者的損害價值。因此，當交易成本較低時，禁制令比損害賠償有效率。

相反地，當交易成本過高時，財產權界定清楚，協商仍有可能破裂。譬如，蔡投貴養雞場很難與受影響居民一一協商，法院可決定損害金額，命令養雞場支付。此時，採取金錢損害賠償比禁制令更有效率。

13-4 結語

在生產或消費行為中出現外部性時,這是一種市場失靈,市場無法有效率地去分配資源而造成無謂損失。當市場那隻看不見的手無法糾正無謂損失時,政府可藉環保政策中的命令管制和提供經濟誘因等方式來解決外部性的問題。課稅與補貼均可增加社會福利。若交易成本為零,私人間協議也能達成資源的有效使用。財產權的界定有賴法律、禁制令或金錢損害賠償可彌補私人協商的不足。

摘要

- 當生產者或消費者從事市場行為時,不但影響自己,而且影響到第三者的福利,這種影響稱為外部性。如果這種影響減損別人福利,我們稱為負的外部性;如果這種影響提高別人福利,則稱為正的外部性。
- 從社會觀點看,當邊際社會利益 (MSB) 等於邊際社會成本 (MSC) 時,經濟效率達到最大。
- 外部成本,如污染,會使最適產量低於廠商產量,政府可以用課稅方式來糾正。
- 外部利益,如教育,會使最適產量高於廠商產量,政府可用補貼方式來鼓勵生產。
- 污染是導致市場失靈最常見的例子,政府可藉由設定排放標準、徵收污染防治費用、課稅以及制定排放交易制度來解決外部性問題。
- 除了政府政策外,民間協議也能夠解決資源未有效率使用的問題。根據寇斯定理,如果協商的交易成本為零,污染者與被污染者可透過協商談判來達成協議,使外部性問題獲得解決,讓資源做最有效率的使用。
- 當交易成本過高時,法律有必要清楚界定財產權歸屬,並以禁制令或金錢損害賠償方式來減少交易障礙,促成私人協議。
- 可交易排放許可權證制度在京都會議後普遍受到各國重視。分配排放許可權證原則的確立,是影響社會福利分配的重要決定因素。

習題

1. 下列何者不是造成市場失靈 (market failure) 的原因?
   (a) 獨占市場
   (b) 廠商生產過程中所產生的空氣污染
   (c) 消費者在消費過程中所造成的高分貝噪音
   (d) 經濟個體間的完全訊息

   (108 年身心障礙)

2. 下列關於外部性的敘述何者錯誤?
   (a) 外部性為造成市場失靈的原因之一
   (b) 消費者因害怕得癌症而減少香菸消費,會產生外部性使香菸公司收入降低

(c) 外部性可以是正的，也可以是負的
(d) 政府可以藉由課稅或補貼的方式消除外部性　　　　　　　(108年身心障礙)

3. 政府根據經濟概念，補助大眾施打新流感疫苗背後的意義為何？
   (a) 圖利藥商
   (b) 提升外部經濟
   (c) 解決搭便車的問題
   (d) 解決政府失靈的問題　(108年初等考試)

4. 電鍍工廠排放廢水對環境造成污染，下列何者無法解決此種外部性？
   (a) 市場機能
   (b) 對廠商課徵皮古稅 (Pigovian tax)
   (c) 政府將污染權售予廠商
   (d) 政府限制污染排放總量
   　　　　　　　　　　(108年關務特考)

5. 下列何者為造成"技術性外部性" (technological externality) 的主要原因？
   (a) 民眾缺乏公德心
   (b) 市場為獨占
   (c) 財產權無法界定
   (d) 市場規模太小　(108年商業行政特考)

6. 在外部性存在的前提下，寇氏定理 (Coase theorem) 隱含的要義是：
   (a) 只要財產權明確界定，即可達到效率境界
   (b) 只要協商成本為零，即可達到效率境界
   (c) 財產權明確界定且協商成本為零，才可達到效率境界
   (d) 只要有外部性，效率境界就不可能達到
   　　　　　　　　　　(108年高考)

7. 政府介入產生外部性產品的市場，是為了：
   (a) 增進非該市場參與者的利益
   (b) 增加產生負外部性產品的產出
   (c) 減少產生正外部性產品的產出
   (d) 確保所有利益被該市場參與者享有
   　　　　　　　　　　(107年普考)

8. 請評論"人類有權享受乾淨的水和空氣。因此，政府不計任何代價，要防治一切污染發生。"

9. 許多國際機場附近都有住宅區。你認為外部性問題是否存在？如果存在，應該如何解決？

10. 請以圖形分析負的外部性存在時的消費者剩餘、生產者剩餘和總剩餘的變動情形。

11. 政府有哪些解決外部性問題的措施？如果不要政府介入，有哪些方式可解決負的外部性問題？

12. 請利用圖形回答下列問題：
    (a) 正外部性如何影響供需曲線？
    (b) 外部性如何改變社會福利？
    (c) 政府如何協助市場達到社會最適福利水準？

13. 某化學藥物 Nxqext 的需求 $Q^d = 100 - 5P$，供給 $Q^s = 5P$，Q 代表 Nxqext 的數量，P 為每單位價格。
    (a) 請計算均衡價格、數量、消費剩餘和生產者剩餘
    (b) 每生產 1 單位 Nxqext 會排放 4 單位污染並製造 12 的社會成本，請計算市場均衡時的總污染成本與社會總剩餘
    　　　　　　　　　　(102年交大科管所)

14. 假設新北市翡翠灣有兩家紙廠，其排放污染和污染防治成本如下：

廠商	最初污染水準	減少一單位污染的成本
飛柔	150	20
柔軟	70	10

環保署宣布污染數量要減至 100 單位，現將可交易排放許可證分給兩家紙廠，每家各得 50 單位。哪一家廠商會購買排放許可證？購買數量是多少？減少污染所花費的成本是多少？如果不准許自由買賣排放許可證，污染防治成本是多少？

15. 在上游養豬戶排放廢水，導致河川消費者無法擁有乾淨水源的例子裡，寇斯定理說明無論河川財產權賦予養豬戶或河川消費者，都能得到一樣的社會最適數量。這個

結論，是在財產權交易成本多少時才能成立？ (102 年成大政經所)

16. 在臺東鄉下有兩戶人家：一戶人家以牧養牛群為主；另一戶人家以種植池上米維生。如果牧場的牛群會到隔鄰稻田散步。假設稻田一年因此損失 10 萬元，而牧場圍籬成本是 20 萬元，請問寇斯定理能夠解決問題嗎？

17. 承上題。若稻田損失是 40 萬元，圍籬成本是 20 萬元，則寇斯定理是否成立？

18. 彰濱工業區有四家廠商，目前的污染量和降低污染所需成本如下：

廠商	目前污染量	降低一單位污染所需成本
A	30 單位	$40
B	90 單位	80
C	120 單位	100
D	60 單位	60

(a) 為了保護環境，政府將污染量降為 200 單位。因此發給每家廠商 50 單位的污染許可，並允許廠商交易污染許可。請問廠商間完成污染許可的交易後，各廠商污染排放量各為何？

(b) 承 (a) 小題，廠商間污染許可的交易情形與交易價格範圍為何？
(102 年臺大商研)

19. 在家唱卡拉 OK 的邊際收益 $MB = 10 - q$，邊際成本 $MC = 0$，若每單位產量的社會成本為 9，則課徵皮古稅 (pigouian tax) 的卡拉 OK 消費數量為何？
(102 年成大政經所)

網路習題

1. 1990 年 12 月，美國 Metallized 紙業公司以 75,000 美元向兩家紙廠購買污染排放許可證，每年可排放 75 公噸廢氣。自此以後，可排放交易許可證可以在芝加哥期貨交易所交易。請至美國環保署網站：https://www.epa.gov 和民間經紀公司 Cantor Fitzgerald Enviromental Brokage Services 網站：https://www.cantor.com，尋找有關許可資料，並下載許可證價格的資料。

2. 請至行政院環保署網站：https://www.epa.gov.tw 下載有關政府防治污染的法規及措施。

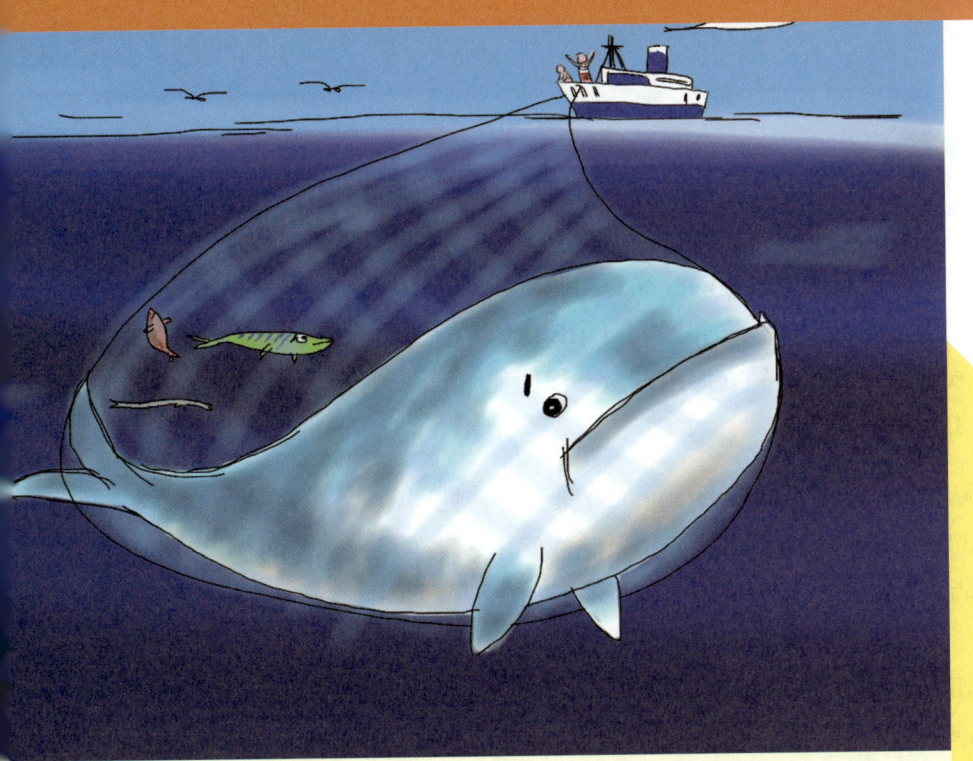

Chapter 14

共同資源與公共財

> "臺灣快成無魚島"，2015 年 12 月，時任中研院生物多樣性研究中心執行長邵廣昭在國際期刊 *Scientific Data* 發表的論文指出，北海岸魚種從三十年前的一百二十種減至今剩不到三十種，經濟價值高的烏魚、白帶魚逐漸退場。邵廣昭說，過度捕撈、環境污染、棲地破壞或氣候變遷都有可能造成魚源減少。在經濟社會中，有一些商品是免費的，如網際網路提供的資料存取服務、國防、國家公園、季節性候鳥、河溪及湖海的魚蝦、森林、空氣、水等。

根據聯合國《生物多樣性公約》定義，生物多樣性指的是在地球上，物種內、物種間與生態系統間的多樣性。然而，隨著人口過度消費與氣候變遷，聯合國在 2019 年 5 月提出警告，將有近一百種物種可能在未來幾十年內滅絕。

免費，以經濟學術語來說，就是市場價格等於零。既然消費者無須付錢，廠商也就不會提供這些商品，市場那一隻看不見的手就無法發揮資源分配的功能。因此，針對某些商品，如國防及燈塔等，就只得仰賴政府來供應。

本章重點

商品的分類
共同資源
公共財
免費搭便車

14-1 商品的分類

> **排他性** 商品具有禁止別人使用的特性。
>
> **敵對性** 商品在使用時，會減少他人的使用數量。
>
> **私有財** 商品具排他性與敵對性。

通常價格大於零的商品有兩個特性：一是 **排他性** (excludability)，指可以禁止他人使用；一是 **敵對性** (rivalry)，指當你正在消費某一商品時，會減少他人對該商品的使用數量。我們利用這兩個特性，將商品分成四類，如圖 14-1 所示。

私有財 **私有財** (private goods) 具有排他性與敵對性的商品。球鞋是排他的，如果你不付錢，廠商不會讓你使用。球鞋具有敵對的特性，假設專賣店只有兩雙 9 號的球鞋，如果經天和又廷各買一雙，則廣仲就買不到。

日常生活中有許多商品都屬於私有財。擁擠的游泳池就是一例。譬如，榮星花園游泳池門票是 100 元，所以具排他性──禁止沒有門票者進入。如果游泳池裡有 100 人，活動空間太小，根本無法游泳。因此，"擁擠"的游泳池，是有敵對性的。

> **準公共財** 商品具非敵對性與排他性。

準公共財 **準公共財** (quasi-public goods) 具排他性和非敵對性的商品。**非敵對性** (nonrivalry) 是某人的消費並不會減少他人的消費數量。非敵對性商品的數量對每一個消費者而言，都是一樣的。譬如，有線電視每個月收費是 600 元，因此具排他性，但是裝機戶數的多寡，並不會影響現在的訊號品質。戶外音樂會也是準公共財。假設臺北小巨蛋可容納 15,000 名觀眾，五月天演唱會現場湧進 1 萬名付費歌迷，另外再容納 2,000 名觀眾，並不會減少前面 1 萬名歌迷的享受，未客滿的演唱會具非敵對性。如果臺北小巨蛋內已經有 15,000 名歌迷，此時五月天演唱會具排他性及敵對性，是私有財而非準公共財。

	敵對性	非敵對性
排他性	1. 私有財 球鞋、咖啡、衣服、擁擠的游泳池	2. 準公共財 有線電視、不擁擠的游泳池、戶外音樂會
非排他性	3. 共同資源 溪湖海的魚蝦、空氣、水、候鳥、擁擠的快速道路	4. 公共財 國防、新年煙火表演、不擁擠的快速道路

▲ 圖 14-1　四種商品分類

共同資源　共同資源 (common resources) 具非排他性和敵對性的商品。**非排他性** (nonexcludability) 是指不管是否付費，無法禁止他人使用。譬如，每一個人都可以去海邊釣魚──所以海裡的魚具非排他性。但是，魚被釣上岸後，別人能釣魚的數量會減少──因此海裡的魚具敵對性。同樣地，從民國 55 年起，臺灣有三種鳥類：帝雉、藍腹鷴和黃山雀被國際鳥類保育聯盟列於保育類紅皮書。登山客和賞鳥者可免費看到牠們的蹤跡，但是森林的砍伐及任意捕殺會造成鳥類數量減少，甚至面臨絕種危機，所以鳥類為一種共同資源。

> **共同資源**　商品具非排他性與敵對性。

公共財　公共財 (public goods) 具非排他性和非敵對性的商品。譬如，鵝鑾鼻燈塔並不能禁止他國漁船使用，也不會因為提供照明給大油輪，就無法同時提供給小漁船。同樣地，每個人都可以上陽明山賞花，花卉的數量不會因為你去觀賞而減少。

> **公共財**　商品具非排他性與非敵對性。

有關上述商品分類的討論，有兩點必須再加以釐清。第一，某些商品因為使用人數的多寡呈現不同的特性。譬如，美國德州達拉斯的高速公路分為兩種系統：一個是免付費的高速公路，最高時速 60 英里 (96 公里)，路況不佳、道路擁擠；另一個則是付費的高速公路 (tollway)，路況良好、車輛少，最高時速 70 英里 (112 公里)。一般而言，高收入居民會選擇付費高速公路。在非尖峰時段，免付費高速公路是公共財；但如果碰到尖峰時段，就成為共同資源。

第二，同樣的商品即使在同一個國家，性質也不盡相同。以網際網路為例，臺灣學術網路資源是免費的，在圖書館或學校的電腦教室，無須付費即可遨遊網路世界。但如果在家裡透過民間網際網路服務提供業者，如中華電信或遠傳大寬頻等架設寬頻，每個月必須支付電路費及月租費。此外，網路頻寬是另外一個問題。如果同時有許多人切入，會造成網路塞車時，你的使用會減損他人使用，甚至因流量太大而當機，此時的網際網路不再是共同資源或公共財。

14-2　共同資源

共同資源是每人可自由取得，但使用量多寡會影響到他人使用的數量。我們以草原的悲劇來說明共同資源面臨的問題。哈汀 (Garrett Hardin) 教授在 1968 年發表**公有地悲劇** (tragedy of the commons)，探討人數增加和資源稀少時，共同資源過度使用的問題。

> **公有地悲劇**　毫無限制地取得資源，造成過度使用而使資源枯竭的現象。

14-2-1　公有地悲劇

在歐洲中古時期，遠在圈地政策之前，英國及許多王國擁有廣闊的領地，稱為 公用草地 (common lands)。這些田野和草地並不屬於特定人士，傳統上每一個鄰近居民都可以使用，所以這些公用草地是非排他的，每個牧羊人都可將羊趕到公用草地吃草，無須負擔任何費用。

當不再發生戰爭時，人口不斷地增加，如果加上疾病的控制，羊群的數目也會日漸提高。面對固定的草地面積，牧羊人會私自在心裡盤算："如果我再多養一頭羊，我可得到多少利益？我所增加的成本又是多少？"經過反覆思量，牧羊人得到一個結論：多養一頭羊所帶來的銷售利益是屬於自己的財產，羊所吃的草和飲水的成本卻不需負擔。因此，牧羊人會選擇多養一頭羊。

如果所有牧羊人都認為自己的羊群僅占全體羊群的一小部分，將導致整個小鎮羊群數目暴增。當羊群吃光每一根草，而土地無法迅速補充牧草所需養分時，公用草地會成為不毛之地，牧羊人和羊群從此消失，小鎮也開始沒落。

公有地悲劇是因為過度放牧的結果，過度放牧是牧養羊群的外部成本所致。我們以圖 14-2 來說明，假設每個牧羊人的羊群相對整個羊群是很小的數目，牧羊人是價格接受者。當牧羊人可自由在公用草地放牧時，最大利潤的羊群數目是在 Q_P，即 $MB = MPC$。

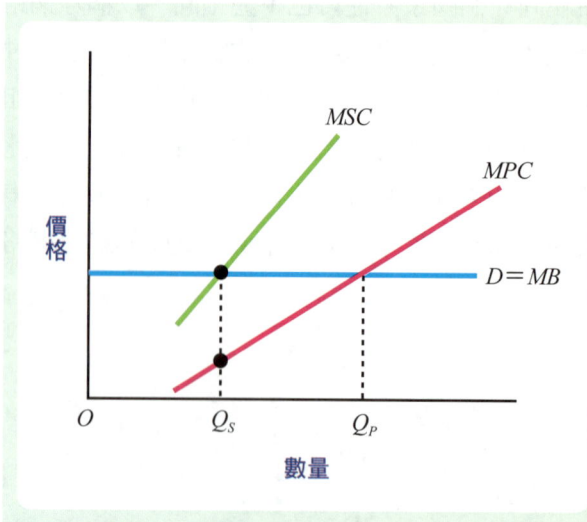

當草地是共同資源，每個牧羊人均可使用時，使用數量是 Q_P，$MB = MPC$。從社會角度來看，最適使用量應該是 Q_S，$MB = MSC$。

圖 14-2　公有地悲劇

然而，過度放牧會破壞生態體系，對其他人造成負的外部性，邊際社會成本曲線會在邊際私人成本曲線的左邊。社會的最適放牧數量是 Q_S，$MB = MSC$。若牧羊人無須負擔邊際外部成本，產量 Q_S 的邊際利益會大於邊際私人成本。牧羊人從自身利益出發，一定會增加羊群數目，以增加利潤。羊群增加的結果，造成公用草地的牧草迅速流失，這就是公有地悲劇。

當個人利益和群體利益發生衝突時，政府可以介入來解決資源過度使用的問題。政府的措施包括可以直接限制每家羊群的數目或課徵羊頭稅，甚至可以將公用草地出租給私人經營，或以企業管理方式向每家收取適當費用，以達到資源的最有效率使用。

14-2-2　其它例子

森林　臺灣高山林地面積約 16,800 平方公里，占臺灣地區總面積的 46.7%。目前高山林地的利用方式分為六種：(1) 水庫集水區：集水區是森林覆蓋的高山林地，作為涵養水源的區域；(2) 森林遊樂區；(3) 自然保護區：目前有二十二處自然保留區及二十處野生動物保護區。林務局還有北 (達觀山)、中 (八通關) 及南 (出雲山) 三處大型環境生態保護區，可作為稀有及瀕臨滅絕生物種類保護場所；(4) 保安林設置；(5) 木材生產；(6) 其它經濟作物生長：土地承租作為短期作物、果樹類栽植等農作使用。臺灣高山林地土地開發的問題包括非法掠奪林地、水庫淤積、森林火災、景觀破壞與野生動物滅絕等。

1980 年代末期，全球熱帶雨林平均每年砍伐面積是 1,368 萬公頃，是 1970 年代末期的 2.12 倍 (1970 年代末期的砍伐面積是 654 萬公頃)。根據"全球森林觀察"在 2019 年 4 月 25 日的報告指出，全球原始雨林以危險速度消失，2018 年減少的雨林面積等同於一個比利時。原始雨林面積減少最多的國家是巴西。巴西大量砍伐熱帶雨林，大部分原因是為了創造經濟收入。據環保專家估計，人類賴以生存的氧氣，因為熱帶雨林的破壞，已經減少三分之一。美國《科學探索》(Journal of Scientific Exploration) 雜誌更預測，隨著熱帶雨林的減少，十年後至少將有 50 萬到 80 萬種動物滅絕。

全球發展中心研究指出，倘若熱帶雨林持續砍伐，2050 年雨林消失面積等同一個印度。倘若伐木情況持續進行，2050 年就會有約 1,690 億噸二氧化碳存在於大氣中，該量相當於 44,000 座火力發電廠一整年的排放量。國際專家指出，全球 1,000 萬動植物及昆蟲物種中，超過 500 萬物種棲息在雨林中。

實例與應用：大象

　　2019 年 6 月《國家地理》雜誌發表的一份報告顯示，坦尚尼亞中南部魯亞哈倫瓜地區的大象數量從 2009 年的 34,000 頭減少到 2014 年的 8,000 頭。2014 年 2 月，科學家發現在 2002 年到 2013 年間，65% 的叢林大象被捕獵，導致剛果 95% 的森林內再也無法找到大象的蹤跡，在十年間減少一半。這是一個公有地悲劇的典型例子，人類對共同資源的過度利用，使資源迅速**惡化**(degradation)。

　　一項研究指出，非洲大象數目遽減的原因和象牙的價格—成本比率過高有關。1980 年代，象牙價格高漲，在日本每公斤售價超過 140 美元，而盜獵者每公斤成本只有 5 美元到 10 美元間。第二個原因是武器進步，殺傷力強，使屠殺變得非常容易。第三個原因是大象繁殖率每年僅成長 6%。暴利加上高殺傷力武器，使屠殺成本下降，當邊際私人成本曲線向右移動後，如圖 14-2 所示，大象遭盜獵的數目會遠遠超過最適數量。

　　針對這種現象，《瀕臨絕種野生動植物國際貿易公約》(Convention on International Trade in Endangered Species of Wild Fauna and Flora) 第 2 條明文規定，嚴禁有滅種威脅一切物種的交易，此等物種標本的貿易必須特予嚴格管制，以免危及其生存。

　　並非每一個國家的大象數量都在減少。譬如，非洲中部的喀麥隆 (1979 年的 16,200 頭到 1989 年的 22,000 頭)；非洲南部的波札那 (1979 年的 20,000 頭到 1989 年的 68,000 頭)；坦尚尼亞從 2016 年成立特別小組打擊野生動物盜獵，大象數量從 2014 年的 43,000 頭增加到 2019 年 60,000 頭。

　　以非洲南部的國家為例，這些國家都支持保育政策。譬如，辛巴威在 1984 年時，花費在國家公園管理支出，平均每平方公里是 277 美元，南非是 4,350 美元；相對地，坦尚尼亞僅花費 12 美元，而薩伊在 1986 年是 2 美元。十年來，薩伊損失 26 萬頭大象，坦尚尼亞損失 25 萬頭大象。

　　除了國家重視大象保育外，政府賦予打獵權利給當地土著，觀光客若要打獵，必須向當地土著購買權利，辛巴威在 1990 年時，有 12 個村落因為銷售打獵權利而獲利 5 億美元。自然死亡的大象收入，也歸當地居民所有，因為旱災從 2012 年到 2018 年，辛巴威將境內近百頭大象賣給中國和杜拜，獲利 270 萬美元，並將這筆收入運用在境內剩餘大象的保育。因此，適當的提供經濟誘因給當地居民，藉由共同參與來關心維護大象生態體系，可以解決公有地悲劇所引起的外部性問題。

資料來源：Swanson, Timothy M. and Cervigni, Raffaello (1996), "Policy Failure and Resource Degradation." editend by Thomothy Swanson in *The Economics of Enviromental Degradation: Tragedy for the Commons?*, Edward Elgar Publishing Company.

熱帶雨林可以吸收二氧化碳，雨林的改變大約釋出 16 億公噸的碳到大氣層中，改善溫帶及熱帶森林生態管理，可以降低溫室氣體進入大氣層的速率。生態管理途徑有降低森林切割及建築新道路；重視水源涵養，避免土石流及洪水；維持土壤品質和土壤養分等。

海洋魚類　目前海洋仍是人類最難以界定財產權的場所，過度濫捕造成負的外部性，會導致海洋資源慢慢耗竭。2016 年，海洋魚類為人類供應 1.71 億噸糧食，世界銀行在 2014 年發表的一篇報告指出，到了 2030 年，全世界的海鮮會有 62% 來自水產養殖。

自 1950 年工業化漁業型態開始，七十年來，由於商業漁船對大型魚類的捕撈行為，已造成全世界大型魚類數量減少 90%。這些大型魚類的減少不僅代表漁業資源的枯竭，對整個生態體系也造成連鎖效應，嚴重影響其它物種的生存。專家估計，如果目前人口趨勢持續下去，到了 2050 年，世界會需要雙倍的食物產量。在個人財富增長的開發中國家，如中國，魚類消費持續增加，截至 2015 年為止，亞洲消費了全世界漁獲量的三分之二。面對這樣龐大的需求，養殖漁業似乎是海洋生態的救星。其實不然，管理不當的養殖漁業也造成環境衝擊，對野生魚群具有潛在威脅。永續利用、保育海洋生物資源，保護稀有和瀕臨絕種海洋生物，是存續海洋物種多樣性的重要工作。

在沿海國 200 浬經濟海域部分，政府應鼓勵減少捕撈目標魚群以外的魚類；開發中國家應成立發展海洋養殖、水產養殖；確認具有物種多樣性和高生產力的生態區域、訂立保護區、限定捕魚活動。在經濟誘因部分，政府可提高捕魚成本，關閉某些捕魚區域，限定一年某些固定時間才得捕魚；政府可以收取釣魚執照費或課稅，以抑制過度捕撈；或是成立配額交易制度，如同污染排放交易制度，藉由市場機能調整，捕魚成本高的漁船可購買配額而達到最低總成本，外部成本問題因此獲得解決，資源可以有效使用。

14-3　公共財

公共財和共同資源一樣，都屬於免費商品，民眾無須付費，即可自由使用。然而，公共財與共同資源有一重要區別：公共財的使用，並不會減損他人的使用數量；亦即公共財具非敵對性。因此，公有地悲劇不會發生在公共財上，而共同資源會面對公有地悲劇。但由於每個人可免費享受一

免費搭便車 即使不付一毛錢，民眾仍然能夠享受公共財的利益。

樣的數量，因此公共財會產生**免費搭便車** (free rider)：即使不付一毛錢，民眾仍然能夠享受公共財的利益。

報載美國空軍將以 F-22 戰鬥機取代現在的 F-15 戰鬥機。假設臺灣預備向洛克希德馬丁公司 (Lockheed Martin) 購買 10 架 F-22 猛禽式戰機，每架造價 2.7 億美元，總價是 27 億美元。臺灣現在總人口有 2,340 萬人，這表示每人必須平均負擔 1,200 美元。由於空軍可以保護每個人的安全，政府理應向每位國民收 1,200 美元，但是否每位國民都願意支付這筆費用？

F-22 戰機能保障臺灣人民身家財產安全，有些人會毫不猶豫地響應，但某些人會認為，即使不付錢，政府仍會保護大家。國防是非排他且非敵對，很多人會坐享其成，選擇讓別人付出，這種不付一毛錢的人是屬於免費搭便車者。

會發生免費搭便車的現象是因為外部性所引起。假設因為 F-22 戰機的存在，嚇阻那些企圖攻打臺灣的野心國家，對那些沒有付錢的人，F-22 戰機所帶來的安全保障是一種外部利益。政府也可以選擇不購買，但如此卻可能使臺灣暴露在戰爭危機當中，因此，不增進國防實力並非是社會最有效率境界。

14-3-1　公共財的最適數量

私有財，具敵對性，其均衡價格與均衡數量是由市場供給與需求共同決定。

公共財，如燈塔的消費，具非敵對性。任何船隻均可享受相同的燈塔服務，既然燈塔提供的數量 (服務) 固定，燈塔帶給所有船隻的利益應該是所有船隻邊際利益的垂直加總。以圖 14-3 為例，假設燈塔每日提供 12 小時照明服務，漁船願意支付 30 元享受第 12 個小時的照明，以需求曲線 D_1 表示；商船願意付 70 元，以需求曲線 D_2 表示。因此，當燈塔提供第 12 個小時照明服務時，所帶來的總利益是商船的邊際利益加漁船的邊際利益，即社會總利益等於 100 元，如 MSB 線。

最適燈塔提供照明時數，取決於照明帶來的邊際社會利益與照明產生的邊際成本。換言之，當邊際社會利益等於邊際成本時，如 E 點，12 小時的燈塔服務對社會福利而言是最大的。

14-3-2　其它例子

古蹟 是指人類為生活需要所營建之具有歷史、文化、藝術價值之建造物及附屬設施。

古蹟　依據《文化資產保存法》第 3 條第 1 款，古蹟的定義是指人類為生活需要所營建之具有歷史、文化、藝術價值之建造物及附屬設施。[1] 譬如，

---

[1] 《文化資產保存法》(Cultural Heritage Preservation Act) 共修正 7 次，最新一次為 2016 年 7 月 27 日總統公布。

图 14-3 公共财市场

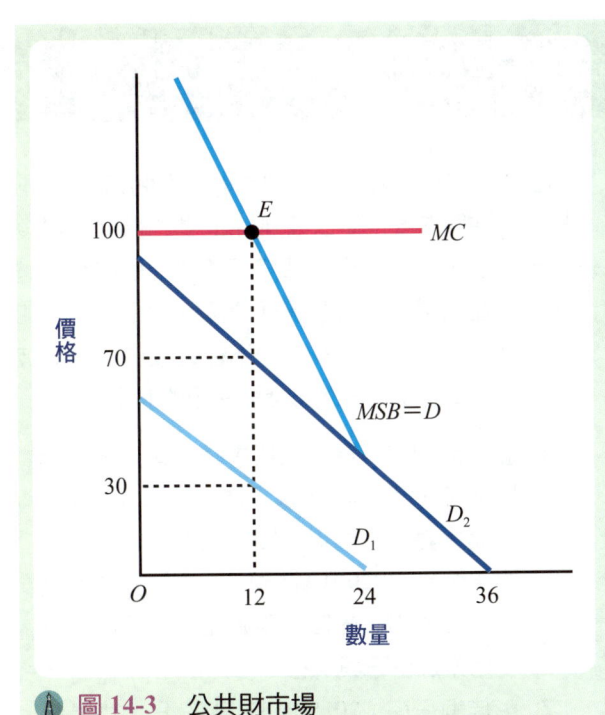

公共财具非排他性，消费的边际社会利益 MSB，是个人需求曲线 D_1 及 D_2 的垂直加总。最适数量是边际社会利益和边际成本的交点，E 点所决定。

寺廟(佛寺)古蹟，由漢人移墾建立，是地方信仰中心。近年來，部分寺廟對社會福利和慈善事業推廣不遺餘力，甚至與休閒觀光事業結合，成為育樂觀光中心。寺廟服務的對象遍及全省民眾，所以寺廟古蹟具非排他性，你的使用並不會減少他人使用的數量。因此，古蹟是公共財。

文化部文化資產局統計資料顯示，目前臺灣的古蹟有 967 處，其中國定古蹟 106 處、直轄市定古蹟 474 筆，以及縣市定古蹟 387 筆。

生物多樣性 生物多樣性 (biodiversity) 是指全世界生物的變異，包括生物的基因組成及其所形成的群集，[2] 包括遺傳多樣性、物種多樣性和生態系多樣性。生物多樣性的經濟價值可分為使用價值及非使用價值。使用價值又可細分成直接使用價值，如魚、木材、觀光與間接使用價值，如光合作用、養分循環、廢物吸收等；以及選擇價值，如植物育種的基因、未來的藥物、替代耗竭的資源等。

由以上的描述可知，生物多樣性具非排他及非敵對兩個特性。基因並不會因為某人的使用而減少，也無法禁止他人取得，因為生物多樣性存在於大自然當中。不過，目前生物多樣性面臨威脅，有些物種瀕臨絕種或已經消失。這些原因包括棲息地的切割和劣化；土壤、水和大氣污染；全球氣候變化與引進物種等，導致物種滅絕。

生物多樣性 是指所有來源的生物體中的變異性，這些來源包括陸地、海洋，以及其它水生生態系統及其所構成的生態綜合體。

---

[2] 請見林曜松、趙榮台，"永續發展導論"，《永續利用生物多樣性》，教育部環保小組，2000 年。

從臺灣看天下　臺灣古蹟

行政院文化建設委員會在民國71年5月28日通過《文化資產保存法》，用來保存維護國家的文化資產。古蹟利用有三種形式：(1) 以參觀為主的利用：又分為古蹟外觀的參觀 (臺北府城北門、龍潭聖蹟亭)；進入古蹟內部參觀 (林家花園園邸、二沙灣砲臺)；轉化成文物展示 (淡水紅毛城)；(2) 維持原有使用為主的利用：又分為維持古蹟原有使用 (臺灣總督府交通局鐵道部、新埔上枋寮劉宅、臺北霞海城隍廟、臺北孔子廟)；擴大使用及衍生利用形式 (新屋范姜祖堂、新莊慈祐宮)；(3) 變更使用：包括板橋大觀義學作為幼教教學使用、臺北市學海書院以祭祀活動為主。

有些古蹟在產權上屬於私人或民間法人所有。政府是以容積等值移轉來補償私有古蹟，這種辦法鄉間古蹟無法受益。此外，私有古蹟如何適應社會生活方式，配合居民隱私權，而不致淪為標本式保存，也是關鍵課題，依《文化資產保存法》第31條規定，古蹟應適度開放供大眾參觀，並得酌收費用。自2012年5月20日起，由行政院文化建設委員會負責的事項改由文化部管轄。

古蹟的修護與使用也面臨若干問題。政府目前對古蹟的維護和使用原則是：不准使用新材料，對古蹟建築的安全予以補強。有些古蹟修護過後品質欠佳，有些古蹟周遭搭蓋建物，對古蹟本體造成潛在性傷害；有些是硬體修護完畢後不知如何維護，有些是施工及管理不善造成古蹟再度破壞。以下舉例說明古蹟修護與使用的狀況：

1. 艋舺龍山寺：為第二級古蹟，創建於清乾隆3年 (1738年)，供奉觀世音菩薩。龍山寺歷經嘉慶與同治年間幾次大修，今寺係大正9年 (1920年) 改建。正殿於第二次世界大戰遭毀，光復後重建正殿，石材大多使用泉洲白石與青石。
2. 彭佳嶼燈塔：2015年11月27日，由基隆市政府公告為市定古蹟。創建於1906年，目前為軍事管制區，不對外開放。其燈器室採用佛萊斯納水晶折光透鏡頭等鏡機，為臺灣地區最大透鏡，此工法已絕傳。
3. 霧峰林家宅園：1999年因921地震損害嚴重。2009年10月成立"霧峰林家修復及再利用推動委員會"。經多次修復，目前為部分園區開放，包括萊園、五桂樓、林家祖墳、頂厝及頤圃等。

資料來源：
行政院文化建設委員會，臺灣北部及東部地區古蹟使用調查與評估，1996年，https://www.cca.gov.tw/culture-net/books。
文化部，《文化資產局年報》，2013年。

2015年4月的《科學》期刊發表的一項研究指出，全球暖化帶給野生物種的生存和棲地壓力，加上森林砍伐、污染和過度捕撈等活動，在過去四十年來，已讓地球失去一半的動物。各國領袖如果再不採取行動遏止氣候變遷，全球六分之一的動物將會走向滅絕。

臺灣陸域只占全球的 0.0277%，物種數量卻高達 3.8%，是全球平均值的 150 倍。另外，海洋生物的種類約為全球十分之一，是平均值的 361 倍。

至 2014 年 8 月，根據臺灣的《物種名錄》統計，臺灣已發現的物種包括哺乳類 21 種、鳥類 707 種、魚類 3,131 種、昆蟲 22,047 種等。若臺灣面積以平均 36,000 公里計，平均每平方公里就有 1.6 個物種，遠高於紐西蘭的 0.2 個。臺灣保護區分別受《文化資產保存法》、《國家公園法》、《野生動物保育法》，以及《森林法》的保護。移地保育是包括傳統植物園、動物園、水族館、野外基因庫、苗圃等。

貨幣政策 中央銀行的經營目標是促進金融穩定，健全銀行業務，維護對內及對外幣值的穩定並協助經濟發展。貨幣政策是央行為達成上述目標所採行的措施。

若中央調降存款準備率，是鑑於國內物價及通膨預期將明顯走低，並考量近期國內景氣面臨衰退疑慮，加上國際金融市場動盪不安。透過銀行資金水位上升，成為臺股資金及工商企業經濟活動的推升力量。持續寬鬆(緊縮)的貨幣政策並不會只影響少數人。每一位臺灣民眾都面對銀行降息(升息)的事實，銀行的儲蓄存款利率對客戶而言都是相同的，且銀行不會禁止你去存款。因此，貨幣政策具非排他性及非敵對性，是公共財。至於貨幣政策的有效性及執行落差 (lag) 的問題，並不影響貨幣政策是公共財的本質。

14-4 結　語

本章探討免費的商品，不需付任何代價即可享受。森林、海洋的魚類、地底的石油雖然是再生性資源，過度開發使用仍會使資源枯竭。共同資源面臨公有地悲劇的困境。公共財如國防、燈塔、知識、法律，每位民眾皆可享受，數量或服務不會因為人數多寡而有供給不足的情況。這些商品或服務，雖然沒有過度使用的問題，卻遭遇免費搭便車的窘況，即使不付任何費用，任何民眾仍可享受商品的好處。

不管是草原的悲劇或免費搭便車，皆由外部性引起。當外部性存在時，財產權的清楚界定顯得格外重要。對於公共財和共同資源，寇斯定理闡釋的私人協議方式，並無法解決無謂損失的問題。理由是使用人數過多，導致交易成本過高。面對空氣污染所造成的酸雨及全球氣候暖化現象，並非由少數幾個人或一隻看不見的手就可以糾正。

2015 年巴黎氣候大會通過全球氣候新協定，各方達成一致，把全球平均升溫控制在工業革命前攝氏 2 度之內。因此，外部性的問題，有時靠私人間協議，有時是政府公權力介入，有時必須仰賴國際間合作，資源才得以有效利用，地球才有永續發展的可能。法國駐港澳總領事柏海川 (Eric Berti) 說：巴黎氣候大會體現了現代多邊機制是解決全球問題的最佳機制。

摘要

- 私有財是排他且敵對的，如冰淇淋。公共財是非排他與非敵對的，如國防。準公共財是非敵對但具排他性，如有線電視。共同資源是非排他但具敵對性，如海洋裡的魚類。
- 共同資源是每個人皆可免費取得，但會遭遇草原的悲劇問題。
- 公共財有免費搭便車的現象。某些人即使不支付任何金錢，仍可享受國家的保護、金融體系的穩定，或國家公園的美麗。
- 公共財的市場需求是個別消費者需求的垂直加總。
- 由於共同資源與公共財具非排他性，市場存在外部性問題。政府可以用課稅與補貼等經濟誘因措施來解決外部性所引起的市場失靈。

習題

1. 公共財的市場需求曲線是由下列何者產生？
   (a) 個人需求曲線的平均
   (b) 個人需求曲線的垂直加總
   (c) 個人需求曲線的水平加總
   (d) 無法由個人需求曲線導出　(108 年普考)

2. 私人市場通常無法有效率的提供公共財，其主要原因為何？
   (a) 管理困難
   (b) 所需資金龐大
   (c) 消費不具排他性
   (d) 消費具敵對性　　(108 年商業行政)

3. 有線電視是何種財貨？(102 年成大政經所)

4. 擁擠的高速公路是何種財貨？

5. 請問共享經濟是共同資源嗎？

6. 路燈為一公共財。若路燈由私人市場提供。在均衡數量時，邊際社會利益 (MSB) 會高於或低於邊際社會成本？
　　　　　　　　　　　(103 年中興企管所)

7. 知識的創造是一種公共財，廠商若免費搭便車，使用別人發明的東西，請問政府有何方法可防止此種市場失靈現象？

8. 共同資源會引起正的外部性或負的外部性？政府若未加管制或界定財產權，私人市場的使用數量是過多或太少？

9. 下列哪些商品或服務具非敵對性？哪些具非排他性？
   (a) 消防隊員
   (b) 臺北市街道
   (c) 省道

(d) 張曼娟的小說
(e) FM 99.7 愛樂廣播節目
10. 若海中的黑鮪魚為開放資源，將被捕至何種情況才會停止？　(102年成大政經所)
11. 大安公園有一個每個人都可以玩的遊樂場。很少人會去使用，因此，任何使用該遊樂場的小朋友都能得到極大滿足。此遊樂場具敵對性與排他性嗎？
(102年交大科管所)
12. 阿珠與阿花對公共電視播放歌劇的需求函數如下：

阿珠：$P=12-Q$
阿花：$P=12-2Q$

P 為願付的價格，Q 表播放歌劇的時數。
(a) 如果社會上只有阿珠和阿花兩名觀眾，請畫出歌劇的社會需求曲線
(b) 若歌劇的每小時邊際成本是 15 元，請問最適社會歌劇時數為何？
13. 假設經濟社會僅由三個人組成：宮澤、安室、今井。三人對臺北愛樂電臺的需求時數如下：

宮澤：$P_1=150-Q$
安室：$P_2=200-2Q$
今井：$P_3=250-Q$

若臺北愛樂電臺是公共財，其邊際成本是每小時 200 元。

(a) 臺北愛樂最適時數是多少？
(b) 如果由私人市場提供，最適時數是多少？
14. 假設憶蓮擁有燈塔，而宗盛擁有附近的港口。若憶蓮的燈塔只會照亮宗盛港口的船隻。請判斷下列敘述正確與否？
(a) 憶蓮的燈塔是私有財
(b) 憶蓮可以向宗盛收取費用，以克服免費搭便車的問題
(c) 憶蓮只要將燈塔熄滅，即可防止宗盛港口內的船隻獲得照明利益
15. 寬頻網路盛行，國內外網路電影開始流行付費收看機制，請問下列敘述是否正確？
(a) 這種機制是達到社會最適境界
(b) 節目可供選擇，可使廣告收入達到最大
(c) 如果由廣告來支援節目支出，社會較容易達到最適境界

網路習題
1. 生物多樣性是公共財之一，雨林是永續保有生物多樣性的主要來源之一，請上網尋找地球雨林在十年前與現在的面積是多少？其減少或增加的原因為何？
2. 教育和基礎研究被視為政府應該提供的公共財。請上網尋找政府每年教育支出的統計資料。查閱過去十年來，政府的"基礎研究支出"包括國科會、中研院、工研院各是多少？

Chapter 15

資訊經濟學

經濟學家阿卡洛夫 (George Akerlof) 在 1971 年的一篇文章中，認為市場最後會充斥著劣質商品的現象稱為"檸檬市場"，以酸檸檬比喻劣質商品。為何市場充斥著酸檸檬？原因是買賣雙方擁有的資訊不對稱，有時是買方比賣方擁有更清楚的資訊 (如購買保險的民眾)，有時是賣方比買方擁有更多資訊 (如賣二手車的車商)。當雙方的資訊是不完全時，由於取得資訊必須花費成本，買方與賣方的行為會影響到資訊的公開與流通，此時買方不一定能如願買到需要的商品，可能使交易無法順利完成。

　　資訊和其它傳統的商品有幾點不同：第一，資訊具有公共財的特性。資訊是非敵對的，當你使用資訊時，並不會減少他人使用資訊的數量，且資訊是非排他的，你無法禁止別人使用。第二，每一則資訊都不相同。資訊和衣服不同，你可以到百貨公司試穿衣服，檢查品質後再決定是否購買；但銷售資訊者，若向買方描述資訊內容，買方不會付錢購買這個資訊。同時，消費者會重複買同一品牌的牛奶，但不會重複購買相同的資訊。第三，在傳統市場理論，價格提供所有相關資訊；而在資訊經濟學裡，消費者與生產者行為，

本章重點

搜尋模型
道德障礙
逆向選擇
訊號模型

不管是透過價格或數量決策模式，均可傳遞訊息。譬如，在美國職業棒球聯盟，球員在簽下長期合約前後的行為並不相同，根據研究指出，簽約後無法打球的天數會比簽約前無法上場的天數多。

哥倫比亞大學教授史蒂格里茲 (Joseph Stiglitz) 認為，在經濟學領域內，資訊經濟學是最能夠突破過去並開拓未來的學科。

15-1 搜尋模型

在完全競爭市場中，假設買賣雙方具有完全資訊，資訊可免費取得。然而，在現實生活中，蒐集資訊是不可能沒有成本的，尤其是時間的機會成本。譬如，想買一臺平板電腦，你可以上網搜尋各品牌的價格、功能、規格、維修及擴充性，也可以到光華商場或全國電子等商店蒐集資訊。

當決定好品牌或規格時，你會希望以最低的價格買到理想的平板電腦。你可以去光華商場或上網搜尋國內外網站，一家家仔細比較。整個過程所遭遇的成本包括交通、上網時間，甚至是購買電腦雜誌和書籍的成本。搜尋成本因人而異，雖然有些人把逛街視為消遣娛樂，但是對絕大多數人而言，搜尋成本不會是等於零。

通常民眾會從手邊免費的資訊開始蒐集，再轉而蒐集需要代價的資訊。以圖 15-1 為例，MC 是蒐集資訊的邊際成本曲線。圖中的橫軸 I_0 代

MC 是資訊的邊際成本，MB 是資訊的邊際利益，當 $MB = MC$ 時，最適的資訊數量是 I^*。如果 I 超過 I^*，資訊取得成本會超過利益。

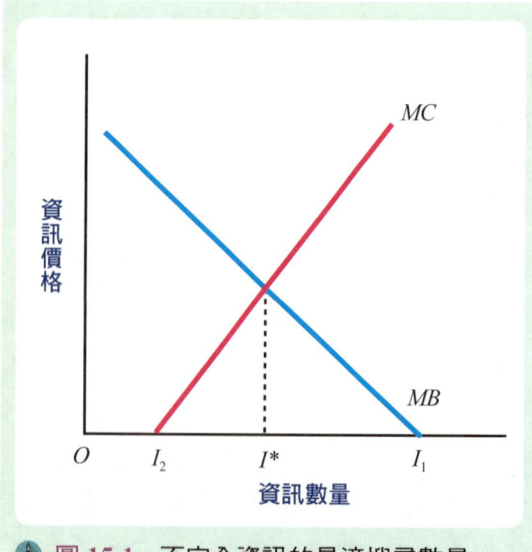

圖 15-1 不完全資訊的最適搜尋數量

表一般免費的資訊。當資訊愈來愈多時，你必須花費的時間或交通成本就愈多。因此，邊際成本曲線的斜率為正。

資訊的邊際利益是指，為了獲得額外 1 單位資訊所帶來瞭解產品的利益。剛開始你完全不瞭解產品性質，一點點的資訊也會帶來莫大幫助，但當產品資訊愈來愈多，額外資訊所帶來的利益就會愈來愈低。因此，邊際利益曲線斜率為負。

當額外 1 單位資訊的邊際利益大於邊際成本時，你會繼續蒐集資訊。以蘋果 iPad 為例，第一家店的報價是 32,000 元，第二家店的報價是 31,500 元，搜尋的邊際利益是 500 元。如果搜尋的邊際成本是 10 元，則邊際利益大於邊際成本，你會想第三家店的報價可能更低，因此你會繼續蒐集資訊。只有當邊際利益等於邊際成本時，搜尋才會停止，則最適資訊蒐集數量是 I^*。圖 15-1 的橫軸 I 代表資訊免費時的資訊數量，也就是完全競爭市場下的資訊流通數量。由於最適數量 $I^* < I_1$，資訊市場屬於不完全的市場。

圖 15-1 的搜尋模型來自 1982 年諾貝爾經濟學獎得主，芝加哥大學教授史蒂格勒 (George Stigler) 在 1961 年所發表的論文。這篇文章的貢獻是，由於消費者搜尋成本的不同，有些消費者並不知道有更低的售價，此造成同樣商品會有不同的價格。

史蒂格勒搜尋模型的第二個貢獻是：一商品價格愈高或商品間價差愈大，民眾搜尋誘因愈強，搜尋的時間也會愈長。譬如，當你計畫買一棟房子，可能連續數個星期假日到各工地或各房屋仲介商去蒐集和比較資訊；當你想買一條口香糖，就不會花兩個星期去比價，而會直接到巷口的便利商店購買。商品價格愈高，透過專業代理或仲介可以節省搜尋成本。以買車為例，假設你計畫買一輛價值 90 萬元左右的 2000 c.c. 房車，你不會上網訂車，因為你不知道車子的品質、配備、內部裝潢，最重要的是無法在網路上試乘，還有售後服務、維修、保險等事項，這些事情透過專業代理商處理，可以節省搜尋時間。

搜尋模型的第三個貢獻是：當個人工資上漲時，時間的機會成本提高，搜尋的邊際成本因而增加。結果是搜尋次數會減少，而產品價格差異會愈大。譬如，比爾‧蓋茲每分鐘賺進數萬美元，一個大學生在麥當勞打工的時薪是新臺幣 160 元。假設他們都想買同一款 iPad，比爾‧蓋茲的搜尋次數可能是 0，而大學生的搜尋次數可能是 5 次或 10 次。因此，同一款平板電腦，價格會有很大的差異。

有時，交易雙方可以契約方式來避免昂貴的搜尋成本。以租房子為例，假設你到外地求學，計畫在學校附近租一間雅房。你當然希望找到一

實例與應用：2001 年諾貝爾經濟學獎得主

2001 年的諾貝爾經濟學獎頒給加州柏克萊大學教授阿卡洛夫、史丹福大學教授史賓斯 (Michael Spence) 和哥倫比亞大學教授史蒂格里茲，表揚他們在市場存在資訊不對稱的分析及貢獻。

現實生活中有許多市場存在資訊不對稱：貸款者比放款者清楚未來的償債能力、管理階層及董事會比股東更能掌握公司獲利情況、被保險人比保險公司瞭解未來意外風險程度。1970 年代是資訊不對稱經濟學的奠基年代，三位得獎者的研究，構成現代資訊經濟學的核心。傳統的農業市場到現代的金融市場，處處可見資訊不對稱的影子。

阿卡洛夫是研究商品市場的逆向選擇問題，在著名的"檸檬市場：品質不確定性及市場機能"一文中，認為賣方比買方擁有更多的產品訊息。買方無從分辨品質好壞，而會以平均價格購買產品，擁有較佳品質商品的賣方較不願意出售，導致二手商品市場充斥劣等商品。阿卡洛夫的結論說明為何第三世界國家會面臨貸款利率日益高漲的原因。

史賓斯著重在勞動市場的結果。勞動供給者藉由調整傳遞可信賴的資訊給企業雇主。由於雇主無從判斷勞動市場中個別勞動者是否稱職，勞工可以藉教育或學歷來釋出高生產力的訊號。以美國為例，長春藤名校的 MBA 和其它學校的 MBA 相比，代表學習能力、工作貢獻程度的不同。某些上市公司藉高股利政策來釋放公司高獲利的訊息。

史蒂格里茲強調金融市場中，訊息不足的一方如何獲取有利的資訊。以保險市場為例，保險公司可以設計不同自付額 (deductible) 的契約，來過濾 (screening) 不同風險族群的客戶，一般身體健康的保險人比較願意負擔較高的自付額，以換取較低的保費。

間理想的房子：房租低廉、採光好、通風佳、環境幽雅、水電費全包、交通便利。如果你看到一間中意的雅房會馬上搬進去嗎？還是考慮再多找幾間？若這間雅房是可遇不可求，萬中選一，怎麼辦？

相對地，房東出租房子總希望找到的是按時繳房租、維持良好屋況、生活作息單純、品行優良，且長期居住的房客。通常房東不喜歡搬家過於頻繁的房客，房客也不喜歡房東隨時要他搬家。要解決因資訊不完全而引起搜尋成本過高的問題，可以簽訂租約讓房東與房客在一段期間內維持穩定的關係。租約可以使房東與房客減少搜尋成本，同時也是一種限制，以懲罰性條款防止違約情形出現。

契約關係也存在工作與婚姻當中。雇主為了避免龐大的招募訓練成本，通常會以正式契約或口頭約定，希望能與員工保持長期關係。員工擔心失去飯碗,也希望能長久留在工作崗位上。同樣地,夫妻以婚約來維持雙方長久關係。如果沒有婚約,男女雙方雖然情投意合,但只要其中一人碰到更合適對象就可以隨時離去。在大多數的國家,婚約隱含一種限制:離婚成本,包括贍養費、子女教育費等。

雖然資訊蒐集會遭遇搜尋成本,但資訊本身有公共財的特性。譬如,你想購買臺北到雪梨的來回機票,其價格、往返時間和班機資訊,可以透過旅行社或網站取得。任何人都可以取得相同的資訊,不會因為你獲得了,別人就無法得到。既然資訊具非排他性,就會有外部性問題,也就是免費搭便車現象。譬如,消費者購買一部相機,可以先到相機專賣店詢問所有資訊,然後上網訂購相同產品。這種利用店員提供資訊,並未實際在該店付錢購買產品,就是免費搭便車的行為。如果專賣店瞭解消費者的購買意圖,就會隱瞞某些資訊,而使銷售數量小於社會最適數量。

15-2 檸檬模型

買方與賣方不一定都擁有相同的資訊。通常賣方對商品的瞭解程度會超過買方,而資訊不對稱的存在有時讓高品質的產品無法交易成功。本節將以檸檬模型來解釋這個現象。

史蒂格里茲將資訊經濟學分成兩個議題:**選擇問題** (selection problem) 及**誘因問題** (incentive problem)。當個人從事選擇時,會透露自身行為資訊,稱為**自我選擇** (self-selection)。譬如,你自認外語能力很強,會選擇進外商公司做事。換言之,在從事就業選擇上,透露出自己語言天分的訊息。選擇問題是確認特性,這一類經濟模型包括檸檬模型和市場訊號模型。誘因問題是行為的監督,包括逆向選擇、道德危機和委託人–代理人問題,這些模型將在下一節中介紹。

阿卡洛夫在 1971 年發表一篇探討市場售價會影響產品品質提供的著名論文"檸檬市場:品質不確定性及市場機能"。阿卡洛夫在該篇論文強調:在均衡時,有可能沒有交易發生。我們以二手車市場為例,簡單地描述**檸檬市場** (market for lemons) 的意涵。

二手車市場中,賣方擁有的二手車的車況、品質、有無碰撞等資訊要比買方清楚,所以買賣雙方間存在**資訊不對稱** (asymmetric information)。為了簡化分析,假設市場有高品質和低品質兩種類型的二手車,如圖 15-2 所示。圖 15-2(a) 的 D_H 及 S_H 分別代表高品質二手車的需求和供給曲線,

檸檬市場 阿卡洛夫的"檸檬市場"解釋資訊不對稱會降低商品平均品質,甚至不會發生交易。

資訊不對稱 交易雙方擁有的資訊不完全相同。有時買方擁有較優越資訊,有時賣方擁有較優越資訊。

二手車市場行情價格是 22 萬元。圖 15-2(b) 的 D_L 及 S_L 分別代表低品質二手車的需求和供給曲線，由於買方較不願意付高價購買低品質二手車，D_L 的位置較低，市場價格是 11 萬元。

　　由於買方擁有較少的二手車資訊，在未購買前並不清楚二手車的真正品質，只是大概知道市場的平均車況品質。因此，賣方面對的需求曲線是 D_M，在 D_H 的左下方和 D_L 的右上方。當要求以平均品質為準時，高品質二手車賣方收到的價格會低於原先的 22 萬元，而低品質二手車賣方會收到比 11 萬元高的金額。因此，高品質二手車出現在市場的數量愈來愈少 (100 輛)，低品質二手車出現在市場的數量卻愈來愈多 (200 輛)。

　　當買方知道愈來愈多低品質二手車 (約三分之二) 在市場流通時，買車子的人願意付的價格愈來愈低。賣方面對的需求曲線再度移動至 D_{LM}，在 D_M 的左下方，買方認知的二手車屬中低品質。因此，高品質的汽車愈來愈少，低品質的車子卻愈來愈多。平均品質愈低，買方願意支付的價格愈低 (需求曲線繼續向左移動)。最後的結果是：市場不再出現高品質二手車，買方只能買到低品質二手車，市場需求曲線是圖 15-2 的 D_L。

　　當買賣雙方擁有的資訊不對稱時，即使買方願意付比賣方更高的價格來購買高品質二手車，卻無法獲得任何訊息。因此，買方認為二手車市場

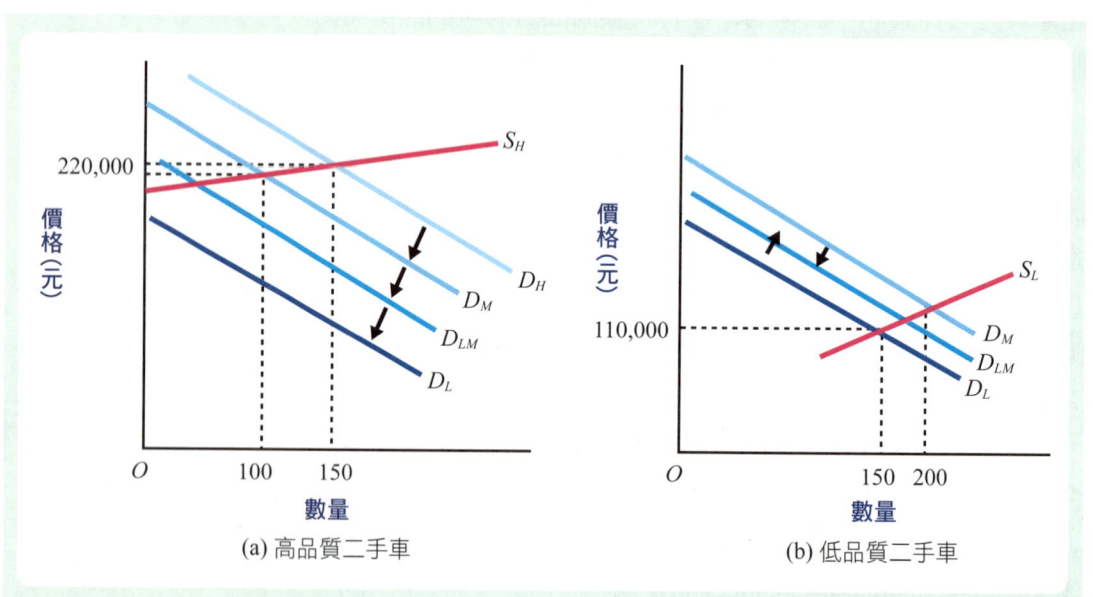

(a) 圖是高品質二手車市場，當買方只願意付平均價格時，需求曲線是 D_M。(b) 圖是低品質二手車市場，如果買方願意支付的價格愈低，高品質二手車出現在市場的數量愈少。最後結果是市場只存在低品質二手車，這種現象是資訊不對稱所造成。

圖 15-2　二手車市場

充滿"檸檬"，車主只有在車況不佳時，才會將愛車出售。結果資訊不對稱會影響二手商品的平均品質，導致交易可能不會出現。

雖然檸檬市場的結論有些極端，但是在某些市場的確存在檸檬現象：高品質商品的比例低於低品質商品。譬如，保險市場、信用卡市場、餐廳等。發卡銀行允許持卡人每月只要繳交最低繳款額度，即可使用信用卡，或預借現金。一般來說，發卡銀行無從得知持卡人是否會如期償還。在這種情形下，發卡銀行既無從分辨，持卡人又容易預支，檸檬現象就會產生。結果是發卡銀行提高循環利率和貸款利率，而信用欠佳者會申請更多張信用卡，信用良好者則較不願意持有太多的信用卡。同樣地，當餐廳做出口碑時，有些餐廳廚房會以次級品來魚目混珠，使講究品質餐廳的索價愈來愈高。

為了要讓資訊管道暢通，買方或賣方可以使用昂貴資訊來傳遞正確訊息，以彌補交易障礙。譬如，二手車賣方提供買方六個月的保證，發生任何問題都願意賠償。這種昂貴的保證，會讓賣車的人不敢隱瞞汽車缺點，買車的人也願意付高價取得較好品質的二手車。這也就是為什麼百事可樂願意花560萬美元在2020年美式超級盃期間，播放30秒產品廣告的原因。想像你到超市，貨架上有百事可樂及RC可樂兩種，你會選擇買哪一種？昂貴的廣告費傳遞出一種訊息：讓消費者認為廠商投入鉅資製作電視廣告，商品品質必定會有某種程度的保證。

聲譽(reputation)是另一種訊息傳遞的方式。譬如，福特與豐田等車商皆有專門經營二手車的部門。為了讓消費者買得安心，以及維護自身品牌形象，專業二手車商會先行過濾舊車來源，全面檢修車況，提供一年或3萬公里保固，以及售後服務。專業中間商的出現，可以解決資訊不對稱、訊息無法正確傳遞的缺點，買賣雙方均可獲益。人力仲介公司和房屋仲介公司都是專業中間商，讓交易雙方資訊透明化，解決檸檬現象。

聲譽值多少錢？2015年9月22日，德國福斯柴油車被美國踢爆廢氣排放軟體造假。時任福斯美國公司總裁霍恩(Michael Horn)承認，造假車不只賣到美國，全世界都有，總數高達1,100萬輛。

福斯股價連續兩日重挫約750億美元的市值，2015年的福斯汽車銷售量582萬輛，年減5%，是十一年來第一次的負成長。根據路透社在2016年1月6日的報導，美國司法部控告福斯汽車違反環境法令，要求的罰金高達900億美元。

無獨有偶，曾被日本視為日產救世主的前執行長高恩(Carlos Ghosn)在2019年底棄保潛逃，宛如電影《不可能的任務》(*Mission: Impossible*)的情節，導致雷諾及日產股價在2019年分別下挫22.7及27.7個百分點。

某些市場透過標準 (standardization) 制定來處理資訊不對稱的問題。在紐約、巴黎有美食雜誌為餐廳定期評鑑，並公布評鑑結果，餐廳也會將評鑑證書掛在牆上以招徠顧客。此外，速食連鎖店的食物，如麥當勞、肯德基，在世界各地提供品質一致的漢堡和炸雞。在陌生國度旅行時，寧靜鄉鎮有麥當勞和當地小吃店，你會選擇何者？幾乎每個人都知道大麥克的成分：生菜、番茄、起司、碎牛肉等。當地小吃可能比大麥克更可口，但如果是法文、西班牙文或阿拉伯文菜單，你可能無從獲悉資訊，而錯失美食。此時，你必須在已知 (麥當勞) 與未知 (當地食物) 間進行痛苦抉擇。

15-3 市場訊號

史賓斯於 1974 年的著作中提及市場訊號 (market signaling)，說明賣方 (勞工) 會釋放產品品質的訊息 (無法觀察到的勞工特質) 給買方 (雇主) 知道。勞動市場中，賣方 (勞工) 通常比買方 (雇主) 擁有更多勞工特質的資訊。譬如，勞工知道自己是否能夠勝任工作、是否可以加班，以及是否有解決問題的能力，而雇主卻必須透過試用或經過長時間觀察才能知道勞工的特質。

勞工向雇主表明的適當訊號為何？教育是一個良好的訊號。教育泛指受教育的程度、畢業成績、學校排名及學位名稱等。通常生產力較高的勞工，較聰明、較願意努力工作與主動積極，也較容易獲得高學歷。即使教育無法改善勞工生產力，也能夠提供勞工能力的訊息。從雇主的角度而言，篩選 (screening) 員工，找到生產力最高的人是耗時費力的工作。藉由某些能夠觀察到的勞工特性，如教育程度、工作經驗等，雇主可以先行過濾篩選，而找到最合適的勞工。

市場訊號模型不只適用於勞動市場，在資本市場和商品市場，也有類似的訊號出現，以彌補資訊不對稱的問題。譬如，信用紀錄良好的人比較容易獲得銀行貸款；保險公司比較願意接受低風險的保單，對於有肇事紀錄的汽車保險人會收取高額保費，沒有出險紀錄的保險人每年均享有保費的折扣優待。前面提到的保證和聲譽都是訊號模型的應用。某些商店會推出"不滿意包換"的品質保證服務，這是釋出一種訊號："我們對本身產品有百分之百的信心，有任何瑕疵均可退換。"這種保證對低品質商品銷售者是莫大的成本負擔。

市場訊號 賣方釋放產品品質相關資訊給買方的過程。

篩選 雇主根據某些特性來篩選所需勞工，這些特性包括教育程度、工作經驗等。

15-4 誘因問題：逆向選擇與道德危機

15-4-1 逆向選擇

保險市場中，買方 (購買保險者) 比賣方 (保險公司) 瞭解未來發生損失的機率。若保險公司有完全資訊能夠分辨不同保險者生病的機率，以住院醫療險為例，可以對身體健康者收取較低的保費，對罹患重病機率較高者收取較高的保費。

如果保險公司無法分辨保險人罹患重病的機率，有一種作法是對健康者與易生重病者收取相同的保費。這個平均費率低於易生重病者應付的保費，但高於身體健康者應付的保費。這種契約會吸引較多健康情形欠佳者購買保險，身體健康者則較不願買保險，結果是保險者平均風險提高，保險公司因而提高保費。高保費使更多身體健康的保險者望之卻步，進而導致出險機率再度提高。最後，保費提高到只剩下健康情形欠佳者買保險，這種現象是一種*逆向選擇* (adverse selection)。

逆向選擇是在資訊不對稱情況下，*知情的一方* (informed party) 隱藏資訊，做出對自己有利的自我選擇，卻傷害*不知情的一方* (uninformed party) 的福利。保險市場例子中，知情的一方是買保險者，不知情的一方是保險公司；二手車市場中，二手車車商是知情的一方，而買二手車者是不知情的一方；信用卡例子中，持卡人是知情的一方，而發卡銀行是不知情的一方。

保險公司要克服逆向選擇問題，可以要求保險人先做健康檢查，或是針對不同年齡層、不同職業別，收取不同的保費；或是制定自付額比例，增加買保險者的成本；或是制定不同到期日的契約等。不同的保單設計雖然能降低特定族群的風險，逆向選擇問題卻無法完全消弭。因此，有人建議由政府提供強制保險，每一個人都必須加入，全民健保即是一例。

> **逆向選擇** 在資訊不對稱情形下，交易的一方擁有較優越資訊，做出對自己有利的選擇，而損害另一方的利益。

15-4-2 道德危機

道德危機 (moral hazard) 是在資訊不對稱情況下，交易的一方在簽約後，改變他(她)的行為，而傷害另一方的福利。以保險市場為例，在未投保疾病醫療等健康險之前，人們比較注意自己的健康情形，可能在假日去爬山，平常到健身房運動，甚至在飲食方面多吃健康的食品。如果有醫療保險，人們可能就不願意花錢上健身房、購買昂貴的有機食品，而把平常走路視為運動，這些都會增加生病的機率。

> **道德危機** 在資訊不對稱情形下，交易的一方在簽約後改變行為，影響事件發生機率，傷害另一方的福利。

從臺灣看天下

聯邦醫療保險與逆向選擇

史丹福大學的亞羅 (Kenneth Arrow) 教授在 1963 年發表的一篇文章中提出保險經濟理論。經濟學家假設人們不喜歡風險——明年保證給你 1,000 美元的醫藥費用優於有十分之一機會得到 10,000 美元——雖然兩者的平均值相同，但保險是設計來抵銷不確定事件的負面衝擊，如疾病或天然災害。

一個理想的保險計畫是不需為小額費用做任何理賠（即保險有自付額）。小額風險是可以容忍的。此外，共付額 (co-payment) 也能夠提供保險人不浪費醫療資源與採取小心態度的誘因。更重要的是，保險可以讓保險者在支付一定金額後，不必對費用支付有後顧之憂。簡單地說，從經濟學家的觀點看，最好的保險政策是自付額與共付額的保險。

亞羅教授認為，人們的行為應該是與理論的預測一致。但是，賓州大學的康諾瑟 (Howard Kunreuther) 與保利 (Mark Pauly) 發現，人們喜歡低自付額；將保險視為投資而非災難預防；低估小風險而膨脹高風險；當有可能遭遇損失時，對風險承受漫不經心。因此，某些保險買的人多，如火險；而另一些保險買的人少，如水災險。

上述的問題在醫藥保險市場更明顯，我們稱為逆向選擇。最有可能使用醫師處方藥的人會買最多的保險，聯邦醫療保險 (Medicare) 的受益人比非受益人在處方用藥的支出多 66%。為了繼續生存，保險公司會索取較高保費。

門診用藥的私人市場根本無法存在。譬如，Medigap 醫藥計畫要求每個月 100 美元的保費。這已經不是保險，而是預付醫藥費。基於這種狀況，當時的美國副總統高爾 (Al Gore) 建議醫藥費用在 2,000 美元以下者補助 50%；2,000 美元到 5,000 美元之間，不做任何補貼；若超過 5,000 美元，則全額補貼。

高爾的提議是：補助前頭，中間部分是自付額。為什麼？答案是：吸引足夠的老年人參加保險及避免逆向選擇的問題。美國有 85% 的老年人每年至少會有一次購買處方藥，如此一來，他們都可以受惠。這個政策建議說明一個事實：讓大多數的人受惠比最適保險政策來得更重要。

資料來源：Alan B. Krueger, "The Model Doesn't Quite Fit Medicare Drug Insurance," *New York Times*, October 12, 2000, p. C2.

又假設車主沒有保險，撞到人需理賠 20 萬元，與車主有全額保險，撞到人無須自掏腰包，哪一種情況的出事機率較高？如果購買房屋火災險，人們較沒有誘因裝置防火設備等昂貴支出而增加火災發生機率，保險公司的負擔可能會提高。這種因為簽約後，誘因問題所引發的行為改變，是一種道德危機。

道德危機不僅存在於保險市場。在勞動市場中，當雇主無法監督

(monitor) 員工上班情形時，可能發生員工溜班 (job shirking) 或不盡忠職守的情形。有研究指出，強制汽車駕駛繫安全帶雖然可以減少車禍死亡人數，但駕駛因此放鬆戒心，反而增加碰撞機率。

　　道德危機也發生在金融市場。國際貨幣基金 (International Monetary Fund, IMF) 在 1995 年初墨西哥發生金融危機時，曾對其挹注資金。許多學者認為，在知道 IMF 會以金援協助解決金融危機後，未來出現類似危機的機率會大幅提高。因為這些政府知道 IMF 會以低利率貸款幫助金融危機國家渡過難關，因而鬆懈其金融檢查和管理來防止金融危機的發生。有人認為，1995 年 IMF 金援墨西哥政府解決金融危機的舉動，提高各國政府風險接受程度，其後東南亞金融風暴、俄羅斯的金融市場混亂及歐洲債信危機均與 IMF 的措施有密切相關。同樣地，存款保險制度容易造成金融機構承作風險性貸款，忽視存款大眾的利益。

　　保險公司要避免道德危機問題，可以要求買保險者每年必須做健康檢查，才得繼續投保。保險公司可針對有肇事紀錄的駕駛，要求更高的保費，或要求投保火險者必須設置防火設備等。此外，保險公司可以共同保險 (coinsurance) 措施來克服道德危機問題，即指保險人與被保險人共同負擔財產損失，這種作法會使保險人成本提高，而更加小心避免車禍或火災發生。

> **共同保險** 保險人與被保險人共同負擔財產損失。

15-5 誘因問題：委託人－代理人問題

　　當公司股東無法有效監督公司經理人時，就會引發**委託人－代理人問題** (principal-agent problem)。公司的經理是**代理人**，股東則是**委託人**。股東的目標是追求公司利潤的最大，經理人的目標是追求本身利益的最大，如薪水、影響力及聲譽。公司所有者與公司管理者的目標不一定是一致的。為了追求更大的市場占有率，凸顯自己的重要性，經理人有從事高風險投資方案的誘因。譬如，1990 年代中期，英國霸菱銀行新加坡分行經理李森 (Nick Lesson)，因為操作日經期貨指數不當，導致霸菱銀行的百年基業毀於一旦。

　　委託人－代理人問題也發生在國營企業身上，國營企業通常由政府保護而無須面臨市場競爭壓力。國營企業經理人比較關心自己的利益，他們所追求的是自身效用的最大，卻不一定是公司利潤的最大。因此，擴大市場占有率來加強本身影響力，享受更好的福利，如存款優惠利率、長期合約、優渥的退休金等更是國營企業經理人的目標。

> **委託人－代理人問題** 是指在資訊不對稱情形下，委託人的目標與代理人目標並不一致所產生的問題。
>
> **代理人** 契約簽訂後，受雇的一方，目標是執行委託人的要求。代理人可以是公司的專業經理。
>
> **委託人** 是指公司所有者，以契約要求代理人執行公司的目標。

代理人問題常見於實際生活中。譬如，醫生與醫院的關係：醫生作為代理人可根據自己的偏好，選擇病人或讓病人做任何的檢查。同樣地，雇主與員工間的關係：在某些行業，如汽車、保險等需要銷售的行業，如果老闆給每個職員的薪水相同，員工會沒有努力工作的誘因。因此，為解決代理人問題，公司可以設計一套讓公司利潤由老闆與員工共享的辦法。譬如，職員的一部分薪水與銷售業績有關，若銷售業績達到一定額度，公司還可用紅利或出國旅遊等獎勵措施。

15-6 結 語

海耶克 (Friedrich Hayek) 曾經說過，經濟學的中心問題是知識或資訊的問題。過去的經濟學家談到資訊，多強調稀少性，市場機能如何解決資源稀少的問題。至於市場如何面對新資訊來調整供需則是 1960 年代以來經濟學的重心之一。

資訊經濟學的出現，提供傳統經濟分析一扇新的視窗。亞當・斯密的"一隻看不見的手"提供市場機能所需的資訊。史蒂格勒的搜尋模型告訴我們，即使商品品質完全相同，只要搜尋成本不同，商品價格也會有所差異。經濟變數中，不僅價格可以傳遞資訊，廠商與消費者的行為、存貨等均可傳遞資訊。買方與賣方擁有的資訊不一定完全相同，故有資訊不對稱的現象。

資訊經濟學的貢獻有二：第一，經濟組織如何吸收新資訊，學習並調整行為及經濟結構；第二，不同的組織設計如何影響資訊的創造、傳播與吸收。

摘要

- 只要搜尋的邊際利益大於邊際成本，買方就會購買額外的資訊。均衡時，資訊的邊際利益等於邊際成本。由於資訊並不是免費的，同樣的商品會有不同的售價。
- 商品市場中，賣方比買方擁有較優越資訊。譬如，二手車賣方比購車者更明白二手車的狀況。這種資訊不對稱會造成市場失靈：低品質的商品充斥整個市場，高品質商品退出市場。提供保證，可以解決資訊不對稱所引發的交易障礙，而標準化及聲譽是另外兩種克服市場失靈的方法。
- 保險市場中，買方比賣方擁有較優越的資訊。這種資訊不對稱有逆向選擇的問題。健康情形不佳者會購買保險，身體健康者卻不購買保險。結果是平均風險提高，保費也跟著上漲。

- 保險市場也存在道德危機問題。已買保險者通常會沒有小心避免損失的誘因，而使事故發生機率提高。
- 逆向選擇是指，在簽約前已經清楚瞭解自己的特性，而做出對自己有利的自我選擇。道德危機則是在簽約後改變自己的行為，影響到事件發生機率，甚至傷害另一方的利益。
- 勞動市場中，勞動供給者藉教育程度，提供正確訊號給廠商，廠商可以經由過濾篩選準則雇用最合適的員工。
- 資訊不對稱會使股東或公司老闆無法有效監督經理人的表現，這是委託人－代理人問題。廠商可設計誘因契約，引導勞工努力工作，以克服代理人問題。

習 題

1. 消費者從二手車市場的"檸檬模型"(lemon model) 所學習到的是
   (a) 不賣舊車
   (b) 預期市面上販賣的舊車品質會低於市面上舊車的平均品質
   (c) 不買舊車
   (d) 預期市面上販賣的舊車品質會高於市面上舊車的平均品質　(108 年稅務特考)
2. 志明買了健康保險後，更可能去看醫生。這個現象可以用下列哪個概念來解釋？
   (a) 逆向選擇
   (b) 道德危險
   (c) 私人資訊
   (d) 道德危險與逆向選擇 (108 年勞工行政)
3. 網路搜尋引擎是影響搜尋的邊際成本 (供給)，還是邊際利益 (需求)？其影響方向為何？是增加還是減少？
4. 美樹和美惠是軟體工程師，日前剛好到新竹科學園區工作而需要搬家。美樹住在中山區，美惠則住在外雙溪。兩人的房子在中古屋市場的行情都是 800 萬元。不同的是，美惠的房子經過建築師精心設計裝潢，而美樹的房子並沒有做特別的裝修。如果透過仲介商賣屋，何者可賣得較好的價錢？
5. 請解釋為何畫廊經紀人賣畫所創造的利潤高於畫家自己賣畫的利益。
6. 請指出下列敘述是對或錯？
   (a) 交易或訂契約的雙方存在資訊不對稱
   (b) 人壽保險合約的簽訂為逆向選擇的實例
   (c) 只要廠商能對產品提出品質保證，就可以解決逆向選擇問題
   (d) 二手車的買賣是一個逆向選擇實例
   　　(104 年臺師大全球經濟與策略研究所)
7. 某知名大學制定一項措施，宣布學生成績只有 80 分和 90 分兩種。其目的是希望學生的平均成績在能夠 80 分以上，讓學生可以無後顧之憂地認真念書。請問這是否是一個好的措施？(提示：可用道德危機解釋。)
8. 在可貸資金市場，資金供需雙方擁有不對稱資訊，此為資訊不對稱現象。請說明此種資訊不對稱是如何產生的，其對資金市場之影響又如何？
9. 假設經濟學以學期報告方式，取代小考、期中考和期末考，請以逆向選擇和道德危機問題分析其意義。
10. 有關資訊不對稱 (asymmetric information) 的敘述，哪些是錯的？
    (a) 逆向選擇是指交易的一方無法確知他方

的行為
(b) 當市場有逆向選擇問題時，交易量會大於社會最適量
(c) 道德危機是指交易的一方無法確知對方的行為
(d) 有時高品質生產者提供訊息，從社會整體看是浪費的，但卻有助於解決此種訊息不對稱的問題
(e) 如果產品品質無法在購買時確知，則生產者沒有動機生產高品質商品。在這種情形下，高品質生產者有動機投資於提供訊息，使購買者相信他的產品為高品質

11. 請分辨下列何者是委託人？何者是代理人？
    (a) 醫生和病人
    (b) 出口貿易商和出口商品製造者
    (c) 基金經理人和基金投資者
    (d) 股東與上市公司總經理

12. 請以保險市場為例，區分逆向選擇與道德危機的不同。

13. 臺灣一旦加入世界貿易組織，高等教育將對外開放。私立學校面臨國外知名大學的競爭，大學教授是否該花更多的時間改善教學品質？還是該花更多時間做研究，以提升競爭力？請以委託人－代理人模型解釋。

14. 若市場有甲、乙兩家汽車公司，甲公司的車子是好車。但兩家公司車子長得一模一樣。假設好車可賣 60 萬元，一般車賣 50 萬元，無法分辨可賣 55 萬元，甲公司提供保固的成本為每輛車子 $5,000+5,000X$，X 代表保固年限。乙公司提供的保固成本為每輛車子 $5,000+15,001X$，則甲應提供多少年保固以達利潤最大化？

(104 年臺師大全球經營與策略研究所)

網路習題

1. 無論在全球哪一個國家，只要有麥當勞，就可吃到品質一致的麥香堡。麥當勞是如何做到讓顧客安心？請至麥當勞網站：https://www.mcdonalds.com/corporate/franchise/index.html，查閱麥當勞如何授權分店經營。

Chapter 16

總體經濟學導論

前言 歐洲央行總裁德拉吉 (Mario Draghi) 在歐洲灑錢執行量化寬鬆 (QE) 政策；臺灣人比較有錢嗎？失業問題能否與貿易戰劃上等號？為什麼日本經濟從 1990 年代初期開始，陷入不景氣的泥沼難以脫身？為什麼新冠肺炎疫情讓 IMF 下修 2020 年全球 GDP 0.1 個百分點？*總體經濟學* (macroeconomics) 是一門研究整體經濟的社會科學，企圖回答上列這些與許多其它相關問題。

總體經濟學是我們日常生活中的一部分。你只要閱讀報紙或上網，就能夠瞭解總體經濟學的重要性。我們可以從報紙上看到像洛桑競爭力臺灣排名全球第十六名 (2019 年)，比 2018 年進步一名；或者升不升息，歐洲央行進退兩難等新聞。儘管這些總體經濟事件看起來很抽象，但卻深入我們的日常生活中。

剛踏出校門的畢業生必須預測未來的景氣動向及行業興衰，以便決定留在臺灣或出國。企業主管必須事先預測消費者偏好及所得成長幅度，才能夠規劃自己的生產計畫。依賴固定薪水的上班族，會想要知道一般物價水準，才能夠規劃如何消費。

每一個世代都有自己的經濟問題；1970 年代，第一次與第二

本章重點

總體經濟學的產生
循環流程
總體經濟資料
臺灣經濟的歷史表現

279

次石油危機造成通貨膨脹和高失業的問題；1990 年代，股市加權指數的大起大落，民國 87 年的 12,000 點到民國 90 年的 3,000 點，使民眾的財富暴漲遽跌，造成所得分配不均的現象；亞洲金融風暴，使新臺幣大幅貶值和經濟泡沫化，導致臺灣經濟有通貨緊縮的危機。2000 年代的金融海嘯導致冰島政府破產，日經指數跌至 10,000 點以下，道瓊指數滑落至 8,000 點以下，全球主要央行聯手降息。2011 年 3 月 11 日的日本強震更使日本經濟深陷泥沼，難以翻身。新冠肺炎疫情自 2020 年 3 月開始蔓延全球，是否會掀起"蝴蝶效應"禍及世界各國經濟？

16-1 個體經濟學與總體經濟學

在第 1 章中，我們介紹了個體經濟學，討論一個經濟單位的經濟行為：一個家庭 (消費者) 的消費行為 (追求效用最大)，一個廠商 (生產者) 的生產行為 (追求成本最小)，市場中的廠商如何去決定商品的生產數量及價格 (追求利潤最大)。

相對地，總體經濟學是討論整體經濟的行為：國民所得 (非一個家庭的所得)、物價水準 (非一種商品的價格)、就業水準 (非某一產業的勞動需求)。換言之，個體經濟學在討論一個經濟單位的決策，而總體經濟學則在討論個別決策的加總；亦即，要用什麼方法才能提高社會整體福利水準，也就是如何提高人民生活水準。

16-2 總體經濟學的產生

亞當・斯密的《國富論》一書開創經濟學這門社會科學，而馬歇爾的《經濟學原理》則奠定個體經濟學的領域。這些古典學派的經濟學家認為，在"自由放任" (政府不干涉經濟) 的經濟體制下，透過"一隻看不見的手"——價格機能，長時間下，社會會自動達到充分就業。這種經濟思潮在歐洲風行了一個半世紀 (1776 年到 1929 年)，直到發生經濟大恐慌，這個經濟理論才受到質疑。

1929 年 10 月，美國華爾街股市大崩盤，造成美國經濟步入經濟蕭條，連帶影響到歐洲乃至全世界的經濟不景氣，時間長達十年，直到 1940 年代第二次世界大戰爆發後才停止。1930 年代的十年被稱為"經濟大恐慌"，長時間的經濟不景氣與高度失業率，讓古典學派經濟學家無法解釋發生這種現象的原因。這段時間，英國經濟學家凱因斯在 1936 年出版《就業、利息與貨幣的一般理論》(簡稱一般理論) 一書，說明造成"經濟大恐慌"的原因與解決之道，其理論觀點與古典學派相反，震撼整個經濟學界。

凱因斯認為大恐慌的形成是整個社會的有效需求 (effective demand) 不足。當私人部門的需求不足時，政府應利用公共投資的進行來提高社會整體需求，增加就業機會與全國總產出。政府在經濟體系中扮演重要的角色，在經濟不穩定時，政府可透過財政政策與貨幣政策的干預使之穩定。凱因斯開創總體經濟學的領域，此亦使經濟學的探討，從個體經濟學的討論推進至總體經濟學的研究。

表 16-1 簡單地比較兩個學派的理論觀念，有助於我們對兩者在經濟學觀念上的討論有進一步的瞭解。

表 16-1　古典學派與凱因斯學派的比較

	古典學派	凱因斯學派
理論基礎	賽伊法則："供給創造其自身的需要"	有效需求理論
理論出發點	強調供給面	強調需求面
範圍	個體經濟學	總體經濟學
政府職能	自由放任 (不干涉)	政府應干涉經濟
工資與價格	有伸縮性，會上升，也會下跌	有僵硬性，只會上升，不容易下跌
社會的本質	安定	不安定
時間的長短	重視長期	重視短期
政府預算	平衡預算	不平衡預算

16-3　總體經濟的問題

要瞭解總體經濟的問題，首先我們必須知道經濟目標 (economic goals)。一國政府不論實施何種經濟制度 (資本主義、社會主義或共產主義)、採用哪個學派的經濟觀念來治理一國的經濟，它們的經濟目標都是一樣的。經濟目標有：

1. 充分就業。
2. 穩定的物價水準。
3. 快速的經濟成長。

一個國家由於大部分的人都有工作，失業率愈低 (愈接近充分就業)，其治安應該愈好，經濟也會較為安定。但若物價水準持續性上漲，貨幣的購買力愈弱，就會造成經濟的不安定。快速的經濟成長使一國的生活水準愈高，人們的生活環境愈好，這不只是一個家庭所期盼的，更是一國執政者想要達到的目標。但是上列三個目標卻有相互衝突的現象。一國的經濟成長愈快速，其充分就業目標愈容易達到，但物價水準卻會呈現不穩定狀況，這種情況會在往後的章節中討論到。

透過經濟目標的認識，總體經濟的問題約有四大主題：國民所得、物價水準、利率水準、匯率水準。

國民所得　國民所得除了可顯示一國的生活水準高低外，其增加速度的快慢亦可表現該國經濟成長率的高低，同時也可以說明失業率與就業水準的高低。

物價水準　隨著時間的經過，每個國家的物價水準都會有持續性上漲或下跌的狀況，但下跌的現象較少見。物價的漲跌問題在於漲跌速度的快慢，此與一國經濟的景氣相關。經濟景氣好時，上漲的速度會加快；景氣不好時，上漲的速度會變慢。2008 年辛巴威發行 100 兆元辛巴威貨幣，民眾拿到錢時會開心嗎？如果漲幅過高，會影響一國經濟的穩定性與人民對該國貨幣的信心。

利率水準　利率水準隨著一國經濟的情勢而波動。高利率會使整個經濟的消費與投資水準降低，造成該國所得水準下降；反之，利率下跌會刺激消費與投資水準的上升，使一國經濟情況變好。

匯率水準　匯率是指兩國貨幣交換的比率。一國貨幣幣值的升貶會影響到該國的國際收支、出口和進口的增減，更會影響該國的國民所得水準。

整體而言，總體經濟問題討論到最後都會與國民所得相關，所以總體經濟學又稱為所得理論。

16-4　總體經濟中的政府職能

凱因斯革命強調政府在經濟運作中的重要性。而政府是如何運作的？政府使用兩種政策來影響總體經濟。

財政政策　政府可利用租稅與政府支出的變動來影響該國經濟，稱為**財政政策** (fiscal policy)。凱因斯認為在 1930 年代的經濟大恐慌時期，政府可以利用財政政策來穩定一國的所得水準與就業水準。經濟不景氣時，政府可透過減稅與增加政府支出 (公共投資) 的手段，也就是擴張性財政政策來提高一國的國民所得，讓經濟脫離不景氣的困境。

貨幣政策　一國的中央銀行可透過**貨幣政策** (monetary policy) 的工具來控制該國的貨幣供給量。而貨幣供給量的改變會影響到物價、利率、匯率，甚至國民所得與失業率。若經濟出現通貨膨脹——物價水準持續上漲，則緊縮性的貨幣政策，讓貨幣供給量減少，可抑制通貨膨脹。

雖然政府還有很多其它的政策，可以用來影響一國整體的經濟情勢，但在總體經濟學的討論中，主要還是以上兩項政策為主。

> **財政政策**　政府利用租稅與政府支出的增減來改善一國經濟的政策。

> **貨幣政策**　一國的中央銀行利用一些政策工具來影響該國的貨幣供給量。

16-5 總體經濟學的循環流程

在個體經濟學討論中，循環流程圖分成兩部門：家計單位與廠商，及兩個市場：商品市場與生產因素市場。總體經濟學的討論則擴大為四個部門：家計單位、廠商、政府 (government) 與國外部門 (rest of the world)；三個市場：商品與服務市場、生產因素市場及金融市場 (financial market)。

圖 16-1 為四個部門的循環流程圖。就其支出部分，從圖中可看出一國經濟體系中四個部門所得收入與支付的關係。以下分述四個部門與三個市場間的關係：

商品與服務市場　家計單位與政府在商品市場中購買商品與服務。廠商在這個市場中除了提供商品與服務，也購買機器、設備和商品。國外部門也是在商品與服務市場中買賣商品與服務。總之，在商品與服務市場中，廠商與國外部門為供給者，家計單位、廠商、政府及國外部門為需求者。

生產因素市場　以勞動市場為例，家計單位與國外部門提供勞力給廠商和政府，同時也對勞力有所需求。所以在勞動市場中，家計單位與國外部門為供給者，四個部門為需求者。

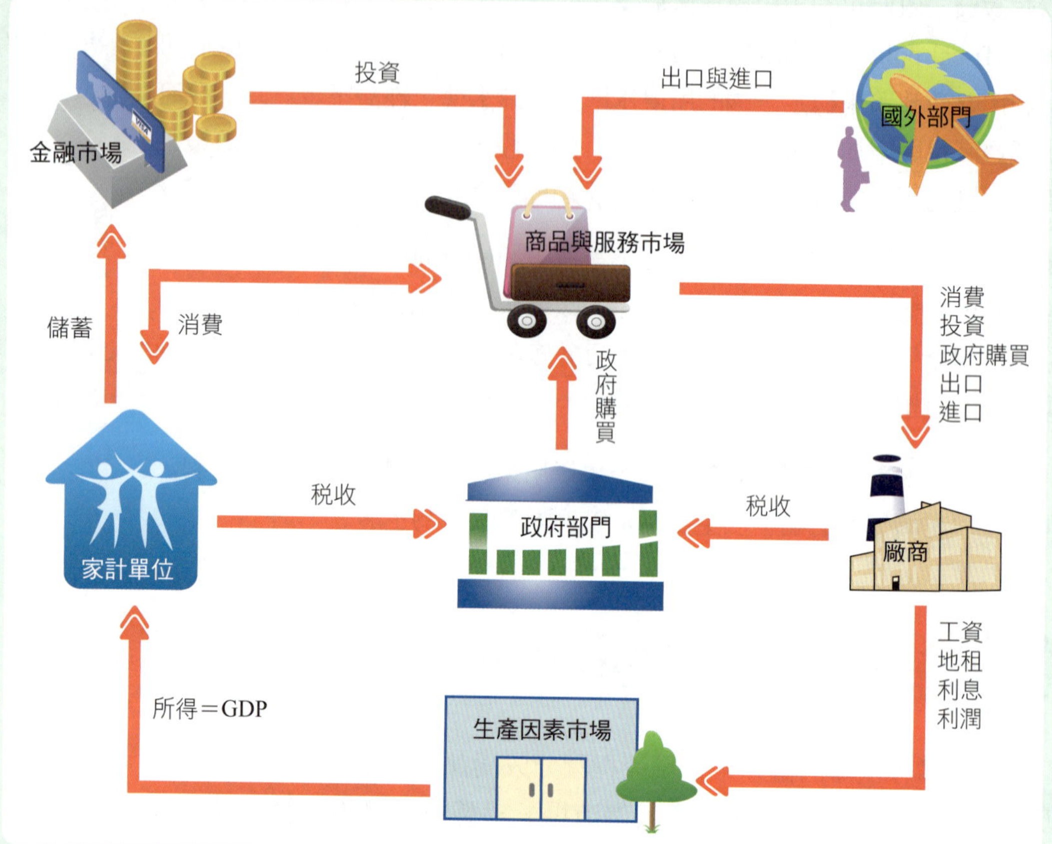

家計單位收到所得後，用來購買商品及繳稅，廠商利用銷售收入來購買原料，支付工資、租金、利息及自己的利潤。GDP 等於總所得，等於總支出。

圖 16-1　循環流程圖

貨幣市場　買賣一年期以下之有價證券的場所。

資本市場　買賣一年期以上之有價證券的場所。

金融市場　在個體經濟學中不討論金融市場，在總體經濟學中金融市場則占一重要地位。金融市場基本上可分為**貨幣市場** (money market) 與**資本市場** (capital market) 兩種。貨幣市場為買賣一年期以下之有價證券，如國庫券、本票、匯票、可轉讓定期存單、外幣等的場所。資本市場為買賣一年期以上之有價證券，如公債、公司債、股票等的場所。廠商、政府及國外三部門可在金融市場發行債券或股票來籌措資金，亦可買入有價證券以賺取利息或紅利等收入。家計單位可以在金融市場中買入有價證券，亦可向銀行貸款來消費。所以，四個部門在金融市場中分別扮演供給者與需求者的角色。

從臺灣看天下　李克強指數

2007 年，時任中國遼寧省委書記的李克強在接待美國駐華大使時表示，遼寧的 GDP 數值有些人為痕跡，他更喜歡透過全省鐵路貨運量、用電量及銀行已放貸款量三個指標來追蹤遼寧的經濟動向。英國《經濟學人》自 2010 年底正式推出此一指數，受到包括花旗銀行 (Citi Bank) 在內的眾多國際機構認可。

李克強曾為《經濟學人》年刊"世界 2016"撰文修訂，2007 年提出的經濟發展觀察指標，表示未來需更加關注社會就業、居民收入與生態環境。現實生活中，反映經濟現狀的指數指標，不太可能涵蓋真實經濟世界的全貌，即便是官方的正式統計指標，如 GDP、失業率等也必須透過適當的修訂，如 2013 年美國的 GDP 將研究發展支出視為投資支出的一部分，未反映當時的經濟情況。

報章雜誌常會見到一些非正式的經濟指標，譬如，《經濟學人》編製的大麥克指數 (Big Mac Index)，用來評估各國匯率及購買力水準的指數。

此外，美國與中國是推動全球經濟成長的雙引擎。若兩國的內需疲弱，無可避免導致全球景氣走緩，因此有人提出象徵美國內需求的"星巴克指數"和象徵中國內需求的"大閘蟹指數"。若兩項指數雙雙下滑，代表美、中內需呈現減緩現象。還有一些庶民經濟指標，用女性的口紅、內衣銷量和裙子長短來看待景氣，有時比政府統計數字還準確。

前聯準會主席葛林斯潘 (Alan Greenspan) 提出男性內褲理論，認為銷售下跌代表男性手頭很緊，拖到不得已才會換內褲。前美國賓州大學教授泰勒 (George Taylor) 也提出迷你裙理論，認為當景氣復甦時，迷你裙會流行；反之，裙子愈長則代表景氣不佳。

口紅指數是由美國雅詩蘭黛 (Estée Lauder) 前總裁勞德 (Lenard Lauder) 提出，當景氣變好時，女性有能力購買高價化妝品，口紅銷售量減少；反之，不景氣時，口紅銷售量愈大。

16-6　供需與總供需

在個體經濟學中，我們討論過供給與需求；在總體經濟學中，我們也會討論到**總供給** (aggregate supply) 與**總需求** (aggregate demand)。個體經濟學在供需的討論上，是在說明一種商品在市場中的價格與交易量狀況。在圖 16-2，透過市場的需求曲線與供給曲線的交點 A (均衡點)，決定了糯米的交易數量 (Q^*) 與均衡價格 (P^*)。若市場上對糯米的需求增加 ($D \to D_1$)，則其均衡交易量會從 Q^* 增加到 Q_1，均衡價格會從 P^* 上升至 P_1。

總體經濟學的供需討論則為總供給與總需求。總供給是將所有商品與服務的供給全部加總，總需求則是所有商品與服務需求的全部加總。所以如圖 16-3，橫軸是以總生產量 (或實質國民所得) Y 來表示，縱軸則是用一般物價水準 P 來表示。此有別於個體經濟學，是我們在應用圖形說明經濟

總供給　在一個經濟體系中所有商品與服務的全部供給。

總需求　在一個經濟體系中所有商品與服務的全部需求。

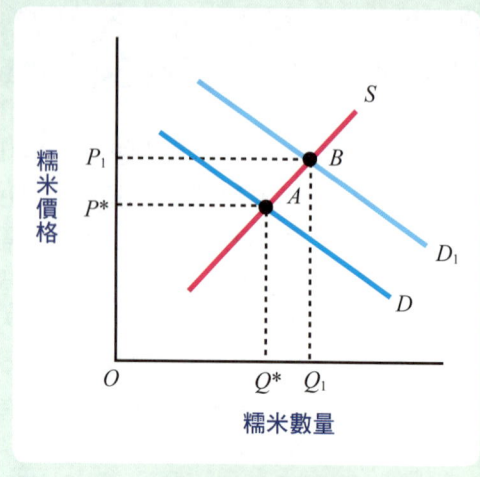

▲ 圖 16-2　糯米的需求與供給

若人們對糯米的需求增加，需求曲線會從 D 右移至 D_1，糯米的均衡價格上漲和均衡數量增加。

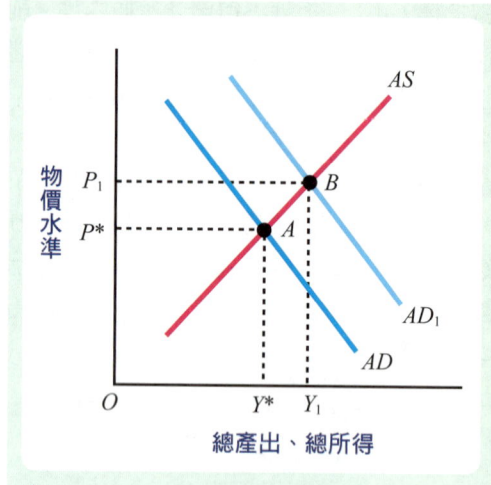

▲ 圖 16-3　總供給與總需求

若一國的總消費上升，總需求增加導致 AD 右移至 AD_1，均衡點從 A 點移動到 B 點。均衡物價水準從 P^* 上升至 P_1 和均衡所得水準從 Y^* 增加至 Y_1。

行為時應注意的事情。在圖 16-3，AD 曲線為整個經濟體系所有商品與服務需求的加總，AS 曲線則是所有商品與服務供給的商品加總，其相交的均衡 A 點決定一國在均衡狀況下的實質所得水準 Y^* 與物價水準 P^*。如果一個國家整體的總消費提高，則 AD 曲線右移至 AD_1，其均衡所得水準會從 Y^* 增加至 Y_1，均衡物價水準從 P^* 上揚至 P_1。

16-7　臺灣經濟的歷史表現

一個世紀以前，經濟學家只能靠因果關係來檢視經濟體系。現在，經濟資料提供系統性與客觀性資訊的來源，大多數的統計數據來自政府。不同的政府單位對家計單位與廠商進行調查，以瞭解其經濟活動——他們是否有工作或正在尋找工作、收入狀況如何及物價水準的變動。從這些調查可以計算出不同的統計資料來說明整體的經濟狀態。

有三個總體經濟變數是特別的重要：實質國內生產毛額 (real GDP)、通貨膨脹率 (inflation rate) 與失業率 (unemployment rate)。實質國內生產毛額或實質 GDP 衡量經濟體系的總所得 (經物價調整)；通貨膨脹率衡量物價上漲的程度；失業率衡量勞動力中沒有工作的人口比例。總體經濟學家研究這些變數如何被決定，以及為什麼它們會隨著時間經過而變動，且又是如何彼此間相互影響。

圖 16-4 顯示民國 40 年到 108 年的臺灣地區平均實質 GDP。這個時間數列資料有兩個層面值得觀察。第一，實質 GDP 隨時間經過向上成長。民國 108 年的實質國內生產毛額是民國 40 年的 122 倍 (19,140,230/156,918 = 121.98)。若以平均每人實質國內生產毛額 (per capita real GDP，簡稱人均實質 GDP) 計算，民國 40 年為新臺幣 20,216.28 元，民國 108 年是新臺幣 811,258.86 元，民國 108 年的平均每人實質 GDP 是民國 40 年的 40 倍。

第二，雖然實質國內生產毛額在大多數的年份是上升的，但這種成長並不穩定。自民國 40 年以來，臺灣總共經歷十四次的景氣循環，每一次的時間都不相同。最長一次的擴張期發生在第二次循環，從民國 45 年 9 月到 53 年 9 月，共計九十六個月。最長一次的收縮期發生在第五次循環，從民國 69 年 1 月到 72 年 2 月，共計三十七個月。如果收縮期間超過兩季以上，稱為衰退 (recession)；若下降幅度很嚴重，則稱為蕭條 (depression)。

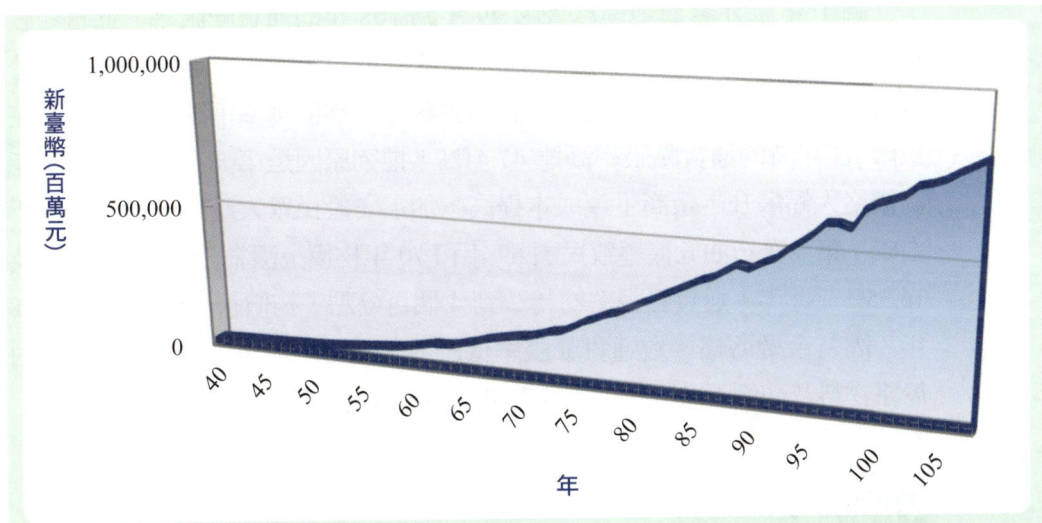

平均每人實質 GDP：衡量經濟體系中每個人的總所得。當實質國內生產毛額連續兩季下降時，我們稱為衰退或不景氣。

資料來源：行政院主計總處網站：https://www.dgbas.gov.tw。

圖 16-4　臺灣地區平均每人實質國內生產毛額 (人均實質 GDP) (基期：105 年)

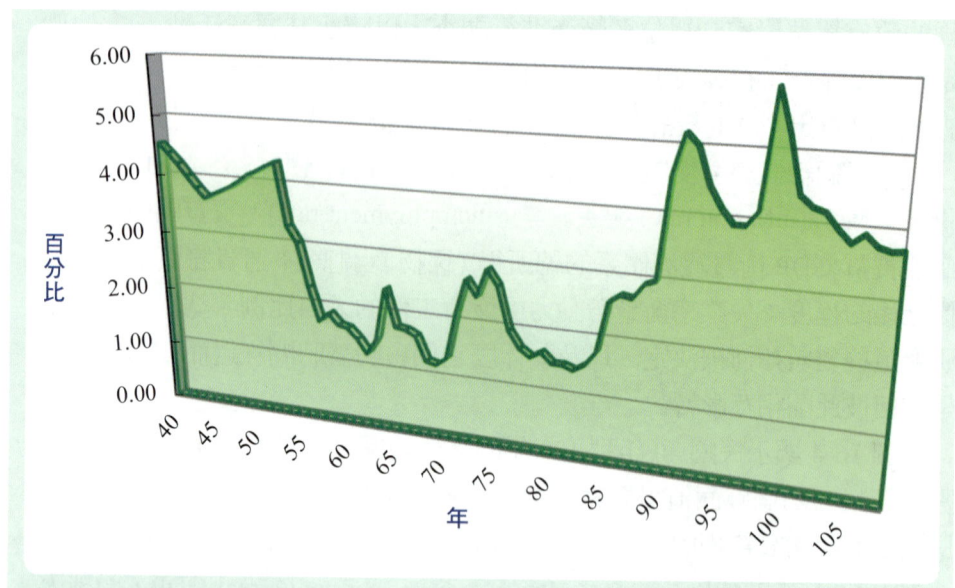

失業率：衡量勞動力中沒有工作的人口比例。這個圖形指出，即使經濟景氣，仍有失業發生。
資料來源：行政院主計總處網站：https://www.dgbas.gov.tw。

圖 16-5　臺灣地區失業率

圖 16-5 顯示臺灣地區在民國 40 年到 108 年的失業率。經濟的衰退與蕭條通常伴隨高失業率。民國 60 年，臺灣的失業率維持在相當低的水準；民國 90 年以後，由於全球經濟不景氣及產業大量外移至中國，造成失業率首度衝破 5%；民國 98 年 8 月，更高達 6.13%。注意，在經濟體系中，不論是景氣或不景氣，始終都有失業存在。

圖 16-6 顯示臺灣地區自民國 49 年到 108 年的通貨膨脹率。通貨膨脹率衡量前一年物價水準與今年物價水準變動的百分比。當通貨膨脹率大於零時，物價水準上升；當通貨膨脹小於零時，物價水準下跌。臺灣地區在民國 63 年時的通貨膨脹率高達 47.41%，推究原因是第一次石油危機，能源價格大幅攀升，廠商生產成本提高，加上一般民眾大量囤積民生用品所造成；第二次石油危機導致民國 69 年和 70 年物價上漲率分別為 19.00% 及 16.35%。近年，通貨膨脹率約為 2 到 4 個百分點，物價趨於穩定；民國 98 年，因為金融海嘯導致通貨膨脹率低於零，為 －0.87%；民國 108 年，由於原物料及油價下跌，物價下跌為 0.56%，較前一年下跌 0.79%。

16-8　結　語

信用危機引爆的流動性枯竭恐慌，2008 年 10 月 10 日再度肆虐紐約

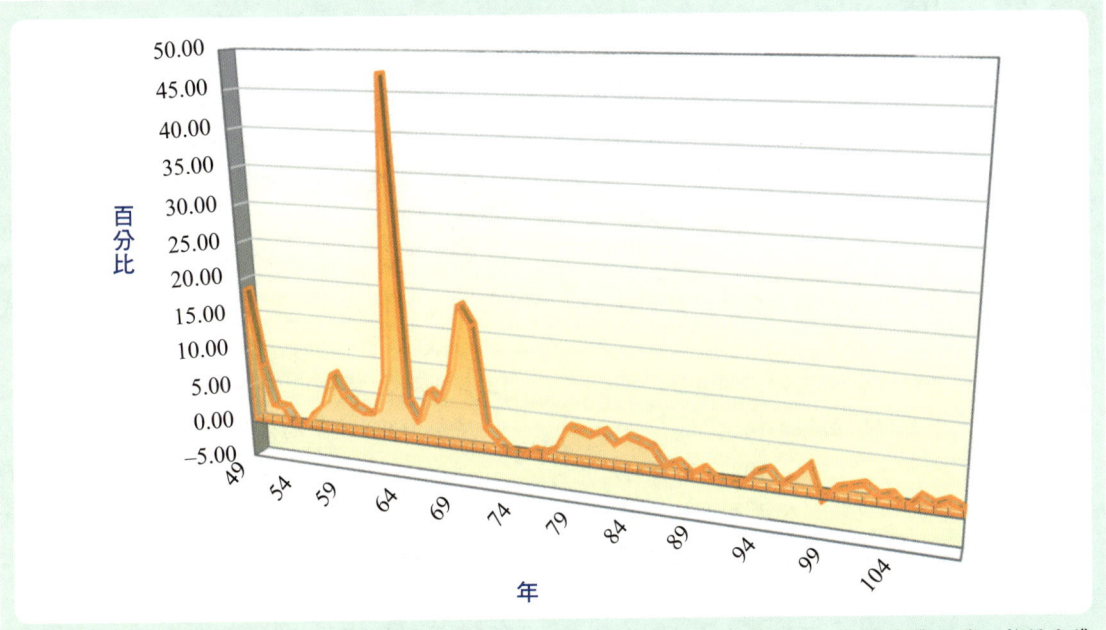

通貨膨脹率：計算今年與上一年物價水準變動的百分比。當通貨膨脹大於零時，物價水準上升；物價水準低於零時，物價水準下跌。

資料來源：行政院主計總處網站：https://www.dgbas.gov.tw。

圖 16-6　臺灣地區通貨膨脹率

股市，道瓊指數上下震盪逾 1,000 點，週線跌幅達 18%，開創紐約股市一百二十二年的最高紀錄。

　　IMF 預測，新冠肺炎疫情將導致全球經濟成長減損 0.1 個百分點，而 2020 年中國經濟成長率保六無望，加深全球經濟成長減速的疑慮，凸顯各國央行手足無措，不知該不該以降息方式來對抗通縮。

摘要

- 古典學派的理論基礎在於賽伊法則，認為政府最好不要干涉經濟，在價格機能的運作下，經濟體系會自動達到充分就業。
- 凱因斯強調有效需求的重要性。在經濟不景氣下，透過政府公共投資的增加，提高整個社會的有效需求以達充分就業。
- 一國的總體經濟目標為：充分就業、穩定的物價水準，以及快速的經濟成長。
- 政府可利用財政政策與貨幣政策來調整該國的經濟狀況，以達到總體經濟目標。
- 從整體經濟的循環流程中，我們可瞭解一個經濟社會中的四個部門 (家計單位、廠商、政府和國外部門)，與三個市場 (商品與服務、生產因素、金融) 間之關係。
- 個體經濟學中所討論的供需是著重在一種商品或服務的價格與交易數量；總體經濟學中探討的總供給與總需求，則是強調整體的物價水準與所得水準。
- 總體經濟學中有三個變數特別重要：實質國內生產毛額、失業率及通貨膨脹率。

習 題

1. 凱因斯不同意古典模型關於勞動市場的假設，因為古典模型無法產生大規模的失業，請問他主要的想法是：
   (a) 不同意古典的勞動需求曲線，但同意古典的勞動供給曲線
   (b) 不同意古典的勞動供給曲線，但同意古典的勞動需求曲線
   (c) 古典的勞動供需曲線都不同意
   (d) 古典的勞動供需曲線都同意
   (108 年商業行政)

2. 根據古典學派的說法，經濟體系的所得始終維持在充分就業所得水準，國內消費水準增加是否可創造所得？

3. 對於古典學派來說，馬英九總統的擴大政府支出政策將造成民間消費所得與實質利率的變動為何？ (97 年輔大企管)

4. 根據古典二分法，當貨幣供給增加 1 倍時，名目工資與物價水準有何變動？
   (98 年政大金融)

5. "古典學派認為貨幣供給的增加，只會造成物價的上漲。因此政府貨幣供給永遠保持不變。"請評論之。 (98 年臺北大學財政)

6. 凱因斯學派認為貨幣中立性成立嗎？物價調整迅速嗎？ (97 年暨南財金)

7. 凱因斯學派與古典學派認為失業是常態嗎？經濟體系始終處於均衡嗎？
   (97 年成大會計)

8. 下列何者不是古典經濟理論的內容？
   (a) 總體均衡是常態，挹注等於疏漏
   (b) 長期而言，所得水準取決於供給面
   (c) 長期而言，自然失業率等於實際失業率
   (d) 利率由貨幣供給與需求決定
   (102 年淡江財金所)

9. 在經濟衰退時哪一個學派認為自動穩定機能 (automatic stabilizers) 運作，使經濟恢復充分就業？ (102 年淡江財金)

10. "美國積極推動國營事業民營化且逐步削減政府預算，此國接受的經濟理論比較接近凱因斯學派，而非古典學派。"請評論之。

11. 在總體經濟學中，古典學派與凱因斯學派幾乎是對立的，請問這兩個學派基本假設為何？ (102 年成大企管所)

12. 請問能源價格上升，會使總供給和總需求曲線如何移動？物價和所得水準是上升或下跌？

13. 請簡短描述凱因斯學派與貨幣學派對量化寬鬆 (QE) 政策的看法。
    (104 年臺北大學企管所)

14. 若美國對恐怖份子開戰，美國必須向臺灣購買無線通訊設備，請問臺灣的所得是上漲或下跌？

15. 我國現任的中央銀行總裁、財政部長和國家發展委員會主委分別是誰？(臺大財金所)

16. 就 2008 年到 2009 年全球金融海嘯而言，較主要之原因是：
    (a) 金融危機造成總供給面的衝擊
    (b) 金融危機造成總需求面的衝擊
    (c) 金融危機造成利率下降至零利率
    (d) 大量的外國資金流入美國，造成美國利率下跌 (108 年原住民特考改編)

17. 人力資本、勞動、機器設備、廠房、產出等五項中，屬於流量變數的有幾項？
    (a) 1 項　(b) 2 項　(c) 3 項　(d) 4 項
    (108 年商業行政)

18. 次級房貸風暴產生，和美國下列哪種現象較無關係？
    (a) 美元升值
    (b) 低利率
    (c) 房貸抵押債務增加
    (d) 房貸債權證券化 (108 年關務特考)

網路習題

1. 請至行政院主計總處網站，下載最近十年的消費者物價指數和實質國內生產毛額資料，並繪圖說明之。

2. 請至 Google 網站，搜尋新冠肺炎疫情下，有多少個國家的央行降息因應？

Chapter 17

國民所得的計算

若有人問起："是臺灣的生活水準比較高呢？還是新加坡？"相信很多人會回答："新加坡"。

若再問："為什麼是新加坡生活水準比較高？"也許有些人會不知如何回答，有些人則會回答："所得水準高嘛！"

假若有人繼續問："什麼是所得水準？怎麼算出來的？"當你讀完本章，你會知道其中的所以然。國民所得的定義及計算方法是本章所要討論的重點。

本章重點

國內生產毛額
國民生產毛額
名目 GDP
實質 GDP

17-1 國內生產毛額

> **國內生產毛額** 在一特定期間內，一國國內所生產出來之全部最終商品與服務，以當時市場價值計算的總值。

當我們提到國民所得時，通常是以國內生產毛額來表示。**國內生產毛額** (gross domestic product, GDP) 是大多數國家用來表示該國總生產量的一個指標，定義為：在一特定期間內，一國國內所生產的全部最終商品與服務，以當時市場價值計算的總值。在此定義中，我們需注意四點：

一特定期間 　**一特定期間** (a given period of time) 通常是一年或一季，這可用來與去年或去年同一季做比較，以瞭解該國經濟情勢的變化。

國內 　**國內** (domestic) 表示一國國內的生產因素，包括本國居民與外國居民所從事的經濟活動；亦即，外國人在本國的生產總值也要計入，而本國人在外國的生產總值則不計入。譬如，臺商在中國從事泡麵生產並在中國販售，這一部分的產值並未列入臺灣 GDP 的計算。

> **最終商品與服務** 商品與服務的生產被當作最後用途使用。

最終商品與服務 　**最終商品與服務** (final goods and services) 是用來生產最終商品的原料**中間商品** (intermediate goods) 不能計入 GDP，以避免**重複計算** (double counting) 而高估 GDP。中間商品是指生產過程中的原料及半製成品。譬如，麵粉，如果由同學做成水餃食用，是最終商品；由餐廳做成水餃賣給一般民眾，則是一種中間商品。中間商品的麵粉不應該列入計算。

市場價值 　**市場價值** (market value) 是指，我們無法將商品與服務以數量的方式加總，必須使用價格的方式來表示。但是同一種商品或服務在每一年的市場價格不一定會相同，所以使用當年的市價來計算是合理的作法。

17-2 計算 GDP 時應注意的事項

上述 GDP 定義中的四個要點，我們尚未完全解釋清楚，所以必須在本節做進一步的詳細說明。

> **GNP** 在一特定期間內，一國國民所生產出來之全部最終商品與服務，以當時市場價值計算的總值。

GDP 與 GNP 　**國民生產毛額** (gross national product, GNP) 的定義為：在一特定期間內，一國國民所生產出來的全部最終商品與服務，以當時市場價值計算的總值。[1] 由此一定義，我們可以瞭解 GDP 與 GNP 的差異在：

---

[1] 行政院主計總處在 2014 年 11 月開始，以國民所得毛額 (gross national income, GNI) 取代國民生產毛額。

前者強調一國"國內"的生產總值，後者強調一國"國民"的生產總值。GDP 與 GNP 的差異可以下式表示：

GNP ＝ GDP＋本國生產因素在外國生產的報酬
　　　　－外國生產因素在本國生產的報酬
　　＝ GDP ＋國外要素所得淨額 (net factor income from the rest of the world, NFI)

> **國外要素所得淨額** 本國生產因素在外國生產的報酬扣除掉外國生產因素在本國生產的報酬。

由上式可知，GDP 是以一國的"國境"為計算準則，包括外國生產因素在本國生產的報酬，不包括本國生產因素在外國生產的報酬。GNP 是以一國的"國民"為主，包括本國生產因素在外國生產的報酬，不包括外國生產因素在本國生產的報酬。譬如，王菲在小巨蛋的演唱會收入是屬於臺灣地區的 GDP，而不是 GNP。

臺灣從民國 88 年起以 GDP 取代 GNP，其主要原因有二：第一是先進國家都用 GDP 而不用 GNP；第二是用 GDP 計算臺灣的實質所得成長率會比 GNP 計算實質所得成長率多出約 0.3 個百分點。

避免重複計算　以表 17-1 為例，衣服為最終商品，其整個生產過程中的棉紗及布是中間商品，棉花則為原料。在計算 GDP 時，若我們不小心把棉花、棉紗、布料及衣服的價值一起加計，則 GDP 會高達 810 元，這已出現重複計算而造成 GDP 高估。如果我們僅加計衣服生產過程中的附加價值 (added value)，其總價值為 420 元，會等於最終商品──衣服的價值。為了避免重複計算，GDP 有兩種計算方法：一是最終商品法，僅計算其最終商品的價值；一是附加價值法，僅就其附加價值的部分來加計。

> **附加價值**　在商品生產過程中，其銷售所增加出來的價值。

市場價值　GDP 是計算當年新生產出來商品與服務的市場價值，二手商品的市場價值是不可計入的。

1. 非生產性的交易活動，不能計入 GDP。

● 表 17-1　衣服生產過程中的附加價值

生產過程	銷售價值	附加價值
a. 棉花	50 元	50 元
b. 棉紗	120 元	70 元
c. 布	220 元	100 元
d. 衣服	420 元	200 元
總附加價值		420 元

> **移轉性支付** 某些人的所得增加是另一群人所得減少所引起的稱之。

(1) 移轉性支付 (transfer payment)：退休金、撫卹金、救濟金、獎助學金等移轉性支付，由於不是當年新生產的服務，不可計入 GDP 中。

(2) 舊有財產買賣：民國 110 年度生產的汽車，其價值在當年已被計算，在 111 年雖然被轉售，若計入將會出現重複計算的問題。但轉售過程中的佣金或手續費，則是 111 年新提供的服務，所以要計入。

(3) 投機性利得：如股票的證券交易、樂透彩的彩金，其對整體社會的生產無貢獻，不能計入 GDP。但是證券交易的佣金與傷殘人士出售彩券的利得為當年提供的新服務，要計入 GDP。

(4) 非法生產：海洛因、大麻等毒品或土製手槍的生產，雖屬當年新生產的商品，卻是違法的生產，應排除於 GDP 之外。

2. 非市場性生產活動應計入 GDP。

(1) 農場的自行消費：雖然沒有在市場上交易，但要計算在內。至於家中陽臺自行種植的水耕蔬菜是否要計入則因難於設算，所以不予列入。

(2) 自有房屋的計算租金：若房屋是租的，它提供你棲息的服務，其租金應計入 GDP；如果房屋是自己住的，其機會成本也應設算計入。假設有兩個國家，一國的所有房屋都是出租的，另一國則都是自己的，則兩國的房租分別在計入與不計入下，試想其差異有多大？

(3) DIY、家庭主婦的服務：由於未在市場上交易，且估算困難，一般捨棄不算。

17-3 GDP 的計算

雖然我們已知道 GDP 的定義與其計算時應注意的事項，但是全世界各國政府又如何實際地計算出 GDP？儘管在計算時會有些微的差異，但理論上有下列三種計算方法：

最終商品法　最終商品法 (final product approach) 是指，僅就最終商品與服務的市場價值來予以加計。

$$GDP = 最終商品的市場價值 + 最後服務的市場價值$$

從表 17-2 可知，臺灣在 2019 年最終商品法的加計。

支出法　*支出法* (expenditure approach) 就是從一國整體的消費支出面來加計，可分成國內需求與國外需求兩大部分。

$$GDP = C + I + G + (EX - IM)$$

1. 國內民間消費支出 (C)
   (1) 耐久財消費支出：電視、汽機車。
   (2) 非耐久財消費支出：食物、衣服。
   (3) 服務消費支出：學費、醫療、娛樂、大眾運輸。
2. 國內私人毛投資支出 (I)
   (1) 工具、機器等生產工具。
   (2) 建築物：包含住宅與非住宅。
   (3) 存貨變動：原料、半製成品及未出售的製成品。
3. 政府對商品與服務的購買支出 (G)
   (1) 商品消費支出：公共投資、國防武器、運輸工具等。
   (2) 服務消費支出：軍公教的薪水。

表 17-2　2019 年臺灣的 GDP (最終商品法)　　　　　　(單位：新臺幣百萬元)

最終商品			7,063,665
農業		333,286	
工業		6,730,379	
製造業	5,909,987		
營造業	219,824		
電力及燃氣供應業	477,465		
最終服務			11,732,149
批發及零售業		2,885,755	
運輸及倉儲業		570,511	
公共行政及社會安全		1,098,255	
金融及保險業		1,275,365	
統計差異		102,757	
國內生產毛額			18,898,571

資料來源：行政院主計總處網站：https://www.dgbas.gov.tw。

4. 淨出口 ($EX - IM$)
   (1) EX：出口總值。
   (2) IM：進口總值。

從表 17-3 可知，2019 年臺灣地區支出法的加計。

所得法 所得法 (income approach) 是指，從提供生產因素的要素所得報酬加計而成的方法。所得法中的生產因素有四：勞動、土地、資本及企業，其報酬分別是工資 (W)、租金 (R)、利息 (I) 及利潤 (π)。四項因素所得報酬的總和是國內要素所得。國內要素所得與國外要素所得淨額的加總稱為**國民所得** (national income, NI)，這是從要素成本面來計算，而非市場價值。若以市場價值計算，還要考慮**間接稅淨額** (net indirect tax, NIT)。[2]

$$GDP = W + R + I + \pi + NIT + D$$

表 17-4 列出 2018 年臺灣地區的所得法加計。

表 17-3　2019 年臺灣的 GDP (支出法)　　　　　　(單位：新臺幣百萬元)

國內需求 ($C+I+G$)		14,496,153
民間消費	9,869,691	
政府消費	2,643,945	
資本形成毛額	4,402,418	
固定資本形成毛額	4,429,011	
存貨增加	−26,593	
國外需求 ($EX-IM$)		1,982,517
輸出	12,113,839	
輸入	10,131,322	
國內生產毛額 (GDP)		18,898,571
國外要素所得淨額 (NFI)		450,707
國民生產毛額 (GNP)*		19,349,278

*國民生產毛額又稱國民所得毛額。
資料來源：行政院主計總處網站：https://www.dgbas.gov.tw。

---

[2] 國民所得 (按市價計算) = 國民生產毛額 − 固定資本消耗 − 統計差異 = 國民所得 (按要素成本計算) + 間接稅淨額。

表 17-4　2018 年臺灣的 GDP (所得法)

(單位：新臺幣百萬元)

國內要素所得		14,535,981
受雇人員報酬	8,417,966	
營業盈餘	6,118,015	
國外要素所得收入淨額		450,707*
國民所得 (按要素成本計算)		14,950,782
生產及進口稅淨額		1,042,007
國民所得 (按市價計)		15,592,789
統計差異		102,757
國民生產淨額		22,385,854
固定資本消耗		2,896,566
國民生產毛額		19,349,278
減：國外要素所得收入淨額		450,707
國內生產毛額		18,474,554

*國外要素所得收入淨額為國外受雇人員報酬淨額與國外財產及企業所得收入淨額的加總。

資料來源：行政院主計總處網站：https://www.dgbas.gov.tw。

從臺灣看天下

GDP 的改變

2013 年 7 月 3 日，美國經濟分析局 (Bureau of Economic Analysis, BEA) 做出國民所得帳的一些重大改變，並修正了一些統計量。其中最重要的變動是，研究發展及一些預期有長期年限的藝術創作都視為投資支出，而成為 GDP 的一部分。

過去一些賣座的電影如《阿凡達》(Avatar) 或《星際大戰》(Star Wars) 是靠票房收入來創造所得。但現在，就像是郭台銘的工廠或豪宅，擁有電影的人也擁有價值；同樣地，蕭敬騰的唱片、周杰倫的音樂創作、李安的電影，這些原創作品，只要壽命夠長，就被視為投資的一部分，而非中間投入。

就像是天文學界的暗物質 (dark matter)——看不見但很重要，研究發展與藝術創作等無形投資對國民所得的創作影響深遠。哈佛大學經濟學家曼昆指出，藝術原創可增加 95% 的 GDP，而研究發展約可提高 GDP 2 個百分點。

前聯準會主席柏南奇 (Ben Bernanke) 在 2011 年的演講說："倘若我們能夠正確的衡量這些無形投資在經濟成長中所扮演的角色，我們就能夠提升這些活動。"

17-4 從國內生產毛額到個人可支配所得

雖然 GDP 是國民所得帳中一個很重要的項目,但它並不代表一國社會大眾實際的所得。因此,我們有必要認識一些其它的國民所得帳。

國民生產毛額 (GNP) GDP 可透過最終商品法、支出法及所得法三種不同的方法計算出來。雖然其計算方法不同,但在理論上,三者加計出來的結果應是相等。GDP 再加上國外要素所得淨額即可求得國民生產毛額 GNP;換言之,GNP 也是可以用三種方法計算求得。

國民生產淨額[3] 國民生產淨額 (net national product, NNP) 是指,一國國民在一段期間內所生產最終商品與服務的淨值。機器設備與廠房等資本財的價值在一固定期間內會有耗損的情形稱為折舊 (depreciation)。所以,國民生產淨額是 GNP 扣除折舊 (即固定資本消耗) 後的淨值。

$$NNP = GNP - 折舊\,(D)$$

由於資本財的價值是列在國內私人毛投資支出之中,所以投資淨額 (net investment, In) 等於投資毛額 (gross investment, Ig) 扣除折舊 ($In = Ig - D$)。因此,NNP 亦可用支出法表示:

$$NNP = C + In + G + (EX - IM) + 國外要素所得淨額$$

國民所得[4] 國民所得 (national income, NI) 是一國國民提供生產因素後獲得所得報酬的總和,所以國民所得是以要素成本表示的 NNP。但 NNP 是以市場價值表示,其中包含間接稅但不包括政府對企業的補貼。譬如,彌豆子生產一部電腦,其市場價值是 100 元,若不考慮折舊與間接稅及補貼,則 NNP 會等於 NI,100 元相當於工資、租金、利息及利潤的加總。若政府對電腦課稅 10 元 (假設 10 元的稅負由彌豆子負擔而不轉嫁給消費者),則 NI 等於 90 元。若電腦產業是政府鼓勵的產業,每部電腦給予補貼 5 元,則 NI 等於 95 元。

國民生產淨額 一國國民在一段期間內所生產最終商品與服務的淨值。

折舊 資本財的價值在一固定期間內的耗損。

投資淨額 投資毛額扣除折舊。

國民所得 一國國民提供生產因素所獲得所得報酬之總和。

---

[3] 國民生產淨額即為按市價計算之國民所得。由於固定資本消耗不能分配,因此,國民生產毛額扣除固定資本消耗即為國民所得 (按市價計算)。

[4] 國民所得分成按要素成本 (所得) 計算及按市價計算兩種。按市價計算之國民所得為按要素成本計算之國民所得加計生產及進口稅淨額;按要素成本計算的國民所得即為一般教科書定義之國民所得。譬如,在表 17-4 中,按市價與按要素成本計算之國民所得分別為 15,592,789 與 14,950,782 兩者相減,即為生產及進口稅淨額 1,042,007。

$$NI = NNP - 間接稅 + 政府對企業的補貼$$
$$= NNP - 間接稅淨額 (NIT)$$

如前所述，NI 亦可是四種生產因素報酬的加總。[5]

$$NI = W + R + I + \pi$$

國民所得即為生產之要素成本 (包括工資、租金、利息、利潤等)。

個人所得[6]　　國民所得是表示國民提供生產因素後應該得到的所得，此不同於實際得到的所得，即**個人所得** (personal income, PI)。在實際得到的所得中，有些是勞而不獲，有些則是不勞而獲。譬如，你收到爸爸給的過年紅包 5,000 元，這 5,000 元就是不勞而獲；如果政府在你每個月的薪水中扣除 1,000 元作為失業保險金，這 1,000 元則是一種勞而不獲。

> **個人所得**　一國國民提供生產因素實際獲得的所得報酬。

$$PI = NI$$
$$- 勞而不獲 (營利事業所得稅 + 公司未分配紅利 + 社會保險費)$$
$$+ 不勞而獲 (移轉性支付 + 公債利息)$$

個人可支配所得[7]　　個人所得並非是國民可以完全支配使用的所得。在臺灣，5 月份為個人綜合所得稅申報的期間，每個人在繳清綜合所得稅之後，也就是**個人可支配所得** (disposal personal income, DPI)，即可盡情地支配其所得。

> **個人可支配所得**　個人所得扣除個人所得稅後之所得。

$$DPI = PI - 個人所得稅$$
$$= C + S$$

而個人可支配所得沒有消費 (C) 的部分就是儲蓄 (S)。[8]

$$S = DPI - C$$

表 17-5 為本節國民所得帳戶的一覽表，表 17-6 則為 2017 年臺灣實際的國民所得帳戶表，這能讓我們區別其間的小差異。

---

[5] 行政院主計總處將 $W + R + I + \pi$ 視為國內要素所得。NI 則為國內要素所得與國外要素所得淨額的加總。在臺灣，間接稅是指生產及進口稅。
[6] 個人所得即為主計總處國民所得統計摘要中，表 16 之家庭所得 (Household Income)。
[7] 個人可支配所得即為主計總處國民所得統計摘要中，表 16 之家庭可支配所得 (Household Disposable Income)。
[8] 儲蓄即為主計總處國民所得統計摘要中表 9 之家庭儲蓄淨額。

表 17-5　GNP、NNP、NI、PI、DPI、S

GDP	
加：國外要素所得淨額 (NFI)	
＝GNP	
減：折舊 (D)	
＝NNP	
減：間接稅淨額 (NIT)	
（＝間接稅－補貼）	
＝NI	
減：營利事業所得稅	
公司未分配紅利	
社會保險費	
加：移轉性支付	
公債利息	
＝PI	
減：個人所得	
＝DPI	
減：消費 (C)	
＝S	

表 17-6　2017 年臺灣的所得帳戶

(單位：新臺幣百萬元)

A. GNP (國民生產毛額)	17,965,345
減：折舊	2,733,050
B. NNP (國民生產毛額)	13,171,473
減：生產及進口稅	1,053,682
加：補貼	76,205
減：統計差異	−47,633
C. NI 國民所得 (按要素成本計算)	14,302,451
減：國營事業與私人企業儲蓄	2,066,699
加：其它項目*	1,032,937
D. PI 家庭 (個人) 所得	13,268,689
減：所得稅與其它經常稅	2,259,250
移轉支出	562,759
E. DPI 家庭 (個人) 可支配所得	10,446,680
減：消費支出	9,265,072
F. S 淨儲蓄	1,181,608

* 其它項目是指國內及國外移轉收入扣除營利轉所得稅、政府的財產與企業所得收入、罰款及規費。

資料來源：國家發展委員會，*Taiwan Statistical Data Book 2019*。

17-5 名目國內生產毛額與實質國民生產毛額

到目前為止，我們所討論的 GDP 都是以<u>當年價格</u> (current price) 來計算。<u>名目 GDP</u> (nominal GDP) 就是以當年價格來計算的國內生產毛額。名目 GDP 的增加，並不表示一國人民生活水準的提高。假設 2020 年的 GDP 是 200 萬元，在當年剛好可以購買一輛 BMW X6 的汽車。到了 2021 年，GDP 增加至 400 萬元，在當年還是只能買到一輛 BMW X6 的汽車 (非兩輛)。這表示名目 GDP 增加了，但<u>實質 GDP</u> (real GDP) 並沒有增加。因此，要衡量一國的生活水準是否真正提高，我們應比較實質 GDP，而非名目 GDP。換言之，調薪是名目薪水的增加，要計算實際薪水才能知道是否是真正加薪！

實質 GDP 為以<u>基期</u> (base year) 價格計算出的國內生產毛額。假設一國有 A、B、C、D 四種商品，我們可透過表 17-7 來瞭解名目 GDP 與實質 GDP 的差異。

> **名目 GDP** 以當年價格計算的國內生產毛額。

> **實質 GDP** 以基期價格計算出的國內生產毛額。

$$\text{名目 GDP} = P_A^C \times Q_A + P_B^C \times Q_B + P_C^C \times Q_C + P_D^C \times Q_D$$
$$= 100 \times 10 + 80 \times 20 + 60 \times 30 + 40 \times 40$$
$$= 6,000$$

$$\text{實質 GDP} = P_A^B \times Q_A + P_B^B \times Q_B + P_C^B \times Q_C + P_D^B \times Q_D$$
$$= 110 \times 10 + 40 \times 20 + 50 \times 30 + 40 \times 40$$
$$= 5,000$$

透過名目 GDP 與實質 GDP 的關係，我們可求出 **GDP 平減物價指數** (GDP deflator)：

> **GDP 平減物價指數** 可將名目 GDP 轉換成實質 GDP 的一種物價指數。

$$\text{GDP 平減物價指數} = \frac{\text{名目 GDP}}{\text{實質 GDP}} \times 100$$

表 17-7 名目 GDP 與實質 GDP

當期商品數量	當期的價格	基期的價格
$Q_A = 10$	$P_A^C = 100$	$P_A^B = 110$
$Q_B = 20$	$P_B^C = 80$	$P_B^B = 40$
$Q_C = 30$	$P_C^C = 60$	$P_C^B = 50$
$Q_D = 40$	$P_D^C = 40$	$P_D^B = 40$

換言之，GDP 平減物價指數是將名目 GDP 轉換成實質 GDP 的一種物價指數。因此，實質 GDP 為：

$$實質\ GDP = \frac{名目\ GDP}{GDP\ 平減物價指數} \times 100$$

17-6 GDP 概念的一些限制

國內生產毛額是一種衡量國民所得的指標。國內生產毛額愈高，表示一國人民的所得水準愈高，人民愈有能力從事消費、觀光旅遊等活動。但是國內生產毛額愈高，未必隱含一國人民的福利水準愈高，並且生活在更好的環境裡。以下僅就國內生產毛額的限制加以說明：

GDP 與社會福利 GDP 的多少僅表示一國經濟體系中商品與服務的生產狀況，但下列的社會福利卻無法從 GDP 中看出：

1. 地下經濟活動：一國有許多未透過正當市場交易的經濟活動，即所謂的 地下經濟 (underground economy) 活動，如非法的違禁藥品、賭場逃漏稅及其它未登記的營業活動等，因無法實際掌握其資料，所以不計入 GDP，導致無法反映一國實際的福利水準。
2. 休閒時間的考量：臺灣從民國 90 年起實施週休二日，即一週只工作五天。若兩國的 GDP 相同，一國一週工作六天，另一國則為五天，兩國的生活水準是否會一樣？
3. 商品品質的高低：筆記型電腦退燒改由平板電腦接手且愈做愈輕薄，電影從 2D 變成 3D，這些較高品質的享受也難以從 GDP 區別出來。
4. 外部性：水、空氣、土地被污染，這些負的外部性會導致一國生活品質降低，卻無法從 GDP 中看出。養豬會污染水源，卻使一國的 GDP 上升，這合理嗎？

幸福指數與 GDP 物質豐富與幸福快樂能劃上等號嗎？聯合國公布的 2019 年全球幸福報告 (The World Happiness Report) 指出：全球經濟首強美國居第十九名，GDP 次強的中國則排名第九十三名。儘管日本、香港生活水準比臺灣高，臺灣人民卻比日本、香港人民幸福 (分別是二十五名、七十六名、五十八名)。這說明 GDP 並不能反映貧富差距、償貸壓力和日益升高的物價。

2011 年 5 月 24 日，經濟合作暨發展組織 (OECD) 歡慶五十週年，推出由諾貝爾經濟學獎得主史蒂格里茲研究名為"美好生活指數"(Better Life Index) 的幸福指數，涵蓋十一個領域：居住、收入、就業、社會關係、教育、環境、政府組織、健康、普遍滿意度、安全，以及家庭與工作間的平衡。

美好生活指數的概念是衡量人民感到重要且切身的項目，希望能彌補 GDP 與其它指標的不足。在 2016 年各項評比中，整體排名最高的是挪威，其中居住條件、政府治理、健康狀況、人身安全均名列前茅。前五名的其它國家則為丹麥、瑞士、澳洲和瑞典。

臺灣從 2013 年開始編製"國民幸福指數"，根據 2016 年的資料顯示，綜合指數為 6.96 分與 OECD 35 個會員國及 3 個夥伴國比較，排名第十六名。就十一個領域觀察，環境品質排名最差 (第三十五名)，而所得與財富排名最高 (第二名)。

由於各界多聚焦於國家排名，主計總處自 2017 年起停止編製"國民幸福指數"，OECD 也不再發布綜合指數及排名。

有趣的是，北韓最近公布"世界各國國民幸福指數"評比，在 203 個國家，總分 100 分的評比中，美國以個位數的 3 分吊車尾，而中國、北韓、古巴分列前三名。

北韓人民自豪的是，住房不花錢 (家具也免費)、看病不用花錢、工作由國家分配，不用擔心失業問題。因為食、衣、住、行全由國家買單，賺錢沒地方花，所以北韓人相當幸福。

除了"美好生活指數"外，聯合國在 2012 年開始編製 Inclusive Wealth Index (IWI)。IWI 考慮的不僅是製造資本，也包括人力與自然資本，每兩年發布一次。在 2018 年的報告中，有 140 個國家計算 IWI，其中有 135 個國家平均人均財產在 1990 年到 2010 年間經歷成長，這意味著這些經濟體系的永續發展朝著正向發展。但只有 81 個國家是走在永續發展的正確道路上，有 15 個國家恰好走在相反道路上，包括剛果、保加利亞、希臘、北韓、烏克蘭等。

由於傳統的 GDP 忽略了一國在生產過程中，對自然資源的破壞及污染 (土地濫墾、河川的不當使用、都市化的代價等) 所造成環境品質的下降，因此聯合國在 1993 年公布綠色 GDP (Green GDP)。世界各國亦開始著手研究一套包含環境、社會及經濟的國民所得帳，希望能正確地使用自然及環境資源，以達一國經濟的永續發展。我國主計總處、國家發展委員會及環保署等單位也開始委託學術界試編綠色國民所得帳。由此可見，綠色 GDP 在未來將會取代傳統的 GDP，而能更精準地衡量出一國的生活水準。

實例與應用：全球幸福報告

全球幸福報告是聯合國針對 156 個國家居民，他們如何感覺到幸福的程度加以評比。這份報告基本上有六大因素：人均 GDP、社會自由度、預期壽命、社會支持度、慷慨大方，以及貪腐程度。

在 2017 年的報告中，芬蘭再次位居榜首。為什麼芬蘭人最幸福？北歐一家智庫"幸福研究所"的執行長維京 (Meik Wiking) 說："對芬蘭人來說，幸福是一種有節制、均衡，以及不怨天尤人的生活"。

《讀者文摘》在全球做過一次"掉錢包"的試驗。在所有城市中，物歸原主最多的城市是赫爾辛基。芬蘭人非常擅長於減少那些讓人不幸福的因素，譬如，缺乏醫療保障。

資料來源：https://worldhappiness.report/ed/2019/.

17-7 結語

有一位曾到紐西蘭旅遊的臺灣觀光客說："紐西蘭的生活水準比我們差嘛！"問他為什麼會有這種想法？回答竟是："他們都是開舊車(二手車)，而且吃、穿都比不上我們！"儘管生活水準的高低是由 GDP 來比較，但幸福指數卻是透過食、衣、住、行來判斷。如果再考慮環境維護的綠色 GDP，就差更遠了。

摘要

- 國內生產毛額 (GDP) 是在一特定期間內，一國國內所生產出來的全部最終商品與服務，以當時市場價值計算的總值。
- 國民生產毛額 (GNP) 為 GDP 加上國外要素所得淨額。
- GDP 有三種計算方法：最終商品法、支出法、所得法。
- GDP＝最終商品的市場價值＋最終服務的市場價值。
- $GDP = C + I + G + (EX - IM)$
- $GDP = W + R + I + \pi + NIT + D - NFI$
- 國民所得會計帳有：GNP、NNP、NI、PI、DPI。
- 臺灣地區的物價指數有：GDP 平減物價指數 (用來算實質 GDP)、WPI、CPI、IPI 及 EPI。
- 幸福指數與綠色 GDP 為一國新的經濟福利指標。

習 題

1. 下列哪些項目不能計入 GDP？請解釋其原因。
   (a) 南臺大地震，政府撥款 3 億元的救濟金
   (b) 行政院院長推動"新十大國建"共 1 兆 2,000 億元，平均每年實際支出 2,000 億元
   (c) 華碩發行 500 億元的新股票以作為建設新的電子工廠用
   (d) 媽媽花了一個下午的時間清潔房子，她索取工資 500 元
   (e) Jackie 向朋友買了一部舊筆記型電腦價值 3 萬元
   (f) 某藥房賣了 5 萬元的搖腳丸
   (g) 台積電花費 5,000 億元在臺南科學園區蓋 12 吋晶圓廠
   (h) 阿貴的阿嬤在房屋仲介公司上班，成交了一棟樓房，賺取 2 萬元的佣金
   (i) 小燕姐買下一座水果農場，並將該農場所生產的水果送給同事，市值共 10 萬元
   (j) 阿輝賣了一幢別墅給阿扁，市值 1 億 5,000 萬元

2. 下列何者對臺灣今年度的 GDP 貢獻最大？
   (a) 我國捐贈發生地震的 A 國新臺幣 5,000 萬元
   (b) 小白賣了一棟中古屋，賺了新臺幣 2,000 萬元
   (c) 台積電向美國購買新的機器設備，價值新臺幣 1 億元
   (d) 台達電購買在臺灣製造的新電腦，價值新臺幣 20 萬元　　(108 年身心障礙)

3. 丁丁麵包店花新臺幣 80 元買了一包臺製麵粉，並用這包麵粉製作售價新臺幣 300 元的麵包賣給消費者；另一包臺製麵粉在金聯超市被消費者以新臺幣 120 元購買。請問前述三筆交易對臺灣國內生產毛額 (goss domestic product) 的影響為何？
   　　　　　　　　(108 年普考改編)

4. 若由分配面衡量國民所得，不應包括下列何者？
   (a) 勞動報酬　　(b) 淨出口
   (c) 利息　　　　(d) 地租
   　　　　　　　　(108 年稅務特考)

5. 假設臺灣今年共進口外國生產的酒類，價值 1 億元，且全部售出。在其它條件不變且不考慮酒商的利潤及政府稅收下，此項活動對臺灣今年度 GDP 的貢獻為：
   (a) 0 元　　　　(b) 0.5 億元
   (c) 1 億元　　　(d) 2 億元
   　　　　　　　　(108 年身心障礙)

6. 下列經濟活動何者可列入 GDP 之計算？
   (a) 車禍傷者在醫院接受治療
   (b) 王小姐在自家花園採花
   (c) 大學生社區服務替老人清掃
   (d) 拾荒者蒐集廢棄輪胎　(108 年稅務特考)

7. 若臺灣 2014 年的名目 GDP 為 1 兆 8,000 億元，實質 GDP 為 1 兆 5,000 億元，則臺灣該年的 GDP 平減指數為：
   (a) 67　(b) 83　(c) 110　(d) 120
   　　　　　　　　(108 年關務特考)

8. 當最終財的產量固定但價格變動時，則：
   (a) 名目 GDP 不變
   (b) 名目 GNP 不變
   (c) 實質 GDP 不變
   (d) GDP 平減指數不變　(108 年關務特考)

9. "綠色國民所得"的設計是為了解決用 GDP 衡量一國經濟活動的價值所遇到的何種問題？
   (a) 不易做跨國生活水準的比較
   (b) 未考慮外部不經濟
   (c) 未計入地下經濟的產值
   (d) 未計入未經市場交易的家戶勞動
   　　　　　　　　(108 年身心障礙)

10. 假設烏托邦國某年度的私部門儲蓄 (private sector saving) 為 800 億元，政府購買支出為 500 億元，稅收淨額為 400 億元，出口

為 1,200 億元，而進口為 1,000 億元，若國外所得淨額與國外移轉所得淨額各皆為 0，則該國該年度的國內投資為何？

(108 年商業行政改編)

11. 2015 年底台電公司的資本存量為 20 億元，2016 年底的資本存量為 25 億元，每年資本存量折舊率為 15%。請問 2015 年的毛投資是多少？　(97 年輔仁貿易)

12. 什麼是"毛額"？什麼是"淨額"？為什麼一般都採用"毛額"？

13. 何謂國外要素所得？何謂國外移轉收支？

14. 國民生產毛額 (GNP) 與國內生產毛額 (GDP) 差異為何？若臺灣人赴海外投資多於外國到我國投資，且我國赴海外工作也多於外國人在我國工作。請問臺灣的 GDP 與 GNP，何者較高？　(96 年臺大國企)

15. 假設一封閉經濟體包含三個廠商：

鋼廠：	
銷售金額	$600
支出	440
利潤	160
車廠：	
銷售金額	$2,000
支出	
薪資支出	1,200
鋼材支出	600
利潤	200
糧商：	
銷售金額	$400
支出	260
利潤	140

(a) 車廠創造的附加價值為何？
(b) 此經濟體系的 GDP 是多少？

(102 年中興行銷所)

16. 若象牙海岸的國民所得 (NI) 為 1,000 億元，利息支出為 150 億元，地租為 250 億元，勞動報酬為 400 億元。請問利潤為多少？　(98 年輔仁會計)

17. 如果 2020 年到 2021 年臺灣的國民生產毛額平減指數 (GDP deflator) 成長 5%，而實質 GDP 成長 5%，則名目 GDP 將如何？

(103 年彰師大企研所改編)

18. 考慮一生產橘子和芒果的經濟體系。這些商品的不同價格和數量資料列於下表。請將下表空格填滿：

	橘子價格	橘子數量	芒果價格	芒果數量	基期 2020 實質 GDP	基期 2021 實質 GDP
2020	1	100	3	20	(a)	(b)
2021	1.1	105	3.1	22	(c)	(d)

(98 年政大國貿改編)

19. 強國的統計資料顯示：民間消費支出 600 億元、租稅 400 億元、移轉性支付 250 億元、出口 240 億元、進口 220 億元、政府消費支出 200 億元、總投資 150 億元、折舊 60 億元，請問強國的 GDP 是多少？

(102 年成大政經所)

20. 馬達加斯加的經濟數據如下：

政府購買＝$240　折舊＝$240
毛投資＝$400　個人所得稅＝$140
淨稅收＝$120　出口＝$220
進口＝$140　消費支出＝$640
淨利息＝$100

(a) GDP 為何？
(b) 國內生產淨額 (NDP) 為何？
(c) 投資融通資金為何？　(98 年中興財金)

網路習題

1. 何謂政府消費？我國政府消費占 GDP 的比率是多少？若這個比例與美、日、新加坡相比，你覺得是高或低？
2. 請至行政院主計總處網站查詢我國"綠色國民所得"的編製方法。
3. 請至行政院主計總處網站查詢 GDP 的三種計算方法：最終商品法、支出法、所得法。

Chapter 18

失業與物價指數

　　失業的代價是什麼？5,000 萬美元 (約為新臺幣 14.5 兆元)？根據法新社報導，索馬利亞海盜在 2009 年發動襲擊兩百餘次，其中得手六十八次，獲得贖金累計超過 5,000 萬美元。

　　海盜能與失業劃上等號嗎？海盜重要據點霍比奧 (Hobyo) 的青年歐爾斯形容說：會從事海盜這個行業是"求生之罪"，如果有工作機會，他很願意當個納稅人。索馬利亞自 1991 年以來持續戰亂，除首都摩加迪休 (Mogadishu) 部分地區外，經濟發展和改善基礎設施，幾乎無從談起，謀職只是一個願望。

　　一般國家，物價水準的衡量都是依編製物價指數來計算，如消費者物價指數、GDP 平減物價指數或躉售物價指數。消費者物價指數可用來檢視生活成本隨時間而產生的變化。當消費者物價指數上揚時，一般家庭必須花費更多的金錢來維持相同的生活水準。譬如，7-Eleven 便利商店的御茶園一瓶售價 20 元，假設到了年底，氣候異常，原物料價格大漲，物價水準上漲 3 倍，導致一瓶御茶園的年底價格是 60 元。如果你的收入從現在到年底都沒有調整，這表示你要花費比以前多 3 倍的錢，才能買到同樣的烏龍茶。因此，物價上漲幅度愈大，購買力降低，生活將愈痛苦。

本章重點

自然失業率
循環失業率
消費者物價指數
躉售物價指數

18-1 失業

我的媽媽沒有工作，我們兄弟兩人也都沒有工作，但家裡真正失業的人只有一個。這是因為失業率只計算有意願工作(我媽媽是家庭主婦，弟弟在念大學)，卻無法找到工作的比率。以下讓我們來釐清就業與失業的概念。

18-1-1 失業的定義

行政院主計總處每個月蒐集臺灣地區 15 歲以上人口、勞動力結構、失業、就業及失業原因等有關基本資料，將這些資料編製為臺灣地區人力資源統計。調查的樣本是採"分層二段隨機抽樣法"：第一段樣本單位為村里，約為 510 個村里；第二段樣本單位定為戶，約 20,400 戶，樣本中的人口約 60,000 人。調查方式兼採派員面訪與電話訪問，調查時期為每月辦理一次，以各月含 15 日之一週為資料標準週。

人力資源統計的調查對象是以臺灣地區內普通住戶與共同事業戶戶內年滿 15 歲，自由從事經濟活動之民間人口為對象，但不包括監管人口及現役軍人。主計總處將每一住戶受訪者歸類成三個類別：就業者、失業者、非勞動力。

圖 18-1 是行政院主計總處對臺灣地區勞動力的分類，括弧內的數字是民國 109 年 1 月的人口資料。

就業者 指在資料標準週內從事有酬工作者，或從事 15 小時以上之無酬家屬工作者。就業者包括雇主、自營作業者、受雇者(受政府或私人雇用)，以及無酬家屬工作者。

> **就業者** 在資料標準週內從事有酬工作者，或從事 15 小時以上之無酬家屬工作者。

失業者 指在資料標準週內年滿 15 歲同時具有下列條件者：

1. 無工作。
2. 隨時可以工作。
3. 正在尋找工作或正在等待工作結果。

此外，尚包括等待恢復工作者及找到職業而未開始工作且沒有領到報酬的人。

> **失業者** 在資料標準週內，年滿 15 歲以上，無工作且正在尋找工作或找到工作正在等待結果者。

非勞動力 指在資料標準週內年滿 15 歲不屬於勞動力之民間人口，包括因就學、料理家務、高齡、身心障礙、想工作而未找工作及其它原因而未工作且未找工作的人。在非勞動力中，有些人想要找工作，卻因為經濟不

> **非勞動力** 想工作卻未找工作或沒有找工作的人。

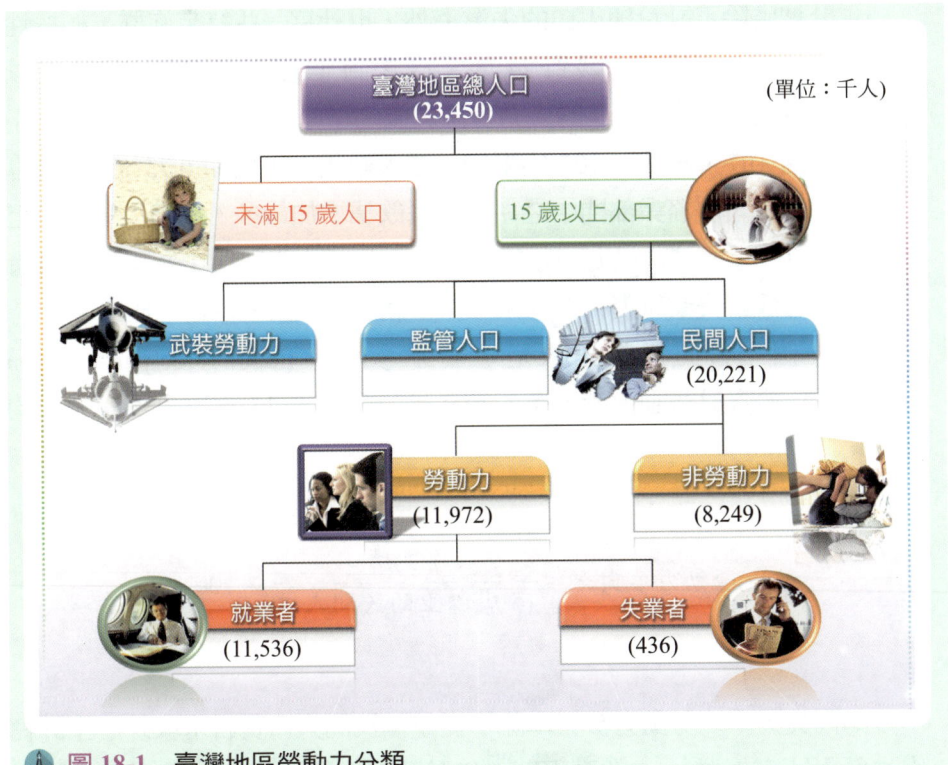

```
                    臺灣地區總人口
                      (23,450)              (單位：千人)
              ┌──────────┴──────────┐
         未滿15歲人口              15歲以上人口
                    ┌──────────┼──────────┐
                武裝勞動力    監管人口      民間人口
                                           (20,221)
                                    ┌──────┴──────┐
                                  勞動力        非勞動力
                                 (11,972)       (8,249)
                              ┌────┴────┐
                           就業者      失業者
                          (11,536)     (436)
```

圖 18-1 臺灣地區勞動力分類

景氣等原因而放棄繼續求職，這些人稱為 <u>氣餒的工人</u> (discouraged workers)。主計總處在民國 75 年 8 月以前，曾將這部分的人口列入失業率的計算，稱為廣義失業率。

氣餒的工人 有些人想要找工作，卻因為經濟不景氣等原因而放棄求職。

監管人口 是指非自願性或強迫性的被監管。譬如，犯罪入獄服刑者，或因毒癮正在勒戒的人都屬於監管人口。

民間勞動力 在資料標準週內，可以工作的民間人口，包括就業者及失業者。

勞動力 失業人口與就業人口的加總。

一旦主計總處蒐集到受訪者就業、失業人數，以及行業、職業、教育、經濟、能力、從業身分等情形，便會計算不同的統計數字，對勞動市場狀態做出總結，以供人力規劃的參考。其中最重要的兩個數據是失業率和勞動力參與率。主計總處定義 <u>失業率</u> (unemployment rate) 是失業者占勞動力的比率：

失業率 失業者占勞動力的比率。

$$失業率 = \frac{失業者}{勞動力} \times 100$$

主計總處除了計算總人口的失業率外，也計算一些特定族群，如按性別 (男與女)、年齡別 (15 歲到 24 歲、25 歲到 44 歲)、教育別 [國中及以下、高中 (職) 與大專以上] 的人力資源數據。

以民國 107 年為例，107 年平均就業人數較上年增加 0.73%，以大專及以上程度者，服務業部門中之住宿及餐飲業增加最多。平均失業率較上年下降 0.70 個百分點，以女性 15 歲到 24 歲青少年與國中及以下程度者降幅較大。觀察失業原因，以對原工作不滿意而失業者占逾三成最多。

另一個相當有用的指標是*勞動力參與率* (labor force participation rate)。主計總處對勞動力參與率的定義是勞動力占 15 歲以上民間人口的比率。

$$勞動力參與率 = \frac{勞動力}{15\ 歲以上的民間人口} \times 100$$

如同失業率，勞動力參與率除了從整個民間人口資料求取外，主計總處也針對特定族群 —— 教育程度、年齡及婚姻狀況 —— 加以計算。以民國 107 年為例，平均勞動力參與率較 106 年增加 0.16 個百分點，其中女性為 51.14%，較 106 年上升 0.22%；男性為 67.24%，較 106 年增加 0.11%。至於平均非勞動力為 825 萬 4,000 人，與 106 年持平，其中料理家務者占 31.36% 最多，與求學及準備升學者則減少 16,000 人。

為了瞭解失業率及勞動力參與率的計算過程，我們以圖 18-1 的數字為例。臺灣地區在 109 年 1 月份的就業人口是 1,153 萬 6,000 人，失業人口是 43 萬 6,000 人。勞動力為：

$$勞動力 = 11{,}536 + 436 = 11{,}972\ (千人)$$

失業率為：

$$失業率 = \frac{436}{11{,}972} \times 100 = 3.64\%$$

因為 15 歲以上民間人口數是 2,022 萬 1,000 人，勞動力參與率為：

$$勞動力參與率 = \frac{11{,}972}{20{,}221} \times 100 = 59.22\%$$

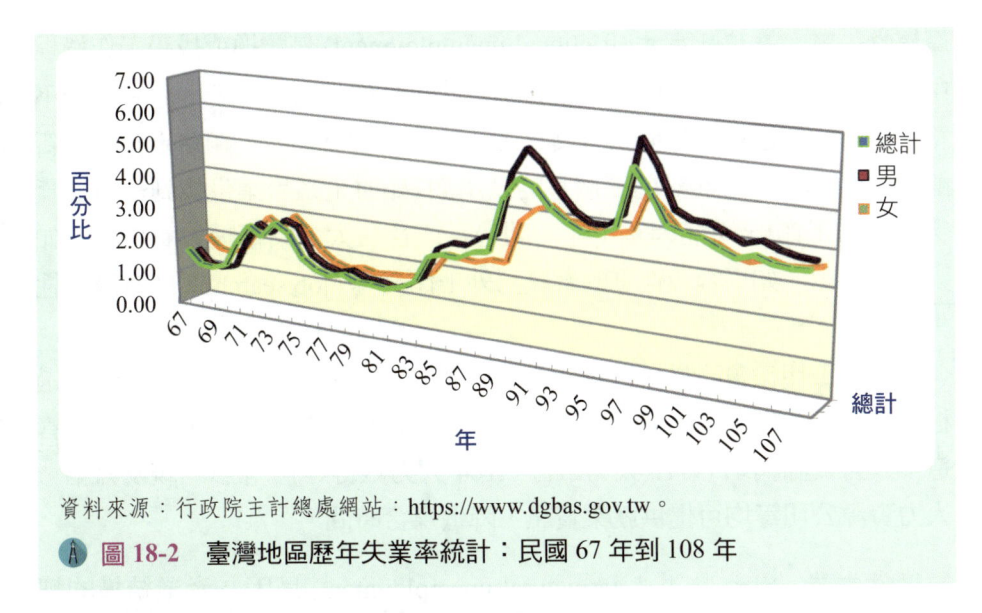

資料來源：行政院主計總處網站：https://www.dgbas.gov.tw。

圖 18-2　臺灣地區歷年失業率統計：民國 67 年到 108 年

因此，臺灣地區在 109 年 1 月份，15 歲以上的民間人口中有 59.22% 的人參與勞動市場，其中有 3.64% 的參與者並沒有工作。圖 18-2 顯示臺灣地區失業率與男性及女性的時間數列圖形。

18-1-2　失業的種類

在經濟體系中的大多數市場，那一隻看不見的手會傳遞訊息給消費者和生產者，使市場的供需達到均衡。在勞動市場，那一隻看不見的手就是工資，工資可以自由地調整至勞動供給等於勞動需求，使勞動市場達到充分就業。

然而，充分就業是否意味著完全就業？事實並非如此，總是有些勞工沒有工作；換句話說，失業率永遠不會降至零的水準。相反地，失業率繞著正常失業率波動，而這個正常失業率稱為**自然失業率** (natural rate of unemployment)，自然失業屬於勞動市場中長期失業的範疇。經濟學家依失業形成的原因將失業分成四類：摩擦性失業、結構性失業、季節性失業、循環性失業。其中，而摩擦性失業與結構性失業的總和即為自然失業。季節性失業是生產活動季節性變動所導致的失業。臺灣目前的季節性失業約在每年 7、8 月應屆畢業生進入就業市場時，以及在農曆年後，更換工作的期間。由於主計總處公布的失業數據，是經過季節調整後的資料，所以並未反映季節性失業。[1]

自然失業率　為摩擦性失業率與結構性失業率的總和。

---

[1] 張清溪等人所寫的《經濟學(下冊)》第 24 章指出：季節性失業在臺灣人力資源調查中視為"就業"。

摩擦性失業

摩擦性失業 摩擦性失業 (frictional unemployment) 是變換或找尋工作過程中所發生的失業。這類的失業者包括尋找工作的初次就業者、原有工作不符合自己的興趣和技能而另覓其它工作的非初次就業者。剛踏出校門的新鮮人找到工作時，面對前三個月的試用期 (如財金系畢業生找到一份期貨營業員的工作)，可能因為工作時間過長或背負太多業績壓力而興起不如歸去的念頭。如果她或他真的辭職另外工作搜尋 (job search)，即為摩擦性失業。

> 摩擦性失業 變換或找尋工作過程中所發生的失業。

由於工作機會訊息與勞工流動性的不完全，導致人們在變換工作的過程發生短暫的失業。因此，降低這類失業的途徑是提供求才求職的資訊管道：人力資源網站 (1111 人力銀行、104 人力銀行等)、報紙、親友介紹、人力資源公司等均可提供就業資訊，降低媒合時間。

結構性失業

結構性失業 結構性失業 (structural unemployment) 是因為產業結構的轉變、區域發展的消長，或生產技術進步太快，勞動者技能不能配合市場需要，而導致求才者與求職者之間無法配合的失業。臺灣由於成功的產業政策，吸引許多人才從中、南部赴北部工作，甚至吸引遠在美國發展的科技人才回國就業，如前德州儀器 (Texas Instruments) 副總裁張忠謀，造就新竹科學園區的奇蹟。同樣地，ECFA 簽訂後，為避免與東協產品競爭的關稅劣勢，許多中小企業 "勢必" 移到中國，機械業即為明顯的例子。

> 結構性失業 產業結構轉變，區域發展的消長或生產技術進步太快，勞動者技能無法配合而產生的失業。

另外，在現行工資下，其形成原因有：(1) 最低工資法：若最低工資高於均衡工資，將導致勞動供給大於勞動需求，結果是有些人失業。影響最深的族群是最缺乏工作技能及最沒有工作經驗的成員；(2) 工會：工會與公司協商時，會要求比沒有工會情況下更高的薪資、更好的福利及更佳的工作條件。當工會提高工資高於均衡水準時，勞動供給增加和勞動需求減少，結果造成失業；(3) 效率工資理論：有時公司為了提高勞工健康、減少員工流動率、提升勞工努力程度或吸引更高素質的員工，而支付高於平均水準的薪資，結果導致某些人失業。勞動市場的供給大於需求，也會導致結構性失業。

結構性失業與摩擦性失業主要的區別是，結構性失業者的失業期限比摩擦性失業者長。由於結構性失業主要是勞工缺乏流動性所引起，政府可以提供職業訓練與第二專長訓練，以減少技術無法配合所引起的失業，或是平衡區域間產業發展。如愛爾蘭積極扶植本土產業──軟體業和生物技術產業，使愛爾蘭從 1995 年到 1999 年間，締造平均經濟成長率高達 9.3%。愛爾蘭的經濟奇蹟，使愛爾蘭從 "人才輸出" 變成 "軟體輸出" 的歐洲翡翠。

循環性失業　循環性失業 (cyclical unemployment) 是經濟衰退所造成的。當總需求不足時，企業的產品銷售無門，存貨累積，企業對勞工的需求因此降低，而勞工因為工作機會不足無法找到工作。這種偏離自然失業的失業現象，純粹是景氣循環所造成。在景氣繁榮時，循環性失業人數下降；在不景氣時，循環性失業人數增加。想要解決循環性失業必須設法提振景氣，促使商品的有效需求增加，進而提高勞動需求，降低失業率。譬如，2008年美國次貸危機導致全球景氣遽降，各國央行聯手降低利率來刺激需求。臺灣央行也不例外，失業率從 2009 年的 5.85% 降至 2019 年的 3.73%。

> **循環性失業**　經濟不景氣所造成的失業。

18-1-3　失業的成本

失業問題，對個人、家庭乃至整個國家均帶來嚴重的影響。除了帶給失業者自尊受損和自我價值失落外，如果失業者是家庭主要經濟支柱，將使家庭生計頓失著落，有淪入貧窮階級的可能性，甚至造成社會安定與國家負擔的問題。

典型的失業勞工對國家會造成三種成本：經濟成本、心理成本及社會成本。

經濟成本　經濟成本 (economic cost) 是指，當勞工沒有工作時，最主要的成本是反映在產出的減少；而產出減少的重擔大部分是落在失業者的身上。沒有工作代表勞工無法從工作中學習、累積人力資本，工作技能也因為無處使用而有退化的可能。另一方面，失業勞工因為沒有收入無法繳納所得稅，政府收入減少；又失業者向勞工委員會申請失業救濟或失業保險，這些都會造成政府負擔。

心理成本　心理成本 (psychological cost) 是指，失業的心理成本多數落在失業者本身及其家庭成員身上。失業期間過長會導致個人自尊受損、自我價值失落，嚴重一點會出現憂鬱症狀，甚至有自殺的行為。失業者家庭的成員也可能面對日益增加的心理壓力。

社會成本　社會成本 (social costs) 是失業的經濟和心理成本造成的結果。失業者不僅面臨財務窘境，還要承受心理壓力。一般而言，失業率的提高，造成犯罪、暴力、酗酒、濫用藥物，以及其它的社會問題。如果政府必須花費更多的資源在對抗犯罪，失業問題便會造成社會成本。此外，想像兩個同等資質的小孩，生於富有家庭者能夠擁有各式各樣的學習機會及資源；而生於貧窮家庭者，則苦無良好學習環境，這可能導致貧窮家庭的子女未來在勞動市場競爭力不足，面臨易失業的困境，形成世代皆陷入貧窮階級且不易脫離。

從臺灣看天下 — 住在胡佛村的人

胡佛村 (Hooverville) 是指，在城市邊緣空地所建立的臨時收容所，提供失業勞工和流浪漢居住。時任柯林頓政府的經濟委員會主席泰森 (Laura D'Andrea Tyson) 說："若以新增工作而言，這段期間是自經濟大恐慌以來，最糟的經濟復甦。"由於許多經濟學家、大師及政客都呼應這個說法，你可能會認為有數以百萬計的美國人居住在胡佛村。

2011 年 6 月 12 日，《時代》(TIME) 雜誌提出：從就業和房市的數據來看，美國經濟尚未完全脫離衰退。1980 年代，每 5 名勞工就有 1 人每年會更換工作，如今每 10 人才會出現 1 個，部分原因是雙薪家庭興起、女性賺錢能力提升、工作遷移的情況不再普遍。更大的問題是：勞工技能與職缺不相符。

此外，5 月份失業率意外回升至 9.1%，顯示雇主對經濟前景喪失信心。失業者平均沒有工作的期間已接近四十週。克魯曼教授甚至認為救不了失業，不僅今日的勞工損失慘重，如果有數百萬名踏出校園的年輕人無法展開他們的職業生涯，如何期待二十年後國家能夠繁榮富強？

資料來源：

N. Gregory Mankiw, "Not a Hooverville in Sight," *New York Times*, August 22, 2004, p. 49.

Paul Krugman, "Rule by Rentiers," *New York Times*, June 9, 2011, p. A.35.

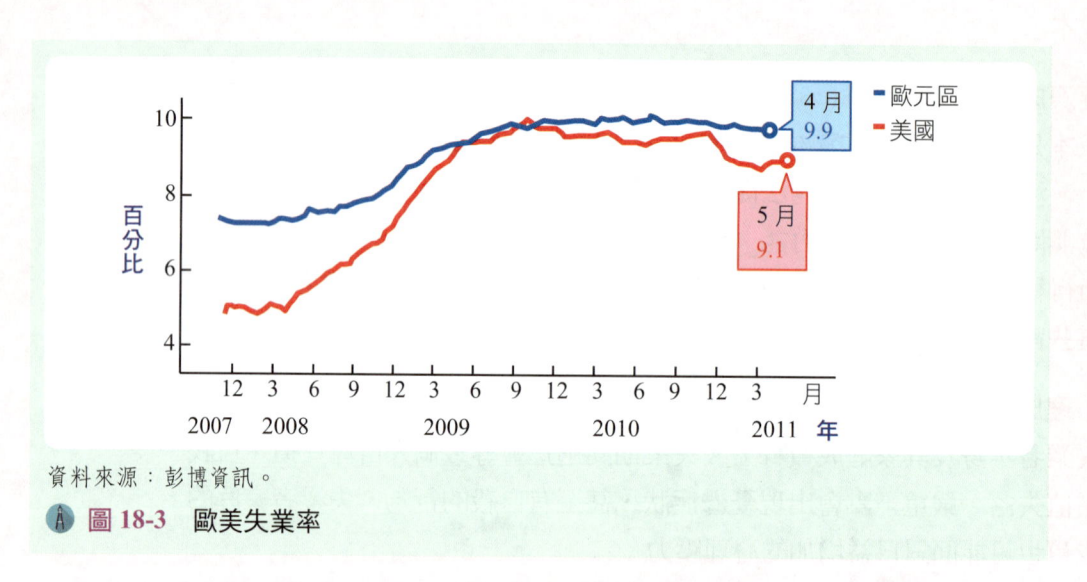

資料來源：彭博資訊。

▲ 圖 18-3　歐美失業率

18-1-4　失業期間

在評估失業對勞工的衝擊，經濟學家必須明瞭失業是短暫的還是長期？一般而言，如果勞工失業期間很長，其所面臨的經濟及心理成本就會愈嚴重。假設有一群勞工在任何一既定時點，他們的失業期間超過十二個月或十二個月以上，我們可以稱這個特定族群的勞工為**長期失業人口**。

長期失業人口　失業期間超過十二個月或十二個月以上的失業人口。

(long-term unemployed)，長期失業所產生的經濟、心理及社會成本，無論就失業者本身或整個社會而言，都是相當可怕的。

18-2 物價指數

史上最賣座的電影是《復仇者聯盟：終局之戰》(27 億 9,780 萬美元，2019 年)，還是《亂世佳人》(*Gone with the Wind*) (1 億 9,870 萬美元，1939 年)？答案是《亂世佳人》。這是一個令人疑惑的答案。若以票房收入而言，當然是《復仇者聯盟：終局之戰》，但考慮物價水準的變動 (1939 年票價只要 25 美分)，《亂世佳人》才是史上第一 (37 億 1,300 萬美元)。

物價指數 (price index) 是衡量物價水準的指標，它是當期相對基期物價變動的百分比。所謂基期是作為比較基礎的年份。譬如，行政院主計總處以民國 105 年為基期，則民國 105 年的物價指數就是 100。假設民國 106 年的物價指數是 100.62，我們可以說物價從民國 105 年到 106 年上升 0.62 個百分點。目前常用的物價指數有三種：

> **物價指數** 衡量一般物價水準的指標，它是當期相對基期物價變動的百分比。

1. 國內生產毛額平減物價指數 (GDP deflator，簡稱 GDP 平減物價指數)。
2. 消費者物價指數 (consumer price index, CPI)。
3. 躉售物價指數 (wholesale price index, WPI)。

18-2-1 GDP 平減物價指數

GDP 平減物價指數是衡量一個國家所生產的最終商品與服務的平均價格，其計算公式如下：

> **GDP 平減物價指數** 衡量一國生產最終商品與服務的平均價格變動情形。

$$\text{GDP 平減物價指數} = \frac{\text{名目 GDP}}{\text{實質 GDP}} \times 100$$

其中，名目 GDP 是以當期價格計算的 GDP，而實質 GDP 是以基期價格計算的 GDP。譬如，以當年價格計算的民國 108 年臺灣地區 GDP 為 18,898,571 (百萬元)，以民國 105 年價格計算的民國 108 年 GDP 為 19,139,732 (百萬元)，亦即，民國 108 年的

$$\text{名目 GDP} = 18,898,571$$
$$\text{實質 GDP} = 19,139,732$$
$$\text{民國 108 年的 GDP 平減物價指數} = \frac{18,898,571}{19,139,732} \times 100 = 98.74$$

同樣地，以民國 105 年為例，名目 GDP 為 17,555,268 (百萬元)，而實質 GDP 也是 17,555,268 (百萬元)，所以 105 年的 GDP 平減物價指數為 100。前面提到，主計總處是選定 105 年作為基期，因此基期的物價指數是 100。

18-2-2　消費者物價指數 (CPI)

消費者物價指數
衡量家庭購買日常消費各項商品或服務之價格水準變動情形。

消費者物價指數是衡量家庭購買日常消費各項商品或服務的價格水準變動情形，它是用來檢視生活成本隨時間改變而產生的變化。行政院主計總處按月編製和公布臺灣地區的消費者物價指數。[2]

目前消費者物價指數是依照民國 105 年臺灣地區家庭消費型態，在 17 個查價縣市各選取 368 個項目群。[3] 基期是每 5 年更換一次 (民國逢 0 或 5 之年)，在更換基期的同時，主計總處會重新檢討分類項目並更換權數。至於指數的計算公式是採拉氏公式計算，其基本型態為：

$$消費者物價指數 = \frac{當期一籃商品與服務的成本}{基期一籃商品與服務的成本}$$

為了說明這些統計數字是如何建立的，讓我們以表 18-1 的例子加以說明。

在表 18-1，假設政府選定民國 110 年為基期。首先，假設臺灣地區一典型家庭每個月只消費兩種商品：大麥克和電影，消費數量在 110 年分別是 4 個大麥克和 10 張電影票。第二個步驟是，找出商品在民國 110 年、111 年及 112 年的價格。在這個例子中，大麥克和電影票的價格均隨時間經過而上漲。在現實生活中，有些商品的價格可能上漲，而有些價格可能會下跌。

第三個步驟是，計算各個年份典型家庭購買一籃商品所需花費的成本。譬如，臺灣地區一典型家庭每月消費 4 個大麥克和 10 張電影票，在民國 110 年的支出是 2,740 元；在民國 111 年消費同樣數量的商品組合，每個月的支出是 2,980 元；到民國 112 年，每月支出增加至 3,100 元。

---

[2] 主計總處針對全臺灣 9 個城市：基隆市、臺北市、新北市、新竹市、臺中市、嘉義市、臺南市、高雄市和花蓮市的新鮮蔬果及魚貝類調查 3 次。至於針對臺灣地區 8 個縣：花蓮、宜蘭、苗栗、南投、雲林、屏東、臺東和澎湖，新北市、臺北市、臺中市及高雄市每日查 5 次 (上旬及下旬各查 2 次，中旬查 1 次)，其餘主要代表縣市每月查價 3 次 (每旬逢 5 之日) 或 9 次 (每旬逢 2、5、8 之日)；宜蘭縣等 8 個縣每月查價 1 次 (每月 15 日) 或 3 次 (每旬逢 5 之日)。

[3] 行政院主計總處編製消費者物價指數時，挑選 368 項商品及服務，分為食物、衣著、居住、交通、醫藥保健、教養娛樂、雜項七大項。每類的權數約為 25.2%、3.77%、27.14%、15.34%、4.92%、16.84% 及 6.80%，權數最大的居住類中，單房租一項的權數即為 18.22%。

表 18-1　計算消費者物價指數與通貨膨脹率

基期一籃商品的數量：大麥克，電影票。基期為 110 年
一籃商品在＝4 個大麥克，10 張電影票

年	每年的價格	
	大麥克價格	電影票價格
110	NT$60	NT$250
111	70	270
112	75	280

年	每一年份購買商品的成本
110	(4×60＋10×250)＝2,740
111	(4×70＋10×270)＝2,980
112	(4×75＋10×280)＝3,100

年	每一年的消費者物價指數
110	(2,740/2,740)×100＝100
111	(2,980/2,740)×100＝108.76
112	(3,100/2,740)×100＝113.14

年	利用消費者物價指數計算通貨膨脹年增率
111	(108.76－100)/100×100＝8.76%
112	(113.14－108.76)/108.76×100＝4.03%

第四個步驟是，計算消費者物價指數。消費者物價指數的計算公式是：

$$\text{CPI} = \frac{\sum_{i=1}^{n} P_i Q_i^0}{\sum_{i=1}^{n} P_i^0 Q_i^0} \times 100$$

其中，$\sum_{i=1}^{n} P_i Q_i^0$ 是當期一籃商品與服務的成本，P_i 是當期商品與服務的購買量，$\sum_{i=1}^{n} P_i^0 Q_i^0$ 是基期一籃商品與服務的成本，P_i^0 是基期期商品與服務的價格。在這個例子中，基期是民國 110 年，民國 110 年的消費者物價指數為 (2,740/2,740)×100＝100。民國 111 年的當期購買成本是以 111 年大麥克和電影票的價格分別乘以民國 110 年的大麥克和電影票數量，即 2,980 元，而消費者物價指數則為 (2,980/2,740)×100＝108.76。這表示民國 111 年一籃商品價格是民國 110 年的 108.76%，也就是在民國 110 年值 100 元的商品，在民國 111 年值 108.76 元。同理，民國 112 年的消費者物價指數是 113.14，這代表民國 112 年的物價比民國 110 年上漲了 13.14%。

> **通貨膨脹率** 每年物價水準變動的百分比。

第五個步驟是，利用消費者物價指數來計算通貨膨脹率。**通貨膨脹率** (inflation rate) 定義成每年物價水準變動的百分比；亦即，從民國 110 年到 111 年的通貨膨脹率公式為：

$$\text{民國 111 年的通貨膨脹率} = \frac{\text{民國 111 年的 CPI} - \text{民國 110 年的 CPI}}{\text{民國 110 年的 CPI}} \times 100$$

$$= \frac{108.76 - 100}{100} \times 100 = 8.76\%$$

民國 112 年的通貨膨脹率則為：

$$\frac{113.14 - 108.76}{108.76} \times 100 = 4.03\%$$

消費者物價指數的用途十分廣泛，其最主要的用途有三：(1) 作為衡量通貨膨脹的指標，並可以用來測量實質購買力；(2) 作為公私立機關調整薪資及合約價款之參考；以及 (3) 調整租稅 (所得稅、贈與稅、土地增值稅和遺產稅) 課徵的依據。

18-2-3 躉售物價指數 (WPI)

> **生產者物價指數** 又稱躉售物價指數，它是衡量廠商出售原材料、半成品及製成品等價格的變動情形。

躉售物價指數又稱為**生產者物價指數** (producer price index, PPI)，它是衡量生產廠商出售原材料、半成品及製成品等價格的變動情形。臺灣地區的躉售物價指數來自行政院主計總處在每個月的 5 日所發布上個月的物價變動新聞稿。調查的項目包括國產內銷品 548 項、進口品 288 項和出口品 281 項總共 1,117 項。至於進口的價格是來自主計總處編製的進出口物價指數，國產內銷品除農、林、漁、牧產品採用行政院農業委員會、漁業署、臺北農產公司調查的價格資料外，其它項目則是用通訊調查方式進行。而查價的基準日是各個月最接近 20 日的實際淨出廠價格。

躉售物價指數是採用拉氏公式計算，這點和消費者物價指數的計算過程相同。因此，表 18-1 的計算步驟也可以用來建構躉售物價指數。躉售物價指數的基期選定方式和消費者物價指數完全一樣，而躉售物價指數主要是作為營利事業資產重估評價的依據，以及國民所得統計與產業關聯統計平減參考。

除了消費者物價指數和躉售物價指數外，行政院主計總處還編製其它三種物價指數：(1) **進出口物價指數** (import/export price index, IPI/EPI)，衡量進口及出口商品價格的變動，主要作為調整外匯及國民所得平減之參考；(2) **營造工程物價指數** (construction cost index, CCI)，衡量營造工程投入材料及服務的價格變動情形，主要作為調整工程款的依據；(3) 生活物價指數是觀察中長期物價變動趨勢，需剔除如颱風、戰爭等短期或偶發事件，此即核心物價的概念，臺灣的核心 CPI 是指扣除新鮮蔬果及能源 (燃氣、電費、油耗費) 後之 CPI 總指數。2020 年 1 月份臺灣的核心 CPI 指數為 103.54，上漲 1.33%。

18-2-4 各種物價指數的差異

實務上，GDP 平減物價指數和消費者物價指數都可以用來建構通貨膨脹率，但這兩個物價指數因為衡量的商品種類不同而有兩項差異。讓我們回憶一下，GDP 平減物價指數是名目 GDP 除以實質 GDP，而消費者物價指數是衡量一典型家庭購買商品與服務支出的變化。

GDP 平減物價指數與消費者物價指數的第一項差異是，計算公式的不同。

$$\text{GDP 平減物價指數} = \frac{\sum_{i=1}^{n} P_i Q_i}{\sum_{i=1}^{n} P_i^0 Q_i} \times 100$$

$$\text{CPI} = \frac{\sum_{i=1}^{n} P_i Q_i^0}{\sum_{i=1}^{n} P_i^0 Q_i^0} \times 100$$

兩種物價指數都是比較當期與基期物價水準的變動情形。GDP 平減物價指數使用的權數是當期一籃商品與服務的數量 (Q_i)，而消費者物價指數使用的權數是基期一籃商品與服務的數量 (Q_i^0)，主計總處每隔五年才會檢討項目內容，並更改權數。換句話說，GDP 平減物價指數是比較當期生產商品與服務的價格，以及基期年同樣組合的價格，而消費者物價指數是比較固定一籃商品與服務的價格和當期同樣組合的價格。

GDP 平減物價指數與消費者物價指數的第二項差異是，GDP 平減物價指數衡量所有國內生產的商品與服務。因為 GDP = C + I + G + (EX − IM)，包括在 GDP 之內的項目是消費、投資、政府購買及出口的商品與服務，但不包括進口商品。消費者物價指數衡量的項目是一般家庭消費的商品與服務，包括國內製造與進口商品。因此，假設賓士汽車售價提高，由於賓士是德國製造生產，不計算在臺灣地區國內生產毛額內，因此不列入

GDP 平減物價指數的計算。但如果消費者購買賓士汽車，則賓士汽車價格的上漲會造成消費者物價指數上升。一般來說，GDP 平減物價指數和消費者物價指數相當一致，除非進口物價水準大幅提高，如 1970 年代的第一次及第二次石油危機，都會造成兩種物價指數的分歧走勢。

　　至於躉售物價指數與消費者物價指數的差異有二：一是查價範圍的不同，另一則是查價階段的不同。(1) 躉售物價的調查範圍包括各加工階段 (原材料、半成品及製成品)，和進、出口商品價格，除了受國際商品行情影響，新臺幣的升、貶值造成進、出口物價指數的上漲會立即反映在躉售物價指數上 (民國 75 年到 81 年就存在這種現象)。躉售物價指數僅查商品類，不含服務類；而消費者物價指數衡量日常消費所購買商品或服務的價格變動，包括直接購買的服務工資在內；(2) 消費者物價指數是調查零售價格，商品從出廠到零售，尚需加上運銷成本和商業利潤，且這部分多屬服務類，因此造成消費者與躉售物價指數變動率的差距。

18-3　結　語

　　《就業保險法》於民國 92 年 1 月 1 日施行，凡本國籍現行勞保失業給付被保險人、受雇於 4 人以下企業和無一定雇主的勞工，全臺總計將有超過 200 萬名勞工受到保障。就業保險法結合失業保險、職業訓練與就業促進等社會安全措施。

　　失業補助金的申請是拿著離職證明文件至公立就業服務站申請失業認定，領取金額為平均月投保薪資的 60%，每月發給一次，期限為半年。

摘要

- 失業率是指失業人口占勞動力的百分比。失業人口是指有工作意願卻沒有工作的勞工。行政院主計總處按月統計並公布失業率。
- 勞動力是失業者與就業者的總和。勞動力參與率是勞動力占 15 歲以上民間人口的比例。
- 自然失業率衡量經濟社會中長期的失業，它是摩擦性失業率、結構性失業率的加總。
- 失業的成本共有三方面：經濟、心理和社會。失業者不僅沒有工作收入，也可能造成子女受教育機會降低，而陷入貧窮循環。
- 消費者物價指數代表固定一籃商品與服務，在基期和當期的支出關係，它是衡量生活成本的變化。行政院主計總處負責按月統計，並公布消費者物價指數和躉售物價指數。

- GDP 平減物價指數是名目 GDP 除以實質 GDP，它是衡量當期與基期生產的商品與服務支出的變化。GDP 平減物價指數與 CPI 的不同在於，CPI 計算公式中包括固定一籃的商品與服務，而 GDP 平減物價指數包括的一籃商品與服務會隨時間而變動。

習題

1. 小明每週工作 20 小時；小華處於暫時解雇 (temporary layoff，又稱臨時解雇) 狀態；小強為全職大學生，請問誰屬於"民間勞動力"？ (108 年普考)

2. 下列何者被歸類於非勞動力？
   (a) 張小姐大學畢業後，卻賦閒在家不肯找工作
   (b) 王先生白天在超商工作，晚上念大學夜間部
   (c) 李先生被公司辭退，正在尋找新的工作
   (d) 張先生目前處於無薪休假狀態，在家中等待被公司召回 (108 年關務特考)

3. 若政府成功地到各大學招募剛畢業的大學生，請問失業率如何變動？ (104 年元智國企所)

4. 若菲律賓經濟步入擴張期 (expansion)，其循環性失業與結構性失業有何變動？ (98 年成大會計)

5. "隨著廠商結束無薪休假，臺灣的失業率會從 4.5% 下降至 4.2%。"請評論之。 (102 年臺大財金所)

6. 若失業率為 5% 且受雇人數為 285,000，則勞動力為？ (108 年財稅特考改編)

7. 假設有一個國家的人口數為 1,000 萬人，其中，15 歲以下人口數為 150 萬人，65 歲以上人口數為 250 萬人，該國的可工作年齡人口比例為：
   (a) 25% (b) 85% (c) 60% (d) 75% (108 年商業行政)

8. 下列何者不會影響"摩擦性失業"？
   (a) 增加就業服務站
   (b) 媒合平臺興起
   (c) 失業保險
   (d) 最低工資 (107 年普考)

9. 根據"效率工資理論"(the efficiency wage model)，廠商會依據哪一項原則來訂定實質工資水準？
   (a) 依政府規定的最低工資水準
   (b) 能使廠商雇用及訓練成本最小化
   (c) 能使勞工的努力程度達到最大
   (d) 由勞資雙方議價

10. 網路人力銀行成立，提高勞工撮合率，會造成哪一種失業率的減少？ (102 年成大政經所)

11. 若勞動參與率是 60%，失業人口 300 萬人，非勞動力 3,000 萬人。請問總人口、勞動人口、就業人口、失業率是多少？ (102 年東華企管所)

12. 若城市適齡工作人口為 300 萬人，就業人口為 188 萬人，失業率為 6%，請問失業人口、非勞動力、勞動參與率是多少？ (102 年成大政經所)

13. 消費者物價指數可以讓我們比較同一金額在不同時期的：
    (a) 報酬率   (b) 本利和
    (c) 購買力   (d) 邊際效用 (108 年關務特考)

14. 近年來鐵礦價格大漲，請問易導致下列何種狀況？(CPI 為消費者物價指數，WPI 為躉售物價指數)
    (a) 只有 WPI 上升
    (b) WPI 上升；CPI 下降
    (c) WPI 上升；CPI 不一定上升
    (d) 只有 CPI 上升　　　　　(108 年高考)

15. 假設魯賓遜在瓦肯星球上只消費三種商品：

商品	數量	2050 年	2051 年	2052 年
可口可樂	100	$1.00	$1.50	$1.75
香腸	150	$1.50	$2.00	$2.00
粽子	25	$3.00	$3.25	$3.00

    (a) 請分別計算三年的商品支出成本
    (b) 如果以 2050 年為基期，請計算三年的消費者物價指數
    (c) 請計算物價上漲率

16. 假設一封閉經濟的居民小 S，將其所得花費在火腿和雞肉上。下表為小 S 的消費資料：

年	火腿價格	火腿數量	雞肉價格	雞肉數量
2016	6	100	5	50
2017	12	170	6	60

    (a) 基期＝2016 年，2017 年 GDP 平減物價指數為何？
    (b) 基期＝2016 年，2017 年 CPI 為何？
    　　　　　　　　　　　(98 年政大企管)

17. 若 2020 年與 2021 年 CPI 分別為 150 和 140，則 2020 年與 2021 年間的通貨膨脹率為何？　　　(98 年成大經濟改編)

18. 一州立大學在 1972 年的學費是 $250，該年 CPI 為 0.418。同一所大學 2015 年的學費是 $3,000，而該年 CPI 為 1.68。請問 1972 年到 2016 年間實質成本有上升嗎？
    　　　　　　　　　　　(104 年中正企管所)

19. 核心物價指數的定義為何？
    　　　　　　　　　　　(102 年成大政經所)

20. 根據勞動部的資料，民國 53 年的基本工資為每月新臺幣 450 元，民國 108 年的基本工資為每月新臺幣 23,100 元。給定民國 53 年與民國 108 年的消費者物價指數 (consumer price index，簡稱 CPI)，則我們如何計算民國 108 年的基本工資相當於民國 53 年的多少錢？　　(108 年普考改編)

21. 下表為 CPI 的數據：

年	CPI
1970	19
1980	40
1990	64
2000	83
2010	100

    請問 1980 年到 1990 年間的平均通貨膨脹率是多少？　　　(102 年清大計財所)

22. 氣餒的工人 (discouraged workers) 會低估失業率嗎？

網路習題

1. 請至行政院主計總處的網頁，查閱最近一期的人力運用調查提要分析，請問最近的勞動力參與率有何變化？
2. 請問臺灣地區的消費者物價指數何時正式公布？躉售物價指數在何時正式公布？請問消費者物價指數及躉售物價指數的主要用途，以及兩者之間的差異。

全球經濟成長

美國
中國
巴西
非洲
日本

Chapter
19

經濟成長

新竹地區有一俗諺："上坡堵到嘴，下坡堵到背，吃甘薯佐豬菜 (地瓜葉)；有女兒不要嫁到大山背。"這是形容新竹縣橫山鄉貧瘠的土地和困苦的生活。橫山鄉舊稱大山背，過去只有羊腸小徑，且因山壁險峻，交通非常不方便，步行上山必須彎腰前進，下山則要將身子後仰，導致出現獨特的走路姿勢。因為交通出入困難，以及怕女兒吃苦又難得回娘家，所以父母親都捨不得將女兒嫁到大山背。

民國 50、60 年代，鐵道內灣線曾經使新竹產業蓬勃發展。民國 45 年，當時蘊藏豐富煤礦的內灣，湧入 5,000 名採礦工，為滿足這些外來客的需求，一些相關的行業，如飲食店、旅館、酒家、戲院等應運而生，街道上的興盛景象，使橫山鄉成為煤礦史上一顆明珠。為配合煤炭的運輸，當地人自行興建一條內灣線鐵路支線。內灣線從新竹駛出，經竹中、上員到竹東，便跨進橫山鄉的橫山、九讚頭、合興、南河到內灣，沿途經過四個山洞，一座鐵橋，爬山穿嶺過溪，工程十分艱鉅。最特別的是，內灣線有五站是在橫山鄉境內，創下一鄉有五個火車站的紀錄。

本章重點

世界各國經濟成長經驗
臺灣的經濟成長經驗
生產力函數
成長的來源

民國 65 年以後，因採礦深度加深，崩塌、瓦斯氣爆等意外事件頻傳，煤礦業發展受到限制而停頓。內灣線卸下運輸的重擔後，成為橫山人到外地求學經商的交通工具。每天清晨，橫山人常肩挑新鮮的蔬菜，搭內灣線到竹東販賣，或提著一大籃的手製糕餅，在鐵路沿線叫賣，因此內灣線常可見到有人挑著竹籃穿梭其間。

同樣地，現在從臺北市到新北市金山區，利用北二高，從基隆出口到金山只要四十分鐘。在過去交通不發達的年代，沒有淡金公路和陽金公路，金山地區的魚貨運到臺北必須經過魚路古道，曠日費時。

毫無疑問地，你可以想到一打以上的例子來說明生活水準的改善。譬如，電腦及網際網路的出現，大大改變人們工作和學習的環境。前述提到的改變，大部分都是科技進步所造成，新科技知識只有在廣泛運用到商業上，才能大幅改善人們的生活水準；健全的經濟體系與制度，使一般人可以享受到新知識的好處。因此，技術進步和健全經濟體系都可大幅提升人民生活水準。

19-1 世界各國經濟成長經驗

平均每人實質國內生產毛額 實質國內生產毛額除以人口數量。

從第 17 章中，我們知道實質 GDP 是衡量一個國家在一段期間內，所生產的最後商品與服務的總數量，因此**平均每人實質國內生產毛額** (per capital real GDP，簡稱人均實質 GDP) 提供衡量一個國家居民平均每人在一段期間內可以享受到的最後商品與服務的數量。雖然人均實質 GDP 並不是經濟福祉的完美指標，它與許多代表國民經濟福利的變數有正向關係，這些變數包括國民平均壽命、嬰兒死亡率、文盲比率、教育程度等。在沒有找到更好的衡量指標之前，經濟學家將人均實質 GDP 視為一國生活水準與經濟發展階段的主要衡量指標。因此，我們定義**經濟成長** (economic growth) 是指人均實質 GDP 的增加。

經濟成長 平均每人實質 GDP 的增加。

一般對經濟成長率的計算都是採取平均每年成長率的觀念。譬如，從西元元年到 1000 年，這一千年間的平均成長率是：

$$\text{經濟成長率}_{1\text{到}1000} = \frac{1}{1000} \times \frac{\text{人均實質 GDP}_{1000} - \text{人均實質 GDP}_1}{\text{人均實質 GDP}_1}$$

假設全世界在西元元年的人均實質 GDP 是 135 美元，在西元 1000 年是 165 美元，則全球在這一千年間的平均每年經濟成長率可以計算成

1/1,000×(165 − 135)/135 = 0.0259%；亦即，從西元元年到 1000 年，全世界各個國家每年平均經濟是以 0.0259% 的速度成長。

19-1-1　世界各國經濟成長：過去的歷史

在人類歷史領域中，平均每人產出的成長是最近的現象。從西元元年到 1800 年，每年人口平均成長率低於 0.1%。從表 19-1 觀察，在西元 1500 年之前，人均產出近乎停滯。在過去的一千五百年，人均產出 (以人均實質 GDP 衡量) 僅增加 40 美元。在這段期間，多數勞工在農業部門，而農業技術進步呈零成長狀態，因為農業產出占總生產比例甚高，農業以外的技術進步對總產出與生產的貢獻極微。即使到了西元 1800 年，平均每人的生活水準也只是西元元年的 2 倍。

人均實質 GDP，在西元 1500 年到 1800 年間，每年平均成長率約為 0.15%；西元 1800 年到 1900 年，平均每年約以 1% 的速率成長；西元 1900 年到 2000 年，平均每年約以 2% 的速度成長。美國並非一直都是世界經濟的領導者。從西元元年到 15 世紀，中國大概擁有世上最高水準的人均產出。幾世紀後，領導權轉向西方的義大利城市，然後由荷蘭領導至西元 1820 年；接著英國從 1820 年到 1890 年成為領導者；之後，美國就成為領導者。從這個角度看，歷史比較像交互躍進 (leapfrogging)。如果歷史能有任何借鏡之處，就是：美國不可能是永遠的領導者。

19-1-2　世界各國經濟成長：1970 年以後

表 19-2 顯示自 1970 年以後，除了德國以外，全球 11 個國家的人均所得。此數據是依據物價調整後的人均實質 GDP，可反映出各國生活水準的差異。

觀察表 19-2，可得到兩個主要結論。第一，在 1970 年，瑞士的人均所得最高 (49,581.24 美元)，而中國的人均所得最低 (228.91 美元)，約為美

表 19-1　全球平均每人產出：過去歷史

年	人口*	人均實質 GDP**
1	170	135
1000	265	165
1500	425	175
1800	900	250
1900	1,625	850
1975	4,080	4,640
2000	6,120	8,175

* 百萬人。
** 以 2000 年的美元價格計算。
資料來源：Joel Cohen, "How Many People Can the Earth Support!" (New York: Norton, 1995).

表 19-2　生活水準的國際差異

國家	人均所得 (1970 年)	人均所得 (2018 年)	平均成長率
美國	23,207.22	54,599	1.75%
日本	18,699.74	48,919.8	1.99%
中國	228.91	7,752.56	7.84%
澳洲	26,120.65	56,842.31	1.71%
瑞士	49,581.24	79,214.35	1.00%
印度	396.01	2,100.80	3.57%
孟加拉	411.18	1,203.22	2.35%
尼泊爾	284.41	817.45	2.22%
奈及利亞	1,700.28	2,396.31	1.31%
巴基斯坦	472.02	1,197.84	2.11%
德國	19,679.54	47,477.84	1.87%

資料來源：世界銀行 World Development Indicator，人均所得是以美元計價的實質所得，基期＝2010 年。

國人均所得 0.99%。而在 2018 年，中國人均所得比美國人均所得比上升至 14.20%。若以 72 法則 (rule of 72s) 說明，中國的平均成長率為 7.84%。這意味著中國每 9.19 年 (= 72/7.84) 的所得會成長 1 倍。72 法則是假設一變數每年平均以 x 百分比成長，則此變數在 $72/x$ 年後會成長 1 倍。

第二，在不同國家之間，人均所得隨時間經過而呈現收斂 (convergence) 現象。從表 19-2 的第 2 欄與第 3 欄觀察，各國人均所得在 2018 年的差距比 1970 年的差距小。換言之，那些先前生活水準較為落後的國家，成長較為迅速，進而拉進與美國的差距。以印度為例，在 1970 年美國為印度的 58.60 倍，而到了 2018 年，此倍數下降至 25.98 倍。

> **72 法則**　若一變數每年平均以 x 百分比成長，則該變數在 $72/x$ 年後會成長 1 倍。

19-2 臺灣的經濟成長經驗

在臺灣的歷史長流中，從 17 世紀到 1895 年間，資金和技術主要由中國流向臺灣；1895 年以後到 1945 年之間，轉為資金和技術主要由臺灣流向中國的局面。臺灣自第二次世界大戰後的經濟奇蹟為世人稱羨，所得從 1950 年到 1999 年間成長約 14 倍。這種成長經驗並非憑空而來，而是與過去經濟開發的歷史有密切的關聯。本節擬從 1860 年開始，分三個階段：1860 年到 1895 年、1895 年到 1945 年，以及 1950 年以後，來說明臺灣的經濟成長經驗。

19-2-1 臺灣的經濟成長經驗：1860 年到 1895 年[1]

1860 年到 1863 年間，臺灣在天津條約及其附約的規定下，正式對外開放淡水、基隆、打狗、安平等通商口岸。1895 年，馬關條約將臺灣割讓給日本，在這段期間，茶葉、糖、樟腦是臺灣的三大出口品。根據海關資料，1868 年到 1895 年間，茶葉、糖、樟腦的出口總值占同期臺灣出口總值的 94%，分別為 53.4%、36.22% 及 3.93%。1860 年到 1895 年間，茶葉、糖、樟腦成為臺灣出口大宗，最主要的理由是，臺灣人民唯利是趨的市場取向態度與開港之後貿易範圍擴大，兩項因素交互激盪所造成。

開港之後，臺灣北部因為茶葉和樟腦業的興起，有明顯城市化的現象。臺北有大稻埕作為茶葉集散和加工地區，崛起為全臺第二大城。這段期間的經濟發展情形，可整理如下：

1. 茶葉和樟腦主要分布於彰化以北的地區，糖業則主要分布於彰化以南。
2. 茶葉、糖和樟腦的生產技術，耕作上均採取多用土地、少用勞力和資本的粗放經營方式；在加工方面，均屬勞力密集的工廠手工業。
3. 茶葉和樟腦在島內是以肩挑及舟筏運輸為主，1893 年以後鐵路也承擔部分運輸工作；糖的運輸是以牛車和舟筏為主。
4. 茶葉、糖、樟腦業中，只有茶葉和糖有同業公會，稱為"郊"，但茶郊與糖郊不同。前者為純粹的同業公會，不若糖郊有時兼理運輸事宜。
5. 茶葉、糖、樟腦的資金來源之一是產品購買者的預付款，預付款制度造成債務人壞帳與債權人的高度剝削，其弊端以打狗區糖業最明顯，因而妨礙新技術的引進。
6. 政府在三項產業中所扮演的角色，在 1870 年以前只是消極課稅，在 1870 年以後漸有提倡，而比較偏重茶葉及樟腦。

19-2-2 臺灣的經濟成長經驗：1895 年到 1945 年[2]

自 1895 年，《馬關條約》把臺灣割讓給日本。日本當時正朝向資本主義演進，臺灣作為日本第一個殖民地，在當時的環境下，被塑造成日本帝國的一部分，連帶被動地進行一些制度和結構的改變，這些改變是今日臺灣最原始的重要基礎。

---

[1] 林滿紅，"茶、糖、樟腦業與臺灣之社會經濟變遷 (1860-1895)"，聯經出版事業公司，《臺灣研究叢刊》，1999 年 4 月。

[2] 林滿紅，"臺灣資本與西岸經貿關係 (1895-1945) ── 臺商拓展外貿經驗之一重要篇章"，《臺灣經驗 (一) ── 歷史經濟篇》，宋光寧編，東大圖書公司，1993 年 10 月，pp. 67-140。
林鐘雄，《臺灣經濟經驗一百年》，三民書局，1998 年 2 月。
張漢裕，"日據時代臺灣經驗之演變"，臺灣銀行經濟研究室編印，《臺灣經濟史二集》；臺北，1995 年，p. 78。

日本占領臺灣有兩個主要目的：一是補日本資源的不足；二是作為日本南進的基地。資源需要調查、開發基地需要建設，所以日本在占領臺灣之初便展開一連串的資源調查，包括人口、土地及林野調查。這些調查的目的在掌握勞動力資料、確定土地權利關係，以及提供投資誘因。

在確知資源狀況後，就落實交通、水利及電力等基本設施投資。根據張漢裕教授的描述："日本占領當初，臺灣交通情形很壞，除清時劉銘傳巡撫等建造的基隆、新竹間鐵路和南部若干製糖業私設之牛車路外，幾乎沒有足道的交通存在。……旅客不是徒步就是坐轎，貨物則肩挑背負……。"在這種情形下，南北縱貫公路是日軍登臺，在南北戰爭期間利用工兵修築的軍用道路，其後才沿線整修完成。南北鐵路大半是利用在日本發行的臺灣事業公債，於 1899 年到 1907 年間完成。

水利對臺灣的稻米生產至為重要。臺灣總督府自 1903 年起，興建不少大型埤圳，最具代表性是桃園大圳和嘉南大圳。臺灣的電力供給是臺灣總督府在 1903 年利用淡水河支流南勢溪的落差，所創立的臺北電氣作業所開始。除了硬體外，日本對生產力的培養也有著墨，特別是衛生和教育方面。在教育方面，日人據臺之初，就開始創辦公立小學，免費提供適齡兒童教育。自 1910 年代起，陸續在全臺各地設中等學校、職業學校和師範學校，並於 1928 年創立臺北帝國大學。至於公共衛生方面，日本人對傳染病的研究防治和各種衛生系統的建立從未間斷。

根據林鐘雄教授的說法："糖米經濟的塑造改變臺灣的經濟面貌，不只把臺灣從半自足的閉鎖經濟，引導至出口經濟，這一改變也使臺灣在戰後面臨的經濟困境大為減輕。"在 1960 年代以前，糖是奢侈品，日本統治當局藉由撥給或低價售予土地、關稅保護、犧牲蔗農利益等措施，大量引進資本，從國外引進優良品種，創建現代糖業。自 1910 年以來，臺灣砂糖年產量大幅成長，在 1936 年到 1939 年間的產量達 1,649,321 公噸，是日據時代前最高年產量 1880 年 85,526 公噸的 12 倍。

為補日本糧食的不足，臺灣總督府自 1899 年起，陸續在南北各地設置農事試驗場，引進日本米進行品種試驗，並在 1922 年生產出著名的蓬萊米。此外，水利設施的改善及化學肥料使用量的增加，1938 年的產量達 140 萬公噸，為 1900 年的 4 倍多。具體地說，以固定價格計算的總生產，在日據時代以 1936 年為最高峰，戰後直到 1955 年才恢復該水準。

臺商在日據時代累積許多外貿經驗，他們藉著直接對外貿易、投資，並以開博覽會、迎神賽會、廣告等方式促銷。這些臺商與中國、日本及他們本身之間的人脈關係，都是光復以後，臺灣對外貿易不可忽略的一段歷史背景。由於日本占領臺灣之後，利用各種制度，使臺灣對外貿易轉而以

日本為主,這段期間重要的外貿經驗有三:

1. 兩岸貿易占臺灣整體對外貿易的比重在日據時期顯著下跌。
2. 臺灣整體對外貿易主要是由日本財閥控制。
3. 日據時期,臺商在兩岸直接貿易中興起,出口到中國仍以農產品為主,主要是米、茶葉、苧麻及糖等。

19-2-3 臺灣的經濟成長經驗:1950 年以後[3]

在第二次世界大戰剛結束時,新加坡、香港、南韓和臺灣的平均每位勞工產出水準不及美國平均每位勞工的十分之一。今天,新加坡人均 GDP 占美國人均 GDP 的比率為 58%,香港是 61%,臺灣是 34%,南韓為 33%。這四個亞洲國家的經濟奇蹟,讓它們得到亞洲四小龍 (Four Asian Tigers) 的美譽。

這些國家的經濟成長與 OECD 國家經濟成長的經驗相同。資源分配的決策大都由市場機能決定,政府鼓勵企業成長,並制定各種經濟政策鼓勵高儲蓄與投資。此外,與 OECD 國家不同的是,它們積極追求產業政策 (industrial policy),而比較不熱衷建立社會保險制度。政府策略性選擇某些明星產業加以補助,而產業的靈活發展,更能夠迅速接受現代科技,大幅提高勞工效率,以下就臺灣近代的經濟成長經驗略做描述。

> **產業政策** 政府策略性選擇某些產業加以補助,以提高一國的生產力。

自 1950 年代以來,臺灣歷經五個經濟發展階段:(1) 1950 年到 1959 年之戰後重建時期,或稱為進口替代時期;(2) 1960 年到 1969 年之出口擴張時期;(3) 1970 年到 1979 年之第二次進口替代時期;(4) 1980 年到 1989 年之自由化及國際化時期;以及 (5) 1990 年至今的發展內需、泡沫經濟、兩岸經貿交易和產業升級時期。

1950 年到 1959 年:戰後重建時期 1950 年代期間,自前殖民地新近獨立的國家,普遍遭遇政府預算赤字、外匯短缺及通貨膨脹的困境。臺灣政府於 1953 年制定並推行首期四年經濟發展計畫,在"以農業培養工業,以工業發展農業"的政策下,完成耕者有其田,提高農業生產力,進而銷售農作物及其加工品,以賺取外匯。在工業生產方面,選擇技術簡單、資本需求較低及勞力密集的工業,如紡織、合板、玻璃、化學肥料、水泥、紙張等,列為進口管制或暫停進口,目的在節省外匯及保護幼稚工業,這是進口替代政策。

---

[3] 謝森中,"從經濟觀點看戰後臺灣經驗——一個實際參與者的見證",收錄在《臺灣經驗 (一) ——歷史經濟篇》,宋光寧編,東大圖書公司,1993 年 10 月,pp. 141-166。
王春源,《臺灣總體經濟發展 (一)》,雙葉書廊,1997 年 10 月。

除外匯管制及保護關稅外，政府還壓低利率，將資金分配給公營及大規模私人企業，本階段的經濟成長率達 8%，物價上漲率平均為 4.4%，生產活動側重於農業部門。

1960 年到 1969 年：出口擴張時期　在 1950 年代後期與 1960 年代初期，鑑於國內市場有限，國內生產設備過剩，為了彌補外匯短缺，追求經濟成長，政府採行一系列財經政策來鼓勵出口，擴展海外市場：(1) 通貨貶值及簡化匯率：將複式匯率簡化成單一匯率，並將新臺幣大幅貶值成 1 美元兌換 40 元，以利出口；(2) 外銷退稅：將國內廠商於進口原料所支付的進口稅，在製成產品外銷時，全部退稅；(3) 設立加工出口區：區內廠商免除關稅及其它稅負，以吸引外資；(4) 外銷低利貸款：減輕出口商負擔，優待中小企業融資；(5) 加強教育和職業訓練，以提升勞動生產力；(6) 這種出口導向政策，加上國際經濟復甦，使財政轉虧為盈，貿易由逆差轉為順差，產業競爭力提高，以及民間投資環境改善。這段期間的出口每年均以 25% 的幅度成長。

1970 年到 1979 年：第二次進口替代時期　在 1973 年，全球受第一次石油危機，美元貶值及糧食短缺的影響，使臺灣面臨停滯性通貨膨脹的困境。政府自 1974 年起陸續推展十大建設，彌補出口與民間投資之不足。這段期間所採取的措施包括：(1) 修正"獎勵投資條例"；(2) 鼓勵民間參與石化工業；(3) 降低石油進口關稅；(4) 協調石化原料產銷。

自 1973 年起，全體總工業占總製造業的比重大於輕工業，而邁向以重工業為主的經濟結構，使經濟仍維持中度成長，這是此段期間的經濟特徵。

1980 年到 1989 年：自由化及國際化時期　在 1981 年以前，臺灣的貿易出超額並不大，僅占 GNP 的 4% 到 5%，但自 1981 年以後，急速增加，到了 1986 年已達 22%。1985 年 9 月主要工業國家達成**廣場協議** (Plaza Accord)，新臺幣對美元升值幅度達 50%，而在 1988 年，國內需求首度超越商品與服務的出口，成為促進經濟成長之主要推動力。

政府在這段期間，為加速產業轉型升級，而有以下的措施：(1) 1973 年成立"工業技術研究院"、1979 年設立"新竹科學工業園區"及"資訊工業策進會"，並致力產業科技的研究；(2) 1979 年設立"中國輸出入銀行"，另要求交通銀行，對策略性工業及重要產業，提供長期低利融資；(3) 1980 年修正"獎勵投資條例"，並延長十年；(4) 推動經濟自由化政策：逐步放寬外匯管制與金融管制，撤除貿易障礙。修正"海關進口稅則"，大幅降低進口關稅。

1990 年到 2000 年：發展內需、泡沫經濟、兩岸經貿交流與產業升級時期

從 1991 年到 1996 年的六年國建計畫，加速臺灣現代化腳步，並自各先進國家引進嶄新科技，獎勵國際貿易市場分散，技術多面化及高級化，以強化均衡成長。

自 1993 年 7 月行政院提出振興經濟方案，目的為解決外匯存底劇增，熱錢流入，所導致的泡沫經濟現象。主要措施包括八項：(1) 財政方面：重要科技事業五年免稅；(2) 金融方面：增加中小企業信用保證基金；(3) 公共建設方面：積極鼓勵民間參與公共建設，譬如：以 BOT 方式 (Build, Operate and Transfer) 參與臺灣高速鐵路的興建；(4) 環保方面：合理調整污染管制及檢測執行標準；(5) 土地方面：利用公有土地支援產業發展；(6) 人力方面：短期內適時適量引進外籍勞工；(7) 公營事業民營化方面：1996 年 12 月國家發展會議，明訂公營事業五年全部移轉民營；(8) 兩岸經貿方面：擴大開放中國物品，包括原材料與加工外銷半成品的間接進口。

在加速產業升級方面，政府實施財稅獎勵 (促進產業升級條例及中小企業發展條例)、金融優惠 (購買自動化及污染設備，以及有助於產業升級之投資為主要對象)、技術輔導 (開發關鍵技術、促進產業升級，均由經濟部工業局執行) 以及金融機構參與投資 (行政院開發基金及交通銀行創導性投資計畫)。

臺灣在 2000 年後出現過兩次負的經濟成長率 (2001 年的 －1.4% 與 2009 年的 －1.61%)。從民國 40 年以來，臺灣從未出現過負的經濟成長。推究其原因：第一次是美國 911 恐怖攻擊及國際景氣急速下滑所引起；最近這一次則為莫拉克風災及全球金融海嘯肆虐而重創國內經濟。

2015 年受到全球貿易活動成長減緩，導致出口、投資表現不佳。實質 GDP 在第 3 季為負成長 (－0.63%)。低薪、高房貸、貨貿及服貿協議的推動都是 2016 年後的棘手難題。

2019 年是多事之秋，美中貿易戰及新冠肺炎威脅全球經濟展望。兩頭大象打架，鄰居難免遭受池魚之殃。臺灣經濟成長率重回亞洲四小龍之首，估計為 2.71%。

19-3　經濟成長的來源

亞洲四小龍在過去數十年來國民所得都以每年 7% 的速率成長。在這個比率下，他們的所得平均每十年會增加 1 倍。這些國家在短短數十年間，從貧窮國家躋身世界上富有國家行列；相反地，在一些非洲國家，如史瓦濟蘭，在 2001 年，家裡一年能收成 15 袋玉米 (一袋約 50 公斤)，尚能自給自足，2011 年的十年後僅 1.5 袋，只夠撐一個半月。

中國、印度如何加速平均所得的成長？富裕國家要如何維持生活水準？為何許多非洲國家經濟無法成長？答案很簡單，就是生產力，**生產力** (productivity) 是指一個工人在一個小時內所能生產出商品和服務的數量。接下來，我們以電影《浩劫重生》(Cast Away) 來說明生產力的重要性。

> **生產力** 一個工人在一個小時內所生產的商品與服務的數量。

19-3-1 生產力的重要性

主人翁查克・諾倫為聯邦快遞的系統工程師，不論是私生活或工作一切都講求精準、效率及速度。在一次出差途中，諾倫搭乘的小飛機失事，而被困在一座資源貧瘠的無人荒島。當他失去現代生活的便利，以及人與人之間的互動時，生活的唯一目的就是求生。在荒島上，只有一顆排球 (諾倫稱它為"威爾森") 作伴，並成為諾倫在荒島上孤獨和絕望中唯一的依靠。此外，他必須自己張羅基本生活需求：食物、清水及住處。

什麼因素決定諾倫的生活水準？如果諾倫善於捕魚、升火和做衣服，他就可以活得很好。因為諾倫是孤獨一人在荒島上，他只能消費本身所生產出來的物品，他的生活水準與生產能力緊密相關。

從諾倫的經濟體系，很容易瞭解生產力是生活水準的關鍵決定因素：生產力成長即生活水準改善。諾倫在一個小時內能夠捕獲的魚愈多，他的晚餐就愈豐富。如果諾倫把剩下的魚風乾做成鹹魚保存，他就可以做其它事情。換句話說，諾倫的生產力愈高，他的生活會過得更好。

不論是對倖免於難的諾倫或對整個國家而言，生產力都是決定生活水準的關鍵因素。一個國家只要能夠生產很多的商品與服務，便能夠享受更高的生活水準。臺灣人比菲律賓人享受生活水準更快速的成長，是因為臺灣的勞工在一個小時內，所能生產出來的商品與服務的數量比菲律賓要高出許多。因此，要瞭解不同時期或不同國家之間生活水準的顯著差異，我們必須將焦點集中在商品與服務的生產上。接下來，我們用生產函數與生產力函數來說明成長的差異與來源。

19-3-2 生產函數與生產力函數

在個體經濟學中，廠商的產品與生產因素之間的關係常用**生產函數** (production function) 表示。譬如，麥當勞生產大麥克的原料有牛肉、生菜、起司、廚房設備和員工。經濟學家常以 Q 代表商品，而生產因素有資本 (K)、勞動 (L) 和土地等天然資源 (N) 等，廠商的生產函數可以寫成 $Q = $

> **生產函數** 廠商的產品與生產因素之間的關係。

$F(K, N, L)$。

同樣地，在談論整個社會的商品與服務的生產時，我們以實質 GDP 代表整個經濟體系所有商品與服務的產出。實質 GDP (Y) 主要取決於五個生產因素：物質資本 (K)、人力資本 (H)、勞工的投入量 (L)、天然資源 (N) 及技術水準 (A)。經濟體系的**總生產函數** (aggregate production function) 可以寫成：

$$Y = AF(K, H, N, L)$$

上式表示，整體經濟的商品與服務之供給數量是勞動、物質資本、人力資本、天然資源的數量及生產技術水準的函數。當生產因素增加或技術進步時，實質 GDP 的數量也會增加。此外，當生產因素增加得愈快或技術進步的幅度愈大時，實質 GDP 也會成長地愈快。

許多生產函數都具有**固定規模報酬** (constant returns to scale)——所有生產因素投入量增加 1 倍——產出也會增加 1 倍，也就是：

$$2Y = AF(2K, 2H, 2N, 2L)$$

或更一般化，就任何正數 x：

$$xY = AF(xK, xH, xN, xL)$$

上式指出，當生產因素 K、H、N、L 都增加 x 倍時，產出 Y 也會增加 x 倍。我們以一家生產平板電腦的工廠為例說明何謂固定規模報酬。假設一家工廠每天可以生產 500 臺平板電腦，如果公司決定將工廠規模擴大 1 倍，其中包括工廠面積、工作人員、機器原料，我們可以合理地預測工廠規模擴大後的每日產量也會增加 1 倍，也就是每天 1,000 臺平板電腦。

為了導出平均每位勞工產出與其它生產因素之間的關係，令上式的 $x = 1/L$，即

$$\frac{Y}{L} = AF\left(\frac{K}{L}, \frac{H}{L}, \frac{N}{L}, 1\right)$$

上式為**生產力函數** (productivity function)。Y/L 是平均每位勞工產出，即生產力；K/L 是平均每位勞工的物質資本；H/L 是平均每位勞工的人力資本；N/L 是平均每位勞工的天然資源。此式說明生產力會受到 K/L、H/L 及 N/L 的影響。生產力也會隨著技術 A 的變動而有所改變。圖 19-1 繪出平均每位勞工產出與平均每位勞工物質資本的關係。

> **總生產函數** 描繪實質 GDP 與物質資本、人力資本、勞工投入、天然資源及技術水準間的關係。

> **固定規模報酬** 當生產因素數量增加 1 倍時，實質 GDP 也會增加 1 倍。

> **生產力函數** 生產力受 K/L、N/L、H/L 及技術 A 的影響。

$$\frac{Y}{L}=AF\left(\frac{K}{L},\frac{H}{L},\frac{N}{L},1\right)$$

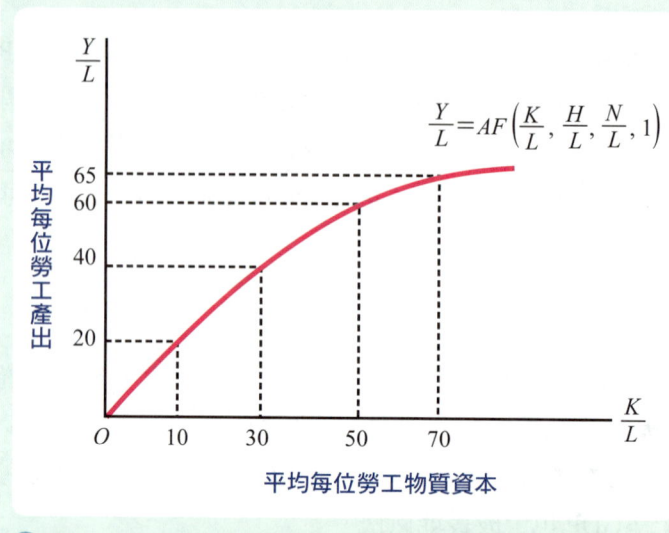

平均每位勞工物質資本存量提高，導致平均每位勞工產出增加，但增加的幅度愈來愈小。

圖 19-1 平均每位勞工產出與平均每位勞工物質資本

　　平均每位勞工產出 (Y/L) 是在縱軸，而平均每位勞工物質資本 (K/L) 是在橫軸。兩者的函數關係是以正斜率的曲線表示，如圖 19-1。當平均每位勞工物質資本增加時，如 K/L 從 10 增至 30，平均每位勞工產出從 20 增至 40。但因為資本邊際報酬遞減法則，K/L 增加同樣的幅度 (50 到 70)，Y/L 只會遞減的增加到 5 (60 到 65)。

　　以前述的平板電腦生產為例，工廠面積固定 5 個人操作 10 部機器，和 5 個人操作 30 部機器的平板電腦產量可能差距不大。圖 19-1 也適用於其它的生產因素；亦即，當平均每位 H/L 或 N/L 資源增加時，生產力隨之提高，但仍會出現邊際報酬遞減法則。

19-3-3　成長的來源

　　現在我們可以回答經濟成長的動力來自何處。生產力函數給了一個簡單的答案，決定生產力的因素有物質資本、人力資本、天然資源和技術知識。

物質資本　　物質資本 (physical capital) 是指用來生產商品與服務的機器、設備和建築物。

　　電腦協助我們處理本來幾乎無法完成的事物，譬如，統計、存貨盤點。鼎泰豐用機器擀麵，能滿足大家對美食的需求；中國工廠用機器生產玩具，全世界的小孩子在聖誕節才有玩具可玩。這些物質資本的存在，都可提高勞動生產力。當然鼎泰豐和中國也因為賣更多的產品而改善自己的生活。

> **物質資本** 指用來生產商品與服務的機器、設備和建築物。

人力資本

人力資本 (human capital) 是指個人透過教育、訓練及經驗累積獲得知識和工作技能。一個受過財務知識訓練的勞工比沒有財務知識的勞工，更能夠提早為自己賺進人生第一桶金；一個具有醫學背景的人比沒有醫學背景的人，更能夠為傷患急救。人力資本的累積可以提高勞工生產力。

根據聯合國兒童基金會 (United Nations Children's Fund) 調查統計，拉丁美洲和加勒比海地區，生活處於"貧窮"狀態的兒童和青少年至少有 8,100 萬人。前哈佛大學校長薩默斯 (Lawrence Summers) 曾指出，"每投資 1 美元在社會低層兒童教育上，未來就可在經濟上獲得 7 美元的回饋。"因此，對兒童教育的投資是一國政府發展經濟的最佳投資利器。

> **人力資本** 個人透過教育、訓練及經驗累積獲得知識和工作技能。

天然資源

天然資源 (natural resources) 是指，生產過程中由大自然所提供的投入，包括土地、能源和天然原料。肥沃的土地對農業生產是十分重要的，現代的製造業需要密集的使用能源和天然原料。一般來說，天然資源愈豐富，勞工的生產力愈高。譬如，因為臺灣的土地比較肥沃，臺灣的農民比非洲某些國家的農民能夠生產更多的農產品；同樣地，沙烏地阿拉伯的富有是因為擁有豐富的油田。

儘管地球上的資源十分有限，但有些國家仍可以透過國際貿易取得所需要的天然資源。日本、新加坡和瑞士等國並沒有蘊含豐富的天然資源，但是進口大量的天然資源，然後製造成商品出口到其它國家，使這些國家人民的生活水準成為世界上最富有的國家之一。2008 年金融海嘯以來，澳洲和印尼兩國沒有任何一季衰退，後者更繳出年成長率超過 6% 的亮眼成績單。重點就是，擁有豐富的天然資源——澳洲是全球最大的黃金和鐵生產國；印尼擁有豐富的林木、煤礦和天然氣。很多人不知道臺灣有十分之六的天然氣來自印尼。

> **天然資源** 大自然所提供的投入，包括土地、能源和天然原料。

技術知識

技術知識 (technological knowledge) 是指經濟體系生產不同商品與服務的能力及最有效率的生產方法。除了物質資本、人力資本和天然資源外，一個國家能夠採用新穎、更有生產力的技術知識，可以提高該國的生活水準。

網際網路的出現，拉近本國人民與國外的距離。透過網路，本國農民能夠順利地將優質的烏龍茶行銷到全世界各地，而農民因為市場的擴大，更能專注於自己的生產，投入更多的時間研發，改善農產品品質。同樣地，廠商透過網際網路，可以找到低成本的原物料，縮短產銷的時間，降低生產成本，並以更有效率的方式生產。當每一家廠商都專業化生產時，整個社會的生產力必定提高，人民生活水準也會大幅提高。

> **技術知識** 經濟體系生產不同商品與服務的能力及最有效率的生產方法。

從臺灣看天下：公共政策與經濟成長

我們知道一國人民的生活水準取決於該國人民生產力的高低，有些經濟學家認為，成功的產業政策帶來東亞經濟奇蹟。一般而言，公共政策可以透過兩個途徑來影響一國的生產力：

1. 有關儲蓄、投資和教育的公共政策。
2. 有關技術進步的公共政策。

儲蓄和投資　當一國儲蓄增加時，廠商能夠獲得的投資資金也就愈多。投資愈高，物資資本累積就愈多，經濟體系的總產出會增加，人民的生活水準隨之提高。臺灣的國民儲蓄率比美國的儲蓄率高，且臺灣的投資占國內生產毛額的比例也高過美國。

政府可採取若干政策來提高國民儲蓄水準：

1. 實施獎勵投資條例或促進產業升級條例來降低廠商生產成本，提高廠商投資意願。譬如，臺灣於第二次進口替代時期曾將"獎勵投資條例"的修正列為施政重點。
2. 吸引外人投資。廠商投資所需的資金不但可由國內融通，尚可透過外國直接投資 (foreign direct investment, FDI) 或間接在金融市場投資的管道取得。國外流入的資金愈多，國內資本存量的累積就愈高，進而產生較高的生產力。英國《金融時報》報導，中國、印度和澳洲分列吸引代工的前三名，這三個國家的經濟成長率也都名列前茅。
3. 提倡自由貿易。自由貿易可以使國與國之間緊密的結合，根據第 2 章提到的比較利益法則，國際貿易能夠使整個國家的消費水準超過生產可能限制，人民福利水準比未進行國際貿易前提高。此外，自由貿易讓廠商運用外匯購買他們所需的原料或機器，而能以更有效率的方式生產。

教育　教育——人力資本的投資——對促進經濟成長至少與物質資本是同等重要。臺灣的天然資源十分貧乏，除了肥沃的土地之外，舉凡森林、河流、礦藏都相當匱乏。但臺灣創造經濟奇蹟的一個主要原因是人民辛勤地工作，而教育的普及更是近年來高科技產業蓬勃發展的一大支柱。根據美國的一項研究指出，教育和訓練對經濟成長的貢獻，每年均相當穩定，約在 20% 左右。

在教育水準較高的勞動力社會中，投資顯得更有生產力。特別是受過高等教育的婦女，不但本身可提高經濟體系的生產力，也會期待她們的下一代能夠接受更好的教育，這種情況在臺灣、香港、新加坡及中國都是如此。

財產權與政治穩定　政府在改善生產力的角色上，最明顯的莫過於提供一國人民與生產力的經濟環境——獲得有用的資訊和工作技能、聰明的投資與儲蓄，以及提供社會大眾需要的商品。保護財產權是提升技術進步和促進經濟成長的一種方式。財產權為人們擁有、使用和處置他們擁有資源的權力。中國在 1978 年以前，嚴格實施共產制度，一切都是國有，辛勤工作一個月的所得幾乎都上繳政府，個人無法擁有私人財產。倘若廠商投資賺取的利潤，因為財產權的不明確，不能自由處分，在這種情況下，廠商根本不會進行投資，遑論追求技術進步，來提高自己的利潤。

政治不穩定會妨礙經濟成長。假設你打算前進非洲設廠，會選擇一個常發生軍事政變和流血革命的國家，還是財產受到保障、零貪污且政治穩定國家？另一方面，一個追求自由、提倡觀念自由交流的政治體系，有助於新科技和產品的誕生。西班牙在歷史上曾經是經濟強權，後來被荷蘭取而代之，其中一部分的原因是，當時的天主教無法容忍新政府對傳統教義的挑戰，而經常進行宗教審判，並予以處決。

研究與發展　政府促進技術進步的另一個作法是

鼓勵研究與發展 (research and development, R&D)。研究與發展可以促使知識技術大幅提升，而這正是過去一個世紀以來人們生活水準大幅提高的主因。如，電腦、電話、內燃引擎的發明，降低資訊成本並縮短運輸距離，使貨物能更快送到客戶手中。因此，廠商利潤提高而願意從事更多的研究與發展，改良生產技術。美國及其它工業化國家研究與發展的經費通常約占國內生產毛額的 3%。

政府可以扮演知識創造和傳播的角色。臺灣在 1973 年成立工業技術研究院，積極延攬海外人才回國，如前台積電董事長張忠謀就曾任職工研院。工研院一直扮演基礎研究和應用發展的角色，在臺灣經濟轉型的過程中，工研院有著功不可沒的地位。

面對蘋果的 iPad 和 iPhone 大震撼，德國政府在 2020 年高科技政策已鎖定能源環保、健康、醫療、機動性、安全及通訊五大領域，開發以人為中心的產品應用及服務。

在此政策下，德國政府強調改善整體創新風氣具體作法，包括簡化公司法、營業稅法、刪除 300 多項繁複的政府計畫申請程序、提供創投基金、加強專利權應用及標準的制定與推廣、優先補助新產品和新技術，將服務創新和五大領域緊密結合，不是個別獨立運作。

以愛迪達為例，愛迪達是運動品牌第二名，但近幾年的銷售成長率已超越耐吉。身為第二到底做對什麼事？關鍵祕訣有二：一為看重運動時尚，找華裔設計師王大仁設計產品；二為在巴伐利亞的快速工廠，用機器人及 3D 列印生產運動鞋，生產流程不到一週，讓產品更貼近消費者。

資料來源：陳美慧，"蘋果太震撼，工藝德國拼創意服務"，《商業周刊》，1226 期，2011 年 5 月 23 日，p. 136。

我們以圖 19-2 來說明技術進步如何提高生產力。圖 19-2 描述技術水準的改善，在 K/L 固定的情形下，會使 Y/L 增加，這可由生產力函數的上移來表示。譬如，假設 K/L 是 50，技術進步使 Y/L 從 60 增加至 90，生產力函數從 $AF(K/L, H/L, N/L, 1)$ 上移至 $A'F(K/L, H/L, N/L, 1)$。

因此，我們可以相信成長動力來自資本的累積(物質資本和人力資本)、天然資源的增加及技術進步，但技術進步與其它因素在成長過程中扮演不同的角色。

1. **資本累積和天然資源的增加無法讓經濟持續成長。**從圖 19-1 可以得到直覺的答案。由於資本具有報酬遞減的特性，平均每位勞工資本存量的增加必須愈來愈快，才能維持平均每位勞工產出的持續定量增加。在某個經濟發展階段，社會大眾將不願意再多儲蓄和投資以增加資本存量，此時平均每位勞工產出將會停止成長。
2. **經濟持續成長需要持續的技術進步。**如果資本累積無法讓經濟持續成長，那麼經濟持續成長的動力必定來自技術進步。決定技術進步的因素包括研究發展程度、專利法律的保護、教育與訓練的角色，甚至是產業政策的制定都可能協助經濟持續成長。

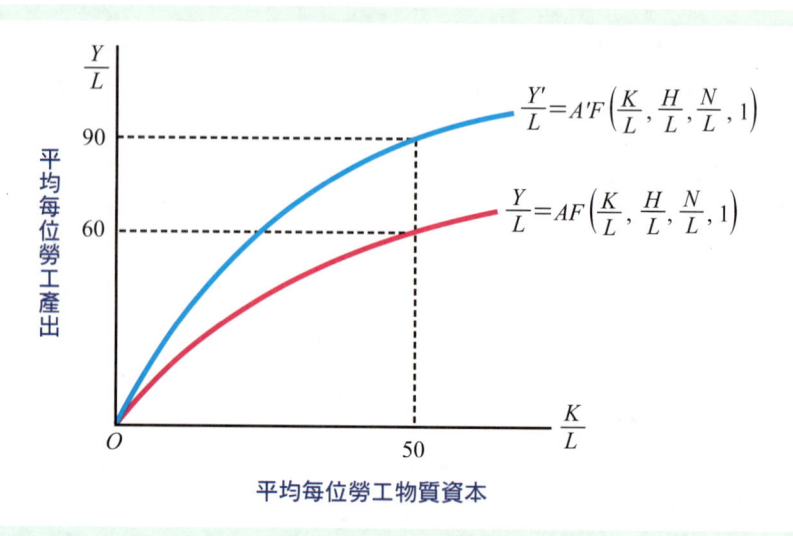

$$\frac{Y'}{L} = A'F\left(\frac{K}{L}, \frac{H}{L}, \frac{N}{L}, 1\right)$$

$$\frac{Y}{L} = AF\left(\frac{K}{L}, \frac{H}{L}, \frac{N}{L}, 1\right)$$

技術水準改善會使生產函數上移,在平均每位勞工物質資本存量固定的情形下,導致平均每位勞工產出水準由 60 增加至 90。

圖 19-2　技術進步的影響

19-4　結　語

　　1995 年諾貝爾經濟學獎得主盧卡斯 (Robert Lucas, Jr.) 曾經提到:"印度政府是否採取某些措施,讓印度經濟的成長如同印尼或埃及一般?若是,則是哪些政策?若否,則'印度的本質'問題的研究對於人類福利的影響會令人驚訝,當一個人開始思考這些問題時,就很難再把注意力從這些問題中移開。"

　　2006 年諾貝爾經濟學獎得主費爾普斯 (Edmund Phelps) 在 2011 年 6 月 13 日接受《聯合報》專訪時提到,臺灣在經濟機構促進創新方面,或許可提供中國一些有趣的實例。他認為中國若沒有自我創新,則投資會變得很少。發展自己的商業創意、產品、方法使得市場消費者都能接受,這些重要性應該愈來愈高。

摘要

- 經濟成長是以平均每人實質 GDP 來衡量。世界各地的經濟成長經驗並不相同。從時間的角度看，從西元元年到 15 世紀，中國是世界上最富有的國家，後來由義大利、荷蘭、英國取而代之，2020 年最富有的國家是瑞士。
- 自 1960 年以後，富裕國家的經濟成長速度驚人。然而，自 1973 年以後，成長速度減緩。各國人民生活水準的差異，可以用生產力來解釋，而生產力決定於勞工使用的物質資本、人力資本、天然資源和技術知識。
- 臺灣在晚清時代的最主要出口產品是茶葉、糖和樟腦，而最主要的進口商品是鴉片。當時的交通狀況，除基隆到新竹的鐵路外，各城鎮之間並無步道相連，形成所謂的村落經濟。
- 1950 年代以後，臺灣歷經進口替代、出口導向、國際化、自由化及兩岸經貿時期，塑造舉世聞名的經濟奇蹟。在 1950 年，臺灣的 GDP 不到美國 GDP 的十分之一；到了 2002 年，已經是美國 GDP 的 34%。
- 經濟成長的來源包括資本累積 (人力資本和物質資本)、天然資源的增加及技術進步。資本累積無法讓經濟持續成長，唯有技術進步才是持續成長的來源。

習題

1. 請以下列資料計算平均每人實質 GDP 及其成長率。

(單位：百萬)

年	實質 GDP	人口
1990	4,915,600	233
2002	9,243,800	283.5

2. 給定下表某國國內生產毛額 (支出面) 資料：

(單位：千億元)

	2016 年	2017 年
民間消費	90	80
資本形成	30	40
政府消費	30	20
商品及服務輸出	100	120
商品及服務輸入	50	60
GDP 平減物價指數 (2011 年＝100)	100	102

(a) 2%　(b) 1%　(c) −1%　(d) −2%

(108 年商業行政)

3. 去年年底烏托邦國的實質 GDP 為 5,000 億元且人口為 2,000 萬人；今年年底烏托邦國的實質 GDP 為 5,610 億元且人口為 2,200 萬人。根據以上資訊，烏托邦國今年平均每人實質 GDP 的成長率約為：

(a) 12%　(b) 10%　(c) 8%　(d) 2%

(108 年初等考試)

4. 假設某國只生產 X 與 Y 兩種最終商品，如果 X 的產出成長率為 2%，且 Y 的產出成長率為 −20%，則該國的經濟成長率：

(a) 大於零　　(b) 小於零
(c) 等於零　　(d) 資料不足，無法判斷

(108 年初等考試)

5. 臺灣經濟奇蹟令人羨慕，是否可將臺灣模

式應用在尼泊爾或巴基斯坦等國，使其所得大幅提高？

6. 假設日本豐田汽車公司在臺中工業區設立新汽車廠，請問這代表什麼樣的投資？這項投資對臺灣的平均每人實質 GDP 有何影響？

7. 近幾年臺灣經濟成長趨緩，政府雖不斷降低利率，民間投資仍不見顯著增加，假設你是行政院長，你會運用什麼方法來促進臺灣經濟成長？　　　(98 年中原商學)

8. 若肯達共和國的經濟具固定規模報酬特性。它決定將物質資本、天然資源和人力資本增加 1 倍，但勞力不變，則產出與生產力有何變化？　　　(98 年中山政經)

9. 若 2020 年臺灣的實質 GDP 成長得比新加坡快，則臺灣的生產力與生活水準是否比新加坡高？　　　(97 年中山政經改編)

10. 假設一個社會決定減少消費和增加投資，這個改變如何影響經濟成長？

11. 依 IMF 的估計，2000 年到 2009 年間新興經濟體系的人均 GDP 成長率是 7.5%，而高所得國家的成長率為 2.1%，因此，新興經濟體系之所得水準趨近高所得國家。
    (a) 經濟成長理論對於所得水準趨近現象提出解釋，認為主要是因為低所得國家的資本勞動比例低於高所得國家。請扼要說明經濟成長理論之推論 (你的答案不得超過 50 個中文字)。
    (b) 經濟學家常用勞動生產力代表人均 GDP，以 y 代表勞動生產力，k 代表資本勞動比例，A 代表技術水準。假設生產函數為 $y=Ak^\beta$，其中 β 為固定值，等於 0.4。某國勞動生產力成長率 $\Delta y/y=2\%$，技術進步率 $\Delta A/A=1\%$，請計算資本勞動比例之成長率。
    　　　(104 年臺大商研所)

12. 無厘國的生產函數為 $Y=Ak^\beta L^{1-\beta}$，其中 A 為技術，k 為資本和 L 為勞動，$\beta=0.25$。假設 Y、k 和 L 成長率分別為 6%、8%、2%，則總要素生產力是多少？
　　　(102 年中興應經所)

13. 假設本國的技術進步率為 2%，勞動成長率為 2.5%，資本成長率為 3%，假設勞力份額為資本份額的 3 倍，產出增加率是多少？此經濟體系約需多少年可以使產出增加 1 倍？　　　(102 年中興行銷所)

14. 斯里蘭卡總統宣布他將實施下列措施來促進成長：
    (a) 降低司法體系貪污
    (b) 因為市場以不公平方式分配商品與服務，我們將減低對市場依賴
    (c) 限制外人在本國投資，因為他們將利潤匯出國外
    (d) 鼓勵與鄰國貿易
    (e) 促進 GDP 消費的比例
    上述有幾個措施可促進經濟成長？
　　　(98 年中山政經)

15. 梭羅剩餘 (Solow residual) 常被用來衡量下列何種經濟概念？
    (a) 經濟成長　　(b) 國民所得
    (c) 資本勞動比　(d) 技術進步
　　　(108 年高考)

網路習題

1. 請問最近一年的經濟成長率為何？最近一季的經濟成長率為何？你是否可找到解釋最近經濟成長的理由？

2. 技術創新是國家經濟成長最重要的原動力之一。請至工業技術研究院網站：https://www.itri.org.tw 首頁中之 "產業服務"，查閱創新育成中心的資料。創業育成中心有哪些服務項目？

Chapter

20

商品市場與總支出

許多經濟學家都用"兩隻手"來預測未來。一隻手 (on the one hand) 告訴你如何如何，另一隻手 (on the other hand) 告訴你相反的方向。2008 年諾貝爾經濟學獎得主克魯曼卻是少數只伸一隻手的經濟學家，他確切指出，全球經濟衰退將持續至 2016 年。

其實，克魯曼只對了一半。現實的景況是一個地球，兩個世界：歐洲、中國、巴西陷入經濟僵局，而美國、阿根廷、非洲、越南充滿活力，恢復得宜。在歐洲，歐洲央行雖已寬鬆貨幣政策，使歐元大幅貶值且短期利率為負值，但歐洲經濟依舊低迷。中國經濟減緩，對大宗商品的需求減弱，重創全球經濟。

中美貿易戰導致中國經濟放緩，2019 年經濟成長率為 6.1%，創下最差紀錄。新冠肺炎的疫情衝擊全球經濟。德國知名智庫——基爾世界經濟研究所 (IFW) 所長費爾伯邁爾 (Gabriel Felbermayr) 示警，新冠肺炎已超越貿易戰與英國脫歐，成為全球經濟最大威脅，甚至可能是"雷曼時刻"。

本章重點
簡單凱因斯模型
乘　數
節儉的矛盾

20-1 景氣循環：經濟波動理論

近代經濟波動的歷史中，一個影響最深遠、最令人怵目驚心的是 1930 年代的*經濟大恐慌* (The Great Depression)。在 1929 年到 1933 年期間，美國及其它各國經歷大規模的失業和所得巨幅下跌。1933 年是最糟的一年，美國勞動力中有四分之一的人失業，實質 GDP 比 1929 年的水準低 30%。

圖 20-1 顯示往後五章的規劃，以說明短期經濟波動 (即景氣循環) 與物價水準的決定。第 20、21 章描述商品與服務市場的均衡，主要是利用著名的凱因斯十字架 [凱因斯交叉 (Keynesian cross)] 來決定經濟體系的均衡所得水準。

在第 22、23 章將介紹貨幣的定義、銀行體系如何創造貨幣，並討論貨幣市場的均衡。從第 20、21 章的商品與服務市場均衡和第 22、23 章的貨幣市場均衡，再加上物價水準變動的假設，可以決定一條*總需求曲線* (aggregate demand curve，AD 曲線)，這是第 24 章的重點之一。此外，我們可以透過生產函數與勞動市場推導出長短期*總供給曲線* (aggregate supply curve，AS 曲線)。AS-AD 模型共同決定經濟體系的均衡所得水準與物價水準。最後，我們利用總供給與總需求模型 (AS-AD model) 來解釋短期經濟波動。

總供給與總需求模型 一個用來解釋經濟波動現象的模型，它是由總供給與總需求曲線所構成。

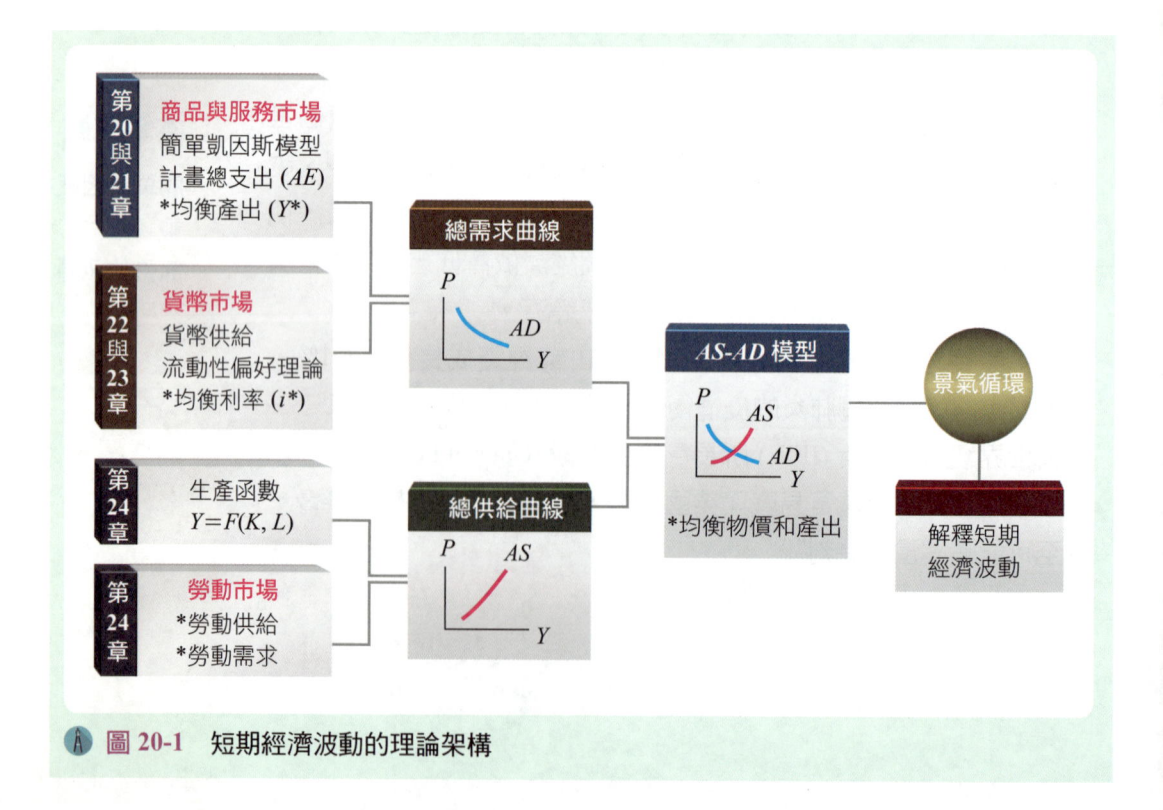

▲ 圖 20-1 短期經濟波動的理論架構

在說明簡單凱因斯模型之前，我們假設在短期，商品與服務的物價水準及利率水準固定不變，廠商可以生產任何數量的商品與服務來滿足社會大眾的需求。這項假設的背後原因是，凱因斯觀察經濟大恐慌期間，大量的失業加上閒置的機器，導致勞工願意接受低廉的工資。因此，即便總需求增加，廠商在現行工資率下雇用勞工，也不會造成工資與物價水準的上漲 (工資與物價的僵硬性)。

20-1-1　景氣循環

景氣循環 (business cycle) 是指經濟活動如就業與生產的波動。一個循環是許多經濟指標同時發生擴張，隨後發生收縮、衰退，然後又開始復甦的情形。一個景氣循環週期包含一個擴張及一個衰退，如圖 20-2 所示。實務上，擴張期與衰退期個別應持續至少五個月，全循環至少需十五個月。

20-1-2　短期經濟波動理論架構

經濟大恐慌這種近乎毀滅性的事件引起許多經濟學家質疑古典學派經濟理論的有效性。古典學派的經濟學家相信市場有一隻看不見的手，使得

一個景氣循環包含一個擴張期及一個衰退期。

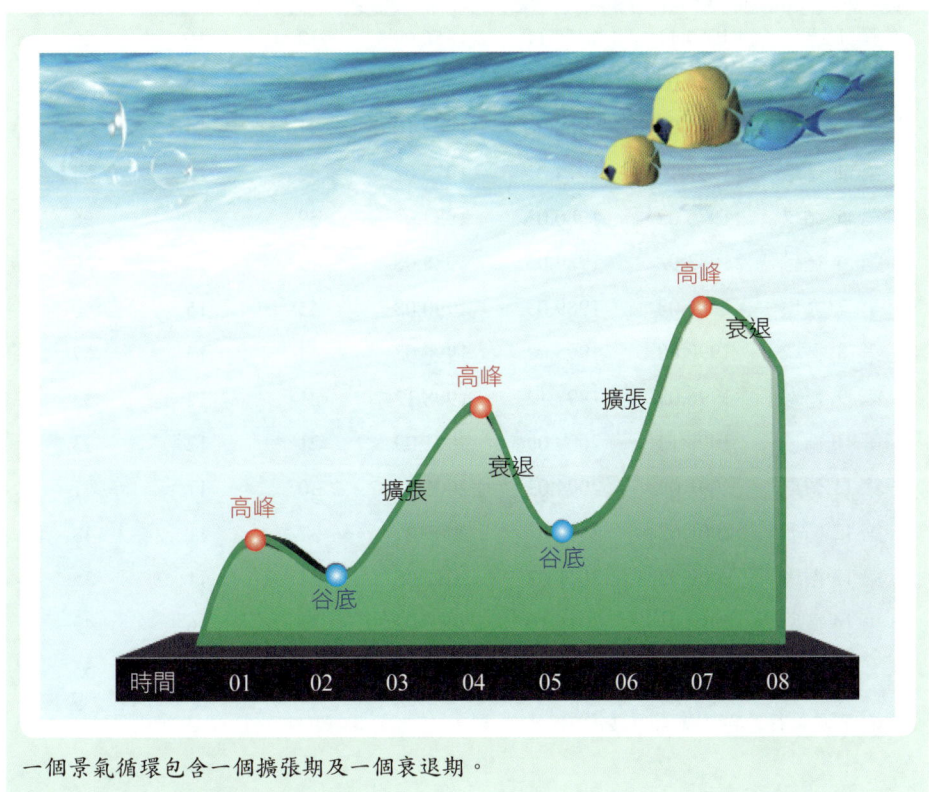

▲ 圖 20-2　景氣循環

實例與應用：臺灣的景氣循環

儘管許多報章雜誌定義衰退為連續兩季實質 GDP 的下跌，但國家發展委員會利用實質 GDP、工業生產、非農業部門就業人數、實質製造業銷售值、批發零售及餐飲業營業額指數五項指標合為基準循環數列，再進行轉折點之認定。臺灣已認定景氣循環總共有 14 次，如表 20-1 所示。國家發展委員會的資料顯示，最長的一次循環發生在 1956 年 9 月到 1966 年 1 月的第 2 循環，總共持續 112 個月；而最長的一次衰退期間發生在第 5 循環，有 37 個月。

景氣指標與對策信號　為衡量總體經濟活動，國家發展委員會將一些代表經濟活動且對景氣變動敏感的變數，以適當統計方法處理，製作成景氣指標與景氣對策信號。景氣指標包含 "領先" 與 "同時" 兩項指標。景氣對策信號亦稱 "景氣燈號"，以類似交通號誌方式的五種燈號代表景氣狀況的一種指標，其中 "綠燈" 代表景氣穩定、"紅燈" 代表景氣熱絡、"藍燈" 表示景氣低迷，至於 "黃紅燈" 與 "黃藍燈" 皆為注意性燈號，告訴我們要注意觀察景氣是否轉向。

表 20-1 臺灣景氣循環基準日期

循環次序	谷底	高峰	谷底	擴張期	收縮期	全循環
第 1 循環	1954.11	1955.11	1956.09	12	10	22
第 2 循環	1956.09	1964.09	1966.01	96	16	112
第 3 循環	1966.01	1968.08	1969.10	31	14	45
第 4 循環	1969.10	1974.02	1975.02	52	12	64
第 5 循環	1975.02	1980.01	1983.02	59	37	96
第 6 循環	1983.02	1984.05	1985.08	15	15	30
第 7 循環	1985.08	1989.05	1990.08	45	15	60
第 8 循環	1990.08	1995.02	1996.03	54	13	67
第 9 循環	1996.03	1997.12	1998.12	21	12	33
第 10 循環	1998.12	2000.09	2001.09	21	12	33
第 11 循環	2001.09	2004.03	2005.02	30	11	41
第 12 循環	2005.02	2008.03	2009.02	37	11	48
第 13 循環	2009.02	2011.02	2012.01	24	11	35
第 14 循環	2012.01	2014.10	2016.02	33	16	49
平均				38	15	53

資料來源：行政院國家發展委員會。

整個經濟體系始終處於充分就業狀態。根據古典理論,國民所得取決於生產因素數量與技術水準。1930 年代經濟大恐慌使得古典理論與實際情形漸行漸遠。

1936 年,英國經濟學家凱因斯發表著作《就業、利息與貨幣的一般理論》(簡稱《一般理論》),提出總體經濟問題的新思考方向,凱因斯主張總需求不足是造成高失業和低所得的主因。今天的經濟學家以總需求與總供給模型來說明這兩種觀點。在長期,價格完全有彈性,總供給決定產出水準;但是在短期,價格是僵硬的,總需求的變動影響所得水準。

20-2 簡單凱因斯模型

凱因斯在 1936 年的著作《一般理論》中,系統性地分析總支出波動與 GDP 波動之間的關係。凱因斯指出構成總支出的四個項目:消費支出、計畫投資支出、政府購買支出與淨出口,加總後恰好與 GDP 相等。若以數學式表示,可寫成:

$$AE = C + I + G + NX$$

其中 AE 是**計畫總支出** (planned aggregate expenditure),C 是消費支出,I 是**計畫投資** (planned investment) 支出,G 是政府購買支出,NX 是淨出口。[1]

為簡化分析,最簡單的凱因斯模型做了幾項基本假設:(1) 物價水準固定不變;(2) 不考慮政府部門與國外部門 (上式的等號右邊只剩下 C 和 I);(3) 消費支出受可支配所得的影響,其它影響因素皆視為外生;(4) 計畫投資支出視為固定不變。

基於以上假設,計畫總支出等於消費支出加計畫投資支出,即:

$$AE = C + I$$

> **計畫總支出** 為消費支出、計畫投資支出、政府購買支出及淨出口的加總。

20-2-1 民間消費支出與消費函數

消費函數 (consumption function) 是說明民間消費支出與可支配所得之間關係的函數。**可支配所得** (disposable income) 等於總所得 (Y) 減去稅收 (T)。由於簡單凱因斯模型假設政府部門並不存在,即 $T = 0$,所以總所得 (Y) 等於可支配所得 (Y_d)。對一般家庭或整體經濟來說,當可支配所得增加時,消費支出隨之增加,但消費增加的幅度低於可支配所得增加的幅度。

> **消費函數** 說明民間消費支出與可支配所得之間關係的函數。

---

[1] 計畫總支出的 I 是計畫投資支出,而經濟活動循環流程的 I 則是實際投資支出,兩者之間並不一定相等。

為了簡化分析，讓我們以直線來表示消費函數：

$$C = a + bY$$

其中，Y 是總所得 (產出)，C 是消費支出，a 是截距項，代表**自發性消費支出** (autonomous consumption expenditure)，bY 是**誘發性消費支出** (induced consumption expenditure)。所謂自發性消費支出是指消費函數中，不會隨總所得變動而增減的消費支出。譬如，即使你這個月沒有收入，仍然會有食物和交通的消費支出，所以 a 大於零。誘發性消費支出是指消費函數中，隨所得變動而增減的部分，b 是斜率項，等於 $\Delta C/\Delta Y$，當所得增加 ΔY 元，消費會增加 ΔbY 元，我們稱 b 為**邊際消費傾向** (marginal propensity to consume, *MPC*)。

讓我們利用圖 20-3 的數字來協助說明消費函數的意義。圖中 c 點是指總所得 10 兆元時，消費支出是 17.5 兆元；d 點是指總所得 20 兆元時，消費支出是 25 兆元。首先，讓我們來計算斜率 b。根據定義，斜率等於縱軸的變動除以橫軸的變動，亦即，

$$b = \frac{\Delta C}{\Delta Y}$$

ΔC 代表消費支出的變動，在此為 7.5 兆元 (= 25 − 17.5)；ΔY 代表總所得的變動，在此為 10 兆元 (= 20 − 10)。因此，$\Delta C/\Delta Y = 0.75$，也就是所得增加 100 元時，消費會增加 75 元。

> **自發性消費支出**
> 消費支出不受總所得變動所影響的部分。
>
> **誘發性消費支出**
> 消費支出隨著所得變動而增減的部分。
>
> **邊際消費傾向** 當所得增加 1 元時，消費增加的金額。

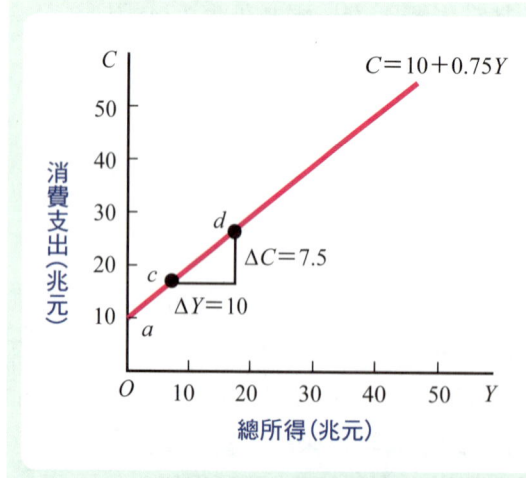

	總所得 Y (兆元)	消費支出 C (兆元)
a	0	10
b	8	16
c	10	17.5
d	20	25
e	40	40
f	60	55
g	80	70

在簡單的消費函數裡，當總所得是零時，消費是 10 兆元；當總所得是 10 兆元時，消費是 17.5 兆元。所得每增加 10 兆元，消費會增加 7.5 兆元，邊際消費傾向為 0.75。

圖 20-3　消費函數

接著，我們來計算自發性消費支出 a：

$$a = C - bY = C - 0.75Y$$

以 d 點為例，$Y = 20$ 和 $C = 25$ 代入上式可得 $a = 25 - 0.75 \times 20 = 10$。事實上，圖 20-3 的 a 點即為自發性消費支出，而圖中右邊的表列可以直線型消費函數來表現：

$$C = a + bY = 10 + 0.75Y$$

20-2-2　影響消費函數移動的因素

除了可支配所得之外，影響民間消費支出的因素還有以下三個：

財富水準　家庭財富減少，消費者對未來信心大減，消費支出變得比較謹慎，消費函數下移，如圖 20-4 的 CF_0 下移至 CF_2 所示。

實質利率　實質利率下降，房貸利息負擔減少，消費支出可望提高，消費函數因而上移，如圖 20-4 的 CF_0 上移至 CF_1 所示。

預期未來可支配所得　若你預期下週一會領到人生第一份薪水，想要犒賞自己先去吃一頓法國餐。因此，預期可支配所得上升，消費函數將會上移。如圖 20-4 的 CF_0 至 CF_1 所示。

20-2-3　臺灣的消費函數

我們可以利用主計總處編製 1974 年到 2018 年家庭收支調查報告第九表中的可支配所得、消費支出和儲蓄的資料，以普通最小平方法來推導中

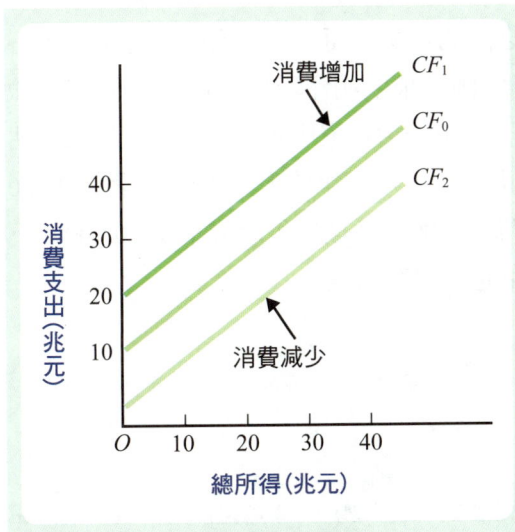

當實質利率下跌時，財富提高或預期未來所得上升，都會使消費支出增加，消費函數上移；反之，則消費函數下移。

圖 20-4　消費函數的移動

華民國臺灣地區的消費函數：

$$C = 7,353.15 + 0.7745Y_d$$

上式中的斜率 0.7745 即為邊際消費傾向。這表示當臺灣地區的家庭可支配所得增加 100 元時，其中消費會增加 77 元，儲蓄會增加 23 元。

2018 年政府決定為公務員加薪 3%。加薪帶動消費，對經濟有幫助嗎？一般來說，所得愈高者的邊際消費傾向愈低，而所得愈低者的邊際消費傾向較高。郭台銘收入增加 1 萬元，大概不會增加消費；相反地，月入 2 萬元的低收入者，可能會將增加的 1 萬元花掉大部分。因此，政府加薪若能帶動民間企業跟進，或直接將現金移轉給低收入戶，將對經濟有正面助益；否則，其實質效果十分有限。

20-3 計畫性投資

經濟學所定義的投資是指新的機器設備、新建築物及存貨的增加。譬如，麥當勞新購買一臺炸薯條的機器，或是網路咖啡店新購買電腦和遊戲軟體，這些都增加廠商的資本存量。因此，投資可以創造未來價值。[2]

廠商對資本財的投資是冀望未來的報酬或收益。潛在投資者必須預估一項投資方案在明年、後年及未來各年所帶來的現金流量。若未來各期現金流量的總收益大於投資的總成本，廠商會進行這項投資；否則，廠商就會放棄此投資方案。

淨現值法則 接受正淨現值的投資方案，否決負淨現值的投資方案。

我們可以利用*淨現值法則* (net present value rule) 來說明上述的觀念。淨現值是一項投資的市值和成本之間的差額，而一項投資的市值是未來各期現金流量的現值。讓我們用一個例子來說明淨現值的應用。假設寶鹼 (Procter & Gamble) 公司正面臨是否推出一項新家用產品的決策。根據預估的銷售和成本數字，這項五年計畫的前兩年每年收入的現金流量為 2,000 元，次兩年為 4,000 元，最後一年為 5,000 元；期初生產成本為 10,000 元，折現率為 10%。我們應該如何評估這項投資方案？

---

[2] 行政院主計總處稱投資為國內資本形成毛額。依資本財型態可分為兩類：(1) 固定資本形成毛額：包括營運工程 (住宅和非住宅用房屋)，其它非營建工程 (如道路、機場)；運輸工具；機器設備；土地改良、耕地及果園開發；種畜、牧畜及乳牛等；(2) 存貨增加：包括原材料、在製品 (尚未製造完成的產品) 和製成品 (完成全部生產過程等待出售的產品)。

根據已知的現金流量和折現率，我們可以將現金流量折算成現今的價值，而得到該產品的總現值：

$$現值 = \frac{\$2,000}{(1+10\%)} + \frac{\$2,000}{(1+10\%)^2} + \frac{\$4,000}{(1+10\%)^3} + \frac{\$4,000}{(1+10\%)^4} + \frac{\$5,000}{(1+10\%)^5}$$

$$= \$12,313$$

亦即，預期收入的總現值為 12,313 元，其淨現值為 $12,313 - $10,000 = $2,313，寶齡公司應該可以進行淨現值為正的投資。根據這個簡單的例子，我們可以歸納出淨現值法則如下：

> 接受正淨現值的投資方案，否決負淨現值的投資方案。

在瞭解廠商的投資抉擇後，我們可將淨現值公式寫成：

$$NPV = \sum_{t=1}^{n} \frac{現金流量_t}{(1+i)^t} - 期初投資$$

上式的 NPV 就是淨現值，期初投資是廠商計畫投資支出，現金流量$_t$ 是第 t 期的現金流量，n 是投資方案的年限，i 則為折現率。根據淨現值的公式，我們可歸納出影響投資的因素有三：

市場利率　市場利率上升將增加廠商貸款成本，進而提高投資的機會成本。在淨現值公式裡，廠商用來折現未來各期現金流量的折現率 i，通常都是以市場利率來代替。若折現率上升，未來各期現金流量的現值總和會下降，投資方案的 NPV 可能由正轉負。在寶齡公司的例子，若折現率由 10% 上升至 18%，現值總和變成 9,814.509 元，NPV 為 $9,814.509 - $10,000 = -$185.491。因此，市場利率上升，廠商投資減少；市場利率下降，廠商投資增加。

企業預期　假如廠商對未來的獲利前景感到悲觀，未來銷售收入將減少，這會使營運現金流量下跌，NPV 可能由正轉負。譬如，2008 年的雷曼兄弟 (Lehman Brothers) 倒閉，引發全球金融海嘯；2020 年新冠肺炎疫情大爆發，全球五大洲陸續傳出災情，大家不敢出國旅遊及消費，世界各國經濟遭受重創，各國人民消費行為變得謹慎，廠商投資因而減少。因此，企業預期悲觀，投資減少；企業預期樂觀，投資增加。

消費者所得　消費者所得提高，會多購買商品、廠商銷售收入上升，獲利也跟著增加。在其它條件不變下，營運現金流量隨之提高，廠商的投資增

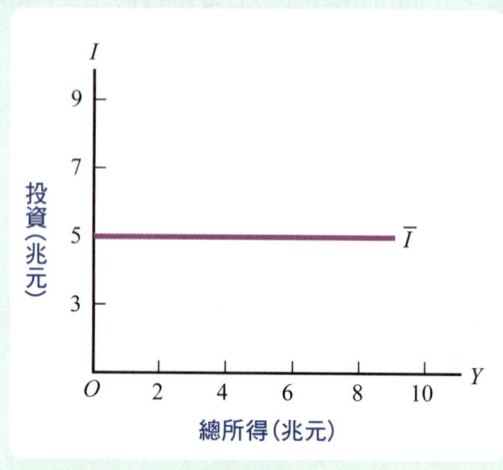

[圖 20-5 自發性投資：自發性投資支出與總所得無關。不管總所得是 6 兆元或 8 兆元，投資始終維持在 5 兆元。因此，投資函數是一條水平線。]

加。因此，消費者所得上升，使廠商投資增加；消費者所得下跌，導致廠商投資減少。

為了簡化分析，簡單凱因斯模型假設計畫投資支出與當期所得無關。投資是一種 *自發性支出* (autonomous expenditure)，如圖 20-5 所示。在圖 20-5，不管總所得是新臺幣 6 兆元或 8 兆元，計畫投資始終維持在 5 兆元，因此，投資函數是一條水平線。

自發性支出 計畫總支出中，不會隨所得增減而變動的部分。

20-4 均衡所得

截至目前為止，我們已經檢視過消費與投資的決定因素。現在我們可以討論商品與服務市場均衡，並解釋經濟體系如何達到均衡。**均衡** (equilibrium) 是指，只要外生變數維持固定不變，狀態或條件會永遠持續下去。

均衡 只要外生變數維持不變，狀態或條件會永遠持續下去。

在凱因斯模型中，商品與服務市場均衡是指計畫總支出等於實際總支出的狀態。背後的觀念是當我們的計畫都實現時，實在沒有理由做任何改變，亦即，

$$均衡條件\ Y = AE$$
$$實際總支出 = 總所得 = 總產出 = Y$$
$$計畫總支出 = AE = C + I$$

如果實際總支出超過計畫總支出 ($Y > C + I$)，廠商的生產大於實際銷售，非預期存貨會增加，廠商將在下一期減少生產；相反地，如果實際總支出低於計畫總支出 ($Y < C + I$)，商品實際購買數量超過計畫生產數

量，非預期存貨會減少，存貨投資不足，廠商在下一期會增加生產。以上兩種生產的變動，會持續至 $Y = C + I$ 才會停止，此時即達到商品與服務市場均衡。

20-4-1　總支出函數

基於上面對計畫總支出、消費支出及計畫投資支出的說明，現在可將簡單凱因斯模型完整列出：

$$AE = C + I \tag{20-1}$$

$$C = a + bY \tag{20-2}$$

$$I = \bar{I} \tag{20-3}$$

若將式 (20-2) 和式 (20-3) 代入式 (20-1)，可得：

$$AE = C + I = a + bY + \bar{I} = (a + \bar{I}) + bY$$

上式中等號右邊的第 1 項 $(a + \bar{I})$ 稱為自發性支出，它與所得水準的高低無關；等號右邊的第 2 項，稱為**誘發性支出** (induced expenditure)，它會隨著總所得的增加而增加。由於計畫總支出是總所得的函數，上式稱為**總支出函數** (aggregate expenditure function)。

> **誘發性支出**　總支出函數中，隨著總所得增減而變動的部分。
>
> **總支出函數**　計畫總支出為總所得的函數。

20-4-2　均衡所得：計畫總支出＝總所得

前面提到商品與服務市場均衡是在總所得 (總產出) 與計畫總支出相等時達到。

$$Y = AE = C + I = (a + \bar{I}) + bY$$

上式中，將總所得 Y 集項，可得：

$$Y^* = \frac{1}{1-b}(a + \bar{I}) \tag{20-4}$$

上式中的 Y^* 是均衡所得，它等於自發性支出 $(a + \bar{I})$ 乘以 $1/1 - b$。若 $a = 10$、$I = 5$ 和 $b = 0.6$，則均衡所得為：

$$Y^* = \frac{1}{1-0.6}(10 + 5) = 37.5$$

從臺灣看天下：亞洲基礎設施投資銀行

2016年1月16日，亞洲基礎設施投資銀行 (Asian Infrastructure Investment Bank, AIIB)，簡稱亞投行，在北京釣魚臺國賓館舉行開業儀式。

中國國家主席習近平強調，亞投行將有效增加亞洲地區基礎設施投資，創造就業機會，對亞洲乃至世界經濟增長帶來積極提振作用。

亞投行是2013年10月由習近平親自提議共建"一帶一路"而成立的國際機構，一帶是指"絲綢之路經濟帶"，而一路則為"21世紀海上絲綢之路"。"一帶一路"貫穿歐、亞、非大陸，版圖涵蓋全球44億人口，占全世界63%，GDP規模達21兆美元，占全世界29%，預計十年內投資1.6兆美元經濟在公路、鐵路、港口、油管、橋樑、輸電網路、光纖傳輸等大型基礎設施。

亞投行是為推動"一帶一路"策略而成立之國際金融機構，按照多邊開發銀行形式和原則營運。它與其它國際多邊組織不同，亞投行側重基礎設施建設，而現有世界銀行和亞洲開發銀行則以減貧為主。

2014年10月，首批22個意向創始成員國代表簽署了"籌建亞洲基礎設施投資銀行備忘錄"。2015年6月，50個意向創始成員國代表共同簽署"亞洲基礎設施投資銀行協定"，另外7個國家在2015年底前先後簽署。2015年12月，"亞洲基礎設施投資銀行協定"達到法定生效條件，亞投行正式宣告成立。

2015年4月16日，財政部向立法院財政委員會提供"申請加入國際組織亞洲基礎設施投資銀行方案與評估"書面報告中指出，臺灣若能加入亞投行，將有助於融入區域經濟整合，並為國內業者帶來基礎建設、資源開發、產業合作等商機。譬如，"一帶一路"有助於臺商拓展東南亞、中亞及東歐等市場，帶動投融資資金及相關金融保險服務。

資料來源：香港新浪網，"亞投行正式開業，習近平在開業儀式上說了啥？" 2016年1月16日。

表 20-2　亞投行、亞銀與 IMF 的比較

	亞投行 (AIIB)	亞銀 (ADB)	國際貨幣基金 (IMF)
成立時間	2014年簽約籌建備忘錄，2015年底運作	1966年	1945年
主導國家	中國	日本	美國及歐盟
成員	中國、印度、新加坡等首批21個意向創始成員國；英國宣布加入，法、德、義也傳有意加入；中華民國尚未表態	中華民國、中國、香港、日本、美國、英國、德國等67國，中華民國為創始會員國之一	中國、美國、英國、日本、德國、法國等188個；1980年，建政後的中共取代中華民國的代表席位
總部	中國北京	菲律賓馬尼拉	美國華盛頓
資本額	1,000億美元(中國允諾出資五成)	1,750億美元	2,380億美元
宗旨	提供在亞太地區國家基礎建設資金	協助亞太區域開發中國家基礎建設	為陷入經濟困難國家提供金援或協助管理財政
戰略意義	連結"一帶一路"，中國爭取在國際經濟金融的話語權，挑戰ADB、IMF地位	協助亞洲國家開發，改善第二次世界大戰日本與周邊國家關係	有助於鞏固或增進美國在第二次世界大戰後的世界霸權地位

圖 20-6 顯示如何決定均衡所得。商品與服務市場均衡發生在總支出函數與 45° 線的交點 (e 點)，$Y = C + I$。總支出函數為家計單位與廠商的計畫總支出，代表商品與服務的總需求；45° 線為 $Y = AE$，代表總產出與計畫總支出相等。當商品與服務的總產出等於總需求時，商品與服務市場達到均衡。這正是凱因斯在《一般理論》的主張：當有失業存在的情況下，總所得 Y 由需求面決定。由於圖 20-6 代表凱因斯的所得決定理論，有些經濟學家稱此圖形為**凱因斯十字架/凱因斯交叉** (Keynesian cross)。

在圖 20-6 中，均衡所得為新臺幣 37.5 兆元。如果商品與服務市場的總產出不等於均衡所得，經濟體系將如何調整？假設總產出是 20 兆元，計畫總支出 (AE) 將超過總產出 (Y)，廠商的實際銷售量超過產出數量，導致非預期的存貨減少；廠商面對存貨不足，會在下期增加生產，總產出的提高意味著所得也會提高。原因很簡單：廠商必須雇用更多的生產因素才能增加商品生產，生產因素擁有者的報酬 (總所得) 隨之提高。如果消費者對宏達電手機的需求增加 30%，HTC 就必須擴大生產 30%，意味著該公司會有更多的員工、購買更多的觸控面板、鋁合金外殼、晶片等，這些供應商訂單也增加 30%，就必須擴產 30%……，只要 $Y < C + I$，這種調整過程會持續下去，直至 $Y = C + I$ 才會停止。

相反地，若總產出是 60 兆元，此時總產出 (Y) 超過計畫總支出 (AE)。廠商的生產數量超過實際銷售量，東西賣不掉，導致非預期的存貨累積；面對存貨過多，廠商會選擇在下一期減少生產，總產出 Y 會下跌。只要 $Y > C + I$，這種調整過程就會持續下去，直到 $Y = C + I$ 才會停止。

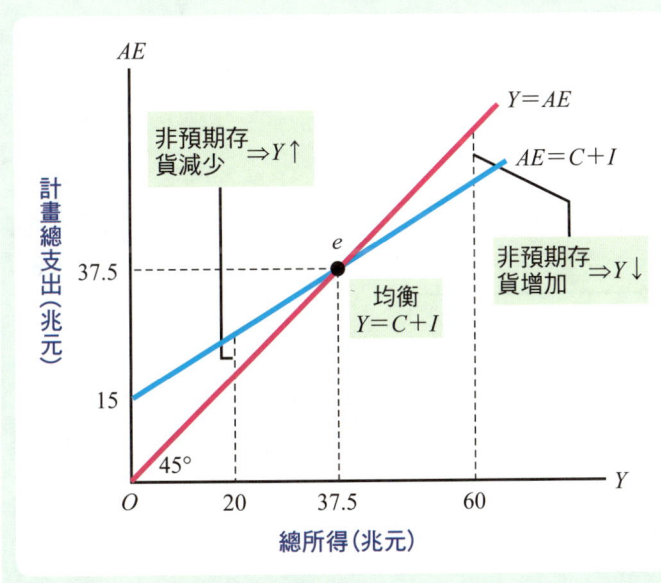

當計畫總支出 $C + I$ 等於總所得 Y (產出) 時，商品與服務市場達到均衡。當 $Y < C + I$，存貨不足，下一期廠商將增加生產；相反地，當 $Y > C + I$，存貨過多，下一期廠商將減少生產。$AE = Y$ 時，$Y^* = 37.5$。

▲ 圖 20-6　均衡所得的決定：$AE = Y$

20-4-3　均衡所得：儲蓄＝投資

從第 17 章國民所得的討論中，我們知道可支配所得不是用來消費，就是拿去儲蓄，而又因為簡單凱因斯模型假設政府稅收為零，因此：

$$Y = C + S \tag{20-5}$$

此外，商品與服務市場均衡條件為 $Y = C + I$；換句話說，式 (20-5) 可改寫成 $C + S = C + I$，等號兩邊都減去 C，可得：

$$I = S \tag{20-6}$$

上式說明，計畫性投資等於儲蓄時，商品與服務市場達到均衡。此為儲蓄＝投資方式的商品與服務市場均衡條件。若 $a = 10$、$\bar{I} = 5$ 和 $b = 0.6$，則儲蓄函數 $S = Y - C = -10 + 0.4Y$。儲蓄函數的斜率稱為**邊際儲蓄傾向** (marginal propensity to save, *MPS*) ── 所得增加 1 元時，儲蓄增加的金額。注意，$MPS = 1 - MPC$。均衡條件 $I = S$，即

$$S = -10 + 0.4Y$$

經過整理，均衡所得 Y^* 為：

$$S = \frac{1}{0.4} \times (10 + 5) = 37.5$$

圖 20-7 顯示 $I = S$ 的商品與服務市場均衡。值得注意的是，圖 20-7 與圖 20-6 的均衡所得相同。

> **邊際儲蓄傾向**　所得增加 1 元時，儲蓄增加的金額。

▲ 圖 20-7　均衡所得的決定：$I = S$

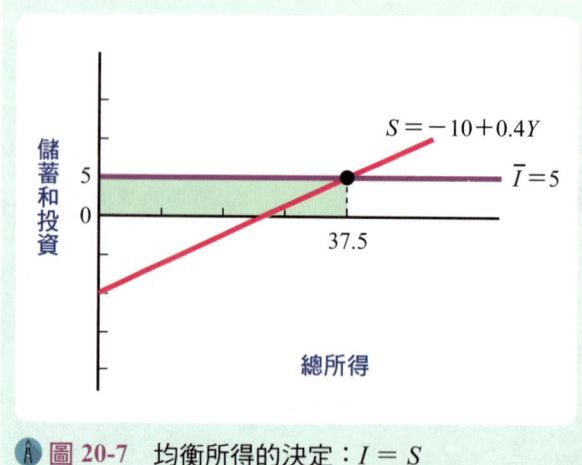

當計畫性投資等於儲蓄時，商品與服務市場達到均衡，$Y^* = 37.5$。

20-5 乘 數

20-5-1 乘數效果

現在我們已經知道如何決定均衡所得，接下來的問題是：當計畫投資支出發生變動時，均衡所得有什麼改變？

若廠商樂觀看待未來，而打算增加 10 兆元的投資，均衡所得將產生什麼樣的變化？讓我們利用表 20-3 來說明所得的變動過程。

- 第 0 年　總支出等於總所得，均衡所得 = 37.5 兆元。
- 第 1 年　計畫投資支出 (I) 增加 10 兆元，總支出 ($AE = C + I$) 也增加 10 兆元。此時，總支出大於總所得 (47.5 > 37.5)，廠商下一期將會增加產量。生產因素擁有者的所得隨之提高為 47.5 兆元。
- 第 2 年　所得提高，消費支出跟著增加 ($C = 10 + 0.6 \times 47.5 = 38.5$)，總支出增加為 53.5 (= 38.5 + 15)。第 2 年的總支出比第 1 年多增加 6 兆元。
- 第 3 年　因為總支出超過總所得 (53.5 > 47.5)，廠商開始增加生產因素雇用，生產因素擁有者的所得也提高成 53.5 兆元，消費支出也跟著提高成 $C = 10 + 0.6 \times 53.5 = 42.1$。總支出變成 57.1，比第 2 年的總支出增加 3.6 兆元。
- 第 4 年　總支出大於總所得 (57.1 > 53.5)，廠商為滿足需求的上升而增加產量，……
- ⋮
- 最　後　總支出＝總所得。均衡所得 = 62.5 兆元。

表 20-3　乘數效果：投資支出增加 10 兆元對均衡所得的影響

年	總所得 (Y)	消費支出 ($C=10+0.6Y$)	投資支出 (I)	總支出 ($AE=C+I$)
0	37.5	32.5	5	37.5
1	37.5	32.5	15	47.5
2	47.5	38.5	15	53.5
3	53.5	42.1	15	57.1
⋮	⋮	⋮	⋮	⋮
n	62.5	47.5	15	62.5

乘數效果 自發性支出變動引起均衡所得呈倍數的改變。

乘數 均衡所得的變動除以自發性支出的變動。

因此，當計畫投資增加 10 兆元時，最後會導致均衡所得水準增加 25 兆元。這種自發性支出變動引起均衡所得呈"倍數"的改變，稱為**乘數效果** (multiplier effect)。這個"倍數"即為**乘數** (multiplier)，定義成：

$$乘數 = \frac{均衡所得的變動}{自發性支出的變動}$$

在表 20-3，乘數等於 25/10 = 2.5；亦即，自發性支出每增加 1 元，均衡所得會增加 2.5 元。

20-5-2　自發性投資乘數

乘數效果除了以表格說明外，也可以透過總支出函數的推導而得。從第 20-4 節，我們知道總支出函數為：

$$AE = (a + \bar{I}) + bY \tag{20-7}$$

當廠商計畫投資增加 10 兆元時，我們以 $\Delta \bar{I} = 10$ 表示，總支出函數變成：

$$AE_1 = (a + \bar{I} + \Delta \bar{I}) + bY \tag{20-8}$$

為了區別起見，我們可將式 (20-7) 改寫成 $AE_0 = (a + \bar{I}) + bY$。式 (20-7) 加上均衡條件 $Y = AE_0$ 後，我們得到：

$$Y_0^* = \frac{1}{1-b}(a + \bar{I}) \tag{20-9}$$

式 (20-8) 加上均衡條件 $Y = AE_1$ 後，得到：

$$Y_1^* = \frac{1}{1-b}(a + \bar{I} + \Delta \bar{I}) \tag{20-10}$$

將式 (20-10) 減去式 (20-9)，並定義均衡所得變動為 $\Delta Y = Y_1^* - Y_0^*$，則：

$$\begin{aligned}\Delta Y &= Y_1^* - Y_0^* \\ &= \frac{1}{1-b}(a + \bar{I} + \Delta \bar{I}) - \frac{1}{1-b}(a + \bar{I}) \\ &= \frac{1}{1-b}\Delta \bar{I}\end{aligned}$$

上式說明均衡所得變動是自發性投資變動的倍數。這項倍數，我們曾經定義為乘數，可寫成：

$$乘數 = \frac{\Delta Y}{\Delta \bar{I}} = \frac{1}{1-b} = \frac{1}{1-MPC} = \frac{1}{MPS} \qquad (20\text{-}11)$$

式 (20-11) 中的 ΔY 是均衡所得變動，$\Delta \bar{I}$ 是自發性投資變動，b 是邊際消費傾向，所以 $(1-b)$ 是邊際儲蓄傾向 (MPS)。若 $b = 0.6$，乘數就等於 $1/(1-0.6) = 2.5$。當 MPC 愈大時，如 $b = 0.8$，乘數愈大 $[1/(1-b) = 1/(1-0.8) = 5]$；當 MPC 愈小時，如 $b = 0.5$，乘數愈小 $[1/(1-b) = 1/(1-0.5) = 2]$。

20-6 節儉的矛盾

如果家計單位面對油價屢創新高、國際原物料價格上漲與薪資並未調整的窘境，而決定調整消費習慣，縮衣節食，少消費多儲蓄，準備過苦日子，所得是否因此增加？

假設家計單位增加計畫儲蓄，使圖 20-8 的儲蓄曲線從 S_0 上移至 S_1。儲蓄的增加意味著消費的減少，結果是均衡所得的下降。在圖 20-8，商品市場一開始的均衡是在 a 點，均衡所得為 37.5 兆元。提高計畫儲蓄，使均衡移到 b 點，新的均衡所得為 25 兆元，比原先的所得減少 12.5 兆元。

在 b 點，儲蓄 $S = -5 + 0.4 \times (25) = 5$，這和未增加前的儲蓄水準，$S = -10 + 0.4 \times (37.5) = 5$ 完全相同。家計單位試圖增加儲蓄，結果卻是均衡所得的下跌與消費支出的減少，但儲蓄水準卻沒有改變。此一結果違

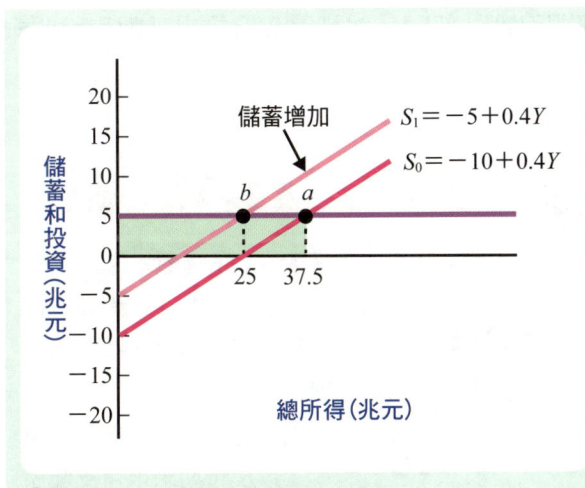

儲蓄從 S_0 增至 S_1，均衡所得從 37.5 兆元減至 25 兆元。

▲ 圖 20-8 節儉的矛盾

節儉的矛盾 儲蓄增加造成所得減少和儲蓄水準不變。

反了傳統認為"省一塊錢，就是賺一塊錢"的信仰，稱為 節儉的矛盾 (paradox of thrift)。節儉對個人而言，可能是有利的，對整個社會卻是總所得的下降。

"節儉的矛盾"是否在任何情況下都會成立？答案為否定的。記得在第 16 章的循環流程圖，家計單位的儲蓄流向金融市場，另一方面廠商會到金融市場貸款，然後用這筆錢去投資購買機器設備等資本財。因此，家計單位是金融市場 可貸資金 (loanable fund) 的供給者：負責提供資金 (儲蓄) 到金融市場。廠商則為可貸資金的需求者：需要資金 (投資) 來購買資本財。

如果額外的儲蓄可透過金融市場的中介機構到廠商的手中，圖 20-8 的儲蓄曲線和投資曲線會同時上升，最後的均衡所得和儲蓄水準都會比起初的均衡水準高。因此，節儉的矛盾只有在計畫投資固定不變的情況下才會成立。

20-7　結　語

如果我們生產、消費價值 20 兆元的商品讓大多數臺灣人都有工作，那麼接下來的一年中，我們何必讓一大堆人失業，使廠商的商品滯銷？答案是：經濟衰退就像流感一樣防不勝防。

我們介紹了最簡化的凱因斯模型：僅探討兩個經濟部門 (家計單位和廠商) 的行為，以及檢視商品市場如何達到均衡。在下一章，我們將擴充簡單凱因斯模型包括政府部門與國外部門，並探討政府支出乘數和稅收乘數的政策效果。

摘要

- 古典學派假設物價完全自由調整，充分就業是常態。而凱因斯學派認為市場資訊不完全，物價具有僵硬性，國民所得由總需求決定。
- 總供給與總需求模型可用來解釋短期經濟波動的現象。總需求由商品市場和貨幣市場的均衡推導而得，總供給可由勞動市場和生產函數推導而得。
- 簡單凱因斯模型可用來推導商品市場均衡。其基本假設有：(1) 物價水準固定；(2) 未考慮政府和國外部門；(3) 消費支出主要由可支配所得決定；以及 (4) 計畫投資支出固定不變。
- 決定消費支出的因素有可支配所得、財富水準、實質利率，以及預期未來可支配所得。決定計畫投資的因素有市場利率、企業預期和消費者所得。

- 當計畫總支出等於實際總支出時，商品市場達到均衡。根據循環流程圖，實際總支出＝總所得＝總產出。所以，$Y=C+I$ 時，商品市場達到均衡。
- 簡單凱因斯模型並未考慮政府部門，所以總所得 Y 等於可支配所得 YD。因為總所得不是用來儲蓄就是消費，$Y=C+S$。商品市場的均衡條件可改寫成 $I=S$。這是儲蓄－投資的均衡條件。
- 在計畫投資支出固定不變下，計畫儲蓄的提高，導致均衡所得減少，這是節儉的矛盾。當金融市場存在，儲蓄資金可正確導向投資者的手中時，就能避免節儉的矛盾，符合節儉是美德之古典學派的觀點。

習題

1. 擴張期是指景氣脫離谷底後 (不含谷底)，到達高峰的期間；而收縮期是指景氣脫離高峰後 (不含高峰)，逐漸衰退到谷底的期間。下表為臺灣景氣循環谷底與高峰的認定，表中谷底 (或高峰) 的月份代表整個月底都是谷底(或高峰)：

循環次序	谷底	高峰
第一次循環	1954 年 11 月	1955 年 11 月
第二次循環	1956 年 9 月	1964 年 9 月
第三次循環	1966 年 1 月	1968 年 8 月

第一次循環的收縮期持續幾個月？
(108 年商業行政改編)

2. 外銷訂單指數、企業用電量、股價指數、就業量等四項中，屬於逆循環 (countercyclical) 有幾項？
(a) 0 項　(b) 1 項　(c) 2 項　(d) 3 項
(108 年商業行政)

3. 下列敘述何者正確？
(a) 只有新興國家面臨景氣波動
(b) 大部分廠商在經濟緊縮期面臨訂單增加
(c) 造成景氣循環的最大因素為消費支出變動
(d) 實質國內生產毛額下降通常伴隨失業率上升
(108 年普考)

4. 假設某家庭收支情況如下：

可支配所得	消費支出
$ 0	$ 3,000
10,000	8,000
20,000	13,000
30,000	18,000

請問邊際消費傾向是多少？

5. 在下圖中，CF 代表消費函數，AB 線為 45 度線。消費支出與可支配所得何時會相等？

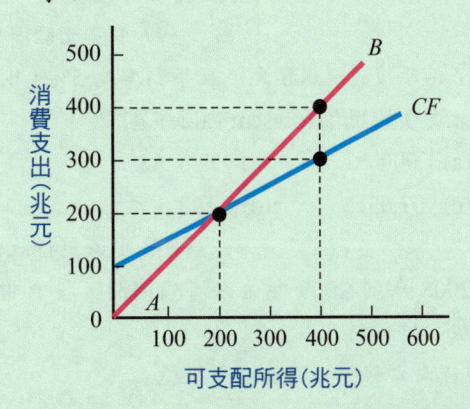

(108 年關務特考)

6. 某研究機構驗證該國的消費函數型態為 $C=a+b(Y-t(Y-D))$，t 是所得稅率，D 是免稅額。由該函數衍生的說法，何者正確？

(a) 財政部提高免稅額 D，人們將會減少消費
(b) 人們將每元所得中的 a 元用於消費
(c) 人們的邊際儲蓄傾向將小於平均儲蓄傾向
(d) 人們的所得增加，將有 $b(1-t)$ 用於增加消費 (107 年普考)

7. 計畫投資 (planned investment) 與真實投資 (actual investment) 會相等嗎？
(104 年中正企研所)

8. 阿妹說利率 6% 時，存 $250 一年的終值 (future value) 低於利率 3% 時，有兩年的終值；而杰倫說利率 6% 時，一年後 $250 的現值低於利率 3% 時，兩年後 $250 的現值，阿妹與杰倫的說法都正確嗎？
(98 年中山政經)

9. 某 4 年期 A 計畫之投資額為 60 萬元，其 NPV 為 10 萬元。同時又有一 4 期 B 計畫，其投資額為 100，NPV 為 15 萬元，請問兩者為互斥專案時，哪一個方案較佳？ (102 年臺大工工所)

10. 請評論凱因斯的消費函數中，邊際消費傾向一定大於平均消費傾向。 (92 年四技)

11. 在簡單凱因斯模型中，假設自發性投資增加 100，則均衡總儲蓄量變動為何？
(97 年臺北經濟)

12. 若兩年後付 1,000 元，且年利率為 5%，則此選項的現值 (present value) 為：
(a) 1,000 元 (b) 952.5 元
(c) 907.03元 (d) 1,102.5 元
(108 年商業行政)

13. 2008 年到 2009 年金融海嘯期間，投資曲線如何移動？
(a) 向左移動，因為利率很低
(b) 向右移動，因為利率很低
(c) 向左移動，因為預期報酬下降
(d) 向右移動，因為稅率下降
(108 年經建行政)

14. 在沒有對外貿易的情況下，一國的儲蓄會大於、等於或小於投資？ (92 年政大國貿)

15. 假設消費與所得資料如下：

所得	320	330	340	350	360	370	380
消費	320	327	334	341	348	355	362

請問：
(a) 自發性消費是多少？
(b) 乘數是多少？
(c) 當所得是 $370 時，平均儲蓄傾向是多少？ (85 年中山人資所)

16. 某封閉經濟體系原本的總體資訊如下：$C=\alpha+\beta Y_D$，投資支出 $I=500$，政府支出 $G=500$，可支配所得 $Y_D=Y-T$，淨賦稅 $T=0.2Y-200$。後來自發性投資增加 300，導致均衡總支出增加 500，這意味：
(a) 誘發性消費支出變動多少？
(b) 儲蓄總額變動多少？ (103 年淡江財金)

17. 假設某一年的封閉經濟體系資料如下：

$$Y=10,000 \quad C=6,000$$
$$T=1,500 \quad G=1,700$$

其中，Y 為 GDP，C 為消費支出，T 為稅收，G 為政府購買。另外，該國投資函數為 $I=3,000-100r$，其中 r 為以百分比表示的實質利率。請問均衡實質利率、國民儲蓄及私人儲蓄是多少？
(104 年中山企研所)

18. 假設蘭嶼島上的資料如下：
(1) 消費函數 $C=200+0.8Y$
(2) 投資 $I=100$
(3) $AE=C+I$
(4) $Y=AE$
(a) 請問蘭嶼島的邊際消費傾向和邊際儲蓄傾向為何？
(b) 請畫出式 (3) 和式 (4) 的圖形，並求解均衡所得
(c) 如果投資是 110，請問均衡所得為何？
(d) 請問乘數是多少？

19. 根據凱因斯學派，在不考慮政府部門的情

況下,封閉體系的均衡所得水準是由下列哪一項所決定?
(a) 預擬儲蓄等於實現的投資
(b) 預擬儲蓄等於預擬投資
(c) 自發性總支出除以邊際消費傾向
(d) 自發性總支出除以平均消費傾向

(108 年初等考試)

20. 下列為一封閉經濟體系資訊:

$$C = 20 + 0.2(Y-T)$$
$$I = 0.5 + 0.5Y - 20r$$
$$G = 15$$
$$T = -10 + 0.5Y$$

其中,r 為實質利率,Y 為總所得。若利率為 10%,政府支出增加至 31,請問均衡所得增加多少? (104 年臺北大學企管所)

網路習題

1. 請至行政院主計總處網站,"中華民國臺灣地區家庭收支調查報告"的家庭收支重要指標,請問最近一年的平均消費傾向是多少?最近一年的儲蓄率是多少?並請將歷年的可支配所得、消費支出和儲蓄的數據列出。

2. 請至行政院主計總處網站中,在國內資本形成毛額——依資本財型態分的實質成長率表中,請問各細項(住宅、非住宅用房屋、其它營建工程、運輸工具、機器及設備)的最近一年實質成長率為何?並與民國 70 年和民國 80 年做比較?你的結論為何?

Chapter 21

簡單凱因斯模型的延伸 —— 政府部門和國外部門

許久以來，政府在經濟體系中應該扮演什麼樣的角色，一直頗具爭議。在個體經濟學中，政府是否應該立法管制獨占事業，促進市場公平競爭；或政府面對外部性，是否應該積極介入糾正，還是以出售污染許可證的市場機能方式來達到經濟效率境界。究竟政府應該主動積極或不要主動干預，一直是經濟學界討論的重點。

總體經濟學也有類似的爭議。一方面，凱因斯及其追隨者認為經濟體系通常波動較為劇烈，政府必須主動負起調節經濟景氣的責任。凱因斯在《一般理論》中建議，政府在面對經濟不景氣時，短時間內，應該利用稅收和政府支出來增加總支出，刺激總產出，讓人民免於失業；另一方面，古典學派的經濟學家主張，透過價格機能，長時間下，經濟體系會恢復到原來的水準，政府支出不但無法穩定經濟，甚至是造成經濟不安定的元兇。

儘管有理論上的爭議，但沒有人否定政府部門是總體經濟體系的一個重要經濟單位。政府可以透過兩種政策管道來影響總體

本章重點

政府支出與稅收
政府支出乘數
稅收乘數
自動安定機能

經濟：財政政策和貨幣政策。財政政策是指政府利用政府支出和稅收來影響經濟的措施，它有三個政策工具：政府支出、稅收和移轉性支付。貨幣政策是指中央銀行利用變動貨幣供給來影響經濟的措施。貨幣政策是第 22、23 章的主題，財政政策則為本章討論的重點。

21-1 簡單凱因斯模型的延伸：加入政府部門

本節首先討論政府部門的活動：政府收入與支出，然後再將政府部門加入簡單凱因斯模型中，討論均衡所得的決定。

21-1-1 政府收入與支出

在圖 16-1 的經濟活動循環流程圖中，政府部門與其它經濟單位互動的兩個主要項目是：(1) *政府消費* (government consumption)，是政府對商品與服務的購買及支付公務人員的報酬；(2) 稅收，會影響可支配所得的增減。

政府消費 政府對商品與服務的購買以及支付受雇人員的報酬。

政府消費的計算包括五項：(1) 受雇人員報酬；(2) 公共資產的固定資本消耗；(3) 公共資產的購買支出，即中間消費；(4) 銷售；(5) 實物社會福利及救助：以實物形式給予家庭之移轉 (幼兒教育、老人假牙補助、老殘補助、中低收入及住院看護補助)。

政府在生產面是"政府服務生產者"，由於服務的生產總額沒有市場價格可供計算，所以用其投入的總成本作為生產總額。在生產總額中，有一部分銷售給家庭，稱家庭最終消費 (如公立學校的學雜費收入、國立歷史博物館的門票收入)；有一部分銷售給其他生產者，稱中間消費 (如高速公路休息站的攤位收入、桃園機場免稅商店的租金收入)；未銷售的部分就視為政府自用的產品，為政府的最終消費。

在臺灣，以職能別分類之政府消費 (Government Final Consumption Expenditure) 組成項目中，保健支出 (包括健保醫療給付) 占政府消費比重最高 (26.46%)，此比例從 2005 年開始都超過 20%，2018 年教育支出占政府消費比重居次 (19.74%)。2018 年的國防及經濟事務支出分屬三、四位 (12.71% 及 10.11%)。圖 21-1 繪出政府消費組成主要項目所占之百分比。

值得注意的是，政府部門的經濟活動用來列入國內生產毛額計算的項目是政府消費，而非政府支出。依據行政院主計總處《國民所得統計摘要》的分法，公營事業和政府的投資支出均列於國內資本形成毛額項下。而根

2018 年政府最終消費組成

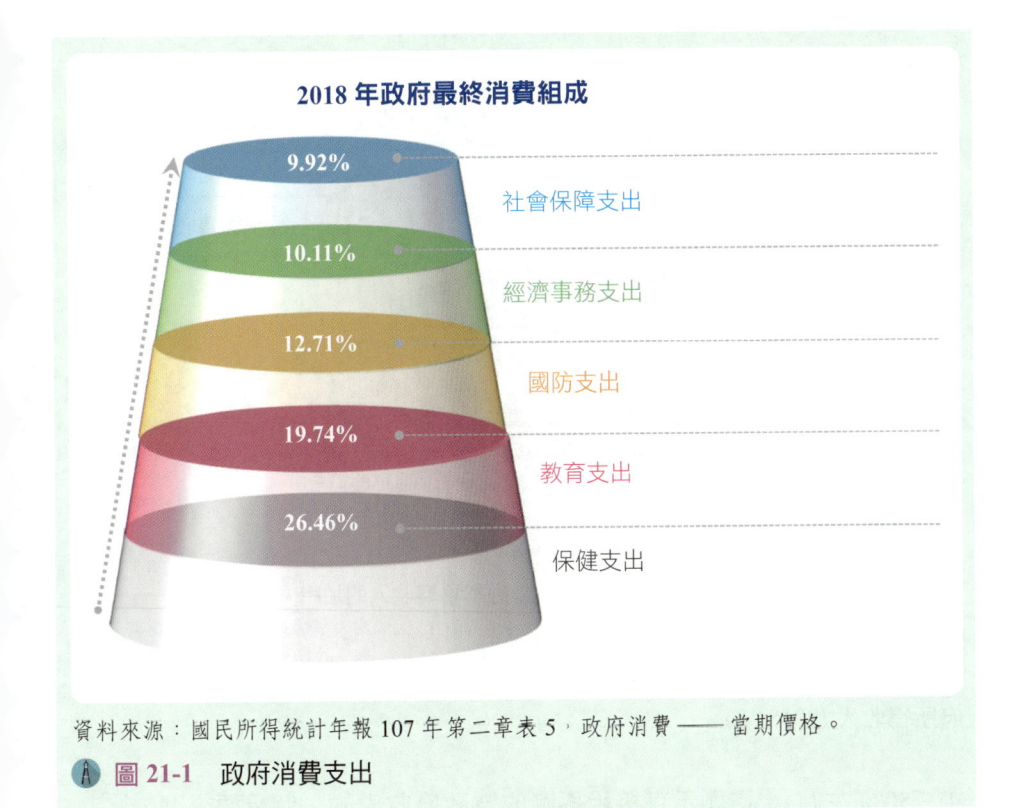

- 9.92% 社會保障支出
- 10.11% 經濟事務支出
- 12.71% 國防支出
- 19.74% 教育支出
- 26.46% 保健支出

資料來源：國民所得統計年報 107 年第二章表 5，政府消費——當期價格。

圖 21-1　政府消費支出

據財政部統計年報，政府部門只涵蓋各級政府，並未包括公營事業，而公營事業的盈餘必須提列一部分給國庫，視為政府收入的一部分。如果以政府消費、政府投資和公營企業投資三者加總代表政府部門在經濟活動扮演的角色，三項支出占國內生產毛額的比重，從民國 40 年到 103 年之間，平均比率是 25.47%，可見政府部門在臺灣經濟發展的過程中是相當重要的。[1]

一般政府的收入包括所得稅及其它經常稅 (包括所得稅、遺產及贈與稅、證券交易稅、期貨交易稅及房屋稅，此為直接稅)、生產及進口稅 (包括關稅、貨物稅、營業稅及菸酒稅，此為間接稅)[2]、財產及企業所得、國內經常移轉收入和國外經常移轉收入等五項。早期，這五個組成項目當中，以間接稅占政府收入的比例最高，民國 58 年高達 70.64%，然後逐漸遞減；民國 80 年以後，這項比例低於五成，如圖 21-2 所示。此外，直接稅的比例隨著臺灣的經濟成長呈現遞增走勢 (民國 40 年到 60 年，約 10%；民國 60 年到 70 年，約 10% 到 20%；民國 90 年以後，

---

[1] 不過，自民國 90 年後，此比例皆低於 20%。

[2] 有關進口稅、生產稅，以及所得稅及其它經常稅之定義，請見國民所得統計年報附錄二編算方法與資料來源。

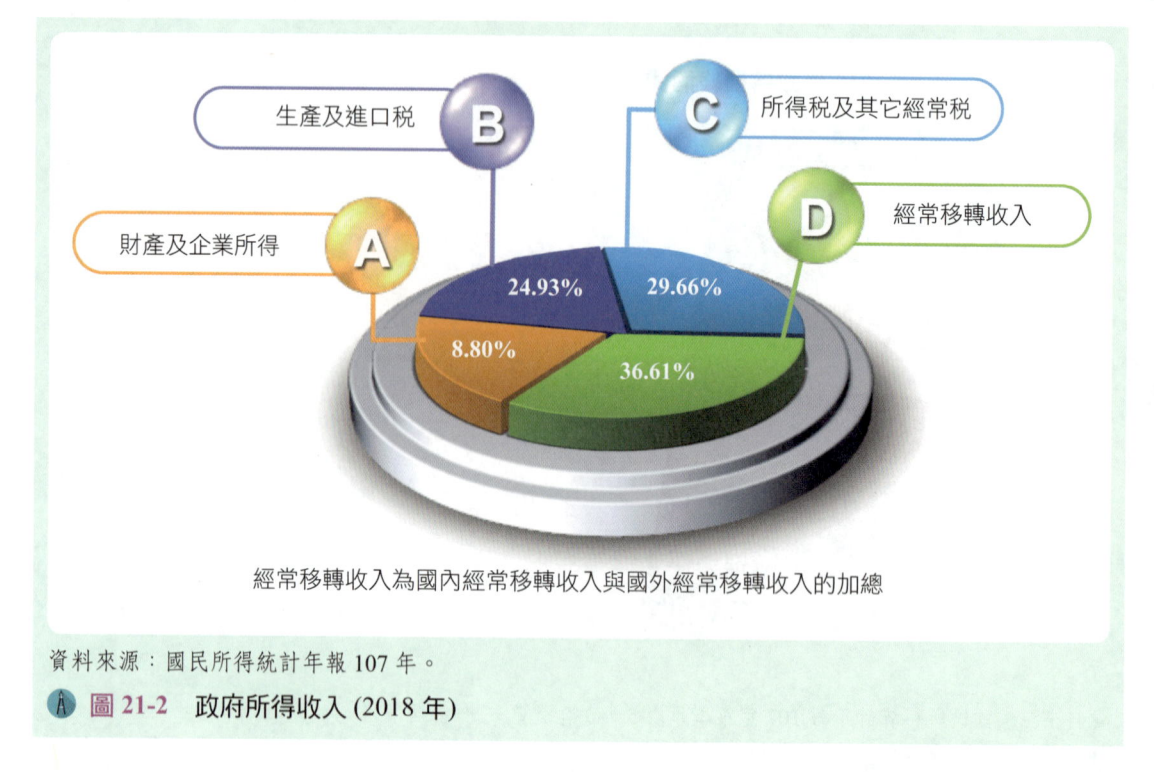

生產及進口稅 B
財產及企業所得 A
所得稅及其它經常稅 C
經常移轉收入 D

24.93%　29.66%
8.80%
36.61%

經常移轉收入為國內經常移轉收入與國外經常移轉收入的加總

資料來源：國民所得統計年報 107 年。

圖 21-2　政府所得收入 (2018 年)

約在 50% 左右)。這顯示直接稅逐漸成為政府收入的一個重要來源。[3]

21-1-2　均衡所得：計畫總支出＝總所得

記得在第 20 章的簡單凱因斯模型中，我們曾假設政府與國外部門並不存在，總支出只剩下民間消費支出和投資支出兩項。現在，我們將簡單凱因斯模型加以延伸：加入政府部門。

由於家計單位的可支配所得不是用來消費就是儲蓄，即：

$$Y_d \equiv C + S$$

另一方面，可支配所得 $Y_d = Y - T$，這兩個式子讓我們得到：

$$Y - T \equiv C + S$$

等號兩邊都加上 T，可得：

$$Y \equiv C + S + T$$

上式說明，總所得由消費、儲蓄和稅收三者組成。另一方面，計畫總支出是消費支出、計畫投資支出和政府支出的加總：

$$AE = C + I + G$$

---

[3] 直接稅與間接稅比例，從民國 90 年後約為 50% 左右，以 108 年為例，直接稅與間接稅比例為 49.09% 與 50.90%。

上式中的 G 代表政府對商品與服務的購買支出。由於政府的支出行為可由政府直接控制，我們視 G 為外生變數，$G = \overline{G}$ 為一固定數值。至於在消費函數的部分，倘若你一個月賺 5 萬元，而其中的 1 萬元要繳稅。真正影響消費支出是稅後的 4 萬元，而非稅前的 5 萬元。因此，消費可寫成可支配所得的函數：

$$C = a + bY_d$$

或

$$C = a + b(Y - T)$$

為了簡化分析，假設稅率由政府部門決定，上式中的稅收 T 為外生變數，$T = \overline{T}$。根據上面的敘述，納入政府部門後的簡單凱因斯模型可寫成：

總　支　出：$AE = C + I + G$
消費函數：$C = a + b(Y - T)$
投　　資：$I = \overline{I}$
政府支出：$G = \overline{G}$
稅　　收：$T = \overline{T}$
均衡條件：$Y = AE$

我們將消費函數、投資、政府支出及稅收代入計畫總支出的方程式中，可得總支出函數為：

$$\begin{aligned}AE = C + I + G &= a + b(Y - \overline{T}) + \overline{I} + \overline{G} \\ &= (a - b\overline{T} + \overline{I} + \overline{G}) + bY\end{aligned}$$

上式等號右邊的第 1 項 $(a - b\overline{T} + \overline{I} + \overline{G})$ 是自發性支出，第 2 項 bY 是誘發性支出為邊際消費傾向與總所得的乘積。根據第 20 章的討論，商品與服務市場均衡發生在計畫總支出 (總需求) 與總所得 (總供給) 相等之處 ($AE = Y$)，即：

$$Y = AE = (a - b\overline{T} + \overline{I} + \overline{G}) + bY$$

將上式的 Y 集項，經整理後可得：

$$Y^* = \frac{1}{1-b}(a - b\overline{T} + \overline{I} + \overline{G}) \qquad \text{(21-1)}$$

上式的均衡所得 (Y^*) 是自發性支出與邊際儲蓄傾向倒數的乘積。式 (21-1)

顯示，政府支出 (G) 與稅收 (T) 對均衡所得的影響程度並不相同：G 是計畫總支出的一部分，直接影響均衡所得；T 則透過可支配所得影響消費，而間接影響均衡所得。

現在，讓我們以數字的例子來說明均衡所得的決定。首先，在第 20-5 節的消費函數為 $C = 10 + 0.6Y$，加入政府部門後可改寫成：

$$C = 10 + 0.6(Y - T)$$

其次，假設政府購買商品與服務的支出金額為 10 兆元，稅收也是 10 兆元；亦即，政府支出與政府稅收相等，預算達到平衡。最後，假設計畫投資支出是外生變數決定，為 10 兆元。

表 21-1 列出在加入政府部門後的均衡所得決定過程。當總所得 (總產出) 是 20 兆元時，可支配所得等於 10 兆元 ($= 20 - 10$)。消費支出為：

$$C = 10 + 0.6 \times 10 = 16 \text{ 兆元}$$

計畫總支出則為：

$$AE = C + \bar{I} + \bar{G} = 16 + 10 + 10 = 36$$

由於總產出 (20) 低於計畫總支出 (36)，總需求擴張的結果是非預期的存貨減少，廠商會在下一期增加生產。另一方面，當總所得是 100 兆元時，計畫總支出為 84 兆元。由於總產出超過計畫總支出，剩餘導致非預期存貨累積，廠商會在下一期降低生產。只有在總產出等於計畫總支出，均衡所得 $Y^* = 60$ 兆元，非預期存貨為零，廠商不會調整生產。此時，商品與服務市場達到均衡。

圖 21-3 顯示均衡所得的決定。首先，因為 $\bar{T} = 10$，消費函數可寫成：

$$C = 10 + 0.6Y - 0.6 \times 10 = 4 + 0.6Y$$

表 21-1 均衡所得：加入政府部門

總所得 (總產出) (Y)	稅收 (T)	可支配所得 ($Y-T$)	消費 [$C=10+0.6(Y-T)$]	投資 (I)	政府支出 (G)	計畫總支出 ($AE=C+I+G$)	非預期存貨累積 ($Y-AE$)
20	10	10	16	10	10	36	−16
40	10	30	28	10	10	48	−8
60	10	50	40	10	10	60	0
80	10	70	52	10	10	72	8
100	10	90	64	10	10	84	16

圖 21-3　加入政府部門的均衡所得

當 $G = T = I = 10$ 兆元時，總支出函數 $AE = 24 + 0.6Y$，商品與服務市場均衡在 e 點，均衡所得 $Y^* = 60$。

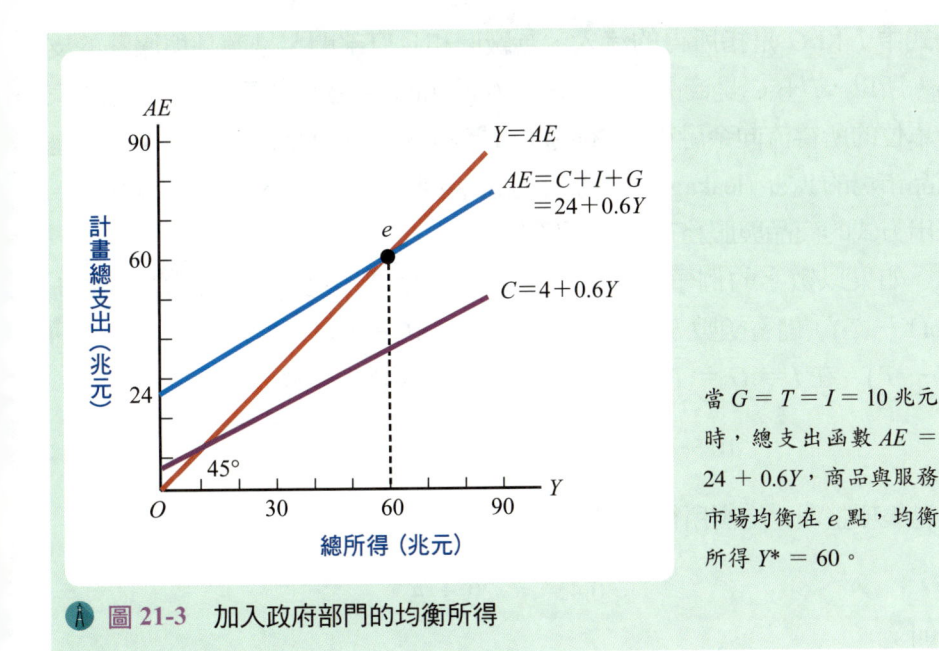

其次，我們知道：$\bar{I} = \bar{G} = 10$，總支出函數為：

$$AE = (a - b\bar{T} + \bar{I} + \bar{G}) + bY = (10 - 6 + 10 + 10) + 0.6Y$$
$$= 24 + 0.6Y$$

商品與服務市場均衡為 $Y = AE$，其為總支出函數與 45° 線的交點，e 點。

$$Y = 24 + 0.6Y$$

$$Y^* = \frac{1}{1 - 0.6} \times 24 = 60$$

我們得到均衡所得 $Y^* = 60$。

21-1-3　均衡所得：注入＝流出

第 21-1-2 節對可支配所得的討論，我們知道在考慮政府部門後，總所得是消費、儲蓄和稅收的加總：

$$Y \equiv C + S + T$$

另一方面，商品與服務市場的均衡條件為 $Y = AE = C + I + G$，因此商品與服務市場的均衡也可寫成：

$$C + I + G = C + S + T$$

將等號兩邊都減去共同因子 C，可得：

$$I + G = S + T$$

上式中 I 和 G 是指所得的流入，為廠商和政府部門，是商品與服務的支出。所以，$I+G$ 是商品市場的注入 (injection)。另一方面，S 和 T 是指家計單位的所得流向金融市場 (儲蓄)，或流向政府 (稅收)，因此，$S+T$ 是商品市場的流出 (leakage)。基於上述的說明，$I+G=S+T$ 稱為注入＝流出方式的商品與服務市場均衡條件。

如果以數字的例子來說明均衡條件，我們知道消費函數 $C=10+0.6(Y-T)$，儲蓄函數 $S=Y_D-C=Y_D-10-0.6(Y-T)=-10+0.4(Y-T)$。在 $\overline{I}=\overline{G}=\overline{T}=10$ 的情況下，均衡條件可寫成：

$$10+10=-10+0.4(Y-10)+10$$

經過集項整理，均衡所得 Y^* 為：

$$0.4Y^*=20+4$$

亦即，

$$Y^*=\frac{1}{0.4}\times 24=60$$

這個答案與第 21-1-2 節，由總支出等於總所得均衡條件所推導出的答案相同。

> **注入** 所得的流入為廠商及政府部門，是商品與服務的支出。$I+G$ 是商品市場的注入。
>
> **流出** 所得流向金融市場或政府，$S+T$ 是商品市場的流出。

21-2 簡單凱因斯模型的延伸：再加入國外部門

當你工作一段時間後，打算添購一臺平板電腦，是要買蘋果的 iPad、宏達電的 Flyer，還是華碩的變形筆電？如果買的是期望已久的 iPad，等於是買了進口商品。截至目前為止，我們都是在一個**封閉經濟體系** (closed economy) ── 一個不會與其它經濟體系產生互動的獨立經濟型態之假設下討論。但是**開放經濟體系** (open economy) ── 一個與其它經濟體系自由互動的經濟型態，是一個比較接近實際生活的經濟體系。

21-2-1 商品與服務的流動：出口、進口與淨出口

一個開放經濟體系內的人民可以在國際市場上交換商品與服務。這種交易行為有兩種類型：(1) **出口** (export)，本國生產的商品與服務，銷售到國外；(2) **進口** (import)，國外生產的商品與服務，在國內市場出售。

任何國家的**淨出口** (net exports) 是該國的出口總值減進口總值。宏達電賣平板電腦給法國，提高了臺灣的淨出口；德國出售 BMW X3 給臺灣，則減少了臺灣的淨出口。淨出口又稱為**貿易帳** (trade balance)，若淨出口

> **封閉經濟體系** 一個不會與其它經濟體系產生互動的獨立經濟型態。
>
> **開放經濟體系** 一個與其它經濟體系自由互動的經濟型態。
>
> **出口** 本國生產的商品與服務，銷售到國外。
>
> **進口** 國外生產的商品與服務，在國內市場出售。
>
> **淨出口** 出口總值減進口總值，又稱為貿易帳。

額為正 (出口總值大於進口總值)，這個國家會有 貿易順差 或 貿易出超 (trade surplus)；若淨出口額為負 (出口總值小於進口總值)，這個國家會有 貿易逆差 或 貿易入超 (trade deficit)，若淨出口額恰好為零 (出口總值等於進口總值)，這個國家是處於 貿易平衡 (balanced trade) 的狀態。表 21-2 列出出口與進口占 GDP 的比例。自民國 92 年，出口加進口占 GDP 比例都超過 100%。

一般來說，影響一國商品與服務進出口的因素有以下幾項：

1. 消費者對國內外商品的偏好。
2. 國內外商品的價格。
3. 匯率的高低。
4. 國內外消費者所得。
5. 商品與服務的運輸成本。
6. 各國貿易政策的導向。

> **貿易出超/貿易順差** 出口總值大於進口總值，即淨出口總值大於零。
>
> **貿易入超/貿易逆差** 出口總值小於進口總值，也就是淨出口為負。
>
> **貿易平衡** 出口總值等於進口總值，淨出口額等於零。

假設法國消費者特別喜好華碩的電競筆電，臺灣的出口會增加；如果臺灣消費者特別喜歡德國製汽車，臺灣的進口會提高。當中國經濟起飛後，會多買臺灣的鳳梨酥、烏龍茶和玉荷包。臺灣的出口會增加；同樣地，當同款的智慧型手機，臺灣的價格是澳洲的三分之二時，澳洲會向臺灣購買智慧型手機，臺灣的出口會增加。匯率也是影響進出口的重要因素。新臺幣貶值意味著相同數量的外幣能夠買到更多的臺灣製商品，臺灣的出口會增加，進口相對減少。最後，簽訂自由貿易協定意味著我們能夠賣更多的虱目魚、芒果和面板到別的國家。

在簡單的凱因斯模型中，假設進口水準由所得決定。臺灣人比較富有，就會多買外國商品 (如 iPhone)，進口數量因而上升。若以數學式來表示進口函數，可寫成：

$$IM = mY$$

其中，Y 是總所得，IM 是商品與服務的進口，而 m 是 邊際進口傾向

> **邊際進口傾向** 所得增加 1 元時，進口支出增加的金額。

表 21-2　出口與進口占國內生產毛額的比例　　　　(單位：%)

年 (民國)	出口	進口
40 年	10.20	14.89
50 年	13.78	20.76
60 年	34.85	32.44
70 年	50.83	48.88
80 年	46.02	42.32
90 年	50.38	45.62
100 年	80.84	74.33

資料來源：行政院主計總處。

(marginal propensity to import, MPM 或 MPI)，介於 0 與 1 之間。邊際進口傾向是指所得增加 1 元時，進口支出增加的金額。假如 $m = 0.1$，這表示當本國所得增加 100 元時，其中的 10 元會用來購買進口商品。另一方面，儘管出口受國外居民所得的影響，但由於國外所得並非本國經濟所能控制，因此出口假設為外生變數，$EX = \overline{EX}$。

21-2-2　開放經濟體系下的均衡所得：計畫總支出＝總所得

現在將進出口納入第 21-1-2 節的簡單凱因斯模型中，就會得到一個完整的支出面模型──開放經濟體系下的簡單凱因斯模型：

總　支　出：$Y = C + I + G + EX - IM$
消費函數：$C = a + b(Y - T)$
投　　資：$I = \overline{I}$
政府支出：$G = \overline{G}$
稅　　收：$T = \overline{T}$
出　　口：$EX = \overline{EX}$
進口函數：$IM = mY$
均衡條件：$Y = AE$

我們將消費函數、投資、政府支出、稅收、出口及進口函數代入計畫總支出的方程式，可得總支出函數為：

$$\begin{aligned}AE &= C + I + G + EX - IM \\ &= a + b(Y - \overline{T}) + \overline{I} + \overline{G} + \overline{EX} - mY \\ &= (a - b\overline{T} + \overline{I} + \overline{G} + \overline{EX}) + (b - m)Y\end{aligned}$$

上式的 $(a - b\overline{T} + \overline{I} + \overline{G} + \overline{EX})$ 為自發性支出，$(b - m)Y$ 是誘發性支出，等於邊際消費傾向減去邊際進口傾向後，與總所得的乘積。商品與服務市場的均衡是發生在 $Y = AE$ 之處，即：

$$Y = AE = (a - b\overline{T} + \overline{I} + \overline{G} + \overline{EX}) + (b - m)Y$$

經過集項整理，可得：

$$Y^* = \frac{1}{1 - b + m}(a - b\overline{T} + \overline{I} + \overline{G} + \overline{EX}) \quad (21\text{-}2)$$

上式的均衡所得 (Y^*) 是自發性支出乘以邊際儲蓄傾向加上邊際進口傾向之和的倒數。比較式 (21-1) 和式 (21-2)，我們發覺式 (21-2) 的自發性支出 (分子) 多了一項 $\overline{EX}$，而在誘發性支出部分 (分母) 多了一項 m。這表示所得增加時,其中一部分會拿去買進口商品,導致所得流向國外,均衡所得比封閉經濟下的所得增加幅度要小,也就是乘數值會變小。有關開放經濟體系下的乘數效果將在稍後詳細說明。

讓我們以數字例子來說明如何決定均衡所得。沿用第 21-1-2 節的數據,$C = 10 + 0.6(Y - T)$ 及 $\overline{I} = \overline{G} = \overline{T} = 10$。其次,假設出口 $\overline{EX} = 10$,而進口函數為 $IM = mY = 0.1Y$。將以上的數字代入總支出函數 $AE = C + I + G + (EX - IM)$,可得:

$$AE = (10 - 6 + 10 + 10 + 10) + (0.6 - 0.1)Y$$

在均衡時,$Y = AE$,

$$Y = 34 + 0.5Y$$

經過集項整理,均衡所得 Y^* 為:

$$Y^* = \frac{1}{1 - 0.5} \times 34 = 68$$

圖 21-4 描繪開放經濟體系下的均衡所得水準。首先,我們繪出未考慮進口函數的總支出 $C + I + G + EX$,即 $AE_0 = 34 + 0.6Y$。AE_0 函數的斜率為 0.6,均衡所得為 85。接著,將進口函數納入總支出函數後,$AE_1 = 34 + 0.5Y$。此時,AE_1 函數的斜率是 0.5,而均衡所得為 68。明顯地,e_1 點的均衡所得 (68) 比 e_0 點的均衡所得 (85) 要低。主要的原因是:所得用來

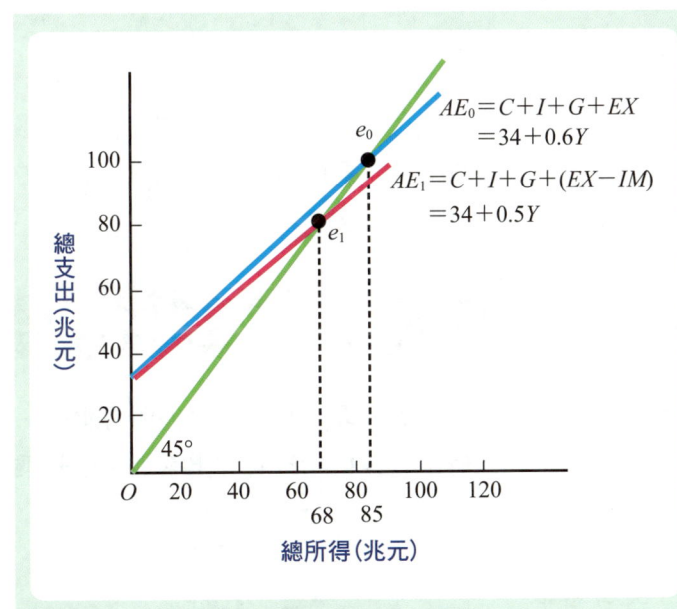

當消費函數 $C = 10 + 0.6(Y - T)$,投資、政府支出、出口和稅收都是 10 兆元時,均衡所得是 85 兆元。若將進口函數 $IM = 0.1Y$ 考慮進去,均衡所得是 68 兆元。

圖 21-4 開放經濟體系下的均衡所得

消費的部分，不只購買本國商品，也會購買外國商品。因此，有一部分的所得流向國外，這也可從注入＝流出方式的均衡所得觀察而得。

21-2-3　開放經濟體系下的均衡所得：注入＝流出

根據第 21-1-2 節的說明，我們知道 $Y = C + S + T$。此外，開放經濟體系下的商品與服務市場均衡條件為 $Y = AE = C + I + G + EX - IM$。因此，商品與服務市場的均衡條件也可寫成：

$$C + I + G + EX - IM = C + S + T$$

或

$$I + G + EX = S + T + IM$$

上式為開放經濟體系下，注入＝流出方式的商品與服務市場均衡。其中 I、G 和 EX 是商品與服務市場的注入，而 S、T 和 IM 是商品與服務市場的流出。如果以數字例子說明，儲蓄函數 $S = -10 + 0.4(Y - T)$ 和進口函數 $IM = 0.1Y$。在 $\overline{I} = \overline{G} = \overline{T} = \overline{EX} = 10$ 的條件下，均衡條件可寫成：

$$10 + 10 + 10 = -10 + 0.4(Y - 10) + 10 + 0.1Y$$

經過集項整理，均衡所得 Y^* 為：

$$0.5Y = 34$$

或

$$Y^* = \frac{1}{0.5} \times 34 = 68$$

這個答案與第 21-2-2 節 $AE = Y$ 之均衡所得答案相同。

21-3　乘數效果：財政政策

財政政策係政府利用政府支出與稅收的改變，來影響國民所得水準。本節將討論財政政策如何透過下列三個乘數效果：政府支出乘數、稅收乘數與平衡預算乘數，來影響均衡所得。

21-3-1　政府(購買)支出乘數

假設政府為振興傳統產業，打算投入新臺幣 5 兆元。在不增稅的情況下，這對均衡所得有何影響？

若政府支出增加 5 兆元，由於 G 為 AE 的一部分，計畫總支出將增加 5 兆元。此時總支出超過總產出。廠商看到商品被搶購，會選擇在下一期增加生產。產出增加可創造更多就業機會。當新受僱勞工的所得提高，消費支出隨之增加。記得 C 為 AE 的一部分，更高的消費意味著更高的計畫總支出。再一次地，總支出超過總產出，存貨不足導致下一期產出又增加。所得再度上升，這個過程會一直持續下去，直到新的 AE = Y 為止。

這種所得創造過程，就是乘數效果，只是這一次是政府支出 (G) 增加，而非計畫投資 (I) 提高所引起。

讓我們以第 21-1 節簡單凱因斯模型的延伸，來說明政府支出乘數。首先，納入政府部門的簡單凱因斯模型為：

$$AE = C + I + G$$
$$C = a + b(Y - T)$$
$$I = \overline{I}$$
$$G = \overline{G}, T = \overline{T}$$

商品市場的均衡條件為 $Y = AE$，式 (21-1) 的均衡所得為：

$$Y_0^* = \frac{1}{1-b}(a - b\overline{T} + \overline{I} + \overline{G}) \qquad \textbf{(21-3)}$$

若政府支出增加 5 兆元，$\Delta G = 5$，新的政府支出可寫成 $G_1 = \overline{G} + \Delta G$。上面的簡單凱因斯模型變成：

$$AE = C + I + G$$
$$C = a + b(Y - T)$$
$$I = \overline{I}$$
$$G = G_1, T = \overline{T}$$

經過商品與服務市場均衡條件的求解過程，新的均衡所得 Y_1^* 為：

$$Y_1^* = \frac{1}{1-b}(a - b\overline{T} + \overline{I} + G_1) \qquad \textbf{(21-4)}$$

比較新舊均衡，並將式 (21-4) 減式 (21-3)，可得：

$$\Delta Y = Y_1^* - Y_0^* = \frac{1}{1-b}(G_1 - \overline{G}) = \frac{1}{1-b}\Delta G$$

上式中的 ΔY 是均衡所得的變動，而 ΔG 是政府支出的變動。如果 $\Delta G = 5$

政府支出乘數 政府支出變動引起均衡所得呈倍數的變動。

且 $b = 0.6$，則 $\Delta Y = 1/(1 - 0.6) \times 5 = 12.5$。這表示政府支出增加 5 兆元，透過乘數效果，均衡所得呈 2.5 倍倍數增加，增加了 12.5 兆元。這項倍數是政府支出變動引起均衡所得的變動，稱為**政府支出乘數** (government spending multiplier)：

$$\text{政府支出乘數} = \frac{\Delta Y}{\Delta G} = \frac{1}{1-b}$$

政府支出乘數告訴我們，政府支出增加，所得會呈倍數增加。當經濟不景氣時，政府開始興建高速公路或捷運，營建工人重新找到工作，薪水入帳，消費者會比較放心花錢，然後景氣便會好轉起來而脫離蕭條。這正是凱因斯在《一般理論》中強調：在經濟不景氣的年代，唯有靠政府支出的增加來刺激有效需求，才能夠挽救經濟而脫離不景氣的困境。

21-3-2 稅收乘數

假設財政部決定以減稅來替代振興傳統產業方案，以對抗經濟不景氣，均衡所得會如何變動？減稅使稅後所得增加，消費者比較願意出外購物，搶購商品的結果是廠商增加產出來因應。想要增加生產就必須雇用更多勞工，並發放更多薪水。受惠於所得提升，消費支出進一步上升，引發對商品的熱烈追逐，存貨減少，總產出增加，就業增加……。因此，減稅可使均衡所得呈倍數增加。但是，所得上升的幅度有多大？是否和政府支出乘數相同？讓我們利用式 (21-3) 來推導稅收乘數。

在第 21-3-1 節討論封閉經濟體系下的均衡所得水準時，得知：

$$Y_0^* = \frac{1}{1-b}(a - b\overline{T} + \overline{I} + \overline{G})$$

假設國家發展委員會建議減稅 2 兆元 ($\Delta T = -2$)，可支配所得現在變成 $Y - (\overline{T} + \Delta T)$，消費函數則為 $C = a + b(Y - \overline{T} - \Delta T)$。新的均衡所得為：

$$Y_1^* = \frac{1}{1-b}(a - b\overline{T} - b\Delta T + \overline{I} + \overline{G}) \tag{21-5}$$

令均衡所得的變動為 $\Delta Y = Y_1^* - Y_0^*$，即式 (21-5) 減式 (21-3)：

$$\Delta Y = Y_1^* - Y_0^* = \frac{1}{1-b}(-b\Delta T) = \frac{-b}{1-b}\Delta T$$

若 $\Delta T = -2$ 且 $b = 0.6$，則：

$$\Delta Y = \frac{-0.6}{1-0.6} \times (-2) = 3$$

當政府減稅 2 兆元時，均衡所得可增加 3 兆元。因此，**稅收乘數** (tax multiplier) 可寫成：

$$\text{稅收乘數} = \frac{\Delta Y}{\Delta T} = \frac{-b}{1-b}$$

> **稅收乘數** 稅收的變動引起均衡所得呈倍數變動。

21-3-3 平衡預算乘數

> **平衡預算** 政府稅收等於政府支出。

截至目前為止，我們已經討論：(1) 在稅收不變下，政府支出變動對均衡所得的衝擊；(2) 在政府支出不變下，稅收改變對均衡所得的衝擊。如果政府支出與稅收等額增加，對均衡所得又會造成何種衝擊？換句話說，政府決定全部以增稅方式來融通政府支出 (預算平衡不會改變)，這種措施的影響為何？

讓我們用一個例子來說明。假設政府支出與稅收同時增加 10 兆元。根據第 21-3-1 節可知，在稅收不變時，政府支出增加 10 兆元 ($\Delta G = 10$)，可使均衡所得增加：

$$\Delta Y = 10 \times \frac{1}{1-b} = 10 \times \frac{1}{1-0.6} = 25$$

在 $b = 0.6$，均衡所得可增加 25 兆元。另一方面，在第 21-3-2 節討論稅收乘數時得知，在政府支出不變時，稅收增加 10 兆元 ($\Delta T = 10$)，可使均衡所得變動：

$$\Delta Y = 10 \times \frac{-b}{1-b} = 10 \times \frac{-0.6}{1-0.6} = -15$$

在 $b = 0.6$，均衡所得將減少 15 兆元。我們將這兩個結果相加，得到 $25 - 15 = 10$ 兆元。當政府支出與稅收同時增加 10 兆元時，均衡所得也會增加 10 兆元。換句話說，當 G 與 T 等額增加時，會產生兩個效果：第一項是直接效果——政府支出增加直接使總支出增加 10 兆元；第二項是間接效果——稅收增加 10 兆元，使可支配所得減少 10 兆元，進而使消費減少 $10 \times 0.6 = 6$ 兆元。政府支出增加 10 兆元和消費支出減少 6 兆元，淨結

從臺灣看天下 — 誰是經濟的推手？

許多人告訴我們，總統與當前經濟情勢沒有太大的關係，最主要的原因是：財政政策的有效性比貨幣政策低。即便財政政策與貨幣政策同樣地有效，政策時間落後，會造成實施時機失當。

事實上，美國從甘迺迪總統開始，每一任總統都明顯地影響經濟景氣。首先，甘迺迪總統在1964 年通過減稅方案，加上央行的擴張性貨幣政策，導致第二次世界大戰後最快速的經濟成長。

1971 年夏末，尼克森總統採用擴張性財政政策來刺激景氣與降低失業率，他也同時採行工資－物價管制措施，造成 1970 年代後期嚴重的經濟後果。

福特與卡特總統在 1970 年代同樣採取刺激景氣的財政政策，也獲得央行調和式貨幣政策的協助，這些政策大大地提振景氣。雷根總統的減稅，儘管沒有來自央行的協助，但也是一方面刺激成長，並達到減低減稅的通貨膨脹效果。布希與柯林頓總統的加稅使得債市恢復平靜，而葛林斯潘得以降低利率。

小布希總統的減稅措施，其影響又是如何？劍橋大學經濟學家認為貨幣政策與財政政策同時實施對經濟有顯著的影響。

哥倫比亞大學商學院院長哈伯德 (R. Glenn Hubbard) 提出，理論上，減稅透過供給面和需求面影響經濟。他指出，有大量的證據支持需求面的效果明顯地縮短不景氣的時間，人們獲得稅收抵減，且能在不景氣年份進行消費。再加上擴張性的貨幣政策，小布希的減稅方案減輕不景氣對生產與所得的衝擊。

在供給面，經濟學家長久以來主張高邊際稅率妨礙工作意願與努力程度。根據經濟學家普雷斯科特 (Edward Prescott) 的研究，在 1970 年代初期，美國與歐洲的所得稅率相當，每位勞工的工作時數也相近。1970 年以後，美國與德、法兩國勞動供給的差異幾乎可由稅制差異解釋。哈伯德說："減稅的第一輪效果是提高可支配所得與家庭支出，第二輪效果則為提升勞動供給、投資與生產。"

減稅也可刺激企業活動。由於創業是一種風險行為，創業者必須評估成功與失敗的稅後報酬，以決定是否進入某個產業。累進所得稅制對創業有成者課徵成功稅 (success tax)。實證結果顯示，1993 年柯林頓總統的增稅，使進入中高所得的人口減少約 20%。另外，還有一些經濟學家證實，高稅率降低廠商雇用勞工的機率，同時也讓企業減少工資給付。

當然，反面意見依然存在。布魯金斯研究員狄更斯 (William Dickens) 指出，減稅導致金融市場參與者和企業決策者預期短期將會出現鉅額財政赤字，且財政擴張效果會延緩到來。這將使勞工雇用與資本投資活動減少，且針對富人減稅對景氣刺激效果有限，因為富人的儲蓄較高。國際貨幣基金的研究也證實，政府支出增加比減稅的效果更大。

2010 年 12 月，美國共和黨和民主黨同意對普通美國家庭減少約 1,000 美元的薪資稅一年，估計約可提高實質 GDP 約 0.9 個百分點。

資料來源：

R. Gleen Hubbard, "Let's Talk Taxes," *Wall Street Journal*, September 8, 2004, p. A18.

Jeff Madrick, "The Course of the Economy Runs Through the White House, Not Around It," *New York Times*, September 30, 2004, p. C2.

果是總支出增加 4 兆元。透過乘數效果，均衡所得將增加 4×1/(1 − 0.6) = 10 兆元。

根據上面的討論，政府支出與稅收等額增加，均衡所得也會增加相同幅度。亦即，

$$\Delta G = \Delta T$$

$$\frac{\Delta Y}{\Delta G} + \frac{\Delta Y}{\Delta T} = \frac{1}{1-b} + \frac{-b}{1-b} = 1$$

平衡預算乘數 = 1

$$\Delta G = \Delta T = \Delta Y$$

所謂**平衡預算乘數** (balanced budget multiplier) 是指政府支出與稅收等額變動時，對均衡所得產生的乘數效果。表 21-3 整理出前面所討論的財政政策乘數。

平衡預算乘數 政府支出和稅收等額變動時，對均衡所得產生的乘數效果。

表 21-3 財政政策乘數：封閉經濟體系

	乘數	均衡所得的變動
政府支出乘數	$\dfrac{1}{1-MPC}$	$\dfrac{1}{1-MPC}\Delta G$
稅收乘數	$\dfrac{-MPC}{1-MPC}$	$\dfrac{-MPC}{1-MPC}\Delta T$
平衡預算乘數	1	$\Delta G = \Delta T = \Delta Y$

21-4 乘數效果：開放經濟體系

當你踏出校門，打算為步入職場添購一些衣服時，你可能會選擇優衣庫 (UNIQLO) 或是 ZARA 等品牌，這些衣服可能在泰國或越南製造。換句話說，你的消費並不限於國內製造的商品，可能是來自世界上某一個角落的人民所製造。

在開放經濟體系下，消費者一部分的所得會流向國外，所以開放經濟體系下的乘數效果與封閉經濟體系下的乘數效果並不一樣。讓我們以開放經濟下，政府支出乘數為例，比較兩種經濟體系下的乘數效果。我們知道式 (21-2) 為開放經濟之均衡所得 Y^*，改為：

$$Y_0^* = \frac{1}{1-b+m}(a - b\overline{T} + \overline{I} + \overline{G} + \overline{EX})$$

若政府支出增加 $G = 10$ 兆元 ($\Delta G = 10$)，上式可改寫成：

$$Y_1^* = \frac{1}{1-b+m}(a - b\overline{T} + \overline{I} + \overline{G} + \overline{EX} + \Delta G)$$

令 ΔY 為均衡所得變動 ($\Delta Y = Y_1^* - Y_0^*$)，則：

$$\Delta Y = Y_1^* - Y_0^* = \frac{1}{1-b+m}\Delta G$$

上式中，b 是邊際消費傾向，而 m 是邊際進口傾向。若 $b = 0.6$，$m = 0.1$，則：

$$\Delta Y = \frac{1}{1 - 0.6 + 0.1} \times 10 = 20$$

上式說明，當政府增加支出 10 兆元時，均衡所得增加 20 兆元。因此，開放經濟體系下的政府支出乘數為：

$$\text{政府支出乘數} = \frac{\Delta Y}{\Delta G} = \frac{1}{1-b+m}$$

比較封閉經濟體系與開放經濟體系下的政府支出乘數效果發現，封閉經濟體系下的乘數 $\left(\frac{1}{1-b}\right)$ 顯然大於開放經濟體系下的乘數 $\left(\frac{1}{1-b+m}\right)$。原因為開放經濟體系下的乘數，分母多了一項邊際進口傾向，這意味著有一部分的消費者所得會流向國外，因此，對均衡所得 (GDP) 的乘數效果相對較低。

21-5 自動安定機能

在經濟不景氣的時候，政府可以利用增加政府支出或降低稅收的方式，來刺激所得的成長以對抗失業。這種由政府主動利用政府支出、稅收及移轉性支付來達成總體經濟目標──充分就業、物價穩定及經濟成長──的作法，稱為**權衡性財政政策** (discretionary fiscal policy)，其目的是減緩景氣循環波動的幅度。

權衡性財政政策
政府主動利用政府支出、稅收及移轉性支付以達成總體經濟目標之作法。

另一方面,租稅收入會隨著景氣波動自動調節,進而減緩可支配所得、消費及實質國內生產毛額的震盪,這種自我調節的功能稱為 自動安定機能 (automatic stabilizers),它可以達到緩和景氣波動的目的。一般而言,經濟體系中的自動安定機能主要有兩項:所得稅與失業保險。

> **自動安定機能** 稅收隨著景氣波動自動調節以減緩國內生產毛額的上下起伏。

21-5-1 所得稅

截至目前為止,我們對政府稅收的假設,都認為 T 是定額稅,$T = \overline{T}$;亦即,稅負的多寡與所得高低無關。在現實生活中,絕大部分的稅負都是累進稅或比例稅,如所得稅、貨物稅、關稅等。換句話說,所得愈多,需繳交給政府的稅額就愈高。

為了簡化分析,假設政府稅收為 $T = tY$。式中 t 是邊際稅率,Y 是所得,tY 是代表稅收與所得呈固定比例 t。譬如,若 $t = 20\%$ 與 $Y = 100$,那麼政府稅收 $= 20\% \times 100 = 20$ 元。

當政府採行所得稅制時,可支配所得可改寫成:

$$Y_d = Y - T = Y - tY = (1-t)Y$$

而消費函數則為:

$$C = a + b(Y - T) = a + b(Y - tY) = a + b(1-t)Y$$

將新的消費函數代入總支出,可以得到封閉經濟體系下,新的總支出函數為:

$$AE = a + b(1-t)Y + \overline{I} + \overline{G}$$
$$= (a + \overline{I} + \overline{G}) + b(1-t)Y$$

在所得稅制下,總支出函數的斜率是邊際消費傾向乘以 1 減去邊際稅率,這個數值顯然低於定額稅制下總支出函數的斜率 b。在均衡時 (即 $Y = AE$),上式可改寫成:

$$Y = AE = a + b(1-t)Y + \overline{I} + \overline{G}$$

經過集項整理,封閉經濟體系下的均衡所得為:

$$Y^* = \frac{1}{1-b(1-t)}(a + \overline{I} + \overline{G}) \tag{21-6}$$

如果 $b = 0.6$ 和 $t = 0.2$,則乘數為 1.92;如果 $b = 0.6$ 和 $t = 0.4$,則乘數為 1.56。邊際稅率愈高,乘數就愈小;邊際稅率愈低,乘數就愈大。

邊際稅率等於零，乘數等於定額稅制下的乘數。式 (21-6) 的自發性支出乘數也是政府支出乘數。

當經濟遭遇不景氣時，所得稅制使可支配所得下跌的幅度縮小，消費支出所受的影響也不會那麼大。記得消費是總支出的一部分，消費支出波動幅度縮小導致所得波動幅度跟著縮小。換句話說，乘數效果較小，所得波動就不會那麼劇烈。因此，所得稅制具有自動安定機能的作用。

臺灣目前採取的所得稅制是一種累進所得稅制，世界上大部分的國家都是採用這種稅制。累進稅制的自動安定機能比固定比例稅制下的自動安定機能，對抑制景氣波動的作用更大。在景氣擴張時期，所得上升，政府稅收上升地更快，消費者的可支配所得上升較為和緩，消費與 GDP 也不會增加太快；相反地，在景氣衰退時期，所得下降，政府稅收下降得更快，消費者的可支配所得就不致減少太多，消費和 GDP 也不會下跌太深。因此，所得稅制就像汽車的電子煞車力道分配系統，隨著車輛負載的變化，調整前後輪煞車力道，隨時保持最佳的煞車效果，防止打滑。

21-5-2　失業保險

失業保險制度是另外一種自動安定機能。在經濟擴張時期，失業保險制度自動地增加失業保險基金，就業者繳交更多的社會安全稅到基金中。如此，可支配所得不會增加太快，總需求也不致過度擴張。在經濟不景氣時期，失業保險金自動地流入失業者手中，這些人的消費不會下降太快，而可減緩景氣下跌速度。臺灣於 2002 年 5 月 15 日所實施的《就業保險法》，即為失業保險制度的一種，失業給付最長發給九個月。

因為這些自動安定機能，GDP 的波動幅度就不會那麼劇烈，可支配所得波動的幅度低於 GDP 波動的幅度，消費的波動幅度也會低於 GDP 的波動幅度。

21-6　結　語

2010 年 6 月底 G20 高峰會結束後，《經濟學人》對該次會議下的評語是："再見了，凱因斯。"回顧一年前的 G20 高峰會，各國領袖共同宣示以凱因斯的財政刺激方案來挽救飽受金融海嘯摧殘的經濟，當時投入的總金額約為 1 兆 4,000 億美元，相當於臺灣總 GDP 的 3.5 倍。

現今美中貿易戰、英國脫歐及新冠肺炎疫情蔓延全球，造成全球經濟前景不明，凱因斯會回來嗎？

摘要

- 政府部門的主要經濟活動有二：政府消費和稅收。政府消費是指政府對商品與服務的購買支出。在行政院主計總處對國內生產毛額的計算當中，政府消費並未包括政府投資和公營企業投資。稅收包括間接稅、直接稅、財產及企業所得及國內外經常移轉收入。
- 在考慮政府部門的簡單凱因斯模型中，計畫總支出是民間消費支出、投資支出和政府支出的加總。商品與服務市場的均衡條件為 $Y=AE=C+I+G$ 或 $S+T=I+G$。
- 淨出口是出口總額減進口總額。決定進口和出口的因素有以下六項：(1) 消費者對國內外商品的偏好；(2) 國內外市場商品的價格；(3) 匯率的高低；(4) 國內外消費者所得；(5) 商品與服務的運輸成本；(6) 各國貿易政策的導向。
- 在考慮政府部門與國外部門的簡單凱因斯模型中，商品與服務市場的均衡條件為 $Y=AE=C+I+G+NX$ 或 $I+G+EX=S+T+IM$。
- 政府藉著改變政府支出和稅收來達成總體經濟目標，稱為權衡性財政政策；如果是提高政府支出或降低稅收來刺激景氣，稱為擴張性財政政策；如果是降低政府支出或提高稅收來冷卻過度的景氣，則為緊縮性財政政策。
- 財政政策對經濟體系有乘數效果。政府支出的乘數效果是 $1/(1-MPC)$，而稅收的乘數效果是 $1/(1-MPC)$。當政府支出和稅收等額增加時，乘數效果為 1，稱為平衡預算乘數。
- 在開放經濟體系下的政府支出乘數為：

$$\frac{1}{1-MPC+MPM}\left(\frac{1}{1-b+m}\right)$$

- 自動安定機能是政府的稅收會隨著經濟狀態自動調節，來穩定實質 GDP 的波動。所得稅與失業保險，都具有自動安定機能的作用，可以減緩景氣劇烈的波動。

習 題

1. 假設某國去年底其政府公債 1.8 億，今年底變成 1.5 億，代表該國政府在今年：
   (a) 支付公債利息 0.3 億
   (b) 已償付其公債 1.8 億
   (c) 收入超過其支出 0.3 億
   (d) 其預算赤字為 1.5 億　(108 年初等考試)

2. 假如你是總統的經濟諮詢會委員之一，而委員會召集人的認知為近期的失業率太高，而失業率可透過增加總產出來減少，現在已知邊際消費是 0.8、邊際稅率為 0，請問政府支出如何變動？可以增加 3,000 億的總產出？　(108 年郵政特考改編)

3. 2011 年日本 311 強震，是否有利經濟？

4. 假設 $C=100+0.8Y$，$I=100$，$G=100$，其中，C 為消費，Y 為所得水準，I 為投資，G 為政府支出。在此簡單凱因斯模型中，若政府支出變為 $G=120$，則均衡所得會如何？
   (a) 增加 20　　　(b) 增加 100
   (c) 增加 160　　 (d) 增加 220
   　　　　　　　　(108 年關務特考)

5. 在簡單凱因斯模型中，假設消費函數為

$C = 200 + 0.8(Y-T)$。若均衡產出為 8,000，政府課稅為 1,000，投資為 1,600，則政府支出為：
(a) 800　(b) 600　(c) 400　(d) 200

6. 在開放經濟體系中，若政府支出＝480 億元，稅收＝220 億元，且投資＝儲蓄，則該經濟面臨貿易赤字或貿易盈餘？
(98 年文化會計)

7. 當蕭條時，政府欲減少失業，政府支出應____且/或稅收應____。　(98 年東吳企管)

8. 下列為某一封閉經濟體系的資料：$C = 150 + 0.8(Y-T)$，$I = I_0 = 300$，$G = G_0$，$T = 50 + 0.1Y$。若該體系的均衡所得為 2,000 單位，則在均衡時，下列有關政府預算餘額的敘述，何者正確？
(a) 該體系有政府預算盈餘 100 單位
(b) 該體系有政府預算赤字 100 單位
(c) 該體系有政府預算盈餘 150 單位
(d) 該體系有政府預算赤字 150 單位
(108 年關務特考改編)

9. 下列為某一封閉經濟體系的資料：$C = 50 + 0.80(Y-T)$，$G = 150$，$T = 0$，若該國自發性投資為 100，邊際投資傾向為 0.1，則該國均衡所得為：
(a) 2,000　(b) 2,100　(c) 2,500　(d) 3,000
(108 年初等考試)

10. 政府降低個人所得稅稅率的政策屬於：
(a) 擴張性財政政策
(b) 緊縮性財政政策
(c) 擴張性貨幣政策
(d) 緊縮性貨幣政策　(108 年普考)

11. 不論所得水準為何，某國政府均課徵 100 單位的稅。為刺激景氣，該國財政部長宣稱，如果政府減少課徵 1 單位的稅收，該國均衡所得水準將增加 1.5 單位。根據凱因斯模型，在沒有誘發性投資之下，該國財政部長估計該國的邊際消費傾向大約等於多少？
(a) 0.2　(b) 0.3　(c) 0.4　(d) 0.6

12. 在一個封閉的凱因斯體系中，假設邊際消費傾向為 0.8 億元，政府支出增加 100 億元，且稅收也同時增加 100 億元。其它條件不變下，均衡實質所得會：
(a) 增加 100 億元
(b) 增加 400 億元
(c) 增加 500 億元
(d) 不改變　(108 年身心障礙)

13. 令 Y_d 表所得 (Y) 減去賦稅 (T) 的可支配所得，且某國為消費 $(C) = 100 + 0.8Y_d$；投資 $(I) = 100$；政府支出 $(G) = 50$；$T=50$ 之封閉經濟體系，則下列何者錯誤？
(a) 均衡所得為 1,050
(b) 若充分就業所得為 850，則有 200 的膨脹缺口
(c) 若充分就業所得為 850，則僅政府內部單獨減少支出 40，即可達充分就業
(d) 若充分就業所得為 850，則僅政府內部單獨增稅 50，即可達充分就業
(108 年高考改編)

14. 根據國民所得恆等式：
(1) 封閉經濟體系下，當投資大於儲蓄時，有財政赤字。
(2) 開放經濟體系下，投資等於儲蓄時，貿易逆差與財政赤字並存。
請評論之。　(102 年成大政經所改編)

15. 在一封閉經濟體系，$C = 1,000 + 0.75(Y-T)$，$G = 500$，$I = 300$ 和 $T = 400$，則均衡所得為何？若 G 增加 $100，均衡儲蓄將增加多少？　(98 年成大企管)

16. 含有政府部門的開放型經濟，儲蓄函數為 $S = -0.2 + 0.5(Y-T)$，自發性支出乘數為 1.25。自發性儲蓄增加 1 單位，使實際儲蓄量增加多少？　(102 年臺大國企所)

17. 下列為義大利的資料：

$C = 100 + 0.8(Y-T)$
$I = 80$
$G = 120$
$T = 25 + 0.25Y$

(a) 均衡所得為何？
(b) 均衡時，政府有赤字或盈餘？
(c) 若充分就業所得 (Y_f) 為 1,000，政府支出應增加或減少多少？
(d) 若以修正稅率來達成充分就業，則新的稅率為何？　　　(98 年中原商學)

18. 不丹共和國沒有對外貿易，若邊際稅率＝0.25，邊際消費傾向＝0.8，若政府支出增加 1,000 萬元，則均衡產出為何？
(96 年中興財金)

19. 米國為一開發經濟，Y 是國民所得、消費函數 $C=2,000+0.8Y$，投資 $I=1,000$，政府購買 $G=1,000$，進口函數 $M=0.2Y$，出口為 1,000，請問均衡所得是多少？
(104 年交大經營管理研究所)

20. 假設一小型開放經濟體系的凱因斯模型如下：

$$Y = C+S+T$$
$$AE = C+I+G+(EX-IM)$$
$$C = 600+0.75Y_d$$
$$Y_d = Y-T$$
$$I = 700$$
$$G = 900$$
$$X = 850$$
$$T = 400+0.2Y$$
$$IM = 950+0.2Y$$

請回答下列問題：
(a) 均衡所得為何？
(b) 政府支出乘數為何？定額稅乘數為何？平衡預算乘數為何？
(c) 若充分就業所得 (Y_f) 為 4,000，此時有何缺口？缺口為何？若欲消除此缺口，政府支出應由 900 調整為何？
(d) 若充分就業所得 (Y_f) 為 2,500，此時有何缺口？缺口為何？若欲消除此缺口。請問定額稅 ($\overline{T}$) 應由 400，調整為何？
(98 年臺北財政)

21. 假設某國的各銀行部門支出如下：

$C=50+0.4Y_D$，$Y_D=Y-T$，$T=30$，$I=20$，$G=20$，$NX=10-0.2Y$

(a) 均衡 GDP (Y) 是多少？
(b) 總支出線的斜率是多少？
(c) 政府支出乘數、定額稅乘數、淨出口乘數為何？　　　(104 年東吳企研所)

網路習題

1. 請至行政院國家發展委員會網站：https://www.ndc.gov.tw，下載有關增加政府支出的經濟建設計畫，並簡要敘述相關內容。
2. 請至行政院主計總處網站，下載"一般政府所得收支"表，並找出民國 40 年，所得收入最主要的來源。請問最近一年政府所得收入最主要的來源為何？
3. 請至財政部網站：htttps://www.mof.gov.tw，查看進出口貿易統計，列出我國進口項目的分類，又最近一個月各項目占進口的百分比是多少？

Chapter 22

金融體系與貨幣

在雲南金沙江旁邊有一個村莊，彝族婦女拿到一筆 10 萬件刺繡的訂單，先透過婦女會向銀行取得貸款。一、兩個月後成品完成交貨，婦女分發完薪資，扣除應有的利潤後，將貸款資金全數償還銀行。靠著這種"微型貸款"的機制，帶動散布在金沙江的 9,000 名女工，養活全族的人，也改善農村經濟。

"除了微型貸款，我想不出任何能翻轉窮人命運的實際行動。"讓孟加拉聞名國際的微型貸款發起人，同時也是 2006 年諾貝爾和平獎得主的尤努斯 (Muhammad Yunus) 曾經如是說，他讓全球 1 億人掙脫貧窮輪迴。

微型貸款不僅幫助窮人脫貧，更是經濟助燃的發電機。在市場經濟下，金融體系扮演了將國民儲蓄分配至最佳資本投資的中間橋樑。許多經濟學家認為，建立成熟穩定的金融市場是經濟持續成長的重要指標。本章第一部分將介紹金融體系及其功能。

儲蓄者擁有不同種類的金融資產，其中包括股票、債券和共同基金。然而，儲蓄大眾最常握有的資產是貨幣。貨幣是一種可以用來購買商品與服務的金融資產，它與金融體系 (特別是銀行部門) 的關係密切，且在總體經濟政策——貨幣政策中也扮演相當重要的角色。

本章重點

金融體系
貨幣的功能
貨幣的創造

22-1 金融體系

金融體系 將儲蓄者剩餘的資金移轉到資金需求者的手中。

　　金融體系(financial system) 扮演調節資金的角色：將儲蓄者剩餘的資金轉移給資金需求者。資金需求者可以發行金融工具，如股票或債券，出售給資金供給者以換取所需的資金。資金需求者也可透過金融機構，如商業銀行、農會、信用合作社的借貸，而有債務債權關係。

22-1-1 金融體系資金流向

　　圖 22-1 說明金融體系的資金流向。從圖形的左邊出發，資金供給者是指**儲蓄者**(saver) 或**出借者**(lender) 等有剩餘資金的經濟單位。家計單位是最主要的資金供給者，他們每個月的薪水扣掉稅和消費後就成為儲蓄；如果政府租稅收入高於支出，政府部門也會有儲蓄。圖形的右邊是資金需求者，最主要的需求者是企業廠商與政府部門。譬如，台積電需要籌措資金興建 12 吋超大型晶圓廠；政府部門推動重大建設也需要以發行公債方式來支應所需。

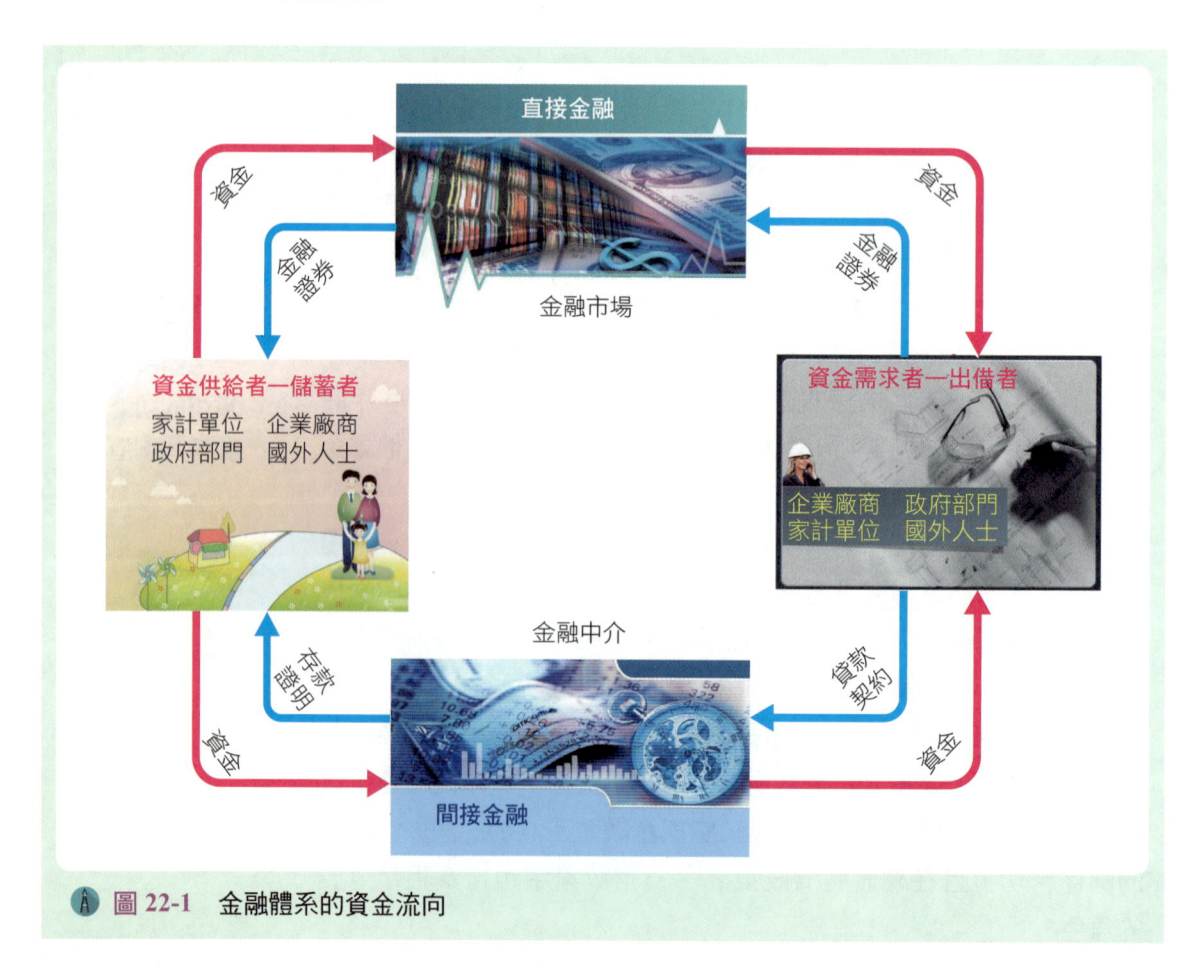

▲ 圖 22-1 　金融體系的資金流向

資金可以透過兩種管道來進行移轉：(1) **直接金融** (direct finance)：資金需求者發行股票、債券等金融證券，直接出售給資金供給者，以換取所需資金。這些股票、債券都是金融資產。買賣金融資產的場所稱為**金融市場** (financial market)；(2) **間接金融** (indirect finance)：資金需求者並非直接從資金供給者手中取得資金，而是間接透過商業銀行或農 (漁) 會信用部等金融中介機構取得資金。這些金融機構給予儲蓄者存款證明以集合大眾的游資，然後再以貸款的形式貸放給有資金需求的個人或企業。銀行或農 (漁) 會信用部等資金中介的機構稱為**金融機構** (financial institution)。

> **直接金融** 資金需求者發行股票或債券，直接出售給資金供給者，以換取所需資金。
>
> **金融市場** 買賣金融資產的場所。
>
> **間接金融** 資金需求者間接透過金融中介機構，獲得所需要的資金。
>
> **金融機構** 銀行或農 (漁) 會信用部等資金中介的機構。

22-1-2 金融體系的功能

乍看之下，金融體系相當複雜，股票和債券市場已經夠複雜了，還有期貨選擇權、利率交換等。不過，就像市場的其它商品或服務，金融商品也會創造價值。由此可知金融體系有以下四種功能 (圖 22-2)：

籌資 人生一大樂事就是可以用一堆不屬於自己的錢。我們可以借錢上大學、台積電可以發行股票蓋工廠、政府可以發行公債蓋捷運，要是沒有信貸機構 (如鄉村銀行)，全世界會有好幾億人陷入貧窮惡性循環中。

儲蓄 2019 年哈佛大學的校務基金約有 409 億美元。若將這筆錢放在教職員和學生床底下，不是怕被盜竊，就是遭通膨怪獸啃食。事實上，該校 2018 年的校務基金約是 392 億美元，一年賺 17 億美元，主要是錢滾錢，像高風險的對沖基金和私募股權等高價投資所致，創造豐富的報酬。

金融體系的四種功能

籌資	儲蓄	避險	投機
銀行貸款、發行股票與債券均可籌資	多餘資金的儲存、保值與創造獲利	期貨、共同基金、巨災債券均可避險	金融商品 (期貨) 助長投機 (助漲、助跌)

▲ 圖 22-2 金融體系的功能

避險 人生充滿風險，走在路上也可能被雷打到。金融市場能讓我們的風險降到最低。種植小麥的農夫可以在收成前先將小麥賣掉，以避免將來麥價下跌，這就是期貨。巨災債券是另外一個例子，臺灣曾經在 2003 年 8 月發行過一次，只要發生地震，保險公司可能賠不完，這種金融商品可協助保險公司將風險降至最低。

投機 金融商品還能滿足人們對投機的需求。石油期貨固然能讓中油規避風險，但也能對冬天油價進行炒作。2003 年到 2005 年募集的紅酒基金，年報酬率都有 13% 到 17%，基金規模不斷擴大，投資人都歡欣擁抱紅酒。

22-2 金融市場

　　金融市場是指資金供給者與需求者直接交易，共同決定資金使用價格 (利率或匯率) 的市場。根據買賣證券到期日分類，金融市場可分為貨幣市場與資本市場。以下依序介紹我國的貨幣市場、資本市場、外匯市場與衍生性金融商品市場。

貨幣市場　　貨幣市場 (money market) 為短期資金供需交易的場所，交易商品包括一年期以下的有價證券，如國庫券、商業本票、銀行承兌匯票及可轉讓定期存單等。我國的貨幣市場包括短期票券市場與金融同業拆款市場兩類。短期票券市場於 1970 年代初期開始發展，1973 年 10 月中央銀行首次發行國庫券。[1]

> **貨幣市場** 短期資金供需交易的場所，交易商品為一年期以下的有價證券。

　　圖 22-3 是貨幣市場架構。票券金融公司是貨幣市場的專業中介機構，交易對象不僅是資金供需者，還有中央銀行。有關我國貨幣市場金融工具的流通額，請見中央銀行編製的《中華民國臺灣地區金融統計月報》。

　　金融同業拆款是各銀行為應付法定準備，由擁有超額準備的銀行貸款給準備不足的機構。1991 年 10 月，銀行同業拆款中心改組成金融業拆款中心，參加會員擴大至票券金融公司、信託投資公司等。

資本市場　　資本市場 (capital market) 是指一年期以上或未定期 (股票) 有價證券交易的場所。資本市場的交易商品以股票、政府公債及公司債為主。我國股票市場在 1962 年臺灣證券交易所開業，才有集中交易市場。1989 年，政府為使未符合上市標準的公開發行公司股票有流通交易的可能，輔

> **資本市場** 指一年期以上或未定期有價證券交易的場所。

---

[1] 自 1998 年 7 月後，央行不再發行國庫券。在公開市場操作央行定期存單是運用最為頻繁的貨幣政策工具。

▲ 圖 22-3　貨幣市場架構

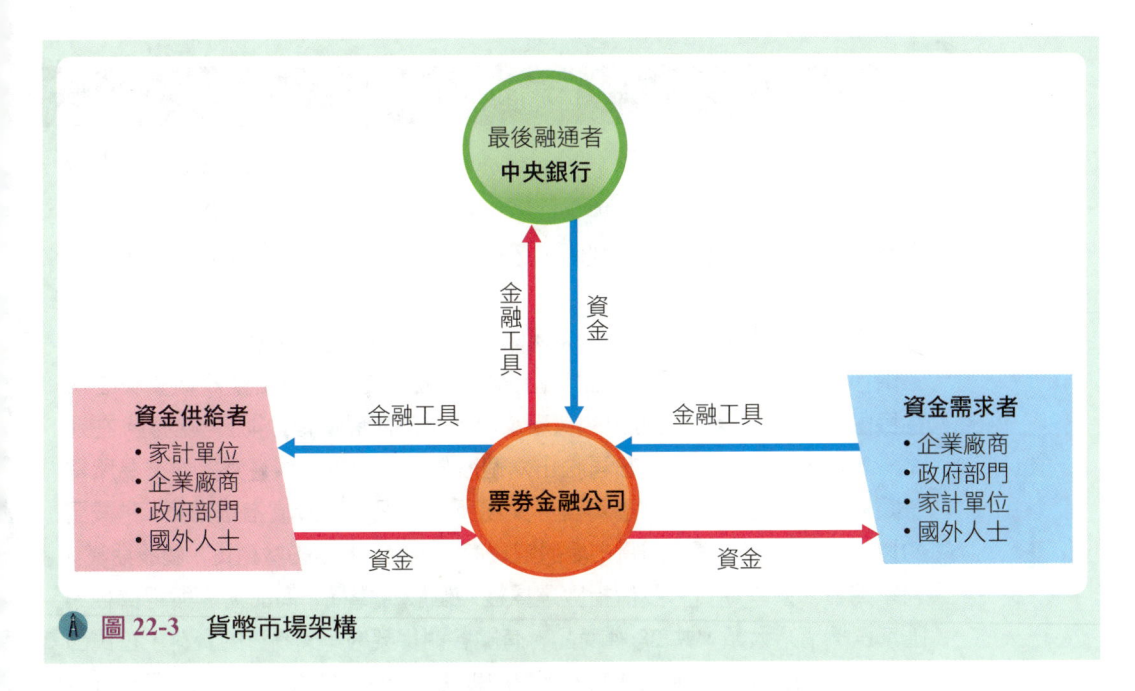

導證券商同業公會成立上櫃股票的店頭市場。1993 年櫃檯買賣中心正式成立，截至 2019 年 12 月為止，上市上櫃股票共有 1,717 家。

我國債券的發行量與交易量在 1991 年以前顯得相當稀少。自 1991 年以來，政府為執行六年計畫而大量增加各類型建設公債之發行，至 1991 年底已發行的公債餘額 3,476 億元，1997 年突破 1 兆元，2020 年 1 月底達 5 兆 5,660 億元，為債券市場最主要的交易商品。同時，隨著金融觀念普及，加以籌資成本較間接金融低，民間企業紛紛利用發行公司債籌集營運資金。1996 年起，公司債發行餘額急速竄升，至 2020 年 1 月底止，發行餘額達 2 兆 1,098 億元。有關政府公債與公司債的統計數字，可至中央銀行網站的《金融統計月報》查詢相關資料。

外匯市場　依據《管理外匯條例》第 2 條，外匯是指外國貨幣、票據及有價證券。**外匯市場** (foreign exchange market) 是外匯供給者與需求者透過電話、電傳、電報及其它電訊系統等不同方式，互相交易的場所。

我國外匯市場是在 1979 年 2 月，匯率制度由固定匯率改為機動匯率時開始建立。一開始，美元匯率由 5 家外匯銀行代表與中央銀行共同議定，至 1990 年 12 月，外匯市場交易價格才完全自由化。

臺灣的外匯市場依交易對象區分，可以劃分為顧客市場與銀行間市場。顧客市場是個人或廠商與指定外匯指定銀行進行外匯買賣的市場。銀行間市場是外匯商業銀行，當日買賣外匯產生外匯資金不足或剩餘的問題，此時銀行之間進行外匯交易，以軋平買賣超部位。顧客市場的外匯交

> **外匯市場**　外匯供給者與需求者透過電話、電報及其它電訊系統互相交易的場所。

實例與應用：臺灣的期貨商品

依據民國 86 年 3 月 26 日財政部公布的《期貨交易法》第 3 條規定，期貨交易是指國內外期貨交易所，從事衍生性商品、貨幣、有價證券、利率、指數或其它利益，包括期貨契約、選擇權契約、期貨選擇權契約、槓桿保證金契約之交易。

國內的期貨交易發展可分為兩階段：第一階段為國外期貨交易方式；第二階段為國內期貨市場之建立。國內第一個期貨商品是由臺灣期貨交易所在民國 87 年 7 月 21 日推出的《臺灣證券交易所股價指數期貨契約》，在運作一年後，88 年 7 月 21 日再推出兩個股價指數期貨："臺灣證券交易所電子類股價指數期貨"及"臺灣證券交易所金融保險類股價指數期貨"。截至 2017 年年底為止，臺灣期貨市場的期貨商品包括：股價指數期貨、個股期貨、利率期貨、匯率期貨、股價指數選擇權、個股選擇權、商品期貨與選擇權、匯率選擇權八大類，共 28 種商品。有關各期貨契約年交易量的資料，在民國 87 年時是 277,908，到民國 108 年契約總數是 260,765,482，成長速度十分驚人。有關國內期貨市場的交易統計、交易結算制度及相關法令規章，請見臺灣期貨交易所全球資訊網：https://www.taifex.com.tw/index.asp。

易，匯率由供需雙方自由議定。銀行間交易由臺北與元太外匯兩家外匯經紀公司代為撮合，買賣匯率由供需雙方自由議定。

目前，全世界大約有 30 多個外匯市場，其中最重要的有倫敦、東京、新加坡、法蘭克福、香港、蘇黎世、紐約、巴黎、雪梨等。歐洲從上午 9 時開始交易，至歐洲時間下午 2 點，紐約外匯市場開始營業。接著依序是舊金山、東京、香港、新加坡及中東外匯市場。東京、香港外匯市場收盤時，倫敦等歐洲外匯市場又重新開市。依據國際清算銀行在 2020 年 2 月的統計，全球外匯市場的每日平均交易量是 1.99 兆美元 (現貨)，美元是最主要的交易對象，約占市場交易量的 85%，其次是歐元、日圓及英鎊。

衍生性金融商品市場　衍生性金融商品包括遠期契約、期貨、選擇權、認購權證及互換交易等金融工具。期貨是一種有特定交割方式、到期日、固定商品規格及一定交割數量的遠期契約，可以充作規避商品價格變動，並可根據期貨價格來預測未來現貨價格的走向。選擇權是一種延後交割的契約，契約的買方有權利但無義務在特定日子或之前，以規定價格買進或賣出特定商品或證券。選擇權可以遞延投資決策，並提供優越的停損功能。

依據中央銀行的統計，2020 年 8 月衍生性金融商品交易金額共計新臺幣 12 兆 9,728 億元。

22-3 金融機構

　　補習班名師阿亮準備在士林夜市附近開設一家臺灣名產專賣店，由於規模並未大到可以在股票市場發行股票籌資，他必須向銀行貸款。這意味著資金可以透過間接金融 (銀行)，從供給者 (儲蓄者) 移轉到需求者 (投資者)。

金融機構的分類　　金融機構部門是以能否創造貨幣，而分為全體貨幣機構與信託投資公司及人壽保險公司，如圖 22-4 所示。

　　中央銀行編製金融統計時，並未將產物保險公司、票券金融公司及證券金融公司納入金融機構，最主要的原因是這些公司提供的金融性負債與金融機構差異太大。

共同基金　　共同基金 (mutual fund) 是集合投資人的資金，再由專業機構負責投資管理的一種理財方式，投資的風險與收益由投資人共同負擔。共同基金的投資非常簡單，投資人可經由多數的銀行透過"新臺幣指定用途帳戶"申購基金。或是上網申購，還可享手續費打折的優惠。

> **共同基金**　集合投資人資金再由專業機構負責投資管理的一種理財方式。

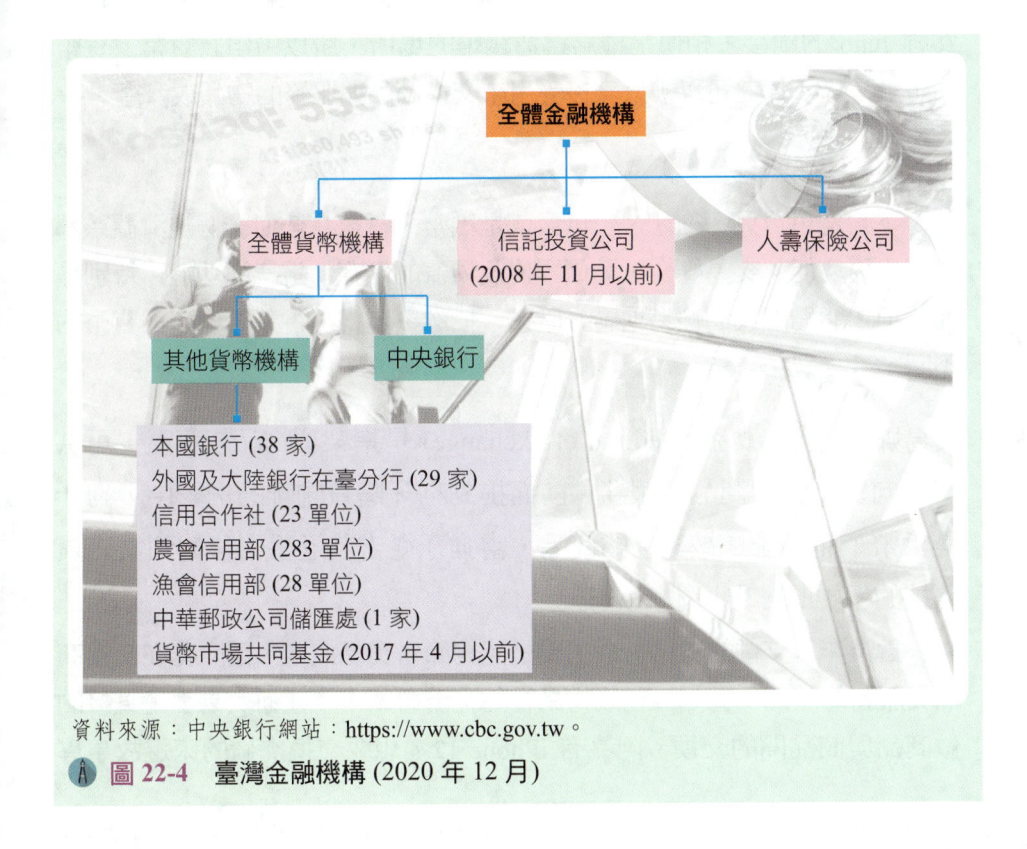

```
                    全體金融機構
         ┌──────────────┼──────────────┐
      全體貨幣機構      信託投資公司      人壽保險公司
    ┌──────┴──────┐   (2008 年 11 月以前)
  其他貨幣機構   中央銀行
```

其他貨幣機構：
本國銀行 (38 家)
外國及大陸銀行在臺分行 (29 家)
信用合作社 (23 單位)
農會信用部 (283 單位)
漁會信用部 (28 單位)
中華郵政公司儲匯處 (1 家)
貨幣市場共同基金 (2017 年 4 月以前)

資料來源：中央銀行網站：https://www.cbc.gov.tw。

圖 22-4　臺灣金融機構 (2020 年 12 月)

共同基金有以下幾項優點：小額投資；專業的投資管理；分散投資風險；標的多樣化，選擇性多；變現容易，流動性佳；合法節稅，在證券交易所得稅停徵期間，投資國內外基金的資本利得一律免稅。[2]

22-4 貨　幣

在電影《男人百分百》(What Women Want) 中，梅爾‧吉勃遜 (Mel Gibon) 習慣在上班途中到星巴克咖啡買杯咖啡。假設在櫃檯前，他從錢包裡取出 7 枚狗牙 (dog teeth) 交給美麗的店員蘿拉，她拿起狗牙仔細端詳是不是真的，並檢查是否有缺角齲牙，然後對吉勃遜微笑道謝收下。

聽起來很熟悉？當然不是，因為我們不會用狗牙當貨幣來使用。但是以前的人卻使用過：古代墨西哥人用可可豆、早期美國人用彈藥、南太平洋密克羅尼西亞的雅普島上的雅普人使用巨大的石輪、中國的商朝使用子母貝 (cowire shell)、第二次世界大戰期間戰俘營使用香菸，以及各式各樣的金屬。

> **貨幣** 任何可以被大家接受用來交換商品與服務的物品或資產。

貨幣是什麼？**貨幣** (money) 是從拉丁文 moneta 而來，moneta 是羅馬女神 Juno 的廟宇，相傳是羅馬鑄造錢幣的場所，所以引申為貨幣。貨幣的定義是指，任何可以被大家接受用來交換商品與服務的物品或資產。

22-4-1 貨幣的功能

不論是可可豆、狗牙、子母貝或是紙幣，貨幣在任何一個經濟體系都具備三種功能：交易媒介、計價單位及價值的儲存。這三種功能，特別是前兩項，能夠讓我們輕易地區分股票、債券、名畫、古董等資產與貨幣的不同。

> **交易媒介** 某項物品或資產可供買方向賣方交換商品或服務。

交易媒介　**交易媒介** (medium of exchange) 是指某項物品或資產，可供買方向賣方交換商品或服務。前面提到狗牙購買咖啡的例子中，狗牙是貨幣，而咖啡是被交易的商品，當狗牙從吉勃遜手中移轉到女店員蘿拉的手中時，交易才算完成。

貨幣作為支付的工具，最主要是能夠節省交易成本，消除花在交換商品與服務的時間。譬如，在以物易物的經濟體系中，任何交易都是直接的做商品與商品間的交換。阿亮有 iPhone 12，想要交換杰倫的床邊故事專

---

[2] 有關各種基金的簡介，可至基智網 (https://www.moneydj.com/funddj/) 或雅虎理財網站 (https://tw.money.yahoo.com/fund) 查詢。

輯，但是杰倫卻想要交易 NBA 季後賽門票。因此，阿亮想要達成願望就必須花費時間與精力去尋覓其它的可能。但作為交易媒介的貨幣，阿亮就可以將 iPhone 12 賣出以換取貨幣，然後再以貨幣購買床邊故事專輯。這樣不但節省時間，更可以讓阿亮專心工作，享受更高品質生活。

計價單位 計價單位 (unit of account) 是指衡量商品與服務價值的共同單位。在臺灣，計價的單位就是新臺幣，所有的商品與服務都以新臺幣表示。譬如，7-Eleven 的御茶園價值新臺幣 20 元、麥當勞的嫩煎雞腿堡經典配餐一份價值新臺幣 160 元，或一杯星巴克的咖啡價值新臺幣 80 元。想像若沒有貨幣存在，一份嫩煎雞腿堡餐值八罐御茶園或兩杯星巴克咖啡；一杯星巴克咖啡值四罐御茶園或二分之一份嫩煎雞腿堡經典配餐；一罐御茶園值八分之一份嫩煎雞腿堡經典配餐或四分之一杯星巴克咖啡。三種商品，相對價格就有六種。何者可以節省交易成本，自是不言可喻。

> 計價單位 衡量商品與服務價值的共同單位。

價值儲存 價值儲存 (store of value) 是指資產的購買力能夠從一段期間移轉到將來的另外一段期間。譬如，補習班名師阿亮月入數十萬元，但他不會在領薪水後，馬上購買需要的商品與服務，反而等到空閒時，帶著女兒郊遊或逛百貨公司時才消費。此時，貨幣成為購買力暫時儲存的工具。

> 價值儲存 資產的購買力能夠從一段期間移轉到將來的另一段期間。

信用卡是貨幣嗎？信用卡可以讓你買 iPhone，但一支 iPhone 值幾張信用卡？因此，信用卡是"塑膠貨幣"但不是貨幣；同樣地，悠遊卡和一卡通也都不是貨幣。

22-4-2 貨幣的種類

依據支付系統的演進過程，貨幣大致可以分成三類：商品貨幣、強制貨幣與電子貨幣。

商品貨幣 早期經濟體系的支付工具，都是使用商品貨幣。商品貨幣 (commodity money) 是指商品不僅是貨幣，其本身也存在真實價值。譬如，黃金便是一種商品貨幣。黃金一方面可以做成金項鍊、戒指或其它裝飾品；另一方面也可鑄成錢幣。

> 商品貨幣 商品不但是貨幣，本身也具有真實價值。

為什麼現代經濟社會中，很少見到人們使用商品貨幣交易？理由如下：第一，商品貨幣的品質難以確認，這種現象在交易金額龐大時，特別容易發生。譬如，在狗牙的例子裡，店員蘿拉必須仔細端詳狗牙，以確定它是真正的貨幣，這是浪費時間且缺乏效率的。第二，供給若不穩定，商品貨幣的價格容易波動。譬如，黃金大量的開採造成黃金價格大幅下滑，相關商品的價格容易上漲。第三，商品貨幣本身的重量造成攜帶不方便。

譬如，假設臺北市東區 50 坪房子值 2 萬枚金幣，我們很難將 2 萬枚金幣放在身上。因為有這些缺點，支付系統的進一步發展便是強制貨幣。

強制貨幣 新臺幣是一種強制貨幣。所謂**強制貨幣** (fiat money) 是指政府法律規定的貨幣，本身並沒有真實價值。早期的紙幣可以兌換某種數量的商品貨幣。譬如，世界上最早出現的紙幣是北宋仁宗天聖元年分界發行的"交子"，就是商品貨幣存在銀號的收據。

> **強制貨幣** 政府法律規定的貨幣，又稱法定貨幣。

依據《中央銀行法》第 13 條規定："中華民國貨幣，由本行發行之。本行發行之貨幣為國幣，對於中華民國境內之一切支付，具有法償效力。貨幣之印製及鑄造，由本行設廠專營並管理之。"也就是說，新臺幣可以用來償還各種債務。民眾相信新臺幣是因為它具有法償效力，所以強制貨幣又稱為法定貨幣。

電子貨幣 用手機買 Mister Donut 的甜甜圈買六個加贈二個，真的嗎？實際情況是以悠遊卡付費的優惠。2020 年第 1 季，公車、捷運都能用手機感應。悠遊卡公司推出"悠遊付"電子支付，只要塔配 Easy Wallet App 就能夠暢行無阻。悠遊卡是卡片形式的電子貨幣，而街口支付、Line Pay 是網路形式的電子貨幣，至於 Apple Pay 則算是一種行動支付，可以把手機變成信用卡，卡片資訊全部儲存在手機中。

比特幣 (Bitcoin) 是一種全球通用的加密網際網路貨幣。比特幣的價值決定於使用者的多寡，曾一度飆破 2,200 美元。2015 年 11 月 18 日，臺灣的全家便利商店率先導入比特幣錢包服務，成為亞洲最大比特幣實體通路。比特幣與亞馬遜幣 (Amazon coin) 則可列成虛擬通貨 (Virtual Currency)。

> **電子貨幣** 持有者向電子貨幣發行組織支付傳統貨幣，而發行者將等值現金轉為數位訊號，儲存在虛擬貨幣上。

電子貨幣 (electronic money) 是指，持有者向電子貨幣發行組織支付傳統貨幣，而發行者將等值現金轉為數位訊號，儲存在虛擬貨幣上。電子付款方式有許多優點：交易成本低，可節省處理支票運送與清算的成本，確保交易迅速達成 (消費者無須擔心太早或太晚付款) 等。當然便利背後隱藏一定風險，譬如，2015 年 5 月就發生比特幣交易網路週轉不靈，老闆捲款潛逃，造成數千人受害。

22-5 貨幣供給的衡量

臺灣中央銀行對三種貨幣總計數 M1A、M1B 與 M2 的定義中，M1A 是最具流動性的定義。圖 22-5 整理出臺灣中央銀行對貨幣供給的定義，其中一些名詞的定義如下：

- 通貨發行額是中央銀行發行的鈔券及硬幣。
- 通貨淨額是指全體貨幣機構以外各部門持有的通貨。

通貨淨額＝央行通貨發行額－全體貨幣機構庫存現金

- **存款貨幣** (deposit money) 或活期性存款是企業及個人在其它貨幣機構的支票存款、活期存款及活期儲蓄存款。
- **準貨幣** (quasi-money) 或準貨幣性存款，包括企業及個人在其它貨幣機構的定期存款 (包括一般定期存款及可轉讓定期存單)、定期儲蓄存款、外匯存款 (包括外匯活期存款、外匯定期存款及外幣可轉讓定期存單)，以及中華郵政公司儲匯處的郵政儲金總數 (含劃撥儲

> **存款貨幣** 企業及個人在其它貨幣機構之支票存款、活期存款及活期儲蓄存款。
>
> **準貨幣或準貨幣性存款** 企業及個人在貨幣機構之定期存款、定期儲蓄存款、外匯存款、郵政儲金總數、附買回交易餘額、外國人持有新臺幣存款及貨幣市場共同基金。

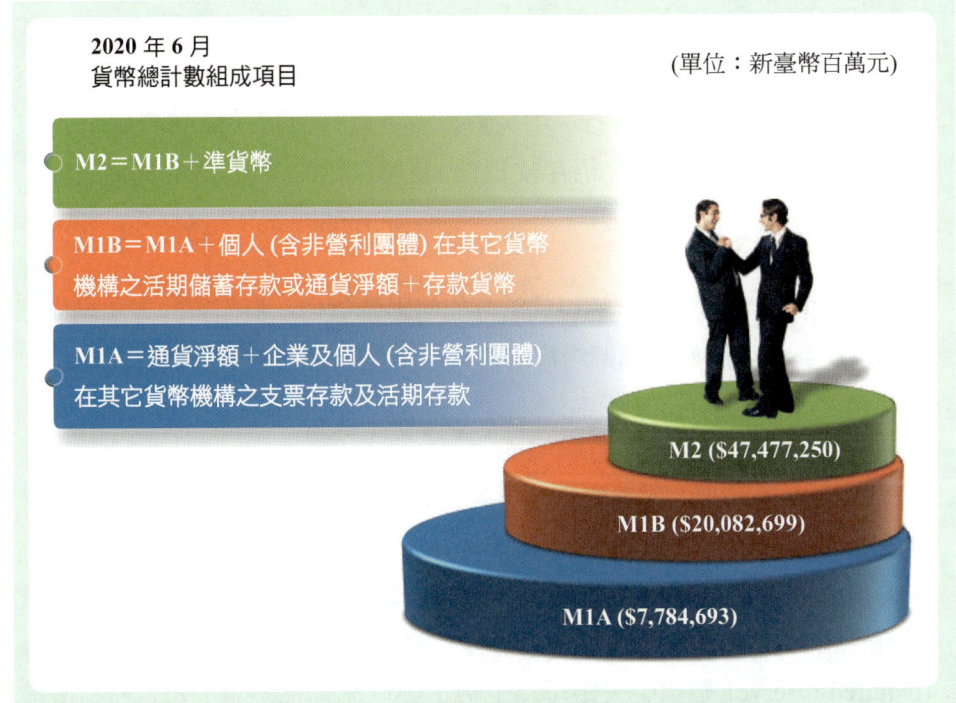

2020 年 6 月
貨幣總計數組成項目　　　　　　　　　　　(單位：新臺幣百萬元)

M2＝M1B＋準貨幣

M1B＝M1A＋個人 (含非營利團體) 在其它貨幣機構之活期儲蓄存款或通貨淨額＋存款貨幣

M1A＝通貨淨額＋企業及個人 (含非營利團體) 在其它貨幣機構之支票存款及活期存款

M2 ($47,477,250)
M1B ($20,082,699)
M1A ($7,784,693)

資料來源：https://www.cbc.gov.tw/public/data/EBOOKXLS/019_EF17_A4L.pdf。

圖 22-5　臺灣貨幣總計數

金、存簿儲金及定期儲金)。自 1994 年 1 月起尚包括企業及個人持有上列機構之附買回交易餘額與外國人持有之新臺幣存款 (含活期性及定期性)。自 2004 年 10 月起包括貨幣市場共同基金，但不含銀行承作結構型商品所收本金。

M1B 與 M1A 兩者之間的區分在於活期儲蓄存款。相較於支票存款與活期存款，活期儲蓄存款的價值儲存功能較強，銀行支付的利息較高。至於 M2 是 M1B 與準貨幣的總和。

如果以 M2 與 M1B 比較，M2 包括定期存款等資產，流動性較低，而作為價值儲存的功能更強。M1A 與 M1B 對經濟活動的影響比 M2 對經濟活動的影響較為直接。主要的理由，除了前兩者比較具有交易媒介功能外，當臺灣股市活絡時，部分定期性存款會解約轉入活期性存款，所以 M2 的走勢比 M1A 及 M1B 平穩。

22-6 貨幣的創造

如果有人問你口袋裡的錢是從哪兒來的？你可能會回答是父母給的或打工賺的。但是，你是否想過父母的錢或老闆給的薪水從何而來？答案很明顯：中央銀行與商業銀行。中央銀行負責發行通貨，而商業銀行可以創造存款貨幣。以下將介紹存款貨幣 (貨幣供給的一部分) 的創造過程。

22-6-1 存款貨幣的創造

商業銀行的 T 字帳　要瞭解現代銀行如何影響貨幣，最簡單的方式是從銀行的資產負債表開始。商業銀行的資產負債表，必須滿足一個特性：

$$總資產＝總負債＋業主權益$$

圖 22-6 是簡化的商業銀行 T 字帳。T 字帳左邊是銀行總資產 $1,100，其中準備是 $200，放款是 $900。**準備** (reserves) 是指銀行存款中未貸放出去的部分，它可以轉存央行或留存做庫存現金，以備讓存款人隨時提款用。一般而言，準備可以分成兩部分：法定準備與超額準備。**法定準備** (required reserve) 是指中央銀行為了防止銀行流動性不足，規定銀行吸收的存款中必須保留一固定比例的金額。[3] **超額準備** (excess reserves) 是指除

> **準備**　銀行存款中未貸放出去的部分。
>
> **法定準備**　中央銀行規定銀行吸收的存款中必須保留一固定比例的金額。

---

[3] 在臺灣，央行稱法定準備為應提準備。

資產		負債	
準備	$200	存款	$1,000
放款	900	業主權益	100

資產項下的會計科目總和 ($1,100) 必須等於負債項下的會計科目總和 ($1,100)。

圖 22-6 商業銀行的 T 字帳

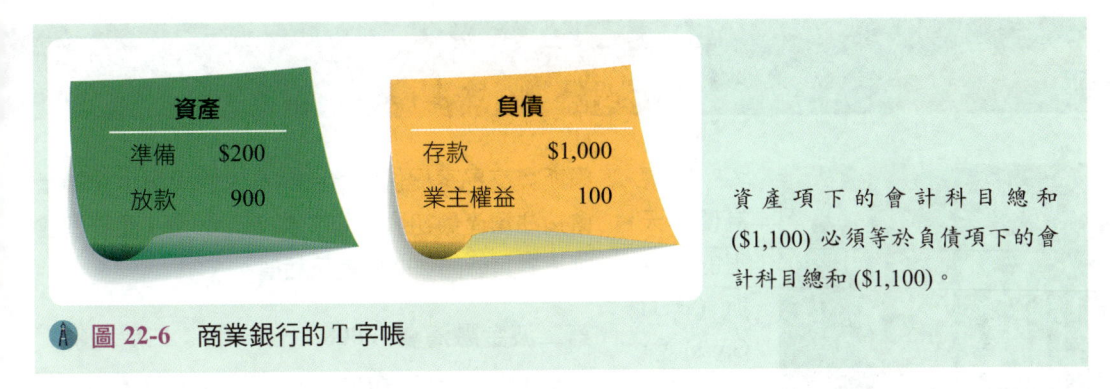

法定準備金外，商業銀行額外握有的準備金。除準備外，另一項資產是**放款** (loan)。

T 字帳的右邊是負債，總共有兩項。存款是銀行吸收社會大眾存款並發給存款證明，存款是商業銀行的負債。在本例中，存款金額是 $1,000，而業主權益是總資產減總負債，等於 $1,100 － $1,000 ＝ $100。

放款 銀行以吸收的存款貸放給需要資金者。

存款貨幣的創造 假設陳亦儒在股票市場賣出台積電股票一張，獲利新臺幣 100 萬元，並將新臺幣 100 萬元存入玉山銀行，玉山銀行再將整筆存款存入中央銀行。玉山銀行的資產負債表可寫成：

玉山銀行資產負債表

準備金	100 萬元	存款	100 萬元

若中央銀行規定存款的法定準備率是 20%，玉山銀行會將 20 萬元 (＝100 萬元 ×20%) 列為法定準備金，剩下的新臺幣 80 萬元是超額準備。如果玉山銀行將超額準備新臺幣 80 萬元借給吳遵，玉山銀行現在的資產負債表為：

玉山銀行資產負債表

準備金	100 萬元	存款	100 萬元 (陳亦儒)
放款	80 萬元	存款	80 萬元 (吳遵)

因為存款是貨幣供給的一部分，存款的增加代表貨幣供給的增加。因此，當玉山銀行有新臺幣 180 萬元存款時，貨幣供給等於增加新臺幣 180 萬元。假設吳遵以新臺幣 80 萬元向英國的 B&W 公司買一對鸚鵡螺喇叭，吳遵簽出一張新臺幣 80 萬元的支票給 B&W 代理商，而 B&W 代理商將這

金融海嘯

被譽為債券天王的葛洛斯 (Bill Gross) 說：「這是一場金融海嘯，史上罕見的系統性金融危機，全球股市、債市、房市三種主要資產價格一起下跌。」

葛洛斯口中的金融大海嘯正一波波襲來，且一波比一波凶猛。海嘯源自於 2007 年的一場大地震：美國次級房貸風暴。在 2008 年 9 月 22 日出刊的 1087 期的《商業周刊》特別以金融海嘯為封面，派員親自到紐約採訪雷曼兄弟破產事件。

在「雷曼兄弟破產啟示錄」一文中，作者整理出次級房貸所引發的三波金融海嘯。

第一波金融海嘯 (2007.3～2008.3)：貝爾斯登面臨破產

2007.3.9 美國第二次級房貸公司 New Centry Financial Corp. 遭調查非法放貸，股價重挫，後來被迫下市。

2007.8.1 美國第五大投資銀行貝爾斯登 (Bear Stearns) 宣布旗下兩檔次貸相關基金倒閉，其損失逾 1.5 億美元。

2007.8.9 法國市值最大銀行 BNP Paribas SA. 旗下三檔基金因投資美國次貸產品虧損，暫停投資人贖回。

2008.3.6 貝爾斯登面臨破產。

2008.3.17 貝爾斯登被迫以每股 2 美元的低價出售給摩根大通 (J.P. Morgan Chase)。

2008.4.4 時任聯準會主席柏南奇連續第二天說明處理貝爾斯登案過程。為了避免貝爾斯登面臨破產影響整體經濟，聯準會同意對摩根大通收購貝爾斯登交易案提供融資。摩根大通同意承擔聯準會投注資產最初發生的 7 億美元虧損，而聯準會則承擔其餘的 290 億美元虧損。

第二波金融海嘯 (2008.7～9 月)：二房危機

2008.7.7 雷曼兄弟研究報告看空全美最大房貸公司房利美 (Fannie Mae) 與房地美 (Freddie Mac)，掀起二房財務危機。

2008.9.7 美國政府接管房利美與房地美。

世界各國金融機構普遍持有房利美與房地美債券，總額接近 1 兆美元，中、俄兩國央行持有最多，總額約為 9,790 億美元；臺灣持有的二房公債約 6,000 億元；日本則高達 8 兆日圓。二房危機使得亞股出現「黑色星期二」，7 月 10 日當天，臺股收盤暴跌 322 點，跌幅 4.53%，中國、香港、南韓、泰國跌幅逾 3%。

第三波金融海嘯 (2008.9～)

2008.9.15 雷曼兄弟宣布破產；AIG 因籌資案告吹，向聯準會求助 400 億美元；美林證券 (Merrill Lynch) 也被美國銀行 (Bank of America) 以 500 億美元收購。

美、歐四大央行 (美國聯準會、歐洲中央銀行、英格蘭銀行、瑞士國家銀行) 在 10 月 14 日宣布，無限制供應金融機構美元短期資金。國際貨幣基金於 29 日宣布推出資金 1,000 億美元的紓困貸款方案，援助對象為經濟受困的開發中國家。全球股市在 10 月份的跌幅創新高紀錄。全球股市市值蒸發約 9.5 兆美元。其中，冰島表現最糟，OMX 冰島 ICEX15 指數崩跌 81%，標準普爾 (Standard & Poor's) 500 指數下跌 17.82%，倫敦、巴黎、法蘭克福的跌幅都超過 13%。

資料來源：楊少強，「金融海嘯」，《商業周刊》，1087 期，2008 年 9 月 22 日，pp. 103-112。

張支票存入往來的台新銀行。當支票經過票據交換所清算後，玉山銀行將新臺幣 80 萬元準備金轉給台新銀行。玉山銀行與台新銀行的資產負債表分別為：

玉山銀行資產負債表

準備金	20 萬元	存款	100 萬元
放款	80 萬元		

台新銀行資產負債表

準備金	80 萬元	支票存款	80 萬元 (B&W 代理商)

台新銀行將支票存款新臺幣 80 萬元，其中的 20% 列為法定準備，因此超額準備是 64 萬元，可以作為放款。如果台新銀行將超額準備 64 萬元借給汪冬城，則台新銀行的資產負債表如下：

台新銀行資產負債表

準備金	80 萬元	支票存款	80 萬元 (B&W 代理商)
放款	64 萬元	存款	64 萬元 (汪冬城)

同樣地，存款的增加代表貨幣供給等量的增加。因此，台新銀行創造 64 萬元的貨幣。假設汪冬城以新臺幣 64 萬元購買一輛豐田 RAV4 汽車，並以支票存款方式支付。若豐田汽車將汪冬城的支票存入彰化銀行，彰化銀行就會有超額準備新臺幣 64 萬元，而台新銀行的準備金便減少 64 萬元，台新銀行與彰化銀行的資產負債表分別為：

台新銀行資產負債表

準備金	16 萬元	支票存款	80 萬元
放款	64 萬元		

彰化銀行資產負債表

準備金	64 萬元	支票存款	64 萬元 (豐田汽車)

彰化銀行將支票存款新臺幣 64 萬元的 20% 列為法定準備，因此彰化銀行有超額準備 51.2 萬元可供放款。同樣地，彰化銀行若將超額準備借給炎亞倫，貨幣供給增加新臺幣 51.2 萬元。彰化銀行的資產負債表如下所示：

彰化銀行資產負債表

| 準備金 | 64 萬元 | 支票存款 | 64 萬元 (豐田汽車) |
| 放款 | 51.2 萬元 | 存款 | 51.2 萬元 (炎亞倫) |

當銀行握有超額準備時，這個過程會持續下去，銀行可以持續放款。究竟有多少存款被創造出來？我們可以用表 22-1 加以說明。

貨幣乘數 表 22-1 說明經濟體系存款貨幣的創造過程：

$$100 + 80 + 64 + 51.2 + \cdots$$
$$= 100 + 100 \times 0.8 + 100 \times 0.8^2 + 100 \times 0.8^3 + \cdots$$
$$= 100 \times (1 + 0.8 + 0.8^2 + 0.8^3 + \cdots)$$
$$= 100 \times 1/(1 - 0.8)$$
$$= 500$$

當陳亦儒將 100 萬元存入至商業銀行時，商業銀行藉應提部分準備，而將超額準備貸放出去，這一連串的過程，最終可創造存款總值 500 萬元。由於存款是貨幣供給的一部分，因此貨幣供給最終也會增加 500 萬元。在這個例子中，**法定準備率** (required reserve ratio) 是 20%。所以，貨幣數量與準備金之間的關係可以下式表示：

$$\text{貨幣數量} = \frac{1}{\text{存款準備率}} \times \text{銀行準備金}$$

或

$$\text{貨幣乘數} = \frac{1}{\text{存款準備率}} = \frac{\text{貨幣數量}}{\text{銀行準備金}} \quad (22\text{-}1)$$

法定準備率 中央銀行規定存款及其它各種負債，應該轉存中央銀行的比率。

表 22-1　存款的創造過程 (單位：新臺幣萬元)

	存款	準備金	放款
原始存款 (陳亦儒)	100		
玉山銀行	100	20	80 (吳遵)
台新銀行	80	16	64 (汪冬城)
彰化銀行	64	12.8	51.2 (炎亞倫)
⋮	⋮	⋮	⋮
總　和	500	100	400

式 (22-1) 中的貨幣數量可以是 M1A、M1B 或 M2。存款準備率就是法定準備率，在本例是 20%。銀行準備金是商業銀行增加的準備，本例中是陳亦儒的存款新臺幣 100 萬元。**貨幣乘數** (money multiplier) 是每 1 元存款所能創造的貨幣數量，等於存款準備率的倒數。本例中，存款準備率是 20%，因此貨幣乘數等於 1/0.2 = 5。

> **貨幣乘數** 每 1 元存款所能創造的貨幣數量。等於貨幣數量除以銀行準備金。

22-7 結語

金融體系扮演將資金從剩餘者身上移轉到匱乏者手中的基本經濟功能。如果你只要花費幾百元吃中飯，向親朋好友借貸不成問題；但如果你需要幾千萬元投資海外設廠，就很難找到親戚、朋友提供如此鉅額資金。直接金融的金融市場與間接金融的金融中介機構，是彌補資金不足與匱乏的管道。

資金是來自中央銀行發行的貨幣，且經由商業銀行進行貨幣創造。貨幣的存在，讓社會大眾得以順利進行交易，而免除以物易物的不便與低效率。網際網路的普及，使網路購物變得輕而易舉，任何人均可透過網路購買需要的商品，譬如，你可透過好吃宅配網團購美食。網路的盛行，使支付系統演進至電子貨幣時代。

摘要

- 金融體系是協助將資金從剩餘者手中移轉至匱乏者手中。依據有無中介機制，金融體系可分為直接金融與間接金融。
- 直接金融是儲蓄者可直接提供資金給投資者，金融市場包括股票市場、債券市場、外匯市場與衍生性金融商品市場。
- 間接金融是指資金從儲蓄者手中間接透過金融中介機構轉移到投資者的手中。金融中介機構包括商業銀行等存款貨幣機構及共同基金。
- 貨幣是指可以用來購買商品與服務的資產。貨幣的功能有三：交易媒介、計價單位及價值儲存。
- 貨幣作為支付系統的演進過程，可以分成最早期的商品貨幣、現代的強制貨幣，以及網路盛行後的電子貨幣。
- 貨幣數量是通貨與存款貨幣的總和。臺灣常用的貨幣供給定義包括 M1A、M1B 與 M2。M1A 是通貨、活期存款與支票存款的加總；M1B 是 M1A 加上活期儲蓄存款；M2 是 M1B 加上準貨幣。
- 貨幣數量是貨幣乘數與銀行準備金的乘積，貨幣乘數則是法定存款準備率的倒數。

習題

1. 有關金融體系的敘述，下列何者錯誤？
   (a) 金融體系包括金融市場 (直接金融) 與金融中介 (間接金融) 二大部分
   (b) 間接金融中，資金有餘者所持有的證券是資金不足者所發行的證券
   (c) 銀行體系屬於"間接"金融
   (d) 金融體系具備風險分擔、流動性等功能
   (105 年外交特考)

2. 下列何者並非"以物易物"(barter) 交易方式的主要缺點？
   (a) 不易達成"慾望的雙重巧合"(double coincidence of wants)
   (b) 物品運送成本高
   (c) 無法找零，不易滿足"等值互償"
   (d) 若某人收支時點不一致，就會難以消費
   (108 年初等考試)

3. 如果儲蓄者決定提高其儲蓄，在其它條件不變下，由可貸資金理論可以推測出：
   (a) 投資與均衡實質利率均會下降
   (b) 經濟成長率會下降
   (c) 本國匯率會下降
   (d) 均衡實質利率會下降，投資會增加
   (108 年勞工行政)

4. 若政府擴大支出，在其它條件不變下，可貸資金供給曲線 ① ，均衡時，實質利率 ② 而資本流出淨額 ③ ：
   (a) ①右移；②下跌；③增加
   (b) ①右移；②下跌；③減少
   (c) ①左移；②上升；③增加
   (d) ①左移；②上升；③減少
   (108 年商業行政)

5. 貨幣是資產的一種，其各項功能中最強的應當是？ (108 年初等考試改編)

6. 下列哪一項是貨幣？哪一項不是？請用貨幣的三種功能解釋：
   (a) 黃金
   (b) 新臺幣 1,000 元
   (c) 張大千的畫
   (d) 信用卡
   (e) IC 金融卡

7. 請問活期存款、郵政存簿儲金、信託資金及外匯存款。哪一項不在臺灣 M2 定義中？
   (97 年臺北大學經濟)

8. 張三從郵局提走 10 萬元郵政儲蓄，並存進第一銀行活期存款帳戶，這對 M1A、M1B 和 M2 的立即影響為何？
   (102 年臺大國企)

9. 下列何者屬於 M2 的貨幣定義範圍，但不屬於 M1 的貨幣定義範圍？
   (a) 支票存款
   (b) 通貨淨額
   (c) 活期儲蓄存款
   (d) 定期存款   (108 年身心障礙)

10. 下表為匯豐銀行的資產負債表：

資產		負債	
資產擔保證券	1,000	存款	300
總資產	?	其它銀行貨款	600
		總負債	?
		淨值	?

假設銀行投有的資產擔保證券價值僅剩六成，銀行的淨值變成多少？
(102 年清華計財所)

11. 假設安泰銀行收到一筆新臺幣 2,500 萬元的存款，依規定必須提列 10% 的存款準備。
    (a) 請列出安泰銀行的 T 字帳
    (b) 如果阿亮從安泰銀行提出一筆 1,000 萬元存款，請問安泰銀行 T 字帳有何變化？

12. 若準備率是 20%，銀行並未持有超額準備，當央行賣 400 萬元的債券給民眾時，銀行的準備及貨幣供給變動為何？
    (98 年中山政經)

13. 假設有一筆新的支票存款。台新銀行以現金形式持有 400 萬元，存放央行 1,600 萬元，法定準備 200 萬元，請問台新銀行的法定準備率是多少？　(102 年政大商學所)
14. 若第一銀行存款金額為 1,000 億元，所提準備金為 150 億元，剛好足夠為法定準備。今天央行宣布調降存款準備率至 10%，則原始法定準備率與第一銀行至少可動用之準備金是多少？　(97 年輔大企管)
15. 如果阿凡達的強力貨幣為 700 億元，而貨幣供給為 2,800 億元。那麼在沒有現金外流、銀行不保有超額準備的情況下，阿凡達的法定準備率是多少？
(96 年臺北大學經濟)
16. 如果活期存款有 1,500 億元，郵政儲金 2,000 億元，支票存款 1,000 億元，通貨淨額 3,000 億元，活期儲蓄存款 800 億元，商業銀行在中央銀行存款 700 億元，請問 M1B 是多少？　(102 年臺大國企所)
17. 某國銀行體系的存款法定準備率為 20%，實際準備率為 25%，所有貸款回存銀行的比例為 75%。若該國一位民眾將現金 900 萬存入這個銀行體系，則整個銀行體系最多可以創造多少存款貨幣？
(103 年淡江財金所)
18. 若法定準備率是 10%，通貨為 200 億元，支票存款為 400 億元，超額準備為 0.4 億元，請問 M1 的貨幣乘數是多少？
(102 年政大商學所)
19. 假定某銀行有下列資產與負債資料：庫存現金 60 億元；活期存款 250 億元；定期存款 180 億元；在中央銀行存款 30 億元；十筆不動產市價 45 億元；放款 240 億元與持有政府長期公債 55 億元，則其準備金為：
(a) 60 億元　　　　(b) 90 億元
(c) 430 億元　　　(d) 520 億元
(108 年關務特考)
20. 假設臺灣銀行吸收存款餘額 80,000 萬元，中央銀行訂定的平均法定準備率為 20%。另外，臺灣銀行再保有超額準備 5,000 萬元，請問其持有的實際準備為何？
(a) 11,000 萬元　　(b) 16,000 萬元
(c) 21,000 萬元　　(d) 26,000 萬元
(107 年經建行政)
21. 假定某銀行存款金額為 250 億元，所提準備金 30 億元恰足夠為應提準備，今中央銀行宣布調降應提準備率至 8%，則原始應提準備率與該銀行至少可動用的準備金各是多少？
(a) 12%；10 億元　(b) 12%；20 億元
(c) 10%；10 億元　(d) 10%；20 億元
(108 年初等考試)

網路習題

1. 請至中央銀行網站：https://www.cbc.gov.tw 的統計資料網頁，查看最近這個月的 M1A 是多少？M2 又是多少？
2. 中華民國證券投資信託暨顧問商業同業公會的網站：https://www.sitca.org.tw，每個月會列出基金績效評比，請下載該資料，並找出前五名報酬最高的資金。

Chapter 23

中央銀行與貨幣政策

央行控制貨幣數量，就像經濟信貸的水龍頭，當水龍頭打開時，利率下降，我們便能以較低的成本借錢來買更多東西。

央行也能在特殊事件發生後挹注資金至經濟體系，來挽救經濟的頹勢。2008 年的金融海嘯造成全球經濟急凍，歐洲央行加上美、日、英等國央行對全球金融體系額外注資 6,300 億美元。2020 年 2 月份最後一週，新冠肺炎在全球迅速擴散，道瓊指數連跌七天，美股市值蒸發 3.18 兆美元；2 月 28 日道瓊盤中狂瀉 1,000 點，聯準會主席鮑爾 (Jerome Powell) 罕見地在盤中喊話，激勵大盤最後十五分鐘戲劇性急拉 650 點。

如果央行調升利率，就像把水龍頭關起來，市場找不到錢，借貸成本上升，支出減少，經濟開始降溫。克魯曼曾說："葛林斯潘想要失業率維持在什麼水準，加上或減去一個亂數就可以了。"

本章的目的即在簡介中央銀行的目標、功能及貨幣政策的工具，央行如何利用政策工具來影響市場利率是本章的重點。

本章重點

中央銀行經營目標與
　政策工具
貨幣需求與供給
貨幣市場的均衡

23-1 中央銀行

當經濟體系支付系統演進到強制貨幣時,紙幣本身不再具有實質商品價值,而是由政府以法律賦予 無限法償 (unlimited legal tender),民眾可以用來償還各種債務。明確地說,這裡的政府就是中央銀行。你在新臺幣紙鈔正面可以發現印有"中央銀行"的字樣。《中央銀行法》第 13 條規定,中央銀行發行國幣,並賦予貨幣法償效力。

中央銀行設立於 1923 年 2 月 21 日,當時為了國家建設及國家財政,乃籌建中央銀行。1924 年 8 月 15 日,中央銀行於廣州開幕;1927 年 10 月 25 日國民政府制定公布《中央銀行條例》,明定中央銀行為國家銀行,隸屬於總統府。1949 年 8 月 5 日,由於中國局勢逆轉,中央銀行隨政府先後遷移廣州、重慶、成都,同年 12 月遷至臺北。

23-1-1 央行的任務

如果央行調降利率就能刺激經濟成長,又何必步步為營?社會上有許多失業人口,何不把利率降至 3% 或 1%,讓大家有福同享?不幸的是,經濟成長的速度是有極限的。

民眾對蘋果的智慧型手機需求增加,蘋果一定會增產。這意味著有更多人可以有工作,該公司會雇用更多員工、購買更多零件。漸漸地,hTC 發現原料及勞工愈來愈難取得,工資與原物料價格應聲而漲,不只這樣,整個經濟面都會出現類似效應。央行的目標之一就是,在派對開過火時,抱走雞尾酒 (好讓派對冷卻下來)。

2002 年 6 月 5 日修訂的《中央銀行法》第 2 條規定,中央銀行的經營目標包括:(1) 促進金融穩定;(2) 健全銀行業務;(3) 維護對內及對外幣值之穩定;(4) 於上列目標範圍內,協助經濟之發展,如圖 23-1 所示。

23-1-2 央行的功能

根據中央銀行的經營目標與業務,大致可歸納出幾項中央銀行的功能。圖 23-2 整理出臺灣央行的事務。

1. 執行及制定貨幣政策:貨幣政策的執行與調節金融和發行通貨有關。為了能控制貨幣供給量以穩定物價,促進經濟成長,與使企業取得營運資金,中央銀行有下列業務:
    (1) 調整存款準備率:中央銀行可藉由存款準備率的調整來影響銀行超額準備金數量,並影響貨幣乘數的大小,乃至控制貨幣供給量。

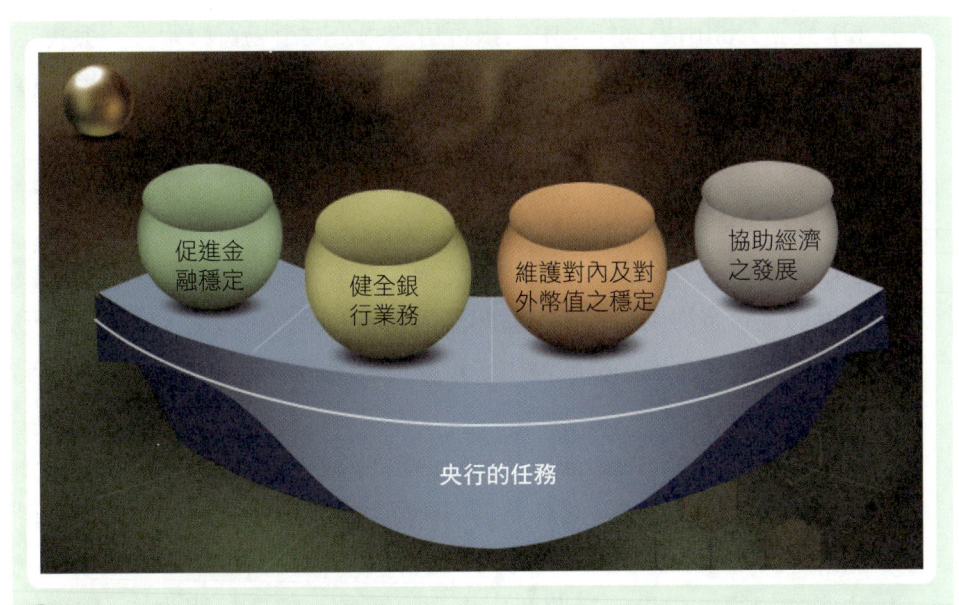

▲ 圖 23-1　中央銀行的經營目標

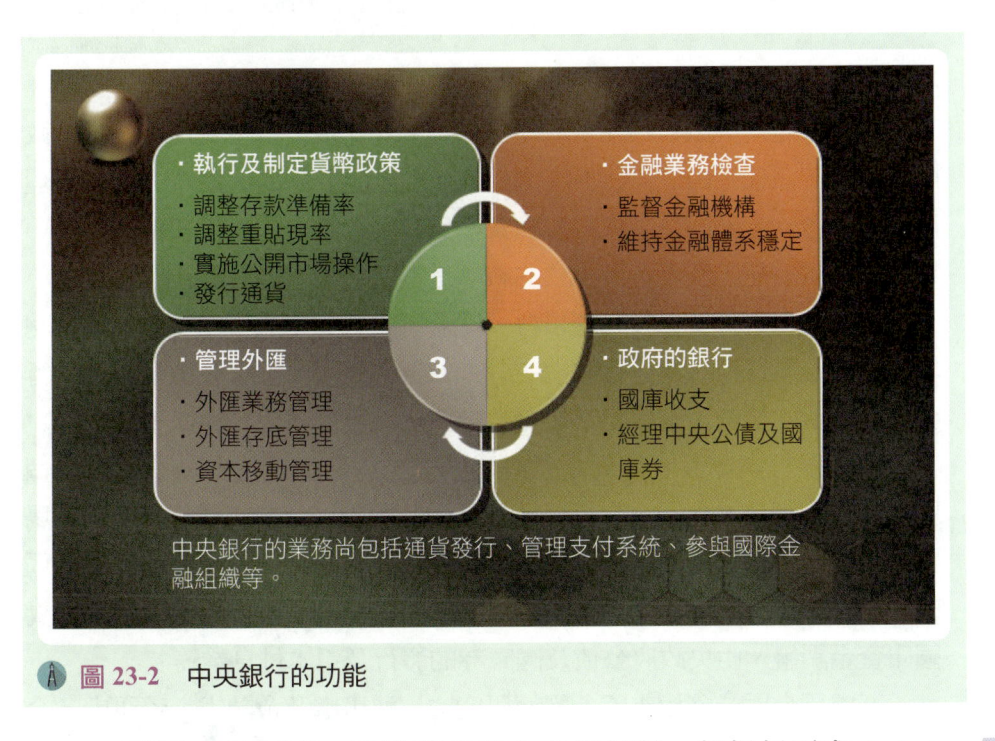

▲ 圖 23-2　中央銀行的功能

(2) 調整重貼現率：重貼現率是中央銀行對一般銀行要求**重貼現** (rediscount) 時所收取的利率。譬如，由於原油、穀物等進口原物料價格持續攀升且隔夜拆款利率緩步上升，自 2016 年 7 月 1 日起重貼現率、擔保放款融通及短期融通利率各調升 0.125 個百分點，年息分別為 1.375%、1.75% 及 3.625%。

重貼現　銀行以客戶票據向中央銀行請求"再貼現"，以取得融通資金。

(3) 實施公開市場操作：中央銀行可透過公開市場買賣票券，發行定期存單及到期兌償等措施來調節市場資金，以維持貨幣供給適度成長與利率穩定。

(4) 發行通貨：為應付平時及季節性通貨需求，中央銀行必須適時適量提供市場需要，以利交易進行。

2. 金融業務檢查：金融機構發生擠兌或金融市場出現危機時，將會阻礙金融體系資金從供給者手中移轉到需求者的手中。因此，透過監督金融機構，避免金融危機的發生，以維持金融體系穩定，是中央銀行另一個重要目標。

3. 管理外匯：**外匯** (foreign exchange) 指外國貨幣、票據及有價證券，又稱為國際貨幣準備，可作為清償國際債務的外國貨幣。中央銀行得視對外的國際收支情況，調節外匯供需，以維持有秩序的外匯市場。

4. 政府的銀行：中央銀行收存中央政府存款，處理相關收支 (經理國庫)。此外，央行為政府財務代理人，經理中央政府公債及國庫券。

外匯 外國貨幣、票據、有價證券，又稱國際貨幣準備。

23-1-3 央行的組織

理事會是中央銀行最主要的單位。理事會組成委員稱為理事，由行政院報請總統派任，由 11 人到 15 人組成，並指定其中 5 人到 7 人為常務理事。理事會的主席即為中央銀行總裁，另有副總裁 2 人；理事任期五年，期滿得續派連任。理事會最重要的職掌是審議貨幣、信用及外匯政策。

除了理事會外，另設有監事會，置監事 5 人到 7 人，由行政院報請總統派任，監事任期三年，行政院主計長為當然監事。監事會職權包括央行資產與負債的檢查、查核貨幣發行數額與貨幣發行準備之檢查。

中央銀行內部設有四局、五處、三室、兩個海外代表辦事處及兩個廠。四局分別是業務局、發行局、外匯局及國庫局；業務局負責公開市場買賣、重貼現融通、準備率擬議；發行局負責貨幣的印製及鑄造；外匯局的職掌是調節外匯供需、外匯調度以維持有秩序的外匯市場；國庫局負責國庫資金調撥、中央政府公債及國庫券的發行及還本付息業務。

五處是金融業務檢查處、經濟研究處、祕書處及會計處、資訊處。金融業務檢查處負責稽核金融機構報表，檢查金融機構業務，以及蒐集金融機構的資料。經濟研究處負責研究金融貨幣政策、銀行制度與業務，編製《金融統計月報》等。三室是人事室、政風室及法務室；兩個海外代表辦事處是駐紐約代表辦事處與駐倫敦代表辦事處，分別於 1993 年及 1994 年設立，負責蒐集各種國際金融資料、外匯資產營運及管理等事項；兩廠分別是中央印製廠及中央造幣廠,中央造幣廠負責流通硬幣及紀念幣的鑄造與銷毀。有關中央銀行的組織架構請見圖 23-3。[1]

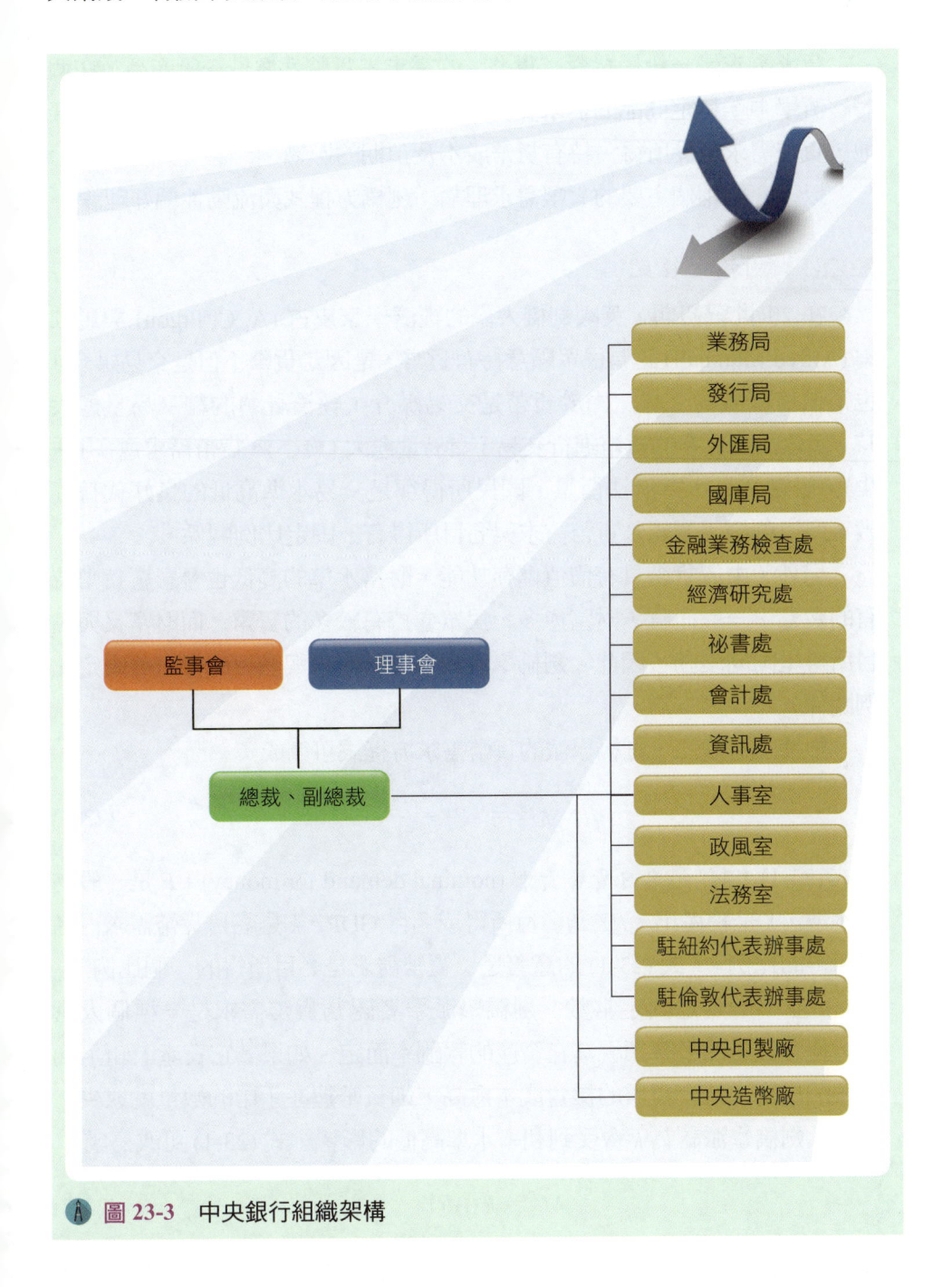

圖 23-3　中央銀行組織架構

組織架構：
- 監事會
- 理事會
- 總裁、副總裁
  - 業務局
  - 發行局
  - 外匯局
  - 國庫局
  - 金融業務檢查處
  - 經濟研究處
  - 祕書處
  - 會計處
  - 資訊處
  - 人事室
  - 政風室
  - 法務室
  - 駐紐約代表辦事處
  - 駐倫敦代表辦事處
  - 中央印製廠
  - 中央造幣廠

---

[1] 有關中央銀行組織各單位的職掌與設立,請見《中央銀行法》及中央銀行全球資訊網：http://www.cbc.gov.tw。

23-2 貨幣需求

貨幣需求是一般民眾對"貨幣"的需求。貨幣就像是一般商品,在個體經濟學中,特定商品的需求受所得、商品本身價格及預期的影響。同樣地,貨幣需求也受所得、持有貨幣成本及預期的影響。

以下介紹兩個主要的貨幣需求理論:劍橋方程式與流動性偏好理論。

23-2-1 劍橋方程式

在 20 世紀初期,英國劍橋大學的經濟學家皮古 (A. C. Pigou) 與馬歇爾 (Alfred Marshall) 認為民眾願意持有貨幣,是因為貨幣不但是交易媒介,也是價值儲藏的工具。由於貨幣是交易媒介,經濟社會的總交易量愈大時,民眾需要更多的貨幣進行交易,交易量愈大 (愈小),貨幣需求愈多 (愈少)。儘管交易水準無法衡量,國民所得卻是交易水準高低的良好代替變數,所以劍橋學派認為貨幣需求與名目所得有一固定比例關係。

另外,由於貨幣具有價值儲存功能,財富水準的高低也會影響貨幣持有的數量。一般而言,財富愈多,民眾會持有較多的貨幣,而財富又與名目所得呈同向變動。因此,劍橋學派認為貨幣需求與名目所得有著固定比例關係。

根據上述說法,劍橋學派的貨幣需求方程式可寫成:

$$M^d = kPY \tag{23-1}$$

在式 (23-1),M^d 是**名目貨幣需求** (nominal demand for money),P 是一般物價水準,Y 是總產出,PY 為名目所得或名目 GDP,k 是名目貨幣需求占名目所得的比例。[2] 式 (23-1) 的意義是:貨幣需求是名目所得的一個比例。

k 並不一定是固定常數。劍橋學派學者認為貨幣需求是一種個人選擇,持有數量的多寡須視其它資產的報酬率而定。如果其它資產 (如債券) 的報酬愈高,持有貨幣的機會成本愈高,則貨幣握在手中的數量就愈少。因此,劍橋學派認為 k 會受到利率水準高低的影響,式 (23-1) 可改寫成:

$$M^d = k(i)PY \tag{23-2}$$

在式 (23-2),名目貨幣需求是受名目利率與名目所得的影響,當利率上升時,貨幣作為價值儲存的功能降低,貨幣需求因而減少;而當名目所得提

---

[2] 馬歇爾認為 k 是名目現金餘額占名目所得的比例,所以式 (23-1) 又稱為現金餘額方程式。而 k 被現代經濟學家冠以馬歇爾 k 值 (Marshall k),作為衡量一國現金餘額發展程度的指標。

高時，民眾需要更多的貨幣進行交易，貨幣需求因而增加。這種貨幣需求的關係在短期仍然成立。

23-2-2　流動性偏好理論

凱因斯在《一般理論》中，強調貨幣是一種流動性資產，個人持有貨幣有三種動機：交易性動機、預防性動機與投機性動機。

1. **交易性動機** (transaction motive)：民眾選擇持有貨幣，而不選擇有報酬率的債券，最主要的原因是貨幣能夠用來購買商品。凱因斯認為貨幣需求與交易量多寡成正比，也就是交易量愈大，貨幣需求愈多。同時，交易量又與所得成正比，高所得家庭的交易支出比低所得家庭支出要高。因此，交易性貨幣需求隨著所得的提高而增加。

2. **預防性動機** (precautionary motive)：有別於凱因斯的老師馬歇爾的主張，凱因斯認為人們持有貨幣，有時是應付突如其來的需要。此一預防動機的貨幣需求是受預期未來交易水準而定，它也是著重在交易媒介的功能，且交易水準與所得成正比。因此，預防性動機的貨幣需求隨所得的增加而增加。

3. **投機性動機** (speculative motive)：這種動機是強調貨幣有價值儲存的功能。當利率下跌時，民眾會增加對貨幣的持有，而減少對債券或股票等有價證券的持有；當利率上升時，民眾會減少貨幣需求，而增加對債券或股票的需求。因此，投機性動機的貨幣需求與利率呈反方向變動。

凱因斯的貨幣需求理論，是由三種貨幣需求動機結合而成。另外，凱因斯強調民眾想持有的是**實質貨幣餘額** (real money balance)，他相信民眾關心的是貨幣的購買力，實質貨幣需求是實質所得與利率的函數，可寫成下式：

$$\frac{M^d}{P} = L(i, Y) \qquad (23\text{-}3)$$

式 (23-3) 即為著名的**流動性偏好理論** (liquidity preference theory)。式中 M^d/P 是實質貨幣需求量，L 代表**流動性** (liquidity)，i 是利率，而 Y 是實質 GDP。式 (23-3) 中，實質貨幣需求與利率呈負向關係，即利率上升，實質貨幣需求減少；利率下降，實質貨幣需求增加，如圖 23-4(a) 所示。實質所得與實質貨幣需求呈正向關係，當民眾所得增加時，民眾持有的貨幣餘額提高，此反映在圖 23-4(b) 貨幣需求曲線向右移動；相反地，實質所得減少，貨幣需求曲線向左移動。

實質貨幣餘額　名目貨幣除以物價水準。

流動性偏好理論　強調實質所得與實質貨幣需求呈正向關係；利率與實質貨幣需求呈負向關係。

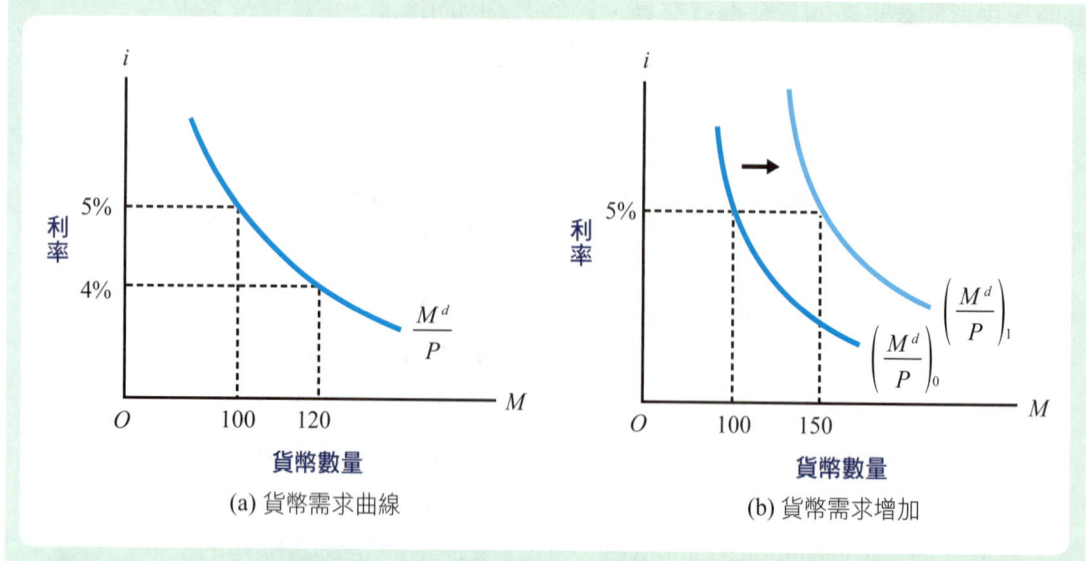

(a) 圖是貨幣需求曲線。當利率是 5% 時，貨幣需求是 100；當利率下跌至 4% 時，人們賣出手中債券轉成持有貨幣，貨幣需求上升至 120。利率與實質貨幣需求呈負向關係。(b) 圖是在一定利率水準下，實質所得提高，導致貨幣需求增加，貨幣需求曲線向右移。

圖 23-4　貨幣需求

23-3　貨幣供給

中央印製廠的確可以創造新鈔票，央行也的確能把新鈔票運送到各地商業銀行，只不過央行並非直接雇用運鈔車，而是用新鈔交換銀行手中公債等政策工具來影響準備貨幣與貨幣乘數，以達到預期的貨幣供給量目標。

23-3-1　貨幣政策的擬定與施行

央行降息 1 碼會讓高雄的消費者買房子嗎？貨幣政策從執行到成效的出現，會產生一段時間落後。如果沒有經驗，可能在倒入大量鈔票後還懷疑，經濟怎麼沒有反應，而在九個月後才發現景氣往前衝。

基於這些考量，中央銀行的貨幣政策的基本架構如圖 23-5 所示。

1. **操作工具**：操作工具是中央銀行執行貨幣政策能夠使用的工具。主要包括：(1) 貼現窗口制度；(2) 公開市場操作；(3) 存款準備金制度；(4) 日間透支機制；(5) 換匯交易；(6) 總體審慎措施。

▲ 圖 23-5　貨幣政策基本架構

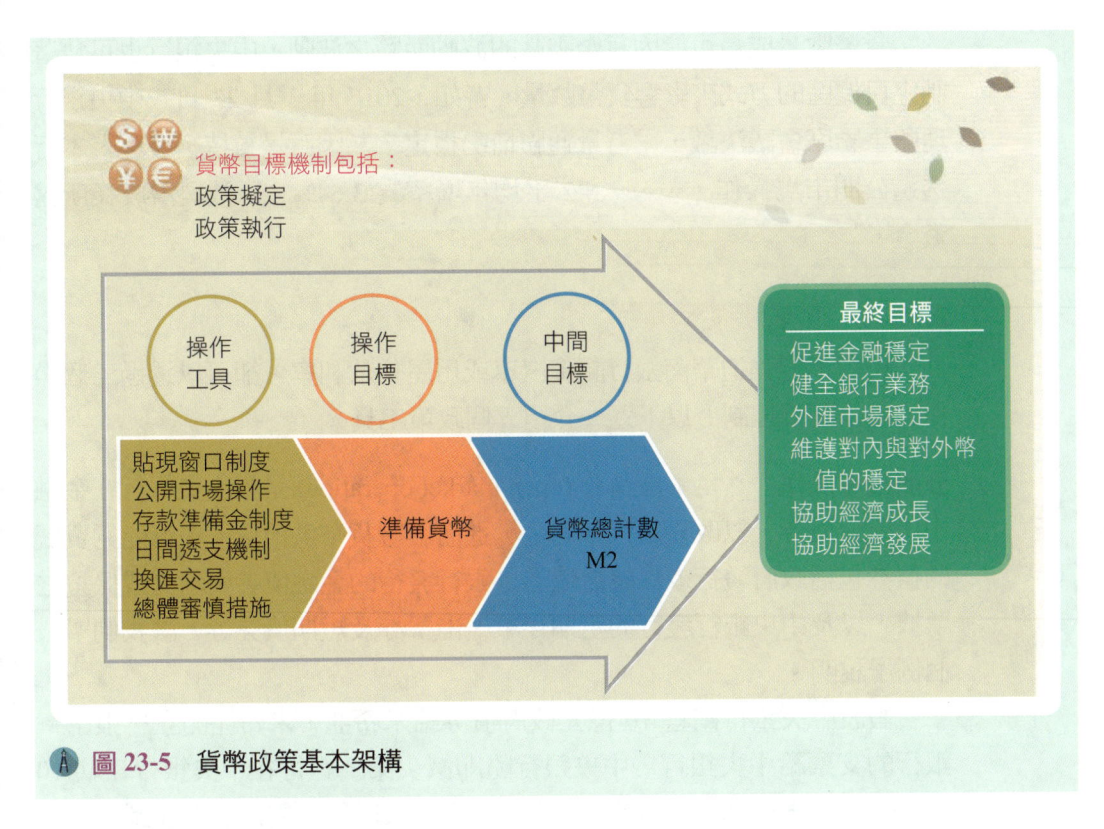

2. **操作目標**：能讓中央銀行快速且正確控制的短期目標變數，這些變數包括準備總計數 (準備貨幣、超額準備或自由準備) 及短期利率 (銀行同業拆款利率、國庫券利率)。選擇的標準是讓中央銀行能有效的控制，資料能夠正確迅速地衡量，並對政策工具的反應較為敏銳。
3. **中間目標**：與最終目標關係較為密切，中央銀行缺乏直接控制能力。這些變數是基於能夠直接影響物價水準與國民所得而選定，包括貨幣總計數 (M1A、M1B 或 M2) 與中、長期利率。
4. **最終目標**：中央銀行執行貨幣政策所能影響的總體變數。最終目標包括：(1) 促進金融穩定；(2) 健全銀行業務；(3) 外匯市場穩定；(4) 維護對內與對外幣值的穩定；(5) 協助經濟成長；(6) 協助經濟發展。

我們可以舉一個簡單例子說明貨幣政策執行的步驟。假設中央銀行的政策目標是實質 GDP 成長率 8%，並容許物價上漲率是 2%。中央銀行相信貨幣數量 (中間目標) 成長率 10% 可以達成這樣的目標。我們可以利用存款貨幣創造的公式 (即貨幣供給量 ＝ 貨幣乘數 × 準備貨幣)，來找出操作目標的成長率。貨幣供給量是中間目標裡貨幣總計數的一種，而準備貨幣是操作目標中準備總計數的一種。如果貨幣乘數在一段期間內是相對穩定，則準備貨幣成長率 10%，即可達成貨幣數量成長 10% 的目標，中央銀行依據操作目標再來決定公開市場操作或其它政策工具的數量。

貨幣數量成長可能因貨幣乘數的波動而隨之波動，中央銀行也可藉著制定目標區的方式來影響貨幣數量。譬如，2017 年 3 月 23 日，中央銀行理監事聯席會議決議，"考量通膨情勢穩定，為因應景氣持續復甦，本行透過公開市場操作，……，M2 平均年增率為 3.64%，足敷經濟成長所需資金。"

23-3-2　貨幣政策工具

央行不能強迫華南銀行調降汽車或房屋貸款利率，卻可以透過三個操作工具來間接控制。以下逐一介紹三個政策工具。

公開市場操作　公開市場操作 (open market operation) 是指中央銀行在金融市場買賣債券，以改變銀行準備金，進而影響貨幣供給量。央行能夠買賣的債券包括政府發行或保證之債券，銀行發行的金融債券與承兌或保證之票據，以及中央銀行發行的定期存單、儲蓄券及短期債券等。讓我們舉一個例子說明。

> **公開市場操作**　中央銀行可透過在公開市場買賣債券，以維持貨幣供給適度成長與利率穩定。

假設中央銀行銷售 10 億元政府債券給米希亞，米希亞開立一張第一銀行的支票給中央銀行，中央銀行隨即減少第一銀行在中央銀行存款 10 億元。第一銀行準備金減少 10 億元，代表銀行信用創造能力受到抑制。有關中央銀行與第一銀行的資產負債表，如圖 23-6 所示。

在圖 23-6(a)，中央銀行賣出政府債券，並收到第一銀行支票 10 億元，資產項下的政府債券減少 10 億元，對第一銀行的負債也減少 10 億元。圖 23-6(b) 是第一銀行的資產負債表。由於米希亞支付 10 億元第一銀行支票給中央銀行，第一銀行的存款減少 10 億元，中央銀行直接在帳上扣除，第一銀行存放中央銀行的款項也減少 10 億元。第一銀行存放中央銀行的款項就是銀行的準備金。

若法定存款準備率為 20%，且民眾手中不會握有現金。第一銀行的存款減少 10 億元，透過商業銀行的存款貨幣創造過程，存款一連串的減少，貨幣數量呈倍數 (1/20% = 5) 減少。

首先，第一銀行存款減少 10 億元，法定準備金會減少 2 億元，銀行可供放款金額減少 8 億元 (等於實際減少準備 10 億元減去應該減少準備 2 億元)。第二家銀行 —— 彰化銀行的存款因此減少 8 億元，在法定準備減少 1.6 億元後，放款金額會減少 6.4 億元，……。最後，整個商業銀行機構存款減少：

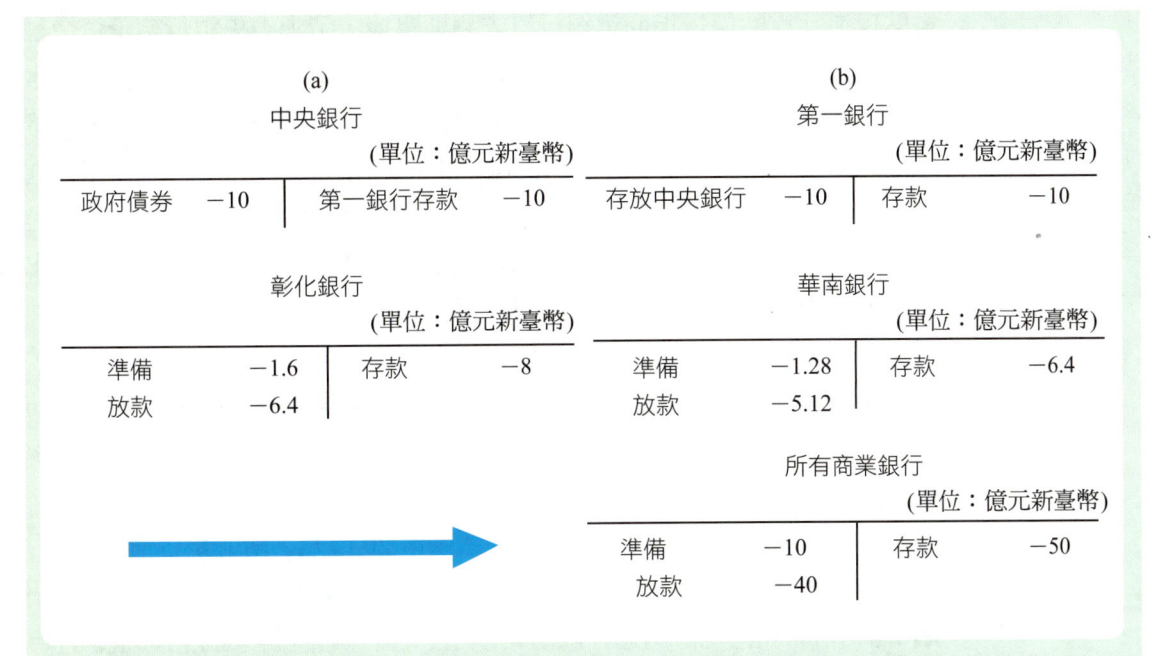

	(a) 中央銀行		(b) 第一銀行	
	(單位：億元新臺幣)		(單位：億元新臺幣)	
政府債券 −10	第一銀行存款 −10	存放中央銀行 −10	存款 −10

彰化銀行		華南銀行	
(單位：億元新臺幣)		(單位：億元新臺幣)	
準備 −1.6	存款 −8	準備 −1.28	存款 −6.4
放款 −6.4		放款 −5.12	

所有商業銀行	
(單位：億元新臺幣)	
準備 −10	存款 −50
放款 −40	

若央行在金融市場賣出債券 10 億元，透過乘數效果，貨幣供給量最終將減少 50 億元。

圖 23-6 公開市場賣出

$$-10 - 8 - 6.4 - \cdots = -10(1 + 0.8 + 0.8^2 + \cdots)$$

$$= -10 \times \frac{1}{1 - 0.8}$$

$$= -10 \times \frac{1}{20\%}$$

當中央銀行賣出政府債券，收回 10 億元等值新臺幣時，在法定存款準備率為 20% 下，透過乘數效果，貨幣供給總共會減少 50 億元；相反地，若央行想要增加貨幣數量，可以在公開市場買進債券，釋出等值貨幣。當銀行存款增加時，除應提法定準備外，可供放款金額增加，透過貨幣乘數，貨幣供給量呈倍數增加。因此，

- 中央銀行公開市場買進債券，銀行準備增加，放款增加，貨幣供給量因而提高。
- 中央銀行公開市場賣出債券，銀行準備降低，放款減少，貨幣供給量因而下降。

重貼現率 重貼現是指商業銀行以未到期票據，請求中央銀行給予資金融通。這些票據包括：(1) 國庫券及政府公債為擔保品之本票；(2) 公民營生產事業在其產製銷過程中，依實際交易行為而產生之銀行承兌匯票、商業承兌之匯票及本票。**重貼現率** (rediscount rate) 則是中央銀行對商業銀行進行重貼現時，預扣利息所收取的利率。[3] 重貼現與貼現並不相同，貼現是銀行客戶以未到期票據向銀行請求資金融通；重貼現則是銀行以客戶要求貼現但未到期的票據向中央銀行請求再一次貼現。

> **重貼現率** 中央銀行對一般銀行要求重貼現時所收取的利率。

當商業銀行向中央銀行貸款時，銀行超額準備增加，透過乘數效果，貨幣供給呈倍數增加。譬如，圖 23-7(a) 為新光銀行未向中央銀行借款前的資產負債表。假設法定存款準備率是 20%，圖 23-7(b) 是新光銀行請求中央銀行融通資金後的資產負債表。

如果新光銀行請求中央銀行融通新臺幣 20 億元，新光銀行借入款 (對中央銀行負債) 增加 20 億元，在法定準備不變情形下 (80 億元)，銀行超額準備增加 20 億元，透過存款貨幣創造過程，貨幣供給增加 100 億元 (＝ 1/20%×20)。圖 23-7(b)，所有銀行的存款由 400 億元增加至 500 億元，法定準備金額是 100 億元 (＝ 500×20%)，而放款也由原來的 320 億元增加至 420 億元。

當中央銀行降低重貼現率，商業銀行的借入款提高，超額準備增加，放款因此提高，透過貨幣乘數，貨幣供給呈倍數增加；相反地，當中央銀行提高重貼現率，商業銀行借款成本提高，借款金額降低，導致超額準備減少，放款因而減少，透過乘數效果，貨幣供給呈倍數減少。重貼現率政策的結論如下：

- 提高重貼現率，超額準備下跌，貨幣供給減少。
- 降低重貼現率，超額準備增加，貨幣供給增加。

(a) 重貼現前 新光銀行				(b) 重貼現後 所有銀行			
準備	80	存款	400	準備	100	存款	500
放款	320			放款	420	對中央銀行負債	20

圖 23-7 重貼現率政策

---

[3] 重貼現率只是重貼現政策的一部分。我國中央銀行重貼現政策還包括短期融通及擔保放款融通兩種。有關各種利率相關數字，請見央行網站。

法定存款準備率　法定準備金是中央銀行要求存款貨幣機構，必須依存款總額提存一部分作為準備金。法定存款準備率等於法定準備金除以存款總額，在我國又稱為應提準備率，簡稱法定準備率。

依據民國 104 年 6 月 11 日修正之《金融機構存款及其他各種負債準備金調整及查核辦法》第 3 條和第 4 條規定，適用《銀行法》規定之金融機構，應分別根據其支票存款 (包括保付支票、旅行支票)、活期存款、儲蓄存款、定期存款、外匯存款、透支銀行同業、銀行同業拆放、金融債券、同業融資、聯行往來、附買回有價證券負債、銀行承作結構型商品所收本金，以及央行規定之其它負債提存準備金。[4]

改變法定準備率對貨幣供給量的影響與公開市場操作及重貼現率調整並不相同。公開市場操作與重貼現率是透過準備貨幣的變動來影響貨幣供給，而法定準備率的變動是透過改變貨幣乘數大小來影響貨幣供給。記得貨幣乘數是法定準備率的倒數，如果法定準備率是 20%，貨幣乘數為 1/20% = 5；如果央行降低法定準備率由 20% 降至 10%，貨幣乘數則為 1/10% = 10。換言之，法定準備率下降 1 倍，貨幣乘數會增加 1 倍。

因此，法定準備率對貨幣供給的結論如下：

- 法定準備率調降，貨幣乘數變大，貨幣供給量增加。
- 法定準備率調漲，貨幣乘數變小，貨幣供給量減少。

> **法定存款準備率**
> 法定準備金除以存款總額，又稱為應提準備率。

23-3-3　貨幣供給曲線

根據上一節的說明，中央銀行可以透過公開市場操作與重貼現政策影響準備貨幣，而法定準備率的調整會影響貨幣乘數的大小。因此，在某種意義上，我們可以說貨幣供給由央行控制。如果我們想要在縱軸是利率與橫軸為貨幣數量的平面中畫出貨幣供給曲線，它將是一條垂直線，如圖 23-8 所示。

圖 23-8 的 M^s，代表貨幣供給量的變動不受利率的影響。不論利率是 5% 或 10%，貨幣數量不變，完全由央行透過貨幣政策工具的應用來決定。若央行在公開市場買進債券或降低重貼現率，銀行超額準備增加，透過乘數效果，貨幣供給增加，貨幣供給曲線向右移動，如圖 23-9(a) 所示。若央行降低法定準備率，貨幣乘數提高，貨幣供給增加，貨幣供給曲線向右移動，如圖 23-9(a) 所示。

---

[4] 有關各種存款之法定準備率及應提準備率的各項百分比，請見中央銀行網站的《金融統計月報》，表 23-14 準備金與流動準備。

圖 23-8 貨幣供給

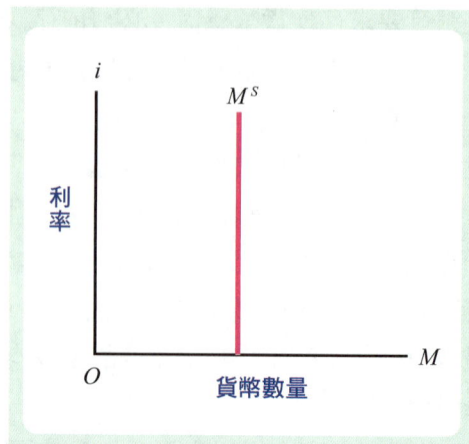

在貨幣供給的變動不受利率影響下，貨幣供給曲線為一垂直線。

相反地，當中央銀行公開市場賣出債券或調高重貼現率，銀行超額準備降低，透過乘數效果，貨幣供給減少，貨幣供給曲線向左移動，如圖 23-9(b) 所示。若中央銀行宣布調高法定準備率，貨幣乘數下跌，貨幣供給減少，如圖 23-9(b) 所示。有關貨幣供給曲線變動的結論如下：

- 中央銀行公開市場買進、降低重貼現率或法定準備率，貨幣供給量增加，貨幣供給曲線向右移動。
- 中央銀行公開市場賣出、提高重貼現率或法定準備率，貨幣供給量減少，貨幣供給曲線向左移動。

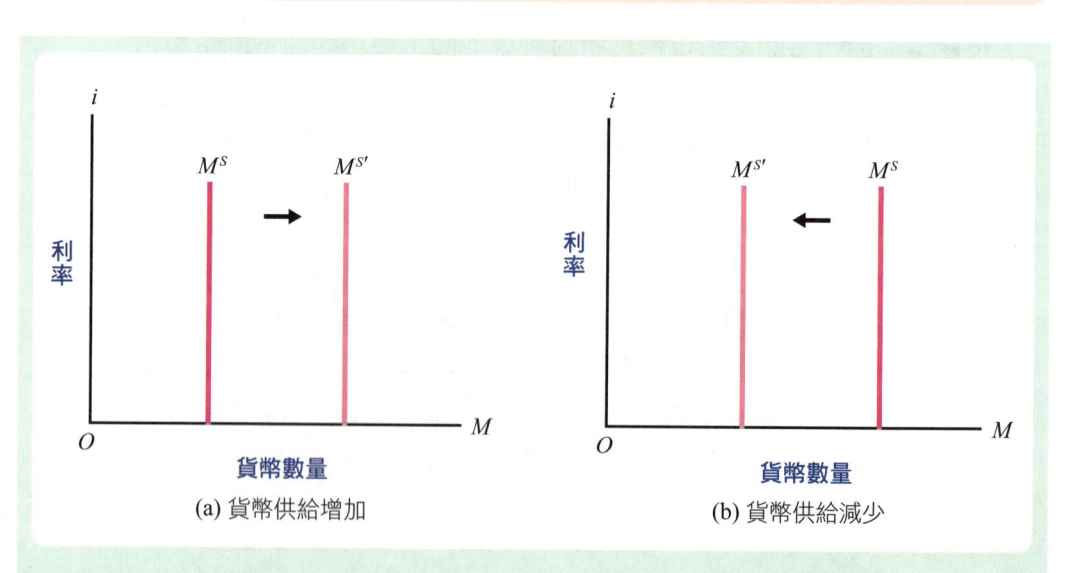

(a) 貨幣供給增加

(b) 貨幣供給減少

(a) 圖是貨幣供給增加，貨幣供給曲線右移，由 M^S 右移至 $M^{S'}$。(b) 圖是貨幣供給減少，貨幣供給曲線左移，由 M^S 左移至 $M^{S'}$。

圖 23-9 貨幣供給的變動

歐洲中央銀行的首位女總裁

現今歐洲中央銀行體系 (European System of Central Banks, ESCB) 包括歐洲中央銀行 (European Central Bank, ECB) 與 27 個歐盟會員國的中央銀行 (national central bank, NCB)。歐元系統 (Euro System) 是指歐洲中央銀行與各會員國中央銀行採行歐元所形成的貨幣體系。歐元體系最主要的目標是維持物價穩定，其基本職責包括：

- 制定並執行歐元區域內的貨幣政策。
- 進行外匯操作。
- 持有及管理各會員國的外匯準備。
- 促進交易支付系統的運作順暢。

此外，ESCB 必須維持金融穩定與監督存款機構的經營健全。在貨幣政策方面，ESCB 採用的政策工具有公開市場操作、常設融通窗口與最低準備制三種。

歐洲中央銀行成立於 1998 年 6 月，總行在德國法蘭克福，歐洲中央銀行體系的組織架構總共有三個部分，如下表所示：

1. 管理委員會 (Governing Council)：歐洲中央銀行的最高決策單位。
2. 執行理事會 (Executive Board)：歐洲中央銀行的執行單位。
3. 一般委員會 (General Council)。

前 IMF 總裁拉加德 (Christine Lagarde) 在英國脫歐之際接下歐洲央行總裁一職，被外媒譽為最強力的經濟救火員。

在 2014 年 9 月，歐洲央行成為第一家採行存款負利率的銀行，負利率是指央行向銀行存放央行的資金收取費用。實施負利率的目的是對抗太低的通膨，保證中期物價的穩定，而中期物價穩定是歐元區經濟可持續成長的必要條件。

截至 2019 年 10 月為止，全球債市有 13 個國家出現負殖利率，當中有 12 個是歐洲國家，如瑞士和丹麥。

2015 年 12 月 3 日，歐洲央行更將存款利率降至 -0.3%。

面對負利率，哈佛大學經濟學教授桑默斯 (Larry Summers) 指出："那是一個非常不同的世界……這是一個黑洞的世界。" 截至 2019 年 10 月，全球負利率債券金額高達 17 兆美元。

資料來源：歐洲中央銀行網站：https://www.ecb.int。

	管理委員會	執行理事會	一般委員會
主委職責	• 制定歐元區域境內的貨幣政策 • 採取指導原則與決策，確保 ESCB 執行成效 • 建立執行的必要指導綱領	• 執行貨幣政策 • 行使管理委員會賦予的權力 • 進行日常交易	• 處理未加入會員國之相關工作 • ECB 的顧問功能 • 蒐集統計資訊，製作年報 • 建立 NCB 的會計準則與操作原則
組成	(25 位) • 6 位執行理事會的理事 • 歐元區域內 19 位 NCB 的總裁	(6 位) • ECB 總裁 • ECB 副總裁 • 理事 (4 位)	(30 位) • ECB 總裁 • ECB 副總裁 • 28 位會員國的 NCB 總裁

23-4 貨幣市場均衡

討論完第 23-2 節的貨幣需求與第 23-3 節的貨幣供給，現在我們可以回答一個總體經濟的問題：利率水準如何決定？答案很簡單，當貨幣供給與貨幣需求相等，也就是貨幣市場達到均衡時，就可以決定均衡利率水準。

在圖 23-10，當市場利率水準是 i_1 時，貨幣需求 (70 億元) 低於貨幣供給 (100 億元)，出現超額貨幣供給 30 億元，表示流通在外的貨幣超過家計單位與廠商想要持有的貨幣，家計單位與廠商會將多餘的貨幣拿去購買債券，債券需求增加，價格上升，利率下跌。

相反地，當市場利率是 i_2 時，貨幣需求 (140 億元) 大於貨幣供給 (100 億元)，家計單位與廠商會賣掉手中持有的債券以換取更多貨幣時，拋售債券導致債券價格下跌，政府與企業發現，只有提供更高的利率才能吸引民眾買債券，利率水準因而上升。

因此，只有在貨幣供需相等時，家計單位與廠商不再做資產的調整，此刻的利率 i^* 是均衡利率，而對應的債券價格也是使債券供需相等的均衡價格。

23-4-1 均衡的變動：供給改變

若央行衡量當前金融狀況，認為利率 10% 太高，而決定降低利率時，央行可以用公開市場買進、降低重貼現率或降低存款準備率來增加貨

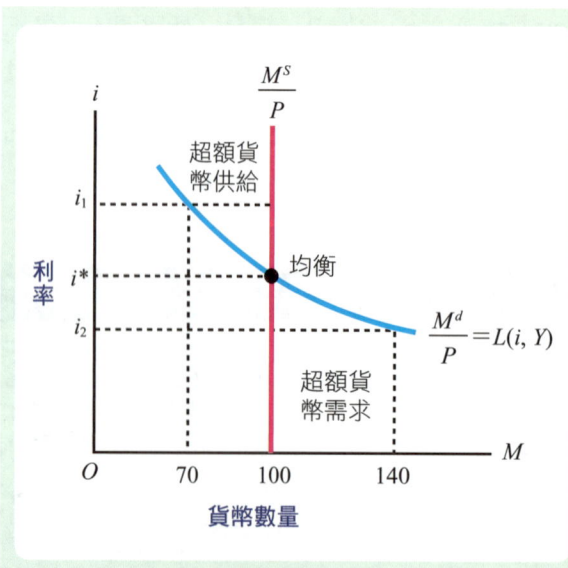

圖 23-10 貨幣市場均衡

當貨幣供需相等時，決定均衡利率 i^*。如果市場利率是 i_1，貨幣供給大於貨幣需求，利率下跌；如果利率是 i_2，貨幣需求大於貨幣供給，利率上升；只有在利率等於 i^* 時，利率不會再變動。

圖 23-11 增加貨幣供給

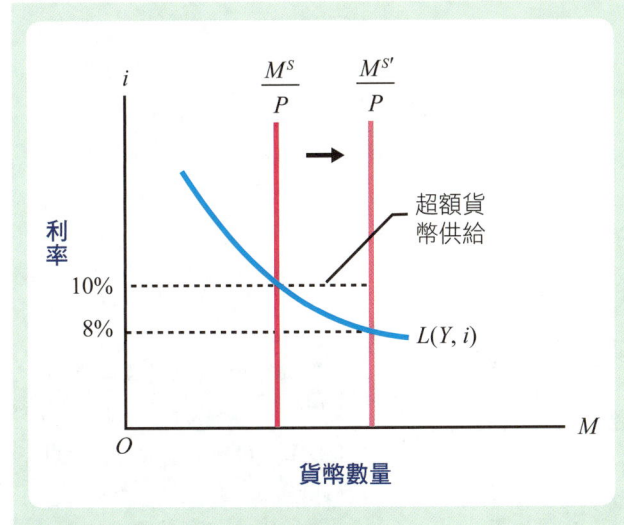

央行可使用擴張性貨幣政策工具，增加貨幣供給。貨幣供給曲線會由 M^S/P 右移至 $M^{S'}/P$，均衡利率由 10% 下降至 8%。

幣供給。貨幣供給曲線會向右移動，由 M^S/P 移至 $M^{S'}/P$，如圖 23-11 所示。

在 10% 的利率水準下，貨幣供給大於貨幣需求，家計單位與廠商會將多餘資金拿去購買債券，利率因而下滑，一直到 $i = 8\%$ 為止，$M^{S'}/P = L(Y, i)$ 是新的貨幣市場均衡；相反地，若央行決定讓經濟減速，可藉由公開市場賣出，調高重貼現率或調高法定準備率來減少貨幣供給，貨幣供給曲線向左移動，使均衡利率上升。

23-4-2　均衡的變動：需求改變

圖 23-12 說明，當實質所得提高時，貨幣需求增加，由 $L_0(Y_0, i)$ 右移至 $L_1(Y_1, i)$，在原來利率 $i = 5\%$ 下，貨幣需求大於貨幣供給，現金不足只好拋售債券，這將導致債券價格下跌和利率上升，均衡利率由 5% 上升至 7%；相反地，實質所得 Y 的下跌，使貨幣需求曲線左移，均衡利率下跌。

23-5　結　語

曾經有人問道：需要多少位中央銀行總裁才能拴緊一個燈泡？答案是：一位。葛林斯潘握住燈泡，全世界圍著他轉就可以了。中央銀行未來應該扮演何種角色？美國前聯邦準備理事會主席葛林斯潘在一次對各國央行總裁發表演說時提出：

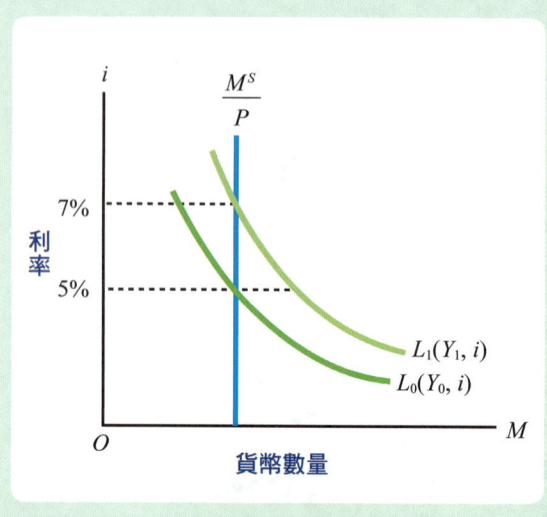

實質所得由 Y_0 上升至 Y_1，造成貨幣需求提高，由 $L_0(Y_0, i)$ 上移至 $L_1(Y_1, i)$，均衡利率由 5% 上升至 7%。

圖 23-12　貨幣需求增加

各國央行必須共同肩負起責任，讓全球互賴的金融體系能維持穩定。……央行若要維持穩定的貨幣，需要獨立的地位。……當銀行放款太鬆，監督與管制不嚴謹便可能為國內外的體制帶來風險。央行負責承擔銀行體系的安全責任。

新冠肺炎疫情再一次印證葛林斯潘的智慧，日本央行總裁黑田東彥在 2020 年 3 月 1 日的談話，以及美國聯準會主席鮑爾在 2020 年 2 月 28 日的聲明，都讓重挫的股市吃下定心丸。

摘要

- 中央銀行組織包括：理事會、監事會、四局、五處、三室、兩個海外代表辦事處，以及兩個廠。
- 中央銀行經營目標包括：(1) 促進金融穩定；(2) 健全銀行發展；(3) 維護對內及對外幣值的穩定；(4) 於上列目標範圍內協助經濟的發展。
- 劍橋學派經濟學家馬歇爾與皮古主張貨幣有交易與價值儲存的功能。貨幣需求是名目所得的一個比例。
- 馬歇爾的學生凱因斯主張，個人持有貨幣的動機有三：交易性動機、預防性動機與投機性動機。
- 凱因斯的貨幣需求理論稱為流動性偏好理論，他主張貨幣需求與利率是負向關係，而與所得則是正向關係。
- 貨幣政策工具包括公開市場操作、重貼現率及法定存款準備率。
- 貨幣供給曲線為一垂直線，表示貨幣供給由中央銀行控制，與利率無關。
- 央行公開市場買進債券、降低重貼現率及調降法定存款準備率，貨幣供給曲線向右移動。央行公開市場賣出債券、提高重貼現率及提高法定存款準備率，貨幣供給曲線向左移動。
- 貨幣供需相等，決定均衡利率；貨幣供給增加 (減少)，均衡利率下跌 (上升)；貨幣需求增加 (減少)，均衡利率上升 (下跌)。

習題

1. 下列何者為設有中央銀行的國際組織？
   (a) 亞太經濟合作會議
   (b) 北美自由貿易區
   (c) 世界貿易組織
   (d) 歐盟歐元區　　　(108年外交特考)

2. 在其它條件不變下，若央行降低法定存款準備率，則在短期：
   (a) 均衡實質利率上升，均衡實質所得上升
   (b) 均衡實質利率上升，均衡實質所得減少
   (c) 均衡實質利率下降，均衡實質所得上升
   (d) 均衡實質利率下降，均衡實質所得減少
   　　　(108年身心障礙)

3. 中央銀行的調高法定準備率政策會造成：
   (a) 準備金供給曲線左移，同業拆放利率會上揚
   (b) 準備金供給曲線右移，同業拆放利率會下跌
   (c) 準備金需求曲線左移，同業拆放利率會下跌
   (d) 準備金需求曲線右移，同業拆放利率會上揚　　(108年原住民特考改編)

4. 假設貨幣需求 $L = Y(0.25 - i)$，其中 $Y = 100$，如果貨幣供給是 20 元，貨幣市場處於均衡：
   (a) 請問均衡利率是多少？
   (b) 假設中央銀行要將利率提高 10% (若由 5% 到 15%)，貨幣供給應該是多少？

5. 央行額外發行新臺幣 1 億元來購買政府債券，請問央行的資產負債表有何變動？
   　　　(104年交大經營管理所)

6. 假設阿美存 600 元入彰化銀行。當天稍後，她向彰化銀行貸款 1,200 元。請問貨幣供給會增加或減少？金額為何？
   　　　(85年交大管科所)

7. 假設臺灣的 M1B 為 3,000 億元，貨幣乘數為 6。因景氣衰退，利率下滑，民間持有通貨意願上升。央行為對抗不景氣，降低存款準備率，使貨幣乘數上升至 6.5。請問 M1B 有何變動？　(97年臺北大學經濟)

8. 已知今年的通貨膨脹率為 5%，貨幣流通速度成長率為 10%。如果馬總統希望今年的經濟成長率是 6%，則理論上央行的貨幣供給成長率應維持在什麼水準？
   　　　(97年輔大貿金)

9. 臺灣地區盛行 24 小時無人銀行及網路銀行，請問對貨幣需求有何影響？

10. 根據流動性偏好理論 (theory of liquidity preference)，在其它條件不變下，下列何者會使利率上升？
    (a) 中央銀行在臺北美元外匯市場買進美元且一般物價上漲
    (b) 中央銀行在臺北美元外匯市場買進美元且一般物價下跌
    (c) 中央銀行在臺北美元外匯市場賣出美元且發行定期存單
    (d) 中央銀行在臺北美元外匯市場賣出美元且買進債券　　(108年商業行政)

11. 根據流動性偏好理論 (liquidity preference theory)，持有貨幣的機會成本是：
    (a) 通貨膨脹率
    (b) 債券的利息
    (c) 將債券轉換成貨幣的交易成本
    (d) 債券的利率減去通貨膨脹率
    　　　(108年關務特考)

12. 在其它條件不變下，面對無現金交易時代的來臨，若央行仍要維持均衡實質利率的穩定(即波動幅度不大)，則應採行：
    (a) 寬鬆的貨幣政策
    (b) 緊縮的貨幣政策
    (c) 寬鬆的財政政策
    (d) 緊縮的財政政策　　(108年身心障礙)

13. 當中央銀行施行寬鬆性貨幣政策後，在其它條件不變下，下列何者不是合理出現的影響或狀況？

(a) 物價上漲
(b) 新臺幣趨貶
(c) 市場實質利率下跌
(d) 經濟成長衰退　　　　　(108 年普考)

14. "流動性陷阱" (liquidity trap) 所描述的經濟狀況是：
    (a) 所得極低，流動性需求的所得彈性為無窮大
    (b) 物價極低，流動性需求的物價彈性為無窮大
    (c) 利率極低，流動性需求的利率彈性為無窮大
    (d) 資產變現之交易成本極低，流動性需求的成本彈性為無窮大　(108 年初等特考)

15. 若貨幣需求對利率較敏感，當貨幣供給曲線右移時，利率變動幅度較大或較小？貨幣政策較有效或較無效？
    (102 年淡江財金所)

16. 若名目 GDP 為 600 億元，實質 GDP 為 500 億元，貨幣存量為 120 億元。請問貨幣流通速度是多少？　(98 年輔大會計)

17. 假設目前貼現率是 0.8%，央行支付銀行超額準備的利率是 0.2%，法定準備率是 5%，聯邦基金利率 (federal funds rate) 是 0.2%。
    (a) 若央行降低重貼現率至 0.6%，請問聯邦基金利率有何變動？
    (b) 若央行將法定準備率降至 4%，請問聯邦基金利率有何變動？
    (c) 若央行降低給付超額準備利率至 0.1%，請問聯邦基金利率有何變動？
    (103 年政大科管與智財所)

18. 若馬達加斯加的流通速度始終穩定。

	貨幣供給	實質 GDP
2015 年	100	300
2016 年	110	315

請問 2015 年到 2016 年的物價變動為何？
(97 年中山政經)

19. 阿凡達經濟處於長期均衡。假設自動提款機變得比較便宜，而使貨幣需求減少，在其它條件不變下，物價與產出在短期與長期的變化如何？　(97 年中山政經)

20. 在英國，現金存款比率是 0.38，而準備率是 0.02；在澳洲，貨幣數量是 1,500 億，現金存款比率是 33%，而準備率是 8%。請計算：
    (a) 英國的貨幣乘數
    (b) 澳洲的貨幣基數　　(104 年成大企研)

網路習題

1. 請至行政院主計總處網站：https://www.dgbas.gov.tw，找出最近的名目所得資料，並至中央銀行網站：https://www.cbc.gov.tw，查詢同一期間的貨幣總計數資料，據此計算相關的貨幣流通速度。

2. 請至中央銀行網站：https://www.cbc.gov.tw 的利率及準備率網頁。中央銀行在過去一年內調整過幾次重貼現率、擔保放款融通利率及短期融通利率？最近一次的重貼現率是多少？你認為是調升或調降？

3. 請至歐洲中央銀行網站：https://www.ecb.int，查看新聞稿 (Press Release)，下載有關最近貨幣政策說明 (Monetary Policy Decisions)，並以文字略加說明。

Chapter 24

總需求與總供給

全球化能使世界各國共享繁榮——將德州的棉花廠與中國的紡織廠連結在一起——但在面臨困境時，也會帶來同樣大的災難。如果能讓大多數的臺灣人有工作，又何必讓一大堆人失業，並減少 5% 的產值？

問題是：經濟衰退就跟流感一樣，如果能避免，我們當然會全力避免。可是它每次出現的情況都不一樣，令人很難預防。更糟的是，經濟衰退還會擴散。不管你是住在臺灣或加州，別人承受的經濟壓力很快就會成為你眼前的問題。新冠肺炎使得航空公司和旅遊業者面臨重大打擊，加上中國經濟不景氣，二次衰退陰霾罩頂，每個人對未來多半感到憂心，開始緊縮預算，股價跌跌不休。政府手中有兩個工具：財政與貨幣政策，來鼓勵消費與企業支出，讓經濟再度活絡。

本章以第 20、21 章商品市場的凱因斯十字架 (凱因斯交叉) 與第 22、23 章貨幣市場的流動性偏好理論為基礎，可推導出總需求曲線。接著，利用勞動市場及生產函數，求出短期與長期總供給曲線。總供給與總需求曲線可用來探討財政政策與貨幣政策的影響，也可用來分析通貨膨脹與通貨緊縮。

本章重點

總需求曲線
總供給曲線
貨幣政策與財政政策
通貨緊縮

24-1 總需求曲線

想瞭解如何從凱因斯十字架與流動性偏好理論推導**總需求曲線** (aggregate demand curve，AD 曲線)，我們必須消除物價水準固定不變的假設。總需求曲線是在不同的物價水準下，經濟體系中所有家計單位、廠商及政府部門所願意購買的商品與服務的數量。在物價水準變動的情況下，凱因斯十字架與流動性偏好理論提供一個解釋總需求曲線位置及斜率的理論基礎。

總需求曲線 在不同物價水準下，經濟體系中所有的家計單位、廠商及政府部門所願意購買的商品與服務的數量。

24-1-1 負斜率的總需求曲線

總需求曲線斜率為負的原因有三：財富效果、利率效果與匯率效果。

財富效果 假設你的銀行帳戶有 1 萬元的存款且物價下跌 20%，你現在可以購買的商品數量增加 20%，相當於你的購買力增加 20%；同樣地，物價水準的下滑，使民眾手中持有的債券和股票實質價格提高，他們會比較富有，消費意願升高，消費支出隨之增加。這種物價水準變動引起消費支出的改變，稱為**財富效果** (wealth effect)。它是由經濟學家皮古在 1930 年代提出，所以財富效果也稱為**皮古效果** (Pigou effect)。因此，物價水準下跌導致消費增加，總需求曲線斜率為負。

財富效果 物價水準變動引起實質財富改變，進而導致消費支出變動。

物價水準的財富效果可整理如下：

- 物價水準下跌，導致實質財富提高。
- 在其它條件不變下，財富愈多，消費支出愈多。
- 消費增加，引起總支出函數上移，均衡所得水準上升。
- 因此，物價水準下跌，透過財富效果，使均衡所得增加。
  若以符號表示，可寫成：

$$P \downarrow (\uparrow) \Rightarrow \frac{\text{財富}}{P} \uparrow (\downarrow) \Rightarrow C \uparrow (\downarrow) \Rightarrow Y \uparrow (\downarrow)$$

利率效果 若物價水準下跌，導致實質貨幣供給增加，透過前一章的圖 23-11，M^S/P 會右移至 M^S/P' ($P > P'$)，利率隨之下降。利率下跌使得廠商投資增加，總支出因而上升。透過凱因斯十字架，總支出增加造成均衡所得增加。因此，物價水準下跌，使國民所得上升，總需求曲線斜率為負。這種物價水準下跌，導致利率下滑，投資增加，最後引起總所得增加的結果稱為**利率效果** (interest rate effect)。

利率效果 物價水準下跌，導致利率下跌，投資增加，最後引起所得增加的效果。

物價水準的利率效果整理如下：

- 物價水準下跌，在名目貨幣供給 (M^S) 不變下，實質貨幣供給 $\left(\dfrac{M^S}{P}\right)$ 增加。
- 在既定的貨幣需求 L 下，實質貨幣供給增加導致利率下滑。
- 利率下跌，使投資增加和均衡所得上升。
- 因此，物價水準下降，透過利率效果，導致國民所得上升。
  若以符號表示，可寫成：

$$P \downarrow (\uparrow) \Rightarrow \dfrac{M^S}{P} \uparrow (\downarrow) \Rightarrow i \downarrow (\uparrow) \Rightarrow I \uparrow (\downarrow) \Rightarrow Y \uparrow (\downarrow)$$

匯率效果 物價水準下跌，導致利率下跌。當臺灣投資人眼見本國利率下跌時，他們會積極尋求海外投資報酬率較高的機會。譬如，若臺灣公債利率是 3%，而美國公債利率是 10%，眼尖的投資人會賣臺灣債券改買美國債券。當採購美國公債熱潮一起，大家會賣新臺幣而買美元，外匯市場的新臺幣供給增加，美元需求也相對提高，促使新臺幣相對美元貶值。新臺幣貶值，使得本國商品相對外國商品較為便宜，臺灣出口增加而進口減少，淨出口增加造成總支出函數上移，均衡所得增加。因此，物價水準下跌會導致淨出口增加，均衡所得增加，此造成總需求曲線斜率為負。

> **匯率效果** 物價水準下跌，造成利率下跌，本國貨幣貶值，出口增加，進口減少，國民所得上升。

物價水準的匯率效果可整理如下：

- 物價水準下跌，造成利率下跌。
- 利率下跌，引起外匯市場中本國貨幣供給增加。
- 本國貨幣因而貶值，使出口增加，進口減少。
- 淨出口的增加導致均衡所得提高。
- 因此，物價水準下跌，透過匯率效果，引起國民所得增加。
  若以符號表示，可寫成：

$$P \downarrow (\uparrow) \Rightarrow i \downarrow (\uparrow) \Rightarrow 貶(升)值 \Rightarrow EX \uparrow (\downarrow),$$
$$IM \downarrow (\uparrow) \Rightarrow Y \uparrow (\downarrow)$$

所以，物價水準下跌，透過財富效果、利率效果及匯率效果，會造成產出增加。如圖 24-1 所示，總需求曲線說明 P 與 Y 之間呈負向關係。

図 24-1 負斜率的總需求曲線

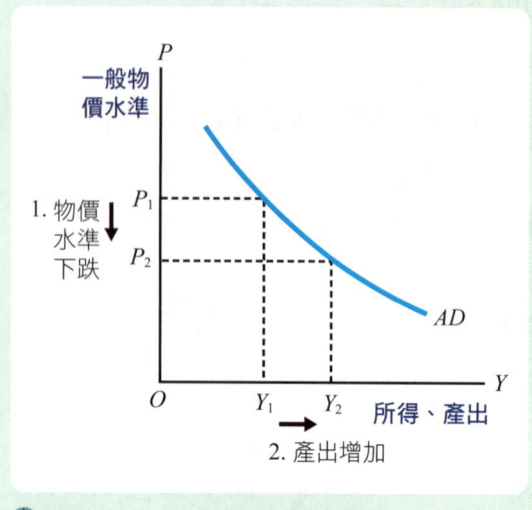

物價水準下跌,透過財富效果、利率效果及匯率效果,使得產出增加。總需求曲線說明 P 與 Y 之間呈負向關係。

24-1-2 總需求曲線的移動

任何引起商品與服務市場或貨幣市場均衡變動的因素,都會造成總需求曲線的移動。

譬如,假設中央銀行為對抗失業率的攀升,採取擴張性貨幣政策。在物價水準固定不變下,貨幣供給增加,導致貨幣供給曲線向右移動,均衡利率下跌。利率下跌使計畫性投資增加,所得因而上升。圖 24-2 顯示,在物價水準固定為 P_1 時,貨幣供給增加使得國民所得從 Y_1 增加至 Y_2,總需求曲線從 AD_1 右移至 AD_2。

貨幣政策對總需求曲線的影響可彙整如下:

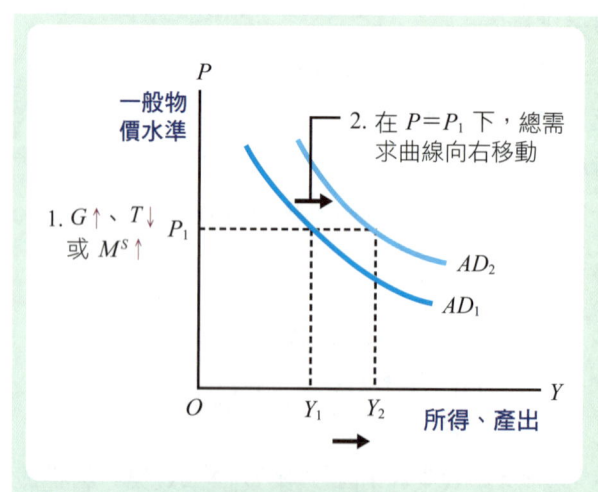

圖 24-2 總需求曲線的移動

在既定物價水準下,擴張性貨幣政策或擴張性財政政策使得產出增加,總需求曲線向右移動。

- 在物價水準固定下,貨幣供給增加,使均衡所得增加。
- 因此,擴張性貨幣政策使得總需求曲線向右移動。

若以符號表示,可寫成:

擴張性貨幣政策:$M^S \uparrow \Rightarrow Y \uparrow \Rightarrow AD$ 右移

緊縮性貨幣政策:$M^S \downarrow \Rightarrow Y \downarrow \Rightarrow AD$ 左移

同樣地,假設政府決定以擴張性財政政策來對抗經濟蕭條。在物價水準固定不變下,政府支出增加或稅收降低,均會造成總支出增加。政府支出是計畫總支出的一部分,政府支出增加直接使均衡所得上升;另一方面,稅收降低,促使可支配所得增加,消費支出上升,間接地使總所得上升。圖 24-2 顯示,在物價固定為 P_1 時,政府支出增加或稅收降低,使國民所得從 Y_1 增至 Y_2,總需求曲線從 AD_1 右移至 AD_2。

財政政策對總需求曲線的影響可彙整如下:

- 在物價水準固定不變下,政府支出增加或稅收減少,使均衡所得增加。
- 因此,擴張性財政政策使得總需求曲線向右移動。

若以符號表示,可寫成:

擴張性財政政策:$G \uparrow$ 或 $T \downarrow \Rightarrow Y \uparrow \Rightarrow AD$ 右移

緊縮性財政政策:$G \downarrow$ 或 $T \uparrow \Rightarrow Y \downarrow \Rightarrow AD$ 左移

24-2 總供給曲線

總供給曲線 (aggregate supply curve,AS 曲線) 是在不同的物價水準下,經濟體系中所有廠商願意生產的商品與服務的數量。由於廠商的生產決策有長短期之分,總供給曲線也可分為長期總供給曲線與短期總供給曲線兩種。簡單地說,在長期,總供給曲線為一垂直線,商品與服務的總產出和物價水準高低無關;但是在短期,總供給曲線斜率為正,物價水準與產出呈正向關係。

為簡化分析,我們以勞動市場 (代表生產因素市場) 與總生產函數 (代表技術知識、勞動與資本間的關係),來推導總供給曲線。總供給曲線可以描繪成使勞動市場達到均衡的各種物價水準與總產出組合的軌跡連線。

總供給曲線 在不同物價水準下,經濟體系中所有廠商願意生產的商品與服務的數量。

24-2-1　長期總供給曲線

在長期，廠商可以尋求成本最低的生產方式，而消費者有足夠的時間尋找價格最低廉的商品。因此在長期，工資與物價水準假設是可以自由調整的，此造成垂直的**長期總供給曲線** (long-run aggregate supply curve，LAS 曲線)。

圖 24-3 描繪整個導出過程。圖 24-3(a) 是勞動市場的均衡。勞動供需相等決定均衡實質工資 (W_1/P_1) 及均衡就業量 (L_1)。圖 24-3(b) 是總生產函數 $Y = F(K, L)$，總產出 Y_1 可由 L_1 經由 $Y = F(K, L)$ 來決定。

假設物價水準從原來的 P_1 上漲至 P_2，物價水準上升造成實質工資從 W_1/P_1 下跌至 W_1/P_2。如圖 24-3(a) 所示，當實質工資低於均衡工資時，勞

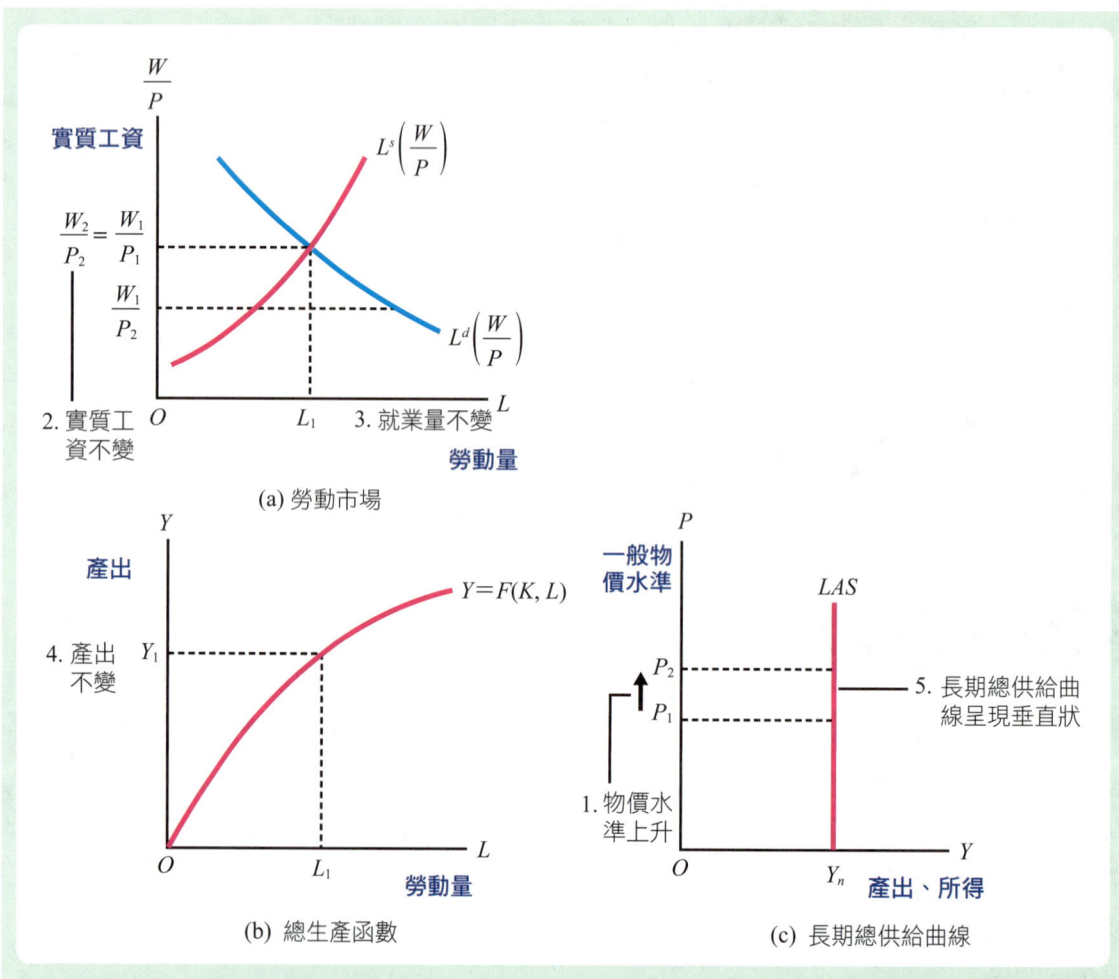

> **長期總供給曲線**
> 長期下，物價水準與實質產出間關係的曲線。

(a) 勞動市場

(b) 總生產函數

(c) 長期總供給曲線

(a) 圖為勞動市場均衡：因為工資與物價在長時間下可以自由調整，勞動市場始終處於均衡狀態。(b) 圖為總生產函數：當勞動市場處於充分就業 L_1 時，產出為 Y_1。(c) 圖為長期總供給曲線：長期總供給曲線為一垂直線，不管物價水準如何改變，產出始終維持在自然產出 Y_n。

圖 24-3　長期總供給曲線

動市場的勞動量發生供不應求現象。在貨幣工資可以自由調整下，勞動的超額需求促使貨幣工資 W 上升，直到超額需求完全消失為止，此時，實質工資回到 $W_1/P_1 = W_2/P_2$。因此，物價水準上升，貨幣工資也同幅度上升；物價水準下跌，貨幣工資隨之下跌，勞動市場始終處於充分就業狀態。

由於勞動市場始終處於均衡就業量 L_1，透過總生產函數，經濟體系總產出也會維持在 Y_1，如圖 24-3(b) 所示。圖 24-3(c) 總結物價水準與總產出的長期關係：物價水準從 P_1 上升至 P_2，不會改變均衡產出 Y_n。因此，長期總供給曲線是一條垂直線。

垂直的總供給曲線是古典學派貨幣中立性與古典二分法的應用。**古典二分法** (classical dichotomy) 是理論上將所有的經濟變數分為名目變數 (如物價水準、貨幣供給) 與實質變數 (如資本、實質 GDP) 兩種。**貨幣中立性** (monetary neutrality) 主張，貨幣供給量的變動只會影響名目變數，不會影響實質變數。根據古典學派的觀點，商品與服務的數量 (實質變數) 由資本、勞動數量及生產技術等共同決定，與物價水準 (名目變數) 無關。貨幣供給量 (名目變數) 的變動，並不會影響總產出 (實質變數)，只會影響在物價水準 (名目變數)。

圖 24-3(c) 的 Y_n 代表在充分就業下，經濟體系在長期所能生產的最大產量，我們稱為**潛在產出** (potential output)，有時稱為**充分就業產出** (full-employment output) 或**自然產出** (natural output)。

簡單地說，若一國的資本存量增加，勞動人口增加，發現新的天然資源及技術進步，都會造成總產出的增加，長期總供給曲線向右移動。譬如，教育水準的提高或廠房設備的增加，都可以提高勞動生產力，使一國的總產出增加；相反地，若一國的資本存量減少，勞動人口減少、天然資源耗減及技術退步，都會造成勞動生產力下跌，長期總供給曲線向左移動。

24-2-2　短期總供給曲線

短期總供給曲線斜率為正的原因有三：工資僵硬性模型、不完全資訊模型，以及物價僵硬性模型。

工資僵硬性模型　凱因斯認為勞動市場存在**工資僵硬性** (wage rigidity)，所以物價水準與總產出之間呈現正向關係。工資僵硬性是指勞動市場存在超額供給時，名目工資難以向下調整，而出現僵硬的現象。譬如，有些產業的名目工資會以明文契約方式約定，老闆不會每三個月調薪資一次，即使沒有正式契約，也會以口頭方式議定未來一年的工資或調薪幅度。

讓我們用一個簡單例子說明名目工資僵硬性的事實。假設剛過聖誕

> **古典二分法**　理論上將經濟變數分成名目變數與實質變數兩種。
>
> **貨幣中立性**　貨幣供給量的變動只會影響名目變數，不會影響實質變數。
>
> **潛在產出**　充分就業下，經濟體系在長期所能生產的最大產量。有時稱為充分就業產出或自然產出。
>
> **工資僵硬性**　勞動市場存在超額供給時，名目工資難以向下調整，而出現僵硬的現象。

節，在 12 月 31 日前，你必須和雇主議定明年的薪資及調薪幅度。當你進行談判時，心中會有一目標實質工資，如 50,000 元。如果雇主同意，明年你會以議定的 50,000 元工資工作。若將這個例子一般化，對整個社會而言，勞工在議定的薪資水準下提供勞動力。[1] 在議定工資的同時，雇主保留聘用勞工人數的權力。換句話說，雖然老闆同意以這個薪水聘請勞工，但當經濟不景氣時，他會選擇減少雇用人數。因此，工資僵硬性模型假設就業數量是由勞動需求曲線決定。

圖 24-4 顯示工資僵硬性模型下短期總供給曲線的推導。圖 24-4(a) 描繪勞動市場，在工資僵硬性模型下，就業人數是由廠商需要的勞動數量決定，圖 24-4(a) 只畫出勞動需求曲線。若物價水準由 P_1 漲至 P_2，因為名目工資事先議定，物價水準上升導致實質工資下跌，當雇用勞工的實質成本下降時，勞動雇用數量從 L_1 增至 L_2。

圖 24-4(b) 顯示總生產函數。當均衡就業量從 L_1 增至 L_2 時，產出從 Y_1 上升至 Y_2。圖 24-4(c) 顯示正斜率的 **短期總供給曲線** (short-run aggregate supply curve，SAS 曲線)，說明了物價與總產出之間的短期關係。當物價水準上升時，產出 (所得) 會增加；當物價水準下跌時，產出隨之減少。因此，短期總供給曲線的斜率為正。

因為名目工資是僵硬的，當實際物價水準高於勞工與廠商起初預期的物價水準時，目標實質工資低於實質工資，廠商實際支付的薪資成本下降，勞動雇用量因而增加，商品與服務的總產出也會增加。

> **短期總供給曲線**
> 是指物價水準與總產出之間的短期關係。物價水準上升，產出增加；物價水準下跌，產出下跌。

- 當名目工資僵硬時，物價水準上升導致實質工資下跌。
- 實質工資下跌導致廠商雇用更多的勞工。
- 更多的勞工促使廠商生產更多的產出。

若以符號表示，可寫成：

$$P \uparrow (\downarrow) \Rightarrow \frac{\overline{W}}{P} \downarrow (\uparrow) \Rightarrow L \uparrow (\downarrow) \Rightarrow Y \uparrow (\downarrow)$$

---

[1] 勞工與雇主事先議定名目工資 (或稱貨幣工資)：

$$\text{名目工資} = \text{目標實質工資} \times \text{預期物價水準}$$
$$W = w \times P^e$$

上式兩邊除以實際物價水準，可得：

$$\text{實質工資} = \text{目標實質工資} \times \frac{\text{預期物價水準}}{\text{實際物價水準}}$$
$$\frac{W}{P} = w \times \left(\frac{P^e}{P}\right)$$

上式說明，當預期物價水準與實際物價水準不一致時，實質工資不會等於目標實質工資。若實際物價水準高於預期物價水準，實質工資低於目標實質工資；若實際物價水準低於預期物價水準，則實質工資高於目標實質工資。

Chapter 24 總需求與總供給

不完全資訊模型 不完全資訊模型 (imperfect-information model) 是指在短期間內,當一般物價水準上漲時,生產者誤以為產品的相對價格上漲,覺得有利可圖,而增加商品與服務的生產數量。

我們以手機生產為例,來說明不完全資訊模型。假設物價出乎意料之外的大漲,由於社會上存在為數眾多商品,生產者無法觀察到所有商品的價格,手機廠商對手機售價一清二楚,但對整體物價或相對物價的改變並不一定能夠分辨清楚。

當廠商看到手機價格上漲時,並無法確定其它商品價格是否也上漲 (在這種情形下,相對價格不變),或只是手機價格的上升 (在這種情形下,手機相對價格上漲)。比較合理的推測是:兩種情況都會發生;換句話說,

> **不完全資訊模型**
> 在短期,一般物價水準上漲時,生產者誤以為產品的相對價格上漲,而增加商品的生產數量。

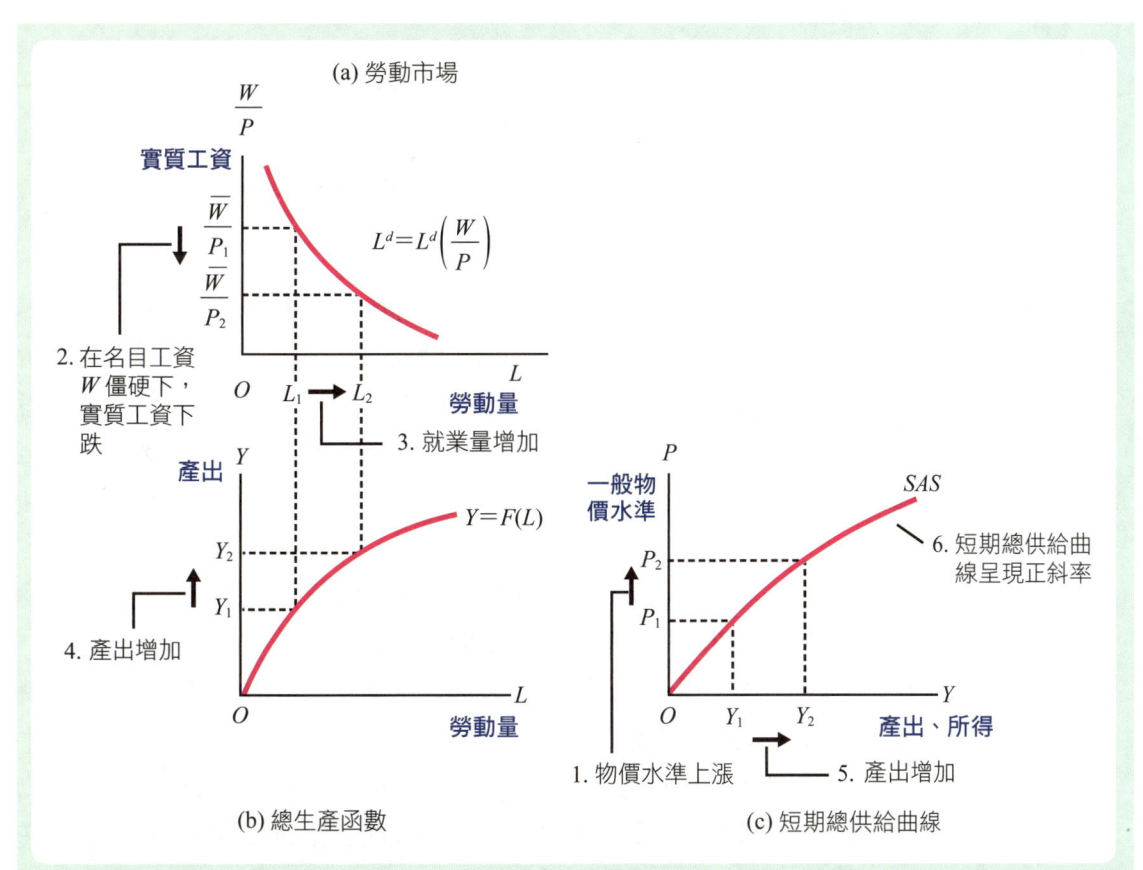

(a) 勞動市場

(b) 總生產函數

(c) 短期總供給曲線

(a) 圖為勞動市場:由於名目工資僵硬,當物價水準從 P_1 上漲至 P_2 時,促使實質工資從 $\overline{W}/P_1$ 下跌至 $\overline{W}/P_2$,而勞動雇用量從 L_1 增加至 L_2。(b) 圖為總生產函數:勞動數量從 L_1 增至 L_2,產出從 Y_1 增加至 Y_2。(c) 圖為短期總供給曲線:短期總供給曲線 SAS 說明物價與產出之間的短期關係,曲線呈現正斜率,亦即當物價水準從 P_1 上升至 P_2 時,產出從 Y_1 增加至 Y_2。

圖 24-4 短期總供給曲線:工資僵硬性模型

廠商從手機價格的上漲推論手機相對價格也會上漲，他會發覺販賣手機有利可圖，盡可能地增產，手機產量因而提高。

若經濟體系中所有的生產者看到物價水準出乎意料地上漲，進而判斷自己產品的相對售價上漲，他們會增加生產，社會總產出也因此增加；相反地，當整體物價水準下跌，生產者誤以為相對價格下跌，利潤下降，造成產量的減少。我們將不完全資訊模型的結論彙整如下：

- 當整體物價水準上漲時，生產者誤以為相對價格上漲。
- 產品的相對價格上升，利潤增加，廠商增加商品生產數量。
- 因此，短期價格上升引起產出增加。

若以數學符號表示，可寫成：

$$P \uparrow (\downarrow) \Rightarrow \frac{P_i}{P_j} \uparrow (\downarrow) \Rightarrow Y \uparrow (\downarrow)$$

其中，P 為整體物價水準，$\frac{P_i}{P_j}$ 為 i 商品與 j 商品的相對價格。

物價僵硬性模型

物價僵硬性模型
廠商面對需求變動時，不見得會立刻調整售價。當物價水準下降時，有些廠商不願調整售價，銷售會減少，產出也會減少。

物價僵硬性模型 (sticky-price model) 強調廠商面對需求變動時，不見得會立刻調整商品售價。譬如，報紙或雜誌價格好幾年才會變動一次。商品售價未即刻調整的原因包括：經常變動售價會造成消費者的困擾與不便，廠商印刷新型錄、寄送目錄及通知客戶也都需要成本。(這些成本稱為菜單成本。) 想像 7-Eleven 的報紙售價每天都不一樣，會是什麼景況？

為了進一步說明物價僵硬性，假設老董牛肉麵一碗是 100 元。如果物價下跌，引發通貨緊縮，消費者撙節支出，購買意願降低。面對通貨緊縮，有些牛肉麵店馬上調低售價，但老董因為不願意支付額外費用而選擇暫時不降價。消費者覺得老董牛肉麵比較貴而不願上門時，老董每天賣出的牛肉麵數量會減少。若將老董牛肉麵的例子擴展到社會上所有的產業，當物價水準下跌且低於人們的預期時，因為並非所有廠商都調降售價，有些商品的價格會比較高，銷售量自然減少，廠商的產出隨之減少。我們將物價僵硬性模型彙整如下：

- 當物價水準下跌時，因為菜單成本，有些廠商不會調整售價。
- 這些商品售價過高，導致銷售量降低。
- 因此，短期間內物價下跌，產出會減少。

24-2-3 短期總供給曲線的移動

從第 24-2-1 節可知，生產因素數量減少，生產過程危害勞工安全或生產技術退步等均會導致產量減少，不但造成長期總供給曲線向左移動，也會使短期總供給曲線向左移動。譬如，2015 年 "伊斯蘭國" (ISIS) 組織攻擊利比亞油田，造成利比亞的煉油設施嚴重受創，該國商品與服務的生產數量大幅減少，導致短期總供給曲線向左移動。

除了生產因素與生產技術外，預期物價水準的變動也會引起短期總供給曲線的移動。預期物價水準下跌，短期總供給曲線向右下方移動；預期物價水準上漲，短期供給曲線向左上方移動。

如果勞工與廠商預期未來物價水準將上漲，就會要求較高的工資，廠商的人事雇用成本隨之提高。若商品售價不跟著調漲，商品的供給數量就會減少，在既定物價水準下，短期總供給曲線向左上方移動。相反地，若廠商及勞工預期物價水準會下跌，廠商將工資調低，雇用成本因而減少。若商品售價不變，廠商的利潤提高，商品與服務的供給數量增加，短期供給曲線向右下方移動。

表 24-1 整理出引起長期與短期供給曲線移動的因素。

表 24-1 短期與長期總供給曲線移動的因素

長期總供給曲線	
向右移動 (供給增加) 1. 生產因素數量增加 • 移民使人口增加 • 發現新礦藏 2. 生產技術進步 • 生產流程改善 • 研究發展 3. 公共政策 • 最低工資率下降 • 獎勵投資條例	**向左移動 (供給減少)** 1. 生產因素數量減少 • 人口外移 • 能源蘊藏量減少 2. 生產技術退步 • 生產流程無效率 • 工作技術不安全 3. 公共政策 • 提高最低工資率 • 過度管制

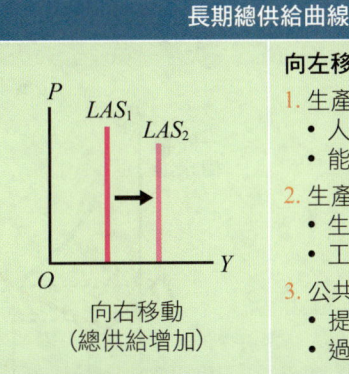

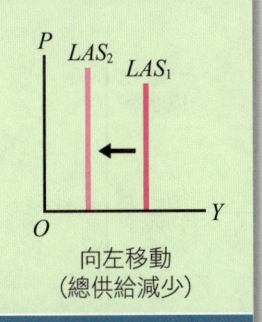

短期總供給曲線	
向下移動 (供給增加) 1. 生產因素數量增加 • 資本、勞動及天然資源數量增加 2. 技術進步 • 生產流程改善 • 研究發展 3. 公共政策 • 最低工資率調降 • 獎勵投資條例 4. 預期物價水準 • 預期物價水準下跌	**向上移動 (供給減少)** 1. 生產因素數量減少 • 戰爭、天災造成資本、勞動力數量的減少 2. 技術退步 • 生產流程沒有效率 • 技術危害工作安全 3. 公共政策 • 提高最低工資率 • 過度管制 4. 預期物價水準 • 預期物價水準上漲

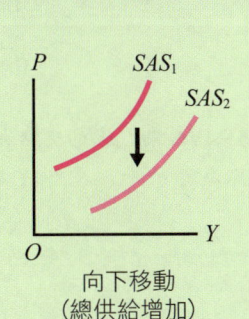

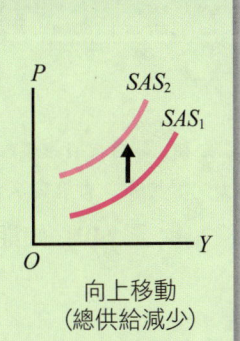

24-3 總體經濟均衡

總需求曲線是指在各種不同的物價水準下，經濟體系中的家計單位、廠商、政府與國外部門所願意購買的商品與服務的數量；而總供給曲線則表示在各種不同的物價水準下，廠商所願意生產或銷售商品與服務的數量。將總供給與總需求繪在同一個圖形上，即為總供需模型 (AS-AD 模型)。我們可以利用 AS-AD 模型來探討景氣循環、菲力浦曲線 (下一章) 及通貨緊縮等經濟議題。

總體經濟均衡發生在總供需相等的地方，也就是說，總供需曲線的交點，代表商品市場、貨幣市場及勞動市場同時達到均衡。從第 24-2 節可知，總供給曲線分成長期與短期總供給曲線兩種。因此，總體經濟均衡也分成兩種：長期均衡與短期均衡。

圖 24-5 描繪總體經濟均衡。圖 24-5(a) 顯示長期總體經濟均衡，係由總需求曲線 (AD) 與長期總供給曲線 (LAS) 的交點決定。因為長期總供給為一垂直線，總需求曲線的位置決定均衡物價水準，自然產出 Y_n 則是由長期總供給曲線的位置決定。自然產出是由實質變數，如資本、勞動、天然資源及技術知識共同決定。

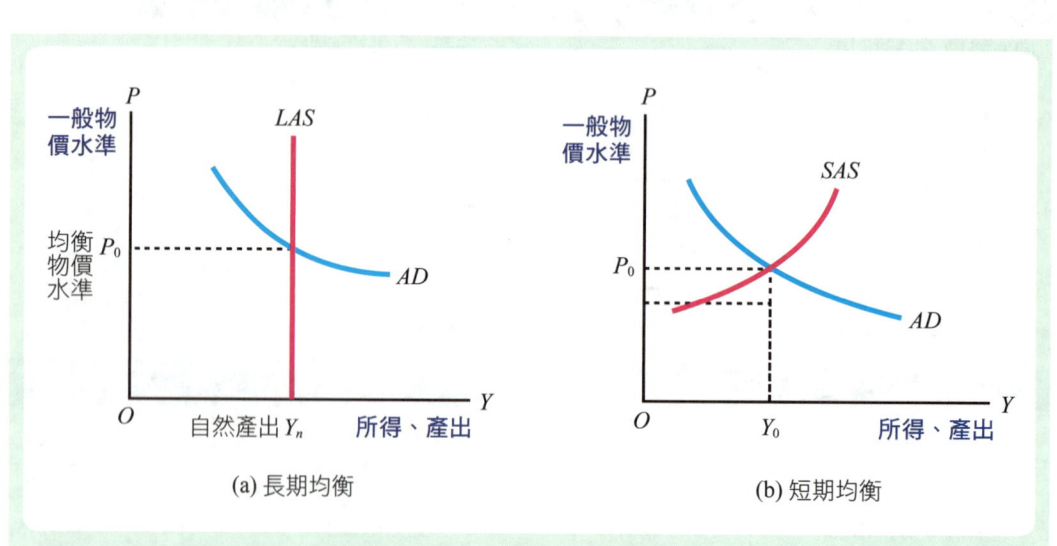

> **總體經濟均衡** 總供給與總需求曲線的交點。

(a) 圖為長期總體經濟均衡：由總需求曲線與長期總供給曲線 LAS 的交點決定。(b) 圖為短期總體經濟均衡：由總需求曲線與短期總供給曲線 SAS 的交點決定。

圖 24-5 短期與長期總體經濟均衡

圖 24-5(b) 描繪短期總體經濟均衡，係由總需求曲線 (*AD*) 與短期總供給曲線 (*SAS*) 的交點決定。與長期均衡不同的是，短期總供給曲線與總需求曲線的交點同時決定均衡物價與產出水準。

在進行分析之前，我們必須注意，短期與長期總體經濟均衡並不必然一致。當短期均衡偏離長期均衡時，產出偏離自然產出水準，而物價水準也會發生通貨膨脹或通貨緊縮現象。

24-4　*AS-AD* 模型與景氣循環

現在，我們可以利用 *AS-AD* 模型來解釋短期經濟波動的形成原因。在基本的景氣循環模型中，物價水準與國民所得是衡量景氣波動的兩個主要變數，*AS-AD* 模型正是用來分析景氣循環的最佳利器。

24-4-1　總需求曲線的移動

日本經濟在 1990 年代初期經歷非常嚴重的泡沫經濟衝擊，資產價格大幅縮水，股市重挫，銀行逾期放款嚴重，消費者信心重創。類似情況也出現在 2002 年的德國、美國、香港和臺灣，以及 2008 年到 2010 年的日本，還有 2016 年初的中國。

這對經濟造成什麼樣的衝擊？圖 24-6，假設一開始經濟體系在 E 點 (長期均衡)，由於消費者信心喪失與廠商對前景的悲觀，導致家計單位與廠商的計畫支出減少，商品與服務的需求量隨之減少，在同一物價水準下，總需求曲線從 AD_0 左移至 AD_2。

在圖 24-6，當總需求曲線向左移動時，短期經濟體系的均衡會從 E 點移到 A 點，產出由 Y_n 減少至 Y_2，物價水準從 P_0 下降至 P_2。在 Y_n 是充分就業的產出水準下，如果短期產出低於充分就業產出，表示實際上有些生產能量未能充分發揮，這個 產出缺口 (output gap) 等於 $(Y_n - Y_2)$，我們稱為 緊縮缺口 (contractionary gap)。另一方面，物價水準從 P_0 跌至 P_2，物價水準的下跌稱為 通貨緊縮 (deflation)。當經濟處於短期均衡的 A 點時，產出下跌，失業增加，經濟也陷入不景氣之中。

面對經濟不景氣，政府會採取何種對策因應？其中一個對策是刺激總需求，讓總需求曲線從 AD_2 回到 AD_0。在第 24-1 節曾經提到，擴張性財政或貨幣政策可增加總需求，使總需求曲線向右移動。如果政府估計經

> **緊縮缺口**　短期產出低於充分就業產出的部分。

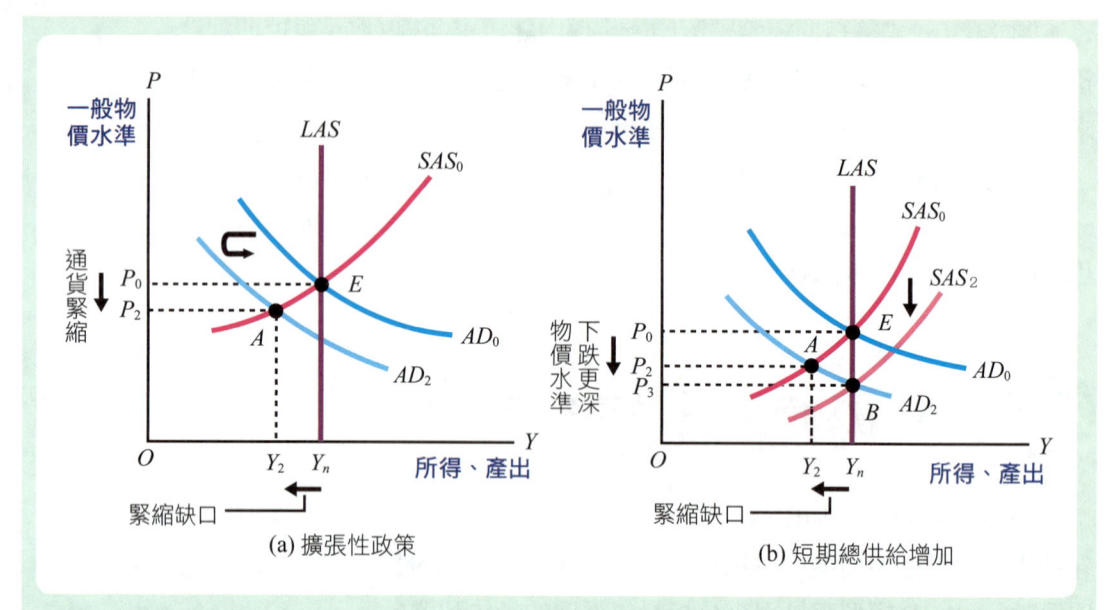

泡沫經濟促使總需求從 AD_0 減少至 AD_2。(a)圖是利用擴張性貨幣或財政政策,使總需求曲線向右移動,產量回到原來的自然產出水準。(b)圖是廠商與勞工預期物價水準下跌,導致短期總供給曲線從 SAS_0 下移至 SAS_2,產出回到原來的自然產出水準 Y_n,但物價水準下跌更深。

圖 24-6　總需求的降低:緊縮缺口

濟的走勢正確,且能夠迅速地採取政策來因應經濟不景氣,總需求曲線將從 AD_2 右移至 AD_0,經濟回到原來的長期均衡 E 點,如圖 24-6(a) 所示。當產出恢復到充分就業產出水準時,失業率下降,通貨緊縮現象也消失不見。

另一個方法是,政府不採取任何對策,讓那隻看不見的手主導經濟運作。面對高失業與通貨緊縮,人們預期一般物價水準下跌時,工資與商品售價也會調整,成本下降導致短期總供給曲線向下移動,從 SAS_0 移至 SAS_2,如圖 24-6(b) 所示。長期下來,經濟會從 A 點移到 B 點,B 點是新的長期均衡。此時,產出回到充分就業產出,均衡物價水準為 P_3,比原先的物價水準 P_0 還要低。

總需求不足造成緊縮缺口與通貨緊縮現象,而總需求過多又會造成何種經濟現象?臺灣經濟躍升的部分原因是,成功的產業政策與出口巨幅擴張所致。在圖 24-7,當出口成長帶動商品與服務的需求數量增加時,總需求曲線會向右移動,從 AD_0 變成 AD_1。

在圖 24-7,總需求曲線向右擴張。在短期,造成經濟體系從 E 點(長期均衡)移向 A 點(短期均衡),產出從 Y_n 上漲至 Y_1,物價水準從 P_0 上升至 P_1,實際產出超過充分就業產出代表經濟體系內所有生產資源過度利用,產出差距等於 $(Y_1 - Y_n)$,稱為**膨脹缺口** (inflationary gap);另一方面,物價水準從 P_0 上升至 P_1,物價水準的上漲稱為**通貨膨脹**。當實際產出超過潛在產出時,景氣發生過熱現象,失業率下跌,通貨膨脹浮現。

> **膨脹缺口** 短期產出超過充分就業產出的部分。
>
> **通貨膨脹** 物價水準持續性的上漲。

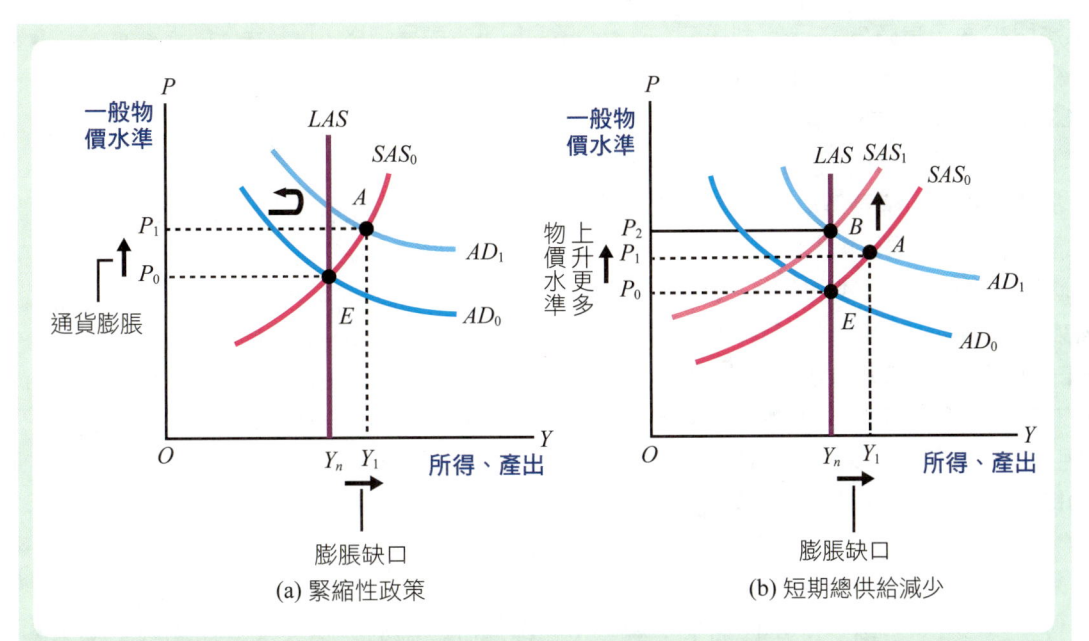

面對景氣過熱,政府可採取何種對策?其中一個對策是採取緊縮性財政或貨幣政策。根據第 24-1 節的討論,降低貨幣供給,增加稅收或減少政府支出都會造成人們對商品與服務的購買數量減少,總需求曲線向左移動。如果政府沒有錯估經濟情勢且反應得宜,總需求曲線會從 AD_1 回到原來的 AD_0,經濟體系再度回到 E 點 (長期均衡),如圖 24-7(a) 所示,產出下跌至充分就業產出,通貨膨脹現象消失不見。

另一個方法是,政府不採取任何對策,讓市場機能自由運作。面對通貨膨脹,社會大眾開始對物價水準未來的走勢形成預期。當人們預期一般物價水準上漲時,工資與產品售價跟著調整,短期總供給曲線從 SAS_0 上移至 SAS_1,如圖 24-7(b) 所示。長期下來,經濟會從 A 點移到 B 點,B 點是新的長期均衡,產出回到原來的充分就業產出 (Y_n),而物價水準卻達到更高的物價水準 (P_2)。

(a) 緊縮性政策

(b) 短期總供給減少

出口擴張,帶動總需求從 AD_0 增加至 AD_1。(a) 圖是緊縮性貨幣政策或財政政策,使總需求曲線向左移動,產量回到原來的自然產出水準。(b) 圖是不採取任何對策,社會大眾預期物價水準上漲,導致短期總供給曲線上移,從 SAS_0 移至 SAS_1,產出回到原來的自然產出水準 Y_n,但物價水準上升更多。

▲ 圖 24-7 總需求的增加:膨脹缺口

從臺灣看天下：注意缺口

產出缺口是指，實質 GDP 與潛在產出的差距。假若實質 GDP 低於潛在產出，產出缺口為負；反之，則為正。譬如，美國聯準會聖路易分行估計，2019 年第 4 季的潛在產出為 19.1 兆美元，而美國在 2019 年第 4 季的實質 GDP 為 19.22 兆美元，因此，產出缺口為 0.12 兆美元。只要產出缺口 (負數) 存在，通貨膨脹就不會發生。即使面臨高房價與原物料價格大漲，產出缺口模型促使葛林斯潘與柏南奇長時間堅守低利率崗位，聯準會紐約分行總裁杜德利 (William Dudley) 也強調，QE2 的實施就是為了對抗高失業率。

太平洋另一端的景象截然不同。馬來西亞、泰國、新加坡、香港和南韓等國的失業率低於 4%，代表產能利用率超過歷史平均水準，許多農地和房地產已不敷使用。更嚴重的是，低成本勞工付之闕如。新加坡的工資悄悄上升 30%，菲律賓 IT 員工的薪資也上升 20%，泰國更在 2010 年調高最低工資 6%，馬來西亞政府則在 2010 年緊急從印度引進 45,000 名勞工來紓解勞動短缺。

在 2015 年 12 月 17 日，美國聯準會升息 1 碼的幾個小時後，臺灣中央銀行召開第 4 季理事會決議降息半碼。

為何美國升息，臺灣降息？時任央行總裁彭准南說明，美國實際產出與潛在產出相近，但我國負的產出缺口擴大，因而再度降息，希望可增加國內有效需求。這意味著產出缺口比美國還大的國家不會急著升息，也就是未來一段時間將出現貨幣政策背離現象。

有些經濟學家並不同意產出缺口是通貨膨脹的良藥，他們認為通貨膨脹是貨幣問題。在任何產出缺口的水準下，聯邦準備仍然可以提供比經濟體系更多的貨幣。貨幣的超額供給是導致物價上漲和消費者購買力下降的主因。過去的歷史告訴我們，預期通貨膨脹的良好指標是債券利率、黃金與基本商品價格，以及美元的匯率。

資料來源：

Bartia, Patrick, "Inflation Concerns in Asia Hit Core,"《亞洲華爾街日報》，2011 年 3 月 10 日，p. 1。

Lawrence Kudlow, "Mind the Output Gap?" *Wall Street Journal*, April 21, 2004, A18.

US. Congressional Budget Office, Real Potential Gross Domestic Product [GDPPOT], retrieved from Fred, Federal Reserve Bank of St. Louis; http://fredStlouisfred.org/series/GDPPOT, March 1, 2020.

傅心怡，"新聞側寫——救經濟，彭總裁苦口婆心"，《中時電子報》，2015 年 12 月 18 日。

總之，在長期下，總需求曲線移動只會對物價水準造成衝擊，卻不會改變產出水準；亦即，總需求的變動只能影響名目變數，而非實質變數。

有關總需求曲線與景氣循環之間的關係，可彙整如下：

- 總需求減少，導致總需求曲線左移，產出減少與物價下跌。
- 政府有兩種政策：一為採取擴張性財政或貨幣政策；一為採取自由放任政策。
- 擴張性的財政或貨幣政策，使產出和物價回到原來水準。
- 自由放任，人們預期物價水準下跌，使短期總供給曲線下移，產出回到自然產出水準，但物價下跌更多。

若以符號表示，可寫成：

$$AD \downarrow \Rightarrow P \downarrow , Y \downarrow \Rightarrow \begin{cases} (1)\ M^s \uparrow , G \uparrow , T \downarrow \Rightarrow AD \uparrow \\ \quad \Rightarrow P = P_0 , Y = Y_n \\ (2)\ P^e \downarrow \Rightarrow SAS\ \text{下移} \Rightarrow P \downarrow , Y = Y_n \end{cases}$$

$$AD \uparrow \Rightarrow P \uparrow , Y \uparrow \Rightarrow \begin{cases} (1)\ M^s \downarrow , G \downarrow , T \uparrow \Rightarrow AD \downarrow \\ \quad \Rightarrow P = P_0 , Y = Y_n \\ (2)\ P^e \uparrow \Rightarrow SAS\ \text{上移} \Rightarrow P \uparrow , Y = Y_n \end{cases}$$

面對疲弱不振的經濟、居高不下的失業率，政府當局有何妙方良策？歐洲央行在 2015 年 1 月 22 日召開首次決策會議，宣布全面量化寬鬆政策。面對 11.5% 的失業率及 −0.2% 的通膨率，每月購買 600 億債券，為期 18 個月，規模逾 1.9 兆歐元。根據歐洲央行報告，2016 年歐元區實現 1.57% 的經濟成長，其成長力度高於平均；2018 年全年的經濟成長都超過 2%。

24-4-2　總供給曲線的移動

除了總需求曲線的移動造成景氣波動外，總供給曲線的移動也是引起景氣波動的原因之一。在 2007 年，土耳其揚言攻打伊拉克北方的庫德族、墨西哥灣的惡劣天氣與美國次貸危機，加上 2008 年雷曼兄弟倒閉，引發全球金融危機；同期間又發生中東局勢的不穩。這些因素造成國際原油節節高升，在 2008 年 7 月上漲至 147.27 美元，導致石油產品的生產成本大幅攀升。

生產成本的上揚，對總體經濟造成什麼樣的衝擊？根據第 24-2 節的說明，商品與服務的生產數量將會減少，短期總供給曲線向上移動，如圖 24-8 的 SAS_0 移至 SAS_1 所示 (假設長期總供給曲線沒有變動)。

在圖 24-8，當短期總供給曲線上移時，經濟會沿著總需求曲線從 E 點移到 A 點，產出由 Y_n 下降至 Y_1，物價水準從 P_0 上升至 P_1。上一節提到，實際產出低於潛在產出的部分 $(Y_n - Y_1)$，稱為緊縮缺口 (deflationary gap)。這種產出下降與物價上升同時發生的現象，我們稱為 停滯性膨脹 (stagflation)。

停滯性膨脹　產出下降 (失業率上升) 與物價上升同時發生的現象。

圖 24-8 總供給的減少：緊縮缺口

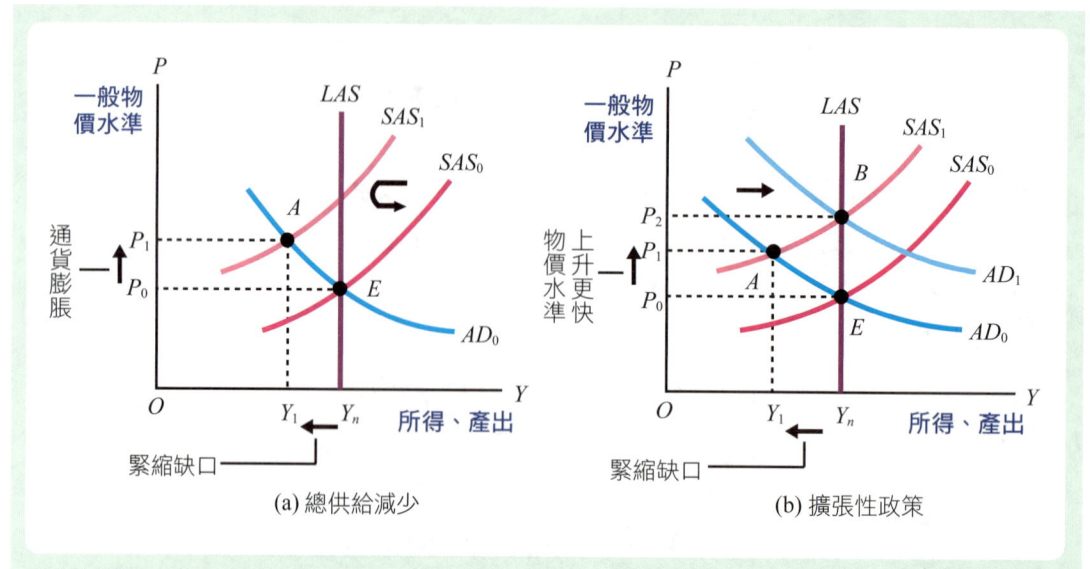

(a) 總供給減少

(b) 擴張性政策

生產成本提高導致短期總供給線從 SAS_0 上移至 SAS_1。(a) 圖是長期間，廠商與勞工都預期物價水準下跌，短期總供給曲線下移，回到原來的 SAS_0，經濟回到長期均衡的 E 點。(b) 圖是擴張性政策，使總需求曲線從 AD_0 右移至 AD_1，產出回到自然產出水準，但物價水準達到更高的 P_2。

　　1973 年到 1974 年的第一次石油危機與 1978 年到 1979 年的第二次石油危機發生時，全球大多數國家 (包括臺灣) 都出現停滯性膨脹的現象。面對停滯性膨脹，政府可以採取何種對策？其中一項對策是無為而治的政策。由於失業率高於自然失業率，許多勞工競相爭取稀少的工作機會，這會造成名目工資有向下調整的壓力。在長期，如果工資與物價能夠自由地向下調整，人們會預期未來物價下跌，加上廠商生產成本減少，導致短期總供給曲線向下移動。只要預期物價不等於實際物價，短期總供給曲線持續下移，直至回到原來的 SAS_0 為止，此時產出又恢復原來的自然產出水準，如圖 24-8(a) 的 A 點至 E 點 (長期均衡)，通貨膨脹現象消失不見。

　　面對緊縮缺口的另外一種因應方式，是政府採取擴張性貨幣或財政政策，刺激總需求，促使總需求曲線向右移動。政府增加貨幣供給、增加政府支出或降低稅收，總需求曲線會從 AD_0 右移至 AD_1，如圖 24-8(b) 所示。如果政府對經濟情勢的研判完全正確且因應得宜，總需求曲線右移的幅度恰好等於短期總供給曲線左移的幅度，產出再度回到自然產出，經濟體系從 A 點移到 B 點。B 點為長期均衡，產出維持在充分就業的產出水準，失業率等於自然失業率，但物價水準卻由 P_0 上升至 P_2。

　　短期總供給曲線上移，造成停滯性膨脹現象，若總供給增加又會造成何種經濟現象？在 1986 年，石油輸出國家組織 (OPEC) 會員國間意見不合，有些國家違反石油產量的約定，偷偷增產，導致全球原油價格下跌 (跌幅將近一半)。能源價格下跌，造成總供給曲線向下移動。同樣地，臺灣如果沒有颱風、土石流或乾旱，一切風調雨順，商品與服務的生產數量增加，短期總供給曲線會向下移動 (假設長期總供給曲線沒有變動)，如圖 24-9 由 SAS_0 至 SAS_1 所示。

在圖 24-9，當短期總供給曲線下移時，短期內，經濟會沿著總需求曲線從 E 點移到 A 點，產出由 Y_n 增加至 Y_1，物價水準從 P_0 下跌至 P_1。面對膨脹缺口，政府可以採取什麼樣的對策？

其中一種方式是無為而治、自由放任的政策。膨脹缺口導致景氣過熱，經濟體系面臨通貨膨脹壓力。在長期，勞工會要求比較高的名目工資，資源擁有者也會要求比較高的名目價格 (報酬)，這都使得生產成本上揚。因此，短期總供給曲線向上移動，由 SAS_1 變成 SAS_0，經濟體系從 A 點回到原來的長期均衡 E 點，如圖 24-9(a) 所示。此時，產出恢復至自然產出，物價水準也回到原來的長期均衡物價 (P_0)，通貨緊縮現象消失不見。

政府面對膨脹缺口的另一種方式是，採取緊縮性的財政或貨幣政策。當政府減少貨幣供給，增加稅收或降低政府支出時，總需求曲線從 AD_0 向左移動至 AD_1，如圖 24-9(b) 所示。如果政府因應得宜且判斷經濟走勢正確，總需求緊縮的幅度恰好可以抵銷短期總供給下移的膨脹缺口，產出回到原來的自然產出水準。經濟體系沿著短期總供給曲線 SAS_1，從 A 點移到 B 點。B 點與 E 點都是長期均衡，所以產出是充分就業的產出水準，但是緊縮政策使得 B 點的物價水準 (P_2) 低於 E 點的物價水準 (P_0)。

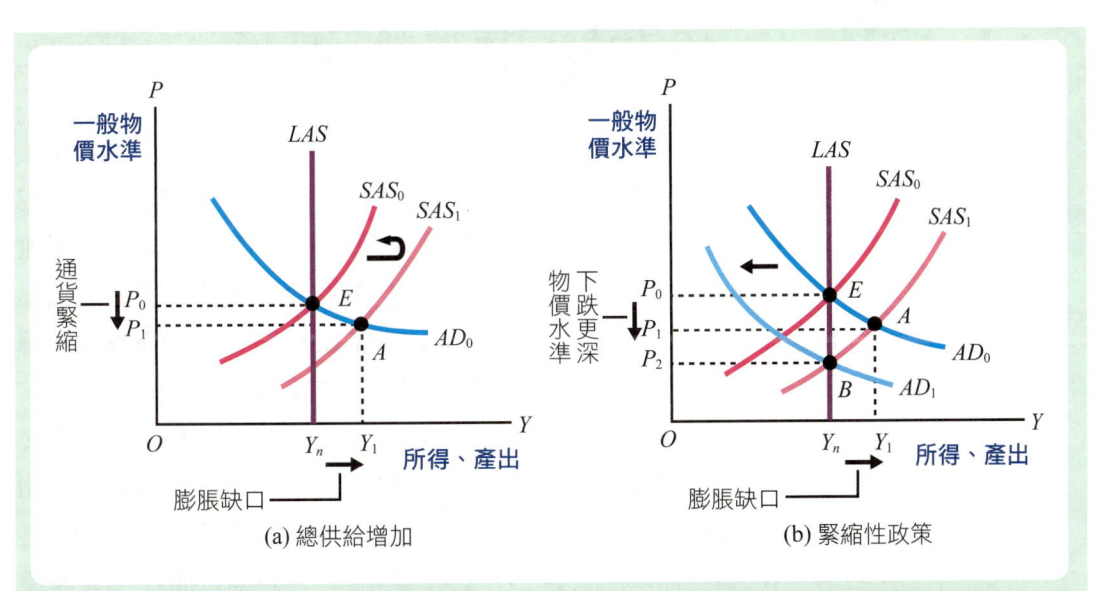

(a) 總供給增加

(b) 緊縮性政策

風調雨順，沒有天災人禍，導致總供給曲線從 SAS_0 右移至 SAS_1。(a) 圖是長期間，預期物價上升，短期總供給曲線上移，回到原來的 SAS_0，經濟回到原來的長期均衡 E 點。(b) 圖是緊縮性政策，使總需求曲線從 AD_0 左移至 AD_1，產出回到自然產出，但物價水準跌得更深。

圖 24-9　總供給的增加：膨脹缺口

有關短期總供給曲線與景氣循環之間的關係，可彙整如下：

- 總供給減少使短期總供給曲線上移，導致停滯性膨脹。
- 政府有兩種對策：一為採自由放任政策；一為採取擴張性的財政或貨幣政策。
- 自由放任使人們預期物價水準下跌，短期總供給曲線下移，產出與物價回到原來的水準。
- 擴張性的財政或貨幣政策使產出回到自然產出，但物價卻上漲得更多。

若以符號表示，可寫成：

$$SAS 上移 \Rightarrow P \uparrow , Y \downarrow \Rightarrow \begin{cases} (1)\ M^s \uparrow , G \uparrow , T \downarrow \Rightarrow AD \uparrow \\ \quad \Rightarrow P \uparrow , Y = Y_n \\ (2)\ P^e \downarrow \Rightarrow SAS 下移 \\ \quad \Rightarrow P = P_0 , Y = Y_n \end{cases}$$

$$SAS 下移 \Rightarrow P \downarrow , Y \uparrow \Rightarrow \begin{cases} (1)\ M^s \downarrow , G \downarrow , T \uparrow \Rightarrow AD \downarrow \\ \quad \Rightarrow P \downarrow , Y = Y_n \\ (2)\ P^e \uparrow \Rightarrow SAS 上移 \\ \quad \Rightarrow P = P_0 , Y = Y_n \end{cases}$$

24-5　AS-AD 模型與簡單凱因斯模型

　　不同經濟學派對總供給曲線的形狀，有不同的看法。古典學派強調，工資與物價在長期具完全彈性時，總供給曲線為一垂直線；凱因斯學派主張，工資與物價在短期具僵硬性，總供給曲線為一正斜率的曲線。簡單凱因斯模型強調經濟體系存在一充分就業產出 (Y_n)，而在產出未達充分就業產出水準之前，物價水準固定不變。根據這種說法，簡單凱因斯模型的總供給曲線為一包括水平線段與垂直線段的曲線，如圖 24-10(b) 所示。

　　圖 24-10(a) 為凱因斯十字架。當計畫總支出為 AE_1 時，與 45° 線的交點決定均衡所得 Y_1，此時對應的總需求曲線為 AD_1，物價水準為 P_1，如圖 24-10(b)。假設政府決定減稅，使消費支出增加，計畫總支出從 AE_1 上移至 AE_2，對應的總需求曲線從 AD_1 右移至 AD_2。在總需求曲線 AD_1 與總供給曲線 AS 相交的 c^* 點，其產出 Y_1 低 AD_2 與 AS 的相交點 a^* 點之 Y_n。Y_n 為自然產出水準，此時的失業率等於自然產出 Y_n。由於實際存貨數量

圖 24-10 簡單凱因斯模型與 AS-AD 模型

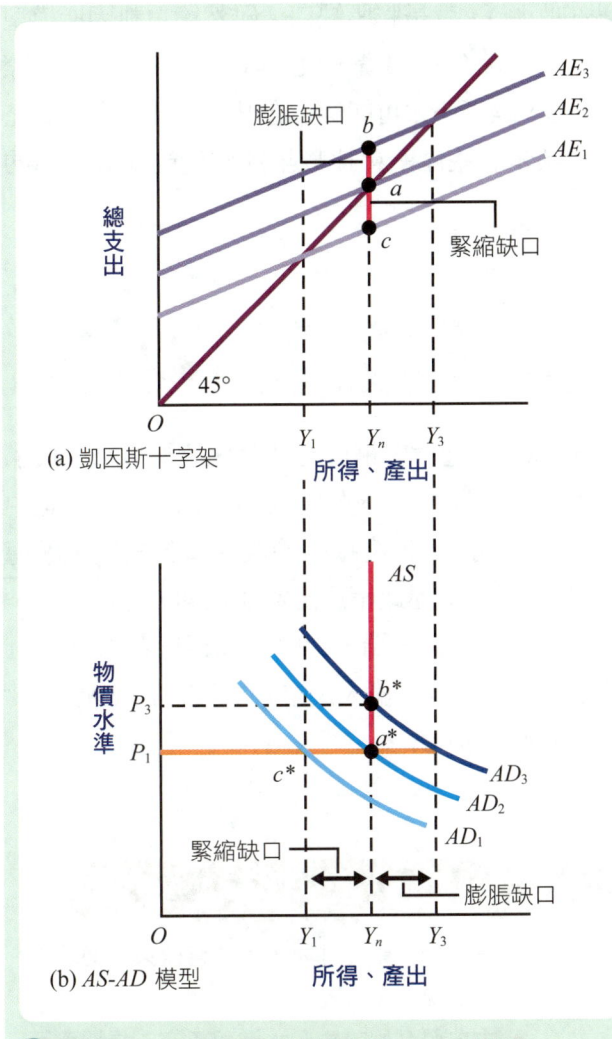

(a) 凱因斯十字架

(b) AS-AD 模型

計畫總支出 AE_1 與總所得的交點決定均衡所得 Y_1，此時總需求曲線為 AD_1。AE_2 和 45°線的交點決定均衡所得 Y_n，Y_n 為充分就業產出，此時，總需求曲線為 AD_2。AE_3 和 45°線交點，均衡所得仍為 Y_n，此時總需求曲線為 AD_3，物價水準上升至 P_3。

低於計畫存貨數量，造成非預期存貨的減少，加上廠商有部分的產能未充分發揮，物價水準不受影響，仍維持在 P_1。至於 Y_1 與 Y_n 的差距 ($Y_n - Y_1$)，或是圖 24-10(a) 的 a 點與 c 點的差距，稱為緊縮缺口。

假設政府決定拚經濟而採取擴張政府支出的手段，計畫總支出再度增加，從 AE_2 上移至 AE_3，總需求曲線也會從 AD_2 右移至 AD_3。如果產出低於自然產出，均衡所得會上升至 Y_3。然而，由於經濟體系已達充分就業的產出 (Y_n)，這就表示生產資源已充分利用，勞動市場充分就業。若產出無法超過 Y_n，擴張性政策只會造成物價水準上升至 P_3，而總供給曲線在 Y_n 時，變成垂直線。

當實際產出大於自然產出時，經濟體系產生膨脹缺口，如圖 24-10(b) 的 ($Y_3 - Y_n$)。若以圖 24-10(a) 來看，在所得為 Y_n 時，計畫總支出與總產

出之間的差距 (a 點和 b 點的距離)，就是膨脹缺口。雖然簡單凱因斯模型的折拗總供給曲線提供有趣的理論分析架構，大多數經濟學家認為實際經濟不會如此運作。換句話說，經濟不太可能突然在某一產出水準達到充分就業。比較合理的情況應該是有些產業會比較早達到產能充分發揮的境界。

24-6 結　語

自全球經濟邁入 21 世紀以後，通貨緊縮與全球金融危機似乎取代了 20 世紀的"新經濟"，成為最新的經濟議題。究竟是總需求不足，還是中國的低廉成本，抑或衍生性金融商品的過度擴張造成通貨緊縮與金融海嘯，至今尚無定論。美國的三次量化寬鬆政策逼出通膨預期，經濟回溫、申請失業津貼人數下降。在太平洋的另一端，中國人民銀行在 2020 年 1 月 6 日定向降準 0.5 個百分點，釋出 8,000 億人民幣 (約新臺幣 3.5 兆元)，來拯救下行且受新冠肺炎疫情衝擊的經濟。

摘要

- 總需求曲線是指在不同物價水準下，經濟體系中家計單位、廠商和政府所願意購買的商品與服務的數量。
- 總需求曲線斜率為負的原因有三：(1) 財富效果：物價水準下跌，人們手中持有的實質餘額增加，消費者覺得比以前更富有，消費支出提高，代表對商品與服務的需求增加；(2) 利率效果：物價水準下跌導致貨幣需求減少，利率下跌，較低的利率水準可刺激投資及消費支出，使商品與服務的需求提高；(3) 匯率效果：物價水準下跌使利率下跌，本國貨幣相對外國貨幣貶值，出口增加而進口減少，淨出口增加代表商品與服務的需求提高。
- 擴張性財政與貨幣政策，使總需求曲線向右移動；緊縮性財政與貨幣政策，使總需求曲線向左移動。
- 古典學派假設物價水準與工資在長期下可以自由調整，所以長期總供給為一垂直線。長期總供給曲線決定的產出水準，稱為自然產出、充分就業產出或潛在產出。
- 引起長期總供給曲線移動的因素有生產因素數量的變動及生產技術。當資本或勞動增加及技術進步，都會造成長期總供給曲線向右移動；反之，則向左移動。
- 短期總供給曲線斜率為正的原因有三：(1) 工資僵硬性模型：名目工資在短期是固定的，物價水準低於預期物價，造成實質工資上升，公司的生產成本提高而減少勞工雇用，商品與服務數量也會減少；

(2) 物價僵硬性模型：由於菜單成本的存在，物價下跌但有些廠商不會調整售價，銷售量因而減少，導致廠商減產；(3) 不完全資訊模型：如果一般物價水準下降，但有些廠商誤以為自己的產品相對價格下跌，因此減少生產量。
- 引起短期總供給曲線移動的因素，包括生產因素數量、生產技術、公共政策、預期物價水準等供給面衝擊。預期物價水準上漲、戰爭發生、天氣惡劣、最低工資率提高、石油及能源價格上漲，均會造成短期總供給曲線上移。
- 造成經濟波動的原因有二：總需求的移動，或總供給的移動。
- 總需求減少，使實際產出低於潛在產出，經濟體系發生緊縮缺口及通貨緊縮現象。在長期，人們預期物價水準下跌，使短期總供給曲線向下移動，產出回到自然產出水準。
- 總供給減少，使產出低於潛在產出和物價水準上漲，而出現停滯性膨脹現象。時間一久，人們預期物價水準下跌，短期總供給曲線回到原來水準。

習 題

1. 總合需求量隨著物價水準下跌而改變，是因為：
   (a) 實質財富減少；利率提高；貨幣升值
   (b) 實質財富減少；利率下降；貨幣貶值
   (c) 實質財富增加；利率下降；貨幣貶值
   (d) 實質財富增加；利率提高；貨幣升值
   (107年普考改編)

2. 請就總供給與總需求模型 (aggregate-supply and aggregate-demand model)，分析政府採行擴張性財政政策，在其它條件不變之下，以長期而言，對實質產出與物價的影響為何？
   (a) 物價提高，實質產出增加
   (b) 物價不變，實質產出增加
   (c) 物價提高，實質產出減少
   (d) 物價提高，實質產出不變

3. 根據 AS-AD 模型，若勞動市場未達充分就業，在其它條件不變下，增稅最可能導致：
   (a) 實質產出和物價皆下降
   (b) 實質產出和物價皆上升
   (c) 實質產出不變但物價上升
   (d) 實質產出下降但物價不變

4. 假設安倍經濟學只是增加貨幣供給，沒有搭配其它提升經濟體系生產效率的作法，在長期，實質利率、物價水準與實質產出有何改變？ (104年中山企研所)

5. 其它條件不變下，何種狀況將讓體系長期總供給曲線右移？
   (a) 結構性失業率下降
   (b) 實際通膨率上漲
   (c) 摩擦性失業率上升
   (d) 循環性失業率下降 (107年普考)

6. 假設一國經濟原先處在長期均衡狀態下。根據總供給與總需求模型，當技術發生進步時，如果民間投資對利率愈敏感，則：
   (a) 短期均衡名目 GDP 維持不變
   (b) 短期均衡名目 GDP 的增幅愈小
   (c) 短期均衡實質 GDP 的增幅愈大
   (d) 短期均衡實質 GDP 的增幅愈小
   (108年商業行政改編)

7. 請說明政府如何使用貨幣政策與財政政策提升該國的經濟成長率？
(104年臺科大企研所)

8. 短期下的凱因斯模型中，原油價格下跌將使產出與實質利率如何變動？
(104年中山企管所)

9. 因為新冠肺炎疫情全球大流行，廠商對未來前景充滿疑慮，大幅減少對資本設備的投資。請問對短期物價和產出造成何種影響？對長期總供給曲線又有何影響？

10. 假設 A 國處於長期均衡。在某一段短期間內，A 國發生以下事件：引進技術勞工、發現新的礦產、科技產業發生革命性的技術進步。觀察 A 國事件發生後的短期均衡，發現與原始長期均衡相比，新的短期均衡：
    (a) 均衡物價提高，均衡實質國內生產毛額 (real gross domestic product, real GDP) 增加
    (b) 均衡物價提高，均衡實質國內生產毛額減少
    (c) 均衡物價降低，均衡實質國內生產毛額增加
    (d) 均衡物價降低，均衡實質國內生產毛額不變
    (107年經建行政)

11. 下列關於總需求和總供給曲線的敘述何者錯誤？
    (a) 總需求曲線的斜率為負
    (b) 當物價上升時，消費者的實質資產減少，使得消費需求減少，並進一步減少總需求
    (c) 古典學派的總供給曲線為一垂直線
    (d) 擴張性財政政策會增加就業，使總供給曲線右移　(108年身心障礙改編)

12. 根據總供給與總需求模型以及流動性偏好理論 (theory of liquidity preference)，在其它條件不變下，下列何者確定會使名目利率的短期均衡水準上升？
    (a) 債券價格上漲
    (b) 國際油價下跌
    (c) 政府消費支出增加
    (d) 政府對家戶增稅　(108年商業行政改編)

13. 假設"貨幣中立性假說"成立，中央銀行採取量化寬鬆政策，將會出現何種結果？
    (a) 實質利率下降
    (b) 就業率上升
    (c) 實質工資上升
    (d) 通膨率上升　(107年普考)

14. 根據理性預期理論，擴張型貨幣政策在什麼情況下會變得較無效？
    (a) 失業率高於自然失業率時
    (b) 人們的通膨預期調整得很快時
    (c) 景氣在衰退階段時
    (d) 中央銀行具有很高公信力時
    (108年初等考試)

15. 關於貨幣理論中的"費雪方程式" $MV = PY$，下列相關敘述何者錯誤？
    (a) 可用以說明貨幣數量學說 (quantity theory of money)
    (b) V 代表貨幣交易流動速度，為一穩定、不易變動的變數
    (c) 表示長期時貨幣中立性成立
    (d) 長期時實質所得的變動率等於貨幣供給量的變動率　(108年身心障礙)

16. 總體經濟的"自動穩定因子" (automatic stabilizers) 是指：
    (a) 政府以財政政策做穩定景氣波動的工具時，自動助長政策效果落後的問題
    (b) 景氣若步入衰退，將有稅收或政府支出之自動改變而提升總需求，不需政府刻意調整政策
    (c) 立法設計政府可自動於不景氣時同意降低稅率
    (d) 財政設計使政府收支可於不景氣時自動維持平衡　(108年關務特考改編)

17. 若臺灣央行目標是維持對內物價穩定，假設一開始臺灣經濟處於長期均衡，若短期總供給增加，央行應如何因應？
(98年中山政經)

18. 若卡達經濟處於長期均衡，國會通過提高最低工資，使長期總供給減少 60 億元。同時，政府購買增加 60 億元，若 $MPC=0.8$ 且排擠效果為 60 億元。請問產出和物價變動為何？　　　(98 年中山政經)
19. 假設日本 311 強震摧毀了日本一半的資本存量。請利用 AS-AD 模型，說明地震對日本的所得、就業、工資與物價的影響。
20. 預期物價上升使短期總供給曲線左移或右移？物價水準變動為何？(98 年中山政經)
21. 按古典學派的總供需理論，若央行在公開市場買進 1 億元政府公債，物價與產出如何變動？　　　　　　　(103 年淡江國企)

網路習題

1. 根據國家發展委員會的資料，臺灣景氣循環第九次的基準日期為民國 85 年 3 月 (谷底)。請至行政院主計總處網站，下載這段期間的失業率、物價指數和平均每人 GDP 的資料，並略微解釋三個變數的走勢。
2. 請至 www.google.com 網站，鍵入"通貨緊縮"關鍵字，請找出 10 篇相關的文章，並整理出引起通貨緊縮的可能原因。

通貨膨脹與菲力浦曲線

通貨膨脹就像是巴塞隆納的扒手，隨處可見。2018 年 4 月，士林夜市著名的碳烤雞排店貼出漲價告示："一塊雞排從 70 元漲到 80 元。"

一塊雞排的漲價，大致說明這個世界發生了什麼事。老闆娘說，漲價最主要的原因是油和雞肉。國際原物料價格狂飆，氣候極端異常，沙拉油從一桶 700 元漲到 890 元，1 公斤雞肉從 78 元飆破 100 元。

通膨真的是怪獸嗎？委內瑞拉高達七成的基本民生物資依賴進口，遇上國際油價崩跌，導致物資奇缺、物價飛漲。政府為打擊黑市，祭出購物必須同時出示證件及透過指紋辨識，限量購買生活必需品。

3 位數的通膨，導致民眾無法慶祝聖誕節或準備聖誕大餐，有人更高呼"聖誕日已死"。根據彭博社統計，2018 年委內瑞拉痛苦指數連續第二年高居首位。2018 年通膨為 130,000%，失業率是 35%，痛苦指數為 130,035%。你能夠想像買一隻雞需要 1,400 萬元。超市所有商品都沒有標價，當你去付帳時，價格可能是一小時前的

本章重點

通貨膨脹
菲力浦曲線
痛苦指數

5 倍。為了解決問題，政府的新貨幣直接在幣值上減五個零。當貨幣不再有任何價值，大家開始把紙鈔當作衛生紙使用，因為那比直接買衛生紙來得有用。

25-1　通貨膨脹

通貨膨脹　一般物價水準持續上升的現象。

通貨膨脹 (inflation) 是指一般物價水準持續上升的現象。如果只是香蕉價格上漲，而其它商品價格都沒變，則香蕉的相對價格上升，社會不見得會發生通貨膨脹。相對地，全球油價狂飆，帶動臺灣廠商生產成本提高，商品供給減少，進而使整體物價上升，在這種情況下，經濟體系會發生通貨膨脹。

這些例子告訴我們，一般物價水準的改變與某些商品相對價格的改變是兩種截然不同的議題。一般物價水準是指，利用消費者物價指數等來衡量特定時點上，整體物價的變動情形。相對價格則是特定商品價格相對其它商品價格的比率。要改善相對價格產生的衝擊，政府可以採取某些措施來影響商品的供給與需求。譬如，政府可藉進口菲律賓或印尼的香蕉來增加供給，使香蕉的相對價格恢復原來水準。要對抗通貨膨脹，政府必須採取總體經濟政策，如貨幣或財政政策，來降低通貨膨脹率。

25-1-1　通貨膨脹的來源

經濟學家沒有養雞，但拆解這一輪的通膨結構與成因，與夜市雞排小販的感受相差不多。氣候極端異常、國際原物料價格狂飆，加上美國採取不負責任的貨幣政策 (QE3) 導致熱錢流竄，堆積出碳烤雞排店老闆娘口中"十幾年來，最不一樣的漲價壓力"。

需求拉動的通貨膨脹　總需求增加所引發的通貨膨脹。

一般而言，通貨膨脹有兩種來源：總需求的增加或總供給的減少。由總需求增加所引發的通貨膨脹稱為**需求拉動的通貨膨脹** (demand-pull inflation)，造成總需求增加的因素有很多，包括貨幣供給的增加、減稅、政府支出的上升或廠商對未來預期樂觀等。假設經濟體系是處於總供給曲線相對陡峭的部分，如圖 25-1 所示，大部分的效果顯現在物價水準的上漲，產出僅小幅增加。

成本推動的通貨膨脹　總供給減少所引發的通貨膨脹。

除了需求拉動的通貨膨脹外，生產成本提高，使總供給減少所引發的通貨膨脹，稱為**成本推動的通貨膨脹** (cost-push inflation)。圖 25-2 顯示生產成本的上升是停滯性膨脹產生的原因之一，第一次石油危機所引發的通貨膨脹即是例子。臺灣的石油幾乎全部仰賴進口，當石油輸出國家組織在

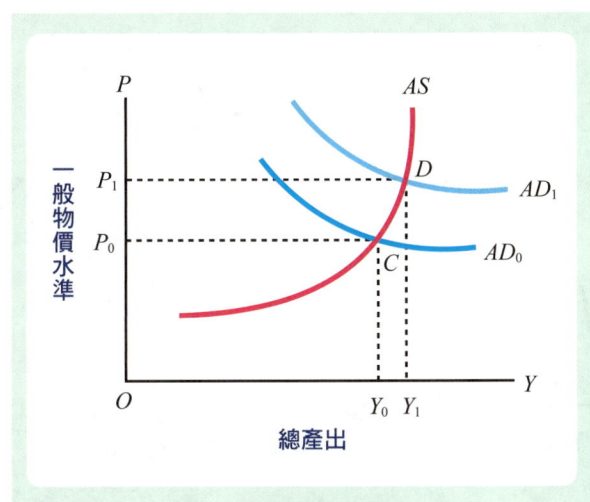

▲ 圖 25-1 需求拉動的通貨膨脹

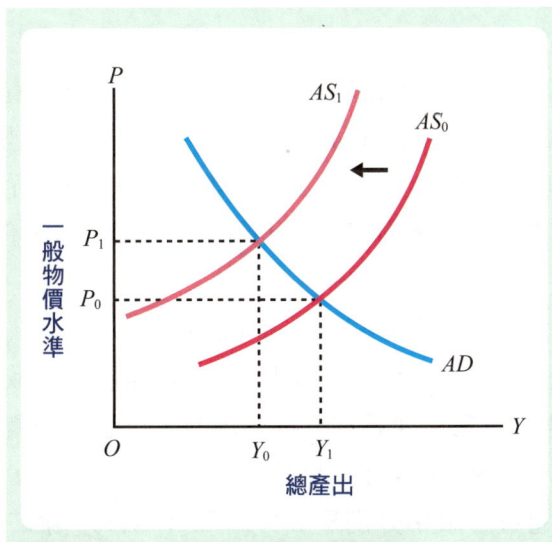

假如經濟體系處於接近充分就業狀態下,總需求曲線向右移動,導致物價水準大幅攀升,產出僅微幅增加。

▲ 圖 25-2 成本推動的通貨膨脹

生產成本提高,使總供給曲線向左移動。如果政府並未以擴張性的政策因應,總需求曲線固定不動,結果造成產出下跌與物價水準上升。

1973 年集會決定聯合減產時,原油價格大漲。臺灣進口原油價格上升,導致廠商生產成本提高,進而促使總供給曲線向左移動。1973 年及 1974 年的物價年增率分別是 8.19% 及 47.47%。

25-1-2 臺灣地區的通貨膨脹

圖 25-3 描繪臺灣地區的通貨膨脹走勢。1945 年 8 月日本戰敗投降,臺灣光復後,由於戰後經濟殘破停滯,政府財政收入嚴重短絀,要推動重大改革,實在需要臺灣銀行發行貨幣來融通。此外,要修復受到戰火摧毀的產業,臺灣銀行對公營企業的放款,也急劇擴張。貨幣供給的持續增加,

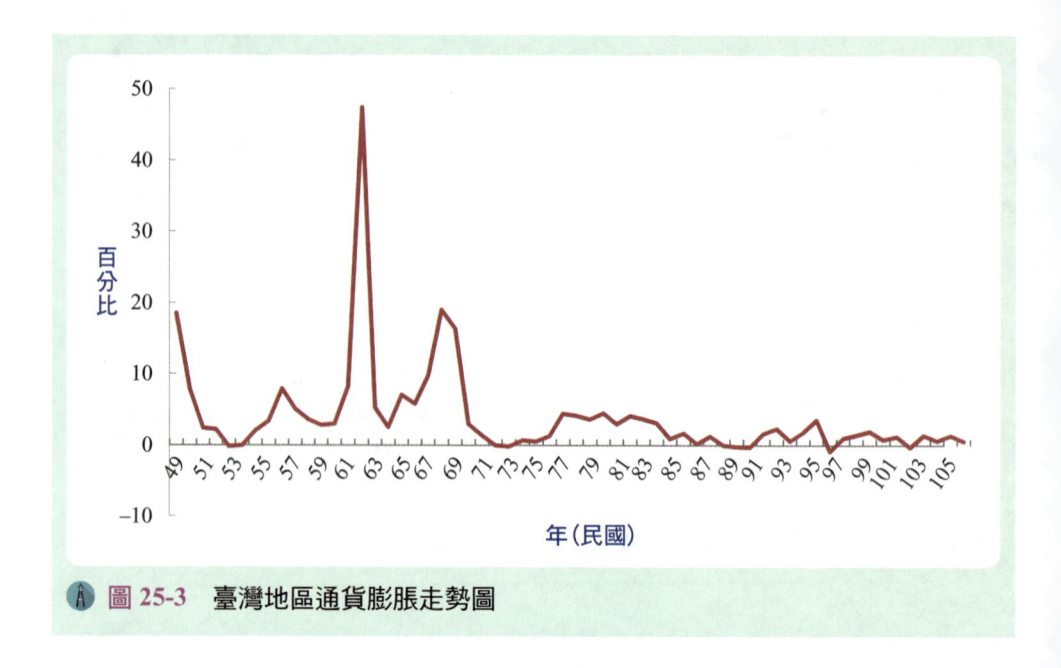

▲ 圖 25-3　臺灣地區通貨膨脹走勢圖

　　造成總需求曲線持續右移，物價水準也持續地上漲。以臺北市躉售物價指數為例，以 1937 年上半年平均為基期，1946 年是 297.32，1947 年是 381.47，1948 年是 732.18，到了 1949 年上漲至 3,405.94。換句話說，從 1946 年到 1949 年，短短四年間，以躉售物價指數計算的通貨膨脹上漲了 10.45 倍。

　　臺灣地區在 1960 年代通貨膨脹率十分平穩，每年約在 4.5% 左右。1970 年代，因為石油輸出國家組織分別在 1973 年和 1978 年兩次聯合減產，造成全球石油價格上漲數倍。第一次石油危機出現時，以躉售物價指數計算的通貨膨脹率在 1973 年和 1974 年分別是 22.86% 和 40.57%，而以消費者物價指數計算的通貨膨脹率分別是 8.19% 和 47.47%。第二次石油危機發生時，躉售物價指數在 1979 年和 1980 年分別上漲 13.82% 與 21.55%，消費者物價指數在 1980 年與 1981 年則分別上漲 19.01% 與 16.32%。事實上，在第一次石油危機的物價上漲，不僅是成本推動的通貨膨脹，當時銀行對艱困產業的紓困，造成貨幣供給大量增加，也發生需求拉動的通貨膨脹。

　　在圖 25-4，石油價格上漲，造成生產減少，總供給曲線從 SAS_0 向左移至 SAS_1，物價從 P_0 上升至 P_1，產出從 Y_0 下降至 Y_1。若央行以增加貨幣供給方式來挽救失業，總需求曲線會從 AD_0 右移至 AD_1，產出從 Y_1 回復至 Y_2，但是代價卻是物價水準持續地上漲，從 P_1 上升至 P_2。

　　在 1980 年代，除了 1981 年外，物價相當平穩，消費者物價指數有兩年是不增反減，分別是 1984 年的 −0.03% 和 1985 年的 −0.16%。1980 年代消費

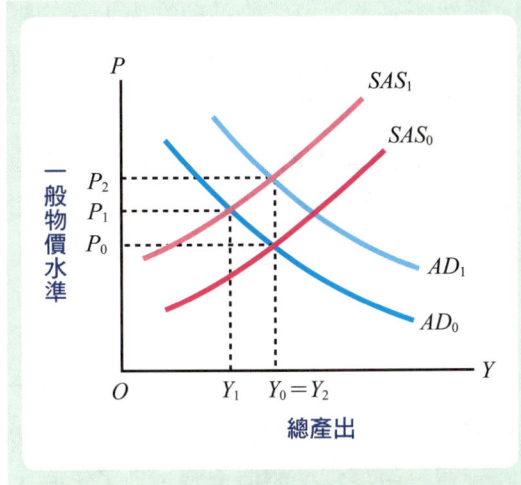

石油價格攀升，SAS_0 左移至 SAS_1，物價水準從 P_0 上升至 P_1，產出由 Y_0 下跌至 Y_1。若央行增加貨幣供給來對抗經濟衰退，AD_0 右移至 AD_1，結果是物價水準再次上漲，從 P_1 上升至 P_2。

圖 25-4　央行擴張貨幣的持續性通貨膨脹

者物價指數平均上漲率是 3.15%，低於 1960 年代的物價上漲率。若扣除 1981 年的消費者物價指數，其餘九年的物價上漲率，平均每年只有 1.68%。在躉售物價指數方面，十年中有八年的物價指數是負的，特別是自 1985 年以後，連續六年下跌。這段期間物價的下跌和新臺幣對美元的緩步升值有關，從 1 美元兌換 40 元新臺幣一路上升，最後到 1 美元兌換 25 元新臺幣，造成進口商品和原物料價格下跌，而衝擊躉售物價指數。

在 1990 年代，躉售物價指數的平均上漲率，每年約 0.50%。但物價水準走勢並非十分平穩，從 1994 年到 1995 年，物價水準上漲 7.37%。在 1995 年到 1996 年，物價水準下跌 1.01%。若以產地來源來探究躉售物價指數，從 1994 年到 1995 年國產品指數是從 94.36 上升至 100.55，而進口商品指數則從 94.60 上升至 104.20。1994 年到 1995 年，新臺幣兌換美元匯率並無明顯改變 (1994 年是 26.4552 和 1995 年是 26.4763)，貨幣供給額也沒有異常變動 (1994 年的 M2 是 12,805,365 百萬元，1995 年的 M2 是 13,973,876 百萬元)。由此推論，躉售物價指數的上升，應該是國際原物料價格上漲所引起。在 2006 年到 2008 年間，國際原物料及原油價格的大漲導致躉售物價指數節節高升，每年約上升 6 個百分點。而自 2008 年 11 月開始，WPI 連續十一個月下滑，究其原因應是金融海嘯造成需求下跌所致。2015 年後國際油價及原物料價格大跌，躉售物價指數年增率估計為 −8.82%。

至於消費者物價指數，1990 年代的平均上漲率是 2.59%。但是從 1991 年到 1995 年的平均上漲率是 3.76%，而 1996 年到 2000 年的平均上漲率只有 1.42%。1997 年底，亞洲發生金融風暴，國際炒家索羅斯 (George Soros) 炒作泰國外匯，引發亞洲各國貨幣一連串貶值，進而引發亞洲金融風暴。新臺幣從 1997 年的 1 美元兌換 28.6618 元新臺幣，重貶至 1998 年的 1 美元兌換 33.4479 元新臺幣。雖然新臺幣貶值帶來進口物價上漲的壓力，但總需求的不振，使得 1998 年的消費者物價指數僅上漲 1.69%。2001 年到 2003 年連續三年物價上漲率呈現負值，臺灣出現通貨緊縮現象。而 2007 年與 2008 年國際原物料價格的大漲也帶動 CPI 上升，使得 2008 年通膨達 3.53%。2009 年開始，受到全球金融風暴影響，各國經濟重創，通膨壓力消失，2009 年臺灣的 CPI 為 －0.87%，到了 2010 年，CPI 為 0.97%，2020 年則為 －0.23%。

25-1-3 通貨膨脹的成本

一般人對通貨膨脹的印象是錢變薄了。譬如，臺灣在 1974 年的通膨是 47.47%。這表示你在年初以 100 元買一份麥當勞超值全餐，到了年底，你必須用 147.47 元才能買到相同的餐點。物價上升造成貨幣的購買力下滑，人們變得比以前更窮。

為什麼通膨這麼不令人喜歡？龐大的通貨膨脹會透過兩種途徑：預期通膨引發 (菜單成本、皮鞋成本及財富重分配效果) 與非預期通膨引發 (長期規劃的干擾、無規律性的財富重分配及損害資源配置效率) 扭曲經濟。圖 25-5 顯示通貨膨脹的六種成本。

菜單成本　《聯合報》和《中國時報》一份 10 元，曾經維持好幾年的時間；士林夜市的上海生煎包一顆 12 元，也是好久不曾變動。難道麵粉價格或豬肉成本都沒有上漲嗎？當然不是。廠商不願意經常調動商品價格的原因，是價格變動帶來不利的成本。這種因為商品價格調整所導致的額外成本，稱為**菜單成本** (menu cost)。

菜單成本　因為商品價格調整產生額外的成本。

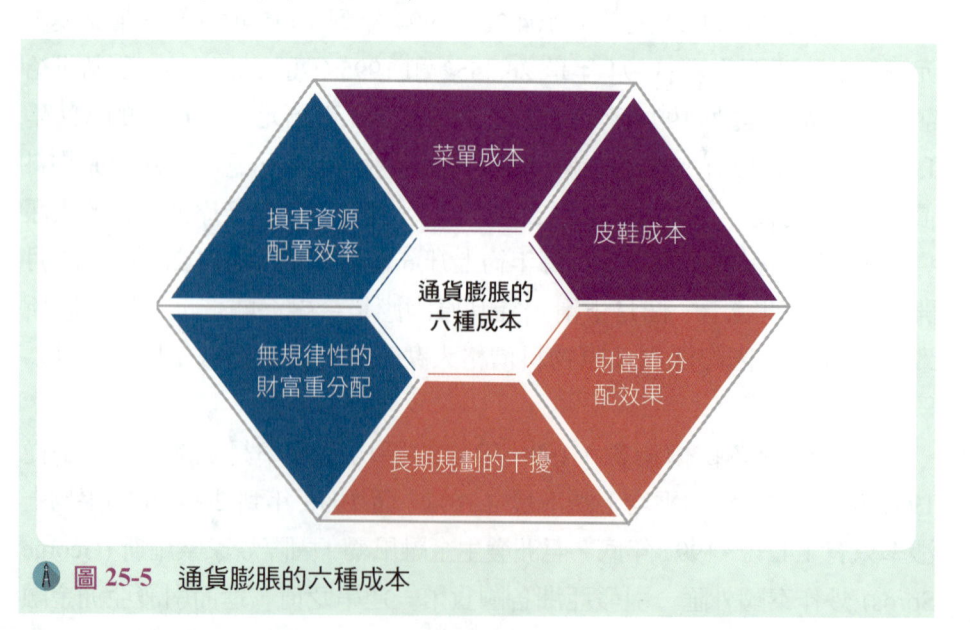

▲ 圖 25-5　通貨膨脹的六種成本

因為物價變動所產生的菜單成本包括商品必須重新標價、印製新的目錄和價目表、寄送型錄給客戶的費用、修改網頁的成本及決定新價格的成本等。

皮鞋成本 現金放在口袋裡並不會孳生利息，存放銀行才有利息可賺。在通貨膨脹較高時，你可採取減少現金持有的方式來管理資產。譬如，你可以多跑幾次銀行，盡可能將錢留在銀行賺利息。顧名思義，皮鞋成本是常跑銀行，使皮鞋磨損得更快的代價。其實**皮鞋成本** (shoe leather cost) 泛指大眾為減少現金持有數量，所犧牲的時間及提領貨幣的成本。

> **皮鞋成本** 大眾減少現金持有數量，所犧牲的時間及提領貨幣的成本。

財富重分配效果 儘管社會大眾能夠正確預期通貨膨脹的幅度，但是各經濟單位調整的時間不一定同時發生，這會使一方獲利，另一方遭受損失，導致**財富重分配** (redistribution of wealth) 的現象。

假設莊孝維過年領到紅包 10,000 元，過年後存入台新銀行的一年期定存，利率是 3%，一年後可領回 10,300 元，這看起來好像是不錯的理財方式。不過央行突然不負責任，放任物價飆漲 100%，其實 10,300 元的購買力只剩下 5,150 元。在這個例子裡，銀行定存利率未能充分反映通貨膨脹，即使民眾正確預期通膨 100%，存款人仍蒙受損失，銀行卻獲得利益。同樣地，調薪 5% 使年所得上升，納稅人要繳更多的稅 (跳到較高稅率級距)，但扣掉物價上漲率 7%，能夠購買的商品與服務數量比以前更少。

長期規劃的干擾 物價如果以預期速度成長，譬如，物價漲 10%，老闆幫你調薪 10%，利率也調升 10%，通膨並不可怕。問題是：通貨膨脹就像兔子"繁衍"的速度無法預期，不確定性正是通膨的代價之一。

非預期通貨膨脹經常讓個人和企業的長期規劃變得難以實行，且未來的不確定性也造成通貨膨脹難以預期。許多家庭和企業高層很難正確評估所應投資設廠或理財的數量，也無法分辨投資的優劣，引起金融市場的**雜訊** (noise)，阻礙資源配置的角色。譬如，台積電計畫在未來五年內興建一座 14 吋晶圓廠，若因為非預期通貨膨脹上升導致建廠成本大漲，本來有利的投資方案，可能遭遇損失而變成無利可圖。

> **雜訊** 未來的不確定性造成通貨膨脹難以預期，使得家計單位和廠商無法分辨投資的優劣。

無規律性的財富重分配 非預期通貨膨脹造成財富重分配呈無規律性的變化。如果我們將一年期的定存利率改成 100%，且其它條件不變 (物價上漲 100%)，前述莊孝維一年後可領回 20,000 元，實質價值是 20,000/(1 + 100%) = 10,000 元，和未存入台新銀行前的價值相同。這個例子告訴我們：

從臺灣看天下

惡性通膨下的巴西與委內瑞拉

"那年是 1989 年，快到晚餐時間，祖父忽然跟我說：我們去吃飯吧！但是只能吃披薩，其它的，我們買不起，因為他們拿走了我們所有的錢。"

祖父口中的"他們"是巴西政府，因為通貨膨脹，政府決定將所有人存款超過 1,000 里耳 (Real) 的帳戶凍結十八個月。過了兩年，男孩看到祖父每天打電話給銀行問利率，確保不會一覺醒來，財富又少了 2%。

在 1988 年到 1994 年間，巴西每年的通貨膨脹率分別是 1,300%、2,900%、440%、1,000%、1,260% 和 1,740%。連續六年的高通貨膨脹意味著 1994 年的物價水準平均是 1988 年的 360 萬倍。這種現象若發生在臺灣，就表示 1 公升汽油在 1988 年是新臺幣 20 元，到了 1994 年，汽油價格會上升至每公升新臺幣 7,200 萬元。在那一段期間，巴西的勞工要求雇主至少每天給付一次工資。這些勞工一拿到薪水便馬上去購物，或兌換價值穩定的外幣，如美元。價格上漲如此劇烈，民眾只好花費許多時間去比價，希望能找到最便宜的價格。

從 1980 年代中期到 1994 年間，巴西政府總共發行了五次新的貨幣，且每次的發行數額都大於前次。譬如，1994 年巴西中央銀行發行的貨幣，1 里耳可兌換 1990 年的 2,750 克魯薩多里耳 (Cruzeiro real)。1990 年的 1 克魯薩多里耳可兌換 1989 年的 1,000 克魯薩多拿荷 (Cruzodo nouo)。幣值的紊亂導致必須攜帶大量現金購物，尋找最低售價而產生的皮鞋成本，造成生產減少及資源的浪費。

另外一個場景發生在委內瑞拉。委內瑞拉外匯有 96% 來自石油出口，高達七成的基本民生物資依賴進口，遇上國際油價崩跌，形成完美風暴，導致物資奇缺，物價飛漲。

一般民眾的月薪大約只有 332 美元，光買起司、雞蛋、牛奶、蘋果就要 50 美元，進口球鞋相當於一個月的薪水。到黑市換到的美元比銀行換到的美元可多買 12 個漢堡。

為了抑制民眾囤貨，當局在全國超市加裝 2 萬臺指紋掃描機，下令民眾必須掃描指紋限量購物。以痛苦指數衡量，2015 年全球最苦難的國家就是委內瑞拉。

資料來源：曠文琪，"巴西學會，不只靠上帝"，《商業周刊》，1140 期，2009 年 9 月 28 日，p. 74。

當名目利率等於通貨膨脹率時，實質利率為零。[1]

若非預期通膨為正，使得實際通膨高於預期通膨，則莊孝維存款的實質價值會下降。[2] 在此情況下，存款人遭受損失，銀行獲得利益；相反地，如果非預期通膨為負，使得實際通膨低於預期通膨，甚至發生通貨

---

[1] 名目利率＝實質利率＋通貨膨脹率。此為著名的費雪方程式，由美國經濟學家費雪 (Irving Fisher) 提出。

[2] 實際通膨＝預期通膨＋非預期通膨。

緊縮 (整體物價水準下跌)，則莊孝維存款的實質價值上升，存款人得到利益，銀行遭受損失。

另一個例子是發生在勞工與雇主之間。經濟體系中，上班族通常會與雇主簽訂正式或非正式的工作契約，契約中載明每年的薪水以若干比例調整，如 3%，或以去年的通貨膨脹率來調整。但如果未預期的通膨為正，使實際通貨膨脹率高於 3%，勞工的實質工資會下降，在這種情況下，勞工遭受損失，雇主獲得利益；相反地，如果未預期通膨為負，使實際通膨低於預期通膨，甚至發生通貨緊縮，勞工的實質工資增加，勞工會得到好處，而雇主遭受損失。

非預期通膨除了影響債權人與債務人、勞工與雇主外，也會使固定收入者，如公務員、領退休俸的人，因物價上漲而侵蝕購買力，生活水準下滑。另一方面，對生產力高於物價上漲率的產業勞工卻是正面的，這些產業，如高科技產業，工資的調漲幅度超過物價上漲的幅度，而使得實質工資上升，生活水準大幅提升。

損害資源配置效率　當市場無法提供足夠的大閘蟹給臺北市的海鮮餐廳時，大閘蟹的市場價格隨即升高。而大閘蟹的供應商看到這個商機，會設法增加進口大閘蟹，來獲取更多的利潤。價格就像一閃一閃的霓紅燈，傳遞訊息給廠商及消費者，市場經濟則依賴此相對價格來分配稀少的資源。各種投資或消費的決策係在市場上蒐集商品的價格與品質做比較後再決定，而這些決策自然會影響到廠商如何分配有限的生產因素。

25-1-4　通貨膨脹稅

通貨膨脹稅不是一種政府巧立名目的稅負。政府蓋一條捷運的錢可來自舉債或稅收。倘若政府嫌麻煩，財政部部長一通電話打給中央銀行總裁，"直接"將新出爐的鈔票拿去買鋼筋、水泥、支付工人薪水。這樣做的後果就是通貨膨脹。民眾手中的錢開始貶值，等於是"間接"向人民徵稅，這就是通貨膨脹稅。第一次世界大戰的德國及現代的辛巴威政府都是例子。

25-2　菲力浦曲線

在 1958 年，經濟學家菲力浦 (A. W. Phillips) 將英國自 1861 年到 1957 年，每一年的貨幣工資變動率與失業率之間的關係繪製成圖。他發現兩者有明顯的負向關係：當失業率很低時，工資上漲率就很高；當失業率很高時，工資上漲率就很低，甚至成為負值。

兩年後，諾貝爾經濟學獎得主薩繆爾森 (Paul A. Samuelson) 和梭羅 (Robert Solow) 重複菲力浦教授的作法，使用的是 1900 年到 1960 年的美國資料，他們發現除了在 1930 年代中期失業率非常高的期間外，在美國，工資上漲率與失業率之間也呈現負向關係。兩位諾貝爾經濟學獎得主提出負相關的原因是：在失業率較低的年份，通常總需求比較高，且總需求增加會對經濟體系中的工資和物價造成上漲壓力。薩繆爾森與梭羅將這個關係定名為**菲力浦曲線** (Phillips curve)。

> **菲力浦曲線** 失業率與物價上漲率之間為負向關係的一條曲線。

原始的菲力浦曲線是說明工資上漲率與失業率之間的關係。由於工資上漲率與通貨膨脹兩者關係密切，所以現代學者都以物價上漲來替代工資上漲。[3] 當工資迅速上升時，通常物價也會迅速上升。

圖 25-6 繪出一條現代的菲力浦曲線。負斜率的菲力浦曲線帶給各國政府一個重要的啟示：他們要做的就是選擇不同組合的失業率和通貨膨脹率。如果他們願意承受更高的通貨膨脹，就可以達到低失業的目標。譬如，在圖 25-6，A 點代表低通膨與高失業的組合。如果財經當局以追求經濟成長為優先目標，經濟體系會從 A 點移向 B 點：高通膨與低失業。換句話說，財經當局面臨通貨膨脹與失業間的取捨 (trade off)，低通膨與低失業只能兩者擇一，魚與熊掌難以兼得。

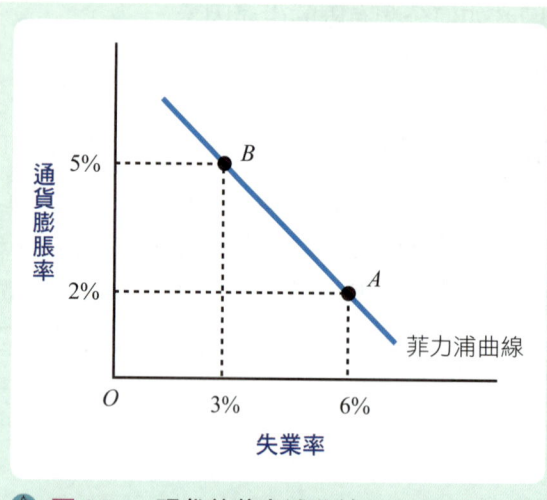

菲力浦曲線代表通貨膨脹率與失業率之間的負向關係。A 點是低通膨和高失業的組合，而 B 點是高通膨和低失業的組合。

圖 25-6　現代的菲力浦曲線

---

[3] 因為勞動邊際產量＝貨幣工資/物價水準。貨幣工資上漲率等於物價上漲率加勞動邊際產量變動率。若勞動邊際產量的成長率固定，物價上漲率將和貨幣工資上漲率會以等比例上漲。

25-2-1 短期菲力浦曲線

我們可以利用短期總供給與總需求曲線來說明菲力浦曲線。首先,假設 2018 年的物價指數為 100。當 2019 年的總需求為圖 25-7(a) 的 AD_0 時,短期總供給曲線 SAS 與總需求曲線 AD_0 的交點在 a 點。經濟體系的總產出為新臺幣 9 兆元,而物價指數為 102。也就是從 2018 年到 2019 年的通貨膨脹率為 $(102 - 100)/100 \times 100 = 2\%$。如果 2020 年的總需求比較高,是圖 25-7(a) 的 AD_1,經濟體系的均衡在 b 點。總產出為新臺幣 10 兆元,而物價指數為 105,換算成通貨膨脹率是 $(105 - 100)/100 \times 100 = 5\%$。$b$ 點的總需求比 a 點的總需求高,短期內總產量增加,所以廠商必須雇用更多的工人來生產更多的商品與服務。因此,b 點對應的失業率較 a 點對應的失業率低。

圖 25-7(b) 描繪**短期菲力浦曲線** (short-run Phillips curve)。短期菲力浦曲線顯示失業與通貨膨脹之間的短期抵換關係。圖 25-7(b) 的 a 點與 b 點分別與圖 25-7(a) 中的 a 點與 b 點對應。當總產出從 9 兆元增加至 10 兆元時,失業率從 6% 下降到 3%。另一方面,b 點對應的通貨膨脹率 (5%),比 a 點的通貨膨脹率 (2%) 高。因此,a 點代表低通膨與高失業,而 b 點代表高通膨與低失業。

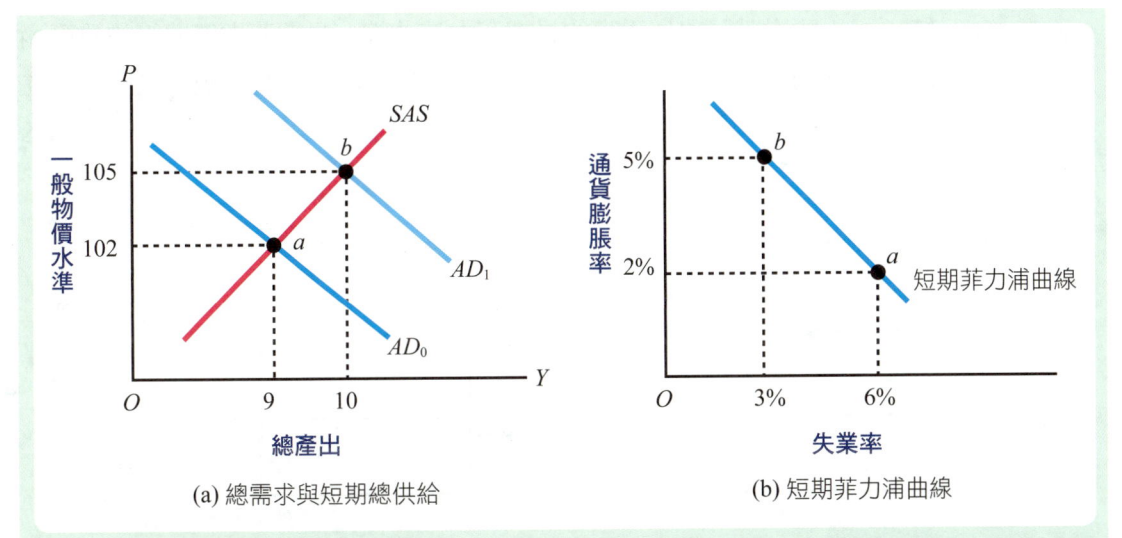

> **短期菲力浦曲線**
> 通貨膨脹與失業之間的短期抵換關係。

(a) 總需求與短期總供給

(b) 短期菲力浦曲線

假設 2018 年物價指數為 100。在 (a) 圖,如果 2019 年的總需求曲線為 AD_0,則物價水準為 102,而產出為 9 兆元。此時對應的失業率是 6%。如果 2020 年的總需求曲線為 AD_1,則物價水準為 105,產出為 10 兆元,對應的失業率為 3%。在 (b) 圖,a 點的通貨膨脹率等於 2%,是對應 (a) 圖的 a 點。當總需求為 AD_1 時,失業率降為 3%,通貨膨脹上升至 5%。

▲ 圖 25-7 短期總供給與總需求,以及短期菲力浦曲線的關係

從上面的分析，我們得到一項結論：在短期內，當短期總供給曲線固定不變時，位置較高的總需求曲線，造成高通膨與低失業，位置較低的總需求曲線，造成低通膨與高失業。總需求曲線沿著經濟體系短期總供給曲線的移動，可以推導出短期菲力浦曲線。

25-2-2 長期菲力浦曲線

諾貝爾經濟學獎得主傅利德曼在 1968 年就任美國經濟學會會長的演說中指出，貨幣政策無法造成長期選擇菲力浦曲線上通貨膨脹與失業的抵換。換言之，在長期，通貨膨脹率與失業率之間不存在任何抵換關係，菲力浦曲線是垂直的。

我們可以用圖 25-8 的長期總供給曲線和總需求曲線來說明如何推導**長期菲力浦曲線** (long-run Phillips curve)。在圖 25-8(a)，當央行增加貨幣供給，使總需求從 AD_0 向右移至 AD_1 時，長期均衡從 a 點移至 b 點。物價水準從 102 上升到 105。由於總供給曲線在長期為一垂直線，此時的產量為自然產出。當產出等於自然產出時，勞動市場處於充分就業狀態，此時的失業率即為**自然失業率** (natural rate of unemployment)。在圖 25-8(b)，擴張性的貨幣政策造成通貨膨脹率增加 (從 2% 上升至 5%)，經濟體系從 a 點移到 b 點。由於長期的失業率等於自然失業率，連結 a 與 b 兩點就可畫出垂直的長期菲力浦曲線。長期菲力浦曲線的政策涵義是：貨幣政策只會影響名目變數，而不會影響實質變數 (即貨幣中立性)。在長期，失業率不受貨幣數量或通貨膨脹的影響。

> **長期菲力浦曲線**
> 在長期，通貨膨脹與失業之間，不存在任何抵換關係。
>
> **自然失業率** 產出等於自然產出時的失業率。

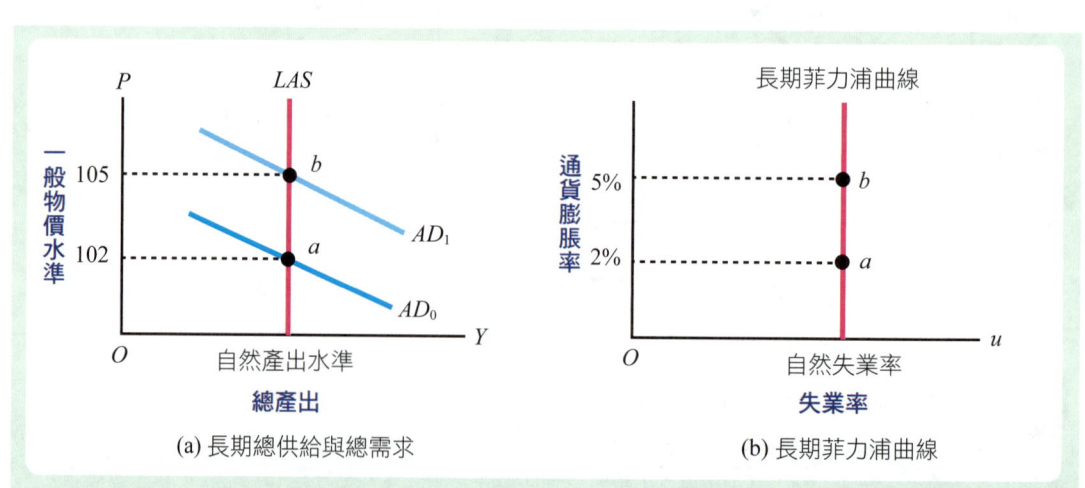

(a) 長期總供給與總需求　　(b) 長期菲力浦曲線

(a) 圖：長期總供給曲線 LAS 是一垂直線。當中央銀行增加貨幣供給使總需求從 AD_0 右移至 AD_1 時，物價水準從 102 上漲至 105。(b) 圖：長期菲力浦曲線。長期產出維持在自然產出水準，對應的失業率是自然失業率。擴張性貨幣政策導致物價上漲 (從 2% 到 5%)，但失業率仍維持在自然失業率的水準。

圖 25-8　長期總供給與總需求，以及長期菲力浦曲線

25-2-3　菲力浦曲線的移動

現代菲力浦曲線除了以物價上漲率替代工資上漲率外，還將預期通貨膨脹及供給面的衝擊納入現代菲力浦曲線的討論中。這兩個因素是造成短期菲力浦曲線移動的因素。

預期通貨膨脹　傅利德曼和菲爾浦斯 (Edmund Phelps) 是最先將預期通貨膨脹納入菲力浦曲線來討論的經濟學家。他們認為，廠商與勞工是根據預期物價來訂定工資契約與商品價格。當一般大眾預期物價上升時，就會要求較高的工資，在實際物價還是固定的情況下，工資上漲會提高廠商成本，廠商生產的商品與服務的數量將減少。這將導致短期總供給曲線向左移動，結果為物價上升與失業率提高。因此，預期通貨膨脹上升，將使短期菲力浦曲線向右上方移動；相反地，預期通貨膨脹下降，短期菲力浦曲線向左下方移動。

圖 25-9(a) 顯示，在實際物價指數為 102 時，預期物價上升，導致短期總供給曲線向左移動，從 SAS_0 移至 SAS_1。在圖 25-9(b)，短期菲力浦曲線 $SRPC_0$ 對應圖 25-9(a) 的 SAS_0。若人們預期通膨上升，總產量將從 9 兆元減少到 7 兆元，失業率則從 6% 上升至 8%。因此，預期通貨膨脹上升，短期菲力浦曲線向右上方移動；相反地，預期通貨膨脹下降，短期菲力浦曲線向左下方移動。

傅利德曼和菲爾浦斯以下列式子來總結他們的看法：

$$失業率 = 自然失業率 - \alpha(實際通貨膨脹率 - 預期通貨膨脹率)$$

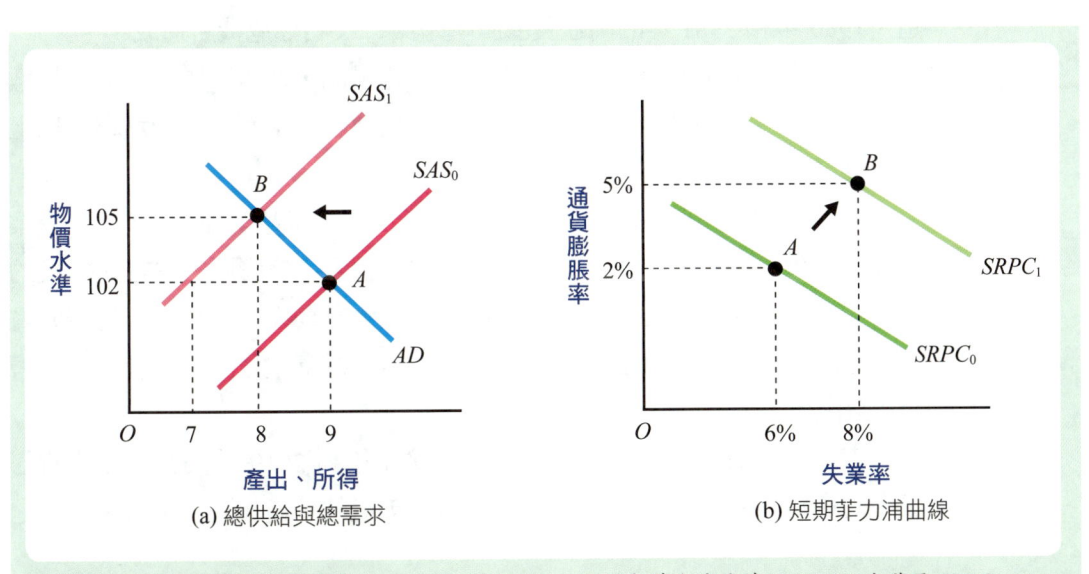

(a) 總供給與總需求　　(b) 短期菲力浦曲線

預期物價上漲，使短期供給曲線從 SAS_0 左移至 SAS_1，而短期菲力浦曲線從 $SRPC_0$ 右移至 $SRPC_1$。

圖 25-9　菲力浦曲線的移動

在短期，當預期通膨上升時，上式的截距項 (即自然失業率 + $\alpha \times$ 預期通貨膨脹率) 增加，短期菲力浦曲線向上移動；而當預期通膨下跌時，上式的截距項減少，短期菲力浦曲線向下移動。在長期，當所有的預期都實現時，亦即實際通貨膨脹率等於預期通貨膨脹率時，失業率等於自然失業率。因此，長期菲力浦曲線為一垂直線。

供給面衝擊　失業率與通貨膨脹率的短期抵換關係，到了 1970 年代，遭受到前所未有的挑戰。在 1973 年，石油輸出國家組織集會決定聯合減產，造成全球原油價格大幅攀升。油價上升，帶動能源價格上漲，廠商的生產成本提高，商品價格上升，整個經濟體系的商品與服務的供給減少，總供給曲線向左移動。短期總供給曲線的左移導致菲力浦曲線向右移動。如圖 25-9 的 $SRPC_0$ 移至 $SRPC_1$ 所示。

除了油價因素，勞動力、技術創新及資本存量的變動，均會引起菲力浦曲線的移動。譬如，政府提高最低工資，導致自然失業率的提高，經濟體系的總產出下降，長期總供給曲線左移，進而造成菲力浦曲線向右移動。

25-2-4　臺灣與世界各國的菲力浦曲線

表 25-1 是臺灣地區從 1978 年到 2019 年，通貨膨脹率、失業率及痛苦指數的統計數字。通貨膨脹率是以消費者物價指數計算的年增率，基期為 2011 年。**痛苦指數** (misery index) 則為失業率與通貨膨脹率的加總。[4] 除了 1979 年到 1981 年以外，臺灣地區痛苦指數均維持在個位數。我們知道，1980 年和 1981 年的高通貨膨脹率是第二次石油危機所造成。

觀察臺灣地區的痛苦指數可以發現，在早期，通貨膨脹率是痛苦指數的主要因素。當物價上漲比較快時，痛苦指數上升；而當物價水準微幅上漲或甚至下跌時，痛苦指數在 3% 以下。

自 1995 年以後，失業率逐年攀升。到 2002 年甚至高達 5.17%，失業率成為民生痛苦的主要來源。根據前面的討論，通貨膨脹與失業所造成的社會成本並不相同。失業對個人及後代子孫會有較大的影響，容易造成貧富差距的現象，而通貨膨脹則會造成無規律性財富重分配，兩者都會損害資源分配效率。

表 25-1 及圖 25-10 是臺灣地區在 1978 年到 2019 年失業率和通貨膨脹率的資料與圖形。除了 1980 年和 1981 年以外，通貨膨脹率與失業率之

> **痛苦指數**　失業率與通貨膨脹率的加總。

---

[4] 我國行政院主計總處稱失業率與物價指數上升率的加總為民生痛苦指數；而貨幣貶值幅度 (一般皆採兌換美元匯率) 及股價跌幅的加總，則稱為金融痛苦指數。

表 25-1　臺灣地區的痛苦指數

年份	失業率	通貨膨脹率	痛苦指數
1978	1.67	5.80	7.47
1979	1.27	9.74	11.01
1980	1.23	19.00	20.23
1981	1.36	16.35	17.71
1982	2.14	2.94	5.08
1983	2.71	1.36	4.07
1984	2.45	−0.02	2.43
1985	2.91	−0.17	2.74
1986	2.66	0.69	3.35
1987	1.97	0.52	2.49
1988	1.69	1.30	2.99
1989	1.57	4.41	5.98
1990	1.67	4.12	5.79
1991	1.51	3.62	5.13
1992	1.51	4.47	5.98
1993	1.45	2.94	4.39
1994	1.56	4.10	5.66
1995	1.79	3.66	5.45
1996	2.60	3.08	5.68
1997	2.72	0.91	3.63
1998	2.69	1.68	4.37
1999	2.92	0.18	3.10
2000	2.99	1.26	4.25
2001	4.57	−0.01	4.56
2002	5.17	−0.20	4.97
2003	4.99	−0.28	4.71
2004	4.44	1.61	6.05
2005	4.13	2.31	6.44
2006	3.91	0.60	4.51
2007	3.91	1.80	5.71
2008	4.14	3.52	7.66
2009	5.85	−0.87	4.98
2010	5.21	0.97	6.18
2011	4.39	1.42	5.81
2012	4.24	1.93	6.17
2013	4.18	0.79	4.97
2014	3.96	1.20	5.16
2015	3.78	−0.30	3.48
2016	3.92	1.39	5.31
2017	3.76	0.62	4.38
2018	3.71	1.35	5.06
2019	3.73	0.56	4.29

資料來源：行政院主計總處網站：https://www.dgbas.gov.tw。

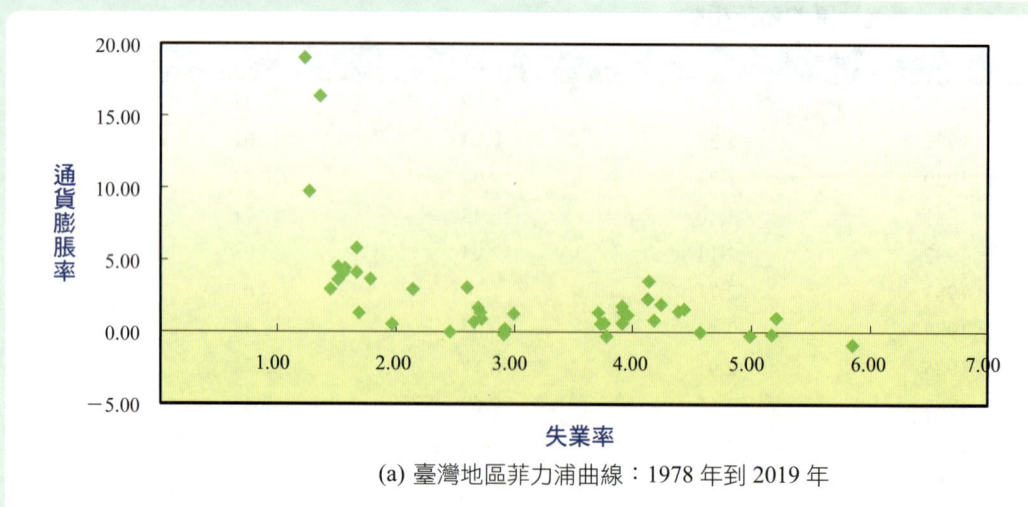

(a) 臺灣地區菲力浦曲線：1978 年到 2019 年

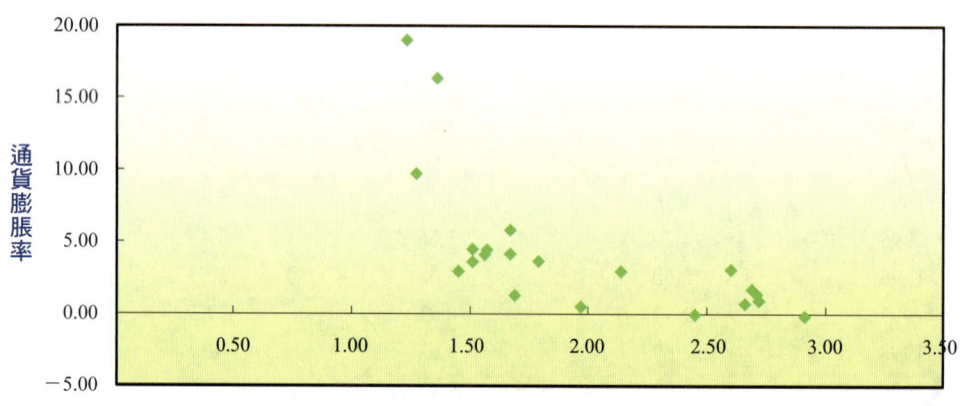

(b) 臺灣地區菲力浦曲線：1978 年到 1998 年

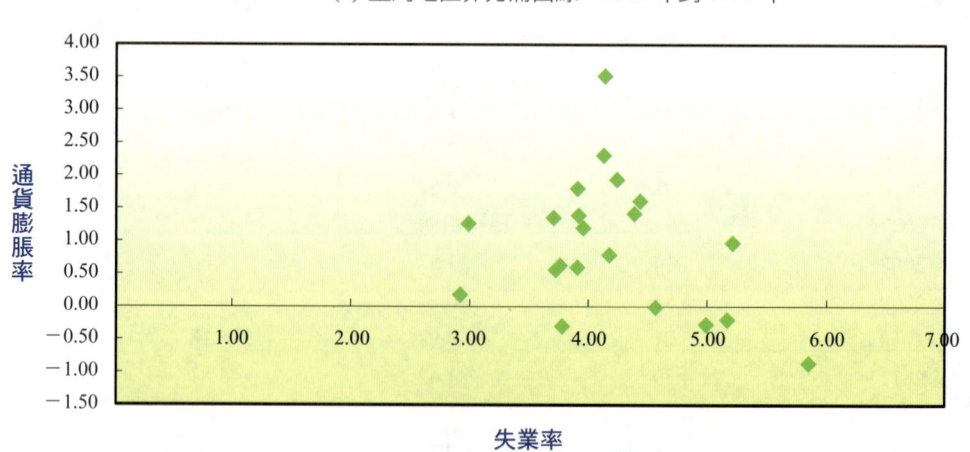

(c) 臺灣地區菲力浦曲線：1999 年到 2019 年

▲ 圖 25-10　臺灣地區的菲力浦曲線

間似乎存在一負向關係。當然這種負斜率的關係並不明顯。如果將資料期間分成兩個階段：1978 年到 1998 年，與 1999 年到 2019 年。

在圖 25-10(b)，剔除 1980 年和 1981 年的樣本點，似乎負斜率菲力浦曲線的關係清晰可見。1980 年與 1981 年可視為停滯性膨脹所造成菲力浦曲線的移動。圖 25-10(c) 顯示，短期菲力浦曲線的關係依然存在，不過斜率似乎比 1978 年到 1998 年菲力浦曲線的斜率要陡，且在 1978 年到 1998 年菲力浦曲線的左下方。值得注意的是，2008 年的失業率與通膨率相對較高，其原因為國際原物料價格與原油價格大漲所造成。而 2007 年的次貸危機與 2008 年的雷曼兄弟倒閉引發全球金融危機，間接造成臺灣失業率的上升。由此可見，每次石油危機所形成的預期因素，確實會造成菲力浦曲線的移動。

表 25-2、表 25-3 及表 25-4 分別是主要國家失業率、消費者物價上漲率及痛苦指數。若我們比較 2005 年和 2018 年日本的失業率與物價上漲率，日本在 2005 年的失業率是 4.4%，到了 2018 年失業率下降至 2.4%；物價上漲率在 2005 年是 －0.27%，到了 2018 年是 1.0%。因此，我們可得到一個結論：失業率上升與通貨膨脹率下跌的現象同時存在，這表示失業和通貨膨脹間有短期抵換關係，短期菲力浦曲線在日本這個國家是成立的。

表 25-2　主要國家 (地區) 失業率　　　　　　　　　　　　　　　　(單位：百分比)

年別	臺灣	香港	日本	南韓	新加坡	美國	加拿大	德國	英國	法國	中國
2005	4.13	5.6	4.4	3.8	3.1	5.1	6.8	11.3	4.8	8.9	4.5
2006	3.91	4.8	4.1	3.5	2.7	4.6	6.3	10.3	5.4	8.8	4.4
2007	3.91	4.0	3.8	3.3	2.1	4.6	6.1	8.5	5.3	8.0	4.3
2008	4.14	3.5	4.0	3.2	2.2	5.8	6.1	7.4	5.7	7.4	4.6
2009	5.85	5.3	5.1	3.6	3.0	9.3	8.4	7.6	7.6	9.1	4.7
2010	5.21	4.3	5.1	3.7	2.2	9.6	8.1	7.0	7.9	9.3	4.5
2011	4.39	3.4	4.6	3.4	2.0	9.0	7.5	5.8	8.1	9.2	4.5
2012	4.24	3.3	4.4	3.2	2.0	8.1	7.3	5.4	8.0	9.8	4.6
2013	4.18	3.4	4.0	3.1	1.9	7.4	7.1	5.2	7.6	10.3	4.6
2014	3.96	3.3	3.6	3.5	2.0	6.2	6.9	5.0	6.2	10.3	4.6
2015	3.78	3.3	3.4	3.6	1.9	5.3	6.9	4.6	5.4	10.4	4.6
2016	3.92	3.4	3.1	3.7	2.1	4.9	7.0	4.1	4.9	10.1	4.5
2017	3.76	3.1	2.8	3.7	2.2	4.4	6.3	3.8	4.4	9.4	4.4
2018	3.71	3.8	2.4	3.8	2.1	3.9	5.8	3.4	4.1	9.1	4.4

資料來源：1. 除臺灣、香港、新加坡採官方網站失業率外，餘為 OECD harmonised unemployment rates。
　　　　　2. 新加坡整體失業率係含外籍就業者在內之全體失業率。

表 25-3　主要國家 (地區) 通貨膨脹率　(單位：百分比)

年別	臺灣	香港	日本	南韓	新加坡	美國	加拿大	德國	英國	法國	中國
2005	2.31	1.10	−0.27	2.75	0.50	3.40	2.21	1.60	2.00	1.74	1.78
2006	0.60	1.70	0.24	2.24	1.00	3.20	2.00	1.60	2.30	1.68	1.65
2007	1.80	1.30	0.06	2.54	2.10	2.90	2.14	2.30	2.30	1.49	4.82
2008	3.52	3.60	1.37	4.67	6.60	3.80	2.37	2.60	3.60	2.81	5.93
2009	−0.87	0.40	−1.35	2.76	0.60	−0.40	0.30	0.30	2.20	0.09	−0.73
2010	0.97	2.70	−0.70	2.90	2.80	1.60	1.80	1.10	2.50	1.53	3.18
2011	1.42	5.60	−0.30	4.00	5.20	3.20	2.90	2.10	3.90	2.12	5.55
2012	1.93	3.60	−0.10	2.20	4.60	2.10	1.50	2.00	2.60	1.96	2.62
2013	0.79	5.10	0.30	1.30	2.40	1.50	0.90	1.50	2.30	0.86	2.62
2014	1.20	5.60	2.80	1.30	1.00	1.60	1.90	0.90	1.50	0.51	1.92
2015	−0.30	3.00	0.80	0.70	−0.50	0.10	1.10	0.50	0.40	0.00	1.44
2016	1.39	2.40	−0.10	1.00	−0.50	1.30	1.40	0.50	1.00	0.61	2.00
2017	0.62	1.50	0.50	1.90	0.60	2.10	1.60	1.50	2.60	1.19	1.59
2018	1.35	2.40	1.00	1.50	0.40	2.40	2.30	1.70	2.30	1.59	2.07

註：1. 臺灣物價指數以 2016 年為 100，新加坡製造產品物價指數以 2018 年為 100，其餘以 2010 年為 100。
　　2. 英國消費者物價為 CPIH [(a measure of consumer price inflation that includes owner occupiers' housing costs (OOH)]。

資料來源：行政院主計總處；各國官方統計網站；國際貨幣基金會《國際金融統計月報》。

表 25-4　主要國家 (地區) 痛苦指數　(單位：百分比)

年別	臺灣	香港	日本	南韓	新加坡	美國	加拿大	德國	英國	法國	中國
2005	6.44	6.70	4.15	6.50	3.60	8.47	8.97	12.88	6.79	10.60	6.28
2006	4.51	6.50	4.38	5.72	3.70	7.82	8.34	11.88	7.65	10.53	6.05
2007	5.71	5.30	3.90	5.79	4.20	7.52	8.19	10.84	7.58	9.48	9.12
2008	7.66	7.10	5.37	7.85	8.80	9.58	8.51	10.03	9.30	10.24	10.53
2009	4.98	5.70	3.72	6.39	3.60	8.87	8.65	7.94	9.80	9.20	3.97
2010	6.18	7.00	4.35	6.61	5.00	11.22	9.86	8.07	10.40	10.80	7.68
2011	5.81	9.00	4.28	7.41	7.20	12.15	10.43	7.93	11.96	11.30	10.05
2012	6.17	6.90	4.25	5.43	6.60	10.17	8.79	7.38	10.60	11.72	7.22
2013	4.97	8.50	4.33	4.40	4.30	8.88	7.98	6.74	9.85	11.18	7.22
2014	5.16	8.90	6.39	4.79	3.00	7.77	8.81	5.89	7.70	10.82	6.52
2015	3.48	6.30	4.18	4.29	1.40	5.39	8.01	5.13	5.80	10.38	6.04
2016	5.31	5.80	3.02	4.68	1.60	6.17	8.39	4.63	5.90	10.68	6.50
2017	4.38	4.60	3.31	5.58	2.80	6.45	7.94	5.26	6.96	10.62	5.99
2018	5.06	6.20	3.44	5.33	2.50	6.30	8.13	5.10	6.40	10.70	6.47

資料來源：《國際金融統計 (IMF) 年報》；主要經濟指標 (韓國銀行)；主要經濟指標 (OECD)；《經濟統計月報》(日本)；《新加坡統計月報》；《新加坡勞動統計年報》；《國民經濟動向統計季報》，126 期，2009 年 8 月。

利用這種方式觀察其它國家的數據發現，香港、加拿大、德國及英國、法國及中國似乎都存在短期菲力浦曲線，而臺灣、新加坡、美國並無菲力浦曲線的短期抵換關係。表 25-4 的痛苦指數顯示，歐洲國家的高失業率導致德國 (2005 年到 2008 年)、英國 (2010 年到 2012 年) 和法國的痛苦指數均超過兩位數。英國在 2010 年的失業率高達 10.4%，法國則連續九年都超過 10%。

25-3 結 語

2019 年全球苦難程度最高的五個國家分別是：委內瑞拉、阿根廷、南非、土耳其和希臘，其中委內瑞拉的通貨膨脹率有七位數，其痛苦指數是第二名阿根廷的 2 萬倍，根據彭博社的報導，全球最快樂的國家是泰國，其痛苦指數最低。

管理 400 億美元的安本環球新興市場基金經理人卡祿 (Devan Kaloo) 警告："如果通膨沒有處理好，不僅會造成國家或區域性動盪，也讓全球經濟受傷。" 通膨已成為全球投資的最重大議題。

摘要

- 通貨膨脹是經濟社會整體物價水準持續的上漲。通貨膨脹造成六種不利的社會成本：菜單成本、皮鞋成本、財富重分配、長期規劃的干擾、無規律性的財富重分配，以及損害資源配置效率。
- 停滯性膨脹是指物價上升與經濟衰退同時並存的現象。
- 菲力浦曲線描繪通貨膨脹率和失業率之間的短期抵換關係，這種負向關係，只有在短期才會成立。在長期，菲力浦曲線為一垂直線。
- 造成菲力浦曲線移動的原因有二：預期因素及供給面衝擊。預期通貨膨脹率上升及生產成本增加，均會造成菲力浦曲線向右移動。

習題

1. 根據"菜單成本理論"(menu cost theory)，廠商價格調整緩慢的原因為何？
   (a) 擔心消費者會轉而採購其它廠商的產品
   (b) 價格調整太頻繁，會使消費者因價格不確定性增加而減少購買
   (c) 擔心改變價格所增加的標籤成本，可能會大於價格調整所增加的收益
   (d) 價格調整太頻繁，會顯露出廠商的獨占力　　　　　(108 年原住民特考)

2. "貨幣供給增加，使得物價持續上漲，是需求拉動的通貨膨脹。"請評論之。
   　　　　　　　　　　(98 年中原商學)

3. 假定預期通貨膨脹率為 5%，為維持購買 (purchasing power) 不變，貨幣工資率 (money wage rate) 應增加：
   (a) 2%　(b) 5%　(c) 7%　(d) 12%
   　　　　　　　　　(108 年商業行政)

4. 未預期到的通貨膨脹不會產生何種影響？
   (a) 皮鞋成本增加
   (b) 菜單成本增加
   (c) 財富重分配
   (d) 自然失業率下降　(108 年初等考試)

5. 經濟體系陷入通貨緊縮狀態，對債權人與債務人造成何種影響？
   (a) 預期通縮將會減輕債務人的實質負債
   (b) 預期通縮將會增加債權人的實質債權
   (c) 非預期通縮將會增加債務人的實質負債
   (d) 非預期通縮將會減少債權人的實質債權
   　　　　　　　　　　(107 年普考)

6. 依據費雪效果 (Fisher effect)，當中央銀行理監事會決議提高貨幣成長率，除將引發體系通膨外，也將釀成何種結果？
   (a) 名目利率上漲
   (b) 名目利率下降
   (c) 實質利率上漲
   (d) 實質利率下降　　　(107 年普考)

7. 如果雇主與員工基於通貨膨脹預期，訂定新的薪資給付契約。後來發現此通貨膨脹預期過高，則對於新契約訂定前後都有相同工時的員工來說，哪一方受惠、哪一方受損？　　　　　(104 年中央人資所)

8. 請解釋停滯性通膨 (stagflation)：停滯性通膨是由供給面還是需求面衝擊造成的？
   　　　　　　　　(102 年臺北大學企研所)

9. 若實際通膨高於預期通膨 $(\pi > \pi^e)$，債務人與債權人均受影響，何者受惠、何者受損？　　　　　　　(104 年淡江產經)

10. 在通貨膨脹與通貨緊縮的環境下，請問你會如何處理你的銀行存款？

11. 惡性通貨膨脹對人民生活有何影響？

12. 阿根廷曾經歷惡性通貨膨脹的衝擊，其中一個對抗物價飛漲的措施是釘住美元－比索的比率。請問這種政策是否可遏止惡性通貨膨脹？

13. 下列對於菲力浦曲線 (Phillips curve) 的敘述何者錯誤？
    (a) 菲力浦曲線呈現總產出與通貨膨脹率之間的替換關係
    (b) 短期菲力浦曲線為一負斜率曲線
    (c) 長期菲力浦曲線為一垂直線
    (d) 當預期通貨膨脹率等於實際通貨膨脹率時，實際的失業率等於自然失業率
    　　　　　　　　　(108 年身心障礙)

14. 蔡總統為挽救失業，推出擴大內需方案。請以菲力浦曲線說明這個政策涵義。

15. 若技術進步使長期總供給曲線右移，則短期與長期菲力浦曲線變動為何？
    　　　　　　　　　(97 年中山政經)

16. 下列何者最有可能使長期菲力浦曲線 (long-run Phillips curve) 左移？
    (a) 政府支出增加
    (b) 央行買進政府公債
    (c) 生產技術的進步
    (d) 工會與資方有關工資的談判破裂
    　　　　　　　　　(108 年身心障礙)

17. 假若政府估計自然失業率將從 2012 年的

4.8% 增加到 2019 年底的 5.2%，如果這個預測準確，則短期的菲力浦曲線 (short-run Phillips curve) 將：
(a) 向右移動　　(b) 向左移動
(c) 不會移動　　(d) 無法判斷
(108 年商業行政)

18. 請問下列事件對長期和短期菲力浦曲線的影響：
(a) 貨幣供給增加
(b) 進口原油價格上漲
(c) 預期通貨膨脹率下跌
(d) 政府調高最低工資率

19. 假設總體經濟體系為：

歐肯法則 $u_t - u_{t-1} = -0.4(g_t - 3\%)$

菲力浦曲線 $\pi_t - \pi_{t-1} = -(u_t - 5\%)$

總需求 $g_t = m_t - \pi_t$

其中，u_t、g_t、π_t、m_t 為第 t 期的失業率、產出成長率、通貨膨脹與貨幣供給成長率，請問：
(a) 未來至少需要多少的產出成長率，可能避免失業率上升？
(b) 此經濟體系自然失業率為何？
(c) 假設失業率於自然失業率，且通貨膨脹為 7%，產出成長率與貨幣供給成長率各為多少？　　(101 年高應大國企所)

20. 經濟體系一開始處於潛在產出，且通貨膨脹率為 5%，為了降低通膨，央行面對下列選擇：

選擇	產出 第1年	產出 第2年	產出 第3年	通貨膨脹率 第1年	通貨膨脹率 第2年	通貨膨脹率 第3年
1	−6%	0	0	2%	2%	2%
2	−4%	−2%	0	3%	2%	2%
3	−2%	−2%	−2%	4%	3%	2%

請計算菲力浦曲線的斜率。
(102 年清大計財所)

網路習題

1. 請上臺灣雅虎網站或 Google 網站，鍵入"惡性通貨膨脹"，請列出定義和三個曾經歷過惡性通貨膨脹的國家。

2. 請至行政院主計總處網站下載最近兩年各個月份的失業率、消費者物價指數和躉售物價指數的資料。
(a) 請計算各個月份消費者物價上漲率和躉售物價上漲率
(b) 請繪出各個月份消費者物價上漲率和失業率的圖形
(c) 請繪出各個月份躉售物價上漲率和失業率的圖形

Chapter 26

國際貿易

　　清晨，你用德製咖啡機，為自己煮一杯來自哥倫比亞的咖啡，搭配永和豆漿的燒餅油條，作為一天生活的序曲。早餐時，打開馬來西亞製的電視機，觀看 CNN 頻道，接著，你穿上香港做的衣服，並搭乘零件來自世界各國的捷運上學。儘管你沒有出國，但是每天都依賴來自世界各地製造的商品。國際貿易讓每個人過更好的生活。

　　一百年前，紡織業和服飾業是美國的主要產業。四十年前，紡織業和成衣業是臺灣的主要產業。但好景不常，新臺幣匯率 1 美元兌換 40 元新臺幣 (1987 年) 到 1 美元兌換 25 元新臺幣 (1993 年)，再加上臺灣產業進入轉型期，勞力和土地的成本飛漲，目前臺灣的紡織業已外移至東南亞及中國。

　　根據世界貿易組織 (WTO) 的統計資料，2018 年中國是全世界最大的紡織品與成衣出口國，出口總值分別為 1,190 億美元與 1,580 億美元 (出口值占全世界出口總值的比例分別為 37.6% 與 31.3%)。同一時期，美國是紡織品和成衣的最大進口國，總值分別是 300 億美元及 920 億美元 (進口值占全世界進口總值的比例分別

本章重點

比較利益
要素稟賦理論
關　稅
配　額

為 9.1% 與 17.4%)。

美國的紡織業從一百年前的主流產業，到現在成為最大進口國，這種產業的興衰說明經濟學中一個重要的課題：國際貿易是如何發生的。透過國際貿易理論的探討，我們可以瞭解一個國家如何獲利與受害，以及貿易政策又是如何影響一國的經濟福利。

26-1 臺灣的國際貿易

在 1975 年以前，臺灣地區的出口總值大多是低於進口總值。當一國的出口總值小於進口總值時稱為貿易逆差 (trade deficit)；當一國的出口總值超過進口總值則稱為貿易順差 (trade surplus)。從 1951 年開始，臺灣的貿易泰半處於赤字狀態 (除 1971 年到 1974 年外)；1961 年，貿易逆差達到最高峰，為新臺幣 4,965 百萬元。

1976 年是一個轉捩點，從此以後，臺灣地區的貿易幾乎處於盈餘狀態；1980 年，因為石油危機與美國經濟不景氣，國際貿易帳出現赤字。臺灣在 2019 年的順差為新臺幣 1,982,517 百萬元。[1]

> **貿易逆差** 一國的出口總值小於進口總值。
>
> **貿易順差** 一國的進口總值大於出口總值。

26-2 國際貿易的利益

臺灣的寶成工業是全世界最大的耐吉球鞋生產廠商，全世界平均每十雙運動鞋，就有一雙是由寶成工業製造，每一年生產的球鞋數量超過臺灣人購買的數量，大部分的球鞋都是銷售到國外。為什麼臺灣成為運動鞋的出口國？答案很簡單，臺灣在生產球鞋上有比較利益，臺灣生產一雙球鞋的機會成本比其它國家低。因此，消費者向臺灣購買球鞋的價格要低於向其它國家購買的價格，而且寶成工業能夠以比國內售價更高的價格銷售給國外的消費者。

進行國際貿易的結果是：國外的消費者從較低的球鞋價格中獲益，寶成的員工與股東可從較高的價格中獲利，臺灣的出口與 GDP 都會增加，這是一個三贏的局面。

---

[1] 臺灣在 2019 年以 2016 年為基期計算的順差是新臺幣 2,595,886 百萬元。

26-2-1　如何決定交易價格

瞭解臺灣生產球鞋成本較低及貿易的好處之後，究竟別的國家會以什麼樣的價格向臺灣購買球鞋？譬如，臺灣與美國間的球鞋交易價格為何？這個交易價格，稱為**貿易條件** (terms of trade)，是指本國商品與國外商品交換的比率。若將貿易條件的範圍擴大，運用到全球市場，貿易條件又可稱為**世界價格** (world price)。

> **貿易條件**　本國商品與外國商品的交換比率，又稱實質匯率。
>
> **世界價格**　若將貿易條件範圍擴大運用到全球市場，可稱為世界價格。

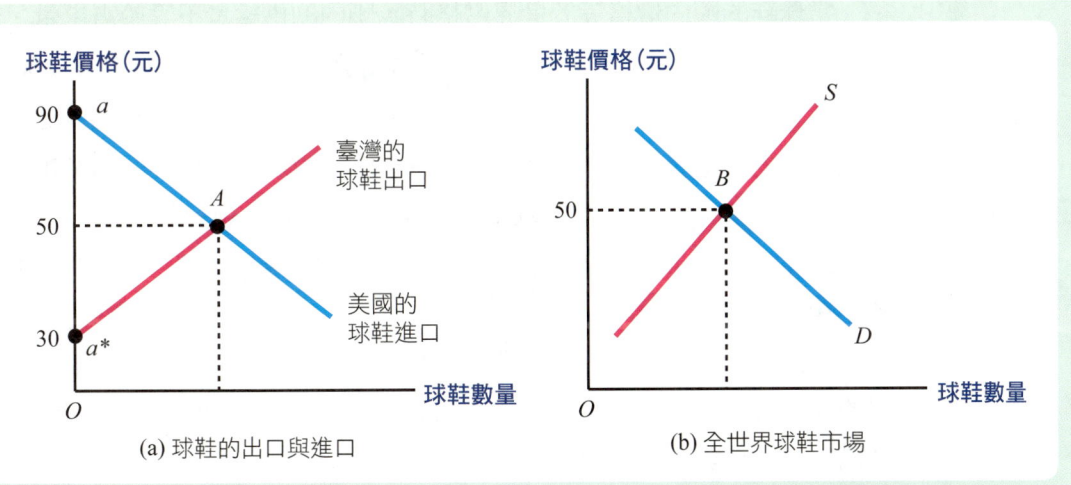

我們以圖 26-1 為例，來說明貿易條件及世界價格如何決定。為方便分析，我們以臺灣與美國間的貿易作為分析基礎。

圖 26-1(a) 說明臺灣－美國球鞋的國際貿易。橫軸是球鞋的國際交易數量；縱軸是球鞋價格，就是貿易條件，即兩國球鞋交換的比率。假設沒有國際貿易，美國一雙球鞋的價格是 90 元，如圖中的 a 點所示；同樣地，若沒有國際貿易，臺灣一雙球鞋的價格是 30 元，如圖中的 a* 點所示。球鞋價格 (貿易條件) 愈低，美國願意從臺灣進口球鞋的數量愈多，這可由圖 26-1(a) 的負斜率曲線表示，此為美國球鞋的進口需求曲線。對臺灣而言，球鞋價格 (貿易條件) 愈高，願意出口的球鞋數量愈多，這可由圖 26-1 的正斜率曲線表示，此為臺灣的球鞋出口供給曲線。

球鞋的國際市場決定均衡的價格 (貿易條件) 及數量，這個均衡是發生在進口需求曲線與出口供給曲線的交點 A 點。圖 26-1(a) 中，球鞋的均衡價格為一雙 50 元，貿易條件低於美國球鞋價格，但高於臺灣球鞋價格。

(a) 球鞋的出口與進口

(b) 全世界球鞋市場

(a) 圖是球鞋的出口與進口：球鞋的出口供給與進口需求曲線的交點，決定均衡的球鞋交易價格，每雙 50 元。
(b) 圖是全世界球鞋市場：貿易條件決定於球鞋供給與需求的交點，每雙球鞋為 50 元。

圖 26-1　貿易條件

圖 26-1(b) 的供給曲線 S 為全世界球鞋的供給曲線，在此為美國與臺灣球鞋供給的水平加總 (假設全世界僅有臺灣與美國兩個國家)；需求曲線 D 則為全世界球鞋的需求曲線，即臺灣與美國球鞋需求的水平加總。當供給曲線與需求曲線相交時，決定均衡世界價格為 50 元。圖 26-1(b) 也適用於分析兩個以上的國家，商品的世界價格正是由全球的供需所決定。

26-2-2　國際貿易的利得與損失

自由貿易雖然使雙方人民福利水準提高，但就生產同樣商品的國內生產者而言，低價商品意味著商品價格必須調降，否則將喪失其競爭力而退出市場。WTO 會員國儘管可享受低價農產品，但對某些以農業為主的國家而言，卻是沉重的負擔。譬如，臺灣在 2002 年加入 WTO 後，米酒價格從 20 元調漲至 180 元，國產稻米面臨美國稻米的強力競爭，使得農民生計飽受威脅。[2] 因為這個緣故，有必要進一步分析國際貿易對出口國和進口國的利益與損失。

出口國的利得和損失　圖 26-2(a) 為國際貿易發生前臺灣球鞋的國內市場：球鞋供給曲線 (S) 與需求曲線 (D)，其交點決定臺灣球鞋國內的均衡價格為 30 元，國內的均衡數量為 400 萬雙球鞋。圖 26-2(b) 為國際貿易發生後的臺灣球鞋市場：全球市場的供需決定了球鞋的世界價格為 50 元，世界供給曲線如水平的世界價格曲線 (虛線) 所示。

當球鞋的國內價格等於世界價格時，國內的供給量不等於需求量。在一雙球鞋為 50 元時，球鞋的國內供給曲線顯示，臺灣廠商將生產 800 萬雙球鞋；球鞋的國內需求曲線顯示，臺灣消費者願意購買 300 萬雙球鞋。因此，國內的生產量超過國內的需求量，出現 500 萬雙球鞋的超額供給。臺灣可將這 500 萬雙球鞋銷售到國外；換言之，出口 500 萬雙球鞋。

現在讓我們進一步探討自由貿易對出口國的利得與損失。圖 26-3 是利用生產者剩餘與消費者剩餘的概念來分析經濟福利。在國際貿易發生前，國內球鞋價格為每雙 30 元，消費者剩餘是需求曲線與均衡價格所圍成的面積 $A + C$；生產者剩餘是供給曲線與均衡價格圍成的面積 B。社會總剩餘等於消費者剩餘加生產者剩餘，即 $A + B + C$。

---

[2] 2009 年 6 月立法院通過菸酒稅，蒸餾酒由 "按量課稅" 改為 "按酒精濃度課稅"。紅標米酒價格降為 50 元以下。

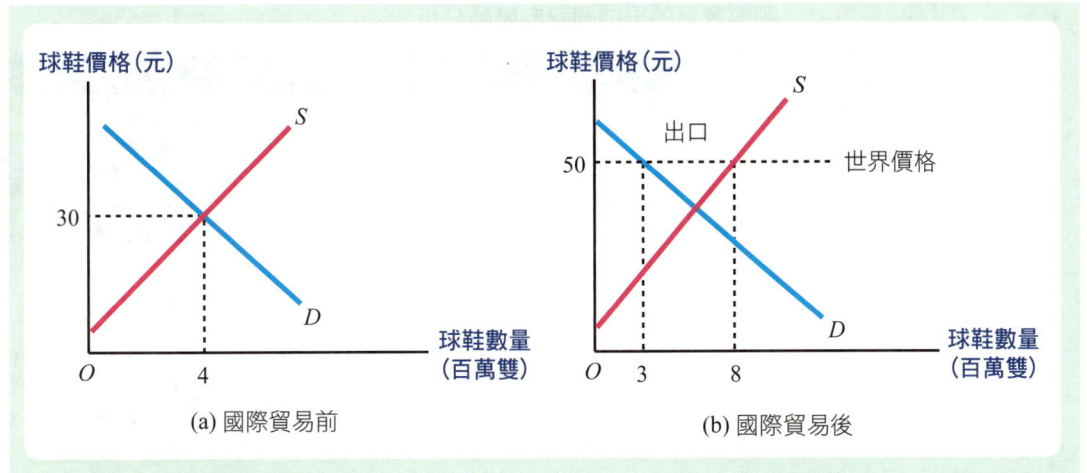

(a) 圖為國際貿易發生前的國內市場：國內供給曲線與需求曲線決定均衡價格為 30 元，而均衡數量為 400 萬雙球鞋。(b) 圖為國際貿易發生後的國內市場：在世界價格為 50 元下，國內需求量減少至 300 萬雙，國內生產者增加生產至 800 萬雙，有 500 萬雙球鞋的超額供給可以出口。

圖 26-2　出口國的國際貿易

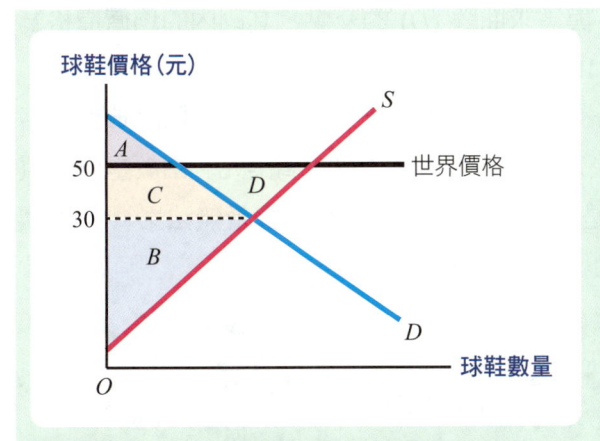

開放貿易後，使國內球鞋價格上漲，生產者剩餘從 B 增加到 B + C + D，消費者剩餘從 A + C 減少至 A。生產者受惠，而消費者受害，但整體經濟福利增加 D。

圖 26-3　國際貿易對出口國的福利分析

　　國際貿易使國內球鞋價格上漲至世界價格 50 元。開放貿易後的消費者剩餘是需求曲線與世界價格線所圍成的面積 A；生產者剩餘是供給曲線與世界價格線圍成的面積，即 B + C + D。社會總剩餘等於消費者剩餘加生產者剩餘，即 A + B + C + D。

　　表 26-1 將自由貿易前與貿易後的生產者剩餘與消費者剩餘做一整理比較。開放自由貿易對消費者與生產者的影響分別為：消費者剩餘減少 C，生產者剩餘增加 C + D。也就是說，開放貿易後，使國內球鞋價格從 30 元上升至 50 元，消費者蒙受損失，生產者因提高產量而獲利。由於生產者的利益大於消費者的損失，國家總福利增加 D。國際貿易對出

表 26-1　國際貿易的出口國福利變動分析

	貿易前	貿易後	福利變動
消費者剩餘	$A+C$	A	$-C$
生產者剩餘	B	$B+C+D$	$C+D$
總剩餘	$A+B+C$	$A+B+C+D$	$+D$

口國福利變動的結論如下：

- 國際貿易使出口國的生產者獲利，而消費者受損。
- 比較貿易前後的經濟福利，自由貿易可使一國的總福利增加。

進口國的利得和損失　臺灣可以出口球鞋到美國，卻必須從美國進口飛機。為什麼臺灣的航空公司會向美國購買飛機？答案是美國有比較利益生產飛機。

圖 26-4(a) 顯示國際貿易發生之前的臺灣飛機製造市場，飛機製造市場的均衡是在供給曲線 (S) 與需求曲線 (D) 的交點，其國內的均衡價格為 9,000 萬美元，均衡數量為 10 架。

圖 26-4(b) 顯示國際貿易發生後的臺灣飛機製造市場。假設飛機價格由全球的飛機供給與需求決定，世界價格為 5,000 萬美元。由於臺灣的買賣數量少，相對全球而言是一個貿易小國，它的購買量無法影響世界價格，所以面對的世界供給曲線即世界價格為一條水平線。

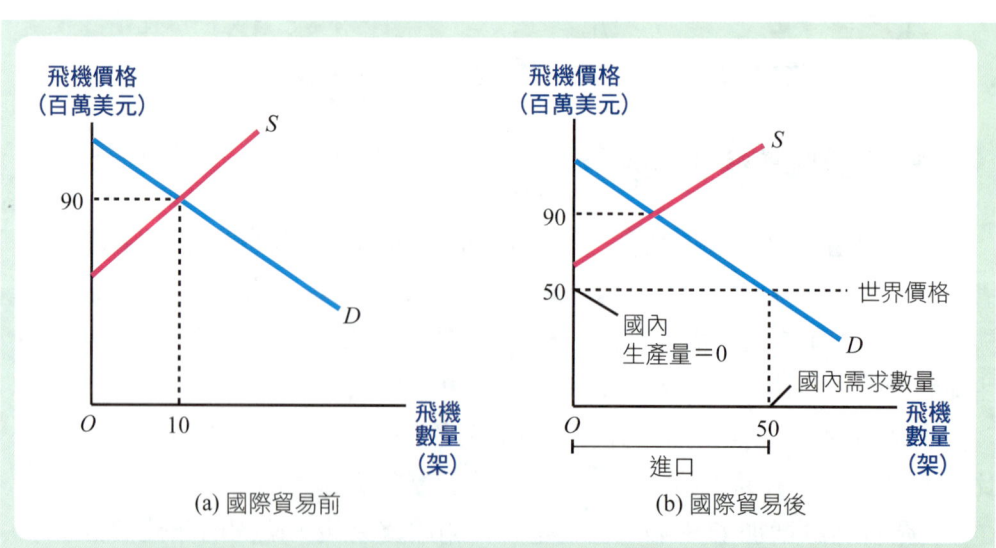

(a) 國際貿易前

(b) 國際貿易後

(a) 圖為國際貿易發生前的國內市場：國內供給與需求決定飛機的均衡價格為 9,000 萬美元，均衡數量為 10 架。(b) 圖為國際貿易發生後的國內市場：全球供給與需求決定飛機價格為 5,000 萬美元，國內需求量是 50 架，而生產量為零。因此，進口數量為 50 架飛機。

圖 26-4　進口國的國際貿易

圖 26-5　國際貿易對進口國的福利分析

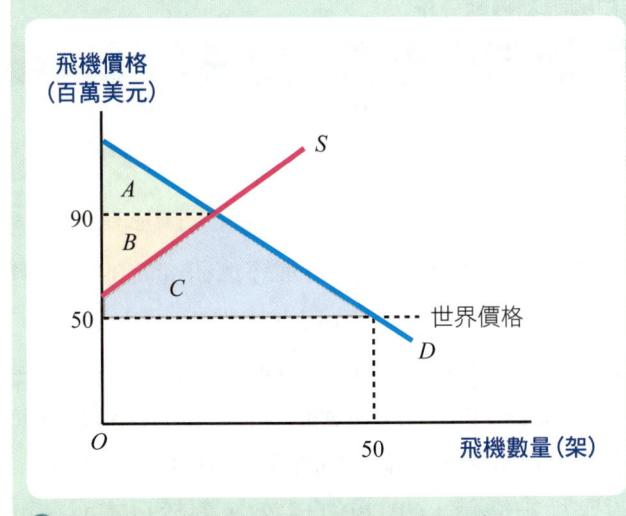

開放貿易後，使國內飛機價格下跌，消費者剩餘從 A 增加到 $A+B+C$，生產者剩餘從 B 減少至 0。消費者受惠而生產者受害，但整體經濟福利增加 C。

當飛機的國內價格等於世界價格時，臺灣的供給量不會等於需求量。飛機的供給曲線說明，在一架飛機為 5,000 萬美元時，臺灣飛機生產數量為零。飛機的需求曲線說明，在一架飛機為 5,000 萬美元時，國內航空公司願意購買 50 架飛機，臺灣整個飛機購買數量就是進口數量。

現在讓我們考慮自由貿易對進口國的利得與損失。圖 26-5 顯示國際貿易前後生產者剩餘與消費者剩餘的變動。國際貿易發生前，消費者剩餘是面積 A，生產者剩餘是面積 B，社會總剩餘等於消費者剩餘加生產者剩餘，即 $A+B$。

國際貿易發生後，使飛機價格下跌至世界價格 5,000 萬美元，消費者剩餘是面積 $A+B+C$。由於國內不再生產飛機，生產者剩餘變成零。社會總剩餘等於消費者剩餘加生產者剩餘，即面積 $A+B+C$。

表 26-2 說明自由貿易前後的生產者剩餘與消費者剩餘的變化。開放自由貿易對消費者與生產者的影響分別為：消費者剩餘增加 $B+C$，生產者剩餘減少 B；也就是說，開放貿易後使國內飛機價格由 9,000 萬美元下降至 5,000 萬美元，消費者受惠，生產者退出市場成為受害者，而國家總福利增加 C。因此，國際貿易對進口國的福利變動可彙整如下：

- 國際貿易使進口國的消費者獲利，而生產者受損。
- 比較貿易前後的經濟福利，自由貿易可使一國的總福利增加。

自由貿易真的能帶來好處嗎？臺灣從 2011 年元旦起 ECFA 正式生效，三年後降至零關稅。其實，在未簽訂前，臺南學甲鎮有一批虱目魚丸 200

表 26-2　國際貿易的進口國福利變動分析

	貿易前	貿易後	福利變動
消費者剩餘	A	$A+B+C$	$+(B+C)$
生產者剩餘	B	0	$-B$
總剩餘	$A+B$	$A+B+C$	$+C$

萬顆賣到深圳，售價將近是臺灣的 3 倍。攤開中華經濟研究院的報告發現，ECFA 會讓經濟成長率多出 1.7%，而就業人口增加約 26 萬人。

　　日本、加拿大等 11 國也在 2018 年 12 月 30 日達成 "跨太平洋夥伴全面進步協定" (Comprehensive and Progressive Agreement for Trans-Pacific Partnership, CPTPP)。在協定生效當天，日本、墨西哥、新加坡、加拿大、紐西蘭和澳洲，90% 的貨幣稅被撤銷。CPTPP 的生效，對於日本而言可推動汽車等工業品出口，也可實現食品價格下調。根據經濟部國貿局的估計，臺灣加入 CPTPP，GDP 至少成長 0.52%。[3] 一般民眾冀望進口物價下降，民間企業則期待零關稅能提高出口競爭力。此外，人力資源的流動可解決少子化、高齡化社會所形成護士、醫生，甚至專業人才的不足。

　　不過，凡事有利也有弊。ECFA 讓對方開放市場，中國也會要求臺灣開放市場，臺灣的弱勢產業，如毛巾、製鞋、寢具和織襪將無招架之力，經濟部預估將有 10 多萬人生計受到影響。此外，熱錢湧入固然造成經濟繁榮，卻不一定讓所有人生活變得更好。以香港為例，香港是亞洲貧富差距最大的地區，而且貧窮率高達 18%。

　　針對日本國民最擔心的農業衝擊問題，日本政府表示，為防止美國進口米造成日本國內米價下跌，政府將收購與進口量相等的國產米，並計畫將儲備米的保管期限從五年降為三年。針對因開放進口牛、豬肉面臨虧損的畜牧業者，計畫制定 "補貼政策"，將補貼比率從原本的八成提高至九成。

　　儘管日本強調 "農業開國"，但是有部分農家認為自由化已是趨勢，譬如，日本和歌山有田市的柑橘標榜是全日本最好吃。時任有田市市長望月良男就說品質好、安全性高的有田柑根本不怕競爭。以果汁為例，最頂級的柑橘汁，甜度在 14 度以上，500 c.c. 就能賣到 350 日圓 (約新臺幣 110 元)。

---

[3] 資料來源：經濟部國際貿易局網站 https://cptpp.trade.gov.tw。

26-3 國際貿易理論

上一節曾經提到比較利益是國際貿易的理論基礎，本節將進一步說明國與國之間如何透過比較利益法則來進行國際貿易，以及從貿易中獲得利益。有關國際貿易的理論非常多，我們僅介紹兩種基本理論：比較利益與要素稟賦理論。

26-3-1 比較利益

比較利益理論是由 18 世紀著名經濟學家李嘉圖 (David Ricardo) 所提出。比較利益理論是指，一國生產某產品的機會成本比其它國家生產該產品的機會成本相對較低時，則該國在該產品上具有比較利益 (comparative advantage)，且可以出口該產品到其它國家。

為了詳細說明比較利益的概念，我們舉美國與臺灣為例。假設臺灣只生產兩種商品：球鞋與飛機，美國也是只生產這兩種商品。如果臺灣將所有資源拿來生產球鞋，每年可生產 1,000 萬雙球鞋；所有資源用來生產飛機，每年可生產 20 架飛機。圖 26-6(a) 為臺灣的生產可能曲線，其斜率為 －5，表示臺灣每生產 1 架飛機必須放棄 50 萬雙球鞋的生產 (即生產 1 架飛機的機會成本為 50 萬雙球鞋)。

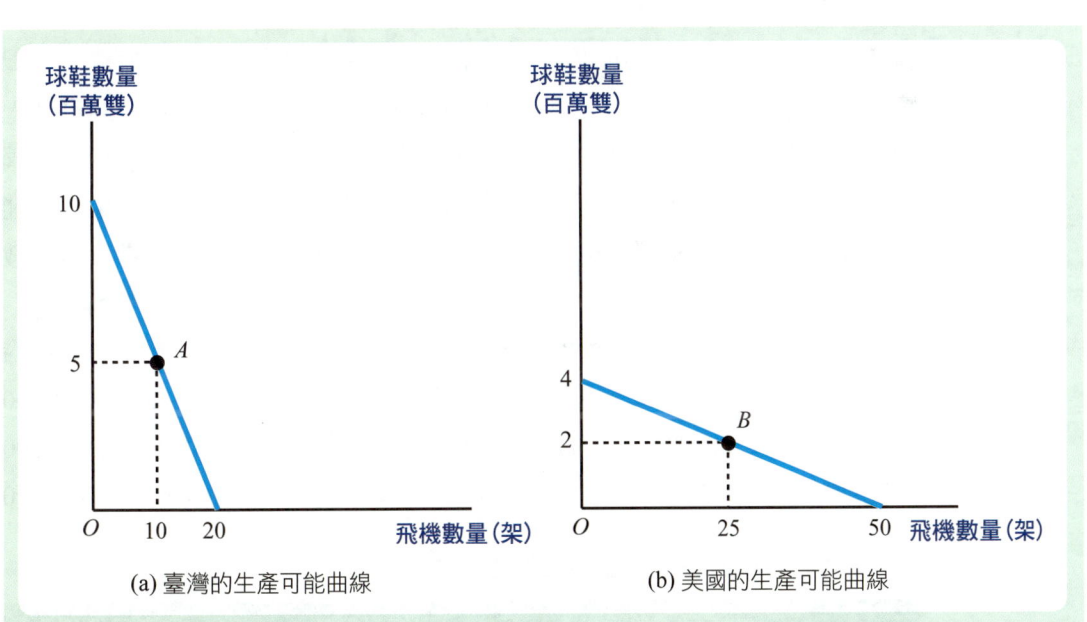

(a) 臺灣的生產可能曲線

(b) 美國的生產可能曲線

(a) 圖是臺灣的生產可能曲線：臺灣在 A 點生產，有 500 萬雙球鞋和 10 架飛機。(b) 圖是美國的生產可能曲線：美國在 B 點生產，有 200 萬雙球鞋和 25 架飛機。

圖 26-6　生產可能曲線

相反地，若美國將所有資源都用來生產球鞋，每年可生產 400 萬雙球鞋；用來生產飛機，每年可生產 50 架飛機。圖 26-6(b) 為美國的生產可能曲線，其斜率為 -0.8，意味著美國生產 1 架飛機的機會成本為 8 萬雙球鞋。

表 26-3 整理出臺灣與美國每年生產飛機和球鞋的產量及機會成本的資料。

國際貿易發生前 在兩個國家都自給自足 (即生產量＝消費量) 的情況下，臺灣會生產 500 萬雙球鞋和 10 架飛機，即圖 26-6(a) 的 A 點所示；美國會選擇生產 200 萬雙球鞋和 25 架飛機，即圖 26-6(b) 的 B 點所示。

比較利益 從表 26-3 可知，臺灣生產 1 架飛機的機會成本是 50 萬雙球鞋，而美國生產 1 架飛機的機會成本是 8 萬雙球鞋。同樣是生產一架飛機，美國的機會成本 (所放棄球鞋的數量) 較小，所以美國在生產飛機上具有比較利益。另一方面，臺灣生產 1 雙球鞋的機會成本是 1/500,000 架飛機，美國生產 1 雙球鞋的機會成本則是 1/80,000 架飛機。顯然臺灣生產球鞋的機會成本較低，臺灣在生產球鞋上具有比較利益。

因為臺灣有比較利益生產球鞋，而美國有比較利益生產飛機；臺灣可專業化生產球鞋，而美國可專業化生產飛機。兩個國家可透過專業化生產和國際貿易而獲利。

國際貿易發生後 若美國專業化生產飛機，每年可生產 50 架飛機；臺灣專業化生產球鞋，每年可生產 1,000 萬雙球鞋。換句話說，兩國的專業化生產，總共生產了 50 架飛機和 1,000 萬雙球鞋；相反地，若沒有發生國際貿易，在自給自足的情況下，兩個國家的飛機生產總量是 35 架，球鞋的生產總量是 700 萬雙。因此，專業化生產可使全球的飛機數量和球鞋數量提高。

如果兩國決定進行國際貿易，且臺灣同意以 400 萬雙球鞋交換美國的 20 架飛機。在這個貿易條件下，臺灣生產 1,000 萬雙球鞋，以其中的 400 萬雙球鞋交換 20 架飛機。因此，臺灣人民每年可消費 20 架飛機和 600 萬雙球鞋，如圖 26-7(a) 的 A' 點所示。美國生產 50 架飛機，以其中的 20

表 26-3 球鞋與飛機的產量及機會成本

	每年生產商品數量		1 雙球鞋的機會成本	1 架飛機的機會成本
	球鞋	飛機		
臺灣	1,000 萬	20 架	1/50 萬架飛機	50 萬雙球鞋
美國	400 萬	50 架	1/8 萬架飛機	8 萬雙球鞋

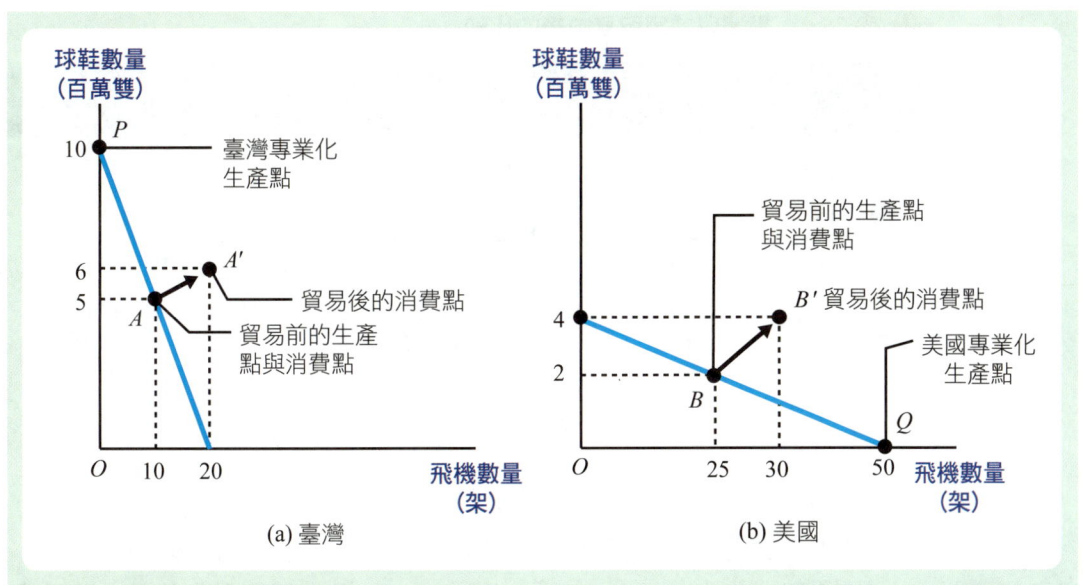

[圖 26-7 示意圖]

假如臺灣專業化生產球鞋可生產 1,000 萬雙球鞋，美國專業化生產飛機可生產 50 架飛機。若美國以 20 架飛機和臺灣交換 400 萬雙球鞋，兩國都可增加消費。國際貿易的結果，臺灣可在 A' 點消費，而美國可在 B' 點消費。

▲ 圖 26-7　國際貿易後的生產與消費

架交換臺灣生產的 400 萬雙球鞋，因此美國人民每年可消費 30 架飛機和 400 萬雙球鞋，如圖 26-7(b) 的 B' 點所示。

藉由圖 26-7，我們可比較國際貿易前後的生產與消費情形。圖 26-7(a)，國際貿易發生前，臺灣是在 A 點生產和消費，國際貿易發生後，臺灣會在 P 點生產和 A' 點消費，國際貿易使臺灣人民能夠在臺灣生產可能曲線以外的區域消費；同樣地，圖 26-7(b)，國際貿易發生前，美國是在 B 點生產和消費，國際貿易發生後，美國在 Q 點生產和 B' 點消費，國際貿易使美國人民能夠在美國生產可能曲線以外的區域消費。

因此，透過專業化生產與國際貿易，兩國人民都能夠超越生產可能曲線的限制，而在生產可能曲線外面的區域進行消費，提高了兩國人民的福利水準。我們將圖 26-7 的結論彙整成表 26-4，說明一國可從國際貿易中獲得利益。

26-3-2　要素稟賦理論

儘管交易的一方在所有商品生產所花費的資源都比另一方高，但是只要商品生產的機會成本不同，專業化生產及國際貿易可使交易雙方均能獲利。然而，究竟是什麼因素決定法國有比較利益生產葡萄酒，中國有比較

表 26-4　臺灣與美國貿易前後的比較

			臺灣	美國	兩國總量	貿易前後的變化
貿易前	生產	球鞋 飛機	500 萬 10 架	200 萬 25 架	700 萬 35 架	
	消費	球鞋 飛機	500 萬 10 架	200 萬 25 架	700 萬 35 架	
貿易後	生產	球鞋 飛機	1,000 萬 0 架	0 萬 50 架	1,000 萬 50 架	+300 萬 +15 架
	消費	球鞋 飛機	600 萬 20 架	400 萬 30 架	1,000 萬 50 架	+300 萬 +15 架

利益生產成衣及玩具？有很多經濟學家認為，要素稟賦——天然資源、物質資本、勞力及人力資源的數量和品質——是比較利益的主要來源。

要素稟賦理論 (factor endowment theory) 是由兩位傑出的瑞典經濟學家赫克秀 (Eli Heckscher, 1879-1952) 與歐林 (Bertil Ohlin, 1899-1979) 所提出，他們將李嘉圖比較利益理論與要素稟賦結合，稱為**赫克秀－歐林定理** (Heckscher-Ohlin theorem，簡稱 H-O 理論)。要素稟賦理論主張商品是由不同的要素投入比例所生產，且這些要素在不同部門之間可以自由移動，但在不同經濟體系間無法移動。

假設一個國家擁有豐富的資源生產某個商品，則該國有比較利益生產該商品。以美國與中國為例，由於中國的勞力充沛、工資低廉，中國的比較利益 (或相對優勢) 是生產勞力密集的商品 (labor intensive goods)，也就是生產過程中使用較多勞力的商品，如成衣、玩具及球鞋等；相對地，美國的勞動力沒有中國豐富，但擁有比較多的資本，美國的比較利益是生產資本密集的商品 (capital intensive goods)，亦即生產過程中使用較多資本的商品，如通訊衛星、飛機及高速電腦等。

儘管比較利益理論與要素稟賦理論都可以用來觀察商品與服務在國際間的流動，但兩個理論還是有不同的地方。在比較利益的貿易理論中，我們得到一個極端的結論：國際貿易使各國專業化生產，只生產具相對優勢的商品。譬如，第 26-3-1 節，臺灣只生產球鞋，而美國只生產飛機。但是，現實世界鮮少有如此極端的例子。臺灣雖然從德國、美國進口汽車，但裕隆和中華汽車也生產屬於自己的汽車。美國雖然從臺灣進口成衣，但在其國內仍有紡織廠生產 Banana Republic 服飾。要素稟賦理論允許貿易後一國仍可同時生產進口與出口商品，且不會完全投入於出口商品的生產。

要素稟賦理論　商品是由不同的要素投入比例所生產。若一國擁有豐富的資源生產某種商品，則該國有比較利益生產該商品。

26-3-3 其它國際貿易的解釋

除了比較利益可解釋國際貿易之外，還有另外兩種解釋——產品差異及動態比較利益——可說明國際貿易的形成。

產品差異化　許多企業通常會以產品差異化作為商品訴求的手段，跨國企業更嘗試以產品差異化來滿足全球不同消費者的偏好。譬如，日本汽車產業長期以來積極開發節省能源的安全小車，在石油危機發生的時候，搶攻不少的美國市場，並建立知名度和品牌忠誠度。同樣地，德國的賓士、瑞典的富豪 (Volvo) 及英國的勞斯萊斯 (Rolls-Royce) 在各國均有其愛好者，可能是安全因素或是地位象徵的考量，而造成一個國家會有許多品牌汽車同時存在的現象。

動態比較利益　臺灣、香港和新加坡都是地窄人稠、資源相當貧瘠，但為什麼它們的國際貿易如此發達，能在短短的數十年間，從貧窮落後躋入富國之林？

當地人民藉由**邊做邊學** (learning by doing)，重複不斷地生產某項特定的商品，如早期的成衣和現在的電子產品。人們變得在該項生產活動上愈來愈專業，我們稱此為**動態比較利益** (dynamic comparative advantage)。所謂動態比較利益是指，個人或國家從事某項生產活動時，從邊做邊學當中產生比較利益。譬如，中國原先對晶圓代工和面板的產製並無比較利益，但是透過邊做邊學，使它在這些產業上有著較低的機會成本。

動態比較利益　個人或國家從事某項生產活動時，從邊做邊學中產生比較利益。

26-4 貿易障礙：關稅與進口配額

貿易障礙，又稱為貿易限制，是指政府用一些措施來阻止商品的進口以來保護國內產業免受國外競爭的衝擊。最常見的手段有：

- 關稅。
- 非關稅障礙 (nontariff barriers)。

關稅 (tariff) 是政府針對進口商品課徵的租稅。非關稅障礙係指除關稅以外，限制國際貿易的進行，如數量限制和健康安全規定等。

關稅　政府針對進口商品課徵的租稅。

26-4-1 關　稅

政府針對進口商品課徵關稅，原因很簡單：第一，關稅可為政府帶來收入；第二，它可以滿足某些面臨國外產業強力競爭利益團體的訴求。然而，國際貿易的利得與損失會因為關稅的課徵而有所變動。

從臺灣看天下

自由貿易的迷思

"就像是其他美國人,我從小就被教育要尊重自由貿易,因為它不僅是經濟理論,而且毫無疑問地是道德法律的一部分。"凱因斯在 1933 年如此寫道。然而,凱因斯在這篇文章也曾質疑支持自由貿易的假設。

長期而言,貿易能促進經濟成長,而經濟成長能吸收失業的勞工。國際貿易會促使出口增加,消費者會因為便宜的進口商品而更有購買力,這些新活力可為經濟創造新工作。"長期"前景一片大好並不代表"短期"失業痛苦可一筆帶過。貿易就像科技發展一樣,會毀滅舊有的工作機會,特別是低技能工作。如果臺灣的麵包師傅一小時賺新臺幣 200 元,而這份工作在中國的時薪只有人民幣 5 元(約新臺幣 25 元),那麼臺灣麵包師傅最好有 8 倍的生產力,否則追求利潤最大的麵包店自然會選擇中國。

ECFA 是富人的威而鋼、窮人的土石流。按照 WTO 的精神,ECFA 是雙邊自由貿易的過渡性架構,我們要求對方開放市場,中國對自己的業者也要有交代,也會要求臺灣開放市場。屆時規模大的有可能打倒本土中小企業,進而收購臺灣企業。更悲觀的狀況是,中國的廉價勞力也可能取代臺灣人。一般來說,搬家工人不懂什麼是 ECFA,只聽聞未來可能開放大陸人來臺灣工作。他馬上擔憂地說:"如果四川棒棒來了怎麼辦?"四川管碼頭的苦力叫"棒棒",他們可以只用一根扁擔挑 60 斤重物,且月薪只要新臺幣 5,000 元,臺灣搬家工人做得到嗎?

全球化的重大影響之一是貧富差距逐漸擴大。瑞士信貸在 2014 年公布的"全球財富報告"顯示,最貧窮 50% 人口僅擁有不到 1% 全球財富,前 1% 最富有者掌握全球近一半的財富。有錢人的小孩放假直接在校門口坐直升機到渡假天堂坎昆 (Cancun) 遊玩;反觀窮人的小孩必須當童工或在路邊當街童,譬如去便利商店,會看到街童幫忙開門;車子停在路邊等紅燈,也會有街童不請自來擦洗車窗玻璃,為的只是換取微薄的打賞。

香港的貧富差距是亞洲最嚴重的地區,根據瑞士信貸調查,2014 年香港最富有 1% 人口擁有超過香港整體財富的一半 (52.6%)。簽訂《內地與港澳關於建立更緊密經貿關係的安排》(CEPA) 對中等階層的薪資只增加 6%,扣除通貨膨脹,不增反減。而最低一組薪資則完全沒有增加,反觀最高薪階層收入卻增加 20%。百姓收入沒有增加,但衣、食、住、行各項開銷卻節節上漲,更買不起房子。有人住一坪要價新臺幣 2,475 萬元的豪宅,也有人要和 19 個人生活在不到一坪、鐵籠般大小的空間裡。時任香港智庫思匯研究所行政總監陸恭蕙曾說:"香港社會是兩個階層,一個是非常好,另一個是十五年前過得比現在好。"

為了分析關稅的運作,讓我們回到臺灣進口飛機的範例。圖 26-5 曾經說明,當飛機的世界價格為 5,000 萬美元時,臺灣每年進口 50 架飛機。圖 26-8(a) 複製自圖 26-5,以方便說明及進行比較。圖 26-8(a) 是臺灣政府對進口商品未課徵關稅時,飛機市場的供需狀況。由於世界價格為每架 5,000

萬美元,臺灣廠商不會生產任何飛機,而每年向美國購買 50 架飛機。

假設政府遭受國內飛機生產者的壓力,決定對進口飛機課徵 50% 的關稅。關稅對國內的飛機價格、數量、政府稅收及福利水準有何影響?

臺灣的飛機價格上漲　未課關稅前,臺灣購買 1 架飛機的價格是 5,000 萬美元。若針對進口飛機每架課徵 50% 的關稅,將使飛機的國內價格上漲,則臺灣在課徵關稅後購買 1 架飛機的價格是 7,500 萬美元。

國內購買減少與國內生產增加　飛機價格上漲使得國內需求減少,飛機的購買量沿著需求曲線向上移動,國內購買量從每年 50 架減少至每年 35 架飛機。另一方面,飛機價格上漲刺激國內廠商,飛機生產量沿著供給曲線上移,從每年 0 架增加至每年 10 架飛機。

進口數量減少　課徵關稅前,臺灣每年進口 50 架飛機。課徵關稅後,臺灣每年進口 25 架飛機。

關稅的利得和損失　圖 26-8(b) 顯示課徵 50% 關稅前後的福利水準變動。課徵關稅之前,國內的飛機價格等於世界價格 5,000 萬美元。消費者剩餘是面積 $A + B + C + D + E + F$,生產者剩餘為零。由於未課徵任何關稅,政府收入為零。總剩餘等於消費者剩餘,也就是面積 $A + B + C + D + E + F$。

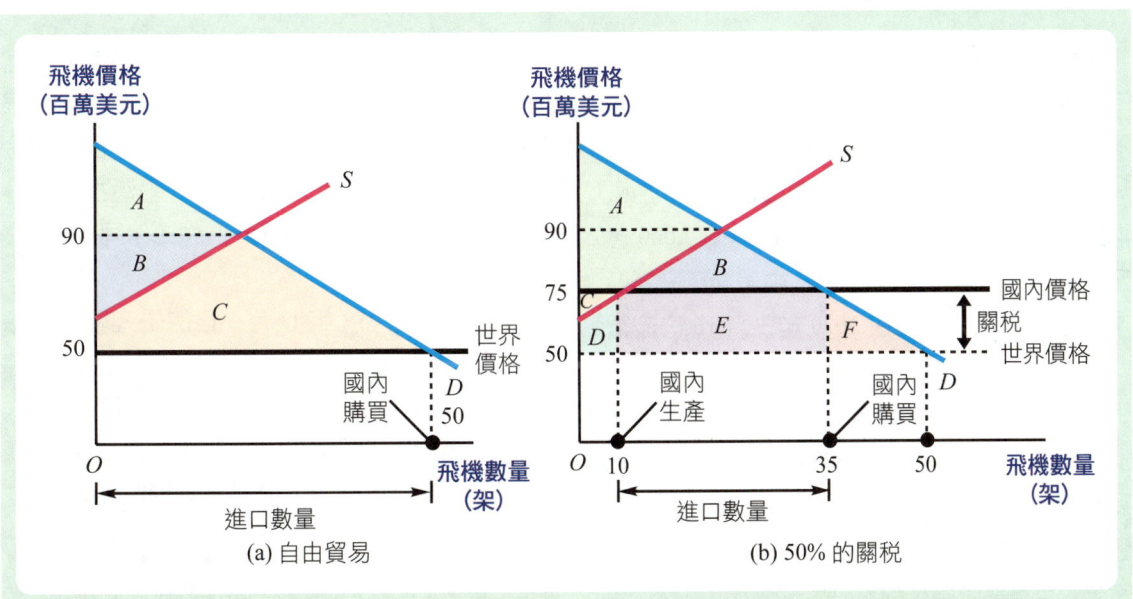

(a) 圖為自由貿易,未課徵關稅前臺灣飛機市場的供需:臺灣生產的飛機數量為零,向美國進口 50 架飛機。
(b) 圖為課徵關稅後的飛機市場供需:國內價格等於世界價格加上關稅,進口數量減少,且總剩餘減少。

▲ 圖 26-8　關稅的影響

課徵關稅之後，每架飛機價格是 7,500 萬美元。消費者剩餘為面積 $A + B$，生產者剩餘為面積 C，政府的收入為每架飛機的關稅 2,500 萬美元乘以進口數量 25 架，也就是面積 E。因此，課徵關稅後的總剩餘為 $A + B + C + E$。

表 26-5 為關稅課徵前後福利水準的比較。課徵關稅後對消費者、生產者與政府的影響分別為：消費者剩餘減少面積 $C + D + E + F$；生產者剩餘增加面積 C；政府收入增加面積 E；總剩餘減少面積 $D + F$，即為無謂損失 (deadweight loss)。課徵關稅使飛機的國內價格上升，國內生產者受益，而消費者受害。

表 26-5　課徵關稅的福利分析

	課徵關稅前	課徵關稅後	變動
消費者剩餘	$A+B+C+D+E+F$	$A+B$	$-(C+D+E+F)$
生產者剩餘	0	C	$+C$
政府收入	0	E	$+E$
總剩餘	$A+B+C+D+E+F$	$A+B+C+E$	$-(D+F)$

從臺灣看天下　美中貿易戰

2018 年 3 月 22 日，美國前總統川普簽署針對中國進口商品加徵關稅，掀起了中美貿易戰的序幕。

2018 年 7 月 6 日，中美雙方實施第一批加徵關稅措施。2019 年 5 月 10 日，美國再向 2,000 億美元中國貨幣加徵至 25% 稅率。中美衝突歷經近兩年的分分合合，終於在 2020 年 1 月 16 日簽署第一階段協議。

至於貿易戰對全球經濟的影響，聯合國秘書長安東尼奧·古特雷斯 (Antonio Guterres) 表示，貿易衝突沒有贏家，只有輸家。IMF 總裁克里斯蒂娜·拉加德估計，全球經濟損失可能達 7,000 億美元，且貿易戰帶來的不確定性會妨礙投資。

貿易戰對臺灣的影響有三：臺商資金大舉回臺、外國直接投資增加，以及臺美關係改善。根據臺灣經濟部統計，2019 年前十個月，回流資金達新臺幣 7,000 億元，與此同時，臺灣批准的外人直接投資 (FDI) 有 79 億美元，與去年同期相比，上漲 9.37%。

聯合國在 2019 年 11 月 5 日的研究報告中顯示，貿易戰導致美國在 2019 年上半年減少 350 億美元的中國進口商品，臺灣則是貿易轉移的最大受益者。臺灣對美國的出口較去年同期增加 42 億美元，增加的部分大多是辦公室和通訊設備。

資料來源：中央通訊社，"聯合國：美中貿易戰兩敗俱傷，臺灣是最大受益者"，2019 年 11 月 6 日。

26-4-2 非關稅障礙

配額是最常被使用的非關稅障礙。**配額** (quota) 是指政府在某一段期間內,規定商品能夠進口的最高數量。圖 26-9 顯示進口配額對飛機市場的影響。由於對飛機進口數量加以設限,進口數量等於政府規定允許的進口數量。臺灣的飛機供給量等於國內的生產量加上進口配額數量,即市場供給曲線為 $S+$ 配額。飛機價格調整至市場供給曲線 ($S+$ 配額) 與需求曲線 (D) 的相交處,均衡數量為每年 35 架飛機。

> **配額** 政府在某一段期間內,規定商品能夠進口的最高數量。

臺灣的飛機價格上漲 未實施進口配額之前,飛機的國內價格等於世界價格。在世界價格 5,000 萬美元下,國內廠商的生產量為零,需求量為 50 架。進口配額實施後,使飛機價格上漲,臺灣購買一架飛機的價格為 7,500 萬美元。

國內購買減少與國內生產增加 飛機價格上漲使國內對飛機的需求減少,飛機的購買量從 50 架減少至 35 架。另一方面,飛機價格上漲刺激國內生產,飛機的國內生產量從每年 0 架增至每年 10 架。

進口數量減少 實施進口配額之前,國內的飛機進口數量是每年 50 架。實施進口配額之後,進口數量等於配額數量,每年 25 架飛機。

配額的利得與損失 圖 26-9 顯示進口配額的福利變動。實施進口配額之前,飛機的國內價格等於世界價格,消費者剩餘為面積 $A+B+C+D+E+F$,生產者剩餘為零。總剩餘等於消費者剩餘,也就是 $A+B+C+D+E+F$ 的面積。

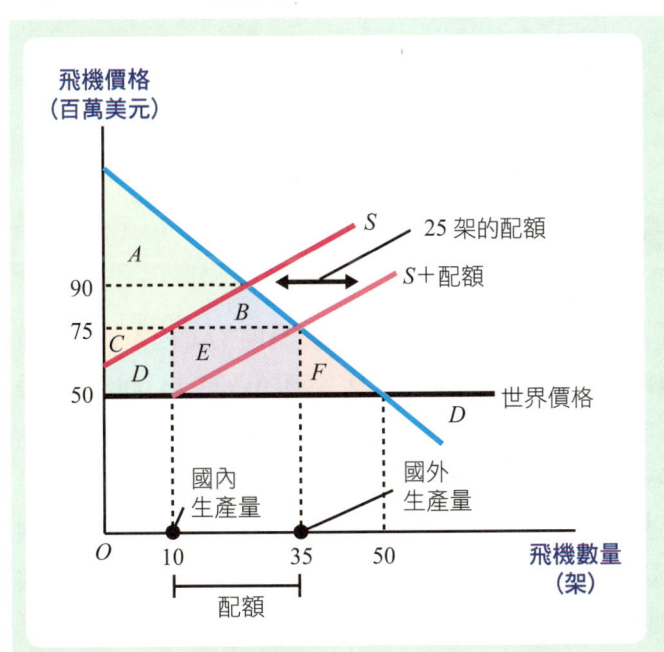

每年 25 架飛機的配額,會使市場供給成為 $S+$ 配額。在均衡價格為 7,500 萬美元時,臺灣廠商每年生產 10 架飛機,且進口 25 架飛機。配額與關稅一樣都會造成福利損失,面積 $D+F$。

圖 26-9 配額的影響

實施進口配額之後，飛機的國內價格超過世界價格，上漲至 7,500 萬美元。消費者剩餘為面積 $A+B$，生產者剩餘為面積 C。進口配額執照持有者的利潤，等於國內飛機價格高於世界價格的金額再乘以進口數量，也就是面積 E。總剩餘等於消費者剩餘、生產者剩餘及進口配額執照持有者利潤的加總，即 $A+B+C+E$ 的面積。

表 26-6 整理配額實施前後，福利水準的變動。實施進口配額後，對消費者、生產者及進口配額執照持有者的影響分別為：消費者剩餘減少面積 $C+D+E+F$；生產者剩餘增加面積 C；進口執照持有者利潤增加面積 E。總剩餘減少面積 $D+F$；也就是無謂損失為面積 $D+F$。由於實施進口配額使得飛機價格上漲，超過世界價格，國內生產者受惠，而國內購買者受到損失。

若比較表 26-5 和表 26-6，我們可以發現，進口配額與關稅都會使國內商品價格上漲，進口數量減少，消費者福利下降，生產者福利上升及無謂損失的產生。

至於其它非關稅障礙，包括本國政府以健康安全的理由禁止國外商品進口。譬如，英國發現狂牛病，讓臺灣政府禁止從歐洲進口牛肉；或是歐盟禁止美國基因改良的農產品，如大豆的進口，都會使本國的進口數量減少與產品的價格上漲。

表 26-6　進口配額的福利分析

	實施配額前	實施配額後	變動
消費者剩餘	$A+B+C+D+E+F$	$A+B$	$-(C+D+E+F)$
生產者剩餘	0	C	$+C$
執照持有者剩餘	0	E	$+E$
總剩餘	$A+B+C+D+E+F$	$A+B+C+E$	$-(D+F)$

26-5　貿易管制的理論

從 2010 年 1 月 1 日起，東協——中國自由貿易區 (ACFTA，簡稱東協加一) 開始啟動。根據中華經濟研究院的評估，國內會有 14,000 多名勞工失去工作，因為出口到中國的產品，競爭不過東協零關稅的同樣商品，產能萎縮，其中以紡織業、石化產業與汽車業受創最為嚴重。為了避免臺灣遭遇邊緣化的厄運，馬英九政府與中國簽訂兩岸經濟合作架構協議 (ECFA)，取得出口中國零關稅的保障。依據經濟部官方的報告，塑膠、機械、紡織、石化、煤製品及鋼鐵產業會因 ECFA 的簽署而受惠。不過，受益產業中也有人因此受害,甚至有些公司被連根拔起,如汽車的組裝代工可能移往中國、石化基地外移導致本土員工失業等。

自 16 世紀重商主義與重農主義學派的論戰以來,有些經濟學家主張自由貿易的結果可能傷害本國產業。為了避免本國廠商受到傷害,便提倡應用關稅或非關稅障礙等貿易管制,以避免來自國外的競爭。

主張貿易管制的理論有:(1) 就業論;(2) 國家安全論;(3) 保護幼稚產業論;(4) 傾銷論;(5) 低廉勞力不公平競爭論,請見圖 26-10。

就業論　反對自由貿易的人認為,開放市場會使國內工作機會減少。在前述的例子中,開放飛機市場使飛機價格下跌,國內廠商不再生產飛機,因而解僱所有的勞工,造成工人的失業。

確實,自由貿易使國內價格下跌,消費者受惠而生產者受害。但是某些產業失業人數的增加,最終可能會在其它產業受益。當本國向國外購買飛機時,其它國家所得增加,而增加對本國商品的購買。本國工人的就業機會由飛機工業轉向本國具有比較利益的產業,如電子業、機械業與石化產業等。在短期,因產業轉型,特定產業工人的就業機會受到影響;但在長期,全國人民的平均生活水準是會提高的。

國家安全論　當某一種產業面對國外強力競爭時,它會以國防安全的訴求來反對開放市場。在前面的例子中,飛機工業在兩岸關係是非常重要的。一旦發生戰爭,臺灣不應該依賴從國外進口飛機、汽車,甚至鋼鐵。

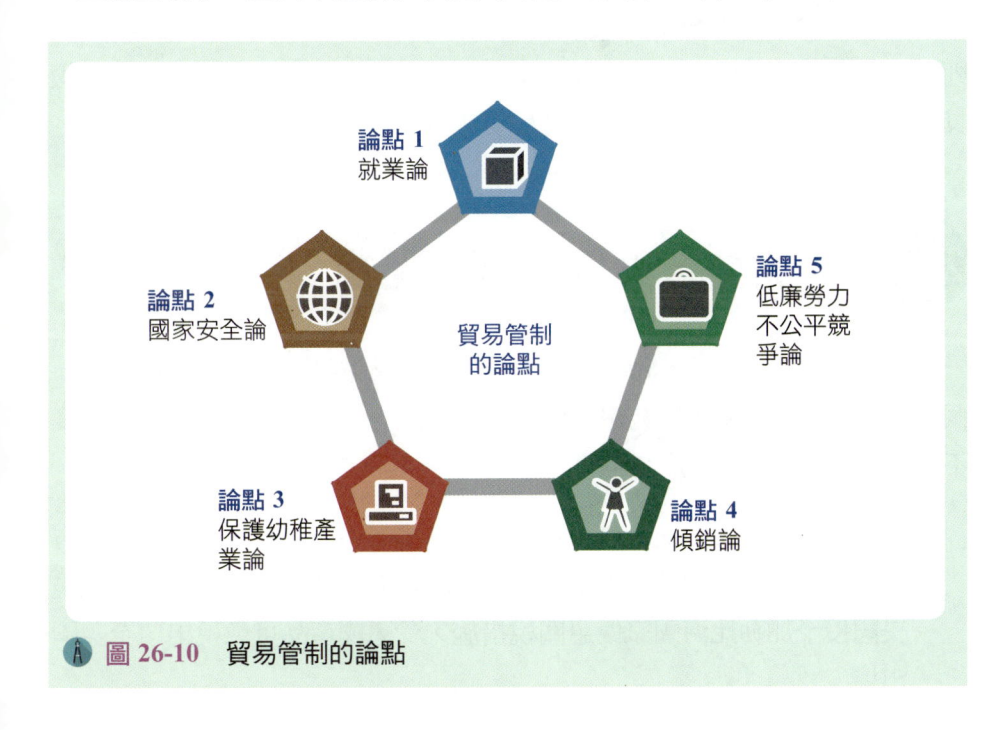

▲ 圖 26-10　貿易管制的論點

保護幼稚產業論 新的產業在剛起步時，可能無法和其它國家已經相當成熟的產業競爭，因而主張國際貿易應受到短期的限制。這種論點是基於邊做邊學的動態比較利益觀點，如果新興產業在產品生命週期一開始的階段便面臨強力競爭而退出市場，則比較利益永遠不會出現。譬如，臺灣的電子業和南韓的電玩遊戲業都是受政府產業政策扶植的產業。

傾銷論 傾銷 (dumping) 是指廠商或產業以低於生產成本的價格銷售到國際市場。反對自由貿易者所持理由通常是外國廠商以低價向國內銷售商品，使國內相同產業無法生存，而達到其獨占的優勢，再利用此一獨占優勢抬高價格。一般而言，政府面對外國廠商的傾銷，通常是課徵反傾銷稅 (antidumping tax)，以提高進口價格。

> *傾銷* 廠商或產業以低於生產成本的價格銷售到國際市場。

低廉勞力不公平競爭論 實施貿易限制的另一種觀點與不公平競爭有關。有些國家是因為給付勞工低廉的工資而獲得比較利益。譬如，在印度或孟加拉生產耐吉球鞋，一天的薪資不超過 5 美元，這讓美國的球鞋廠商如何與其競爭？也有人說，在廈門做一個麵包運來臺灣加上運費，都比臺灣做的便宜。

但是，在競爭的經濟體系中，工資反映出生產力。美國勞工工資較高是因為他們有比較高的生產力，不但能夠使用較多的機器設備，也擁有較多的人力資本。因此，勞動生產力高於傳統產業的商品與勞務，諸如：電影製作、金融服務及通訊衛星等，正是美國具有比較利益的產業。

除此之外，國際貿易的發生是根據比較利益法則，而非絕對利益法則。當美國輸出具比較利益的商品時，可利用出口增加的收入來進口外國具比較利益的商品，如此雙方人民互蒙其利。

26-6 經濟整合與區域經貿組織

經濟整合 (economic integration) 是指兩個或兩個以上的國家組織成一個自由貿易區。區域組織為經濟整合的型態之一。經濟整合依其深化程度不同又可分為五種，依序為：

> *經濟整合* 是指兩個或兩個以上的國家組織成一個自由貿易區。

1. *優惠性貿易* (preferential trade)：在此安排下，成員的一方授予另一方產品優惠貿易的待遇。如美國的《加勒比海盆地經濟復甦法》，就是美國授予加勒比海國家優惠關稅措施，受惠國產品可免稅出口至美國市場。

2. **自由貿易區** (free trade area)：成員國間同意消除關稅與非關稅障礙。但對外並無共同的關稅及貿易政策。
3. **關稅同盟** (customs union)：成員國除相互同意消除彼此的貿易障礙外，並且協議採取相同的對外關稅及貿易政策。
4. **共同市場** (common market)：成員國允許商品自由流通及對外採行一致關稅及貿易政策，並允許生產因素 (如人員、資金及服務) 的自由流動。
5. **經濟同盟** (economic union)：除了達到前述共同市場的全面流通，各項商品與生產因素外，會員國尚須彼此協商制定共同的經濟政策及貨幣政策，同時成立中央銀行，發行同盟的貨幣。

表 26-7 列出經濟整合其合作程度的深淺。

表 26-7　經濟整合深化程度

型態＼深化程度	關稅及非關稅障礙的消除	共同對外關稅及貿易政策	人員、商品、服務、資本的自由流通	共同貨幣政策及發展超國家機制
自由貿易區	✓			
關稅同盟	✓	✓		
共同市場	✓	✓	✓	
經濟同盟	✓	✓	✓	✓

26-6-1　世界貿易組織

世界貿易組織 (World Trade Organization, WTO) 為現今最重要之國際經貿組織。到 2020 年 3 月為止，共擁有 164 個會員國。自烏拉圭回合談判完成以來，WTO 所規範的領域，除傳統的商品貿易議題外，還包括服務業與智慧財產權的議題。

世界貿易組織的前身是**關稅暨貿易總協定** (General Agreement on Tariff and Trade, GATT)。GATT 只是一項多邊國際協定，以 GATT 為論壇所進行的多邊談判，稱為回合談判。自 1948 年以來，共舉行八次，其中以第七回合 (東京回合) 與第八回合 (烏拉圭回合) 談判最為重要。因為最後兩次除了關稅談判外，也對其它貿易規範進行廣泛討論。

GATT 烏拉圭回合談判於 1993 年 12 月 15 日達成最終協議，決定成立 WTO。1995 年 1 月 1 日，WTO 正式成立，總部設在瑞士日內瓦，以有效執行烏拉圭回合的各項決議。GATT 功能完全被 WTO 所取代，使 GATT 由原先的國際經貿協定轉化成為實質的國際組織。WTO 的主要功能有五：(1) 綜理並執行 WTO 所轄之多邊與複邊協定；(2) 提供進行多邊貿易談判之場所；(3) 解決貿易爭端；(4) 監督各國貿易政策；(5) 與其它有關全球經濟決策之國際組織進行合作。

我國於 1990 年 1 月 1 日依據 GATT 第 33 條規定，以對外貿易關係上具自主權地位的"臺灣、澎湖、金門及馬祖個別關稅領域"向 GATT 祕書處提出入會申請。歷經多次努力，終於在 2001 年完成各項雙邊與多邊入會經貿諮商。WTO 第四屆部長會議在 2001 年 11 月 11 日通過採認我國入會案，2002 年 1 月 1 日成為 WTO 第 144 個會員國。[4]

26-6-2 北美自由貿易協定

1992 年 8 月 12 日，美國、墨西哥和加拿大簽署北美自由貿易協定 (North American FreeTrade Agreement, NAFTA)，三個國家同意成立自由貿易區。1994 年 1 月 1 日 NAFTA 正式生效，涵蓋面積達 2,000 萬平方公里，人口約 4 億 5,728 萬人，國內生產毛額約達 17.6 兆美元──比歐盟的產出 (15.2 兆美元) 要大，全球排名第一。2018 年 11 月 30 日三國簽署新版美墨加協定 (USMCA)。

自 NAFTA 成立以來，美、加、墨三國致力於消除區內的投資、商品及服務業貿易障礙、保護智慧財產權、建立爭端解決機制，並在促進貿易與投資的同時亦兼顧環境保護及勞工權益的保障。在權利方面，自由貿易區內的國家，貨物可以相互流通並無關稅。但對貿易區以外的國家，則可以維持原關稅及障礙。

USMCA 有別於 NAFTA 的部分有三：第一，加拿大與美國出口更多的牛奶、奶油、起司及其它的乳酪產品至對方，且為零關稅；第二，在美國、墨西哥與加拿大製造的汽車或卡車，必須有 75% 的零件由三國製造；且 40% 到 45% 的零件製造勞工的時薪至少為 16 美元，這個數字是墨西哥平均時薪的 3 倍；最後，則是在生技、金融服務及網域領域智慧財產權的重視。

NAFTA 實施成果斐然，區域貿易從 1993 年的 2,900 億美元增加至 2016 年的 1.1 兆美元。跨境投資也快速攀升，美國對墨西哥的投資從 150 億美元上升至 1,000 億美元。經濟學家估計，NAFTA 對美國經濟成長的貢獻少於 0.5 個百分點，墨西哥對美國的農產品出口，因為 NAFTA 的實施增加了 3 倍，汽車製造業則增加數十萬的就業機會。

至於 NAFTA 對加拿大的影響也是正面居多。美國及墨西哥在加拿大的投資 (FDI) 從 1993 年的 700 億美元，增加至 2013 年的 3,680 億美元。在同樣一段期間，加拿大對美國出口從 1,100 億美元提高至 3,460 億美元。

至於 NAFTA 對我國的影響，依據國際貿易局資料顯示，我國對

---

[4] 有關世界貿易組織的詳細規範及我國加入 WTO 對經濟的影響及因應對策，請至經濟部國際貿易局網站：https://www.trade.gov.tw/ 查閱。本節內容多參考自該網站。

NAFTA 區內三國的貿易總額雖呈現逐年上升的趨勢，在 2014 年到達頂峰 (662.75 億美元)，比 2013 年上升 7.47%，但 2015 年 1 月到 10 月的金額為 532.32 億美元，卻比去年同期減少 3.27%。

26-6-3　亞太經濟合作會議

亞太經濟合作會議 (Asia Pacific Economic Cooperation, APEC) 成立於 1989 年，為亞太地區經濟體政府間的正式諮商論壇，討論自由化、便捷化、經濟與技術合作的相關議題。目前 APEC 包括中國、香港和臺灣，共有 21 個會員國。

根據 APEC 網站 2010 年的資料，由於會員涵蓋中國、日本、美國、印尼、加拿大、墨西哥，經濟實力不亞於歐盟或北美自由貿易區。APEC 會員國的總人口有 26.98 億人，超過全球的三分之一，總生產 (以當期價格計算) 為 34 兆 8,056 億美元，占全球 GDP 的 50% 以上。

我國自 1991 年成為 APEC 會員國以來，在經貿領域方面有重大意義。在我國成為 WTO 會員國之前，APEC 是我國以正式成員身分參與的少數國際經貿組織，我們可藉 APEC 建立與其它會員國間部長們的溝通管道，並取得最新國際經貿發展趨勢與議題的資訊。我國的實際貢獻包括：2008 年 9 月 22 日到 25 日在臺北舉辦 "APEC 大規模災害研究會"，會後並參訪四川地震災區。2016 年在臺灣舉辦多個會議，包括 APEC 衛生議題座談會、APEC 網路/數位經濟與我國創新創業現況座談會。

26-6-4　東協加三

"東協十國" 始自 1967 年 8 月 8 日，當時共有五個創始成員國，分別是新加坡、泰國、馬來西亞、菲律賓與印尼，後來汶萊、越南、寮國、緬甸與柬埔寨等國加入後共有十個國家。"東協加三" 是指：東協加中國自由貿易區、韓國自由貿易區，以及日本全面經濟夥伴協定。"東協加三" 是繼北美自由貿易區、歐盟後，全世界第三個自由貿易區。如圖 26-11 所示，就人口數量而言，這是全世界人口最多的經濟共同體，區域內有 20 億人口。由於中國與東南亞各國都是備受矚目的新興國家，具消費力的中產階級迅速崛起，20 億人口代表的正是新興的黃金市場。

2015 年最後一天，東協共同體誕生，促成商品與服務、投資、勞動力和資本的自由流通。6.5 億消費人口是第二大臉書使用者、第三大勞動市場和第四大出口地區。接下來十年，每年經濟成長率上看 5%，超越美國和歐盟。

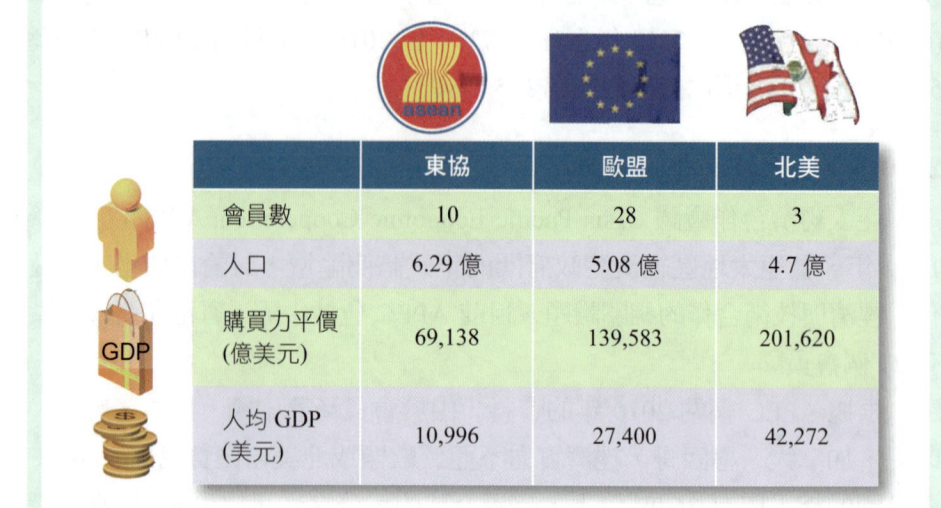

	東協	歐盟	北美
會員數	10	28	3
人口	6.29 億	5.08 億	4.7 億
購買力平價(億美元)	69,138	139,583	201,620
人均 GDP(美元)	10,996	27,400	42,272

註：東協及歐盟為 2014 年數據，而北美為 2013 年數據。

圖 26-11　全世界的三個自由貿易區

　　它涵蓋三大區域的自由貿易協定，包括 TPP、RCEP、AEC。這三大 FTA 經濟圈，扣除重疊國家，出口貿易總額達 7 兆 9,000 萬美元，占全球出口貿易 42%，其經濟產值、總人口數更逼近全球六成。

　　臺灣能置身事外嗎？當然不行，區域全面經濟夥伴關係協定 (Regional Comprehensive Economic Partnership, RCEP) 由東協十國加上中國、南韓、印度、日本、澳洲、紐西蘭共同參與磋商。這個組織涵蓋 47.4% 的全球人口、32.2% 的全球 GDP、29.1% 的全球貿易及 32.5% 的全球投資，它是僅次於 WTO 的經貿組織。不過，印度擔心國內產業 (製造業與農業) 撐不住而決定退出。即使如此，RCEP 的參與國 GDP 仍占全球總值的近三分之一。

　　根據一份台灣經濟研究院的模型，各種區域經貿組織對臺灣經濟的衝擊，以 RCEP 減少臺灣 GDP 0.76 個百分點最為嚴重。因為 RCEP 會員占臺灣貿易額約 59.1% (2018 年) 達 3,676 億美元。臺灣對 RCEP 成員之投資達 72.2%，計 2,318 億美元。

26-7　結　語

　　各國形成區域經濟整合的動機可能是基於地理條件、文化或歷史因素、經濟或財政及社會制度的相似而結合。區域貿易協定有助於累積區域內外人投資並可提高生產效率。對小國而言，可增加規模經濟。此外，簽署貿易協定對多邊貿易體系會有貢獻，不但可促進經濟整合，亦可維持區域內政治的穩定。

本章所討論的國際貿易是否可促進人民福祉，一直有正、反兩方的意見：一為贊成自由貿易，"專業化"讓我們更有生產力，生產力則讓我們致富；一是不贊成自由貿易，貿易毀滅低技能工作，窮國勞工在血汗工廠的日薪只有 1、2 兩美元，且工作環境惡劣。

摘要

- 若國內價格低於世界價格，本國對該項產品具有比較利益，會輸出該產品。本國生產者將受惠，而消費者受到損失。
- 若國內價格高於世界價格，其它國家對該項產品具有比較利益，本國會輸入該項產品。本國消費者將受惠，而生產者受到損失。
- 比較利益法則是由 19 世紀的著名經濟學家李嘉圖所提出，強調專業化生產和自由貿易可使交易雙方獲利。
- 要素稟賦理論主張一國會出口資源較為充裕使用的商品，而進口資源較為欠缺使用的商品。
- 國家可藉由關稅及配額來實施貿易管制。
- 貿易管制導致進口價格上升、進口數量減少及無謂損失。
- 貿易管制的觀點很多，包括國家安全、就業、傾銷、不公平競爭及幼稚產業等論點。然而，這些觀點對貿易保護的支持都不是強而有力。
- 區域經濟整合是指兩個或兩個以上國家達成自由貿易協定，而形成自由貿易區。依深化程度可分為五種：(1) 優惠性貿易；(2) 自由貿易區；(3) 關稅同盟；(4) 共同市場；以及 (5) 經濟同盟。亞太經濟合作會議是論壇的一種，北美自由貿易區是自由貿易區的一種，歐盟則是經濟同盟。

習題

1. 根據經濟部國際貿易局的資料，臺灣在民國 107 年的淨出口值 (net exports) 為 496 億美元，並且從其它國家購買的商品與勞務價值為 2,863 億美元，則下列敘述何者錯誤？
   (a) 我國有貿易盈餘 (trade surplus)
   (b) 我國進口總值為 2,863 億美元
   (c) 我國出口總值為 (2,863−496) 億美元
   (d) 我國貿易總值為 (2,863＋496＋2,863)

   (108 年普考)

2. 在完全競爭市場中，市場的供給曲線是正斜率，而需求曲線則是負斜率。假設該產品的世界價格加上運送至本國的費用低於目前該產品的國內價格。開放自由貿易後，對國內市場均衡影響為何？

   (108 年商業行政改編)

3. 假設臺灣一年可生產 100 萬個甜甜圈或 10 萬輛汽車，而美國一年可生產 1,600 個甜甜圈或 8 萬輛汽車，若兩國進行國際貿易，請問哪一個國家應該出口甜甜圈？
(100 年中山企研所)

4. 魯賓遜在荒島上，他每個小時可以摘 10 個椰子或抓 1 條魚。他的朋友每小時可以摘 30 個椰子或抓 2 條魚。請問：
(a) 誰有絕對利益抓魚？
(b) 誰有絕對利益摘椰子？
(c) 誰有比較利益抓魚？

5. 假設有 A、B 兩個國家，且 A、B 兩國各有 10 名勞工，A 國的每名勞工每年可以生產 60 公斤的稻米或 20 公斤的小麥；B 國的每名勞工每年可以生產 20 公斤的稻米或 60 公斤的小麥。自給自足的情形下，A 國每年生產 300 公斤的稻米和 100 公斤的小麥；B 國每年生產 100 公斤的稻米和 300 公斤的小麥，開放貿易以後，A 國每年輸出 300 公斤的稻米給 B 國以換取 300 公斤的小麥，則 A 國最大的消費可能組合為：
(a) 300 公斤的稻米和 300 公斤的小麥
(b) 400 公斤的稻米和 300 公斤的小麥
(c) 400 公斤的稻米和 200 公斤的小麥
(d) 100 公斤的稻米和 400 公斤的小麥
(107 年經建行政)

6. 開放國際貿易前，臺灣玉米售價為每臺斤新臺幣 100 元，玉米在國際市場上的售價是每臺斤新臺幣 60 元。假設臺灣玉米的產量很小，在國際市場上為價格接受者，則臺灣開放玉米貿易後的影響為何？
(108 年普考改編)

7. 下表為不丹與西藏生產氂牛奶與酥油茶的資訊：

	生產 1 單位所需工時	
	氂牛奶	酥油茶
西藏	6	3
不丹	3	2

(a) 西藏生產一單位氂牛奶的機會成本是多少？
(b) 不丹生產一單位氂牛奶的機會成本是多少？
(c) 西藏生產一單位酥油茶的機會成本是多少？
(d) 不丹生產一單位酥油茶的機會成本是多少？
(e) 哪一個國家有絕對利益生產氂牛奶？
(f) 哪一個國家有比較利益生產氂牛奶？
(g) 若西藏與不丹根據比較利益法則進行貿易，西藏應該出口何種商品？商品交易價格為何？ (102 年東華企管所)

8. 原為封閉經濟之甲、乙兩國，在商品 X 開放貿易後，甲國成為商品 X 之出口國，乙國成為商品 X 之進口國。請問以商品 X 市場而言，有關甲、乙兩國消費者剩餘、生產者剩餘與整體社會福利變化之敘述，下列何者正確？
(a) 甲國與乙國之消費者剩餘均上升
(b) 甲國與乙國之生產者剩餘均上升
(c) 甲國與乙國之整體社會福利均上升
(d) 甲國之消費者剩餘上升、乙國之生產者剩餘下降 (108 年外交特考)

9. 在其它條件不變下，某國實施關稅與進口配額：
(a) 會保護該國勞工的就業與工作機會
(b) 會增加該國外匯的流失
(c) 增進該國福祉
(d) 降低該國生產與消費的總值
(108 年商業行政)

10. 假設石油的每桶世界價格為 16 元，臺灣可以在此價格下買到所需的數量。下表為臺灣的供給與需求數字：

石油價格	需求量	供給量
14	16	4
16	15	6
18	14	8
20	13	10
22	12	12

(a) 請畫出臺灣的石油需求與供給曲線
(b) 如果臺灣實施自由貿易，請問石油的價格為何？臺灣人民的購買數量為何？進口數量為何？
(c) 若臺灣對每桶石油進口課徵 4 元的關稅，請問石油的購買數量為何？美國生產者會供給多少石油？進口數量為何？

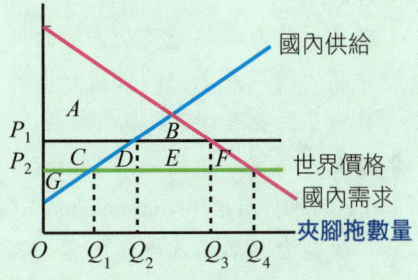

11.

(a) 自由貿易下的消費者剩餘為何？
(b) 關稅課徵後的生產者剩餘為何？
(c) 政府關稅收入為何？
(d) 關稅引起的無謂損失為何？
(102 年東華企管所)

12. 下圖為德國奧斯汀汽車的國內市場，請問：

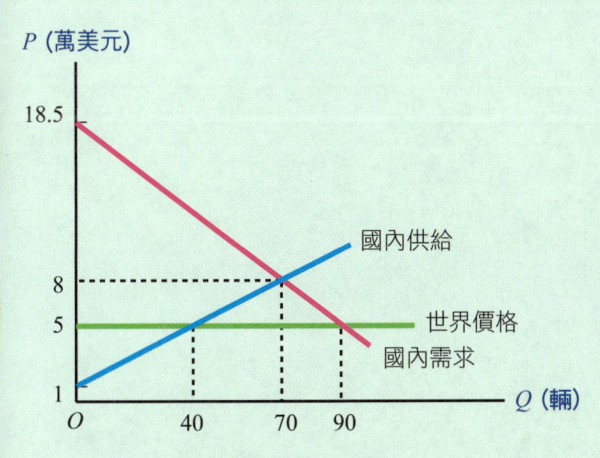

(a) 進口汽車數量是多少？
(b) 國際貿易前後的消費者剩餘是多少？

(c) 國際貿易發生後的汽車價格是多少？
(d) 國際貿易發生後的生產者剩餘是多少？
(e) 國際貿易發生後，總剩餘增加多少？

13.

	生產 1 磅所需時間		40 小時生產的數量	
	牛肉	馬鈴薯	牛肉	馬鈴薯
農夫	8	2	5	20
牧牛者	4	5	10	8

(a) 農夫生產 1 磅馬鈴薯的機會成本為何？
(b) 牧牛者生產 1 磅牛肉的機會成本為何？
(c) 兩者的比較利益為何？(97 年中山政經)

14. 下列關於國際貿易理論中的赫克夏－歐林模型 (Heckscher-Ohlin model) 認為一國的比較利益取決於：
(a) 經濟結構
(b) 相對要素稟賦
(c) 相對產出數量
(d) 總要素生產力　　(108 年身心障礙)

15. 挪威從臺灣進口華碩的手機，且視全球價格 $100 為固定。若丹麥政府決定課 $5 的關稅。請問挪威的手機產量及進口手機數量有何影響？ (97 年臺大經濟改編)

16. 美國若對其進口品課徵關稅，則下列有關敘述何者正確？
(a) 使美國之貿易條件改善
(b) 讓美國以外國家之貿易條件改善
(c) 使美國之貿易條件惡化
(d) 對貿易條件沒有任何影響
(108 年外交特考)

17. 當參與協議的咖啡生產國占世界咖啡生產國的比例愈　①　，且咖啡的儲存愈　②　時，以穩定咖啡價格為目標的出口配額協議 (export quota agreement) 愈容易成功。請問①與②應該為：
(a) ①低，②容易
(b) ①低，②困難
(c) ①高，②容易
(d) ①高，②困難　　(108 年外交特考)

18. 給定 P_x 表示出口物價指數 (export price index)；P_m 表示進口物價指數 (import price index)；Q_x 表示出口數量指數 (export quantity index)；Q_m 表示進口數量指數 (import quantity index)。若某國聲稱長期來說其貿易條件 (terms of trade) 惡化，則表示下列何者下降？
   (a) P_x/P_m
   (b) P_m/P_x
   (c) $(P_m/P_x)Q_m$
   (d) $(P_x/P_m)Q_x$

19. 關於"經濟制裁" (economic sanctions) 的敘述，下列何者正確？
   (a) 世界貿易組織 (簡稱WTO) 明文禁止經濟制裁的行為
   (b) 經濟制裁影響國際貿易，但不影響國際間的金融流動 (financial flow)
   (c) 經濟製裁包含出口禁運，但不包含進口限制
   (d) 經濟制裁包含對進口、出口以及金融流動的限制　　　(108年外交特考)

20. 假設臺灣人民對國內生產蘋果的需求為：

$$Q = 5{,}000 - 100P$$

P 為每公斤價格，Q 為公斤。
國內蘋果供給為：$Q = 150P$

(a) 在未開放進口的情況下，市場均衡 P 與 Q 為多少？
(b) 假設蘋果可依國際市場交易價格 P_w ＝ 10/kg 進口，且假設沒有運輸、倉儲、關稅等考量，國內市場均衡 P、Q 為何？多少公斤的蘋果會進口到臺灣？
(c) 假設因大量進口有損農民權益，政府增設進口蘋果 5 元的關稅，請問實施關稅後，國內均衡 P、Q 為何？關稅收入為何？有多少消費者剩餘會轉移至生產者剩餘？(同樣假設沒有運輸、倉儲費用且進口與國產蘋果具替代性)

(103年中興行銷所)

網路習題

1. 請至財政部網站，下載臺灣的進出口貿易結構，請問最主要的最近一期的出口項目為何？主要進口項目為何？

2. 請至世界貿易組織網站：https://www.wto.org 的事件日曆 (event calendar)，下載最近一次的會議名稱及概略內容，再下載最近一個新聞事件 (wto news)，並說明之。

3. 請至經濟部國際貿易局網站的大陸經貿網頁，進入兩岸貿易統計，下載最新一期的兩岸貿易情勢分析，我國對中國主要出口商品為何？

Chapter

27

國際金融

　　如果你有在美國自助旅行的經驗，譬如，從洛杉磯的迪士尼樂園到奧蘭多的迪士尼樂園，你會經過亞歷桑那州、新墨西哥州、德州、路易斯安那州到佛羅里達州。你會發現，到每一州都不需要兌換當地的貨幣。加州的麥當勞和德州的麥當勞都接受相同的貨幣──美元。換句話說，聯邦準備達拉斯分行與聯邦準備舊金山分行，兩家銀行發行的美元幾乎完全一樣，它們之間的兌換比率也是固定不變的，這可視為一種固定匯率體制。

　　但是，如果你到歐洲自助旅行，可能經驗就大不相同。從瑞士的日內瓦到挪威的奧斯陸，隨著過境國家不同，手中的貨幣可能要換成丹麥克朗、瑞士法郎及挪威克朗（目前挪威與瑞士非歐盟成員，而其它國家如西班牙、法國、荷蘭等可使用相同的貨幣，即歐元）。每到一個國家就必須到當地銀行排隊並支付一筆手續費兌換該國貨幣，才能在當地消費。在這種情形下，歐洲各國之間貨幣交換的匯率制度是浮動匯率體制。

　　本章主要探討開放經濟體系下，家計單位、廠商及政府部門的經濟行為。國際收支帳是我們要檢視的第一項課題。國際收支帳涵

本章重點

國際收支
固定匯率浮動匯率
名目匯率實質匯率
購買力平價

503

蓋商品與服務的交換及債券的買賣，這些都牽涉到兩國之間商品的交換比率或是兩國貨幣交換的價格。實質匯率、名目匯率及外匯市場是第二項需要探討的議題。第三節討論匯率制度，解釋何謂固定匯率及浮動匯率。

27-1 國際收支

> **國際收支** 是一種統計報表，有系統地記載特定期間內，一個國家與其它地區的各項經濟交易。

國際收支 (balance of payments) 是一種統計報表，它有系統地記載在特定期間內，一個國家與世界其它地區的各項經濟交易。

> **國際收支帳** 記錄本國人與外國人所有經濟交易，包括債權與債務、商品與服務的買賣。

國際收支帳 (balance of payments account) 是一種"帳"，其記錄方式與會計科目相同，是根據複式簿記型態 (double-entry bookkeeping) 原則，也就是每筆交易都有借貸雙方，且借貸平衡。譬如，在一段時間內，商品與服務的輸出、資本從國外流入，都列為貸方 (credit)；商品與服務的進口或資本流向國外，都列為借方 (debit)。[1]

國際收支帳分為經常帳、資本帳與金融帳三種。表 27-1 為臺灣地區 2015 年到 2019 年的國際收支簡表。

27-1-1 經常帳

> **經常帳** 衡量一國商品、服務、所得及移轉的對外收支交易。

經常帳 (current accounts) 由四個部分組成：(1) 商品的出口與進口；(2) 服務的出口與進口；(3) 薪資所得和投資所得的收入與支出；(4) 經常移轉的收入與支出。

商品的出口和進口包括電腦產品、衣服、農漁產品等的輸出；日本汽車、南韓電玩遊戲、法國紅酒、德國啤酒等的輸入。臺灣的進口會用掉外匯，故記成借方；臺灣的出口是為臺灣賺取外匯，故記成貸方。[2] 譬如，在 2019 年，臺灣商品出口總值與進口總值分別為 330,743 百萬美元與 273,072 百萬美元，商品貿易帳餘額 (balance on goods) 為 57,671 百萬美元，也就是臺灣在 2019 年有貿易順差。

> **商品貿易帳餘額** 出口總額減去進口總額。又稱淨出口。

第二項是服務的進口與出口。服務是無形的，包括：(1) 加工服務；(2) 維修服務；(3) 運輸；(4) 旅行；(5) 其它服務，如保險、智慧財產權使用費、

---

[1] 貸方記載：(1) 商品及服務輸出；(2) 所得、經常移轉及資本帳的收入；(3) 對外債權的減少；(4) 對外債務的增加；(5) 準備資產的減少。借方記載：(1) 商品及服務的進口；(2) 所得、經常移轉及資本帳的支出；(3) 對外債權之增加；(4) 對外債務的減少；(5) 準備資產之增加。

[2] 央行自 2016 年第 1 季起改按 IMF 第六版國際收支與國際投資部位手冊 (BPM6) 基礎，公布國際收支統計。BPM6 改以正號表示對外收入／支出、資產／負債的增加，負債表示相關項目的減少。

表 27-1　國際收支簡表（年資料）

（單位：百萬美元）

	2015	2016	2017	2018	2019[r]
A. 經常帳[1]	**72,769**	**71,259**	**83,093**	**70,843**	**65,173**
商品：收入 (出口)	339,837	309,283	342,706	345,495	330,743
商品：支出 (進口)	266,698	238,323	261,448	278,461	273,072
商品貿易淨額	73,139	70,960	81,258	67,034	57,671
服務：收入 (輸出)	40,968	41,291	45,213	50,209	51,842
服務：支出 (輸入)	51,748	51,778	53,936	56,831	56,905
商品與服務收支淨額	62,359	60,473	72,535	60,412	52,608
初次所得：收入	28,893	29,480	34,239	39,051	39,157
初次所得：支出	15,114	15,524	19,544	25,299	23,751
商品、服務與初次所得收支淨額	76,138	74,429	87,230	74,164	68,014
二次所得：收入	6,617	6,909	7,189	7,643	8,236
二次所得：支出	9,986	10,079	11,326	10,964	11,077
B. 資本帳[1]	**−5**	**−9**	**−12**	**63**	**−3**
資本帳：收入	15	17	14	86	63
資本帳：支出	20	26	26	23	66
經常帳與資本帳合計	72,764	71,250	83,081	70,906	65,170
C. 金融帳[1]	**65,012**	**58,530**	**71,328**	**54,220**	**52,195**
直接投資：資產	14,709	17,946	11,552	18,058	11,766
股權和投資基金	13,649	16,913	10,736	17,431	10,739
債務工具	1,060	1,033	816	627	1,027
直接投資：負債	2,391	9,692	3,401	7,114	8,241
股權和投資基金	2,478	7,342	4,781	7,195	8,087
債務工具	−87	2,350	−1,380	−81	154
證券投資：資產	56,340	81,463	81,797	68,853	54,877
股權和投資基金	6,922	6,445	13,755	2,376	−2,301
債務證券	49,418	75,018	68,042	66,477	57,178
證券投資：負債	1,228	4,343	3,958	−15,175	8,476
股權和投資基金	3,744	7,025	4,284	−14,385	8,110
債務證券	−2,516	−2,682	−326	−790	366
衍生金融商品	2,195	1,700	−503	1,638	2,501
衍生金融商品：資產	−11,227	−11,166	−11,505	−16,748	−15,490
衍生金融商品：負債	−13,422	−12,866	−11,002	−18,386	−17,991
其它投資：資產	−16,526	−6,936	11,891	−20,082	6,759
其它股本	8	9	6	5	5
債務工具	−16,534	−6,945	11,885	−20,087	6,754
其它投資：負債	−11,913	21,608	26,050	22,308	6,991
其它股本	—	—	—	—	—
債務工具	−11,913	21,608	26,050	22,308	6,991
經常帳＋資本帳－金融帳	7,752	12,720	11,753	16,686	12,975
D. 誤差與遺漏淨額	7,259	−2,057	714	−4,187	3,683
E. 準備與相關項目	**15,011**	**10,663**	**12,467**	**12,499**	**16,658**
準備資產[2]	15,011	10,663	12,467	12,499	16,658
基金信用的使用及自基金的借款	—	—	—	—	—
特殊融資	—	—	—	—	—

註：1. 剔除已列入項目 E 之範圍。
　　2. 2004 年第 3 季至 2009 年第 1 季為準備資產，其餘期間為準備資產。

通訊及金融服務等。譬如，臺灣宏達電出口智慧型手機，可能向英國保誠人壽購買產物保險，這是屬於服務的進口且用掉外匯，記在借方。臺灣在 2019 年的服務收入為 51,842 百萬美元，而服務支出為 56,905 百萬美元，服務方面有逆差 5,063 百萬美元。貿易帳與服務帳合併稱為**商品與服務收支淨額** (balance on goods and services)，臺灣地區在 2019 年的商品與服務收支有盈餘 52,608 萬美元。

> **商品與服務收支淨額** 商品貿易淨額與服務收支淨額的加總。

經常帳的第三項是初次所得包括：(1) 薪資所得：指居留期間在一年以下的非居民工作的報酬；(2) 投資所得：指持有國外金融資產一定期間的收益或使用國外金融交換一定期間的支出。投資所得區分為直接投資所得、證券投資所得與其它投資所得。舉例來說，臺灣人民購買美國國庫券得到的利息收入或到美國設廠的利潤都是所得的收入，2019 年初次所得有盈餘 15,406 百萬美元。

經常帳的最後一項是二次所得。譬如，為了援助日本地震災民，你捐了一筆錢給世界展望會，這是一種外匯的支付；相反地，某些外國人提供臺灣學生的獎學金，或捐款給莫拉克颱風災民，這是一種外匯的收入。2019 年二次所得有赤字 2,841 百萬美元。

> **經常帳餘額** 商品與服務的淨出口、所得淨額及經常移轉淨額的加總。

如果我們將商品的淨出口、服務的淨出口、初次所得及二次所得加總，可得**經常帳餘額** (balance on current account)。2019 年臺灣地區經常帳有盈餘 65,173 百萬美元。

27-1-2　資本帳[3]

資本帳 (capital account) 包括資本移轉及非生產性、非金融性資產 (如專利權、商譽等無形資產) 的取得與處分。資本移轉是指機器設備等資本財產的贈與、債務的免除和移民的移轉。譬如，臺灣廠商到越南設成衣工廠，這會使得臺灣持有的外國資產增加 (臺灣人民擁有成衣工廠)；另一方面，越南持有的外國資產也增加 (越南人擁有為興建成衣工廠所支付的新臺幣)。2019 年臺灣地區資本帳收入為 63 百萬美元，而資本帳支出為 66 百萬美元，因此資本帳為赤字 3 百萬美元。

> **資本帳** 包括資本移轉及非生產性、非金融性資產的取得與處分。

27-1-3　金融帳

經常帳衡量一國商品、服務、所得及移轉的對外交易，而**金融帳** (financial account) 是記載一國對外金融資產與負債的交易。

> **金融帳** 記載一國對外金融資產與負債的交易。
>
> **資本外流** 本國居民使用外匯購買外國的股票、債券、房地產。

簡單地說，本國居民購買外國公司的股票、外國政府公債、外國的房地產或到外國銀行存款都會用掉外匯，我們稱為**資本外流** (capital

---

[3] BPM6 將「專利權、版權、工業製程與設計」之買賣，由資料帳改列經常帳其它事務服務項下的研發服務。

outflow)；外國人購買臺灣上市公司股票、政府債券，在臺灣置產或在本地銀行存款，稱為**資本內流** (capital inflow)。根據投資的功能或種類，金融帳分為四類：(1) 直接投資；(2) 證券投資；(3) 衍生性金融商品；以及 (4) 其它投資。

資本內流 外國人購買本國的股票、債券、房地產。

以 2019 年的金融帳而言，直接投資之資產為 11,866 百萬美元，直接投資之負債為 8,241 百萬美元；證券投資之資產為 54,877 百萬美元，證券投資之負債為 8,476 百萬美元；衍生性金融商品之資產為 －15,490 百萬美元，衍生性金融商品之負債為 －17,991 百萬美元。此外，其它投資之資產為 6,759 百萬美元，其它投資之負債為 6,991 百萬美元。因此，金融帳的盈餘為 52,195 百萬美元。

在表 27-1 的國際收支帳中，除了經常帳、資本帳及金融帳外，還有兩個項目：準備與相關項目及誤差與遺漏淨額。**準備資產** (reserve assets) 是指貨幣當局所控管隨時可動用的國外資產，包括貨幣用黃金、外匯存底 (含外幣現鈔、存款及有價證券) 及其它債權。[4] 由於國際收支之經常帳與資本帳代表非金融性的對外交易，差額 (貸方減去借方) 產生淨貸出 (＋) 或淨借入。在改版後 (BPM6)，金融帳餘額表示國外淨資產的增加 (借方減去貸方)。因此，若不考慮誤差與遺漏，國際收支恆等式為經常帳 (CA) 與資本帳 (KA) 的加總，與金融帳 (FA) 準備資產變動 (RV) 的加總相等，若以符號表示，則為：

準備資產 貨幣當局所控管，隨時可動用的國外資產。

$$CA + KA = FA + RV$$

如果準備與相關項目為負數，一般稱為國際收支順差；反之，則稱為國際收支逆差。在實際的國際經濟登錄上，由於遺漏或其它原因，可能會出現誤差。譬如，政府很難記錄邊界上兩國居民所有的交易或是非法走私的毒品交易，這些根本無法記錄在國際收支帳裡。因此，國際收支帳中會出現**誤差與遺漏淨額** (net errors and omissions) 一項，確保借貸相等，並提供資料登錄錯誤衡量指標。以 2019 年臺灣地區的國際收支帳而言，經常帳餘額為 65,173 百萬美元，資本帳為 －3 百萬美元，金融帳為 52,195 百萬美元，我們可得：

$$CA + KA = 65{,}170$$
$$FA + RV = 68{,}853$$

---

[4] 外匯存底是央行維持匯市穩定或挹注國際收支逆差時可動用之國外資產 (不含黃金)，通常以美元表示。

兩者相減，此為誤差與遺漏的 3,683 百萬美元。

$$65,173 + (-3) - 52,195 + 3,683 = 16,658$$

這項事實符合國際收支帳的平衡原則。由於準備資產為正，2019 年臺灣地區國際收支有盈餘 16,658 百萬美元。

27-2 匯率與外匯市場

在檢視過金融資產、資本及商品與服務的國際收支帳後，現在我們來探討這些國際間經濟交易的價格——匯率。經濟學家將匯率分成兩種型態：名目匯率與實質匯率。我們將先討論兩種匯率的定義與其區別；然後，再討論外匯市場的供給與需求。

27-2-1 名目匯率與實質匯率

名目匯率 名目匯率 (nominal exchange rate) 是兩個國家貨幣的交換比率。名目匯率有兩種表現形式：(1) 一單位外國貨幣可以兌換多少單位的本國貨幣。譬如，美元與新臺幣之間的匯率是 1：28，這表示在外匯指定銀行，你可以用 1 美元兌換 28 元新臺幣；(2) 一單位本國貨幣可以兌換多少單位的外國貨幣。譬如，新臺幣與日圓之間的匯率是 1：3.7，這表示你可在外匯指定銀行以 1 元新臺幣換到 3.7 日圓。

一般而言，大多數的國家是以第一種方式來表示匯率，因此本章也以第一種方式定義匯率，我們以 E 表示名目匯率。

如果以美元表示的新臺幣價格上升，表示新臺幣貶值；也就是 1 美元能夠兌換的新臺幣數量增加。譬如，在 1989 年 8 月，1 美元等於 25.68 元新臺幣，到 2017 年 3 月 1 日，1 美元等於 30.760 元新臺幣。同樣是 1 美元，在 2017 年比在 1989 年可兌換更多數量的新臺幣。因此，E 上升代表新臺幣貶值和美元升值；相反地，當 E 下跌時，新臺幣升值，而美元相對貶值。

實質匯率 實質匯率 (real exchange rate) 是兩國商品的相對價格。實質匯率告訴我們一個國家生產的商品與另外一個國家生產的商品，兩者之間的交換比率，有時我們稱為貿易條件。

我們如何建立臺灣與日本間的實質匯率——以日本商品表示的臺灣商品價格？假設一輛豐田凌志 (LEXUS) 汽車在臺灣價值新臺幣 200 萬元，而相同的車款日本價值 400 萬日圓。建立實質匯率的步驟如下：

> **名目匯率** 兩個國家貨幣的交換比率。

> **實質匯率** 兩國商品的相對價格。

步驟 1：將日本凌志汽車的價格轉換成新臺幣價格。假設 1 日圓值 0.25 元新臺幣，則凌志汽車的新臺幣價格為 400×0.25 = 100 萬元。

步驟 2：計算日本凌志汽車新臺幣價格與臺灣凌志汽車新臺幣價格的比例。臺灣凌志汽車在臺灣的售價為新臺幣 200 萬元，因此，以日本凌志汽車表示的臺灣凌志汽車價格——即日本與臺灣之間的實質匯率為：

$$\text{實質匯率} = (0.25 \text{ 元新臺幣} / \text{日圓}) \times (4,000,000 \text{ 日圓} / \text{日本凌志}) / (2,000,000 \text{ 元新臺幣} / \text{臺灣凌志})$$
$$= 0.5 \text{ 臺灣凌志} / \text{日本凌志}$$

在汽車價格及匯率為已知的情況下，我們知道 1 輛日本凌志汽車可交換 0.5 輛臺灣凌志汽車。

上面有關實質匯率的定義，可寫成：

$$\text{實質匯率} = \text{名目匯率} \times \text{外國商品價格} / \text{本國商品價格}$$

如果將單一商品的實質匯率推廣到所有商品的實質匯率，我們必須以日本商品的日圓物價指數及臺灣商品的新臺幣物價指數來衡量，它們可以是日本的 GDP 平減指數和臺灣的 GDP 平減指數。令 E 代表名目匯率 (新臺幣－日圓的名目匯率)，P 為臺灣的 GDP 平減指數，P^* 為日本的 GDP 平減指數。實質匯率 e 可以表示成：

$$e = E \times (P^*/P)$$

如果以外國商品表示的本國商品價格上升，稱為**實質升值** (real appreciation)；反之，則稱為**實質貶值** (real depreciation)。在實質匯率的定義下，實質升值表示實質匯率 e 的下降，以本國商品表示的外國商品價格下降，這表示本國商品相對較貴，而國外商品相對較便宜。同樣地，實質貶值表示 e 的上升，以本國商品表示的外國商品價格上升，亦即本國商品相對便宜，而國外商品相對較貴。

實質升值 以外國商品表示的本國商品價格上升。

實質貶值 以外國商品表示的本國商品價格下跌。

27-2-2 外匯市場

誰來決定 1 美元兌換 28.251 元新臺幣？是臺灣的楊金龍與美國的鮑爾電話熱線敲定嗎？當然不是。在浮動匯率制度下，匯率由外匯市場的供給與需求共同決定。外匯市場與一般的商品市場並無兩樣。在商品市場，如智慧型手機，商品的價格就是手機的售價。在外匯市場，討論的對象是外匯，也就是外國貨幣，外匯的價格就是匯率。為簡化分析，我們假設只有兩個國家：臺灣和美國。

外匯需求　政府、商業銀行、民眾及一般企業每天都可能將新臺幣兌換美元或以美元兌換新臺幣。為了到國外觀光或求學，你或你的父母成為外匯需求者。造成外匯的需求，主要有下列幾項原因：

- 進口商從美國進口商品與服務。譬如，臺灣車商進口克萊斯勒吉普車，就需要以美元支付價款。
- 臺灣居民到美國觀光旅遊、留學、遊學或洽公經商等。譬如，你在暑假參加美西九日遊，身上一定會帶些美元購買紀念品。
- 臺灣居民購買美國股票、債券或其它金融商品。譬如，美國股市大好，為分散風險，臺灣投資人會將一部分資金拿來購買美國的基金或股票。
- 臺灣企業到美國設廠投資。譬如，台塑在美國路易斯安那州及德州均設有大型塑化原料工廠。
- 外匯投機客預期新臺幣相對美元貶值而買進美元。

圖 27-1 顯示外匯市場中對美元的需求曲線。橫軸是外匯 (美元) 的數量，縱軸是外匯的價格，以一單位外國貨幣 (美元) 能夠兌換本國貨幣 (新臺幣) 的數量來衡量。注意，縱軸是名目匯率而非實質匯率。**外匯需求曲線**顯示，在其它條件不變下，美元的新臺幣價格與美元需求量間的負向關係。

當美元價格 (匯率) 較低時，我們可以用較少的新臺幣購買到美國商品，導致臺灣人民對美國商品的需求增加，並提高對美國金融商品的投資及增加觀光次數。若美國商品售價不變，對美國商品需求的增加使得美元

> **外匯需求曲線**　在其它條件不變下，美元的新臺幣價格與美元需求量之間的負向關係。

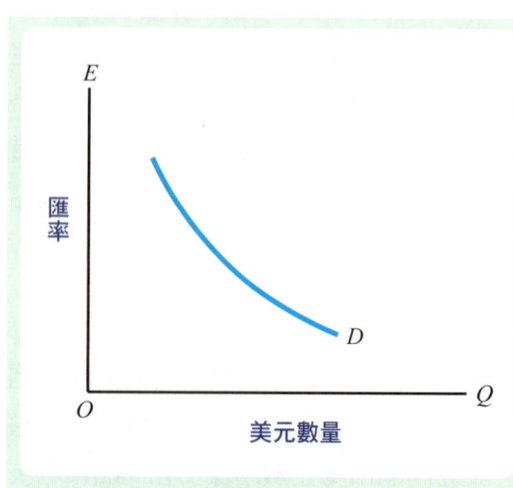

當美元價格下跌時，美國製的商品相對便宜。若美國商品價格不變，美元貶值導致臺灣居民會多購買美國商品，導致美元需求量增加。

▲ 圖 27-1　外匯需求

的需求量增加,換言之,當匯率 (E) 下跌時,外匯需求量增加,外匯需求曲線斜率為負。

引起外匯需求曲線移動的因素包括:臺灣消費者的偏好與所得、臺灣與美國的預期通貨膨脹率、臺灣與美國的利率水準。

外匯供給 外匯供給是因為外國居民需要新臺幣所產生。外匯供給的產生,主要有下列幾項原因:

- 美國政府、廠商或家計單位從臺灣進口商品與服務。譬如,美國蘋果公司向臺灣鴻海採購平板電腦。
- 美國人民到臺灣旅遊、經商、洽公或留學。譬如,美國職籃金州勇士隊到臺灣參加熱身賽,吃麻辣鍋、泡溫泉或逛街買東西都需要將美元換成新臺幣才能消費。
- 美國人購買臺灣的股票、債券或其它金融商品。譬如,美國共同基金看好臺灣電子業,將部分資金用來購買台積電股票,就會在外匯市場供給美元以兌換新臺幣。
- 美國公司到臺灣設廠投資。譬如,美國微軟到臺北南港軟體工業園區設立軟體研發中心。
- 外匯投機客預期新臺幣升值,買進新臺幣進行套利。

圖 27-2 繪出外匯市場中對美元的供給曲線。當美元價格上升時,每一美元能夠換到的新臺幣數量增加,所願意銷售美元的數量亦隨之增加。因此,匯率上升,外匯供給量增加,外匯供給曲線斜率為正。**外匯供給曲線**顯示,在其它條件不變下,美元的新臺幣價格與美元供給量間的正向關係。

> **外匯供給曲線** 在其它條件不變下,美元的新臺幣價格與美元供給量之間的正向關係。

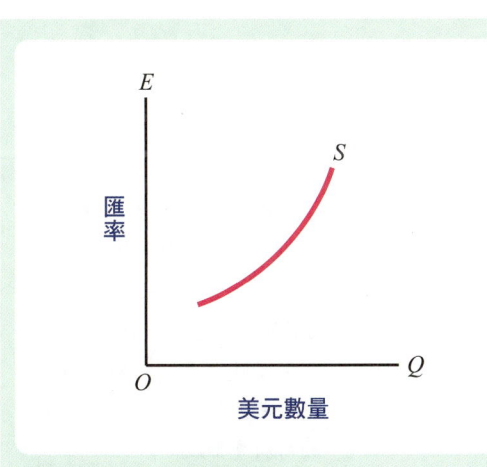

當美元價格上升時,美國人可以購買更多的臺灣商品。這表示臺灣商品相對美國商品便宜。因此,匯率上升,導致美元供給量增加。

圖 27-2 外匯供給

引起外匯供給曲線移動的因素包括美國消費者的偏好與所得、臺灣與美國的預期通貨膨脹率，以及臺灣與美國的利率水準。

均衡匯率　當匯率可以自由變動時，外匯市場的供給與需求的交點決定均衡匯率水準，1 美元兌換 28 元新臺幣，如圖 27-3 所示。如果人們對美元的需求大於供給，超額需求使得美元價格上升──美元相對新臺幣升值 (appreciation)，譬如，E 從 27 變成 28，表示 1 美元本來可兌換 27 元新臺幣，現在可兌換 28 元新臺幣。E 的上升，造成美元升值或是新臺幣貶值。相反地，如果美元的供給超過需求，超額供給使得美元價格下跌──美元相對新臺幣貶值 (depreciation)，譬如，E 從 29 變成 28，即表示 1 美元本來可兌換 29 元新臺幣，現在只能兌換 28 元新臺幣。換言之，E 的下跌造成美元貶值和新臺幣升值。

27-2-3　均衡匯率的變動

任何引起外匯供需行為改變的因素，都會引起外匯供給或需求曲線的移動，進而造成均衡匯率的改變。我們將這些因素彙整如下：

- 臺灣與美國的消費者所得與偏好。
- 臺灣與美國的預期通貨膨脹。
- 臺灣與美國的相對物價水準。
- 臺灣與美國的利率水準。

臺灣與美國的消費者所得與偏好　若美國的景氣復甦，人民的荷包滿滿，壓抑許久的買氣爆發，增加對臺灣生產的 hTC 手機及巨大自行車的購買，換句話說，美國消費者所得上升，造成臺灣出口增加。臺灣的出口商賺進

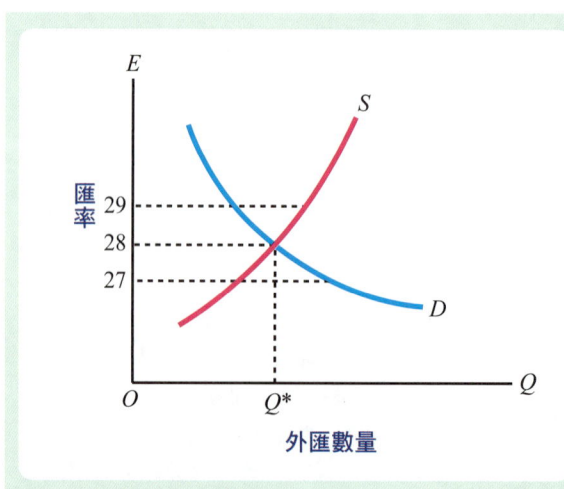

▲ **圖 27-3** 均衡匯率

當匯率可以自由變動時，外匯市場的外匯供給與需求共同決定均衡匯率，1 美元兌換 28 元新臺幣。美元的超額需求使美元相對新臺幣升值；美元的超額供給使美元相對新臺幣貶值。

外匯 (美元)，使得外匯供給增加，從 S_1 右移至 S_2，均衡從 A 點變成 B 點，如圖 27-4 所示。美元價格從 30 元下跌至 28 元，引起美元貶值和新臺幣升值。

臺灣與美國相對物價水準　假設臺灣物價相對美國物價上漲。臺灣的高物價使得進口商品相對便宜，臺灣人民會多買美國商品，美元需求增加導致外匯需求曲線從 D_1 右移至 D_2，如圖 27-5 所示。

同時，美國人民發現臺灣商品變得比較昂貴，因而減少對臺灣出口商品的需求，美元供給減少導致外匯供給曲線從 S_1 左移至 S_2，如圖 27-5 所示。需求增加與供給減少使得均衡從 A 點變成 B 點。美元價格上升，匯率從 28 元漲至 30 元，美元升值或新臺幣貶值。

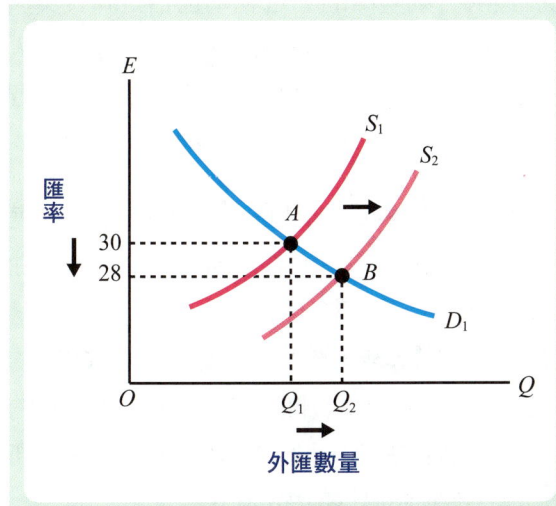

美國消費者所得增加，造成對臺灣出口商品的需求增加。當臺灣出口商賺進外匯，外匯供給增加，供給曲線從 S_1 右移至 S_2。美元價格下跌，匯率從 30 元下跌至 28 元，新臺幣升值，而美元貶值。

圖 27-4　美國消費者所得增加對匯率的影響

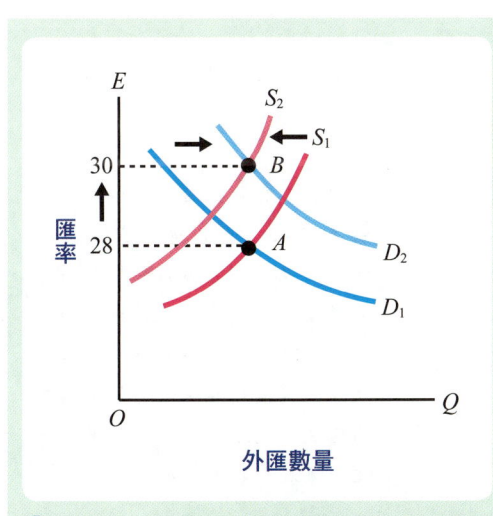

臺灣的高物價使進口增加，外匯需求曲線從 D_1 右移至 D_2；美國對臺灣的進口 (臺灣的出口) 減少，使外匯供給曲線從 S_1 左移至 S_2。需求增加和供給減少，導致美元價格上漲，匯率從 28 元漲至 30 元，造成美元升值或新臺幣貶值。

圖 27-5　相對物價改變對匯率的影響

臺灣與美國利率水準　當臺灣利率高於美國利率時，這會吸引美國投資人爭相購買臺灣債券。為了購買臺灣債券，美國人需要新臺幣，外資流入，造成外匯市場的美元供給增加，外匯供給曲線從 S_1 右移至 S_2，如圖 27-6 所示。臺灣的高利率同時也會影響臺灣地區的投資人、專業投資機構和銀行。臺灣投資人發現美國債券較不具吸引力，因而減少對美國債券的需求，美元需求隨之減少，導致外匯需求曲線向左移動，從 D_1 變成 D_2。供給增加與需求減少使得均衡從 A 點移至 B 點，美元價格從 30 元下跌至 28 元，新臺幣升值或美元貶值。

臺灣與美國的預期通貨膨脹　預期通貨膨脹可透過名目利率的變動來影響匯率水準。根據費雪方程式，名目利率等於實質利率加上預期通貨膨脹率。若臺灣的預期通膨相對高於美國，則臺灣的名目利率也相對高於美國的名目利率。臺灣的高報酬吸引美國投資人購買臺灣債券，而臺灣投資人減少美國債券的需求，進而導致外匯供給曲線右移和需求曲線左移，如圖 27-6 所示。結果是美元價格從 30 元下跌至 28 元，新臺幣升值或美元貶值。

除了以上這四個因素，政府政策也會影響均衡匯率的變動。譬如，進口配額與課徵進口關稅，均將造成進口減少，外匯需求因而下降，需求曲線左移，導致美元價格下跌，美元貶值或新臺幣升值。

中央銀行可藉外匯市場的買賣來影響均衡匯率。譬如，美國 QE3 的 6,000 億美元造成熱錢湧入臺灣，新臺幣有大幅升值的壓力。當新臺幣的需求超過供給時，央行可在外匯市場買進美元，拋出新臺幣，這可避免新臺幣過度升值。我們將影響均衡匯率變動的因素彙整如下：

- 當臺灣消費者所得增加，民眾偏好美國製商品，臺灣的相對物價上

臺灣利率相對高於美國利率，導致美國人民對臺灣債券需求增加，而以美元兌換新臺幣來購買臺灣債券，這使得外匯供給曲線從 S_1 右移至 S_2。同時，臺灣人民減少對美國債券需求，外匯需求曲線從 D_1 左移至 D_2。結果是美元貶值或新臺幣升值。

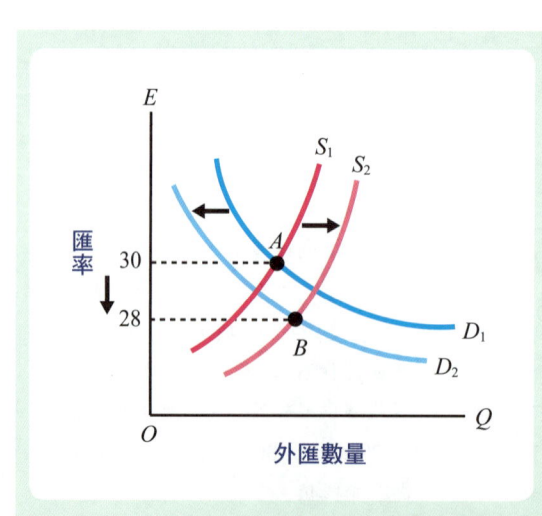

圖 27-6　相對利率變動對匯率的影響

升，美國利率相對較高，臺灣的預期通膨下跌，臺灣中央銀行在外匯市場買進美元或財政部降低關稅，都將造成匯率上升、美元升值或新臺幣貶值。
- 當美國消費者所得增加，消費者偏好臺灣製商品，美國相對物價上漲，臺灣利率相對上升，美國的預期通膨下降，臺灣央行在外匯市場賣出美元或財政部提高關稅，都將造成匯率下跌、美元貶值或新臺幣升值。

27-3 匯率制度

匯率制度殺了央行總裁！2015 年 11 月 2 日，哈薩克因改採浮動匯率無效，總統下令撤換央行總裁克林貝托夫。

匯率制度 (exchange rate regime) 是指匯率的決定方式。依據中央銀行對外匯市場的管理方式，匯率制度分成兩大類：固定匯率與浮動匯率。其中，根據中央銀行對外匯市場的干預程度，固定匯率又可分為金本位制度、聯繫匯率制度，以及可調整釘住匯率制度。浮動匯率制度可分為自由浮動與管理浮動兩種。各種匯率制度之間的特性及相異處整理於表 27-2。

> **匯率制度** 匯率決定的方式。

27-3-1 固定匯率制度

固定匯率 (fixed exchange rate) 是由政府或中央銀行決定匯率水準，並承諾人們在此固定水準下買賣外匯。讓我們以圖 27-7 來說明固定匯率制度的運作，假設中央銀行將新臺幣與美元間的兌換率固定在 1 美元兌換 30 元新臺幣。

倘若臺灣加入 CEPA 且 TPP 簽訂與全球經濟復甦，臺灣景氣轉佳，消費者增加對美國商品的需求。當臺灣的消費者需要更多的美元來購買美國車和吃美國牛肉時，外匯需求曲線會從 D_0 向右移至 D_1，如圖 27-7 所示。若任由那隻看不見的手決定匯率水準，則均衡會從 A 點移至 B 點，美元價格上升，造成美元升值或新臺幣貶值。然而，在固定匯率制度下，外匯市場發生超額需求 AC，為了要維持 30 元的價格，中央銀行必須滿足外匯市場對美元超額需求，而賣出 AC 數量的美元，以維持匯率水準的固定。

> **固定匯率** 由政府或中央銀行決定匯率水準，並承諾人們在此固定水準下買賣外匯。

表 27-2 各種不同匯率制度

干預程度	固定匯率	浮動匯率
無	—	自由浮動匯率制度
自動	金本位制度、聯繫匯率制度	—
部分	可調整釘住匯率制度	管理浮動匯率制度

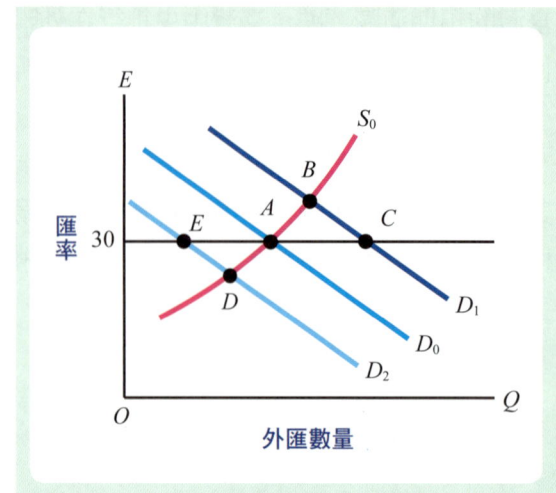

圖 27-7 說明：假設中央銀行將匯率固定在 1 美元兌換 30 元新臺幣。當需求曲線為 D_1 時，外匯市場有超額需求 AC，央行會賣出 AC 數量的美元；當需求曲線為 D_2 時，外匯市場有超額供給，央行會買進 AE 數量的美元以維持匯率固定在 30 元。

圖 27-7　固定匯率制度

另一方面，若美國發生狂牛症疫情，導致臺灣消費者不敢食用美國 USDA 牛肉。牛肉進口減少，大家對美元的需求減少，外匯需求曲線向左移動，從 D_0 移至 D_2，如圖 27-7 所示。市場均衡從 A 點變成 D 點，在固定匯率制度下，外匯市場發生美元超額供給 AE。為了維持匯率固定，中央銀行必須進場將超額供給的部分，以新臺幣買回多餘的美元，這會造成外匯存底的增加。

固定匯率制度的優點是，減少國際貿易所面臨匯率多變的風險，節省投入預測匯率變動的資源。但固定匯率制度有兩個缺點：(1) 若匯率長期被高估，外匯需求經常超過外匯供給，外匯存底遲早有用盡的可能。當然，中央銀行可以選擇將本國貨幣 (新臺幣) 貶值、政府限制進口、禁止資本外移等方式來因應；(2) 由於中央銀行必須進場買賣外匯，本國貨幣供給隨著外匯數量的增減而變動。譬如，匯率高估造成國際收支盈餘，央行為維持固定匯率會以等值新臺幣買入美元，因而創造出等值的準備貨幣。貨幣供給的增加將造成物價上漲的壓力。因此，固定匯率制度會有貨幣供給變動上的困擾。

27-3-2　浮動匯率制度

1971 年，當美國和大多數的國家決定放棄固定匯率而改採**自由浮動** (free floating) 或**市場決定的匯率** (market-determined exchange rate) 制度，匯率制度正式步入浮動匯率制度時代。

自由浮動匯率制度　自由浮動匯率制度 (free float exchange rate system) 是指中央銀行沒有利用外匯準備干預匯率水準，匯率完全由市場的供需決

> **自由浮動匯率制度**
> 中央銀行沒有利用外匯準備干預匯率水準，匯率完全由外匯市場的外匯供給和需求共同決定。

定。讓我們以圖 27-7 為例。若外匯需求從 D_0 增至 D_1，外匯價格上升：美元升值或新臺幣貶值。匯率不會固定在 1：30；而可能是 1：32；同樣地，若外匯需求從 D_0 減至 D_2，匯率下跌：美元走貶或新臺幣走升。匯率不再是 1：30，而可能是 1：28。

自由浮動匯率制度的好處是中央銀行對本國貨幣供給有控制力，外匯市場可協助隔絕國外經濟對本國經濟的衝擊。在自由浮動匯率制度下，中央銀行不需以外匯準備來干預匯率水準，那隻看不見的手保證國際收支達到平衡，故本國貨幣數量不受國際收支變動的影響，中央銀行可以利用貨幣政策追求物價穩定或促進就業等目標。譬如，假設美國物價相對臺灣物價上漲，臺灣的進口物價隨之上升，這會導致臺灣出口增加和進口減少，新臺幣對美元的匯率下降。新臺幣的升值可降低進口商品價格，減少出口和增加進口。因此，在自由浮動匯率制度下，國外物價的變動對國內物價及貿易帳的衝擊，遠低於固定匯率制度下的衝擊。

自由浮動匯率制度的缺點，正是固定匯率制度的優點。雖然匯率浮動提高貨幣當局的自主性，匯率的波動卻增加貿易商的風險。匯率巨幅的波動會導致匯率走勢的預測難以掌握，外匯市場參與者必須投入更多的資源來進行預測和避險，使得國際貿易的交易成本增加，國際貿易的數量因而減少。

管理浮動匯率制度　　上述的自由浮動匯率制度是假設中央銀行完全不以外匯準備干預外匯市場，而放任市場機能自由運作。實際上，自 1973 年採行浮動匯率制度後，完全放任外匯市場自由決定匯率的中央銀行並不多見。中央銀行為了防止每日匯率波動過度劇烈，會擇機進場買賣外匯。央行以外匯準備進行干預，以維持匯率在理想區間的制度，稱為*管理浮動匯率制度* (managed float exchange rate system) 或*污濁浮動匯率制度* (dirty float exchange rate system)。

在管理浮動匯率制度下，央行可藉買賣外匯準備從事防衛性的操作，以減緩匯率對經濟體系的衝擊。譬如，在 1997 年初，美國量子基金操盤人索羅斯大量賣出泰銖，使得泰銖在一星期內貶值 40%，因而引發東南亞金融風暴。亞洲許多國家包括印尼、泰國、馬來西亞、新加坡、菲律賓、南韓、日本及臺灣等國的貨幣貶值無一倖免。

當預期貨幣貶值的心理充斥外匯市場時，譬如，今天的 1 美元換 28 元新臺幣。若預計三個月後，1 美元可換到 33 元新臺幣，為賺 5 元的差價，現在投資人就會買進美元。外匯需求曲線大幅向右移動，從 D_1 移至 D_2，如圖 27-8 所示。讓我們以外匯供需來說明亞洲金融風暴下的新臺幣

> **管理浮動（污濁浮動）匯率制度**　是浮動匯率制度的一種。中央銀行以外匯準備進行干預，以維持匯率在理想的區間。

▲ 圖 27-8　中央銀行的干預

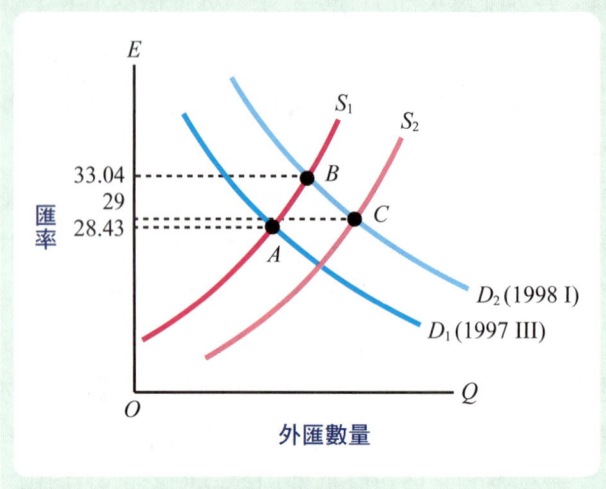

1997 年亞洲金融風暴使得新臺幣大幅貶值，中央銀行可藉著賣出外匯，使外匯供給曲線右移至 S_2，讓匯率不致上升過多。

走勢。首先，在金融風暴未衝擊新臺幣前，D_1 與 S_1 的交點為 1 美元兌換 28.43 元新臺幣，這是 1997 年第 3 季臺灣的匯率水準。

在亞洲金融風暴蔓延之後，各國貨幣開始大幅貶值，其中新臺幣兌換美元匯率，在 1998 年第 1 季為 33.04 元，貶值幅度達 16.22%。以圖 27-8 觀察，當外匯市場對美元需求強勁時，需求曲線右移，均衡從 A 點變成 B 點，匯率從 28.43 元大幅貶值到 33.04 元。若央行進場賣出 (釋出) 美元，將使供給曲線由 S_1 右移至 S_2，均衡從 A 點變成 C 點，均衡匯率只從 28.43 元上升至 29 元。

管理浮動匯率制度介於固定匯率制度與自由浮動匯率制度之間，故具有兩種制度的優點和缺點。其優點為可平穩匯率的波動，使匯率不致上下震盪過於激烈，由於是浮動匯率制度的一種，所以具有隔絕國外經濟衝擊的特質。缺點是中央銀行必須保存大量外匯存底，以便適時進場干預，投機者若洞悉央行意圖，外匯投機將較為嚴重。尤其是當投機客擁有的外匯數量超過央行擁有的外匯數量時，該國貨幣將大幅貶值。亞洲金融風暴時期的印尼、馬來西亞及泰國，正是遭遇這種攻擊。此外，管理浮動匯率制度讓央行容易追求擴張性貨幣政策，而導致通貨膨脹的發生。

27-4　購買力平價說

單一價格法則　同樣的商品在相同的時間，不論在何處出售，價格應該相同。

在經濟學有一個著名的假設，稱為**單一價格法則** (law of one price)。這個法則強調，同樣的商品在相同的時間，不論在何處出售，價格應該相同。如果臺北的藍山咖啡豆比高雄便宜 100 元，我們可在臺北買進咖啡豆,然後運至高雄賣出,以賺取中間的差價。這種低價買進、高價賣出的行為,稱為**套利** (arbitrage)。套利使臺北咖啡豆的需求增加和高雄咖啡豆的供給增加。這會導致臺北咖啡豆價格下跌而高雄咖啡豆價格上升,最後,兩地咖啡豆的價格趨於一致。

> **套利** 低價買進、高價賣出的行為。

單一價格法則運用到國際市場,稱為**購買力平價說** (purchasing power parity, PPP)。[5] 購買力平價說主張,若國際間的套利可能發生,則 1 塊錢 (任何貨幣) 在每一個國家的購買力應該相同。如果 1 塊錢在美國買到的咖啡豆比臺灣多,貿易商可在美國買進咖啡豆,再銷到臺灣。套利導致美國咖啡豆價格上漲和臺灣咖啡豆價格下跌,直到所有國家價格都趨於一致為止。

> **購買力平價說** 若國際間的套利可能發生,則 1 塊錢在每一個國家的購買力應該相等。

購買力是指貨幣的價值,平價是相等的意思,購買力平價說主張一單位貨幣在任何國家的實質價值都會相同。換言之,如果一磅咖啡豆在臺灣售價是新臺幣 400 元,在美國的售價是 10 美元,則名目匯率就是 40 元新臺幣兌換 1 美元。

上述例子可以推廣到所有的商品。令 P 為國內 (臺灣) 物價水準,P^* 為國外 (美國) 物價水準 (以美元計算的物價),E 為名目匯率 (1 美元能夠兌換的新臺幣數量)。新臺幣 1 元能買到的數量為 $1/P$,新臺幣 1 元在美國能夠買到的數量 (以美元計價) 為 E/P。為了讓新臺幣 1 元在兩國的購買力都相同,下式必須成立:

$$E/P = 1/P^*$$

將上式重新整理,可改寫成:

$$EP^* = P$$

上式說明,若國際間的套利行為可能發生,則兩國的物價水準將趨於一致。若將上式改寫成:

$$E = P/P^*$$

名目匯率為國內物價 (以國內貨幣計價) 與國外物價 (以國外貨幣計價) 的比率。根據購買力平價說,兩國的名目匯率反映出兩國價格水準的差異。購買力平價說在現實世界中並不常見。原因有二:第一,有些商品無法進行國際貿易,譬如,臺北著名的腳底按摩不太可能出現在美國的華盛頓街頭;第二,即使商品可以進行貿易,也並非可完全替代,譬如,有些消費者偏愛台灣啤酒,而有些消費者卻喜歡百威啤酒。

---

[5] 有關購買力平價說與開放總體經濟學之間的關係,請見附錄 (請至東華書局網站下載)。

從臺灣看天下 — 大麥克

購買力平價說主張在長期，兩國匯率會趨向兩國相同商品價格的比率。英國《經濟學人》提出一種輕鬆測試 PPP 理論的方式，它所測試的商品是大麥克 (Big Mac)。目前麥當勞在 120 個國家都有分店。**大麥克指數** (Big Mac Index) 是指大麥克在美國和其它各國價格都應該相等的匯率。[6] 根據購買力平價說的預測，以當地貨幣表示的大麥克價格愈高，名目匯率 (1 美元兌換當地貨幣的數量) 也應該愈高。比較大麥克指數與實際匯率可瞭解該國貨幣是被高估或低估。

讓我們舉一個例子說明，一個大麥克在臺灣賣新臺幣 72 元，而在美國一個賣 5.66 美元。購買力平價匯率就是 72/5.66 = 12.7。若實際匯率是 29.88，這隱含新臺幣相對美元低估約 57.5% [即 (12.7 − 29.88)/29.88]。

在 2019 年，全世界最貴的大麥克出現在瑞士，一個賣 6.70 美元；最便宜在南非，只要 2.15 美元。以這個角度來看，南非蘭特最被低估 (62%)，而瑞士法郎是最被高估的貨幣 (18.4%)。

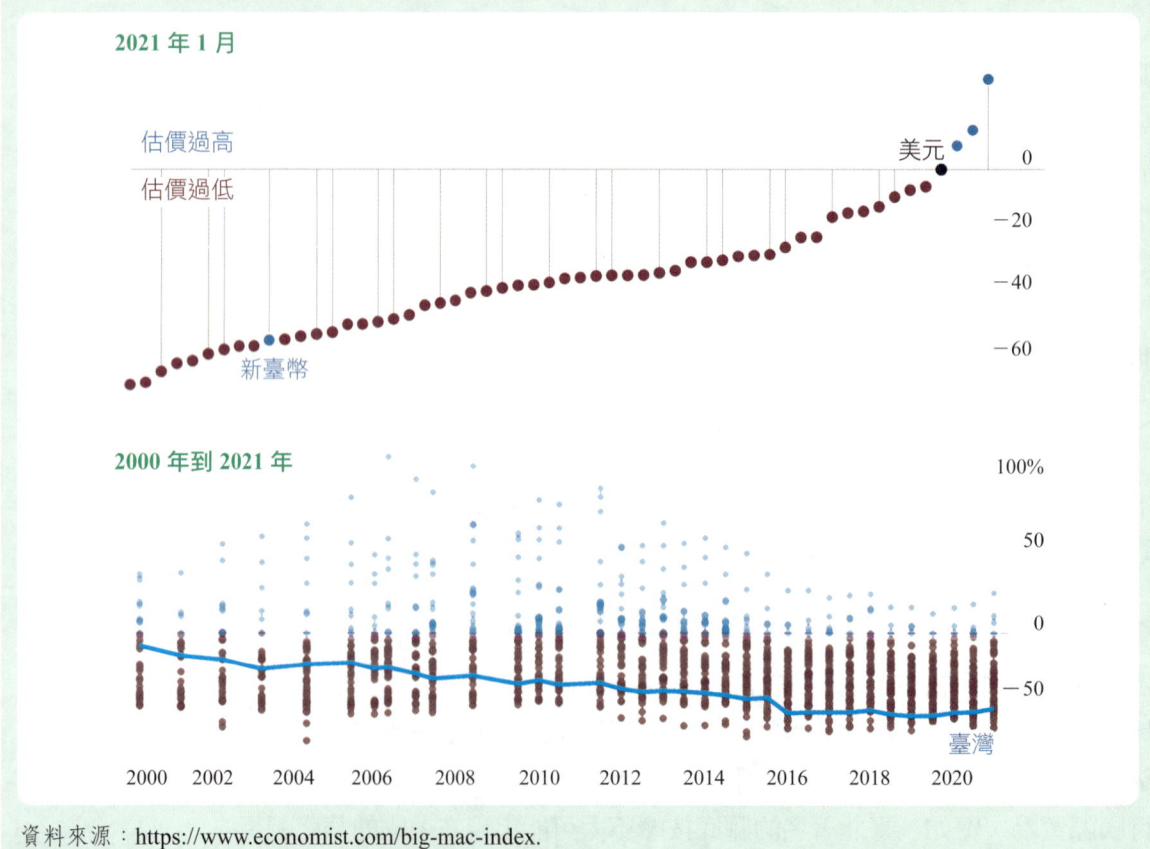

資料來源：https://www.economist.com/big-mac-index.

▲ 圖 27-9　大麥克指數 (2021 年 1 月)

---

[6] 大麥克指數定義為當地的大麥克價格 (以當地貨幣計價) 除以美國大麥克的價格 (以美元計價)。美國大麥克的價格是紐約、芝加哥、舊金山及亞特蘭大四地大麥克價格的平均。

27-5 歐洲聯盟

歐洲整合的過程開始於 1950 年 5 月 9 日。當時法國提議建立一個歐洲聯邦，初期著重在重工業方面。1951 年，法國、德國、義大利、荷蘭、比利時及盧森堡六國簽訂《巴黎條約》(Treaty of Paris)，設立歐洲煤鋼共同體 (European Coal and Steel Community, ECSC)，其目的是在建立一共同市場，使會員國人民得以最低價消費，並平等獲得生產資源。

1957 年，法、德、義、荷、比、盧六國在羅馬簽署《歐洲經濟共同體》(European Economic Community, EEC) 和《歐洲原子能共同體條約》(European Atomic Engery Community, Euratom)，這是一個自由貿易區域，條款包括消除貿易障礙及關稅；建立農業、漁業和運輸的共同政策；藉由政策和措施以建立經濟和貨幣聯盟。在 1967 年，上述六國簽署合併條約，將歐洲煤鋼共同體、歐洲經濟共同體及歐洲原子能共同體各自的部長理事會和執行委員會合而為一。1986 年的《單一歐洲法》(Single European Act) 決議在 1992 年 12 月 31 日完成**單一市場** (single market)，即人員、商品、服務和資產都可自由移動的市場。

> **單一市場** 人員、商品、服務和資產都可自由移動的市場。

27-5-1 單一市場

在過去四十年，**歐洲共同體** (European Community, EC) 逐漸擴大；1970 年代有丹麥、愛爾蘭和英國三國加入 EC；1980 年代，西班牙、葡萄牙和希臘相繼加入；1990 年代，有奧地利、芬蘭和瑞典三國加入。自 1992 年的《馬斯垂克條約》之後，歐洲共同體變成**歐洲聯盟** (European Union, EU)，或簡稱歐盟，現有 27 個會員國。[7]

表 27-3 顯示單一市場所創造的經濟區域比美國和中國都大。單一市場的潛在利益主要來自三個方面：資源分配更有效率、規模經濟及競爭性更高。1992 年以後，各國的非關稅障礙，包括進口管制移除，使各會員國之間能夠充分享受比較利益的好處。

表 27-3　單一市場的規模，2010 年

	歐盟	美國	中國
人口 (百萬)	502.5	309.997	1,341.414
GDP (兆美元)	15.2	14.7	10.1
人均 GDP (美元)	30,388	47,284	7,518

資料來源：國際貨幣基金，*World Economic Outlook*。

---

[7] 有關歐盟的會員國資訊，可至 http://europa.eu/index_en.htm 查詢。

同樣地，障礙移除使得市場規模擴大，廠商生產成本降低，產業之間的交易更加頻繁。規模經濟不僅出現在商品市場，如銀行等服務業，也可享受規模經濟的好處。最後一個潛在利益是單一市場使得各國解除管制，企業之間的競爭程度增加。如同個體經濟學中，我們探討社會福利時，競爭程度的提高使得生產者剩餘和消費者剩餘都上升，社會總福利水準增加。

英國瑟斯賽克大學 (Sussex University) Smith、Gasiovek 和 Allen 三位教授曾就單一市場的利益做一估計。他們發現，小國得到的利益比大國要多 (葡萄牙的利益是 GDP 的 19% 到 20%，以及英國約為 GDP 的 2% 到 3%)，[8] 最大的利益來自於最受保護產業開放後所帶來的商機。

27-5-2 歐洲經濟暨貨幣同盟

到了 1988 年，資本管制在歐盟會員國之間已大致解除。1988 年歐盟成立 Delors 委員會，制定進入歐洲經濟暨貨幣同盟 (European Monetary Union) 的條件，這些條件後來成為《馬斯垂克條約》的基礎。《馬斯垂克條約》對欲加入 EMU 的國家訂定一致性的標準，稱為**馬斯垂克準則** (Maastricht criteria)，其規定如下：

- 預算赤字不得超過 GDP 的 3% 以上。
- 政府負債不得超過 GDP 的 60%。若超過 60%，則需以讓其它會員國滿意的速度，降低至 60% 以下。
- 通貨膨脹不得超過三個最低通膨會員國平均值的 1.5 個百分點。
- 長期利率不得超過三個最低通膨會員國利率平均值的 2 個百分點。
- EMU 會員國均需加入歐洲匯率機制 (Exchange Rate Mechanism, ERM)，在實施單一貨幣之前，貨幣不得貶值。

EMU 的成立過程總共有三個階段：

1. 第一階段：1990 年開始，解除任何形式的資本管制，並鼓勵英國加入 ERM。
2. 第二階段：歐洲貨幣機構成立，以作為 EMU 的基礎。開始要求會員國控制其財政赤字。
3. 第三階段：1998 年，EMU 正式成立。由會員國元首決定入會國家的資格，固定雙方兌換匯率，並且同意其經濟符合《馬斯垂克條約》的標準。歐洲中央銀行的會員由歐洲議會提名及核准。

---

[8] C. Allen, M. Gasiorek, A. Smith, "The Competition Effects of the Single Market in Europe," *Economic Policy*, 1998.

27-5-3 歐洲中央銀行和歐元

歐洲中央銀行 (European Central Bank, ECB) 於 1998 年 7 月 1 日在德國法蘭克福設立，1999 年 1 月 1 日起執行貨幣政策。歐洲中央銀行的首要目標是確保物價穩定，在不損及物價穩定下，ECB 會支持歐盟一般經濟政策，並在達成目標過程中，遵循自由競爭和資源有效分配的開放市場經濟原則。在中間目標方面，ECB 採取兩個中間目標，稱為**孿生支柱** (twin pillar)。第一大支柱是貨幣目標：名目貨幣 M3 的成長率；第二大支柱為預期通貨膨脹。在貨幣政策工具方面，ECB 採用的貨幣政策工具有公開市場操作、常設融通窗口及最低準備制三種。

利率由歐洲央行制定，假設歐盟其中一個會員國面臨商品與服務市場的負面衝擊，而其它國家都未遭遇負面商品市場的衝擊，且該國的經濟規模無法大到影響歐洲央行的決策，利率還是會固定不變。此時，這個國家只有兩個選擇：一是採取擴張性財政政策，讓 AD 曲線向右移動；另一為政府不採取任何政策，讓勞動市場自行調整。

若物價和工資完全有彈性，財政政策不一定是必要的措施，但是歐洲國家的勞動市場都存在某種程度的僵硬性。因此，適當的財政政策是一個比較好的選擇。

至於歐元紙鈔和硬幣在 2002 年 1 月 1 日已開始在市面流通，各會員國的通貨停止發行並逐漸自市面上回收。自 2002 年 7 月 1 日以後，歐元成為歐洲經濟暨貨幣同盟唯一，且為單一法償的貨幣。流通中的歐元紙鈔共計七種，面值從 5 歐元到 500 歐元，沒有任何國別的標記。硬幣則有八種，從 1 分到 2 歐元，其中一面完全相同，另一面有國別標記。此外，註銷各會員國的紙鈔和硬幣，這些紙鈔與硬幣可在各會員國的中央銀行兌換歐元。

歐元及歐盟的成立有許多方面的利益，包括：(1) 節省貨幣間兌換產生的交易成本：從荷蘭到法國或到德國旅行不再需要攜帶多國貨幣，並節省兌換貨幣的手續費；(2) 節省詢價成本：由於各國的商品與服務只用一種貨幣表示價格，消費者和廠商很容易即時比較同一區域內的商品價格，節省過去蒐集匯率資訊以換算價格的詢價成本；(3) 消除匯率在貿易和投資上的風險：由於匯率的波動很難以期貨或遠期外匯市場避險。因此，不可預測的匯率變動會對貿易及投資產生不利的衝擊。固定匯率將消除這種不確定的風險；(4) 改善部分國家的通貨膨脹：歐洲中央銀行的首要目標為物價穩定，且加入歐盟必須符合《馬斯垂克條約》的貨幣準則，區域內的通貨膨脹將可獲得改善。

其缺點則包括各國通貨與歐元之間的轉換會增加支出，並喪失匯率調整機制、失業率的差距過大增加財政政策的實施難度，以及德國正面臨通貨緊縮的危機，而使歐盟會員國的腳步無法一致等。

27-6 結　語

當日本是全世界唯一出現通貨緊縮的國家時，一項簡單的解決方法是讓日圓貶值，製造通貨膨脹。但是，一旦全世界都出現通貨緊縮，全球性的通貨緊縮將更為棘手，這樣的方法便不可行。有些經濟學家開出一個我們不是非常熟悉的處方，即全球合作進行政策協調。

國際間的政策協調合作，可以讓各國政府好處均霑。如同寡占市場，各國政府其實是相互依存，每一個國家的總體經濟政策會受其它國家總體經濟政策的影響，就像寡占廠商，各國政府面臨互相勾結與互相競爭的賽局。勾結可以使政策的外部性"內部化"，而使各國享受較大的利益，但各國政府也面臨違背承諾的誘因。如何在各國之間進行政策合作，以解決通貨緊縮的難題，似乎是另外一種"美麗境界"。

摘　要

- 國際收支帳反映一個國家與世界其它各國的經濟交易。
- 名目匯率是一個國家貨幣與另外一個國家貨幣交換的比率。實質匯率是兩國商品交換的比率。實質匯率等於名目匯率乘以兩國物價水準的比率。
- 當本國消費者所得增加、本國的相對物價水準上升、國外的相對利率水準上升、本國預期通貨膨脹下跌、央行買進外匯或降低關稅，會使本國貨幣貶值。
- 當國外消費者所得增加、消費者偏好本國商品、國外物價水準相對上漲、國內相對利率上升、國外預期通貨膨脹下降、本國央行賣出外匯或本國政府提高關稅，會使本國貨幣升值。
- 匯率制度是指匯率決定的方式。匯率完全由外匯供需決定，稱為自由浮動匯率制度。若匯率由外匯供需決定，且中央銀行也以外匯準備影響匯率水準，稱為管理浮動匯率制度。
- 央行將本國貨幣與外國貨幣固定在某一水準，稱為固定匯率制度。
- 購買力平價說主張 1 塊錢在任何國家應能購買相同數量的商品。利率平價條件係指本國利率大約等於國外利率加上本國貨幣的預期貶值率。
- 歐洲經濟暨貨幣同盟自 2002 年 1 月 1 日開始使用單一法償貨幣：歐元。目前歐盟各國之間是固定匯率制度，且由歐洲央行執行貨幣政策。

習 題

1. 因商品及勞務之進出口所衍生的外匯支付與收入，屬於：
   (a) 經常帳　　(b) 資本帳
   (c) 金融帳　　(d) 所得帳
   　　　　　　　　　(108 年身心障礙)

2. 國際收支平衡 (balance of payments，簡稱BOP) 中的借方 (debit) 項目包含下列何項？
   (a) 使本國貨幣供給增加者
   (b) 使本國外匯需求降低者
   (c) 使國外對本國付款，或負有付款義務者
   (d) 使本國對國外付款，或負有付款義務者
   　　　　　　　　　(108 年外交特考)

3. 下列何種項目變化將會增加臺灣的資本帳餘額？
   (a) 上市派駐大陸高階管理階層獲取的資本所得增加
   (b) 國外基金投資臺灣股市獲取的資本利得增加
   (c) 臺灣外交部對拉丁美洲國家提供的貸款增加
   (d) 美國公司支付台積電公司技術權利金
   　　　　　　　　　(107 年普考)

4. 下列何者不是"外人直接投資" (foreign direct investment) 的例子？
   (a) 鼎泰豐在日本開分店
   (b) 中國化工收購德國機械設備製造商 Krauss Maffei
   (c) 臺商鴻海集團（富士康）選擇在美國威斯康辛州設廠
   (d) 股神巴菲特 (Warren Buffett) 購入中國企業比亞迪的股票　(108 年外交特考)

5. 請以下方資料計算：
   (a) 貿易帳餘額
   (b) 商品與服務淨額
   (c) 經常帳餘額
   (d) 資本帳餘額

商品出口	350
商品進口	−425
服務出口	170
服務進口	−145
淨移轉支付	−21.5
本國資本外流	−45.0
國內資本流入	70.0

6. 若美國基金經理人買進臺灣上市公司股票，對臺灣地區的國際收支帳有何影響？若臺灣人到巴黎旅行，對國際收支帳又有何影響？若臺灣響應日本 311 強震，捐款給日本災民，又有何影響？

7. 如果歐元兌美元匯率高於外匯市場均衡匯率，在其它條件不變下，則外匯市場會有美元 ① ，因此歐元兌換美元匯率會 ② ：
   (a) ① 超額供給；② 下跌至均衡匯率
   (b) ① 超額需求；② 上升回均衡匯率
   (c) ① 超額需求；② 下跌至均衡匯率
   (d) ① 超額供給；② 美元供給曲線左移
   　　　　　　　　　(108 年商業行政)

8. 若以 1 美元兌換新臺幣的匯率為縱軸，美元數量為橫軸，當暑假國人出國觀光美元結匯旺盛，在其它情況不變化，此舉對即期外匯市場供需線的影響為：
   (a) 供給線向右移動
   (b) 需求線向右移動
   (c) 供給線向左移動
   (d) 需求線向左移動　(108 年外交特考)

9. 日本人阿部寬使用先前的美元存款購買亞馬遜的智慧音箱 Echo，此交易如何影響美國的淨出口與日本的淨資本外流？
   　　　　　　　　　(102 年政大商學所改編)

10. 若臺灣消費者偏好日本豐田的運動休旅車 RAV4，請問對匯率及貿易餘額有何影響？自動提款機的引進，使貨幣需求減

少，又對匯率及貿易餘額有何影響？
11. 假設世上只有兩個國家：臺灣和葛瑪蘭。若葛瑪蘭的通貨膨脹率較低與經濟成長率較高，則：
   (a) 哪一個國家的貨幣會升值？
   (b) 哪一個國家的利率會上升？
   (c) 若臺灣的經常帳是－558，資本帳是560，則臺灣的外匯準備是增加或減少？　　　　　　　　（98年中興財金）
12. 假設在美國一臺電腦價格為5,000美元，但在德國是3,000歐元，如果名目匯率是1美元兌換0.8歐元。美元實質匯率是多少？　　　　　　　　（103年彰師大企研所）
13. 若美國利率是10%，歐元利率是6%，且預期美元對歐元貶值6%，則投資者應投資美元或歐元？　　（97年臺大經濟）
14. 下列有關實質匯率 (real exchange rate) 的敘述何者正確？
   (a) 等於名目匯率減去外國通貨膨脹率再加上本國通貨膨脹率
   (b) 等於名目匯率加上本國利率再減去本國通貨膨脹率
   (c) 等於名目匯率乘以外國物價再除以本國物價
   (d) 等於名目匯率乘以外國通貨膨脹率再除以本國通貨膨脹率　（108年外交特考）
15. 當臺灣中央銀行進入外匯市場干預買入美元時，下列何者為其產生之影響？
   (a) 讓外匯存底流失
   (b) 使新臺幣貨幣供給下降
   (c) 減緩新臺幣對美元之升值壓力
   (d) 讓政府財政負債擴大
16. 若倫敦外匯市場的英鎊報價為1英鎊＝1.40美元；紐約外匯市場的報價1英鎊＝1.38美元，假設換匯無須負擔手續費，則追求利潤最大者的市場參與者將：
   (a) 在倫敦買美元、在紐約賣英鎊
   (b) 在倫敦賣英鎊、在紐約買英鎊
   (c) 在倫敦賣美元、在紐約買英鎊
   (d) 在倫敦買英鎊、在紐約賣英鎊
　　　　　　　　（108年經建行政）
17. 假設目前的名目匯率是 US$：NT$ = 1：30，而一瓶可口可樂在臺灣賣 NT$36，在美國賣 US$1。臺灣一瓶可口可樂可換美國多少瓶可樂？套利是否存在？若套利一直進行，臺、美兩國實質匯率為何？
　　　　　　　　（97年逢甲組群二）
18. 假設一年期新臺幣存款利率為50%，預期未來一年美元將對新臺幣貶值7%，則以美元計算的新臺幣存款預期報酬率約是多少？　　　　　（102年臺大國企）
19. 根據購買力平價說，若新臺幣600元可以在臺灣買到10斤蘋果，在美元與新臺幣的匯率為1：30時，美國1斤蘋果的價格應為：
   (a) 2美元　　　　(b) 3美元
   (c) 20美元　　　 (d) 60美元
　　　　　　　　（108年身心障礙）
20. 若一年期的美元存款利率為2.15%，一年期的南非幣存款利率為4.5%，則：
   (a) 應該投資美元
   (b) 應該投資南非幣
   (c) 投資美元或南非幣無差別
   (d) 需要更多資訊進行判斷
　　　　　　　　（108年外交特考）
21. 根據目前國際貨幣基金會對匯率制度的分類，下列何者採取貨幣發行局 (currency board) 機制？
   (a) 印尼 (Indonesia)
   (b) 新加坡 (Singapore)
   (c) 斯里蘭卡 (Sri Lanka)
   (d) 香港 (Hong Kong)　（108年關務特考）
22. 目前全球區域經濟整合程度最高的組織為：
   (a) EU
   (b) ASEAN
   (c) NAFTA
   (d) APEC　　　　（108年外交特考）

23. 根據購買力平價理論，如果同一期間內，臺灣物價上漲 8%，美國物價上漲 20%，則美元兌換新臺幣的匯率 (以價格法表示) 會如何變動？　　　(102 年臺大國企)
24. 假設大麥克是一國物價水準的良好近似。一個大麥克在倫敦是 2 英鎊，而在紐約是 3 美元。
    (a) 若購買力平價說成立，美元兌換英鎊的匯率為何？
    (b) 若現在的匯率是 1 英鎊兌 1.6 美元，請問倫敦大麥克以美元表示的價格是多少？
    (c) 若美元兌換俄羅斯盧布的匯率是 1 美元兌換 30 盧布，若購買力平價說成立，請問莫斯科的大麥克價格是多少？
    (104 年暨南國企所)
25. 根據世界貿易組織 (WTO) 的具體規範，在臺灣的外國銀行受到與本國銀行一樣的營業規範，此符合下列哪一項原則？
    (a) 最惠國待遇原則
    (b) 國民待遇原則
    (c) 不歧視原則
    (d) 公平競爭原則　　　(108 年外交特考)
26. 下列何者不包括在國際貨幣基金 (IMF) 特別提款權 (SDR) 一籃子貨幣中？
    (a) 美元　　　　(b) 港幣
    (c) 日圓　　　　(d) 人民幣
    (108 年外交特考)

網路習題

1. 請至中央銀行網站，下載歷年來的匯率資料，並繪圖說明其走勢。
2. 請至歐盟網站：https://www.europa.eu.int/abc.en.htm，找出兩項最近的新聞事件，並簡述其內容。
3. 請至英國《經濟學人》網站：https://www.economist.com，尋找大麥克指數。下載最近一期的大麥克指數文章，並找出最貴及最便宜的大麥克價格及國家。請問新臺幣對美元是高估或低估？幅度為何？

索 引

72 法則　rule of 72s　326
GDP 平減物價指數　GDP deflator　301
X 型無效率　X-inefficiency　171

一　畫
一特定期間　a given period of time　292

二　畫
人力資本　human capital　2, 227, 335

三　畫
土地　land　3
大麥克指數　Big Mac Index　520
工會　union　230
工資僵硬性　wage rigidity　433
弓箭外張　bowded-out　22

四　畫
不完全資訊模型　imperfect-information model　435
不知情的一方　uninformed party　273
中間商品　intermediate goods　292
中點公式　midpoint formula　62
互補　complements　218
互補品　complementary goods　38
內生變數　endogenous variable　9
公用草地　common lands　254
公共財　public goods　253
公有地悲劇　tragedy of the commons　253
公開市場操作　open market operation　410, 416

分配效率　allocative efficiency　135
勾結　collusion　196
升值　appreciation　512
反托辣斯　antitrust　170
反托辣斯法　antitrust law　177
天然資源　natural resources　335
引申需求　derived demand　212
心理成本　psychological cost　313
支出法　expenditure approach　295
比較利益法則　law of comparative advantage　25

五　畫
世界貿易組織　World Trade Organization, WTO　495
世界價格　world price　477
充分就業產出　full-employment output　433
凹向原點　concave to the origin　22
出口　export　370
出借者　lender　388
包絡曲線　envelope curve　110
卡特爾　cartel　197
古典二分法　classical dichotomy　433
可支配所得　disposable income　345
可貸資金　loanable fund　358
囚犯兩難　prisoner's dilemma　202
外生變數　exogenous variable　9
外匯　foreign exchange　410
外匯市場　foreign exchange market　391
外顯成本　explicit cost　96

失業率　unemployment rate　287, 309
失衡　disequilibrium　52
失衡分析　disequilibrium analysis　228
市場　market　5
市場力量　market power　177
市場失靈　market failure　236
市場決定的匯率　market-determined exchange rate　516
市場活動　market work　219
市場訊號　market signaling　272
市場結構　market structure　116
市場經濟　market economies　13
市場需求　market demand　39
市場價值　market value　292
市場機能　market mechanism　48
平均成本訂價法　average cost pricing principle　179
平均收入　average revenue, AR　119
平均每人實質國內生產毛額/人均實質 GDP　per capita real GDP　287
平均固定成本　average fixed cost, AFC　107
平均總成本　average total cost, ATC　107
平均變動成本　average variable cost, AVC　107
平衡預算乘數　balanced budget multiplier　379
正的外部性　positive externality　236
正常利潤　normal profit　98
正常財　normal good　38
生產力　productivity　27, 332
生產力函數　productivity function　333
生產可能　production possibilities　19
生產可能曲線　production possibilities frontier, PPF　19

生產函數　production function　98, 332
生產者物價指數　producer price index, PPI　318
生產者剩餘　producer surplus　133
生產效率　productive efficiency　133
皮古效果　Pigou effect　428
皮鞋成本　shoe leather cost　459

六　畫

交叉價格彈性　cross-price elasticity of demand　74
交互躍進　leapfrogging　325
交易性動機　transaction motive　413
交易媒介　medium of exchange　394
休閒　leisure　219
共同市場　common market　495
共同保險　coinsurance　275
共同基金　mutual fund　393
共同資源　common resources　253
劣等財　inferior good　38
同質的　homogeneous　116
名目 GDP　nominal GDP　301
名目貨幣需求　nominal demand for money　412
名目匯率　nominal exchange rate　508
地下經濟　underground economy　302
存款貨幣　deposit money　397
尖峰－離峰訂價法　peak-load pricing　173
成本推動的通貨膨脹　cost-push inflation　454
有效需求　effective demand　281
有彈性　elastic　62
污濁浮動匯率制度　dirty float exchange rate system　517

自由浮動　free floating　516
自由浮動匯率制度　free float exchange rate system　516
自由貿易區　free trade area　495
自我選擇　self-selection　269
自動安定機能　automatic stabilizers　381
自然失業率　natural rate of unemployment　311, 464
自然產出　natural output　433
自然獨占　natural monopoly　161
自發性支出　autonomous expenditure　350
自發性消費支出　autonomous consumption expenditure　346

七　畫

作弊　cheating　197
免費搭便車　free rider　258
利率效果　interest rate effect　428
利潤　profit　96
利潤極大化的黃金法則　golden rule of profit maximization　120
努力程度　effort　227
即時服務提供者　on-line service provider, OSP　240
均衡　equilibrium　47, 350
均衡商品組合　equilibrium combination　84
完全有彈性　perfectly elastic　63
完全替代　perfect substitutes　117
完全無彈性　perfectly inelastic　62
完全資訊　perfect information　117
完全競爭　perfect competition　116
技術知識　technological knowledge　335
技術效率　technical efficiency　133
投資毛額　gross investment, Ig　298

投資淨額　net investment, In　298
投機性動機　speculative motive　413
折價券　coupon　172
沒有效率　inefficient　20
私有財　private goods　252

八　畫

供給曲線　supply curve　41
供給法則　law of supply　41
供給的價格彈性　price elasticity of supply　70
供給表　supply schedule　41
供給量變動　change in quantity supply　44
供給變動　change in supply　44
固定生產因素　fixed factors of production　99
固定成本　fixed cost, FC　103
固定成本產業　constant cost industry　130
固定投入　fixed input　99
固定規模報酬　constant returns to scale, $CRTS$　111, 333
固定匯率　fixed exchange rate　515
委託人－代理人問題　principal-agent problem　275
弧彈性　arc elasticity　62
所得法　income approach　296
所得效果　income effect　36
拗折需求曲線模型　kinked demand curve model　199
歧視　discrimination　231
法定準備　required reserve　398
法定準備率　required reserve ratio　402
注入　injection　370
物價指數　price index　302, 315
物價僵硬性模型　sticky-price model　436
物質資本　physical capital　2, 227, 334

直接金融　direct finance　389
知情的一方　informed party　273
社會成本　social costs　313
近似替代品　close substitutes　116
金融市場　financial market　389
金融帳　financial account　506
金融機構　financial institution　389
金融體系　financial system　388
金錢損害賠償　damages　245
長期　long-run　99
長期失業人口　long-term unemployed　314
長期平均成本　long-run average cost, LAC　110
長期均衡　long-run equilibrium　128
長期菲力浦曲線　long-run Phillips curve　464
長期總供給曲線　long-run aggregate supply curve，LAS 曲線　432
附加價值　added value　293
非工作所得　non-earned income　223
非市場活動　nonmarket work　219
非排他性　nonexcludability　253
非敵對性　nonrivalry　252

九　畫

封閉經濟體系　closed economy　370
後彎的勞動供給曲線　backward-bending labor supply curve　221
政府支出乘數　government spending multiplier　376
政府消費　government consumption　364
流出　leakage　370
流動性　liquidity　413
流動性偏好理論　liquidity preference theory　413

相互依賴　interdependence　196
要素稟賦理論　factor endowment theory　486
計畫投資　planned investment　345
計畫總支出　planned aggregate expenditure　345
計價單位　unit of account　395
負的外部性　negative externality　236
重商主義　mercantilism　11
重貼現　rediscount　409
重貼現率　rediscount rate　418
重農主義　physiocracy　11
重複計算　double counting　292

十　畫

乘數　multiplier　356
乘數效果　multiplier effect　356
個人可支配所得　disposal personal income, DPI　299
個人所得　personal income, PI　299
個體經濟學　microeconomics　6
借方　debit　504
套利　arbitrage　519
家計單位　households　5
家務生產　household production　219
差別訂價　price discrimination　171
效用　utility/utils　80
效用測量計　utilometer　80
效率　efficient　19
效率工資　efficiency wage　229
氣餒的工人　discouraged workers　309
消費函數　consumption function　345
消費者均衡　consumer equilibrium　85
消費者物價指數　consumer price index, CPI　315, 316

消費者剩餘　consumer surplus　87, 88
特許　franchise　160
能力　ability　86, 227
衰退　recession　287
財政政策　fiscal policy　283, 364
財產權　property right　244
財富重分配　redistribution of wealth　459
財富效果　wealth effect　428
逆向選擇　adverse selection　273, 274
配額　quota　491
馬斯垂克準則　Maastricht criteria　522

十一　畫

偏好　preference　80
停滯性膨脹　stagflation　443
動態比較利益　dynamic comparative advantage　487
商品貨幣　commodity money　395
商品貿易帳餘額　balance on goods　504
商品與服務收支淨額　balance on goods and services　506
國內　domestic　292
國內生產毛額　gross domestic product, GDP　292
國民生產毛額　gross national product, GNP　292
國民生產淨額　net national product, NNP　298
國民所得　national income, NI　296, 298
國際收支　balance of payments　504
國際收支帳　balance of payments account　504
基期　base year　301
寇斯定理　Coase theorem　243

專利　patent　160
專業化生產　specialization　26
強制貨幣　fiat money　396
排他性　excludability　252
淨出口　net exports　370
淨現值法則　net present value rule　348
混合經濟　mixed economies　14
產出缺口　output gap　439, 442
產品多樣性　product variety　191
產品差異性　product differentiation　186
產能過剩　excess capacity　190
產業政策　industrial policy　329
異質的　heterogeneous　116
移轉性支付　transfer payment　294
第三級差別訂價　third-degree price discrimination　173
組織鬆弛　organizational slack　171
規模不經濟　diseconomies of scale　111
規模經濟　economies of scale　110
規範經濟學　normative economics　8
貨幣　money　394
貨幣中立性　monetary neutrality　433
貨幣市場　money market　284, 390
貨幣政策　monetary policy　283, 364
貨幣乘數　money multiplier　403
通貨緊縮　deflation　439
通貨膨脹　inflation　283, 441, 454
通貨膨脹率　inflation rate　287

十二　畫

惡化　degradation　256
凱因斯十字架／凱因斯交叉　Keynesian cross　353
剩餘　surplus　46

勞工異動　labor turnover　229
勞動　labor　2
勞動力參與率　labor force participation rate　310
勞動的平均產(出)量　average product of labor, APL　99
勞動的邊際產(出)量　marginal product of labor, MPL　99
勞動邊際生產收入　marginal revenue product of labor, $MRPL$　214
勞動邊際產值　value of marginal product of labor, $VMPL$　214
勞動邊際產量　marginal product of labor, MPL　214
單一市場　single market　521
單一價格法則　law of one price　518
單一彈性　unit elastic　62
報酬矩陣　payoff matrix　201
循環性失業　cyclical unemployment　313
描述經濟學　descriptive economics　8
景氣循環　business cycle　343
替代　substitutes　218
替代品　substitution goods　38
替代效果　substitution effect　36
最小效率規模　minimum efficient scale, MES　111, 171, 190
最低工資　minimum wage　228
最終商品法　final product approach　294
最終商品與服務　final goods and services　292
無法達到　unattainable　21
無限法償　unlimited legal tender　408
無彈性　inelastic　62
無謂損失　dead-weight loss　144
痛苦指數　misery index　466

短缺　shortage　46
短期　short-run　99
短期生產函數　short-run production function　99
短期菲力浦曲線　short-run Phillips curve　463
短期總供給曲線　short-run aggregate supply curve，SAS 曲線　434
稀少性　scarcity　2
稅收乘數　tax multiplier　377
結構性失業　structural unemployment　312
絕對利益　absolute advantage　27
菜單成本　menu cost　436, 458
菲力浦曲線　Phillips curve　462
貶值　depreciation　512
貸方　credit　504
貿易平衡　balanced trade　371
貿易逆差 / 貿易入超　trade deficit　371, 476
貿易帳　trade balance　370
貿易條件　terms of trade　477, 508
貿易順差 / 貿易出超　trade surplus　371, 476
超額供給　excess supply　46
超額準備　excess reserves　398
超額需求　excess demand　46
進入障礙　barriers to entry　160
進口　import　370
進出口物價指數　import/export price index, IPI/EPI　318
開放經濟體系　open economy　370
間接金融　indirect finance　389
間接稅淨額　net indirect tax, NIT　296

十三　畫

傾銷　dumping　494
匯率制度　exchange rate regime　515

損益平衡點　breakeven point　126
歇業　shutdown　125
歇業點　shutdown point　126
準公共財　quasi-public goods　252
準貨幣　quasi-money　397
準備　reserves　398
準備資產　reserve assets　507
當年價格　current price　301
禁制令　injunctions　245
稟賦效果　endowment effect　246
節儉的矛盾　paradox of thrift　358
經常帳　current accounts　504
經常帳餘額　balance on current account　506
經濟大恐慌　The Great Depression　342
經濟同盟　economic union　495
經濟成本　economic cost　313
經濟成長　economic growth　22, 324
經濟制度　economic system　13
經濟效率　economic efficiency　133
經濟衰退　economic recession　22
經濟理論　economic theory　8
經濟循環流程圖　economic circular flow diagram　4
經濟模型　economic model　9
經濟學　economics　2
經濟整合　economic integration　494
罪惡稅　sin tax　59
補償性差異　compensating differentials　228
資本　capital　2
資本內流　capital inflow　507
資本外流　capital outflow　506
資本市場　capital market　284, 390
資本帳　capital account　506
資訊不對稱　asymmetric information　269

資源　resources　2
道德危機　moral hazard　273
電子貨幣　electronic money　396
預防性動機　precautionary motive　413

十四　畫

寡占　oligopoly　116
實際支付價格　actually pays　88
實質 GDP　real GDP　301
實質升值　real appreciation　509
實質所得　real income　36
實質國內生產毛額　real GDP　287
實質貨幣餘額　real money balance　413
實質貶值　real depreciation　509
實質匯率　real exchange rate　508
實證經濟學　positive economics　8
監督　monitor　274
管制　regulation　177
管制經濟　command economies　14
管理才能　entrepreneurial ability　3
管理浮動匯率制度　managed float exchange rate system　517
網路外部性　network externality　240
網際網路服務提供者　Internet service provider, ISP　240
緊縮缺口　contractionary gap　439
誘因問題　incentive problem　269
誘發性支出　induced expenditure　351
誘發性消費支出　induced consumption expenditure　346
誤差與遺漏淨額　net errors and omissions　507
赫克秀－歐林定理/H-O 理論　Heckscher-Ohlin theorem　486

遞減成本產業　decreasing cost industry　130
遞增成本產業　increasing cost industry　130
需求　demand　34, 36
需求曲線　demand curve　35
需求拉動的通貨膨脹　demand-pull inflation　454
需求法則　law of demand　35
需求的所得彈性　income elasticity of demand　74
需求的價格彈性　price elasticity of demand　60
需求表　demand schedule　34
需求量　quantity demanded　34, 36

十五　畫

價值儲存　store of value　395
價格上限　price ceiling　53, 143
價格下限　price floor　54, 146
價格接受者　price taker　118
價格管制　price regulation　53, 242
價格領導　price leadership　198
價格僵固　price rigidity　196, 199
價格機能　price mechanism　11
廠商　firms　5
廣場協議　Plaza Accord　330
彈性　elasticity　60
摩擦性失業　frictional unemployment　312
敵對性　rivalry　252
數量折扣　quantity discount　173
數量管制　quantity regulation　241
標準　standardization　272
歐洲共同體　European Community, EC　521
歐洲聯盟　European Union, EU　521
潛在產出　potential output　433
複式簿記型態　double-entry bookkeeping　504

十六　畫

機會成本　opportunity cost　18
機會成本遞增法則　law of increasing opportunity cost　22
機運　chance　227
獨占　monopoly　116, 159
篩選　screening　272
膨脹缺口　inflationary gap　441
蕭條　depression　287
選擇　choice　2
選擇問題　selection problem　269

十七　畫

優惠性貿易　preferential trade　494
優勢策略　dominant strategy　203
儲蓄者　saver　388
營造工程物價指數　construction cost index, CCI　318
總支出　total expenditure　64
總支出函數　aggregate expenditure function　351
總生產函數　aggregate production function　333
總成本　total cost, TC　96
總收入　total revenue, TR　64, 96
總供給　aggregate supply　285
總供給曲線　aggregate supply curve，AS 曲線　342, 431
總效用　total utility, TU　80
總效用極大　utility maximization　81
總產(出)量　total product, TP　99
總需求　aggregate demand　285
總需求曲線　aggregate demand curve，AD 曲線　342, 428
總體經濟學　macroeconomics　7, 279

聲譽　reputation　271
購買力平價說　purchasing power parity, PPP　519
賽伊法則　Say's Law　11
賽局理論　game theory　201
隱含成本　implicit cost　96
點彈性　point elasticity　62

十八畫

檸檬市場　market for lemons　269
聶徐均衡　Nash equilibrium　203
雙占　duopoly　206
雜訊　noise　459

十九畫

壟斷性競爭　monopolistic competition　116, 185
疆界線　frontier　21
邊做邊學　learning by doing　487
邊際外部成本　marginal external cost, MEC　237
邊際外部利益　marginal external benefit, MEB　240
邊際成本　marginal cost, MC　103
邊際成本訂價法　marginal cost pricing principle　179
邊際收入　marginal revenue, MR　119
邊際污染廢除成本　marginal cost of abatement, MCA　241
邊際利益　marginal benefit, MB　135
邊際私人成本　marginal private cost, MPC　237
邊際私人利益　marginal private benefit, MPB　238
邊際社會成本　marginal social cost, MSC　237

邊際社會利益　marginal social benefit, MSB　238
邊際效用　marginal utility, MU　80
邊際效用主義　marginalism　11
邊際效用遞減法則　law of diminishing marginal utility　81
邊際消費傾向　marginal propensity to consume, MPC　346
邊際報酬遞減法則　law of diminishing marginal returns　100
邊際報酬遞增　increasing marginal returns　100
邊際進口傾向　marginal propensity to import, MPM/MPI　371
邊際儲蓄傾向　marginal propensity to save, MPS　354
關稅　tariff　487
關稅同盟　customs union　495
關稅暨貿易總協定　General Agreement on Tariff and Trade, GATT　495
願意　willingness　86
願意支付價格　willingness to pay　88

二十畫以上

競租　rent seeking　170
贏家全拿勞動市場　winner-take-all labor market　228
孿生支柱　twin pillar　523
權衡性財政政策　discretionary fiscal policy　380
變動生產因素　variable factor of production　99
變動成本　variable cost, VC　103
變動投入　variable input　99

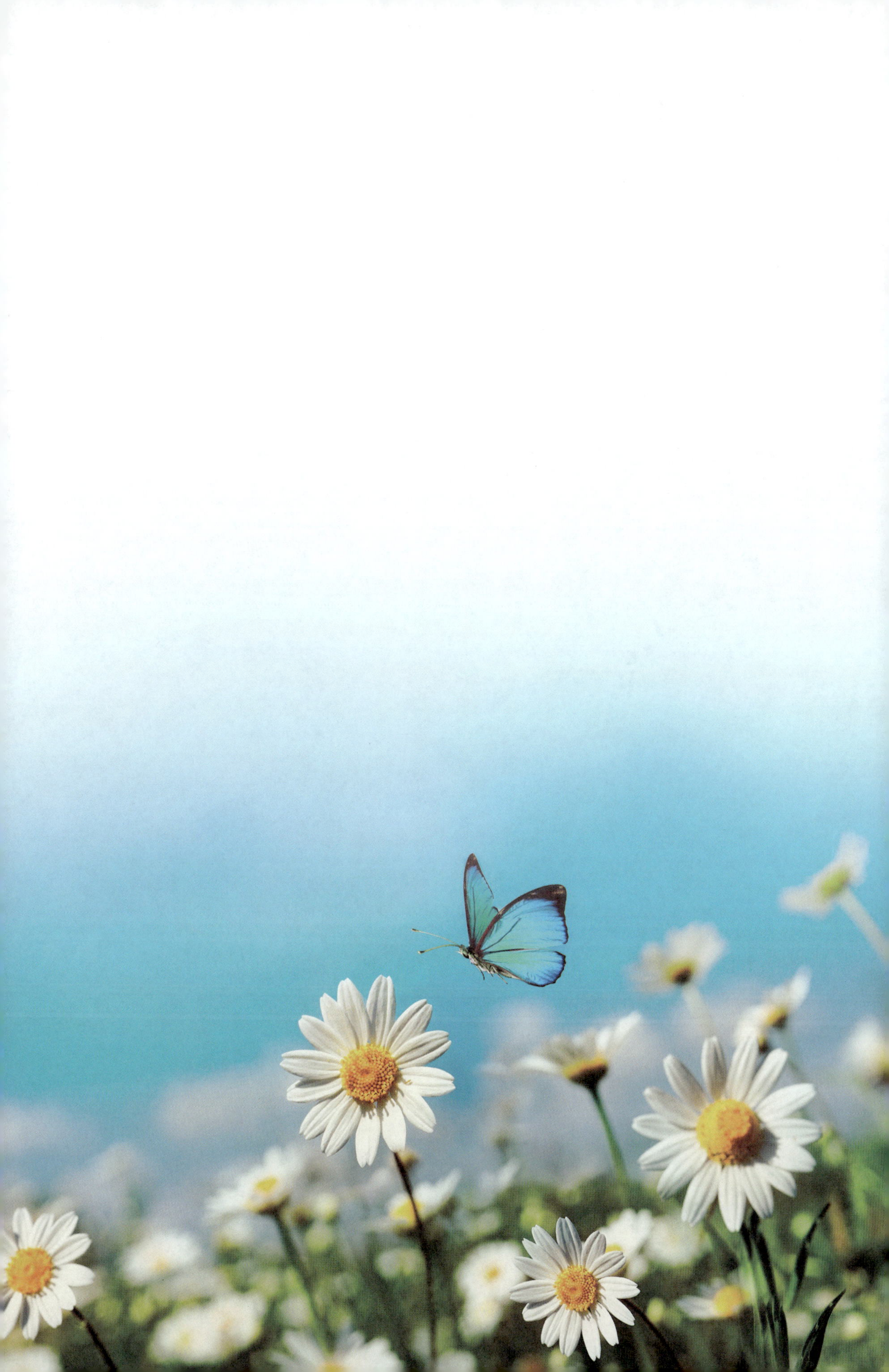